1,000,000 Books

are available to read at

---◇---

www.ForgottenBooks.com

---◇---

Read online
Download PDF
Purchase in print

ISBN 978-0-259-78329-9
PIBN 10631681

1 MONTH OF
FREE
READING

at

www.ForgottenBooks.com

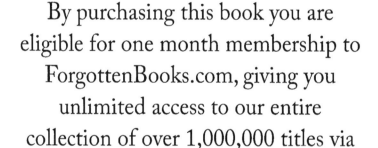

By purchasing this book you are eligible for one month membership to ForgottenBooks.com, giving you unlimited access to our entire collection of over 1,000,000 titles via our web site and mobile apps.

To claim your free month visit:

www.forgottenbooks.com/free631681

English
Français
Deutsche
Italiano
Español
Português

www.forgottenbooks.com

Mythology Photography **Fiction**
Fishing Christianity **Art** Cooking
Essays Buddhism Freemasonry
Medicine **Biology** Music **Ancient
Egypt** Evolution Carpentry Physics
Dance Geology **Mathematics** Fitness
Shakespeare **Folklore** Yoga Marketing
Confidence Immortality Biographies
Poetry **Psychology** Witchcraft
Electronics Chemistry History **Law**
Accounting **Philosophy** Anthropology
Alchemy Drama Quantum Mechanics
Atheism Sexual Health **Ancient History**
Entrepreneurship Languages Sport
Paleontology Needlework Islam
Metaphysics Investment Archaeology
Parenting Statistics Criminology
Motivational

Turkestan,

die Wiege der indogermanischen Völker.

Nach fünfzehnjährigem Aufenthalt in Turkestan

dargestellt von

Franz v. Schwarz,

vormals Astronom der Taschkenter Sternwarte und Leiter des turkestanischen
Meteorologischen Instituts.

Mit einem Titelbild in Farbendruck, 178 Abbildungen und einer Karte.

———◆—————

Freiburg im Breisgau.

Herder'sche Verlagshandlung.

1900.

Zweigniederlassungen in Wien, Straßburg, München und St. Louis, Mo.

Buchdruckerei der Herder'schen Verlagshandlung in Freiburg.

Vorwort.

Das Werk, welches ich hiermit der Öffentlichkeit übergebe, ist gelegentlich der Vorarbeiten zu meinem im Jahre 1894 erschienenen Werke „Sintfluth und Völkerwanderungen" entstanden und war bereits Anfang des Jahres 1893 druck= fertig. Ich hatte ursprünglich die Absicht, es noch vor dem genannten Werke zu veröffentlichen, da es gewissermaßen die Grundlage für dasselbe bildet, habe aber nachträglich auf die Veröffentlichung verzichtet aus verschiedenen Gründen. Teils waren dabei persönliche Rücksichten maßgebend, teils die mir von buchhänd= lerischer Seite beigebrachte Überzeugung, daß ein Buch über Turkestan beim deut= schen Publikum nicht das nötige Interesse finden würde, um einen Erfolg des= selben erwarten zu können. Da ich aber das Werk in meinen früheren Publi= kationen bereits mehrfach erwähnt habe und infolgedessen von verschiedenen Seiten in betreff des Erscheinens desselben interpelliert wurde, so übergab ich das Manu= skript der Münchner Geographischen Gesellschaft, damit jedermann Gelegenheit haben sollte, davon nach Belieben Einsicht zu nehmen. Auf diese Weise gelangte das Manuskript auch zur Kenntnis des Professors der politischen Ökonomie Herrn Dr. Gustav Ruhland, und dieser interessierte sich dafür so sehr, daß er es übernahm, für die Arbeit einen Verleger zu finden. Es ist also nur dem genannten Herrn zu bauten, daß mein Buch nachträglich noch das Licht der Welt erblickt.

Wie bereits erwähnt, habe ich das vorliegende Werk in meinen bisherigen Publikationen, besonders in dem eingangs erwähnten Werke „Sintfluth und Völker= wanderungen" wiederholt citiert, und zwar unter dem Titel „Fünfzehn Jahre in Turkestan". Der Grund, warum ich dasselbe setzt unter einem andern Titel er= scheinen lasse, ist folgender. Im Hinblick auf den beschränkteren Umfang der übrigen Werke aus der Herderschen „Illustrierten Bibliothek der Länder= und Völkerkunde" habe ich auf Wunsch der Verlagshandlung und der Redaktion der genannten Bibliothek verschiedene Streichungen an dem Manuskripte vorgenommen, benen unter anderem alles auf meine in Turkestan ausgeführten Reisen Bezügliche zum Opfer gefallen ist. So hätte der Titel „Fünfzehn Jahre in Turkestan" keinen rechten Sinn mehr gehabt, und darum habe ich geglaubt, einen andern wählen zu sollen. Weitere Streichungen verlangte die Rücksicht auf die benützte Publi= kationsgelegenheit; der wissenschaftliche Ethnograph wird daher vielleicht manches vermissen, aber der Vorteil, daß das Werk in seiner jetzigen Gestalt auch jüngeren Lesern unbedenklich vorgelegt werden kann, schien mir das Opfer zu rechtfertigen.

Über Turkestan ist zwar in neuerer Zeit in deutscher, englischer und fran= zösischer Sprache eine ziemlich umfangreiche Litteratur entstanden, und man könnte

Vorwort.

es deshalb vielleicht für überflüssig halten, daß ich dieselbe durch eine neue Arbeit vermehre. Diese Ansicht dürfte aber doch wohl kaum begründet sein. Denn erstens rühren die bisher in den erwähnten Sprachen erschienenen Reisewerke, abgesehen von kleineren aus dem Russischen übersetzten Aufsätzen, von Reisenden her, welche nur einzelne und in der Regel nur die leichter zugänglichen Teile von Turkestan durchreist und eben nur ihre zufälligen Beobachtungen und Reiseeindrücke zum besten gegeben haben. Zweitens ist, soviet wenigstens mir bekannt, eine zusammenfassende und systematische Schilderung Turkestans und seiner Bewohner bisher noch von niemand versucht worden. Wer sich also einen Überblick und eine eingehendere Kenntnis des Gegenstandes verschaffen wollte, war gezwungen, die ganze bisherige Reiselitteratur über Turkestan zu durchstöbern. Zur Abfassung einer systematischen und übersichtlichen Darstellung glaubte ich aber gerade deshalb besonders in der Lage zu sein, weil ich, dank meiner eigentümlichen dienstlichen Stellung, Gelegenheit gehabt habe, Turkestan im Laufe von 15 Jahren in allen seinen Teilen in einer Weise kennen zu lernen, wie es wohl kaum einem zweiten zu teil geworden sein dürfte.

Ich war nämlich zu Anfang des Jahres 1874 von General v. Kauffmann eingeladen worden, bei der von ihm in Taschkent zu gründenden Sternwarte die Stelle des Astronomen zu übernehmen, und kam im November desselben Jahres dorthin. Da die Sternwarte dienstlich dem Chef der militärtopographischen Abteilung des Generalstabes untergeordnet ist, so wurde ich neben meinen eigentlichen Berufspflichten vom Generalstabe häufig mit der Ausführung von astronomischen Längen- und Breitenbestimmungen und barometrischen Höhenmessungen beauftragt, welche als Grundlage für die große Generalstabskarte von Turkestan zu dienen hatten. Mit den astronomischen Beobachtungen verband ich aus persönlichem Interesse für die Sache jedesmal auch Bestimmungen der erdmagnetischen Elemente. Auf diese Weise ist es mir möglich geworden, fast jedes Jahr größere Reisen zu machen und Turkestan wiederholt nach allen Richtungen zu durchqueren. Ich diente bei der Sternwarte in Taschkent bis zum Jahre 1890, wo ich mich durch die systematischen Kränkungen und Zurücksetzungen, welche mir von seiten meines Vorgesetzten, des Generals Schilinsky, unausgesetzt zu teil wurden, endlich veranlaßt sah, meinen Abschied zu nehmen und nach meiner Heimat zurückzukehren, welche ich seit nahezu 20 Jahren nicht mehr gesehen hatte.

Das in vorliegendem Buche Niedergelegte beruht zunächst auf meinen eigenen 15jährigen Beobachtungen und Erfahrungen; ich habe mich aber auf diese allein nicht beschränkt, sondern habe auch die über Turkestan bereits vorliegende Litteratur zu Rate gezogen, soweit mir dieselbe an der Münchner Staatsbibliothek zugänglich war. Ich muß aber ausdrücklich bemerken, daß ich diese Litteratur im allgemeinen weniger als Quelle denn als mnemotechnisches Hilfsmittel benützt habe, indem ich meine bereits fertigen Aufzeichnungen mit den Angaben der verschiedenen Autoren verglich, um allenfalls Vergessenes nachtragen und etwaige Ungenauigkeiten verbessern zu können. Wenn ich also in meinen Auseinandersetzungen hie und da von den Angaben anderer Reisenden abgewichen bin, so ist dies aus sehr gewichtigen Gründen geschehen.

Was die Schreibweise für die Fremdnamen betrifft, so will ich bemerken, daß ich alle turkestanischen Namen und Bezeichnungen nach Möglichkeit so ge schrieben habe, wie sie von den Eingeborenen gesprochen werden, wobei zu beachten ist, daß in den turkestanischen Orts=, Personen= und sonstigen Namen au und ai nicht als Diphthonge, sondern getrennt auszusprechen sind, und zwar liegt der Accent immer auf dem zweiten Vokal; man hat also zu lesen: A=ül, Saxa=ül, Targa=üten, Jessa=ül, Kara=ül, Karaba=ïr, Sa=ïd ꝛc.

In betreff der Illustrationen, mit welchen die Verlagshandlung das Buch in so liberaler Weise ausgestattet hat, ist zu bemerken, daß die Bilder großenteils nach Photographien hergestellt worden sind, von denen die Hälfte ich selbst aus Turkestan mitgebracht habe, während die übrigen von den Herren Gottfr. Merz= bacher und Willy Rickmers zur Verfügung gestellt worden sind. Ein Teil der Bilder ist nach den von mir selbst entworfenen Handzeichnungen angefertigt worden.

München, den 20. Juli 1900.

Franz v. Schwarz.

Benützte Werke.

1. Annalen des Physikal. Centralobservatoriums in Petersburg. Jahrgg. 1877/86.
2. Arrians Anabasis Alexanders. (Verschiedene Ausgaben.)
3. Baber, Mémoires de... Trad. A. Pavet de Courteille. Paris 1871. 2 vols.
4. Blanc, Edouard, L'Hydrographie du Bassin de l'ancien Oxus (Bull de la Soc. de Géogr. Vol. XIII. Paris 1892).
5. Bonaparte, Histoire de Jules César. Paris 1865—1866. 2 vols.
6. Bonvalot, En Asie Centrale. Paris 1884.
7. Burnes, Travels into Bokhara. London 1834. 3 vols.
8. Capus, A travers le Royaume de Tamerlan. Paris 1892.
9. — Les narcotiques dans l'Asie Centrale (Revue Scientifique. 1883).
10. — Médecins et médecine en Asie Centrale (Revue Scientifique. 1884).
11. — La Musique chez les Khirghizes et les Sartes de l'Asie Centrale (Revue d'Ethnographie. Paris 1885).
12. Curtius, De gestis Alexandri Magni, regis Macedonum.
13. Deutsche Rundschau für Geographie und Statistik Bd. IX. X. XIV. XV u. XVI
14. Eversmann, Reise von Orenburg nach Buchara. Berlin 1823.
15. Geiger, Die Pamir=Gebiete (Geographische Abhandlungen, herausgegeben von Dr. Penck. 1887).
16. Goebel, Reise in die Steppen des südlichen Rußlands. Dorpat 1838.
17. Hellwald, Die Welt der Slawen. Berlin 1890.
18. — Centralasien. Leipzig 1875.
19. Helmersen, Alexander Lehmanns Reise nach Buchara und Samarkand in den Jahren 1841 und 1842. St. Petersburg 1852.
20. Heyfelder, Buchara nach und vor der Transkaspischen Eisenbahn (Unsere Zeit. 1888).
21. Jaworskij, Reise der russischen Gesandtschaft in Afghanistan und Buchara 1878—1879. 2 Bände. Deutsch von Petri. Jena 1885.
22. Iwanow, Die Russen in Turkestan Deutsch von Trygalski. Stuttgart 1876.
23. Kuropatkin, Turkmenien und die Turkmenen (Das Ausland. 1880).
24. Lansdell, Russisch Centralasien. 4 Bände. Deutsch von Wobeser. Leipzig 1885.
25. Leclercq, Du Caucase aux Monts Alai. Paris 1890.
26. Levchine, Description des Hordes et des Steppes des Kirghiz-Kazaks. Trad. par Ferry de Pigny. Paris 1840.

27. Markham, The Geographical Magazine. Vol. II and III. 1875 and 1876.
28. Meyendorff, Voyage d'Orenbourgh à Boukhara. Paris 1826.
29. Middendorff, Einblicke in das Ferghanathal. Petersburg 1881.
30. Moser, Durch Centralasien. Leipzig 1888.
31. Müller, Allgemeine Ethnographie. Wien 1873.
32. Muschketow, Turkestan. Russisch. Petersburg 1886.
33. Neumann, Reisen des Johannes Schiltberger aus München in Europa, Asien und Afrika von 1394—1427. München 1859.
34. Ostroumow, Sartische Sprichwörter und Rätsel. Russisch. Taschkent 1895.
35. Peschel, Völkerkunde. Leipzig 1881.
36. Petermanns Mitteilungen. Jahrgg. 1884—1897.
37. Petzholdt, Umschau im russischen Turkestan. Leipzig 1877.
38. Predinsky, Führer durch Turkestan für das Jahr 1900. Russisch.
39. Proceedings of the Royal Geogr. Society. Jahrgg. 1883, 1886 u. 1891.
40. Proskowetz, Vom Newastrand nach Samarkand. Wien 1889.
41. Przewalskys Reise an den Lob-Nor (Petermanns Mitteilungen, Erg.-H. Nr. 53).
42. Radloff, Aus Sibirien. 2 Bände. Leipzig 1884.
43. — Ethnographische Übersicht der nördlichen Turkstämme. Leipzig 1883.
44. Reclus, Nouvelle Géographie Universelle. Vol. VI: L'Asie Russe. Paris 1881.
45. Richthofen, China. 2 Bände. Berlin 1877 und 1882.
46. Rittich, Die Ethnographie Rußlands (Petermanns Mitteilungen, Ergänzungsheft Nr. 54)
47. Russische Revue Bd. I—XXVI.
48. Schott, Über die echten Kirgisen. Berlin 1864.
49. Schrenk, Bericht über eine im Jahre 1840 in die östliche dsungarische Kirgisensteppe unternommene Reise. (Beiträge zur Kenntnis des Russischen Reiches. Bd. VII. 1845.)
50. Schuyler, Turkistan. 2 vols. London 1876.
51. Schwarz, Alexanders des Großen Feldzüge in Turkestan. München 1893.
52. — Annalen der Taschkenter Sternwarte. Russisch. Jahrg. 1885 und 1886.
53. — Sintfluth und Völkerwanderungen. Stuttgart 1894.
54. Sewerzows Erforschung des Thian-Schan-Gebirgssystems (Petermanns Mitteilungen, Ergänzungsheft Nr. 43).
55. Sievers, Asien. Eine allgemeine Landeskunde. Leipzig und Wien 1892.
56. Tomaschek, Centralasiatische Studien. I. Sogdiana. II. Die Pamir-Dialekte (Sitzungsberichte der Philos.-histor. Klasse der Akademie der Wissensch. Wien 1877 und 1880).
57. Turkestanischer Kalender für das Jahr 1885. Russisch. Taschkent.
58. Ujfalvy, Le Kohistan, le Ferghana et Kouldja. Paris 1878.
59. — Le Syr-Daria, le Zérafchâne, le pays des sept-rivières etc. Par. 1879.
60. — Atlas des étoffes, bijoux, aiguières, émaux etc. Paris 1880.
61. Vambéry, Die Sarten und ihre Sprache (Zeitschrift der Deutschen Morgenländischen Gesellschaft. Leipzig 1890).
62. — Das Türkenvolk. Leipzig 1885.
63. — Reise in Mittelasien. Leipzig 1865.
64. Wagner und Supan, Die Bevölkerung der Erde (Petermanns Mitteilungen, Ergänzungsheft Nr. 101).
65. Wenjukow, Die russisch-asiatischen Grenzlande. Deutsch von Krahmer. Leipzig 1874.
66. Wood, A personal Narrative of a Journey to the Source of the River Oxus. London 1841.

Inhaltsübersicht.

Inhaltsübersicht.

Verzeichnis der Abbildungen.

Titelbild in Farbendruck: Kirgisen-Aul im Winter.

Verzeichnis der Abbildungen.

IV. Geſundheitsverhältniſſe in Turkeſtan.

V. Klimatiſche Verhältniſſe Turkeſtans.

Karte von Turkeſtan am Schluſſe des Wertes.

Die mit * bezeichneten Abbildungen ſtammen von Herrn Gottfried Merzbacher in München, der ausdrücklich bemerken ließ, daß jede Nachbildung verboten iſt und verfolgt wird.

Einleitung.

Soviel ich mich bisher überzeugen konnte, gehört Turkestan zu den=
jenigen Ländern, welche beim großen deutschen Publikum unter allen am
wenigsten bekannt sind. Ich will deshalb bemerken, daß man unter Tur=
kestan das gegenwärtig zum größten Teil von Völkern türkischer Abstammung
bewohnte Gebiet versteht, welches im Westen durch das Kaspische Meer
und den Uralfluß, im Norden durch Westsibirien, im Osten durch die
Mongolei, im Süden durch den Kuenlün, Hindukusch und Kopetdag begrenzt
wird. Turkestan umfaßt also die Kirgisen= und Turkmenensteppe, die Dschun=
garei und das Tarymbecken, das Tjanschan= und Pamirgebirge, sowie die
Thäler des Amu=Darja, Syr=Darja, Sarawschan, Ili und Tschu. Dieses
Gebiet besteht im Westen aus Tiefland, das sich am Kaspischen Meere bis
unter den Meeresspiegel senkt, steigt gegen Osten zu allmählich an und
erreicht seine größte Höhe im Pamirsystem.

Den Namen Turkestan haben dem betreffenden Gebiete erst die Europäer
gegeben, offenbar infolge eines Mißverständnisses, indem sie den Namen der
nördlich von Taschkent gelegenen Stadt Turkestan, welche den aus Rußland
und Sibirien nach Turkestan Kommenden zuerst auf dem Wege liegt, irr=
tümlich für den Namen des Landes hielten. Denn die Eingeborenen von
Turkestan kennen überhaupt keine Ländernamen, aus Gründen, die ich später
am geeigneten Orte näher auseinandersetzen werde. Auch die Namen Buchara,
Kokan, Chiwa, Kaschgar u. s. w. haben bei den Eingeborenen nur die Bedeutung
von Städtenamen; erst die Europäer haben in Ermanglung von Länder=
namen die Namen der Hauptstädte auf die betreffenden Staaten übertragen,
wie auch schon die Geschichtschreiber Alexanders d. Gr. aus denselben
Gründen die Namen der Hauptstädte Baktra und Sogdiana zugleich als
Staatennamen gebraucht hatten.

In Rußland wird Turkestan häufig auch als Zentralasien bezeichnet;
dies ist aber nur dann zutreffend, wenn man, wie es eigentlich auch das
richtigste wäre, Europa als Halbinsel von Asien betrachtet. Das Tarym=
becken bezeichnet man gewöhnlich als Ostturkestan, die afghanischen Besitzungen
im Norden des Hindukusch aber als afghanisches Turkestan.

Der größte Teil von Turkestan gehört gegenwärtig bereits zu Rußland.
Nur die Dschungarei, das Tarymbecken und der östliche Teil des Ilithales
befinden sich in chinesischem, und das linke Ufer des Amu=Darja, bis in die
Gegend von Karki im Westen, in afghanischem Besitze. Die Herrscher von

Chiwa und Buchara sind zwar nominell noch unabhängig, sie sind aber gegenwärtig vollständig in der Gewalt der Russen und faktisch nichts weiter als russische Statthalter.

Der russische Teil Turkestans zerfällt in administrativer Hinsicht in folgende 9 Provinzen, welche ihrerseits wieder aus je 4—6 Bezirken bestehen.

Nr.	Provinz	Hauptstadt	Anzahl der Be- zirke
1	Syr-Darja-Provinz nebst Amu-Darja-Gebiet	Taschkent	6
2	Samarkander Provinz	Samarkand	4
3	Fergana-Provinz	Margelan	6
4	Semiretschie	Wernoe	6
5	Transkaspien	Aschabad	5
6	Semipalatinsker Provinz	Semipalatinsk	4
7	Akmolinsker Provinz	Akmolinsk	5
8	Uralsker Provinz	Uralsk	4
9	Turgai-Provinz	Turgai	4

Die drei ersten der aufgezählten Provinzen bildeten bis zum Jahre 1898 zusammen das turkestanische Generalgouvernement oder das eigentliche russische Turkestan, welchem ein in Taschkent residierender Generalgouverneur vor-gesetzt ist, der zugleich die Stelle des Höchstkommandierenden sämtlicher tur-kestanischen Truppen bekleidet. Früher gehörte dazu noch das Kuldschagebiet sowie Semiretschie, von denen das erstere im Jahre 1881 an China zurück-gegeben, das letztere aber nach General v. Kauffmanns Tod abgetrennt und mit den Provinzen Akmolinsk und Semipalatinsk zu einem neuen General-gouvernement vereinigt wurde, welches den Namen Steppengeneralgouvernement erhielt. Transkaspien gehörte früher zur Statthalterschaft des Kaukasus, bildete aber später bis zum Jahre 1898 eine selbständige Provinz. Die Provinzen Uralsk und Turgai, welche früher zum Orenburger General-gouvernement gehört hatten, das im Jahre 1881 aufgehoben wurde, wurden später in militärischer Beziehung dem Militärbezirke von Kasan zugeteilt. Im Jahre 1898 wurde eine Neueinteilung vorgenommen, indem durch kaiserlichen Ukas die Provinzen Semiretschie und Transkaspien mit dem turkestanischen Generalgouvernement vereinigt wurden, so daß dieses jetzt aus 5 Provinzen besteht.

Alle aufgezählten Provinzen werden von Militärgouverneuren mit Generalsrang verwaltet, denen die in Oberstenrang stehenden Bezirkschefs untergeordnet sind. Die Stellen des Generalgouverneurs sowie der Militär-gouverneure können nur Offiziere, die Stellen der Bezirkschefs dagegen auch Militärbeamte bekleiden.

Turkestan gehörte während des ganzen Mittelalters und selbst noch bis in die neueste Zeit, bis zur Unterwerfung unter die russische Herrschaft, zu den am wenigsten bekannten Ländern der Erde, und wenn man die Karten aus dem 18. und selbst noch aus der ersten Hälfte des 19. Jahrhunderts mit den neuesten Karten vergleicht, so ist es schwer, auch nur einige Ähnlichkeit herauszufinden. Dies hatte seinen Grund in der Unzugänglichkeit des Landes, teils wegen der ungeheuern Wüstengebiete, welche auf dem Wege zu durchqueren waren, teils wegen der fortwährend im Lande herrschenden Kriege und Unordnungen und der Menschenjägerei der Turkmenen, welche Umstände das Vordringen nach Turkestan zu einem sehr gewagten Unternehmen machten. Bis zum 18. Jahrhundert war es nur einigen wenigen Europäern gelungen, in das Herz von Turkestan vorzudringen, darunter dem berühmten Venetianer Marco Polo, dem spanischen Gesandten Clavigo und meinem Landsmann Schiltberger aus München. Schiltberger hatte in der Eigenschaft eines Knappen einen Herrn Leonhard Reichartinger aus München nach Ungarn in den Türkenkrieg begleitet, war in der Schlacht bei Nikopolis (28. Sept. 1396), in der König Sigismund vom Sultan Bajasid vollständig geschlagen wurde, gefangen genommen und, während die übrigen Gefangenen niedergehauen wurden, wegen seiner Jugend am Leben gelassen und zum Sklaven gemacht worden. Als Bajasid in der Schlacht von Angora (1402) von Tamerlan besiegt und gefangen genommen wurde, ging Schiltberger in den Besitz Tamerlans über und begleitete denselben nach dessen Residenzstadt Samarkand. Nach Tamerlans Tode fiel Schiltberger den Söhnen Tamerlans zu und er begleitete dieselben auf ihren Zügen, bis es ihm endlich gelang, mit einigen Leidensgefährten aus der Sklaverei zu entkommen und nach 33jähriger Abwesenheit nach seiner Vaterstadt München zurückzukehren.

Daß das Reisen in Turkestan auch noch in der Mitte des 19. Jahrhunderts nicht ganz ungefährlich war, beweist unter anderem das traurige Schicksal der Engländer Stoddard, Konolly u. s. w., sowie meines Landsmannes Adolf v. Schlagintweit, der im Jahre 1857 in Kaschgar hingerichtet wurde, wo ihm im Jahre 1888 auf seiner Hinrichtungsstätte von der kaiserlich russischen Geographischen Gesellschaft ein Denkmal errichtet wurde (Bild 178, S. 583).

Infolge der erwähnten Umstände ist Turkestan noch bis zur Stunde beim großen Publikum so gut wie unbekannt, und es giebt nicht viele Gegenden, für die man sich im allgemeinen so wenig interessiert. Und doch giebt es auf der ganzen Erde kaum ein zweites Land, das in der Geschichte der Menschheit eine so wichtige Rolle gespielt hat wie gerade Zentralasien, und dessen genaue Kenntnis für das Verständnis der Geschichte so wichtig wäre wie die Kenntnis des heutigen Turkestan und seiner Bewohner. Denn von Turkestan haben alle heutigen Kulturvölker ihren Ausgang genommen. Die Vorfahren der Chinesen sind nach ihrer eigenen Tradition aus Ostturkestan, dem heutigen Kaschgarien, eingewandert, und die Vorfahren der Inder, Griechen, Italiker, Kelten, Germanen, Slaven und sonstigen Angehörigen des indogermanischen Stammes aus den Thälern des Amu-Darja, Syr-Darja, Ili und Tschu. Daß Turkestan die Urheimat der Indogermanen gewesen ist, ist mir während meines 15jährigen Aufenthaltes in Turkestan zur Gewißheit geworden, und soviel mir bekannt ist, sind überhaupt alle, welche Zentralasien durch Autopsie kennen, zu derselben Überzeugung gelangt: ein Umstand, der den Verfechtern der europäischen Herkunft der Arier doch zu denken geben sollte. Den näheren Beweis für die Herkunft der Indogermanen aus Zentralasien habe ich in dem bereits erwähnten Werke „Sint-fluth und Völkerwanderungen, Stuttgart 1894" (S. 294—361), geliefert, auf welches ich die Leser, die sich dafür interessieren, hiermit verweisen will.

Für Europa und Vorderasien hat Turkestan auch noch in historischer Zeit eine wichtige Rolle gespielt, denn von hier haben die Völkerwanderungen ihren Ausgang genommen, die alle damaligen europäischen Nationen durch-einanderwarfen und schließlich auch den Untergang des römischen Weltreiches herbeiführten, und gerade die klimatischen und lokalen Verhältnisse Turkestans waren es, welche die Völkerwanderungen sowohl der vorhistorischen wie der historischen Zeit veranlaßt haben, wie ich im Kapitel über das Klima Turkestans auseinandergesetzt habe.

Aber noch in einer andern Richtung ist Turkestan für uns wichtig. Von den indogermanischen Ureinwohnern ist nämlich seinerzeit ein Teil in Turkestan zurückgeblieben. Die Mehrzahl von diesen hat sich zwar im Lanfe der Zeiten mit den später eingewanderten ostasiatischen Völkerschaften mehr oder weniger vermischt und zum Teil fremde Sitten und fremde Sprache angenommen; der in den abgelegenen und unzugänglichen Hochgebirgsthälern wohnhafte Teil der Ureinwohner aber hat sich, soviel wir dies beurteilen können, bis auf den heutigen Tag von fremden Beimischungen frei zu er-halten gewußt, hat, soweit es die veränderten klimatischen Verhältnisse er-laubten, noch seinen ursprünglichen Typus und auch seine ursprüngliche Sprache bewahrt und steht aller Wahrscheinlichkeit nach gegenwärtig noch so ziemlich auf derselben Kulturstufe wie zur Zeit der Auswanderung unserer Vorfahren aus Turkestan. Es sind dies die Bewohner der Gebirgsthäler im Quellgebiete des Amu-Darja, Sarawschan und Tarym, die sich selbst Galtscha nennen, offenbar derselbe Name, der bei den alten Griechen unter der Form „Galater" und bei den Römern unter der Form „Gallier" oder „Kelten" erscheint [1]. Ich glaube deshalb, daß das eingehende Studium der Lebensweise, der Sitten und Gebräuche und der Sprachen der heutigen

---

[1] Daß meine Identifizierung der Namen Galtscha und Galater berechtigt ist, kann man unter anderem daraus ersehen, daß die Ortschaft Galata am Schwarzen Meere, welche in der Nähe des alten von Strabo (VI, 6, 1) erwähnten Bizone liegt, auch mit dem Namen Geldscha bezeichnet wird. Man vergleiche Strabos Erdbeschrei-bung, übersetzt von Forbiger, III. Bändchen, S. 111, Anmerkung 3.

Bewohner Turkestans, besonders aber der Galtschas, eher Aufschluß geben
kann über die Kultur und Lebensweise unserer Vorfahren zur Zeit ihrer
Auswanderung aus der Urheimat, als das Studium der spärlichen Nach=
richten, die sich über dieselben bei den Schriftstellern des Altertums vorfinden,
sowie der Überreste, die in den Skythen=, Germanen= und Keltengräbern
und in den Pfahlbauten aufgefunden worden sind.

Ich glaube überhaupt, daß man diesen Dingen eine viel zu große Wichtig=
keit beimißt, und daß z. B. das Bild, welches man sich auf Grund der
von den Alten über die äußere Erscheinung, Kleidung, Bewaffnung, Lebens=
weise u. s. w. der alten Germanen und Gallier überlieferten Nachrichten
von dem ursprünglichen Kulturzustande dieser Völker zurechtgelegt hat, von
der Wirklichkeit bedeutend abweicht. Man überlege doch einmal, was wohl
geschehen würde, wenn eines der heutigen Kulturvölker, z. B. das deutsche,
durch irgend ein Naturereignis gezwungen werden sollte, plötzlich in corpore
und mit Sack und Pack seine Heimat zu verlassen und nach einem un=
bewohnten oder nur von Wilden bewohnten Lande, sagen wir nach Nord=
sibirien, auszuwandern. Die nächste Folge würde wohl die sein, daß die
Auswanderer schon nach kurzer Zeit zerrissen und zerlumpt, wohl auch gar
halbnackt daherkämen und schließlich gezwungen wären, sich wie die Ein=
geborenen in Tierfelle zu kleiden. Ferner müßten sich die Auswanderer
hauptsächlich auf den Genuß von Wildbret und der Milch ihrer Zug=
tiere verlegen, weil in der neuen Heimat weder Weizen noch Roggen
wächst und Getreide bei dem unsteten Umherwandern vorerst auch nicht
wohl angebaut werden könnte. Auch der Baustil der in aller Eile auf=
geführten Häuser würde wohl bedeutend von den jetzt in Deutschland
gebräuchlichen Baustilen abweichen müssen, besonders wenn die Ansiedler
immer wieder durch neue Nachschübe weiter nach Osten gedrängt und alle
Augenblicke gezwungen würden, die eben erst eingenommenen Sitze wieder
zu verlassen.

Wenn die Archäologen aus den Pfahlbauten und den auf den alten
Denkmälern dargestellten Bauten und Wohnungen der alten Germanen und
Gallier auf den Kulturgrad unserer Vorfahren zur Zeit ihrer Einwanderung
schließen, thun sie genau dasselbe, wie wenn die Archäologen der künftigen
Jahrtausende den im 18. Jahrhundert in Europa gebräuchlichen Baustil und
den Kulturzustand der damaligen Europäer nach den dereinst in den
ehemaligen Hinterwäldern Nordamerikas ausgegrabenen Blockhäusern der
ersten europäischen Einwanderer bestimmen wollten.

Infolge der ewigen Wanderungen und der fortwährenden Kämpfe
mit den zu überwältigenden Eingeborenen einerseits und den hinten nach=
drängenden Landsleuten anderseits würde ferner das ganze Volk schon im
Laufe weniger Jahre verwildern und sich wohl nur mehr wenig von den

kriegerischen Galliern und Germanen unterscheiden, die den Römern durch ihre wilde Erscheinung einen so heillosen Schrecken einjagten.

Daß die alten Germanen und Gallier vor der Auswanderung aus ihrer Urheimat nicht die Barbaren gewesen sein können, als welche sie nach vielleicht jahrhundertelangen Kämpfen und Irrfahrten im westlichen Europa auftraten, geht unter anderem schon daraus hervor, daß bei ihnen die Metallurgie schon hoch entwickelt war und daß sie bereits eiserne Waffen besaßen.

Auch bei Behandlung der Frage über die Urheimat der Indogermanen hat man sich, wie mir scheint, viel zu sehr an äußerliche und nebensächliche Dinge gehalten, den wichtigsten Punkt aber ganz aus den Augen gelassen, infolgedessen die verschiedenen Forscher zu so verschiedenen Resultaten, ja manche sogar zu dem Absurdum gelangt sind, das unwirtliche und früher ganz unter Schnee und Eis begrabene Skandinavien, das doch offenbar von jeher nur eine beschränkte Bevölkerung ernähren konnte, für den Ursitz des mächtigen Indogermanenstammes anzusehen.

Es wird doch wohl kaum jemand daran zweifeln, daß niemand seine Heimat, die für alle Menschen, ob zivilisiert oder unzivilisiert, teuer ist, ohne sehr gewichtige Gründe verläßt. Am ersten sind dazu noch einzelne In= dividuen, besonders in jüngeren Jahren, bereit; aber ganze Völker werden sich nur sehr schwer entschließen, alles, was ihnen lieb und teuer ist, und alle ihre liegende Habe zu verlassen und einem unsichern Geschicke und den sichern schweren Kämpfen entgegenzugehen, die beim Eindringen in fremde Länder unvermeidlich sind. Man nimmt immer an, daß die ungeheuern Massen der alten Gallier, Germanen und sonstigen indogermanischen Völker= schaften, sowie später die Hunnen, Türken und Mongolen durch einen ihnen angeborenen Trieb zum fortwährenden Wandern veranlaßt worden seien, ohne zu erklären, warum dieser angeborene Drang bei allen genannten Völkern sofort verschwand, wenn es ihnen gelang, sich einen bleibenden Wohnsitz zu erkämpfen. Man stützt sich dabei immer auf das Beispiel der heutigen Kirgisen, Mongolen und sonstigen Nomaden, die angeblich auch nur aus angeborener Wanderliebe und aus Abscheu vor Feldarbeit ein Nomadenleben führen. Daß diese Ansicht falsch ist, davon kann sich jeder überzeugen, der sich die Mühe nimmt, das Leben der Nomaden näher kennen zu lernen. Die Nomaden werden zum Wandern durch die Umstände ge= zwungen, durch den periodischen Wasser= und Futtermangel und durch das Fehlen von ausreichendem kulturfähigen Boden; sie gehen aber sofort zum ansässigen Leben über, wenn sie in den Besitz von Kulturland gelangen, wie z. B. die ehemaligen Stammesgenossen der Kirgisen, die Usbeken, die heutzutage fast alle ansässig sind.

Auch unsere Vorfahren werden sicherlich nur sehr ungern und nur der eisernen Notwendigkeit gehorchend ihre Heimat verlassen haben. Dabei ist selbstverständlich an äußeren Zwang, etwa von seiten eines überlegenen Gegners, nicht zu denken bei einem Volke, welches nachträglich im stande war, ganz Indien, Vorderasien und Europa zu überwältigen und dauernd in Besitz zu nehmen. Es können also nur Naturereignisse in Betracht kommen. Wenn man daher die Ursitze der Indogermanen festsetzen will, ist es meines Erachtens vor allem notwendig, nachzuforschen, ob es nicht irgendwo auf der Erde ein ausgedehnteres Gebiet giebt, welches nachweisbar in einer früheren Zeit bewohnbar und bevölkert gewesen, später aber aus irgend welchen Gründen unbewohnbar geworden ist. Eine solche Gegend ist nun das heutige Turkestan, und in Anbetracht aller sonstigen Umstände ist dies auch das einzige Land, welches in unserer Frage in Betracht kommen kann. Wie sich jedermann durch den Augenschein überzeugen kann, war ganz Zentralasien vor verhältnismäßig nicht gar langer Zeit von ausgedehnten Binnenmeeren bedeckt gewesen, von denen sich gegenwärtig nur noch wenige Überreste erhalten haben, wie das Kaspische Meer, der Aral- und Balchaschsee, der Ebi-Noor, Lob-Noor u. s. w. Als infolge des Rückganges der erwähnten Binnenmeere und der kontinentalen Lage das Klima immer trockener, die Niederschlagsmenge immer geringer und deßhalb der kulturfähige Boden immer weniger wurde, blieb den Urbewohnern Zentralasiens nichts übrig als auszuwandern. Auf diese Weise wanderten die Vorfahren der Inder aus dem Amuthale durch Afghanistan nach Vorderindien, die Armenier, Meder und Perser nach Vorderasien und die Hellenen, Italiker, Kelten, Germanen, Slaven u. s. w. nach Rußland und von da nach Griechenland, Italien, Frankreich, Spanien, England, Deutschland und Skandinavien, während die Vorfahren der heutigen Chinesen aus dem verwüsteten Tarymbecken nach Südosten, nach dem heutigen China zogen. Die übrigen Angehörigen der ostasiatischen Rasse verbreiteten sich aus denselben Gründen im Norden allmählich über ganz Sibirien, den nordöstlichen Teil Europas und über das Nordostende Asiens hinaus nach Amerika, während sie im Süden die hinterindische Halbinsel und von da aus die malayischen und polynesischen Inseln und im Osten die japanischen Inseln besetzten. Viel später als die Vorfahren der genannten Völkerschaften wurden die Vorfahren der heutigen türkischen Stämme, die Hiongnu oder Hunnen, durch die fortschreitende Verwüstung des Landes zur Auswanderung gezwungen. Dieselben wandten sich zuerst gegen das fruchtbare China; da aber die Chinesen zur Abwehr der Eindringlinge die bekannte große Mauer aufführten, so zogen die Hunnen nach Westen, vertrieben die bis dahin noch in Turkestan zurückgebliebenen Skythen, die Vorfahren der heutigen Slaven, und ergossen sich in späteren Zeiten, als auch Turkestan sie nicht mehr alle ernähren konnte, bis nach Ost- und Mitteleuropa einerseits und nach Vorderasien und der türkischen Halbinsel anderseits. Die letzte Massenauswanderung aus Zentralasien fand erst im Mittelalter statt; es waren dies die bekannten Einfälle der Mongolen unter Dschingischan. Erst als ganz Zentralasien nahezu vollständig in eine Wüste verwandelt und die Einwohnerzahl auf ein Minimum reduziert war, hörten diese Völkerwanderungen auf.

Die zahlreichen, allenthalben in Turkestan verstreuten Überreste von Städten und ausgedehnten Kanalsystemen beweisen, daß diese Länder in früheren Zeiten dicht bevölkert, ja von Hunderten von Millionen Menschen bewohnt gewesen sein müssen, und zwar von Ansässigen und nicht von Nomaden, während sich gegenwärtig die gesamte Einwohnerzahl nur auf einige Millionen berechnet, von denen die meisten gezwungenerweise Nomaden sind. Es wird also leicht begreiflich, woher die unerschöpflichen Menschen= massen gekommen sind, die noch in historischer Zeit Jahrhunderte hindurch Europa überschwemmten.

Wenn manche Altertumsforscher behaupten, daß sich die hochgewachsene, blondhaarige und blauäugige germanische Rasse nur in einem nördlichen Klima habe ausbilden können, so sind sie sehr im Irrtum, denn auch in den Hochländern Zentralasiens konnte sich ein solcher Menschenschlag aus= bilden, besonders zu einer Zeit, wo das Klima noch feuchter und gemäßigter war als jetzt, wie die hochgewachsenen, kräftigen, blond= und rothaarigen und blauäugigen Galtschas in den Hochthälern Turkestans genugsam beweisen.

Näher auf diese Frage einzugehen halte ich hier nicht am Platze, und ich verweise in dieser Beziehung die Leser auf mein bereits erwähntes Werk „Sintfluth und Völkerwanderungen"; ich wollte hier nur kurz an= deuten, wie wichtig die genaue Kenntnis Turkestans und der gegenwärtigen Bewohner desselben für das Verständnis der Geschichte der Völkerwanderungen, für die Frage über die Herkunft der Indogermanen und alle verwandten Fragen ist.

Endlich ist die Kenntnis des heutigen Turkestan und seiner Bewohner für jeden Gebildeten auch noch deshalb sehr lehrreich, weil sich in der Lebens= weise, in den Sitten und Gebräuchen der heutigen Bewohner Turkestans eine Menge Anklänge an die Erzählungen und Schilderungen Homers[1] und der Bibel finden. Die meisten Verhältnisse sind bei den heutigen Tur= kestanern noch genau dieselben, wie sie in der Bibel und im Homer so wahr und anschaulich geschildert werden, so zwar, daß ich Bibel und Homer erst, seitdem ich mit dem Leben der turkestanischen Völkerschaften näher vertraut geworden bin, richtig zu verstehen und nach Gebühr zu würdigen gelernt habe.

---

[1] Sogar der homerische Weheruf ὤ πόποι ist bei den Eingeborenen Turkestans heute noch im Gebrauch in der Form oi poipoi.

I. Turkestans Bevölkerung.

Vorbemerkungen.

Es dürfte wohl auf der ganzen Erde kaum eine zweite Stelle geben, wo so viele verschiedene Völkerstämme durcheinander wohnen und wo die Bevölkerung aus so vielen allophylen Elementen zusammengesetzt ist wie in Turkestan. Es ist dies das Resultat der besondern Geschichte dieses für die Geschicke der Menschheit so wichtigen Gebietes. Turkestan war der Ausgangspunkt aller derjenigen Völker gewesen, welche im grauesten Altertum allmählich Europa, das westliche Asien und die vorderindische Halbinsel bevölkerten und welche selbstverständlich alle bei ihrer Auswanderung Vertreter in ihrer Urheimat zurückgelassen haben. In späterer Zeit wurde dann Turkestan von allen jenen mongolischen Horden durchzogen und zeitweilig in Besitz gehalten, welche, als sie, wie die Urbewohner Turkestans, durch die klimatischen Verhältnisse zum Verlassen ihrer Urheimat gezwungen wurden, nach Westen auswanderten und so den Anstoß zu den bereits in historische Zeit fallenden Völkerwanderungen gaben. Alle diese Völker haben sich während ihres längeren oder kürzeren Aufenthaltes in Turkestan mehr oder weniger mit den Ureinwohnern vermischt und bei ihrem Weiterzuge nach Westen gleichfalls einzelne Scharen in Turkestan zurückgelassen. Soweit uns diese Vorgänge historisch bekannt geworden sind, ist Turkestan im Laufe der Zeiten von folgenden Völkern arischer, semitischer und mongolischer Abstammung bewohnt worden.

A. Indogermanen.		B. Semiten.	C. Mongolen.		
α. Völker des Altertums.	β. Völker der Neuzeit.		α. Völker des Altertums.	β. Völker der Neuzeit.	
Baktrier	Tadschiken	Araber	Juan-Juan	Dschingischans	Mongolen
Sogdianer	Galtschas	Juden	Yue-tschi	Horden	Tataren
Chorasmier	Neuperser		Sie	Seldschukten	Kara-Kalpaten
Skythen	Siagpuschen		Hiongnu	Chinesen	
Salen	Afghanen		(Hunnen)	Kara-Kirgisen	Turkmenen
Massageten	Indier		Tutiu	Kirgis-Kaisaten	Sarten
Parther	Zigeuner		Uiguren		Tarantschis
Daher	Russen		Hoei-he	Kiptschaken	Dunganen
Abier	Deutsche		Kitan	Bulgaren	Kuramas
Alanen	ꝛc. ꝛc.			Oguen	Kalmücken
Perser				Usbeken	Mandschuren
Ukun				Nogaier	
Makedonier					
Griechen					

Von den hier aufgezählten Völkerstämmen sind viele im Laufe der Zeiten als solche spurlos verschwunden, alle aber haben ihren Teil zur Konstituierung der Völkerschaften beigetragen, welche gegenwärtig Turkestan bewohnen.

1. Herkunft der gegenwärtigen Bevölkerung Turkestans.

Das Gros der heutigen Bevölkerung Turkestans besteht aus sechzehn verschiedenen Völkerschaften, von denen die neun ersten die ansässige Bevölkerung bilden, die sieben andern aber fast ausschließlich Nomaden oder wenigstens Halbnomaden sind. Außer diesen aus kompakten Völkerschaften bestehenden Bewohnern giebt es noch eine große Anzahl verschiedenen andern Völkern angehöriger einzelner Individuen, welche in den Städten und Dörfern Turkestans zerstreut leben und sich entweder nur vorübergehend als Beamte oder des Erwerbes wegen aufhalten, oder auch in kleinen Abteilungen als Kolonisten unter den übrigen Völkern zerstreut leben. Die Namen der gegenwärtig in Turkestan vertretenen Völkerschaften sind folgende:

A. Ansässige.	B. Nomaden.	C. Zerstreute.
1. Sarten.	10. Kirgisen.	17. Russen.
2. Tadschiken.	11. Nomadische Usbeken.	18. Deutsche.
3. Galtschas.	12. Turkmenen.	19. Juden.
4. Ansässige Us=beken.	13. Kara=Kalpaken.	20. Zigeuner.
5. Araber.	14. Kiptschaken.	21. Perser.
6. Kuramas.	15. Kalmücken.	22. Indier.
7. Tarantschis.	16. Targauten.	23. Tataren.
8. Dunganen.		24. Afghanen.
9. Russische Ko=lonisten.		25. Chinesen.
		26. Sibos, Solonen, Mandschuren, Da=urier, Tschampan.

1. Die Sarten (Bild 1, 2 u. 3) bilden das Hauptkontingent der Stadt- und Dorfbevölkerung des russischen Turkestan. In Bezug auf die Sarten herrscht unter den Gelehrten und Reisenden eine ebenso große Konfusion, wie über die Stythen des Altertums. Während die einen das Wort „Sart" als gleichbedeutend mit „Angesessen" betrachten und deshalb sowohl die indogermanischen Tadschiken wie die türkischen Usbeken zu den Sarten rechnen, halten andere die Sarten für identisch mit den Tadschiken und wieder andere für identisch mit den Usbeken, und da demgemäß die einen die den Sarten

zukommenden Eigenschaften auf die Tadschiken oder Uzbeken, die anderu die Eigenschaften der letzteren ohne weiteres auf erstere übertragen, entstand in betreff der Sarten eine solche Begriffsverwirrung, daß mir beim Durchlesen dessen, was von verschiedenen Reisenden über Sarten, Tadschiken und Uz= beten geschrieben worden ist, oft ganz schwindlig wurde und ich mitunter nicht im stande war, herauszubringen, ob im gegebenen Falle das Gesagte sich auf die Sarten, die Tadschiken oder die Uzbeken bezog, obwohl ich selbst fünfzehn Jahre unter diesen Völkerschaften gelebt habe. Wie mag es dann erst denjenigen ergehen, welche ihre Kenntnis Turkestans erst aus eben diesen Reisebeschreibungen schöpfen sollen?

Was das Wort Sart betrifft, das schon zu Sultan Babers Zeiten (1483—1530) in Gebrauch war, so ist die Entstehung und Bedeutung des= selben nicht mit Sicherheit bekannt. Für die plausibelste Erklärung halte ich die von Lerch gegebene. Lerch schreibt darüber im ersten Bande der „Russischen Revue" folgendes: „Der Name Sart hat nach unserer Überzeugung von Hause aus durchaus keine ethnische Bedeutung gehabt, sondern eine kultur= historische und hat dieselbe auch bis jetzt bewahrt. Schon ziemlich früh tritt der Name Sart in den Niederungen des Sir, Silis bei Plinius, auf. Wir finden ihn dort bei Ptolemäus in der Form ‚Jaxartai', womit der Alexandriner ein großes Volk an dem gleichnamigen Flusse bezeichnet. Ihre Wohnsitze weist er ihnen an demselben dort an, wo er nach ihm in der Nähe der Tapurischen Gebirge eine andere Richtung annehmen soll. Unter diesem Gebirge ist der jetzige Karatau zu verstehen, in dessen Nähe der Sir jetzt statt der bisher nördlichen eine nordwestliche Richtung einschlägt. — Die Städtebewohner, überhaupt die fest angesiedelten Landbauer, im Gegen= satze zu sich, den umherschweifenden Hirten, benannten die Nomaden gewiß mit einem gemeinschaftlichen Worte. Ein solcher Kollektivname tritt uns nun auch entgegen in dem des Ptolemäischen Jaxartai, in dessen letzten zwei Silben ‚xartai' wir es mit dem Repräsentanten eines altiranischen Stammes Khsatra zu thun haben. Von diesem Stamme findet sich die neuere Form in dem neupersischen shehr, d. i. Stadt. Die Anlautsilbe des Namens Jaxartai, ‚ja', betrachte ich als Vertreter eines Pronominal= stammes, für den im Altpersischen hja und tja, im Zend aber ja ge= bräuchlich war. Jaxartai ist also griechische Wiedergabe nicht einer Wort= bildung, sondern eines Satzteiles, welcher im Munde der iranischen Skythen der ‚zur Stadt Gehörige' bedeutet hatte. Dem Fluß ist dann derselbe Name gegeben worden. Von den iranischen Nomaden überkamen später die tür= kischen Nomaden das Wort Sart als Bezeichnung für die ansässigen Ein= wohner."

Das Wort Sart hat in Wirklichkeit gegenwärtig eine doppelte Bedeutung. Im gewöhnlichen Leben wird es zur Bezeichnung der angesessenen Bevölkerung,

Bild 1. Junger Sarte aus Dscharkent.
(Nach einer Aufnahme von G. Merzbacher.)

im Gegensatze zu den Nomaden, gebraucht, mag nun diese von Usbeken, Tadschiken, Kirgisen oder andern Völkern abstammen. Daß sich dies wirklich so verhält, wird durch folgende Umstände erwiesen:

a) Die ansässigen Usbeken, Tadschiken, eigentlichen Sarten, ja selbst die angesessenen Zigeuner werden ohne Unterschied als Sarten bezeichnet, wenn es sich um den Gegensatz zwischen Ansässigen und Nomaden handelt.

b) Die Bewohner Kasch=gariens, Bucharas, Chiwas, des Sarawschanthales und des nörd=lichen Afghanistan stimmen in Bezug auf Rassenmerkmale, Cha=rakter, Sprache und Lebens=weise vollständig mit den Sarten des russischen Turkestan überein und sind unzweifelhaft gleicher Abstammung mit diesen; sie werden aber trotzdem nicht als Sarten bezeichnet, eben weil es in diesen Gegenden nur wenige oder auch gar keine Nomaden giebt und also der Gegensatz zwischen der ansässigen Bevölkerung und den Nomaden nicht besonders betont zu werden braucht.

c) Wenn ein nomadischer Kirgise, Usbeke zc. infolge des Verlustes seiner Herden sich in einer Stadt oder in einem Dorfe niederläßt, um sich mit Ackerbau, Handel oder Industrie zu beschäftigen, so werden seine Kinder ohne weiteres als Sarten betrachtet und auch als solche bezeichnet.

Das Wort Sart hat aber außerdem auch noch eine ethnische Bedeutung und bezeichnet ein ganz bestimmtes Volk, welches von Usbeken, Kirgisen und Tadschiken verschieden ist. Die Sprache der Sarten ist türkisch, ihr Typus ist aber ebensosehr von dem Typus der mongolischen Usbeken und Kirgisen wie von dem Typus der indogermanischen Tadschiken verschieden und ist ein ganz selbständiger und eigentümlicher. Es giebt zwar unter den Sarten einzelne Individuen, welche den Usbeken, Kirgisen und Tadschiken zum Verwechseln ähnlich sehen; diese stammen aber offenbar von solchen usbekischen, kirgisischen oder tadschikischen Eltern, welche erst vor kurzem sartisiert worden sind.

Die Sarten sind ein Mischvolk und sind hervorgegangen aus der Ver=mischung der indogermanischen Urbewohner Turkestans mit allen jenen Völker=

schaften, welche die letzten zweitausend Jahre nacheinander Turkestan beherrscht und bewohnt haben. Daß die Sarten nicht, wie gewöhnlich angenommen wird, nur durch Vermischung der Usbeken und indogermanischen Ureinwohner entstanden sind, beweist ihr ganzes Äußeres, welches weder mit dem Äußern der Usbeken noch mit dem der Galtschas übereinstimmt, besonders aber ihr auffallend starker Bartwuchs, da der Bartwuchs aller mongolischen Völker bekanntlich ein minimaler ist und auch die unvermischten arischen Urbewohner Turkestans, die Galtschas, nur einen mäßigen Bartwuchs aufweisen.

Daß die heutige Stadtbevölkerung Turkestans aus allen jenen Völkern zusammengesetzt ist, welche der Reihe nach Turkestan in Besitz gehabt haben, ist schon in Anbetracht der örtlichen Verhältnisse selbstverständlich. Die nomadische Urbevölkerung Turkestans wurde beim Vordringen der mongolischen Horden durch die Übermacht aus Turkestan hinausgedrängt oder auch einfach aufgerieben. Mit der Stadtbevölkerung dagegen ging dieses nicht an aus zwei gewichtigen Gründen. Die Städter konnten sich in ihren festen Punkten viel leichter gegen den Anprall wilder, mit dem Belagerungswesen nicht vertrauter Horden erwehren, als ihre nomadischen und weitverstreuten Stammesgenossen. Gelang es den Eroberern nach langwierigem Kampfe trotzdem, die befestigten Städte einzunehmen, so durften sie die Stadtbewohner nicht mir nichts dir nichts niedermachen, weil sie sonst das ganze Land in eine Wüste verwandelt hätten. Denn nur die eingeborenen

Bild 2. Sartin aus Taschkent

Stadtbewohner waren in der Lage, die künſtliche Kanaliſation, deren Aus=
bildung Jahrhunderte erfordert hatte, in ſtand zu halten und dadurch die
Fortexiſtenz der Kulturoaſen zu ermöglichen, und jeder neue Eroberer mußte
deshalb die alte anſäſſige Bevölkerung zu erhalten ſuchen. Nur auf dieſe
Weiſe iſt es zu erklären, daß die indogermaniſchen Urbewohner Turkeſtans,
ungeachtet des vielmaligen Wechſels der herrſchenden Bevölkerung, bis auf
den heutigen Tag nicht vollſtändig ausgerottet worden ſind. Freilich war
es dabei unvermeidlich, daß ſie bei jedem Einfall neuer Völkerſchaften immer
wieder einen Teil der Eroberer unter ſich aufnehmen und ſich allmählich
mit denſelben vermiſchen mußten. Dieſe fortgeſetzte Raſſenmiſchung wurde
noch weſentlich gefördert durch den Mohammedanismus, der den Ankauf
von Frauen ohne Rückſicht auf Herkunft begünſtigt, ſowie durch den aus=
gedehnten Sklavenhandel.

Durch dieſe Jahrtauſende lang fortgeſetzte Miſchung von Dutzenden
verſchiedener Völkerſchaften iſt ein ganz neues Volk, die Sarten, entſtanden.
Da es unter den obwaltenden Umſtänden rein unmöglich war, zu beſtimmen,
von welchem Völkerſtamme das Volk der Sarten eigentlich abſtammte, ſo hat
ſich für dasſelbe auch kein eigentlicher Volksname erhalten, und es wurde
ſchließlich nur mit dem Namen benannt, welcher anfangs gar keine ethniſche
Bedeutung gehabt hatte, ſondern nur zur Unterſcheidung der Städter von
den Nomaden gedient hatte. Auf dieſe Weiſe iſt der Name Sart ſchließlich
zu einem Volksnamen geworden. Die türkiſche Sprache haben die Sarten
von dem bis in die letzte Zeit in Turkeſtan herrſchenden Volke der Usbeken
übernommen, der letzten Völkerſchaft, mit der ſich die Sarten zu einem
Volke vermiſcht haben. Die Stammväter der Sarten waren alſo alle jene
Völkerſchaften, welche das Schickſal im Laufe der Zeiten nach Turkeſtan
verſchlagen hat, d. h. außer den indogermaniſchen Urbewohnern auch noch
Altperſer, Makedonier, Griechen, Araber, Chineſen, Hunnen, Mongolen,
Kirgiſen, Usbeken, überhaupt alle Völker, welche auf Seite 3 aufgezählt ſind,
und wahrſcheinlich noch manche andere, von denen uns die Geſchichte nichts
überliefert hat.

2. Tadſchiken. Außer den Sarten beſteht die Bevölkerung der
Städte und Dörfer Turkeſtans auch noch aus Tadſchiken. Dieſe ſind, wie
die Sarten, ein Miſchvolk, welches, wenn auch in geringerem Grade, im
Laufe der Zeiten dieſelben fremden Elemente aufgenommen hat wie die
Sarten. Die Tadſchiken unterſcheiden ſich aber dadurch von den Sarten,
daß ſie ihre urſprüngliche perſiſche Sprache, freilich vermiſcht mit arabiſchen,
türkiſchen und mongoliſchen Elementen, bis jetzt bewahrt haben und auch
in ihrem Typus den unvermiſchten Nachkommen der indogermaniſchen Ur=
bewohner, den Galtſchas, naheſtehen. Der Hauptunterſchied zwiſchen Sarten
und Tadſchiken beſteht alſo darin, daß letztere ſich von der Vermiſchung

mit den letzten mongoliſchen Einwanderern, den Usbeken, mehr oder weniger rein erhalten haben. Die Tadſchiken ſind folglich als übrig gebliebene Repräſentanten derjenigen Bevölkerung zu betrachten, welche vor dem Einbringen der Usbeken alle turkeſtaniſchen Städte und Dörfer, mit alleiniger Ausnahme der von den Galtſchas eingenommenen Gebiete, bewohnte.

3. G a l t ſ ch a s. Was den Namen „Galtſcha" betrifft, ſo ſollen nach Ujfalvy die Galtſchas von Kogiſtan ſich denſelben ſo erklären, daß damit ein Rabe gemeint ſei, der, um Unterhalt zu finden, ſich ins Gebirge geflüchtet habe. Dies würde darauf hinweiſen, daß in der Sprache der Galtſchas die Bezeichnung für Rabe eine ähnliche iſt wie im Slaviſchen; im Ruſſiſchen heißt Dohle galka. Tomaſchek leitet in ſeinen „Centralaſiatiſchen Studien" das Wort Galtſcha von dem baktriſchen gairi ab und verſteht unter Galtſcha „Bergbewohner". Den Namen Galtſcha führte auch ein Teil der ſeiner Zeit nach Europa ausgewanderten Indogermanen; denn die Namen der alten Galater, Gallier und Kelten waren offenbar nichts weiter als der gräciſierte, reſpektive romaniſierte und keltiſierte Name Galtſcha [1].

Die heutigen Galtſchas bilden die anſäſſige Bevölkerung der ſchwer zugänglichen Gebirgsländer im Quellgebiete des Amu=Darja, Tarym und Sarawſchan. In Anbetracht ihres Verbreitungsgebietes, ihrer Sprache und ihres Volkstypus ſind die Galtſchas als die einzigen unvermiſchten Nach= kommen der indogermaniſchen Urbewohner Turkeſtans zu betrachten, welche noch zu Alexanders d. Gr. Zeit Baktrien, Sogdiana, Fergana und die Ab= hänge des Pamirſyſtems einnahmen und urſprünglich ganz Turkeſtan be= wohnt hatten. Die Galtſchas ſind die Stammverwandten der alten Gallier, Germanen, Skythen, Indier und der übrigen indogermaniſchen Stämme, welche ſich ſchon frühzeitig von ihren in Turkeſtan zurückbleibenden Stammes= genoſſen getrennt hatten und nach Europa, nach Vorderaſien und nach Indien ausgewandert waren. Während ihre in den Städten und Dörfern des Flachlandes angeſiedelten Brüder ſich durch Vermiſchung mit den ver= ſchiedenen ſpäteren Einwanderern in Sarten und Tadſchiken verwandelten, haben ſich die Galtſchas, dank ihrer geſchützten Lage im Gebirge und dem Umſtande, daß ſie, obgleich Mohammedaner, ſich nur mit ihresgleichen ver= heiraten, bis auf den heutigen Tag unvermiſcht erhalten und haben auch noch ihre indogermaniſche Urſprache nahezu unverändert bewahrt. Ihrer Sprache nach zerfallen die Galtſchas gegenwärtig in folgende ſieben Stämme: 1. Jagnauer, 2. Sarykoler, 3. Darwaſer, 4. Wachchaner, 5. Jſchkaſchmer, 6. Sebaker, 7. Munganer. Nach Tomaſcheks Unterſuchungen ſoll ſich der

---

[1] Vgl. mein Werk „Sintfluth und Völkerwanderungen" (Stuttgart 1894) S. 85 ff. und 355 ff.

Dialekt der Munganer am meisten der Sprache des Avesta, d. h. dem Altbaktrischen, anschließen; der Dialekt der Sarykoler und Darwaser aber ein Überrest der Sprache der alten Skythen sein.

4. Die anfäsfigen Usbeken (Bild 3) in Buchara, Chiwa, im Sarawschangebiet und im afghanischen Turkestan find dasselbe Volk, welches im russischen Turkestan mit dem Namen Sarten bezeichnet wird. Sie find ebenfalls durch Vermischung der eingewanderten Usbeken mit den einheimischen Tadschiken entstanden. Der Grund, warum dieselben sich nicht Sarten, sondern Usbeken nennen, ist ein dreifacher. Erstens fehlt in den von den anfäsfigen Usbeken eingenommenen Gebieten der schroffe Gegensatz zwischen Ansäsfigen und Nomaden, da es in denselben nur wenige oder auch gar keine Nomaden giebt. Zweitens wiegt bei der Bevölkerung dieser Gebiete das usbekische Element vor; denn die Usbeken haben sich von Westen, vom Aralsee her, ausgebreitet, und je weiter man deshalb von Westen nach Osten fortschreitet, desto mehr verschwindet das usbekische Element, und die Bevölkerung geht immer mehr in reine Tadschiken über. Der britte Grund war der, daß in den erwähnten Gebieten die Usbeken bis in die letzte Zeit das herrschende Volk bildeten, aus welchem die Herrscher von Chiwa, Kokan und Buchara hervorgegangen waren, und daß sich deshalb jeder, der nur irgendwie mit Usbeken verwandt war, natürlich zum herrschenden Volke der Usbeken rechnete. Auf die Abstammung der Usbeken selbst werde ich später zurückkommen, wenn ich von den nomadischen und noch unvermischten Usbeken sprechen werde.

5. Araber. In Buchara, in der Gegend von Wardanfi, und in den russischen Distrikten von Katy-Kurgan und Samarkand giebt es eine kleine Anzahl von Arabern, welche ein halb anfäsfiges, halb nomadisches Leben führen. Über die Herkunft dieser Araber giebt es zwei abweichende Traditionen: die einen halten sie für Nachkommen der arabischen Eroberer aus dem 9. Jahrhundert, die andern aber für Nachkommen derjenigen Araber, welche von Tamerlan gewaltsam nach Turkestan weggeführt und daselbst angesiedelt worden waren. Ich halte die letztere Version für die richtige. Denn die als Eroberer ins Land gekommenen Araber haben sich jedenfalls, wie die heutigen Usbeken, als herrschende Bevölkerung über das ganze Land verbreitet, sich allmählich mit der eingeborenen Bevölkerung vermischt und sind so spurlos verschwunden, zudem seit der Eroberung Turkestans durch die Araber bereits tausend Jahre verflossen find. Nur die viel später an einer bestimmten Stelle als unterworfene und deshalb verachtete Kolonisten angesiedelten Araber konnten sich unvermischt erhalten.

6. Kuramas. Die zwischen Taschkent und Chodschent angesessene Bevölkerung trägt den Namen Kurama oder „Mischlinge“. Sie unterscheidet

sich von den umwohnenden Sarten dadurch, daß sie durch Vermischung der Sarten und Tadschiken mit Kirgisen entstanden ist, wobei das kirgisische Element stark vorwiegt. Zum Theil bestehen die Kuramas, wie aus ihrem

Bild 3. Said Ahad Chan, der jetzige Emir von Buchara, und sein Minister.
(Usbekischer und sartischer Typus.)

Typus hervorgeht, aus reinen Kirgisen. Die Entstehung der Kuramas fällt aller Wahrscheinlichkeit nach in die Zeit der kirgisischen Herrschaft über Taschkent, die von 1598—1723 dauerte.

7. Die Tarantschis oder „Ackerbauer" sind ganz gleichen Ursprungs mit den Sarten. Sie sind Nachkommen von Kolonisten, welche im vorigen Jahrhundert von der chinesischen Regierung aus Kaschgarien nach dem Ilithal versetzt worden waren. Sie sind folglich identisch mit der ansässigen Bevölkerung des Tarymbeckens.

8. Die Dunganen sind die Nachkommen von türkischen Völkerschaften, welche von den Chinesen während ihrer Kämpfe mit den Hiongnu zu verschiedenen Zeiten im nordwestlichen China angesiedelt worden waren und welche während ihres Aufenthaltes in China chinesische Sprache und Lebensweise angenommen hatten. Sie waren ursprünglich als Eroberer in die Dschungarei und ins Ilithal eingedrungen und rotteten hier Ende der sechziger Jahre des 19. Jahrhunderts, in Verbindung mit den Tarantschis, die herrschende chinesische Bevölkerung fast vollständig aus.

9. Russische Kolonisten. Seit der Eroberung Turkestans durch die Russen sind an verschiedenen Punkten russische Kolonien angelegt worden, in welchen Ansiedler aus allen Teilen Rußlands, besonders aber uralische Kosaken, angesiedelt wurden. Diese Kolonien haben hauptsächlich den Zweck, die russische Herrschaft zu befestigen und das Land allmählich mit dem russischen Reiche zu verschmelzen. Leider ist aber die Kolonisierung des Landes in ausgedehnterem Maßstabe nicht möglich infolge des Mangels an disponiblem kulturfähigen Lande.

In Turkestan hatten sich bereits vor der russischen Herrschaft hie und da kleinere Partien von Russen angesiedelt; so z. B. in Kuljab, in Ostbuchara, und in Uruß-Kischlak („Russendorf"), in der Nähe von Kitab. Es waren dies Häretiker, welche, um der Verfolgung durch die russische Orthodoxie zu entgehen, sich zu den Mohammedanern Turkestans flüchteten, hier aber vom Regen in die Traufe gerieten, indem sie insgesamt zum Islam bekehrt wurden. Sie sind heutzutage vollständig mit den Eingeborenen verschmolzen und erinnern nur hie und da noch durch ihre echt russischen Physiognomien an ihre Abstammung.

10. Kirgisen. Die erste Stelle unter den Nomadenvölkern Turkestans nehmen die Kirgisen ein, welche heutzutage alle diejenigen Gegenden besetzt halten, welche im Altertum von den indogermanischen Skythen bewohnt waren. Die Kirgisen zerfallen gegenwärtig in zwei große Abteilungen: in eigentliche Kirgisen, welche auch als Kara-Kirgisen, Buruten und von den Russen als Diko-Kamennie oder „wilde Bergkirgisen" bezeichnet werden, und in Kirgis-Kaisaken, welche sich selbst Kaisaken oder Kasaken nennen. Um Verwechslungen zu vermeiden und um mich dem gewöhnlichen Gebrauche anzuschließen, nenne ich erstere Kara-Kirgisen, letztere Kirgis-Kaisaken.

Die Kara-Kirgisen (Bild 4) scheiden sich wieder in zwei Gruppen: On und Sol, oder „die Rechten" und „die Linken"; die Kirgis-Kaisaken aber zerfallen in vier Horden: die Große, Mittlere, Kleine und die Innere ober Bukejewsche Horde [1]. Diese Unterabteilungen haben aber, seitdem die

Bild 4. Kara-Kirghen-Familie.

[1] Aus welcher Zeit die Einteilung der Kirgis-Kaisaken in die drei ursprünglichen Horden, Große, Mittlere und Kleine, datiert und wie dieselbe entstanden ist, ist un= bekannt. Die Tradition der Kirgis-Kaisaken meldet in dieser Beziehung, daß ein

Kirgisen unter russischer Herrschaft stehen, nur mehr ein historisches Interesse, da dieselben gegenwärtig ohne Rücksicht auf ihre ursprüngliche Einteilung in Woloste eingeteilt sind, welche russischen Bezirkschefs untergeordnet sind und untereinander in keiner weiteren Verbindung stehen.

Das Wort „Kirgis" [1] stammt offenbar von dem Worte kir, welches eine Steppe bezeichnet, auf welcher zur Regenzeit Gras wächst, und dem Worte kis = wandern; es bedeutet also soviel wie Nomade. Eine ähnliche Bedeutung hat auch das Wort Kaisak oder Kasak, zu deutsch „Wanderer" oder „Vagabund" (von der alten Stammsilbe kas = herumirren). Der Name Kara-Kirgis oder Schwarz-Kirgis rührt angeblich davon her, daß die also bezeichneten Kirgisen keinen Adel haben, während bei den Kirgis-Kaisaken die Adeligen oder Sultane, welche als „Weiße Knochen" bezeichnet werden, im Gegensatze zum gemeinen Volke oder den „Schwarzen Knochen", eine große Rolle spielen. Ich glaube aber, daß der Name Kara-Kirgis seine Entstehung dem Umstande verdankt, daß die also bezeichneten Kirgisen sich durch eine dunkle Hautfarbe von den Kirgis-Kaisaken unterscheiden, welche unter allen turkestanischen Völkerschaften sich durch die weißeste Hautfarbe auszeichnen und hierin vielfach selbst die Europäer übertreffen. Die Russen haben den Kara-Kirgisen den Namen Diko-Kamennie-Kirgisen oder „wilde Berg-Kirgisen" gegeben, weil dieselben die turkestanischen Gebirge bewohnen und deshalb wilder und tapferer sind als die Kirgisen des Flachlandes oder Kirgis-Kaisaken.

Die Kara-Kirgisen und Kirgis-Kaisaken bildeten ursprünglich nur e i n Volk. Die jetzt zwischen diesen beiden Zweigen herrschenden Unterschiede in Bezug auf Typus, Lebensweise und gesellschaftliche Einrichtungen sind nur eine Folge der verschiedenen Lebensweise, da die ersteren, wie gesagt, ausschließlich im Gebirge, die letzteren dagegen im Flachlande wohnen. Während die Kara-Kirgisen infolge ihrer Abgeschlossenheit in den Gebirgen sich verhältnismäßig rein erhalten haben, haben die Kirgis-Kaisaken bei ihrer beständigen Berührung mit den verschiedenen Völkern Rußlands, Sibiriens und mit der ansässigen Bevölkerung Turkestans mehr oder weniger fremde Elemente in sich aufgenommen. Die laxen Sitten der Weiber, auch der verheirateten, haben hierzu nicht wenig beigetragen.

Die Sprache der Kirgisen ist eine rein türkische; dieselbe hat nur ganz wenig fremde Elemente in sich aufgenommen und ist bei allen Unterabteilungen der Kirgisen nahezu dieselbe.

---

mächtiger Chan, der das ganze Volk beherrscht hatte, dasselbe unter seine drei Söhne verteilte, und daß die dem ältesten Sohne zugefallene Abteilung sich Große Horde, die Abteilung des zweiten Mittlere Horde und die Abteilung des jüngsten sich Kleine Horde benannte. Die Bukejewsche Horde ist erst 1801 aus der Kleinen Horde hervorgegangen.

[1] Radloff leitet das Wort „Kirgis" von kirk (vierzig) und jus (hundert) ab.

1. Herkunft der gegenwärtigen Bevölkerung Turkestans.

Was die Abstammung[1] der Kirgisen betrifft, so sind sie offenbar eines Ursprungs mit den Usbeken. Dies geht daraus hervor, daß bei Kirgisen und Usbeken sich die gleichen Stammes- und Geschlechtsnamen finden und daß ihre Sprachen keine bedeutenden dialektischen Verschiedenheiten aufweisen. Vor ihrer Trennung führten beide Völker den gemeinsamen Namen Oghusen, von denen sich auch die Turkmenen und die Osmanen abgezweigt haben. Alle türkischen Stämme aber stammen von einem Volke ab, welches den Chinesen im Altertum unter dem Namen der Hiongnu bekannt war. Diese Hiongnu hatten von ihrer Urheimat aus langjährige Kämpfe mit den Chinesen geführt, in deren Land sie, durch die allmähliche Austrocknung und Versandung ihres eigenen Heimatlandes zur Auswanderung gezwungen, einzudringen versuchten, waren aber schließlich, bald nach Christi Geburt, von den Chinesen überwältigt und nach Westen, nach Turkestan, verdrängt worden, wo sie ihrerseits die bisherigen Bewohner, die indogermanischen Skythen, verjagten und sich allmählich in die verschiedenen türkischen Völkerschaften auflösten, welche nacheinander in der Geschichte auftraten und durch ihr Vordringen nach Europa und Vorderasien die Völkerwanderungen veranlaßten, welche das Aussehen von ganz Europa umgestaltet haben[2].

---

[1] Die Kirgisen selbst wissen über ihre Herkunft nichts Zuverlässiges, da sie weder Chroniken noch sonst welche Monumente aus alter Zeit besitzen. Es giebt zwar bei ihnen eine Menge von Traditionen über ihre Abstammung, dieselben sind aber alle so absurd und einander widersprechend, daß sie dem Geschichtsforscher keinerlei Anhaltspunkt geben können.

[2] Radloff (Ethnogr. Übers. der nördl. Türkstämme) schreibt über die Herkunft der Kirgisen: „Dieser Name (Kirgisen) tritt in der Geschichte viel später auf als die Kirgisen selbst. In ältester Zeit (5. Jahrhundert) werden die Kirgisen von den Chinesen Kian-Kuen oder Hakas genannt und wohnten nach Angabe der chinesischen Geschichtschreiber an den Quellen des Jenissei und südlich vom Sajanischen Gebirge. Im 8. Jahrhundert beginnen die Kämpfe zwischen den Kirgisen und Uiguren, und diese endigen mit der Vernichtung der Uiguren im 9. Jahrhundert. Später werden die Sitze der Kirgisen weiter nach Westen angegeben, etwa zwischen Jenissei und Katunja; dabei werden zwei Städte derselben, Kian-Tscheu und Ilan-Tscheu, genannt. Im Jahre 1259 endlich erwähnen chinesische Schriftsteller der Kirgisen als Einwohner des westlichen Thianschan. Zuletzt treffen die Russen im 17. Jahrhundert auf Kirgisenstämme im oberen Jenisseithale, nördlich vom Sajanischen Gebirge. Alle diese Nachrichten zeigen uns aufs deutlichste, daß der am meisten nach Norden wohnende Türkstamm seit dem 5. Jahrhundert die Kirgisen waren, daß dieselben im Sajanischen Gebirge und im östlichen Altai beinahe fünf Jahrhunderte lang gewohnt und ihre Wohnsitze gegen die von Süden andringenden Uiguren siegreich verteidigt haben. Die unter Tschingis Chan nach Westen dringenden Mongolen haben nun jedenfalls das alte Reich der Hakas vernichtet und dieselben zum größten Teile aus dem südlichen Teile ihres Reiches verdrängt, so daß ein Teil über das Sajanische Gebirge nach Norden gedrängt wurde und dort gewiß sich mit Uiguren, samojedischen, ostjakischen und tungusischen Völkerschaften vermischt hat, zum Teil unter dem Namen Kirgisen im Abakanthale nomadisierte. Der größte Teil der Kirgisen aber wurde nach Südwesten gedrängt und ließ sich in den Thälern des westlichen Thianschan nieder."

11. **Nomadische Usbeken.** Während die Kirgisen im großen und ganzen bis auf den heutigen Tag Nomaden geblieben sind, haben sich die ihnen verwandten Usbeken nach ihrer Trennung von den Kirgisen zum größten Teil mit der tadschikischen Bevölkerung derjenigen Gebiete, in welche sie als Eroberer eingedrungen waren, vermischt, und nur ein ganz kleiner Teil ist seiner ursprünglichen nomadischen Lebensweise treu geblieben. Der Grund hierfür lag offenbar darin, daß die von den Usbeken okkupierten Gebiete Chiwa, Buchara, das Sarawschanthal, das obere Syr-Darja-Gebiet und das afghanische Turkestan zum Nomadisieren nicht geeignet waren, da sie fast nur aus Kulturoasen oder ganz unfruchtbaren Sandwüsten bestehen.

Das Wort „Usbek" ist aus den zwei Wörtern us = selbst und Bek = Herr zusammengesetzt und bedeutet also soviel wie unabhängig oder frei. Die Usbeken treten in der Geschichte unter diesem Namen zum erstenmal in der zweiten Hälfte des 15. Jahrhunderts auf, wo sie unter dem Scheibaniden Abul-Cheir-Chan, einem Nachkommen Dschingischans, um den Aralsee herum ein selbständiges Reich gründeten. Unter Abul-Cheirs Nachfolgern besetzten die Usbeken Mawer-al-nar oder das heutige Buchara mit Fergana. In Chowaresm oder dem heutigen Chiwa hatten sich die Usbeken schon bald nach Scheibanis Tod unter andern Nachkommen Dschingischans festgesetzt.

Heutzutage ist die Anzahl der relativ unvermischten Usbeken, welche bis jetzt Nomaden geblieben sind, sehr gering. Dieselben zerfallen aber nichtsdestoweniger in eine große Anzahl von Geschlechtern. Von diesen sind die der Mangiten, Ming und Keneges die vornehmsten, weil aus denselben die Herrscher von Buchara und die ehemaligen Herrscher von Kokan und Schachrisabs hervorgegangen sind. Im ganzen zählt man noch an die 70 bis 80 Usbekengeschlechter.

12. Die **Turkmenen** waren ursprünglich Verwandte der Kirgisen und Usbeken, da sie wie diese von dem türkischen Volke der Ogu/en abstammen. Die Turkmenen haben sich aber ebensowenig rein erhalten wie die Usbeken, sondern sich mehr oder weniger mit den früheren Bewohnern der Turkmenensteppe, den indogermanischen Massageten, Parthern und Saken[1], vermischt, mit denen die heutigen Turkmenen in Bezug auf Charakter und Lebensweise viel Ähnlichkeit haben. Außerdem haben die Turkmenen infolge ihrer fortgesetzten Menschenjägerei und ihres ausgedehnten Sklavenhandels auch noch viele andere fremde, besonders persische Elemente in sich aufgenommen, wenn sie auch ihre türkische Sprache bis jetzt bewahrt haben. Gegenwärtig zerfallen die Turkmenen in folgende neun voneinander unabhängige Stämme:

---

[1] Ein Zweig der Turkmenen, welcher ebenda wohnt, wo die alten Saken gewohnt hatten, führt noch immer den Namen Sakars.

1. Aljeliß,
2. Erſariß,
3. Gölten,
4. Jomuden,
5. Sakars oder Kara-Turkmenen,

6. Saloren,
7. Saryk-Turkmenen,
8. Tekke-Turkmenen,
9. Tſchaudoren.

13. Die Kara-Kalpaken oder „Schwarzmützen“ ſind mit den Kirgiſen, Usbeken und Turkmenen verwandt, denn bei den Kara-Kalpaken kommen dieſelben Stammesnamen vor wie bei dieſen drei Völkern. Vambéry hält die Kara-Kalpaken für die nächſten Verwandten der alten Petſchenegen.

Bild 5. Sibos von Kuldſcha. (Nach einer Aufnahme von G. Merzbacher)

Nach ihrer eigenen Tradition ſind die Kara-Kalpaken von der Wolga her nach Zentralaſien eingewandert. Sie trieben ſich zuerſt 130 Jahre lang in der Kirgiſenſteppe herum und ließen ſich dann in der Gegend der Stadt Turkeſtan nieder, wo ſie etwa 50 Jahre blieben und langwierige Kämpfe mit den Kirgiſen zu beſtehen hatten. Um das Jahr 1700 zerfielen ſie in drei Teile, von denen der eine ſich am unteren Syr-Darja und am Jany-Darja, der zweite am Sarawſchan und der dritte im Amu-Delta niederließ. Anfang dieſes Jahrhunderts zog auch der erſte Teil nach dem Delta des Amu-Darja.

14. Kiptſchaken. In der Geſchichte Turkeſtans ſpielen zwei verſchiedene Völkerſchaften eine Rolle, welche beide den Namen Kiptſchaken führen. Die eine iſt nichts weiter als eines der vielen Usbekengeſchlechter

und folglich mit den Mangiten, Mings und Keniges verwandt; die andere Völkerschaft ist ein Stamm der Kara-Kirgisen.

15. Die Kalmücken sind ein rein mongolischer Stamm und stammen von jenen Völkerschaften ab, welche seiner Zeit die Heeresmacht Dschingischans gebildet hatten. Gegenwärtig zerfallen die Mongolen in vier Abteilungen: Ostmongolen, Westmongolen oder Ölöten, Burjäten und Hasareh. Die Kalmücken gehören zu der zweiten dieser vier Abteilungen, d. h. zu den Ölöten.

16. Die Targauten sind gleichfalls ein Zweig der Ölöten; sie bildeten früher eine Abteilung der Dschungaren, welche im Jahre 1757 von den Chinesen fast vollständig ausgerottet wurden.

17. Russen. Von den unter der eingeborenen Bevölkerung Turkestans zerstreut lebenden Völkerschaften nehmen die Russen als die herrschende Nation die erste Stelle ein. Das Militär ist in Russisch-Turkestan ausschließlich russisch. Ebenso sind die Offiziere und Beamten zum weitaus größten Teil Russen. Außerdem leben in Turkestan noch russische Kaufleute, Gewerbetreibende und wenige Plantagen- und Fabrikbesitzer. Dieser Teil der russischen Bevölkerung Turkestans wechselt fortwährend, weil die meisten nach Ablauf ihrer Dienstzeit das Land wieder verlassen und durch frische Kräfte ersetzt werden.

18. Deutsche. Die in Turkestan sich aufhaltenden Deutschen sind fast ausschließlich Beamte, Ärzte und Offiziere in russischen Diensten und Kaufleute. Außerdem haben sich in der letzten Zeit an mehreren Stellen Turkestans deutsche Mennoniten angesiedelt, die aus der Wolgagegend einwanderten, um der jetzt in Rußland eingeführten allgemeinen Wehrpflicht zu entgehen, da bekanntlich der Kriegsdienst den religiösen Anschauungen der Mennoniten widerspricht.

19. Von Juden giebt es in Turkestan zwei Arten: die einheimischen oder sogen. bucharischen Juden und die aus Rußland eingewanderten polnischen Juden. Die bucharischen Juden sind nach ihrer eigenen Tradition Nachkommen derjenigen Hebräer, welche zu verschiedenen Zeiten von den assyrischen und babylonischen Königen aus Palästina weggeführt und in Zentralasien angesiedelt worden waren. So hatte z. B. der König Sargon im Jahre 722 v. Chr. nach der Zerstörung des Reiches Israel einen Teil der gefangenen Juden nach Medien verpflanzt. Die polnischen Juden kommen nach Turkestan meistens als Soldaten und bleiben nach Beendigung ihrer Dienstzeit in Turkestan, weil sie hier als Wucherer, Kuppler, Händler und Handwerker ein leichteres Fortkommen finden als in ihrer Heimat.

20. Die Zigeuner sind gleichfalls in Turkestan vertreten. Die zentralasiatischen Zigeuner zerfallen in zwei Klassen: in Ljulis und in Masangs. Die ersteren sind echte Zigeuner und führen genau dieselbe Lebensweise wie

ihre Stammesgenossen in Europa. Die Masangs dagegen sind ansässig und haben sich deshalb mehr oder weniger mit den umwohnenden Sarten, Usbeken und Tadschiken vermischt. Ob die Zigeuner sich nach Turkestan von Europa oder direkt von Indien, aus verbreitet haben, ist nicht bekannt.

21. Perser giebt es in Turkestan, besonders im heutigen Buchara, in ziemlich großer Anzahl. Es sind dies meist ehemalige Sklaven oder Nachkommen von Sklaven, welche von den Turkmenen aus ihrer Heimat entführt und nach Buchara und Chiwa verkauft worden waren. Dieselben sind in Buchara und Chiwa teils Beamte, teils Soldaten, teils Kaufleute

Bild 6. Tadschiken.

und Handwerker. An manchen Orten Turkestans haben sie sich auch als Kolonisten angesiedelt.

22. Indier. Eine wahre Geißel für das Land sind die in geringer Zahl in den Städten Turkestans sich aufhaltenden Indier, welche sich zum Schein mit Handel, in Wirklichkeit aber mit dem ärgsten Wucher beschäftigen. Sie kommen meistens aus dem Pendschab, besonders aus Schitarpur, und werden von den Eingeborenen Turkestans mit dem Namen „Multani" bezeichnet.

23. Die turkestanischen Tataren sind aus Rußland eingewandert, teils schon vor der Eroberung des Landes durch die Russen, teils im Gefolge der russischen Heere, denen sie als Dolmetscher und als

Vermittler mit den Eingeborenen, ſowie als Kaufleute und Lieferanten Dienſte leiſteten. Es ſind teils kaſanſche und krimſche, teils auch ſibiriſche Tataren. Die ruſſiſchen Tataren ſind entſtanden durch Vermiſchung ver= ſchiedener türkiſcher Völkerſchaften mit den Nachkommen derjenigen mongoliſchen Tataren, welche unter Dſchingischan und deſſen Nachfolgern den größten Teil Rußlands erobert und mehrere Jahrhunderte hindurch beherrſcht hatten. Da=

Bild 7. Tarantſchi=Ehepaar. (Nach einer Aufnahme von G. Merzbacher.)

durch erklärt ſich einerſeits der mongoliſche Name, anderſeits die türkiſche Sprache der heutigen Tataren.

24. Afghanen kommen im ruſſiſchen Turkeſtan und in Buchara nur in geringer Zahl vor, und ſie halten ſich hier nur als Kaufleute oder auch als politiſche Flüchtlinge auf; im afghaniſchen Turkeſtan dagegen bilden ſie die herrſchende Bevölkerung, und hier ſind faſt alle Beamten, Offiziere und Soldaten Afghanen. Das eigentliche Stammland der Afghanen iſt die Gegend um Kabul, im Süden des Hindukuſch, wo ſie ſchon in den

ältesten Zeiten angesiedelt waren und wo sie die alten Griechen unter dem Namen „Parapamisaden" kannten. Nach ihrer eigenen Tradition sollen die Afghanen von Juden abstammen, und zwar von denjenigen, welche vom König Nebukadnezar aus Palästina weggeführt und im Innern Asiens angesiedelt worden waren. Diese Tradition ist um so merkwürdiger, als die

Bild 8. Zwei bucharische Würdenträger. (Nach einer Aufnahme von G. Merzbacher.)

Juden bei den Afghanen ebenso verhaßt und verachtet sind wie bei den Usbeken und Tadschiken. Die Afghanen haben wirklich in ihrem Äußern und in ihrem Charakter manche Ähnlichkeit mit den Juden. Ihre Gesichtszüge nähern sich viel mehr dem jüdischen Typus als dem Typus der Indogermanen. Sie sind habsüchtig, zudringlich, unverschämt und zur Ausbeutung Fremder geneigt, dabei aber tapfer, hitzig und kriegerisch. Die Sprache der Afghanen ist eine indogermanische. In Anbetracht dieses Umstandes halte ich es für wahrscheinlich, daß die heutigen Afghanen durch Vermischung der alten indogermanischen Parapamisaden mit jüdischen Elementen entstanden sind. Wenjukow hält die Afghanen ohne weiteres für arisierte Juden.

25. Die Chinesen bildeten bis Ende der sechziger Jahre die herrschende Bevölkerung in Ostturkestan, im Ilithal und in der Dschungarei. Nachdem aber gelegentlich des Aufstandes der Dunganen und Tarantschis fast die ganze chinesische Bevölkerung dieser Gegenden vernichtet worden war, kamen die Chinesen in Turkestan nur mehr vereinzelt als Kaufleute vor. Gegenwärtig haben die Chinesen die erwähnten Gebiete wieder in Besitz genommen und aufs neue mit chinesischen Kolonisten bevölkert, da die Dunganen und Tarantschis beim Anmarsch der Chinesen sich großenteils auf russisches Gebiet zurückzogen.

26. Sibos, Solonen, Mandschuren, Daurier, Tschampan. Bei der allgemeinen Niedermetzelung der Chinesen im Ilithal durch die Dunganen und Tarantschis in den Jahren 1868 und 1869 entging ein kleiner Teil der chinesischen Ansiedler dem Untergange. Da diese in neueren Reisewerken öfter erwähnt werden, so mögen sie auch hier ihren Platz finden. Es sind folgende: die Sibos (Bild 5), Nachkommen tungusischer, mit Kalmückenfrauen verheirateter Kolonisten; die Solonen, gleichfalls tungusischer Herkunft, Überreste chinesischer Militärkolonisten; die Tschampan, Verbannte und Sträflinge aus Südchina, und außerdem noch wenige Mandschuren und Daurier.

2. Typus und Volkscharakter der turkestanischen Völkerschaften.

Obgleich die verschiedenen turkestanischen Völkerschaften sich im Laufe der Zeiten vielfach untereinander vermischt haben, treten dennoch in Bezug auf körperliche Merkmale die Stammesunterschiede viel deutlicher hervor, als dieses z. B. in Europa der Fall ist. Während man in Europa nur in seltenen Fällen einen Deutschen, Franzosen, Russen, Engländer ꝛc. mit Bestimmtheit als solchen erkennen dürfte, wird in Turkestan ein Eingeweihter fast nie in Verlegenheit sein zu sagen, ob er im gegebenen Fall einen Sarten, Tadschiken, Kirgisen, Kalmücken, Chinesen, Turkmenen, Afghanen, Juden, Inder ꝛc. vor sich hat.

1. Galtschas. Der einzige unvermischte Volksstamm Turkestans sind, wie bereits erwähnt, die Galtschas in den turkestanischen Hochgebirgen, die Nachkommen der indogermanischen Urbewohner des Landes. Die Galtschas sind für uns höchst wichtig, weil sie allein Aufschluß geben können über den ursprünglichen Typus der Indogermanen und der westasiatischen Rasse überhaupt, da alle übrigen Zweige der Indogermanen und sonstigen Westasiaten nach

ihrer Auswanderung mehr oder weniger fremde Beimischungen erhalten und infolgedessen ihren Rassentypus alle mehr oder weniger geändert haben. Was jedem mit den turkestanischen Bevölkerungsverhältnissen Vertrauten an den Galtschas am meisten auffällt, ist ihre den Europäern ähnliche Gesichtsbildung und die verhältnismäßig große Anzahl von rot= und blondhaarigen Indi= viduen, da solche unter den übrigen turkestanischen Völkerschaften fast gar nicht vorkommen. Über die Körperbildung der Galtschas giebt nachstehende Tabelle Aufschluß.

Wuchs	Groß.
Haare	Schwarzbraun, mitunter rot, oft auch blond. Glatt, wellig oder lockig.
Bart	Braun, rot oder blond. Gewöhnlich üppig, aber weniger als bei den Sarten.
Augen	Braun, oft auch blau. Gerade geschlitzt und nahe aneinander stehend.
Augenbrauen . .	Bogenförmig und stark entwickelt.
Hautfarbe . . .	Weiß, aber im allgemeinen etwas dunkler als bei Sarten und Tadschiken. Gesicht und Hände von der Sonne gebrannt.
Hautbeschaffenheit .	Matt und mehr oder weniger behaart.
Kopfbildung . .	Gesicht oval, Schädel brachykephal, Schädelkapazität bedeutend.
Stirne	Hoch und leicht zurücktretend.
Nase	Nach europäischem Geschmack[1] sehr schön, lang und gewöhnlich leicht gebogen. Einschnitt zwischen Stirne und Nase tief.
Mund	Klein.
Lippen	Meistens fein und gerade.
Zähne	Klein.
Kinn	Oval.
Ohren	Klein oder mittelgroß und flach.
Hals	Kräftig.
Extremitäten . .	Hände und Füße sind größer als bei Sarten und Tadschiken. Beine gerade und wohlgeformt. Waden muskulös und stark entwickelt.
Allgemeines . .	Die Galtschas haben keine Neigung zu Fettleibigkeit; sie sind stark, muskulös und kräftig gebaut. Sie sind ausgezeichnete Fußgänger und ertragen mit Leichtigkeit die größten An= strengungen.

Was den Charakter der Galtschas betrifft, so unterscheiden sie sich durch ihre Ehrlichkeit, Einfachheit und Arbeitsliebe sehr vorteilhaft von allen übrigen Eingeborenen. Sie sind deshalb und wegen ihrer Ausdauer und Körperkraft überall als Arbeiter geschätzt. Sie verlassen aber ihre heimatlichen Berge nur höchst ungern und kehren immer wieder dahin zurück.

---

[1] Ich muß hier bemerken, daß die Völker mongolischer Abstammung die Europäer und Galtschas wegen ihrer langen Gesichter und langen vorspringenden Nasen häßlich finden und dieselben höchst despektierlich als „Pferdegesichter" bezeichnen.

Bild 9.   Kara-Kirgiſen.   Bild 10.
(Nach einer Aufnahme von G. Merzbacher.)

2. Tadſchiken. Die nächſten Verwandten der Galtſchas, die Tad=
ſchiken (Bild 6), unterſcheiden ſich im allgemeinen in ihrem Äußern nur
wenig von den Galtſchas. Ich habe aber unter denſelben nie rot= oder
blondhaarige Individuen bemerkt. Außerdem beſtehen noch folgende Unter=
ſchiede zwiſchen den Tad=
ſchiken und Galtſchas.
In Bezug auf Cha=
ratter ſtehen die
Tadſchiken den
Galtſchas nach,
wenn ſie auch
noch immer
moraliſch viel
höher ſtehen
als die Sar=
ten. Die Kör=
pergröße iſt
bei den Tad=
ſchiken im Durch=
ſchnitt etwas ge=
ringer als bei den
Galtſchas; der Bart=
wuchs iſt dagegen bei
erſteren beſſer entwickelt
als bei letzteren. Ferner

iſt bei den Tadſchiken die
Stirne im Durchſchnitt
weniger hoch, und
die Waden ſind
weniger ent=
wickelt als bei
den Galtſchas.
Im übrigen
kommen die
oben als für
die Galtſchas
eigentümlich
angegebenen
phyſiſchen Merk=
male auch den
Tadſchiken zu. —
3. Sarten, Ta=
rantſchis, Kaſch=
garier, anſäſſige Us=
beten. Die Sarten, welche
das Gros der heutigen

Bild 11. Mohammed Rachim
Chan, Chan von Chiwa
(Usbekentypus).

Stadtbevölkerung des russischen Turkestan bilden, stehen in Bezug auf Charakter so ziemlich auf der tiefsten Stufe, welche der Mensch überhaupt zu erreichen im stande ist. Dies ist aber auch gar nicht zu verwundern, wenn man bedenkt, daß die Sarten durch die Vermischung von Dutzenden verschiedener Elemente entstanden und seit Jahrtausenden von allen möglichen Völkern unterdrückt und geknechtet worden sind, gegen die sie sich nur durch Unterwürfigkeit, Schlauheit und Betrug zu behaupten im stande waren. Der Sarte ist feig, unterwürfig, schmeichlerisch, kriechend, verschlossen, mißtrauisch, verlogen, betrügerisch, rach= süchtig, grausam, prahlerisch und erlaubt sich jede Ausschweifung, deren ein Mensch überhaupt nur fähig ist, solange er dies alles ungestraft thun kann. Dabei zeigt der Sarte in seinem Auftreten und Beneh= men eine Würde und einen An= stand und ist in der Öffentlichkeit ein so eifriger Mohammedaner, daß ihn jeder Uneingeweihte für das Ideal eines Ehrenmannes halten müßte. Ich habe die fünf= zehn Jahre, welche ich unter Sarten verlebt habe, unter den vielen Dienern, welche ich wäh= rend dieser Zeit gehalten habe, auch nicht einen gefunden, der sich auch nur eine einzige Gelegen= heit hätte entgehen lassen, mich zu betrügen und zu übervorteilen, wenn dies nur mit einiger Aus= sicht auf Straflosigkeit geschehen konnte. Und doch waren darunter

Bild 12. Turkmenischer Ältester.
(Nach einer Aufnahme von G. Merzbacher.)

Leute, welche mir aufrichtig zugethan waren. In den ehemaligen einheimischen Staaten beruhte, wie noch heutzutage in Buchara und Chiwa, das ganze Regierungs= und Verwaltungssystem ausschließlich auf Lug und Trug und auf Bestechlichkeit, und für einen Armen war es ganz undenkbar, zu seinem Rechte zu gelangen. Was aber die Sarten in Bezug auf geschlechtliche Aus= schweifungen schon von frühester Jugend an leisten, übersteigt geradezu jeden Begriff. Wenn seiner Zeit die alten Sodomiten sich in dieser Beziehung nur halb so viel hatten zu schulden kommen lassen, wie die heutigen Sarten, so hatten sie ihr von der Bibel erzähltes Strafgericht mehr als hinreichend verdient [1].

---

[1] Schon der Sultan Baber (1483—1530) war auf die Sarten nicht gut zu sprechen, und er sagt ihnen nach, daß sie von händelsüchtigem Naturell und voll Arglist und Bosheit seien.

Was den körperlichen Typus der Sarten betrifft, so ist das Nähere in folgender Tabelle zusammengestellt.

Wuchs	Mittelgroß, mitunter auch groß.
Haare	Schwarz.
Bart	Schwarz; gewöhnlich sehr üppig und dicht.
Augen	Schwarz oder braun. Gerade, selten etwas schräg geschlitzt.
Augenbrauen . . .	Bogenförmig und stark entwickelt.
Hautfarbe . . .	Weiß oder braun.
Hautbeschaffenheit .	Glatt und wenig behaart.
Kopfbildung . . .	Schädel brachykephal und verhältnismäßig klein. Gesichtsform oval. Backenknochen mitunter etwas vorstehend.
Stirne	Mittelmäßig.
Nase	Gewöhnlich gerade, mitunter gebogen. Kleiner als bei Tadschiken und Galtschas.
Mund	Mittelgroß.
Lippen	Gewöhnlich.
Zähne	Mittelgroß und blendend weiß.
Kinn	Oval.
Ohren	Gewöhnlich.
Hals	Mittelstark.
Extremitäten . . .	Hände und Füße kleiner als bei Tadschiken und Galtschas. Waden wenig entwickelt.
Allgemeines . . .	Die Sarten neigen zur Beleibtheit und die meisten wohlhabenden Sarten sind korpulent. Auffallend sind bei den Sarten ihre angenehmen und regelmäßigen Gesichtszüge und das Zurücktreten der Individualität, während unter den Tadschiken, noch mehr aber unter den Galtschas eine große Verschiedenheit unter den einzelnen Individuen herrscht. Deshalb kann man auch bei den Sarten bis zum mannbaren Alter nach den Gesichtszügen die Knaben nur selten von den Mädchen unterscheiden. Die Ausdünstung der Sarten hat einen eigentümlichen, penetranten Geruch, der Europäern, besonders bei großer Hitze, ungemein lästig fällt.

Das in vorstehendem über die Sarten Gesagte gilt unverändert auch von den Tarantschis (Bild 7), den Kaschgaren und den ansässigen Usbeken Bucharas (Bild 8; vgl. auch Bild 106), Chiwas, Nordafghanistans und des Sarawschangebietes, da dieselben ihrer Abstammung nach eben nichts weiter sind als Sarten.

4. Von den Kirgisen sind, wie bereits erwähnt, die Kara-Kirgisen dem ursprünglichen türkischen Typus am nächsten geblieben, während die Kirgis-Kaisaken sich mehr oder weniger mit westasiatischen Elementen vermischt haben. Über den Rassentypus der Kara-Kirgisen und Kirgis-Kaisaken geben nachstehende zwei Tabellen Aufschluß.

2. Typus und Volkscharakter der turkestanischen Völkerschaften.

Kara-Kirgisen (Bild 9 u. 10; vgl. auch Bild 4).

Wuchs	Mittelgroß oder groß. Im allgemeinen sind die Kara-Kirgisen größer als die Kirgis-Kaisaten.
Haare	Schwarz, glatt und straff.
Bart	Schwarz und sehr spärlich.
Augen	Schief geschlitzt und weit abstehend. Dunkel oder braun.
Augenbrauen . . .	Wenig gebogen und spärlich.
Hautfarbe	Dunkel.
Hautbeschaffenheit .	Glatt und wenig oder gar nicht behaart.
Kopfbildung . . .	Backenknochen stark hervortretend. Unterkiefer mitunter vorstehend.
Stirne	Niedrig, breit und etwas gewölbt.
Nase	Mittelmäßig und flach. Einsenkung zwischen Nase und Stirne unbedeutend.
Mund	Groß.
Lippen	Mittelgroß.
Zähne	Groß und schneeweiß.
Kinn	Oval.
Ohren	Groß und vom Kopfe abstehend.
Hals	Nicht stark.
Extremitäten . . .	Mittelgroß.
Allgemeines . . .	Die Kara-Kirgisen zeichnen sich durch knochigen Körperbau und schlanke Glieder aus.

Die Kara-Kirgisen sind als Gebirgsbewohner im allgemeinen menschen=
scheu, mürrisch, rasch und heftig; dabei aber auch ehrlich, aufrichtig, gut=
herzig und tapfer. Sie sind ausgezeichnete Reiter und ertragen mit Leichtig=
keit unglaubliche Anstrengungen und Entbehrungen.

Kirgis-Kaisaken (vgl. Bild 24).

Wuchs	Teils mittelgroß, teils unter mittelgroß. Besonders zeichnen sich die Frauen durch kleinen Wuchs aus.
Haare	Schwarz, glatt und straff.
Bart	Pechschwarz, im allgemeinen spärlich; Backenbart fehlt meist ganz.
Augen	Klein und mehr oder weniger schief geschlitzt. Dunkel oder braun. An Schärfe des Gesichts können sich mit den Kirgis-Kaisaken höchstens noch die Indianer vergleichen.
Augenbrauen . . .	Wenig entwickelt.
Hautfarbe	Weiß; bei Frauen besonders schneeweiß. Gesicht und Hände infolge der Einwirkung von Hitze, Kälte, Rauch und Schmutz gelb, kupfer= oder bronzefarbig.
Hautbeschaffenheit .	Glatt und wenig behaart.
Kopfbildung . . .	Schädel groß und niedrig. Backenknochen hervorstehend. Gesicht flach, breit und eckig.
Stirne	Niedrig, breit und flach.
Nase	Kurz, stark und flach. Ein Einschnitt zwischen Nase und Stirne ist nicht vorhanden.
Mund	Groß und breit.
Lippen	Gewöhnlich dick und etwas nach auswärts gebogen.

Bild 13. Turkmenen-Frau mit Kindern.

Zähne	Mittelgroß oder groß und schneeweiß.
Kinn	Massiv und eckig.
Ohren	Groß und vom Kopfe weit abstehend.
Hals	Kurz und sehr kräftig.
Extremitäten . . .	Hände und Füße ausnehmend klein, besonders bei Frauen. Beine dünn und krumm. Waden sehr wenig entwickelt.
Allgemeines . . .	Die Kirgis-Kaisaken sind untersetzt, sehr stark, muskulös und kräftig gebaut. Ihre Bewegungen sind bärenartig. An Ausdauer und Fähigkeit, Beschwerden und Entbehrungen zu ertragen, sind sie unübertroffen; sie sind wo möglich noch bessere und ausdauerndere Reiter als die Kara-Kirgisen. Sie sind zur Fettleibigkeit geneigt, und Korpulenz gilt als Zeichen von Vornehmheit. Die Kirgis-Kaisaken sind im allgemeinen häßlich, besonders die Frauen, und nie habe ich unter ihnen eine Schönheit nach europäischen Begriffen gesehen.

Was den Charakter der Kirgis-Kaisaken anbelangt, so sind sie als Steppenbewohner unverfälschte Kinder der Natur: sie sind ehrlich, froh= sinnig, freimütig, neugierig, sorglos, leichtsinnig, ungeheuer jähzornig, un= beständig, leicht fremden Einflüssen zugänglich, unkriegerisch und diebisch, da sie, wie die alten Spartaner und Germanen, Diebstahl, besonders von Vieh, für eine Heldenthat ansehen.

Bild 14. Gruppe von Turkmenen. (Nach einer Aufnahme von G. Merzbacher.)

5. Die Kuramas nähern fich in ihrem Typus am meiften den Kirgis-Kaifaken, so zwar, daß manche Schriftfteller sie einfach für anfäffige Kirgis-Kaifaken erklärt haben. Sie sind aber, wie oben erwähnt, keine reinen Kirgis-Kaifaken, sondern Mischlinge aus solchen mit Sarten und Tadschiken, nur mit vorherrschendem kirgisischem Element.

6. Nomadische Usbeken. Die unvermischten Usbeken ähneln in ihrem Typus den Kirgisen, besonders den Kara-Kirgisen, mit welchen sie auch gleichen Ursprungs sind. Das Nähere über die Raffenmerkmale der Usbeken ist in folgender Tabelle enthalten.

Wuchs	Mittelgroß.
Haare	Glatt, schwarz, hie und da rot, selten braun.
Bart	Schwarz, selten rot, und spärlich.
Augen	Schwarz, grau, mitunter auch grün. Stets etwas schief geschlitzt.
Augenbrauen . . .	Bogenförmig, meist spärlich.
Hautfarbe	Gelblich und sehr dunkel.
Hautbeschaffenheit .	Glatt und wenig oder gar nicht behaart.
Kopfbildung . . .	Backenknochen hervorstehend; Gesicht eckig.
Stirne	Mittelgroß und gewölbt.
Nase	Kurz und gerade mit breiter Basis. Einfenkung zwischen Stirne und Nase unbedeutend.

Mund	Groß.
Lippen	Fast immer dick und auswärts gebogen.
Zähne	Mittelgroß und schneeweiß
Kinn	Massiv.
Ohren	Groß oder mittelgroß; gewöhnlich vom Kopf abstehend.
Hals	Gewöhnlich.
Extremitäten . . .	Hände und Füße klein; Beine krumm; Waden wenig entwickelt.
Allgemeines . . .	Die Usbeken sind schwächlich gebaut, im allgemeinen mager, doch kommen auch Fälle von starker Fettleibigkeit vor.

Eine annähernde Vorstellung von dem Typus der Usbeken kann Bild 11 geben, welches den Chan von Chiwa, Mohammed Rachim Chan, darstellt.

Bild 15. Tekke-Knaben.

7. Die Kara-Kalpaken stimmen in Bezug auf Rassenmerkmale mit den unvermischten Usbeken überein, mit denen sie ihrer Abstammung nach verwandt sind, so daß man dieselben gewöhnlich nur für ein Geschlecht der Usbeken ansieht.

8. Turkmenen (Bild 12, 13, 14 und 15; vgl. auch die Bilder 37 und 45). Obgleich die Turkmenen ihrer Abstammung nach mit den Kirgisen und Usbeken verwandt sind, unterscheiden sie sich doch in Bezug auf ihr Äußeres und ihren Charakter bedeutend von diesen. Dies ist aber auch gar nicht anders zu erwarten; denn die Turkmenen sind offenbar durch Vermischung der türkischen Oguſen mit den früheren Bewohnern der

Turkmenensteppe, den indogermanischen Massageten, Parthern und Saken, entstanden und haben sich infolge ihrer fortgesetzten Sklavenjagden auch später noch immer mit fremden, besonders persischen Elementen vermischt. Im Laufe des letzten Jahrhunderts allein sollen die Turkmenen eine Million Menschen aus Persien entführt und zu Sklaven gemacht haben, während sie selbst gegenwärtig überhaupt kaum eine Million stark sind. Der größte Teil der erbeuteten Sklaven wurde zwar von den Turkmenen nach den turkestanischen Chanaten verhandelt, ein Teil ist aber immerhin unter den Turkmenen verblieben und mit ihnen verschmolzen. Aus den angeführten Gründen weichen die verschiedenen Stämme dieses Volkes in Bezug auf

Bild 16. Dunganen-Familie. (Nach einer Aufnahme von G. Merzbacher.)

ihr Äußeres bedeutend voneinander ab. Im allgemeinen sind die Turkmenen von hohem Wuchse, kräftig und rasch in ihren Bewegungen. Ihre Hautfarbe ist ungewöhnlich dunkel. Haar und Bart sind schwarz, mitunter aber auch rötlich-gelb und blond. Der Turkmene zeichnet sich vor allen andern Zentralasiaten durch seinen kühnen und scharfen Blick und seine stolze, kriegerische Haltung aus. An Kühnheit und wilder Tapferkeit dürfte sich mit diesem Volke wohl kein anderes Volk der Erde messen können, wie sie auch als unerschrockene Reiter unerreicht sind. Die Turkmenen haben einen unbändigen Charakter und erkennen keine Autorität an. Aber auf das Wort eines Turkmenen kann man sich unbedingt verlassen.

31

9. Die Dunganen (Bild 16) sind auf Grund ihrer äußeren Er=
scheinung und ihrer Lebensweise von manchen Reisenden für mohammedanische
Chinesen gehalten worden; sie sind aber in Wirklichkeit türkischer Abstammung
und haben ihr chinesisches Wesen während ihres Aufenthaltes im nord=
westlichen China angenommen. Ihre physischen Merkmale sind folgende:

Wuchs	Mittelgroß.
Haare	Schwarz und glatt.
Bart	Schwarz, straff und spärlich.
Augen	Etwas schief geschlitzt.
Augenbrauen . . .	Stark gebogen und gut entwickelt.
Hautfarbe	Mattweiß.
Hautbeschaffenheit .	Glatt und wenig behaart.
Kopfbildung . . .	Gesichtsform oval. Backenknochen wenig hervortretend.
Stirne	Hoch und gewölbt.
Nase	Mittelmäßig. Einschnitt zwischen Nase und Stirne nicht tief.
Mund	Mittelgroß.
Lippen	Meistens dick.
Zähne	Mittelgroß.
Kinn	Rund.
Ohren	Klein und flach.
Hals	Stark.
Extremitäten . . .	Mittelgroß.
Allgemeines . . .	Die Dunganen sind durchschnittlich mehr oder weniger korpulent.

10. Die Kalmücken (Bild 17 und 18) und Targauten repräsen=
tieren den ursprünglichen mongolischen Typus noch am reinsten. Ihre
physischen Merkmale sind in folgender Tabelle zusammengestellt.

Wuchs	Unter Mittelgröße; besonders sind die Frauen sehr klein.
Haare	Schwarz, glatt, straff und grob wie Pferdehaare.
Bart	Spärlich und borstig.
Augen	Schmal und stark schief geschlitzt.
Augenbrauen . . .	Kaum zu bemerken.
Hautfarbe	Gelblich.
Hautbeschaffenheit .	Glatt und wenig behaart.
Kopfbildung . . .	Backenknochen weit vorstehend. Gesicht eckig. Kopf voluminös.
Stirne	Breit und gewölbt.
Nase	Kurz, aber breit und platt. Zwischen Nase und Stirne ist keine
Mund	Groß. [Einsenkung vorhanden.
Lippen	Dick.
Zähne	Groß.
Kinn	Rund.
Ohren	Groß, aber wenig abstehend.
Hals	Gewöhnlich.
Extremitäten . . .	Hände und Füße klein. Beine krumm.
Allgemeines . . .	Die Kalmücken und Targauten sind nach europäischen Begriffen häßlich, besonders die Frauen, und machen schon in jungen Jahren den Eindruck des Alters.

Bild 17. Kalmücken-Familie aus dem Ilithal.

In Bezug auf Charakter unterscheiden sich die Kalmücken und Targauten nicht viel von den Kirgis-Kaisaken.

11. Die bucharischen Juden (Bild 19 und 20) weisen im allgemeinen die bekannten charakteristischen Merkmale ihrer Rasse auf; sie unterscheiden sich aber sehr vorteilhaft von ihren europäischen Stammesgenossen, besonders aber von den polnischen Juden, welche mir unter allen bekannten Nationalitäten am wenigsten sympathisch sind. Die bucharischen Juden repräsentieren offenbar noch den unverfälschten hebräischen Typus aus der Glanzperiode der jüdischen Geschichte, aus den Zeiten eines David und Salomo. Sie sind im allgemeinen schön; besonders trifft man unter den Frauen wirklich klassische Schönheiten. Sie zeichnen sich durch hohen Wuchs, längliches Gesicht, weiße, zarte Gesichtsfarbe, leicht gebogene Nase, dunkle, ausdrucksvolle Augen, starken Bartwuchs, schlichtes oder gelocktes schwarzes Haupthaar und auffallend intelligenten Gesichtsausdruck aus.

12. Der Typus der turkestanischen Indier ist aus Bild 21 zu ersehen. Die Indier sind von allen turkestanischen Rassen die schmächtigste. Ihr Skelett ist schlank und schmächtig, Gesicht und Schädel länglich, die Hautfarbe braun oder gelb, das Auge dunkelbraun oder schwarz, das Haar schlicht und pechschwarz, der Bartwuchs mittelmäßig und der Gesichtsausdruck sanft.

13. Die in Turkestan zerstreut lebenden Perser unterscheiden sich in nichts von ihren Stammesgenossen in Persien.

Über den Typus der Perser giebt nachstehende Tabelle Aufschluß.

Wuchs	Hoch, oft imponierend.
Haare	Schlicht, dunkel kastanienbraun.
Bart	Stark entwickelt und dicht.
Augen	Groß; hellbraun, selten schwarz.
Augenbrauen	Buschig; bogenförmig gewölbt und über der Nase zusammenstoßend.
Hautfarbe	Braun; dunkler als bei Europäern und Armeniern.

Hautbeschaffenheit .	Stark behaart.
Kopfbildung	Schädel schön oval. Wangen wenig fleischig. Gesichtszüge ernst und düster.
Stirne	Mäßig hoch; an den Schläfen abgeplattet.
Nase	Regelmäßig.
Mund	Gewöhnlich.
Lippen	Dünn.
Zähne	Gewöhnlich.
Kinn	Schmal.
Ohren	Gewöhnlich.
Hals	Nie lang.
Extremitäten . . .	Hände und Füße schön; Knochen dünn.
Allgemeines . . .	Die Perser neigen nicht zur Fettleibigkeit.

Die Perser sind im allgemeinen habgierig, geizig, lügenhaft, intrigant, kriechend nach oben und brutal nach unten. Sie zeichnen sich durch Mäßigkeit, Gleichmut im Glücke und Unglücke, Selbstbeherrschung, Höflichkeit, lebhafte Auffassungskraft und große Akkommodationsfähigkeit in allen Lebenslagen aus.

14. Die Araber des Sarawschanthales haben zartes Knochengerüst, schmales Gesicht, große Augen, feine Hände, schmale Füße, gelbe, blasse Haut, schwarze Haare, mäßigen Bartwuchs und sind von mittlerer Größe. Sie sind hitzig, streitsüchtig, stolz und stehen in dem Rufe von Lügnern und Spitzbuben.

15. Die zwei Klassen der turkestanischen Zigeuner, die wandernden Ljulis (Bild 22) und die ansässigen Masangs, sind in Bezug auf Rassenmerkmale voneinander verschieden, was daher kommt, daß die Ljulis sich weniger mit fremden Elementen vermischt haben als die mit sartischem, tadschikischem und usbekischem Blute versetzten Masangs. Über die physischen Merkmale beider Klassen geben nachstehende Tabellen Aufschluß.

Ljuli-Zigeuner.

Wuchs	Groß.
Haare	Wellig oder gekräuselt; schwarz.
Bart	Sehr stark und pechschwarz.
Augen	Gerade geschlitzt.
Augenbrauen . . .	Bogenförmig, stark entwickelt und häufig ineinanderlaufend.
Hautfarbe	Olivenfarbig.
Hautbeschaffenheit .	Stark behaart.
Kopfbildung . . .	Gesicht oval.
Stirne	Hoch, breit und etwas gewölbt.
Nase	Mäßig lang; durch einen tiefen Einschnitt von der Stirne getrennt.
Mund	Mittelgroß.
Lippen	Etwas dick.
Zähne	Mittelgroß und schneeweiß.

Kinn	Stark.
Ohren	Mittelgroß und wenig abstehend.
Hals	Stark.
Extremitäten . . .	Mittelgroß.
Allgemeines . . .	Die Ljulis sind kräftig gebaut. Ihre Züge sind regelmäßig, und unter den Frauen trifft man mitunter Schönheiten.

In Bezug auf Charakter unterscheiden sich die Ljulis nicht von den europäischen Zigeunern; alles, was man diesen Schlimmes nachsagt, gilt unverändert auch für die turkestanischen Ljulis.

Masang-Zigeuner.

Wuchs	Über Mittelgröße.
Haare	Schwarz oder braun und wellig.
Bart	Schwarz und üppig.
Augen	Gerade geschlitzt, braun oder grau.
Augenbrauen . . .	Bogenförmig und stark entwickelt.
Hautfarbe	Weiß, mit einem Anflug von Gelb.
Hautbeschaffenheit .	Leicht behaart.
Kopfbildung . . .	Gesichtsform oval.
Stirne	Hoch und etwas zurücktretend.
Nase	Lang, schmal und gebogen. Durch einen tiefen Einschnitt von der Stirne getrennt.
Mund	Klein.
Lippen	Fein.
Zähne	Klein.
Kinn	Rund.
Ohren	Mittelgroß und flach.
Hals	Schwach.
Extremitäten . . .	Proportioniert.
Allgemeines . . .	Die Masangs sind ein schöner Menschenschlag. Ihre Frauen erfreuen sich keiner guten Reputation.

16. Die Afghanen (Bild 23) sind neben den Turkmenen unter allen zentralasiatischen Stämmen der männlichste, stattlichste und kriegerischste. Ihre Gesichtsbildung ist regelmäßig und erinnert teils an den spanischen, teils an den jüdischen Typus. Die Afghanen haben mattweiße Hautfarbe, gebogene Nase, dunkle Augen, blauschwarze, schlichte Haare, regelmäßigen Mund, kleine Zähne, breite Schultern und hohen Brustkasten. Bartwuchs und Körperbehaarung ist üppig, jedoch weniger als bei den Juden. Neigung zur Fettleibigkeit scheinen sie nicht zu haben, denn fast alle Afghanen, welche ich gesehen habe, zeichneten sich durch Leibesarmut aus. Auffallend ist bei ihnen das starke Zurücktreten der oberen Stirnhälfte, vielleicht die Folge künstlicher Deformation. In Bezug auf Charakter sind die Afghanen unter allen zentralasiatischen Stämmen, mit denen ich zu thun gehabt habe, der unangenehmste und ungemütlichste. Als Räuber, Diebe und Lügner

sind sie unübertroffen, von Disziplin, von Treue und Anhänglichkeit haben sie keine Idee. Jeder ist nur auf seinen eigenen Vorteil bedacht und bereit, seinen besten Freund zu verraten und zu verkaufen, wenn er dies nur einigermaßen vorteilhaft thun kann. Während sich sonst alle Zentralasiaten durch außerordentliche Höflichkeit und Bescheidenheit im Umgang auszeichnen, übertreffen die Afghanen in Bezug auf Zudringlichkeit und Unverschämtheit wo möglich noch die polnischen Juden. Endlich sind die Afghanen äußerst hitzig und händelsüchtig und liegen sich alle Augenblicke und wegen jeder Kleinigkeit in den Haaren.

Bild 18. Kalmücken-Lamas mit Musikinstrumenten.

Was die in Turkestan als herrschende Bevölkerung auftretenden Russen, Deutschen und Chinesen, sowie die russischen Tataren und polnischen Juden betrifft, so dürften deren Rassenmerkmale hinlänglich bekannt sein, weshalb ich hier auf dieselben nicht weiter eingehe.

3. Verbreitung der verschiedenen turkestanischen Völkerschaften.

Turkestan gehört, dank seinem Wüstencharakter, zu den dünnst bevölkerten Gegenden der Erde. Im russischen Teile Turkestans, für den allein genauere Daten vorliegen, treffen nur etwas mehr als zwei Einwohner auf den Quadratkilometer, wie aus nachstehender Tabelle zu ersehen ist.

3. Verbreitung der verschiedenen turkestanischen Völkerschaften.

Landesteile.	qkm [1].	Bevölkerung 1897 [2].	Einwohner auf 1 qkm.
1. Uralsk und Turgai	796437	1052571	1,3
Provinz Uralsk.	356581	598493	1,7
Provinz Turgai	439856	454078	1,0
2. Steppengeneralgouvernement	1419154	2362603	1,7
Provinz Akmolinsk	582928	683721	1,2
Provinz Semipalatinsk	461849	688639	1,5
Provinz Semiretschie	374377	990243	2,6
3. Generalgouvernement von Turkestan	663594	3792774	5,7
Provinz vom Syr-Darja nebst Amu-Darja-Gebiet	502829	1479902	2,9
Provinz Fergana mit Pamir	91802	1525136	16,6
Provinz vom Sarawschan	68963	787736	11,4
4. Transkaspien	553871	382327	0,7
Turkestan . . . . Summa:	3433056	7590275	2,2

Für diejenigen Teile Turkestans, welche unter chinesischer und afghanischer Botmäßigkeit stehen oder noch von einheimischen Fürsten regiert werden, sind die genaueren Daten nicht bekannt; die Verhältnisse sind aber im allgemeinen ungefähr dieselben wie im russischen Teile Turkestans.

Von dem ausgedehnten Ländergebiete Turkestans nimmt die seßhafte Bevölkerung nur zwei Prozent ein. Nahezu die Hälfte Turkestans besteht aus Salz- und Hungersteppen, welche von den verschiedenen Nomadenvölkern bewohnt werden. Der größere Teil des Landes ist reine Sandwüste und auch zum Aufenthalte für Nomaden nicht mehr geeignet.

Die verschiedenen oben aufgezählten Völkerschaften verteilen sich über Turkestan folgendermaßen:

1. Galtschas. Die unvermischten Nachkommen der Urbewohner Turkestans, die Galtschas, bewohnen die schwer zugänglichen Gebirgsthäler im Quellgebiete des Amu-Darja, Sarawschan und Tarym. Die Jagnauer wohnen in Kogistan, im Quellgebiete des Sarawschan, und stellenweise in den Gebirgsthälern auf dem Nordabhange des Alaigebirges; die Sarykoler im Gebiete von Sarykol, im östlichen Teile des Pamir; die Darwaser in den bucharischen Provinzen Schugnan, Roschan, Darwas und Karategin; die Wachchaner in der afghanischen Provinz Wachchan; die Ischkaschmer in dem an Wachchan grenzenden Gebiete von Ischkaschm, im östlichen Badachschan. Die Sebaker, im Gebiete von Sebak, und die Munganer, an der Grenze von Kafiristan, gehören beide gleichfalls zu Badachschan.

Die Galtschas sind gegenwärtig wenig zahlreich; ihre genauere Anzahl anzugeben ist nicht möglich, weil in den bucharischen und afghanischen Besitzungen auch nur angenäherte statistische Daten absolut nicht zu erhalten sind.

---

[1] Nach Strelbizky.   [2] Nach der russischen Volkszählung vom 9. Februar 1897.

2. Die Tadschiken schließen sich im allgemeinen von Norden und Westen an das Verbreitungsgebiet der Galtschas an. Sie bilden zwischen diesen und den von Westen und Norden eingedrungenen Usbeken einen breiten Grenzgürtel, welchen die Usbeken seiner Zeit bei ihrem Vordringen nicht zu durchbrechen vermocht hatten. Die Tadschiken wohnen hauptsächlich im Karataugebirge, im Ferganathal und auf den Nordabhängen des Alai-

Bild 19. Schüler und Schülerinnen einer Judenschule in Samarkand.

gebirges, im Sarawschangebiete, in Ostbuchara und Karategin, in Badachschan und im östlichen Teile des afghanischen Turkestan.

Die Anzahl der Tadschiken anzugeben ist ebenfalls nicht möglich, schon deshalb, weil bei Volkszählungen die Tadschiken nicht immer von den Galtschas und den Sarten unterschieden und häufig die Sarten als Tadschiken oder die Tadschiken als Sarten gerechnet werden. Die Angaben der ver-

schiedenen Reisenden über die Zahl der Tadschiken und Sarten haben des=
halb wenig Wert.

3. Die Sarten, mit Einschluß der mit ihnen identischen Kaschgaren,
umschließen von Osten und Norden das Verbreitungsgebiet der Tadschiken.
Sie wohnen im Tarymbecken, im westlichen Teile Ferganas und im ganzen
Syr=Darja= und im südlichen Teile des Semiretschie=Gebietes und bilden fast

Bild 20. Judenfamilie aus Taschkent. (Nach einer Aufnahme von G. Merzbacher.)

ausschließlich die Bevölkerung der Städte und der im Flachlande gelegenen
Dörfer. Nur Chodschent hat in der Syr=Darja=Provinz eine überwiegend
tadschikische Bevölkerung.

Im Syr=Darja=Gebiete giebt es etwa 180 000 Sarten; die Anzahl
derselben in den übrigen Gebieten kann wegen der häufigen Verwechslung
von Sarten, Tadschiken und ansässigen Usbeken nicht angegeben werden.

4. Die Tarantschis bildeten bis zum Jahre 1881 die Majorität der ansässigen Bevölkerung des Kuldschagebietes. Als dieses in dem er=wähnten Jahre von den Russen an die Chinesen zurückgegeben wurde, zog die Mehrzahl der Tarantschis vor, auf russisches Gebiet auszuwandern, und diese sind seitdem an verschiedenen Stellen von Semiretschie angesiedelt.

5. Die ansässigen Usbeken, welche ihrer Abstammung nach dasselbe sind wie die Sarten, bilden die Stadt= und Dorfbevölkerung in einem Teile des Sarawschangebietes, im westlichen und mittleren Buchara, in Chiwa und im afghanischen Turkestan. Diese Usbeken sind zahlreicher als die vorhergehenden Völkerschaften, ihre Anzahl kann aber gleichfalls nicht näher bestimmt werden.

6. Die Araber wohnen, etwa 10 000 Seelen stark, im mittleren Sarawschangebiete, in der Gegend von Samarkand und Katy=Kurgan, und außerdem giebt es noch einige arabische Ansiedlungen auf bucharischem Ge=biete, nämlich in der Gegend von Wardansi.

7. Die Kuramas bewohnen, etwa 60 000 Seelen stark, die Gegend zwischen Taschkent und Chodschent und außerdem noch ein zwischen den Städten Andischan und Namangan gelegenes Dorf in Fergana.

8. Dunganen. Diejenigen Dunganen, welche früher im Ilithal angesiedelt gewesen waren, wanderten 1881 gleichfalls zum Teil auf russisches Gebiet über und wurden in Semiretschie und zum Teil auch in der Syr=Darja=Provinz angesiedelt. Außerdem bilden Dunganen noch immer das Gros der Städtebevölkerung der Dschungarei, nördlich vom Tjanschangebirge.

9. Russische Kolonien sind über ganz Turkestan zerstreut; die Mehrzahl derselben befindet sich aber in Semiretschie, wo die Stadt= und Dorfbevölkerung zum größten Teil aus Russen, hauptsächlich Kosaken, besteht, da Semiretschie bis zur Ankunft der Russen nur von Nomaden bewohnt ge=wesen war. Die Städte Wernoe, Tokmak, Karakol, Merke ꝛc. sind rein russische Städte, und auch die Dörfer sind von russischen Bauern und Kosaken bewohnt. Im Syr=Darja=Gebiete finden sich nur wenige und unbedeutende russische An=siedlungen, wie die Dörfer Nikolski, Sary=Kamar, Tschaldowar, Atschi und Pokrowsk[1]. Im Delta des Amu=Darja sind vor einiger Zeit eine Anzahl aufrührerischer uralischer Kosaken angesiedelt worden.

Außerdem giebt es bei allen größeren als Verwaltungszentren dienenden Städten des russischen Turkestan eigene russische Städte, welche von den Städten der Eingeborenen vollständig getrennt sind, eigene Verwaltung und Polizei haben und ganz in europäischer Weise eingerichtet sind. So das jetzt bereits über 25 000 Einwohner zählende russische Taschkent, sowie die russischen Städte in Samarkand, Margelan, Kokan, Osch, Chodschent,

---

[1] Im Jahre 1891 gab es in den drei Kreisen Taschkent, Tschimkent und Aulie=Ata 47 russische Bauerndörfer mit ca. 18 000 Seelen.

Dschisak, Kasalinsk 2c. Neuerdings sind solche russische Städte auch in Buchara, Aschabad, Kysyl-Arwat, Merw u. s. w. entstanden.

10. Kirgisen. In Bezug auf die Lebensweise der Nomaden herrscht vielfach eine ganz falsche Vorstellung, indem man gewöhnlich glaubt, daß die Nomaden ihr unstetes Leben lediglich aus angeborenem Wandertriebe führen, daß sie dabei ganz planlos nach ihrer augenblicklichen Laune verfahren und sich immer jene Gegenden auswählen, welche ihnen gerade zusagen. Was den ersten Punkt betrifft, so werden die Nomaden zum Wandern durch die klimatischen und örtlichen Verhältnisse gezwungen. Im Winter halten sich

Bild 21. Indier aus Taschkent.

die Nomaden mit ihren Herden im Flachlande auf, weil während der Regenzeit auch die Hungersteppen in den Tiefländern sich mit Gras bedecken, während die Gebirge im Winter mit tiefem Schnee bedeckt sind und auch die daselbst herrschende Kälte den Herden den Aufenthalt sehr erschweren würde. Mit Anbruch des Sommers vertrocknet aber das Gras und versiegen zugleich die Quellen und Bäche der Ebene, während sich die Gebirgsthäler und Bergabhänge nach dem Abschmelzen des Schnees mit üppigem Grün bekleiden und, dank den in den Gebirgen vorkommenden Sommerregen, auch den ganzen Sommer über grün bleiben. Die Nomaden sind also gezwungen, beim Aufhören der Regenzeit ihre Winterweideplätze in den Niederungen zu verlassen und nach den Bergen zu ziehen. Stehen ihnen aber für den

Sommer keine Gebirge zur Verfügung, so müssen sie aus südlichen Gegenden nach höheren Breiten wandern, wo die Sommerhitze geringer ist und deshalb das Steppengras und die Quellen auch während der heißen Jahreszeit nicht ganz austrocknen. Was den zweiten Punkt betrifft, so sind die Weideplätze der Nomaden ebensowenig herrenloses Gut, wie die Felder und Gärten der ansässigen Bevölkerung. Jeder Aul und jede Woloft hat ihre genau ab= gegrenzten Winter= und Sommerweideplätze, und sie vollziehen ihre jährlichen Wanderungen auf genau eingehaltenen Wegen und mit derselben Regel= mäßigkeit, mit der die Ackerbauer ihre Feldarbeiten je nach der Jahreszeit und Witterung verrichten.

Den ersten Platz unter den turkestanischen Nomaden, sowohl in An= sehung der Bevölkerungszahl wie der Ausdehnung des von ihnen eingenommenen Gebietes, behaupten die Kirgisen, welche von der Wolga bis zum Kuenlün und von den Grenzen Indiens bis nach Sibirien reichen.

Die Kara=Kirgisen wohnen teils auf russischem teils auf chinesischem Gebiete. Die russischen Kara=Kirgisen nomadisieren im Ilithale, westlich vom Tekes, am Oberlaufe des Tekes, im Thale des Issyk=Kul, am Naryn, in der Ebene des Tschu bis zum Talas im Westen, im Ferganathal, im Alaithale bis nach Karategin im Westen und auf den Hochthälern des Pamir, sowie in den die erwähnten Thäler umschließenden Gebirgen. Die chinesischen Kara=Kirgisen bewohnen die Gebirge, welche das Tarymbecken von Norden, Westen und Südwesten einschließen, d. h. die Südabhänge des Tjanschan, die Ostabhänge des Pamirsystems und zum Teil noch die Nordabhänge des Kuenlün.

Die Zahl der Kara=Kirgisen genauer zu bestimmen, ist unmöglich, besonders für die auf chinesischem Gebiete nomadisierenden; dieselbe wird des= halb von verschiedenen Autoren sehr verschieden angegeben. Die wahr= scheinlichste Angabe schätzt die Zahl der Kara=Kirgisen auf ungefähr eine Million, wovon etwa 475 000 auf russischem, die übrigen auf chinesischem Gebiete leben. Von den russischen Kara=Kirgisen gehören etwa 140 000 zum Semiretschiegebiet, 29 000 zum Aulie=Ata=Bezirk, 6000 zum Chodschenter Bezirk und 300 000 zur Ferganaprovinz.

Das Wandergebiet der Kirgis=Kaisaken ist ausgedehnter als das der Kara=Kirgisen und erstreckt sich von der Wolga bis an den Ebi=Noor und vom Amu=Darja bis nach Sibirien. Die Große Horde nomadisiert in Semiretschie und im Gebiete des dschungarischen Alatau und des Tarbagatai; die Mittlere Horde im südlichen Sibirien, in den Provinzen Akmolinsk und Semipalatinsk und in der Gegend von Taschkent und Perowsk; die Kleine Horde zwischen Fort Perowsk, dem Ural, dem Amu=Darja und dem Ka= spischen Meere, und die Innere Horde zwischen Ural und Wolga, nördlich vom Kaspischen Meere.

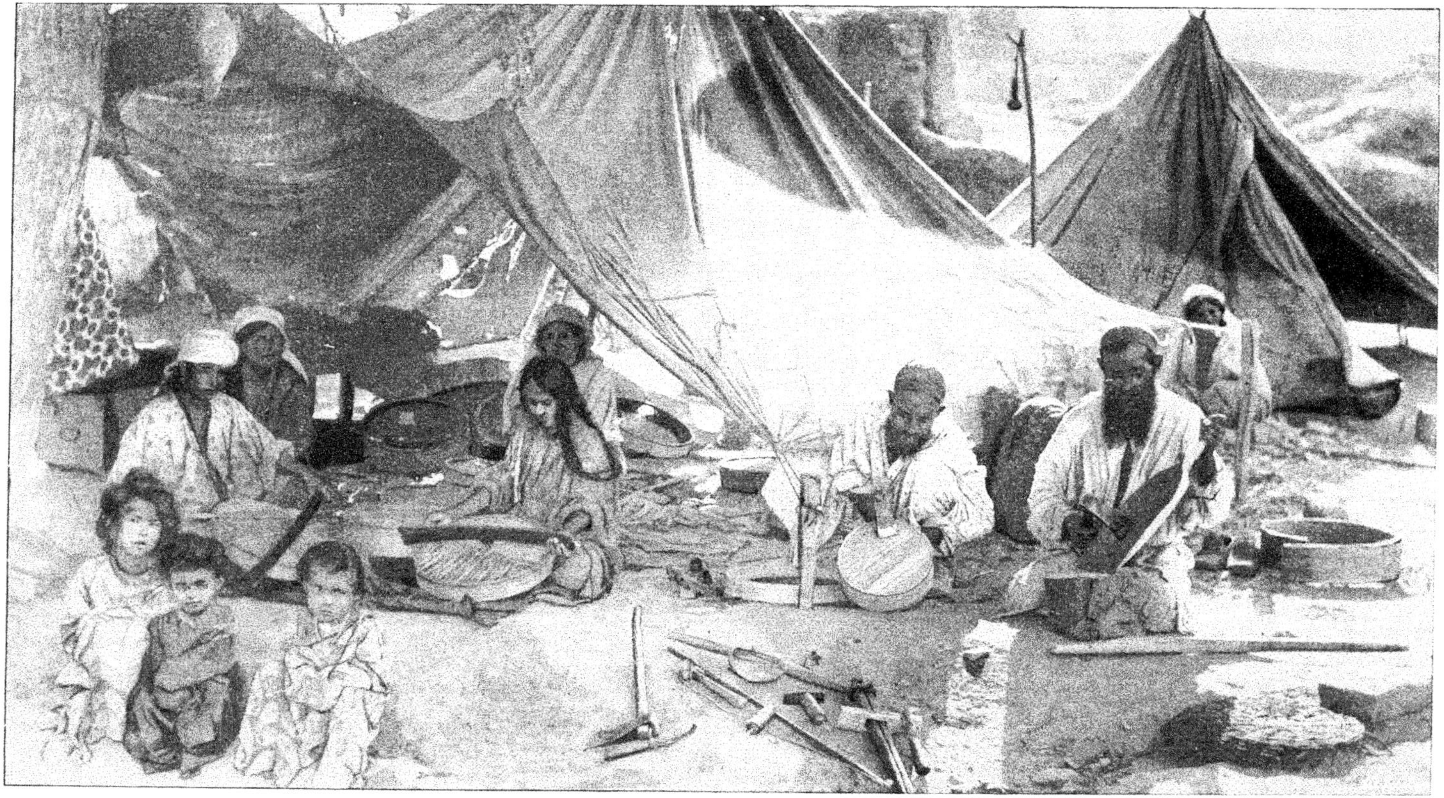

Bild 22. Zentralasiatische Zigeuner (Ljuli).

Die Anzahl aller Kirgis-Kaiſaken wird von verſchiedenen Autoren verſchieden, zwiſchen 1 300 000 und 2 300 000, angegeben [1]; die wahrſcheinlichſte
Angabe dürfte auf 1 500 000 lauten, welche ſich auf die einzelnen Horden
etwa folgendermaßen verteilen:

Große Horde 100 000 Seelen,   Kleine Horde 800 000 Seelen,
Mittlere Horde 450 000   „   Innere Horde 150 000   „

Wie bereits früher erwähnt worden iſt, trifft dieſe Einteilung in Horden
gegenwärtig nur mehr im großen und ganzen zu, weil ſich ſeit der neueren,
durch die Ruſſen eingeführten Einteilung der Kirgiſen in Aule, Woloſte und
Bezirke die verſchiedenen Horden vielfach ineinandergeſchoben haben.

In früheren Zeiten ſcheinen die Kirgis-Kaiſaken viel zahlreicher geweſen
zu ſein als heutzutage, was ſich leicht aus der fortſchreitenden Verſchlechterung
des turkeſtaniſchen Klimas und Bodens und der dadurch bedingten Verſchlechterung der Exiſtenzbedingungen für die turkeſtaniſchen Nomaden erklärt.
Wenigſtens erzählt der Sultan Baber in ſeinen Memoiren, daß Kaſim-Chan,
der Chan einer einzigen Kaiſakenhorde, im ſtande geweſen ſei, eine Armee
von 300 000 Mann ins Feld zu ſtellen.

11. Nomadiſche Usbeken. Die Anzahl der nomadiſchen Usbeken
iſt gegenwärtig gering, weil ſich die Mehrzahl der Usbeken mit den anſäſſigen
früheren Bewohnern Turkeſtans vermiſcht und ſo in Sarten und anſäſſige
Usbeken umgewandelt hat. Das Verbreitungsgebiet der nomadiſchen Usbeken
fällt ungefähr mit dem Verbreitungsgebiete der aus ihnen hervorgegangenen
anſäſſigen Usbeken zuſammen.

12. Turkmenen. Die Turkmenen bewohnen im großen und ganzen
diejenigen Gebiete, welche im Altertum die Maſſageten, Parther und eigentlichen Saken innegehabt hatten. Die Anzahl der Turkmenen iſt früher ſehr
übertrieben auf mehr als eine Million geſchätzt worden. Die neuen ruſſiſchen
Berechnungen haben viel geringere Zahlen ergeben, die aber ihrerſeits wieder
zu niedrig ſein dürften. Die ruſſiſchen Angaben über die Seelenzahl der
ruſſiſchen Nomaden fallen nämlich gewöhnlich zu niedrig aus, was daher
kommt, daß in den ruſſiſchen Beſitzungen die Nomaden ihre Abgaben nach

---

[1] Der ruſſiſchen Regierung iſt es bis jetzt nicht gelungen, eine regelrechte Volks-
zählung unter den Nomaden vorzunehmen, weil dieſe eine große Abneigung gegen
jede Art von ſtatiſtiſchen Aufſtellungen an den Tag legen. Schon der Kirgiſen-Chan
Nurati, der den Verſuch machte, die Zahl der ihm unterſtehenden Kirgiſen der Kleinen
Horde feſtzuſtellen, hatte von ſeinem Vorhaben abſtehen müſſen, und im Jahre 1820
flüchtete eine große Menge Kirgiſen der Bukejewſchen Horde aus der Gegend von
Aſtrachan über den Ural, aus keinem andern Grunde, als weil ſich unter ihnen das
Gerücht verbreitet hatte, daß die ruſſiſche Regierung eine Volkszählung vornehmen
wolle. Auch die Rückwanderung der Kalmücken von der Wolga nach Turkeſtan (1771)
ſoll durch ähnliche Gerüchte veranlaßt worden ſein.

der Zahl ihrer Zelte zu entrichten haben, und daß es folglich im Interesse
der Nomaden sowohl wie der untergeordneten russischen Beamten liegt, die
Zahl der Zelte und damit auch der Bevölkerung zu niedrig anzugeben, eine

Bild 23. Afghanische Offiziere.
(Nach einer Aufnahme von G. Merzbacher.)

genauere Kontrolle aber bei dem unsteten Leben der Nomaden nicht aus-
führbar ist. Über die ungefähre Verbreitung der Turkmenen giebt nachstehende Tabelle Aufschluß.

Nr.	Stamm.	Verbreitungsgebiet.
1	Ersaris	Auf dem linken Ufer des Amu-Darja, zwischen Tscharbschui und Balch.
2	Aljelis	In der Gegend von Andschui.
3	Sakars	In der Sandwüste zwischen Andschui und Merw.
4	Saryk-Turkmenen	In der Gegend von Pendschde am Murgab.
5	Saloren . . .	Am Murgab, in der Gegend von Martschag.
6	Tekke-Turkmenen	Längs des Nordabhanges des Küren-tag und in der Oase von Merw.
7	Göklen	Am oberen Atrek und Gürgen.
8	Jomuden . . .	Auf der Ostküste des Kaspischen Meeres, den Inseln Tscheleken und Ogurtschin und teilweise auch in der Chiwa-Oase.
9	Tschaudoren . .	Im Norden von Chiwa, auf dem Usturt und der Halbinsel Mangyschlak.

13. Die Kara-Kalpaken, welche früher eine wichtige Rolle gespielt haben, gegenwärtig aber nur mehr circa 60 000 Seelen zählen, nomadisieren in der Nähe des Aralsees, im Delta des Amu-Darja. Eine kleine Anzahl von Kara-Kalpaken wohnt außerdem in der Nähe von Samar=kand und in Fergana, auf dem linken Syr-Darja-Ufer, nordöstlich von der Stadt Kokan.

14. Kiptschaken. Die usbekischen Kiptschaken nomadisieren im Sarawschanthale; die kara-kirgisischen Kiptschaken aber im Ferganagebiete, besonders im Bezirke von Andischan.

15. Die turkestanischen Kalmücken nomadisieren in den Thälern der Baratala, des Kasch, des Kunges und Tekes, östlich von den Kara=Kirgisen; außerdem giebt es noch eine geringe Anzahl Kalmücken in Semi=retschie und im Jlithal. Die Anzahl der turkestanischen Kalmücken dürfte 40 000 nicht überschreiten.

16. Die Targauten, welche früher ein großes Volk bildeten, sind gegenwärtig auf einige tausend Seelen zusammengeschmolzen. Sie nomadisieren in den Thälern des Kunges und der Zanma und auf dem Juldusplateau.

17. Russen. Die russische Bevölkerung Turkestans besteht, abgesehen von den obenerwähnten Kolonisten, aus Beamten, Offizieren Soldaten, Kaufleuten und Handwerkern. Die Zahl der russischen Bevölkerung Tur=kestans ist in stetem und raschem Zunehmen begriffen.

Dieser Teil der russischen Bevölkerung Turkestans wechselt fortwährend, weil der Hauptbestandteil derselben, das Militär, alle sechs Jahre vollständig erneuert wird. Auch die Offiziere und Beamten wechseln im allgemeinen ziemlich rasch, und besonders bringt in dieser Beziehung jeder Wechsel in der Person des Generalgouverneurs große Veränderungen mit sich. Ich gehörte z. B. nach 15jährigem Dienst in Turkestan bereits zu den ältesten Einwohnern des russischen Taschkent.

18. Deutsche. Das Verbreitungsgebiet der als Beamte, Offiziere, Kaufleute, Handwerker ꝛc. in Turkestan zerstreut lebenden Deutschen deckt sich mit dem der Russen, d. h. sie finden sich fast in allen Städten des russischen Turkestan. Sie sind fast alle russische Staatsangehörige, da ursprünglich den Ausländern der Aufenthalt in Turkestan nicht gestattet war. Die deutschen Mennoniten haben sich nach langen Irrfahrten teils in der Nähe von Aulie=Ata[1], teils im Gebiete von Chiwa, gegenüber Nukus, angesiedelt. Die Mennoniten von Aulie=Ata sollen gegenwärtig beabsichtigen, nach Amerika auszuwandern, da sie neuerdings auch in Turkestan zum Militärdienste herangezogen werden sollen.

19. Juden. Die polnischen, russisch sprechenden Juden sind in allen Städten des russischen Turkestan verbreitet, wo sie die Rolle von Wucherern, Kupplern, Schnaps= und Bierbudenhaltern und Handwerkern, vornehmlich Schneidern und Schustern, spielen. Die Anzahl derselben ist nicht groß und beträgt in Taschkent, wo sie am zahlreichsten vertreten sind, 400—500.

Die bucharischen, persisch sprechenden Juden leben hauptsächlich in Buchara, kommen aber in geringer Anzahl auch in fast allen übrigen Städten Turkestans vor. Sie sind vornehmlich Handelsleute, in zweiter Linie auch Handwerker, besonders Färber. Auf russischem Gebiete findet sich die größte Anzahl bucharischer Juden, nämlich 2500, in Samarkand und einige Hundert in Taschkent.

20. Zigeuner. Die Masang=Zigeuner leben im Sarawschanthale, in Buchara und im Gebiete von Hissar. Die Ljuli=Zigeuner wandern in ganz Turkestan umher, scheinen aber den Aufenthalt auf bucharischem Gebiete vorzuziehen, denn auf bucharischem Boden habe ich dieselben stets am häufigsten getroffen.

21. Perser. Die Hauptmasse der in Turkestan lebenden Perser findet sich im Gebiete von Buchara, wohin sie ursprünglich als Sklaven gekommen waren. Sie sind teils Ackerbauer, teils Kaufleute und Handwerker, teils Soldaten und Beamte im Dienste des bucharischen Emirs, bei dem die Perser wegen ihrer Begabung von jeher in großem Ansehen standen. Kleinere Reste von ehemaligen persischen Sklaven kommen in allen turkestanischen Städten verstreut vor. Außerdem giebt es in der Gegend von Samarkand Nachkommen persischer Kolonisten, welche ursprünglich Merw bewohnt hatten, aber nach der Einnahme und Zerstörung dieser Stadt in der Nähe von Samarkand angesiedelt worden waren.

---

[1] Im Aulie=Ata=Bezirke sind die Mennoniten in 5 Kolonien angesiedelt, sie zählten im Jahre 1891 514 Seelen.

22. Die Indier kommen in allen größeren Städten Turkestans vor. Da sie sämtlich ohne Familie leben, wohnen sie in eigenen Karawansarais zusammen, teils wegen religiöser Rücksichten, teils um den Nachstellungen der Eingeborenen besser entgehen zu können, bei denen sie ihres unerhörten Wuchers wegen mit Recht verhaßt sind, so daß sie häufig aus Rache ermordet werden.

23. Tataren sind in den meisten turkestanischen Städten verbreitet als Kaufleute, Händler, Dolmetscher u. dgl. Einige sind auch Offiziere oder Beamte in russischen Diensten. In der Nähe von Taschkent wird das Dorf Nogai-Kurgan ausschließlich von ackerbautreibenden Nogai-Tataren bewohnt. Auch in der Nähe der Stadt Buchara giebt es eine größere Ansiedlung aus Rußland eingewanderter Nogaier. Die Zahl der turkestanischen Tataren beträgt 10 000—12 000 Seelen.

Was endlich die Afghanen und Chinesen betrifft, so ist das Nötige über deren Verbreitung bereits früher auseinandergesetzt worden.

II. Lebensweise, Sitten und Gebräuche der turkestanischen Nomaden.

Die eingeborene Bevölkerung von Turkestan zerfällt in zwei streng geschiedene Klassen, in Nomaden und Ansässige, zwischen welchen in Bezug auf Lebensweise, Sitten und Gebräuche ein großer Unterschied herrscht. Abgesehen von den Zigeunern ist die Lebensweise bei allen turkestanischen Nomaden, den Kirgisen, Kalmücken, Usbeken und Turkmenen, nahezu dieselbe. Ich werde deshalb im nachstehenden zuerst die Lebensweise, Sitten und Gebräuche der Kirgis-Kaisaken auseinandersetzen, welche ich während meines Aufenthaltes in Turkestan am genauesten kennen zu lernen Gelegenheit hatte, und dann für die einzelnen übrigen Nomadenvölker angeben, in welchen wichtigeren Punkten sie sich von den Kirgis-Kaisaken unterscheiden.

1. Politische und soziale Verhältnisse bei den Kirgis-Kaisaken.

Vor der Unterwerfung der Kirgis-Kaisaken unter die russische Herrschaft waren die einzelnen Horden [1] von Chanen regiert worden, deren Würde erblich war. Die Horden zerfielen in eine Anzahl Auls [2] oder Gemeinden, die, je nach den örtlichen Verhältnissen, aus einer größeren oder geringeren Anzahl von Familien bestanden und unter eigenen Aul-Ältesten standen. Jeder Aul hatte seine bestimmten Weideplätze, und alle Mitglieder eines Auls vollführten ihre Wanderungen gemeinsam.

Das Volk zerfällt bei den Kirgis-Kaisaken in zwei Klassen, in Adelige und Gemeine. Die Adeligen sind die Nachkommen der früheren Chane, zum Theil aus Dschingischans Familie, sowie der ehemals erblichen Würdenträger und Stammeshäuptlinge oder auch berühmter Batyrs. Sie führen den Titel Sultan, der dem Namen nachgesetzt wird und keine andere Bedeutung hat als das deutsche „von". Die Adeligen werden als „weiße Knochen" bezeichnet (analog dem „blauen Blute" der Deutschen) im Gegensatze zum gemeinen Volk oder den „schwarzen Knochen". Die Adeligen spielten bei den Kirgis-Kaisaken zur Zeit ihrer Unabhängigkeit eine große Rolle und stehen auch gegenwärtig noch immer beim gemeinen Volk in großem Ansehen, obwohl sie seit der Unterwerfung unter die Herrschaft der

---

[1] Das Wort Horde ist aus dem türkischen Wort ordu = „Lager" entstanden.
[2] Zu lesen: A-ul

Russen infolge der Neueinteilung des Volkes alle politische Bedeutung ver=
loren haben.

Außer dem Titel Sultan findet man in Verbindung mit kirgisischen
Personennamen häufig noch die Bezeichnungen Bii und Bai; von diesen
bedeutet die erstere „Richter", die zweite „der Reiche". Kusu=Sultan, Kusu=
Bii und Kusu=Bai hat also die respektiven Bedeutungen: Kusu der Edel=
mann, Kusu der Richter und Kusu der Reiche.

Neben den Adeligen giebt es bei den Kirgis=Kaisaken noch eine andere
Klasse von Menschen, welche, auch wenn sie aus dem gemeinen Volke hervor=
gegangen sind, an Ansehen die Adeligen selbst noch übertreffen können. Es
sind dies die sogen. Batyrs oder „Helden", Leute, die sich bei Plünderungs=
zügen durch Kühnheit und Verschlagenheit einen Namen gemacht haben.
Diesen „Helden" ist jetzt leider durch die russische Gesetzgebung, welche Raub
und Diebstahl nicht zu den Heldenthaten rechnet, das Handwerk mehr oder
weniger gelegt oder doch wenigstens mit großen Unannehmlichkeiten ver=
knüpft worden.

Außer den Sultanen und Batyrs genießen bei den Kirgis=Kaisaken
auch noch alle alten Männer, ohne Ansehung der Herkunft, eine besondere
Verehrung und Auszeichnung. Bei allen Festlichkeiten wird ihnen der Ehren=
platz eingeräumt, und bei Volksversammlungen spielen sie eine hervorragende
Rolle. Für einen jüngeren Kirgisen gilt es als hohe Auszeichnung, wenn
bei einem Gastmahl ein Graubart eine Handvoll Fleisch oder Brei aus der
gemeinschaftlichen Schüssel nimmt und sie demselben eigenhändig in den
Mund stopft. Die Verehrung, welche bei den Kirgisen älteren Leuten von
jüngeren gezollt wird, geht so weit, daß sich sogar der jüngere Bruder nicht
untersteht, sich in Gegenwart seines älteren Bruders zu setzen, wenn er nicht
speziell dazu aufgefordert wird.

Wie bereits erwähnt, ist gegenwärtig die Einteilung der Kirgis=Kaisaken
in Horden und die Würde der Chane aufgehoben. Sie zerfallen unter der
russischen Herrschaft, ohne Rücksicht auf ihre frühere Hordeneinteilung, in eine
Anzahl Woloste und die Woloste wieder in kleinere Gemeinden oder Auls, die
je nach Umständen aus einer größeren oder geringeren Anzahl von Familien
bestehen, die ihre Herden gemeinschaftlich weiden, ihre alljährlichen Wande=
rungen gemeinsam vollführen und ihre Jurten zusammen auf ein und der=
selben Stelle aufschlagen. Die Wolost= und Aul=Ältesten werden von den
Kirgisen selbst gewählt, und zwar jedesmal auf drei Jahre. Dieselben sind
aber den russischen Bezirkschefs untergeordnet, in deren Rayon die Winter=
lager der betreffenden Wolost liegen, und welche nach ihrem Gutdünken die
gewählten Ältesten bestätigen oder auch eine Neuwahl anordnen können.
Auch die bereits bestätigten Ältesten können im Falle von Amtsmißbrauch
oder Untauglichkeit vom Bezirkschef jederzeit abgesetzt werden. Das Gesetz

verbietet zwar den russischen Bezirkschefs jegliche Beeinflussung der Wahlen; in Wirklichkeit werden aber natürlich nur diejenigen Persönlichkeiten gewählt, welche dem Bezirkschef genehm sind, weil er andere einfach nicht bestätigt. Es ist deshalb mitunter auch vorgekommen, daß die Bezirkschefs die vielbegehrten Stellen der Wolost-Ältesten ohne weiteres an den Meistbietenden verkauften.

Steuern zahlen die Kirgisen sehr wenige, indem die russische Regierung nur eine Abgabe von circa 7 Mark, das ist: ungefähr den Wert eines Schafes, jährlich von jeder Jurte oder Familie erhebt, was besonders für Leute, deren Herden nach vielen Tausenden zählen, gewiß nicht zu viel ist.

Bild 24. Kirgis-Kaisaken.

Vom Militärdienste sind die Kirgisen, ebenso wie auch alle übrigen Eingeborenen Turkestans, gänzlich befreit.

2. Familienverhältnisse bei den Kirgis-Kaisaken.

Die Kirgis-Kaisaken (Bild 24) leben in der Regel in Polygamie. Selten begnügen sie sich mit einer Frau, sondern sie haben, wenn sie überhaupt verheiratet sind, deren wenigstens zwei. Dies hat offenbar seinen Grund darin, daß eine einzige Frau nicht im stande wäre, die verschiedenen Arbeiten eines selbständigen Hauswesens, insbesondere das Aufschlagen der Jurte, allein zu verrichten, das Institut weiblicher Dienstboten aber nicht nur bei den Kirgisen, sondern überhaupt bei allen Zentralasiaten unbekannt ist. Ein kirgisischer Hausvater würde es aber für eine unerhörte Erniedrigung ansehen, wenn er sich an den häuslichen Arbeiten irgendwie beteiligen würde. Ein wohlhabender Kirgise arbeitet überhaupt nichts. Er vertreibt sich seine Zeit mit Essen, Kumystrinken und Faulenzen, mit der Jagd sowie mit dem Besuch aller erreichbaren Bazare, Festlichkeiten und Bekannten. Der ärmere Kirgise läßt sich höchstens dazu herab, daß er die Pferde selbst besorgt und die Erzeugnisse der von seinen Frauen betriebenen Hausindustrie auf den Bazar zum Verkaufe bringt. Alle andern Arbeiten müssen die Frauen verrichten. Sie müssen im schlechtesten Wetter und oft in weiter Entfernung Holz sammeln und auf ihren Schultern herbeischleppen, Wasser holen, die Speisen bereiten, das Getreide dazu in Handmörsern zerstampfen, die Jurten aufschlagen und abbrechen und mit ihrer ganzen Habe auf die Kamele verladen, was alles auf den Wanderungen tagtäglich auszuführen ist; sie müssen die zahlreichen Pferde, Kamele, Kühe und Schafe melken und aus der Milch Käse und Kumys bereiten, die Felle der geschlachteten Tiere gerben, Filz für die Jurten und zum Verkauf anfertigen, die Wolle zu Garn spinnen und daraus Stoffe für ihre Kleider und die ihrer Männer weben und diese Kleider auch selbst anfertigen; sie müssen dabei ihre Kinder nähren und erziehen und die Mädchen in allen häuslichen Verrichtungen und Handarbeiten unterrichten; während der Mann es sich auf dem Marsche auf seinem Pferde bequem macht und sich um nichts kümmert, müssen die Frauen zu Fuß vor den Kamelen hertrippeln und dieselben an der Halfter führen und selbst bei grimmiger Kälte mit nackten Füßen die eisigen Bäche und Flüsse durchwaten. Fürwahr ein Leben, welches sich von wirklicher Sklaverei in gar nichts unterscheidet. Auch im Verkehr mit ihrem Manne ist die Kirgisin eine Sklavin. Sie hat nicht das Recht, mit dem Manne zu Tisch zu sitzen; während der Familienvater sich an dem von seinen Frauen bereiteten Mahle gütlich thut, sitzen diese selbst, jede mit ihren Kindern, rings an den Wänden der Jurte herum und sehen dabei zu, in der Erwartung, daß er, was als besondere Auszeichnung gilt, bald dieser bald jener einen halb abgenagten Knochen zuwirft, den dann die also Beglückte sofort mit ihren Kindern verzehrt, begleitet von den neidischen Blicken der weniger Glücklichen. Erst nach Beendigung der Mahlzeit des Mannes dürfen sich die Frauen mit ihren Kindern in die übrig gelassenen Reste teilen. Diese Familienverhältnisse finden sich nicht etwa bloß bei den ärmeren Kirgisen, ich habe sie auch bei den Reichsten und selbst bei Sultanen zu beobachten Gelegenheit gehabt. Infolge der ununterbrochenen harten Arbeit von Jugend auf bleiben die Kirgisinnen in der Regel auffallend klein, sind durch die Bank häßlich und altern schon sehr frühzeitig.

Die eigentliche Hausfrau nach unsern Begriffen ist bei den Kirgis-Kaisaken nicht etwa die Lieblingsfrau, sondern die dienstälteste (Baibitscha),

d. h. diejenige, welche der betreffende Kirgise zuerst geheiratet hat. Diese stammt bei den Sultanen auch gewöhnlich aus einer besseren, dem gesell= schaftlichen Range des Mannes entsprechenden Familie. Alle übrigen Frauen sind der ersten untergeordnet und eigentlich nichts weiter als deren Diene= rinnen. Gewöhnlich wohnen alle Frauen und Kinder eines Kirgisen in einer Jurte beisammen. Nur bei den Reichsten hat jede Frau oder wenig= stens die älteste Frau eine eigene Jurte für sich, und der Mann ist dann abwechselnd bald bei dieser bald bei jener zu Gast.

Die Frauen werden bei den Kirgis=Kaisaken eigentlich getauft, d. h. es muß für dieselben von dem Bräutigam oder dessen Eltern an die Eltern der Braut ein sogen. Kalym entrichtet werden, bestehend aus einer bestimmten Anzahl von Kamelen, Pferden, Rindern oder Schafen, deren Menge sich nach den Vermögens= und Rangverhältnissen des Bräutigams sowohl wie der Eltern der Braut richtet. Der Kalym besteht, je nach Umständen, aus 7, 17, 27, 37, 47, 57, 67 oder 77 Stück Vieh. 47 Pferde ist bei besser situierten Kirgisen ein gewöhnlicher Kalym. Reiche Sultane zahlten in früheren Zeiten oft 700 Stück Vieh für ihre Braut. Arme Kirgisen können sich unter so bewandten Umständen überhaupt keine Frau anschaffen und folglich auch keinen eigenen Hausstand gründen, und müssen, wie seiner Zeit der Patriarch Jakob, bei reicheren Stammesgenossen als Hirten dienen. In früheren Zeiten etablierten sich solche vom Schicksal nicht begünstigten Kir= gisen, wenn sie sonst das Zeug zu einem Batyr in sich verspürten, mitunter auch als professionelle Viehdiebe, um sich auf diese Weise mit der Zeit eine Existenz und Familie zu gründen.

Beim Tode des Mannes haben die Frauen nicht das Recht, ohne weiteres zu ihren Eltern zurückzukehren oder sich nach Belieben wieder zu verheiraten, sondern sie fallen zusammen mit dem Vieh und dem sonstigen Nachlasse dem rechtmäßigen Erben des Mannes zu, ganz gleich, ob dies noch ein Kind oder ein Greis ist [1]. Die Ehen werden bei den Kirgisen, besonders bei Vornehmen, mitunter schon sehr frühzeitig geschlossen. In Kuldscha ver= heiratete sich während meiner Anwesenheit im Jahre 1879 der einzige zwölf= jährige Sohn eines vornehmen Kirgisen mit der achtundzwanzigjährigen Tochter eines andern reichen Kirgisen. Dieses Mißverhältnis in den Jahren war dadurch verschuldet, daß die betreffende Braut ursprünglich einem älteren Bruder bestimmt und der Kalym bereits bezahlt war. Derselbe war aber

---

[1] Unter der russischen Herrschaft und infolge des russischen Einflusses scheinen endlich auch für die armen kirgisischen Frauen etwas bessere Tage anzubrechen. Wie die russischen Zeitungen melden, hat eine Versammlung der kirgisischen Volksrichter der Bezirke Saisan und Ustkamenogorsk, die im Sommer 1897 im Gebiete Kurban= Kait abgehalten wurde, den Beschluß gefaßt, daß in Zukunft die Witwe eines Kir= gisen sich nach eigenem freien Ermessen wieder verheiraten könne, mit wem sie wolle.

noch vor der Hochzeit gestorben, und es trat deshalb sein jüngerer Bruder
in seine Rechte. Die erste Frau nehmen junge Kirgisen in der Regel nach
der Wahl ihrer Eltern. Die Mädchen aber werden stets von ihren Eltern
ohne Rücksicht auf ihre eigenen Wünsche verheiratet. Eigentliche Trauungs=
zeremonien giebt es bei kirgisischen Hochzeiten nicht, weder zivile noch reli=
giöse, wenn auch beim Abschluß der Ehe, bei Auszahlung des Kalym, sowie
bei den vorausgehenden Verhandlungen über Kalym u. dgl. von den Be=
teiligten eine Menge Förmlichkeiten erfüllt werden müssen, die bei den ver=
schiedenen Stämmen der Kirgisen mehr oder weniger voneinander abweichen.
Ist der Kalym vollständig abgetragen, was gewöhnlich in mehreren Raten
geschieht, so wird in der Wohnung der Braiteltern ein Hochzeitsschmaus [1]
arrangiert, verbunden mit Baiga, Musik, Gesang und sonstigen Unter=
haltungen. Die Frauen singen dabei das Lob der Braut, die Männer
verherrlichen die Heldenthaten des Bräutigams und besingen, wieviel Vieh
derselbe gestohlen und wieviel Plünderungszüge er ausgeführt hat. Bei
reicheren und vornehmeren Kirgisen ist es zwar Brauch, zu den Hochzeits=
feierlichkeiten einen Mulla beizuziehen, wenn ein solcher zur Hand ist, um
durch denselben die Ehe einsegnen zu lassen; irgend welche integrierende Rolle
spielt aber die Teilnahme eines Mulla beim Abschluß der Ehe nicht und
ist eine bloße Förmlichkeit, dazu bestimmt, zur Erhöhung des Glanzes der
Festlichkeit beizutragen. Nach Beendigung des Hochzeitsschmauses führt der
Bräutigam seine Braut (Bild 25) ohne weiteres in seine Jurte. Jungfräuliche
Reinheit und eheliche Treue sind leider ziemlich seltene Tugenden. Insbesondere
sind die Kirgisenfrauen den Fremden gegenüber manchmal recht frei, oft
geradezu mit Einwilligung ihrer Männer. Von Eifersucht, welche sonst einen
hervortretenden Charakterzug der Mohammedaner bildet, findet sich bei den
Kirgisen kaum eine Spur.

3. Religion der Kirgis-Kaisaken.

Die Kirgis=Kaisaken sind dem Namen nach sunnitische Mohammedaner,
scheinen aber in Wirklichkeit gar keine eigentliche Religion zu haben. Ich
habe wenigstens nie gesehen, daß ein Kirgise ein Gebet verrichtet oder die
vom Koran vorgeschriebenen Waschungen vorgenommen hätte; ebensowenig
habe ich jemals gehört, daß ein Kirgise eine Pilgerfahrt nach Mekka unter=
nommen hätte; auch die Frauen gehen bei ihnen, unbekümmert um die

---

[1] Bei den Kirgisen trägt die Braut während des Hochzeitsfestes und auch auf der
Reise nach dem Aul ihres Mannes einen eigentümlichen Kopfputz, Sankele genannt,
der aus einem unförmlich hohen, mit Perlen, Münzen, Federn und Steinen geschmückten
Konus aus rotem Tuch oder Samt besteht und mitunter einen Wert von 4—5000
Mark repräsentiert. Mitunter trägt die junge Frau die Sankele noch ein ganzes Jahr
nach der Hochzeit oder bis zur Geburt des ersten Kindes (Bild 25).

Satzungen des Korans, unverschleiert. Der ganze Mohammedanismus der
Kirgis-Kaisaken scheint sich auf die Beschneidung, auf das Rasieren des
Kopfes bei den Männern und ähnliche Zeremonien zu beschränken. Welche
Vorstellung die Kirgisen von der Heiligkeit der Religion und des Korans haben,

Bild 25. Kirgisin im Brautkostüm.

wird am besten durch folgenden Fall illustriert, der sich im Gouvernement
Akmolinsk zugetragen hat. Ein des Diebstahls angeklagter Kirgise sollte
vor Gericht einen Eid leisten, was bei den Mohammedanern in der Weise
geschieht, daß sie die Stirne auf den Koran legen und dann denselben

küssen. Als der zur Abnahme des Eides eingeladene mohammedanische
Geistliche dem erwähnten Kirgisen den Koran zu dem angegebenen Zwecke
darreichte, ergriff dieser, da er offenbar gerade schlechter Laune war, den
Koran und schlug ihn dem Geistlichen so lange um die Ohren, bis er in
Fetzen ging[1]. Zur Strafe für diese frevelhafte Verletzung der Heiligkeit des
Korans, des Geistlichen und des Gerichtshofes wurde der Delinquent ver=
urteilt, dem Geistlichen einen neuen Koran zu kaufen.

Daß die Kirgis=Kaisaken keine besseren Mohammedaner sind, hat offenbar
seinen Grund darin, daß sie weder Geistliche noch Moscheen haben und daß
sie in der Regel mit der Kunst des Lesens und Schreibens unbekannt sind.
Auch die Art und Weise, wie die Kirgisen zu Mohammedanern gemacht
worden sind, hat ohne Zweifel dabei mitgewirkt. Die Kirgisen sind nämlich,
wahrscheinlich der einzige Fall in der Geschichte, eigentlich durch eine christ=
liche Macht zum Islam belehrt worden, und zwar infolge eines Mißverständ=
nisses. Während nämlich die Kirgis=Kaisaken ursprünglich in Wirklichkeit
Schamanisten waren, wurden sie von den russischen Behörden, die im besten
Glauben waren, daß alle Zentralasiaten notwendig Mohammedaner sein
müßten, von Anfang an als Mohammedaner betrachtet und auch konsequent
als solche behandelt. In allen von den russischen Behörden an die Kirgis=
Kaisaken gerichteten offiziellen Schreiben spielte Allah eine große Rolle, und
schließlich ging die russische Regierung so weit, daß sie, um sich das besondere
Wohlwollen der Kirgisen zu erwerben, auf eigene Kosten für dieselben
Moscheen baute und ihnen Mullas zusandte, die sie in ihrer vermeintlichen
mohammedanischen Religion besser unterrichten sollten. Dank diesen gut ge=
meinten Bemühungen der Russen wurden die Kirgis=Kaisaken schließlich dahin
gebracht, daß sie sich wirklich selbst als Mohammedaner betrachteten, ebenso wie
ein Mensch, der von allen konsequent als Verrückter behandelt wird, sich selbst
schließlich für wirklich verrückt hält. Hätten die Russen die auf die Moham=
medanisierung der Kirgis=Kaisaken verwendete Mühe auf die Bekehrung derselben
zum Christentum verwendet, so wären die Kirgisen gegenwärtig wahrscheinlich
ebenso gute Christen, wie sie in der That Mohammedaner sind. In Wirklichkeit
sind die religiösen Anschauungen der Kirgisen, soweit von solchen überhaupt
die Rede sein kann, auch jetzt noch eher schamanistisch als mohammedanisch.
In ihren Handlungen aber werden die Kirgisen ausschließlich von den Regeln
der Sitte und des Herkommens geleitet, welche von ihnen strenge befolgt werden.

---

[1] Die Kirgis=Kaisaken gehören überhaupt zu den jähzornigsten Menschen der
Erde und sie stehen in dieser Beziehung in starkem Gegensatz zu der Bedächtigkeit und
Selbstbeherrschung der ansässigen Bevölkerung Zentralasiens. Ein Kirgise, der einmal
vom Bii=Gericht zu einer Körperstrafe verurteilt worden war, wurde darüber plötzlich so
rabiat, daß er seinen eigenen Vater ermordete, seine Tochter verwundete, eine Anzahl
Pferde massakrierte und sich selbst eine gefährliche Wunde beibrachte.

Woran die Kirgisen wirklich glauben, das ist die Zauberkraft ihrer Baksas, welche den Schamanen der Sibirjaken und den Medizinmännern der amerikanischen Rothäute gleichen wie ein Ei dem andern. Die Baksas, welche ihr Geschäft und ihren Ruf in der Regel von ihren Vätern ererben, wissen nach der Ansicht der Kirgisen nicht nur das Vergangene, Gegenwärtige und Zukünftige, sondern sind auch, dank ihrer Verbindung mit der Geister= welt, im stande, je nach Belieben Hitze und Kälte, Gewitter und Stürme, Regen und Schnee herbeizuzaubern, alle Arten von Krankheiten zu heilen, drohende Unglücksfälle abzuwenden u. dgl. Ich habe selbst nie Gelegenheit gehabt, kirgisische Baksas bei der Ausübung ihres Humbugs zu beobachten; ich gebe deshalb die Übersetzung der Schilderung, welche Lewschin von den= selben auf Grund von Autopsie entwirft: „Die ergötzlichsten und zugleich abschreckendsten (unter den kirgisischen Zauberern) sind die Baksas, welche mit den Schamanen Sibiriens viel Ähnlichkeit haben. Sie tragen teils die gewöhnlichen langen, teils kurze Kleider; häufig besteht ihre Kleidung nur aus derartig zersetzten Lumpen, daß ihr Anblick allein schon mächtig auf die Einbildungskraft der Zuschauer bei ihren tragikomischen Vorstellungen wirkt. Die Methode bei ihren Wahrsagungen ist aber stets dieselbe. Der Baksa, welchen ich zu sehen Gelegenheit hatte, betrat das Zelt mit äußerst lang= samem Schritt, mit niedergeschlagenen Augen und ernster Miene. Er war in Lumpen gehüllt. Er nahm eine Kobysa, eine Art roher Geige, zur Hand, setzte sich auf einen Teppich, begann zu spielen, zu singen und sich sodann leise zu schaukeln; nach diesem führte er mit dem ganzen Körper ver= schiedene Bewegungen aus. Alsbald erhob er seine Stimme immer mehr und mehr, und seine Körperverdrehungen wurden in demselben Maße immer lebhafter, häufiger und schwieriger. Er schlug sich, krümmte sich, streckte sich, drehte und wand sich wie ein Rasender, so daß der Schweiß in Strömen von seinem ganzen Körper floß; Schaum bildete sich um seine Lippen und fiel schließlich auf seine Lumpen. Nachdem er die Kobysa weggeworfen hatte, machte er einen Luftsprung, wobei er sich gleichzeitig um sich selbst drehte. Sodann schüttelte er den Kopf, stieß ein durchdringendes Geschrei aus und begann die Geister zu citieren, indem er ihnen bald mit der Hand winkte, bald diejenigen, welche er nicht brauchte, zurückstieß. Als endlich seine Kräfte erschöpft waren, warf er sich mit blassem Gesicht und blutunterlaufenen Augen auf einen Teppich, und nachdem er noch einen schrecklichen wilden Schrei ausgestoßen hatte, schwieg er, streckte sich aus und lag unbeweglich wie ein Toter. Nach einigen Augenblicken erhob er sich, ließ seine Blicke nach allen Seiten umherschweifen, als wenn er nicht wüßte, wo er sich befand, sagte dann ein Gebet her und begann wahrzusagen auf Grund dessen, was ihm angeblich seine Vision enthüllt hatte.

„Magie und Gaukelei bilden nicht nur einen Bestandteil im Kultus der
Kirgisen, sondern nehmen auch die erste Stelle in ihrer Heilkunde ein, da
sie bei den gefährlichsten Krankheiten ihre Zuflucht zu denselben nehmen.
Die Heilmethode der Baksas besteht in folgendem. Erst setzt sich der Baksa
dem Kranken gegenüber, spielt auf der Kobysa, singt, stößt ein wildes Geschrei
aus, gebärdet sich wie ein Verrückter und führt verschiedene ebenso schwierige
wie bizarre Körperverdrehungen aus. Sodann springt er von seinem Platze
auf, spricht ein sinnloses Kauderwelsch, ergreift eine Nagaika und schlägt
damit den Kranken, in der Hoffnung, aus demselben alle unreinen Geister
auszutreiben, welche die Krankheit verursachen. Endlich beleckt er den
Kranken, beißt ihn bis aufs Blut, spuckt ihm ins Gesicht und stürzt sich,
mit einem Messer bewaffnet, auf ihn, als wenn er ihn ermorden wollte.
Diese Behandlung, welche mitunter noch mit vielen andern ebenso absurden
Zeremonien begleitet wird, dauert neun Tage hintereinander."

Außer den Baksas giebt es bei den Kirgisen noch eine Menge von
Zauberern niederen Grades, welche aus den Sternen, aus den Sprüngen auf
verbrannten Schafknochen, aus der Farbe der Flamme beim Verbrennen von
Schaffett ꝛc. wahrsagen und zur Aufrechthaltung ihres Renommees mit bloßen
Füßen auf glühendes Eisen treten, Messer und Reitpeitschen verschlucken,
Säbel in den Schlund stecken und ähnlichen Humbug mehr.

Der geringe Sinn für religiöse Dinge scheint übrigens nicht bloß den
Kirgis-Kaisaken, sondern überhaupt allen Nomaden gemein zu sein, was
sich leicht aus der unsteten Lebensweise erklärt, die einen einflußreichen und
an der Religiosität des Volkes auch persönlich interessierten Priesterstand
nicht emporkommen läßt. Schon Cäsar hebt bei den alten nomadischen
Germanen im Gegensatze zu den ansässigen Galliern hervor, daß sie weder
Druiden hatten, welche bei den Galliern eine so große Rolle spielten, noch
auch sich um Opfer kümmerten (Bell. Gall. lib. VI, cap. 21: „Germani
multum ab hac consuetudine differunt. Nam neque druides habent,
qui rebus divinis praesint, neque sacrificiis student"[1]). Bei den
Kirgisen ein Heiliger zu werden, ist nicht schwer. Hat sich ein kühner und
unternehmender Batyr oder Viehdieb durch seine Raubzüge bei Lebzeiten
ein großes Vermögen erworben, so wird demselben nach seinem Tode von
den dankbaren Erben in der Regel ein Mausoleum errichtet, an demselben
nach kirgisischem Brauche zu gewissen Zeiten ein Totenschmaus abgehalten
und die Hörner der dabei geschlachteten Widder auf dem Grabe aufgehäuft.
Da von der Menge der auf einem Grabe aufgespeicherten Widderhörner

---

[1] „Die Germanen weichen von dieser Lebensweise bedeutend ab. Denn sie haben
weder Druiden als Leiter in religiösen Angelegenheiten, noch auch kümmern sie sich
viel um Opfer."

auf den Grad der Heiligkeit des darunter Ruhenden geschlossen wird, so
fangen nachträglich auch Fremde an, nach solchen einen gewöhnlichen Viehdieb beherbergenden Grabmälern zu wallfahrten, und der berühmte Heilige
ist fertig; besonders wenn sich ein spekulativer Derwisch oder Mulla findet,
der sich bei einem solchen Grabe ansiedelt und für entsprechende Gaben den
frommen Wallfahrern die Verdienste des Heiligen und die von demselben
gewirkten Wunder in beredten Worten verkündet.

Die Kirgis-Kaisaken sind der beste Beweis dafür, daß die Moralität
eines Volkes nicht immer der größeren oder geringeren von demselben äußerlich
zur Schau getragenen Religiosität proportional ist. In Turkestan sind die
eifrigsten Mohammedaner die Sarten und ansässigen Usbeken; diese nehmen
aber unter allen turkestanischen Völkerschaften, wie in Bezug auf religiösen
Fanatismus so auch in Bezug auf moralische Verkommenheit, den ersten
Rang ein. Die Kirgisen dagegen, welche unter allen Völkern, die ich kennen
gelernt habe, am wenigsten Religiosität zur Schau tragen, stehen in Ansehung
der Moral unendlich höher als das Gros der ansässigen Bevölkerung Turkestans,
und sie können als Muster von Ehrlichkeit gelten und zwar nicht bloß unter
den Völkern Turkestans.

4. Rechtsverhältnisse bei den Kirgis-Kaisaken.

Die Rechtsanschauungen der Kirgis-Kaisaken sind von den unserigen
himmelweit verschieden, haben aber eine auffallende Ähnlichkeit mit den
Anschauungen der alten Germanen. Von dem Unterschiede zwischen ziviler
und krimineller Schuld haben die Kirgis-Kaisaken keine Vorstellung; jedes
Verbrechen oder Vergehen wird als Schädigung der Interessen eines Nebenmenschen aufgefaßt, und derjenige, der durch ein begangenes Verbrechen Nachteil erlitten hat, muß von dem Verbrecher in entsprechender Weise entschädigt
werden. Zur Zeit der Unabhängigkeit der Kirgis-Kaisaken mußte derjenige,
der einen Mann getötet hatte, den Verwandten des Getöteten einen Kun,
bestehend aus 1000 Schafen, 100 Pferden oder 50 Kamelen, wer eine Frau
oder einen Sklaven ermordet hatte, einen halben Kun entrichten, ganz gleich,
ob der Tod durch einen vorbedachten Mord oder durch einen unglücklichen
Zufall herbeigeführt war. Der Mord eines Sultans wurde dem Mord
von sieben gewöhnlichen Männern gleichgestellt und demgemäß mit einem
siebenfachen Kun gesühnt. Männer, welche ihre Frauen, Kinder oder Sklaven
töteten, gingen straflos aus, weil sie selbst die Geschädigten waren.

In Kuldscha wurden einmal in meiner Gegenwart von einem kirgisischen
Bii-Gericht zwei Fälle verhandelt, welche für die Rechtsanschauungen der Kirgisen sehr bezeichnend waren. Der erste Fall betraf eine Kuh, die sich in
einen fremden Aul verlaufen hatte und dort in eine Jurte eingedrungen
war, in der niemand anwesend war als ein sechs Monate altes Kind.

Dieses Kind lag in der Nähe des Herdes auf dem Boden, am Feuer aber stand ein Kessel mit kochendem Wasser. Die eingedrungene Kuh stieß nun im Vorbeilaufen den Kessel um, und das ausfließende Wasser verbrühte das Kind so, daß es starb. Für diese fahrlässige Tötung wurde der Besitzer der Kuh zur Entrichtung eines Kun an den Vater des Kindes verurteilt. Der zweite Fall war folgender. Ein junger Kirgise war von seinem Vater in einen benachbarten Aul geschickt worden, um ein verlaufenes Stück Vieh aufzusuchen, und war nicht mehr zurückgekehrt. Ob er erschlagen, von wilden Tieren zerrissen, ertrunken oder auf eine andere Weise umgekommen, oder vielleicht auch einfach durchgebrannt war, konnte nicht festgestellt werden. Der Aul, nach welchem der abhanden gekommene Kirgise geschickt worden war, wurde gleichfalls verurteilt, an den Vater des Verschollenen einen ganzen Kun zu entrichten. Diese Urteile wurden beide von den russischen Behörden bestätigt, weil auch unter der russischen Herrschaft das kirgisische Gewohnheitsrecht, soweit es nicht mit der russischen Kriminaljustiz in Widerspruch steht, in Geltung geblieben ist. Diese sonderbare Rechtspraxis giebt zu vielen Mißbräuchen Veranlassung. Die russischen Behörden haben schon in wiederholten Fällen die Entdeckung gemacht, daß die angeblich Umgekommenen sich einfach irgendwo in der Fremde versteckt hielten, um ihren Verwandten Gelegenheit zu geben, von denen, in deren Gebiet sie zum letztenmal gesehen worden waren, einen Kun als Entschädigung für ihre angebliche Ermordung beizutreiben.

Wird einem Kirgisen von einem andern ein Kamel, Pferd u. dgl. gestohlen, so werden dem Diebe je zwei gleichwertige Kamele, Pferde rc. genommen, mit den gestohlenen Tieren zusammengekoppelt und so dem Geschädigten zugestellt.

Das Eigentümlichste bei den Kirgis-Kaisaken ist dies, daß für ein begangenes Verbrechen nicht der Verbrecher allein, sondern auch dessen Verwandte und im Notfalle selbst seine Stammesgenossen mit verantwortlich gemacht werden. Ist ein wegen Mordes, Diebstahls u. dgl. verurteilter Kirgise nicht im stande, die ihm auferlegte Strafe zu erlegen, so wird dieselbe von seinen Verwandten, und sollten auch diese nicht zahlungsfähig sein, vom ganzen Aul, ja selbst vom ganzen Stamm eingetrieben.

Bei schwereren Verbrechen, nämlich Hochverrat, Widerstand gegen die Staatsgewalt, vorsätzlichem Mord, Raubmord und Plünderung, werden gegenwärtig auch für die Kirgisen die allgemeinen Kriminalgesetze des russischen Reiches zur Anwendung gebracht, und solche Verbrechen werden von den ordentlichen russischen Gerichten abgeurteilt. Die Aburteilung geringerer Delikte, wie Körperverletzung, Ehrenkränkung, Betrug, Diebstahl rc., ist nach wie vor den von den Kirgisen selbst gewählten und von den zuständigen russischen Behörden bestätigten Biis überlassen, die in hergebrachter Weise nach altem

kirgisischem Gewohnheitsrecht urteilen und deshalb auch keiner juristischen Vorbildung bedürfen. Die mit dem Urteil eines Bii Unzufriedenen können an
die Versammlung der Biis eines ganzen Bezirkes oder auch an die russischen
Gerichte appellieren. Für die von den Biis zu verhängenden Strafen giebt
es folgende Abstufungen:

1. Ein Chalat oder Pelz
2. Ein Chalat oder Pelz nebst Pferd ⎱ für leichtere Vergehen.

3. Entrichtung des dreifachen Wertes des Gestohlenen.

4. Ein Togus, bestehend in 9 Kamelen, Pferden, Rindern oder Schafen,
je nach der Schwere des Verbrechens, wie Vergewaltigung, schwere Schläge,
Betrug 2c.

5. Ein zehntel bis ein drittel Kun für verschiedene Körperverletzungen.

6. Ein ganzer Kun für fahrlässige Tötung.

Wer vor Gericht einen falschen Eid schwört, wird mit Peitschenhieben
bestraft und dann aus der Gemeinde ausgestoßen. Ein mit den Waffen
ergriffener Straßenräuber wird nicht nur zur Herausgabe des Geraubten,
sondern auch noch zum Verluste seiner Waffen und Pferde verurteilt. Die
weggenommenen Waffen und Pferde werden in drei gleiche Teile geteilt,
von denen der erste als Strafe eingezogen wird, den zweiten der Geplünderte,
den dritten aber die Biis erhalten.

Soviel mir bekannt ist, stehen die kirgisischen Biis wegen ihrer Recht-
lichkeit und Unparteilichkeit in großem Ansehen bei Russen sowohl wie bei
Kirgisen.

5. Viehzucht der Kirgis-Kaisaken.

Das Vermögen der Kirgis-Kaisaken besteht fast ausschließlich in ihren
Herden, denen sie Nahrung, Kleidung und Wohnung, überhaupt alles, was
sie zum Leben nötig haben, verdanken. Von den Kirgis-Kaisaken werden
folgende Haustiere gehalten: Kamele, Pferde, Schafe, Ziegen, Rinder,
Esel, Hunde.

Das wichtigste und am meisten geschätzte Haustier der Kirgis-Kaisaten
ist das Kamel, von dem sie sowohl die einhöckerige als zweihöckerige Ari
halten. Das turkestanische Kamel ist beträchtlich größer und starkknochiger
als das afrikanische und vorderasiatische, besonders zeichnen sich die einhöckerigen durch riesigen Körperbau aus. Sieben bis acht Zentner bilden in
Turkestan gewöhnlich eine Kamelladung. Als Lasttier verwendet der Kirgis-
Kaisake fast ausschließlich Kamele und transportiert auf ihnen, da Wagen
bei ihm nicht in Gebrauch sind, auf seinen Wanderungen seine Familie,
seine Wohnung und seine ganze Habe, während die Pferde frei in Herden
mitlaufen, wie die Schafe und Rinder. Da die Kamele wegen ihres langen
und beweglichen Halses nicht in ähnlicher Weise durch einen Zügel gelenkt

werden können wie die Pferde, und da sie überhaupt äußerst ungeschlachte und unbeholfene Tiere sind, so müssen dieselben an der Halfter geführt werden. Bei der großen Stärke und dem eigensinnigen Charakter der Kamele würde es schwer sein, mit denselben zurechtzukommen, wenn die Halfter in ähnlicher Weise angelegt würde wie bei Pferden. Die Kirgisen durchbohren deshalb den Kamelen den Nasenknorpel, stecken durch denselben einen mit einem Knopfe versehenen hölzernen Pflock und befestigen das Leitseil an diesem. Da es natürlich nicht möglich ist, jedem Kamel einen eigenen Führer zu geben, so werden alle zu einer Karawane gehörenden Kamele der Reihe nach aneinandergekoppelt, indem immer das Leitseil des folgenden Kamels an den Sattel des vorangehenden befestigt wird, und nur das erste Kamel wird dann vom Karawanenführer an der Halfter geführt. Diese oft aus hundert und mehr Kamelen bestehenden Karawanen sind in den turkestanischen Städten und Dörfern sehr wenig beliebt, weil sie, wo sie erscheinen, jedesmal eine allgemeine Verkehrsstockung verursachen. Besonders auf den Postwegen haben mich diese Karawanen oft zur Verzweiflung gebracht, weil die Kamele die üble Gewohnheit haben, daß immer das eine nach links und das andere nach rechts ausweicht. Während meiner letzten Reise in Turkestan wurde mir bei einer solchen Kollision mit einer Karawane von einem auf mich fallenden, schwer mit Getreide beladenen Kamele die Equipage vollständig zertrümmert. Sollte sich einmal bei den Kirgisen ein Tierschutzverein etablieren, so müßte derselbe natürlich gegen eine derartig barbarische Behandlung der Kamele Protest einlegen[1]. Fällt während des Marsches ein in der angegebenen Weise verkoppeltes Tier, oder ist es durch irgend ein Hindernis gezwungen, stehen zu bleiben, während die vorausgehenden Kamele ihren Weg fortsetzen, so wird es so lange gezerrt und auf dem Boden nachgeschleift, bis entweder das Leitseil abreißt oder, was häufig genug vorkommt, der Nasenknorpel durchrissen wird. Fast beständig sind infolge der fortwährenden Irritation die Nasen der Kamele mit Blut oder mit Eiter bedeckt. Ein Teil der zu einer Karawane vereinigten Kamele trägt Glocken von mitunter riesigen Dimensionen, deren eigentümliches Geläute die Karawanen schon von weitem ankündigt. Die Kamele verlieren alle Jahre mit Anbruch der warmen Jahreszeit ihre Haare vollständig, die in großen Büscheln abfallen, und sie bleiben dann längere Zeit ganz nackt. Die turkestanischen Kamele sind gegenwärtig stark im Rückgange begriffen. Die Kriege der Russen in Zentralasien, besonders mit Chiwa und mit den Turkmenen, bei

---

[1] Von Mitleid mit Tieren scheinen die Kirgisen überhaupt keine Ahnung zu haben, wie z. B. folgendes kirgisische Gesellschaftsspiel beweist. Ein Kirgise bindet ein lebendes Schaf an seinen Sattel und sprengt in voller Carriere zwischen zwei Reihen von Spielteilnehmern hindurch. Die Aufgabe für die letzteren besteht darin, mit den Händen die Füße des Schafes zu erfassen und auszureißen.

denen jedesmal viele Tausende zu Grunde gingen[1], haben stark unter den Kamelen aufgeräumt. Die Fruchtbarkeit derselben ist aber eine sehr beschränkte. Der Preis eines Kameles beträgt in Turkestan 160 bis 250 Mark; dabei stehen die einhöckerigen höher im Preise als die zweihöckerigen, weil sie größer und stärker sind als letztere.

Die Pferde, deren Anzahl viel beträchtlicher ist als die der Kamele, spielen bei den Kirgis-Kaisaken eine ganz andere Rolle als bei den Europäern und bei der ansässigen Bevölkerung Turkestans. Sie werden zwar von den Kirgis-Kaisaken ebenfalls zum Reiten verwendet; dies ist aber nicht ihre Hauptbestimmung, sonst würden die Kirgisen nicht hundert-, ja unter Umständen sogar tausendmal so viel Pferde halten, als sie für sich und ihre Familie zum Reiten brauchen. Für den Kirgis-Kaisaken ist das Pferd am wichtigsten wegen seiner Milch, aus der er sein Nationalgetränk, den Kumys, bereitet. Außerdem bildet für den Kirgisen das Fleisch junger Pferde einen Leckerbissen, ohne den er sich ebensowenig eine Festlichkeit denken kann, wie der deutsche Bauer ohne Schweinefleisch.

In Turkestan giebt es im ganzen sieben verschiedene Pferderassen:

Turkmenenpferde,	Gebirgspferde,
Argamake,	faschgarische Pferde,
Kirgisenpferde,	Kalmückenpferde.
Karabaire,	

Das edelste und leistungsfähigste unter allen turkestanischen Pferden ist das Turkmenenpferd, das zwar in Bezug auf Schönheit dem arabischen Pferde nachsteht, aber an Schnelligkeit, Ausdauer und Genügsamkeit alle Pferderassen der Erde übertrifft. Das Turkmenenpferd, mit dessen Eigenschaften ich aus eigener Erfahrung bekannt bin, weil ich zehn Jahre lang im Besitz eines ausgezeichneten Exemplares dieser Rasse war, ist von sehr hohem Wuchs und wird an Größe von keiner andern Rasse erreicht. Es hat lange, dünne Beine, langen Körper, langen und dünnen Hals, kleinen Kopf, schmale Brust und überhaupt schmalen Körper und besteht fast nur aus Haut, Knochen und Sehnen. Selbst bei bester Pflege setzt es kein Fett an. Das Turkmenenpferd hat keine Mähne; dieselbe ist nur durch etwa zolllange borstige Haare markiert. Die verschiedenen europäischen Reisenden haben das Fehlen der Mähne bei den Turkmenenpferden dem Umstande zugeschrieben, daß die Turkmenen ihre Pferde beständig, Winter wie Sommer, mit dicken schweren Filzdecken bedecken, durch welche angeblich die Mähnen der Pferde abgerieben werden. Dies ist aber ein Irrtum. Ich habe meinem Turkmenen nie den Hals mit Decken verhüllt, und dennoch wuchs ihm die

---

[1] Auf dem Feldzuge des Generals Perowsky gegen Chiwa (Winter 1839 1840) fielen 11 000 Kamele.

ganzen zehn Jahre, während welcher ich ihn besaß, keine Mähne. Das Turkmenenpferd ist äußerst intelligent und hat ein wunderbares Ortsgedächtnis. Mir war mein Turkmene in Taschkent einmal gestohlen worden. Die turkestanischen Pferdediebe schaffen die gestohlenen Pferde immer sofort außer Landes, weil bessere Pferde überall bekannt sind und deshalb der Diebstahl alsbald herauskommen würde, wenn sie dieselben in der Nähe verkauften. Nach 14 Tagen kam mein Pferd wieder zurück mit einem Stück Kette am Hals, mit Schmutz, Staub und Blut bedeckt und ganz ausgehungert und abgehetzt. Nach allen Anzeichen hatte es einen ungeheuern Weg zurückgelegt und hatte den Weg nach Taschkent und durch die vielverschlungenen Gassen dieser 80 qkm umfassenden Stadt, in der sich selbst ein Mensch nur schwer zurechtfindet, bis nach der Sternwarte gefunden. Diese Ortskenntnis war für mich mitunter sehr unangenehm. Da nämlich das Pferd die Wohnungen aller meiner Bekannten im Gedächtnis hatte, so war für mich die Fahrt durch die Stadt immer gefährlich, indem dasselbe beim Vorbeifahren vor dem Hause eines Bekannten, wenn der Kutscher vergaß, rechtzeitig Vorkehrungen dagegen zu treffen, jedesmal ohne weiteres unter rechtem Winkel in den Hof einlenkte und dadurch die Equipage häufig zu Fall brachte. Das Turkmenenpferd kennt seinen Herrn ganz genau und erweist demselben eine rührende Anhänglichkeit. Ganz unglaublich ist die Ausdauer und Leistungsfähigkeit der Turkmenenpferde. Zur Zeit als bei den Turkmenen die Alamane oder Raubzüge noch in Blüte standen, legten die Teilnehmer an solchen Zügen auf ihren Pferden in den wasserlosen Wüsten nicht selten Strecken von 1000 km in fünf Tagen zurück, wobei sie auf denselben Pferden auch noch ihre Beute und ihre Gefangenen mitschleppten, und diese ganze Zeit nährten sie sich und ihre Pferde nur mit Klößen aus Mehl und Schaffett, die sie von zu Hause mitnahmen.

Ich erinnere mich, daß in München gelegentlich des Oktoberfestes sich viele darüber aufhielten, daß bei den Wettrennen die Pferde die Rennbahn dreimal zu durchlaufen hatten, was man für eine Tierquälerei erklärte. Was werden diese Tierfreunde sagen, wenn sie erfahren, wie die Turkmenen ihre Pferderennen abzuhalten pflegen! Die im Jahre 1881 von den Russen unterworfenen Tekke-Turkmenen veranstalteten ihre Pferderennen gewöhnlich zwischen den zwei Städten Kysyl-Arwat und Heok-Tepe. Diese der Entfernung zwischen München und Stuttgart ungefähr gleichkommende Strecke mußte bei den Rennen zwischen Sonnenaufgang und Sonnenuntergang zurückgelegt werden. Dabei ist noch zu berücksichtigen, daß es in der Turkmenenwüste keine Kunststraßen, ja überhaupt keine eigentlichen Wege giebt. Was ein gutes Pferd und ein guter Reiter zu leisten im stande sind, kann man nur in Turkestan lernen; in Europa scheint man davon gar keine Ahnung zu haben.

Was die Schnelligkeit der Turkmenenpferde betrifft, so würden sich dieselben bei einem europäischen Pferderennen, wo nur kurze Distanzen in Betracht kommen, wahrscheinlich nicht besonders hervorthun. Bei einem Rennen auf große Distanzen dagegen kann es mit den Turkmenen sicherlich kein anderes Pferd aufnehmen; denn die Turkmenenpferde erreichen ihre größte Schnelligkeit erst, wenn sie 10 bis 20 km galoppiert haben und warm geworden sind. Sie nehmen dabei Hindernisse mit unglaublicher Leichtigkeit und setzen ohne Anstand über die breitesten Gräben und Abgründe. Mein Turkmene hatte bereits als halbjähriges Fohlen ohne alle Schulung und Veranlassung einmal eine 6 Fuß hohe Gartenmauer genommen.

Die Turkmenenpferde stammen ohne Zweifel von den bereits im Altertum berühmten, durch ihren hohen Wuchs und ihre Schönheit ausgezeichneten nysäischen Pferden ab, aus welchen sich die heiligen Pferde der Perser rekrutierten und welche auch von Herodot und den Geschichtschreibern der Feldzüge Alexanders rühmend erwähnt werden. Die nysäische Ebene, aus der diese Pferde stammten, lag in der heutigen Turkmenensteppe, wahrscheinlich in der Gegend von Merw. In späteren Zeiten erhielten die Turkmenenpferde wiederholt Beimischungen von arabischem Blut. Schon die arabischen Eroberer Turkestans hatten eine bedeutende Anzahl arabischer Pferde eingeführt, und später haben noch Tamerlan und Nadir-Schah durch Überlassung einer größeren Anzahl von arabischen Stuten an die Turkmenen zur Veredlung der Rasse der Turkmenenpferde beigetragen.

Die Turkmenenpferde sind offenbar durch Jahrtausende lange Erziehung und Trainierung zu dem geworden, was sie jetzt sind. Der Aufenthalt in den endlosen turkmenischen Steppen und Sandwüsten, in denen oft auf Hunderte von Kilometern kein Halm Gras und kein Tropfen Wasser zu finden ist, war der Ausbildung einer ausdauernden, bedürfnislosen und schnellen Pferderasse äußerst günstig. Noch mehr wurde dieselbe gefördert durch die Lebensweise der Völker, welche von jeher die Turkmenensteppe bewohnt haben, der Massageten, Parther, Saken und der heutigen Turkmenen, welche infolge der Unfruchtbarkeit ihres Landes gezwungen waren, hauptsächlich von Raubzügen zu leben; denn diese Raubzüge erforderten von Roß und Mann das äußerste, was Reiter und Pferd in Bezug auf Ausdauer, Anstrengungen und Entbehrungen überhaupt zu leisten im stande sind.

Den eigentlichen Preis echter Turkmenenpferde kann ich nicht angeben, weil die Turkmenen ihre Pferde überhaupt nicht verkaufen. Nur nach dem Feldzuge nach Chiwa waren von den Teilnehmern einige erbeutete Exemplare in das russische Turkestan ausgeführt worden.

Den schönsten Pferdeschlag Turkestans bilden die Argamate, welche nur von den reichsten Kirgisen, Sarten, Usbeken ꝛc. als Luxuspferde gehalten werden. Auch von diesen habe ich zeitweilig welche in Besitz gehabt,

kann aber von ihnen nichts besonders Rühmenswertes sagen. Die Argamake
sind nichts weiter als Paradepferde, die zu keinem anstrengenden Ritte zu
brauchen sind, sich bei jeder Gelegenheit die Füße verderben und keinerlei
Beschwerden oder Entbehrungen ertragen können. Dabei sind sie gewöhnlich
äußerst streit- und händelsüchtig und zeigen einen unverkennbaren Hang,
den Besitzer fortwährend mit der Polizei in Konflikt zu bringen. Die
Argamake haben einen hohen Wuchs, fast wie die Turkmenenpferde, schmale
Brust, sehr schlanke und elegante Glieder, schönen Kopf, schlanken Hals,
stolze Kopf- und Schweifhaltung, majestätischen Gang und seidenartig glänzende Haare. Die Schnelligkeit der Argamake ist auf kurze Strecken sehr
groß, auf größere Entfernungen aber stehen sie den Turkmenenpferden bedeutend nach. Die Argamake sind wahrscheinlich durch Beimischung fremden
Blutes und Mangel an Trainierung degenerierte Nachkommen turkmenischer
Pferde, die sie übrigens an Schönheit übertreffen. Die Anzahl der Argamake
ist gering; ihr Preis schwankt gewöhnlich zwischen 300 und 1000 Mark.

Die zweite Stelle nach den Turkmenenpferden nehmen in Bezug auf
Leistungsfähigkeit die Kirgisenpferde ein. Dies ist dem Aussehen nach
unter allen turkestanischen Pferderassen die unansehnlichste. Mit den Kirgisenpferden sind offenbar die russischen Kosakenpferde verwandt, und letztere sind
wahrscheinlich aus ersteren hervorgegangen. Das Kirgisenpferd ist von kleinem
Wuchs, untersetzt, kräftig, mit struppigem Haar und noch struppigerer, sehr
stark entwickelter Mähne. Kopf und Hals tragen die Kirgisenpferde nicht
aufrecht, wie die Turkmenenpferde und Argamake, sondern horizontal nach
vorne geneigt, wodurch die Unansehnlichkeit ihres Äußeren nur noch mehr
hervortritt. Diese Kopfhaltung ist offenbar eine Folge des Umstandes, daß
die Kirgisenpferde beim Futtersuchen auf den nur mit spärlichen Kräutern
bedeckten Steppen den Kopf beständig gesenkt halten müssen und sich so
allmählich an diese Haltung gewöhnen. In Bezug auf Schnelligkeit steht
das Kirgisenpferd dem Turkmenen nach, ist aber fast ebenso ausdauernd
und ebenso genügsam wie dieses. Es erträgt, ohne in seinem Leben jemals
unter ein Dach zu kommen, die Glühhitze des turkestanischen Sommers und
die vierziggradige Kälte des sibirischen Winters, begnügt sich im Winter
mit der spärlichen Nahrung, die es sich unter dem fußtiefen Schnee hervor-
scharrt, und bleibt bei Schneesturm und Glatteis oft lange Zeit ohne alle
Nahrung. Wenn im Winter die Quellen und Flüsse zugefroren sind, stillt
es seinen Durst mit Schnee und ist im Sommer im stande, bei der größten
Hitze drei bis vier Tage ohne Wasser auszuhalten. Es legt ohne Schwierigkeit täglich 120 km zurück, obwohl es sich seine nur aus magerem
und trockenem Steppengras bestehende Nahrung während der Nacht selbst
zusammensuchen muß und Gerste oder Haber in seinem Leben nie zu sehen
bekommt. Die kirgisischen Kuriere legen mit wechselnden Pferden täglich

300 km zurück. Die Kirgisenpferde sind sehr billig; ihr Preis beträgt 30 bis 120 Mark.

Die nächste turkestanische Pferderasse, die Karabaire, sind wahr=scheinlich durch Kreuzung von Turkmenen= und Kirgisenpferden entstanden. Die Karabaire sind gewöhnlich von mittlerem Wuchse, haben einen hübschen Kopf, starken Hals, breite Brust, runden Körper und häufig eine sehr schöne Figur. Sie sind besonders bei der ansässigen Bevölkerung Turkestans beliebt, welche mehr auf die Schönheit als auf die sonstigen guten Eigen=schaften der Pferde Rücksicht nimmt, da sie für letztere bei ihrer ruhigen Lebensweise kein besonderes Bedürfnis haben. Der Preis der Karabaire schwankt zwischen 100 und 250 Mark.

In den Hochgebirgen Turkestans giebt es eine eigene Rasse von Ge=birgspferden, welche fast ausschließlich im Besitze der Kara=Kirgisen sind und sich wahrscheinlich aus den Kirgisenpferden entwickelt haben infolge ihres beständigen Aufenthaltes im Gebirge. Sie sind von kleinem Wuchs und sehr gedrungenem Körperbau, haben kräftige Füße und zeichnen sich durch ihre Unermüdlichkeit auf den größten Höhen, wo gewöhnliche Pferde infolge der verdünnten Luft nur schwer vorwärts kommen, sowie durch ihre unglaubliche Übung und Sicherheit im Bergklettern aus. Ihr Preis ist ungefähr derselbe wie der der Kirgisenpferde.

Noch kleiner als die vorhergehenden sind die sogenannten kaschgarischen Pferde, welche nur in sehr geringer Anzahl vorkommen. Es sind dies eigentliche Ponies, welche sich von den in Europa vorkommenden kaum unterscheiden.

Eine vorzügliche Rasse bilden die im russischen Turkestan wenig be=kannten Kalmückenpferde, welche von den im Ilithal und in den an=grenzenden Gebieten nomadisierenden Kalmücken gehalten werden. Diese sind kleiner als die Kirgisenpferde, wachsen ganz wild und ohne irgend welche Aufsicht auf und werden je nach Bedürfnis eingefangen und zum Reiten verwendet. Diese Pferde waren bei den früher in Kuldscha statio=nierten russischen Offizieren sehr gesucht wegen ihres für den Reiter äußerst bequemen Galopps und ihrer erstaunlichen Ausdauer, da sie, wie ich mich selbst überzeugt habe, im stande sind, zwei Stunden hintereinander zu galoppieren, ohne auch nur einmal abzusetzen. Während meiner sechs=monatlichen Reise im Gebiete von Kuldscha und in der Dschungarei im Jahre 1880 hatte ich Gelegenheit, die Vorzüglichkeit der Kalmückenpferde kennen zu lernen, da ich für meine Expedition zwölf Stück angeschafft hatte. Nar ihre außerordentliche Furchtsamkeit wäre mir manchmal bald verhängnisvoll geworden, weil beim Anblick eines jeden für sie neuen Gegenstandes, wie Esel, Kamele, besonders aber Wagen, eine unbeschreibliche Panik unter ihnen entstand und sie dann, wie z. B. bei meinem Einreiten auf den Bazar

von Kuldscha, alles, Kaufläden, Käufer und Verkäufer, über den Haufen
warfen. Eines von diesen Pferden, welches ich als das wildeste und des=
halb zum Transport der Instrumente und Effekten untaugliche als Reitpferd
für mich ausgewählt hatte, gelang es erst dann zu satteln, nachdem es wie
ein Schwein gebunden worden war. Die Kalmückenpferde haben einen ge=
drungenen, dicken, runden und kurzen Körper und kurze, kräftige Füße. In
Bezug auf Ausdauer und die Fähigkeit, Hunger, Durst, Hitze und Kälte
zu ertragen, gilt von ihnen dasselbe, was ich von den Kirgisenpferden ge=
sagt habe, ja wo möglich in noch höherem Grade. Der Preis der Kalmücken=
pferde war zur Zeit meiner Reise 120—200 Mark.

Eine Eigentümlichkeit der turkestanischen Pferde, besonders der besseren
Rassen, ist das sogenannte Blutschwitzen, ein Umstand, der schon den
ältesten chinesischen Schriftstellern aufgefallen war und schon im grauesten
Altertum Veranlassung zu den sonderbarsten Fabeln gegeben hat. Es beruht
dies auf dem Vorhandensein von Blutaderknoten an den Schultern und am
Halse, welche den Pferden ein unangenehmes Jucken verursachen und deshalb
von denselben mit den Zähnen aufgebissen werden. Das ganze Frühjahr
über sind Hals und Schultern solcher Pferde fortwährend mit Blutflecken
bedeckt. Diese Erscheinung wird dem Umstande zugeschrieben, daß die turkesta=
nischen Pferde den ganzen Winter über im Freien oder wenigstens in halb=
offenen Ställen untergebracht sind, und daß infolge der großen Kälte,
besonders bei Schneestürmen, in der Haut der Pferde Blutstockung eintritt,
was dann zur Bildung von Blutaderknoten führt.

Eine weitere Folge des Umstandes, daß die Pferde schutzlos der Winter=
kälte preisgegeben sind, ist auch das starke Ausfallen der Haare während
der warmen Jahreszeit, besonders im Frühjahr, was beim Reiten und Fahren
insofern unangenehm ist, als die Kleider fortwährend mit Pferdehaaren be=
deckt werden.

Was die Gangarten der turkestanischen Pferde betrifft, so sind
hauptsächlich Schritt und Carriere in Gebrauch. Trab ist wenig gebräuchlich,
weil bei der Art, wie die Eingeborenen zu Pferde sitzen, nämlich mit sehr
kurzen Steigbügeln, diese Gangart für Reiter und Pferd zu angreifend ist.
Dasselbe gilt auch für Galopp. Eine manchen turkestanischen Pferden
eigentümliche Gangart, welche den Trab ersetzt, ist die von den Russen
sogenannte Chada oder Trapata. Diese Gangart ist für den Reiter unter
allen die bequemste, weil sich dabei der Schwerpunkt des Pferdes in un=
verrückt horizontaler Richtung fortbewegt und daher kein Rütteln oder Stoßen
stattfindet. Beim Trapatagang setzt das Pferd nacheinander zuerst die
Füße der einen, dann der andern Seite vor, mit Einhaltung desselben Taktes,
welcher von vier Dreschern eingehalten wird. Bei dieser Gangart legt ein
Pferd 10—12 km in der Stunde zurück; manche Pferde bringen es

selbst auf 15 km in der Stunde. Der Umstand, ob ein Pferd ein
Trapatun ist oder nicht, ist einer der wichtigsten Faktoren bei Bestimmung
des Preises. Am gesuchtesten sind in Turkestan die von den Russen so=
genannten Jnochodzi oder Paßgänger, welche immer die Füße einer Seite
gleichzeitig vorsetzen und in dieser Gangart, bei der gleichfalls kein Rütteln
stattfindet, mitunter so schnell gehen, daß ihnen andere Pferde kaum im
Galopp folgen können. Für gute Paßgänger, deren Anzahl sehr gering ist,
wird mitunter zehnmal mehr bezahlt als für gewöhnliche, im übrigen gleich=
wertige Pferde.

Außer den oben aufgezählten Pferderassen wären noch die von der
ansässigen Bevölkerung Turkestans gehaltenen Wagenpferde zu erwähnen;
diese bilden aber keine eigentliche Rasse, sondern sind unter den Pferden
ungefähr dasselbe, was die Sarten unter den Völkern Turkestans sind,
d. h. ein Gemisch von allen möglichen Pferderassen, bei dem aber das
kirgisische Element vorherrscht. Die Wagenpferde zeichnen sich gewöhnlich
durch Unansehnlichkeit, besonders durch einen unverhältnismäßig großen
Bauch aus, was daher kommt, daß sie meistens nur mit Luzerne gefüttert
werden. Sie sind aber trotzdem ziemlich leistungsfähig und ziehen, selbst
in gebirgigem Terrain, außer dem schweren Wagen und dem Kutscher noch
eine Last von 12—15 Zentnern. Dabei legen sie ohne Schwierigkeit
50—80 km täglich zurück.

Von den aufgezählten in Turkestan heimischen Pferderassen halten die
Kirgis=Kaisaken hauptsächlich nur das Kirgisenpferd. Nur einzelne reiche
Sultane halten außerdem als Luxuspferde noch Argamake und Karabaire.

Als Reit= und Lasttiere werden von den Kirgis=Kaisaken in seltenen
Fällen auch noch Esel verwendet, deren es in Turkestan, besonders bei der
ansässigen Bevölkerung, eine ungeheure Menge giebt. Der Esel war aber
offenbar den Kirgis=Kaisaken ursprünglich fremd, und sie haben denselben
erst von den Tadschiken übernommen. Der Esel spielt deshalb auch bis jetzt
in ihrer Wirtschaft keine Rolle und wird hauptsächlich nur von Karawanen=
führern benützt, weil die Esel sich in der Wüste mit demselben Futter be=
gnügen wie die Kamele. Der Preis der Esel ist sehr gering und beträgt
nur 8 bis 20 Mark.

Den Hauptreichtum der Kirgis=Kaisaken bilden die Schafe, von
denen manche Eigentümer ungeheure Mengen besitzen. Die Kirgis=Kaisaken
züchten nur e i n e Rasse, nämlich Fettschwanz= oder richtiger Fettsteißschafe,
da dieselben überhaupt keinen Schweif haben. Diese Schafe sind von hohem
Wuchse, kräftig gebaut, haben lange Beine, gebogene Nase, lange herab=
hängende Ohren und erreichen ein Gewicht von 140 bis 180 Pfund. Der
Fettansatz am Hinterteil, der von den Kirgisen Kurdjuk genannt wird, wiegt
40 Pfund und darüber. Dieser Ansatz hat die Form von Säcken, welche

die obere Hälfte der Hinterbeine bedecken und dem Tiere beim Gehen hinder=
lich sind. Besonders beim Laufen gewähren diese wackelnden Fettklumpen einen äußerst ko=
mischen Anblick. Während des Winters, beson=
ders zur Zeit von Futtermangel, verschwinden die erwähnten Fett=
ansätze nahezu vollständig. Ich habe wiederholt Schafe gesehen, denen der Kurd=
juk von Wölfen teilweise abgeris=
sen war, ohne daß eine beson=
dere Störung des Wohlbefindens der betreffenden Schafe zu be=
merken gewesen wäre. Die Farbe der Kirgisen=
schafe ist zimt=
gelb, schwarz, weiß oder scheckig; die zimtgelbe Farbe ist weitaus am häufigsten vertreten. Das Vließ der Schafe ist sehr grob und liefert nur sehr ordinäre Pelze und zum Ver=
arbeiten nur we=

Bild 26. Kirgisische Schafherde.

nig brauchbare Wolle. Der Preis eines ausgewachsenen Schafes beträgt 6—8 Mark (Bild 26).

Außer dem Kirgisenschaf giebt es in Turkestan noch eine andere Art Schafe, welche nur in der Gegend von Karakul am Unterlaufe des Sarawschan vorkommt und die überall, besonders aber in Persien, geschätzten fein- und krauswolligen Pelze liefert, die in Europa unter dem Namen „Astrachanpelze" bekannt sind. Diese Felle stammen nicht, wie gewöhnlich angenommen wird, von ungeborenen Lämmern, sondern von Lämmern, welche eine Woche nach der Geburt geschlachtet werden. Die Karakulfelle werden durch Einreiben mit Salz und Gerstenmehl gegerbt und nach Persieu, China und der Türkei exportiert. Der Preis dieser Felle ist schon an Ort und Stelle ein ziemlich hoher, und es dürften

Bild 27. Yaks als Reittiere.

deshalb nur wenig echte Karakulfelle nach Europa gelangen, da die ganze jährliche Ausfuhr nicht über 200 000 Stück beträgt. Die Karakulschafe an

andern Orten zu akklimatisieren ist bis jetzt nicht gelungen, und die nach
Persien und verschiedenen Gegenden Turkestans übergeführten Schafe ver=
loren jedesmal sofort die geschätzte Eigentümlichkeit ihres Felles. Von den
Eingeborenen wird dies, und zwar wahrscheinlich mit Recht, dem ver=
änderten Futter zugeschrieben. In Karakul nähren sich die Schafe haupt=
sächlich von einer eigenen Art von Windhalmen, welche anderweitig nicht
vorkommen sollen.

Ziegen giebt es bei den Kirgis=Kaisaken nur verhältnismäßig wenige;
dieselben finden sich in geringer Zahl in jeder Schafherde, um den Schafen
auf der Wanderung als Leittiere zu dienen.

Die Ziege ist den türkischen Völkern offenbar ursprünglich unbekannt
gewesen, und sie haben dieselbe erst von den indogermanischen Urbewohnern
Turkestans übernommen, wie man schon daraus schließen kann, daß sie,
wie Vámbéry hervorhebt, für die Ziege keine genuine Bezeichnung haben,
sondern sie mit einem persischen Lehnworte benennen.

Eine verhältnismäßig untergeordnete Rolle spielen bei den Kirgis=
Kaisaken die Rinder, die sie nur der Milch wegen halten [1]. In Turkestan
ist Rindfleisch überhaupt wenig geschätzt, was bei der Zähigkeit und Un=
schmackhaftigkeit des Fleisches der turkestanischen Rinder auch leicht erklärlich
ist. Offenbar sind die den Kirgis=Kaisaken zu Gebote stehenden Weide=
plätze und die weiten Wanderungen der Rindviehzucht nicht günstig. Die
von den Kirgis=Kaisaken gezüchtete Rinderrasse ist deshalb auch von un=
ansehnlichem Äußern, liefert nur wenig Milch und kann nur während der
Sommermonate gemolken werden. Der Preis einer besseren Milchkuh samt
Kalb beträgt 30—40 Mark. Die Ochsen werden von den Kirgis=Kaisaken
häufig als Reit= und Lasttiere verwendet. Eine größere Rolle spielt die
Rindviehzucht bei den Kara=Kirgisen, weil diese keine so weiten Wan=
derungen ausführen wie die Kirgis=Kaisaken, und weil sie überdies über
fruchtbare Gebirgsweiden verfügen. Bei den Kara=Kirgisen trifft man
deshalb auch einen schöneren und größeren Schlag an als bei den Kirgis=
Kaisaken. Diejenigen von den Kara=Kirgisen, deren Weideplätze auf dem
Alai und Pamir auf Höhen nicht unter 1800 m liegen, halten außer den
gewöhnlichen Rindern auch noch Yaks (bos gruniens), als deren eigent=
liche Heimat Tibet anzusehen ist. Die Yaks haben ein ungemein wildes
Aussehen, sind gewöhnlich von kohlschwarzer Farbe und haben lange,
bis auf die Erde reichende Haare. Sie sind aber trotz ihres Furcht ein=

---

[1] Lewschin erzählt, daß die Kirgis=Kaisaken ursprünglich überhaupt sich nicht
mit Rindviehzucht befaßt hätten. Erst Anfang des 18. Jahrhunderts hätten sie die
Rindviehzucht von den Kara=Kalpaken übernommen und erst im Jahre 1771 durch
die Plünderung der aus Rußland nach der Dschungarei flüchtenden Targauten sich
größere Rinderherden verschafft.

flößenden Äußern ganz zahm und werden von den Kara-Kirgisen auf den=
jenigen Höhen, auf welchen Pferde und Kamele wegen der dünnen Luft nicht
mehr zu brauchen sind, als Reit= und Lasttiere gebraucht (vgl. Bild 27, S. 73,
und Bild 28). Unter 1800 m Meereshöhe kommen die Yaks nicht fort,
und alle bisherigen Versuche der Russen, dieselben in Rußland zu akklima=
tisieren, sind gescheitert. Die Milch der Yaks ist die fetteste und schmack=
hafteste unter allen Milcharten, die ich je gekostet habe.

Außer den bisher aufgeführten halten die Kirgis-Kaisaken als Haus=
tiere auch noch Hunde, welche für ihren Haushalt sehr wichtig sind. Die

Bild 28. Yak als Lasttier.

Hunde helfen die Herden bewachen und sind in Abwesenheit der Männer
oft der einzige Schutz für die in den Aul zurückgelassenen Frauen und
Kinder. Die Kirgisenhunde sind so böse und ihrem Berufe als Wächter
so ergeben, daß man arg in die Klemme kommen kann, wenn man un=
befugt in einen Kirgisen-Aul einbringt. An Häßlichkeit werden die Kirgisen=
hunde von keiner andern mir bekannten Hunderasse erreicht, was auch nicht
zu verwundern ist, da sie gar nicht gepflegt und nur selten gefüttert werden
und in ihrem Leben nie unter Dach oder gar in eine warme Wohnung
kommen; denn die Hunde gelten bei allen Zentralasiaten für unrein und
dürfen deshalb keine menschliche Wohnung betreten.

Weitere Haustiere, wie Katzen, Hühner, Enten, Gänse 2c., giebt es bei den Kirgis-Kaisaken nicht, was bei ihrer unsteten Lebensweise auch nicht anders sein kann. Nur gezähmte Jagdfalken und Adler sind bei ihnen sehr beliebt und werden in großer Zahl gehalten.

Wie groß die Gesamtzahl der von den Kirgis-Kaisaken gehaltenen Haustiere ist, ist unmöglich auch nur einigermaßen annähernd anzugeben, weil alle genaueren statistischen Angaben fehlen. Kostenko giebt auf Grund amtlicher Zusammenstellungen den Viehstand des russischen Turkestan Ende der siebziger Jahre, d. h. des Gouvernements Semiretschie, Syr-Darja, Sarawschan, Fergana und Amu-Darja, folgendermaßen an:

Kamele	390 000,	Rinder	1 160 000,
Pferde	1 600 000,	Schafe	11 350 000.

Diese Zahlen haben aber nur wenig Wert: einesteils deshalb, weil sie nur auf ungefähren Schätzungen beruhen, anderseits, weil der Viehstand bei den Nomaden fortwährend innerhalb sehr weiter Grenzen schwankt. Sind die Winter eine Reihe von Jahren hintereinander mild, so vermehrt sich das Vieh der Nomaden außerordentlich schnell; fällt dagegen ein besonders kalter und schneereicher Winter und damit Futtermangel ein, so geht oft mit einemmal ein großer Teil ihrer Herden zu Grunde. So kamen im Jahre 1860 in Semiretschie 80 Prozent des ganzen Viehstandes der Kirgisen durch Hunger um. Ebenso war der Winter 1879—80 für die Viehzucht äußerst verderblich, da damals ganz Turkestan an Futtermangel zu leiden hatte. Ein Bündel Luzerne, das in Taschkent gewöhnlich 3 Pfennig kostet, bezahlte ich damals mit 1½ Mark. Ein Batman Gerste, der sonst mit 4—6 Mark bezahlt wird, kostete damals 60—80 Mark. Die Folge war, daß in diesem Einen Winter mehr als die Hälfte alles Viehes von ganz Turkestan verhungerte. Bei den Kirgis-Kaisaken der Turgai-Provinz fielen damals sogar mehr als 90 Prozent des gesamten Viehstandes, und man konnte damals ein Pferd für 2 Mark kaufen. Auch der Winter von 1896 auf 1897 war für die turkestanischen Nomaden wieder sehr verderblich. Nach den Berichten der russischen Zeitungen fielen allein im Laufe der zweiten Hälfte des März 1897 in nur neun Gemeinden des Bezirks von Tschimkent infolge von Futtermangel 124 341 Schafe, 27 166 Ziegen, 16 431 Pferde, 7634 Kamele, 8712 Kühe und 333 Esel. Ähnlich erging es auch den Nomaden des Gouvernements Semiretschie.

Das einzige, was man über den Viehreichtum der Kirgis-Kaisaken sagen kann, ist dies, daß die Anzahl des Viehes die Kopfzahl der Bevölkerung um ein Vielfaches übertrifft, und daß reiche Kirgisen mitunter Hunderte von Kamelen, Tausende von Pferden und Zehntausende von Schafen besitzen.

Man könnte die Frage aufwerfen, warum die Kirgisen mit ihren Herden so sorglos umgehen und für dieselben keine Wintervorräte an-

legen, um nicht jeden Winter einen großen Teil ihrer Herden und damit
ihre ganze Existenz zu riskieren. Der Grund ist ein sehr einfacher: die
Anschaffung von Futter für den Winter erlauben dem Kirgis-Kaisaken die
Umstände nicht. Auf den den Kirgis-Kaisaken zur Verfügung stehenden
Weideplätzen in der Kirgisensteppe ist das Gras so spärlich, daß es unmöglich ist, dasselbe zu mähen oder sonstwie in größerer Menge ein-
zusammeln, und wird außerdem während des Sommers von den Herden
vollständig aufgezehrt. Überdies würde, selbst wenn die Umstände dies
erlaubten, das Einsammeln von Heu für eine so ungeheure Masse Vieh
viel mehr Arbeitskräfte erfordern, als den Kirgisen zu Gebote stehen. Gerste
und Hafer bekommt das Vieh der Kirgis-Kaisaken natürlich nie zu sehen,
da dieselben bei ihrer Lebensweise und dem Mangel an kulturfähigem Boden
für sich selbst Cerealien nur in ganz ungenügender Menge beschaffen können.

Der Winter ist, selbst unter den günstigsten Verhältnissen, stets eine
Zeit der Hungersnot für das Vieh der Nomaden. Denn es ist im Winter
auf die spärlichen Grashalme angewiesen, welche nach Beginn der Herbstregen und zum Teil noch unter der Schneedecke hervorsprossen, und welche
erst noch unter dem Schnee hervorgescharrt werden müssen. Da die Kamele
und Schafe hierzu nicht fähig sind, so befolgen die Kirgisen folgende Methode.
Ist frischer Schnee gefallen, so werden zuerst die Pferde auf die Weide gelassen, welche mit ihren Hufen, so gut es eben geht, den Schnee wegscharren.
Haben die Pferde die Spitzen des kurzen Grases abgefressen, so werden die
Kamele dahin geschafft, welche von dem Grase gleichfalls so viel abfressen,
als sie erreichen können. Zum Schluß werden die Schafe und Ziegen zugelassen, welche alles bis auf die Wurzeln abweiden. Solange der Schneefall anhält, hat das Vieh natürlich gar nichts zu fressen. Ich habe nie
eine trostlosere Scene gesehen als eine vom Schneesturm überfallene Pferdeherde: hungernd und frierend stehen diese armen Tiere ohne Obdach und
ohne Decken mitten in der offenen Steppe beisammen, möglichst eng zu-
sammengekauert und die Köpfe alle nach innen gekehrt, und lassen alle Unbilden der Witterung über sich ergehen. Sie rühren sich nicht von der
Stelle, auch wenn der Schneesturm tagelang anhält. Noch viel schlimmer
als Schneefall und Schneesturm ist für die Herden der Nomaden Glatteis,
weil dieselben dann oft wochenlang ganz ohne Futter sind.

Während des Winters magert auch im besten Fall alles Vieh der
Nomaden bedeutend ab; es erholt sich aber mit Anbruch der warmen Jahreszeit immer wieder sehr rasch. Um dem Vieh im Frühjahr möglichst schnell
frisches Futter zu verschaffen, haben die Kirgis-Kaisaken die Gewohnheit,
die Steppen abzubrennen. Unter der Schneedecke verfilzt nämlich
das vom vorigen Jahre zurückgebliebene ausgetrocknete Steppengras, und diese
Filzdecke hindert dann im Frühjahr das Aufsprossen des neuen Grases. Die

Kirgisen zünden deshalb, sobald der Schnee geschmolzen ist, diese Filzdecke an und brennen die Steppe auf große Strecken hin aus. In dem durch die Asche gedüngten Boden sproßt schon nach wenigen Tagen frisches Gras hervor, und die ausgebrannten Stellen bedecken sich in kurzer Zeit mit üppiger Vegetation, während auf den nicht ausgebrannten Stellen der Steppe von frischem Grase kaum noch etwas zu sehen ist.

Für die Unterkunft ihres Viehes treffen die Kirgis-Kaisaken fast gar keine Vorsorge. Kamele, Pferde und Schafe sind Winter und Sommer und bei jeder Witterung unter freiem Himmel. Im besten Falle wählen sie für ihre Herden solche Stellen aus, wo sie gegen den ärgsten Wind geschützt sind: zwischen Sanddünen, Saxaulwäldern oder in Schilf= niederungen. Das Rindvieh, welches gegen Kälte empfindlicher ist, bringen die Kirgis-Kaisaken zur Zeit der ärgsten Kälte in offenen, etwa 5 Fuß tiefen Gruben unter.

6. Ackerbau der Kirgis-Kaisaken.

Der Ackerbau spielt bei den Kirgis-Kaisaken eine ganz untergeordnete Rolle. Dies hat seinen Grund aber nicht etwa in der Abneigung der Kirgisen gegen den Feldbau, wie gewöhnlich angenommen wird, sondern in dem Mangel an kulturfähigem Boden und in der Lebensweise der Kirgisen, welche ihnen ein längeres Verweilen auf einer Stelle, wie es ein aus= gedehnterer Ackerbau erfordert, unmöglich macht. Sie sind aber mit dem Feldbau nicht unbekannt, und wo sich im Rayon ihrer Weideplätze in er= reichbarer Nähe eine anbaufähige Stelle findet, wird dieselbe zum Ackerbau benützt. Sie kultivieren hauptsächlich Hirse von verschiedenen Arten, und außerdem noch in untergeordnetem Maße Gerste und etwas Weizen. Die Felder der Kirgis-Kaisaken befinden sich stets in der Nähe ihrer Winter= weiden. Im Frühjahr bestellen sie ihre Felder und ziehen dann mit ihren Herden nach den Sommerweiden im Norden oder im Gebirge, indem sie nur einige Knechte zur Beaufsichtigung und zur Bewässerung der Felder zurücklassen. Im Herbst kehren sie mit ihren Herden zur Einheimsung der Feldfrüchte wieder zurück. Das ausgedroschene Getreide verwahren sie in unterirdischen, flaschenför= migen Gruben, die sie mit Erde zudecken und meistens zur Abhaltung der Feuchtig= keit mit einem Graben um= geben. Nebenstehende Figur (Bild 29) stellt einen solchen nach der Natur gezeichneten Getreidespeicher dar.

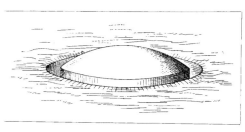
Bild 29. Unterirdischer Getreidespeicher.

Mit Ackerbau beschäftigen sich meistens nur die ärmeren Kirgisen, welche keine so großen Herden besitzen, daß sie von ihnen allein leben könnten. Diejenigen, welche ihre Herden vollständig eingebüßt haben, gehen ganz zum Ackerbau über und werden ansässig, wenn es ihnen gelingt, sich das hierzu nötige Land zu verschaffen oder ein bisher unfruchtbares Stück Land durch Anlage von Kanälen oder sonstigen Bewässerungswerken urbar zu machen. Die meisten ansässigen Kirgis-Kaisaken finden sich am Unterlaufe des Syr-Darja, wo dieselben als Jegintschis ("Ackerbauer") bezeichnet werden, sowie in der Gegend von Taschkent, hauptsächlich im Thale des Angren, wo die Kurama-Bevölkerung zum größten Teil aus solchen ansässig gewordenen Kirgis-Kaisaken hervorgegangen ist. Den Ackerbau betreiben die Kirgis-Kaisaken ganz auf dieselbe Weise, wie ihre Lehrmeister in demselben, die Sarten und Tadschiken. Diejenigen von den Kirgis-Kaisaken, welche weder Herden noch Land zum Feldbau besitzen, schlagen ihre Jurten in der Nähe der Städte und Dörfer auf und verdingen sich als Taglöhner, Feldarbeiter, Postknechte u. dergl. oder bringen sich mit Schilf- und Kohlenhandel oder dem Betrieb irgend einer Hausindustrie fort.

7. Hausindustrie der Kirgis-Kaisaken.

Von einer eigentlichen Industrie kann bei den Kirgis-Kaisaken in Anbetracht ihrer unsteten Lebensweise natürlich keine Rede sein. Sie betreiben nur, und zwar hauptsächlich nur für ihren eigenen Bedarf, eine ganz untergeordnete Hausindustrie, welche lediglich den nächsten Bedürfnissen des alltäglichen Lebens Rechnung trägt. Die wichtigsten der wenigen für einen kirgisischen Haushalt notwendigen Industrie-Erzeugnisse beziehen die Kirgis-Kaisaken von den Russen und von der ansässigen Bevölkerung Turkestans, den Sarten und Tadschiken. Von den Russen erhalten sie durch Vermittlung tatarischer Händler ihre gußeisernen Kessel, in denen der Reihe nach alles gekocht wird, was ein Kirgise überhaupt zu kochen hat, nebst zugehörigen eisernen Dreifüßen. Ferner große hölzerne, bunt bemalte und mit Eisenblech beschlagene Koffer, in denen die Kirgisen alle ihre kostbarere Habe aufbewahren und auf ihren Wanderungen mit sich führen. Endlich Messer, Beile, Vorhängeschlösser, Nadeln, Sicheln, Taschenspiegel, Glasperlen, Leinwand, Taschentücher, Tuch, Seidenzeuge, Samt, Brokate, Leder u. dgl. Die Sarten und Tadschiken liefern ihnen hölzerne Schüsseln und Trinkschalen, messingene Theekannen, Öllampen, Sättel, Reitpeitschen und Pferdegeschirre, Gürtel, Schmucksachen, die feineren Teppiche, Baumwoll- und Seidenstoffe, Chalate, Gewehre, Säbel, Pulver und die tragbaren Wiegen zum Transport ihrer Säuglinge auf dem Marsche. Alles, was die Kirgis-Kaisaken sonst noch zum Leben nötig haben, verfertigen sie sich selbst.

Die Hausindustrie wird bei den Kirgis=Kaisaken fast ausschließlich von den Frauen betrieben. Der wichtigste Zweig dieser Industrie ist die An= fertigung von Filzdecken, welche sie zum Bedecken ihrer Jurten, als Teppiche, als Unterlage für die Sättel, als Matratzen 2c. verwenden und deren Verkauf eine wichtige Einnahmequelle für die Kirgis=Kaisaken bildet. Denn auch bei den Nachbarn der Kirgisen, den Russen, besonders bei den Kosaken und bei der ansässigen Bevölkerung Turkestans, finden Filzdecken eine vielfache Verwendung. Besonders zum Verpacken der Waren für den Karawanentransport ist fortwährend eine große Menge Filz erforderlich. Die Russen verwenden außerdem Filzdecken zu Unterlagen für die Zimmer= teppiche, zu Matratzen, Fensterläden u. dergl. Die russischen Kosaken aber haben wegen der wichtigen Rolle, welche Filz in allen möglichen Gestalten bei ihrer Equipierung spielt, von den regulären Truppen den Spottnamen Koschomnija woiska („Filztruppen") erhalten. Filz wird zwar auch von der ansässigen Bevölkerung Turkestans hergestellt; dieser ist aber wenig dauerhaft und überhaupt viel geringerer Qualität als der kirgisische Filz. Die Kirgisenfrauen verfertigen ihre Filzdecken auf folgende Weise. Sie spreiten eine geflochtene Schilfmatte von der Größe der herzustellenden Filz= decke auf dem Boden aus, bedecken dieselbe mit einer entsprechend dicken Lage von Wolle und schlagen dann diese Wollschichte, unter wiederholtem Besprengen mit Wasser, in dem längere Zeit Ölkuchen angesetzt gewesen waren, so lange mit Ruten, bis sie ganz eben wird. Hierauf rollen sie die Matte samt der darauf befindlichen Wolllage so fest als möglich zusammen und binden sie mit Schnüren fest. Diese Rolle wird dann, abermals unter öfters wiederholtem Besprengen mit Wasser, auf dem Boden hin und her gerollt und von Zeit zu Zeit die Schnüre immer fester angezogen. Schließ= lich wird dieselbe aufgerollt, die Schilfmatte entfernt, die Wollschichte für sich allein abermals zusammengerollt und dann das Hin= und Herrollen auf dem Boden unter fortgesetztem Besprengen mit Wasser noch mehrere Stunden lang fortgesetzt. Zuletzt wird die Wollschichte ausgebreitet, an der Sonne getrocknet, und der Filz ist fertig. Derselbe ist nahezu fingerdick und dabei weich und biegsam wie Tuch. Es giebt weißen und schwarzen Filz; der weiße gilt aber als der bessere. Außer den Filzdecken verfertigen die Kirgisinnen aus weißer Wolle auch noch Filzhüte für ihre Männer.

Die hölzernen Gerüste für ihre Jurten verfertigen sich die Kirgisen ebenfalls selbst, und dies scheint die einzige Handarbeit zu sein, deren Ausführung die Männer mit ihrer Würde vereinigen können. Übrigens befassen sich auch die Bewohner der turkestanischen Städte mit der Herstellung von Jurtengerüsten für die Nomaden, und auf den von den Nomaden frequentierten Bazaren stehen solche in großen Mengen fertig zum Verkauf.

Außer zu Filzdecken verarbeiten die Kirgisinnen die Schafwolle sowie die Ziegen- und Kamelhaare auch noch zu Garn, Bändern, Seilen, Getreidesäcken, Kleiderstoffen und groben Teppichen. Zum Weben von Bändern und Wollstoffen bedienen sie sich eines sehr primitiven, unter freiem Himmel aufgestellten Handwebstuhls, der nur ein sehr langsames Arbeiten und nur die Herstellung von schmalen Streifen erlaubt. Die von den Kirgisinnen aus Kamelhaaren gewebten ungefärbten Kleiderstoffe sind auch bei der ansässigen Bevölkerung Turkestans sehr beliebt, und aus denselben werden mit Vorliebe warme Winterkleider angefertigt. Alles, was ein gewöhnlicher Kirgise an Wäsche und Kleidern bedarf, wird von seinen unermüdlichen Frauen vollkommen selbständig und ohne fremde Beihilfe aus der rohen Wolle und Baumwolle hergestellt. Von Herren- oder Damenschneidern weiß man bei den Kirgisen nichts. Nur die Reichsten unter ihnen tragen Oberkleider aus Seide, Samt oder Inch), die ihnen von den Sarten, Tadschiken und Russen geliefert werden. Auch die Winterpelze und die Pelzmützen werden von den Kirgisenfrauen aus selbstgegerbten Schaf-, Fuchs- und sonstigen Fellen angefertigt. Außerdem verfertigen sie aus starkem Leder Wassereimer und aus Schaffellen die in Turkestan unentbehrlichen Turssuki oder Schläuche, in denen der Kirgise sein Nationalgetränk, den Kumys, bereitet und aufbewahrt, und die für jeden Reisenden zum Transport von Wasser und zum Übersetzen über die Flüsse unentbehrlich sind.

Beim Gerben der verschiedenen zu Pelzen bestimmten Tierfelle verfahren die Kirgisinnen höchst einfach. Die Felle werden, nachdem sie von Fett und Fleischstücken gereinigt sind, im Freien auf dem Boden ausgebreitet und mit einer mittels Airan (vgl. S. 91) oder Käse erzeugten sauren Flüssigkeit bestrichen, worauf man sie an der Sonne trocknen läßt. Diese Prozedur wird mehrmals wiederholt und schließlich das Fell mit den Händen gut durchgerieben, womit der Gerbungsprozeß beendigt ist. Soll aus den Fellen oder Häuten Leder bereitet werden, so werden dieselben zuerst einige Tage in Wasser gelegt, dann mit Messern von den Haaren gereinigt und zuletzt abermals in eine aus Airan, Mehl und Salz bereitete Flüssigkeit getaucht.

Einen wichtigen Zweig der kirgisischen Hausindustrie bildet auch die Herstellung von Matten und spanischen Wänden aus Schilfrohr, von denen sie erstere statt der Teppiche, die letzteren aber zur Bekleidung der Seitenwände ihrer Jurten verwenden, und die sie außerdem in großen Quantitäten an die ansässige Bevölkerung verhandeln. Die gewöhnlich 7—8 Fuß hohen Schilfwände, welche in den Städten zur Herstellung leichter Zwischenmauern, zum Abgrenzen der verschiedenen Hofräume, der Ställe, der Verkaufsbuden auf den Bazaren, der Badeplätze ꝛc. dienen, werden auf die Weise angefertigt, daß die einzelnen Rohre auf dem Boden nebeneinandergelegt und dann mit Bindfaden aus Kamelhaaren

der Reihe nach aneinandergebunden werden. Zur Herstellung der Schilf=
matten, welche bei der ärmeren Stadtbevölkerung die Bodenteppiche vertreten
und außerdem zum Überdecken der Bazarstraßen, zur Herstellung von Wänden,
Hausdächern, zum Bedecken der Wagen ꝛc. eine vielfache Verwendung finden,
werden die einzelnen Schilfrohre gespalten, flach gedrückt und dann netzartig
verflochten. Sehr beliebt sind die erwähnten Schilfwände und Schilfmatten
bei der russischen Bevölkerung Turkestans, die von denselben einen geradezu
universellen Gebrauch macht. Sie werden zur Umfriedung der Säulen=
hallen, Badeplätze, zur Herstellung von Fensterläden, Sommerhäusern,
Sommerbaracken für die Truppen, Lazarettbaracken und hundert andern
verschiedenen Dingen verwendet. Die aus Schilf hergestellten Wände haben
den großen Vorzug, daß sie sich an der Sonne nicht erhitzen und eine be=
ständige Ventilation ohne Zugluft ermöglichen.

Ein nicht zu verachtender Erwerbszweig für die ärmeren Kirgisen ist
endlich noch die Versorgung der Stadt= und Dorfbevölkerung mit Holz=
kohlen. Besonders die Russen konsumieren für ihre in dem heißen Klima
ununterbrochen in Thätigkeit befindlichen Theemaschinen bedeutende Quanti=
täten Kohlen, und da die Kirgisen für das zum Kohlenbrennen verwendete
Holz nichts zu zahlen brauchen, der Preis der Kohlen aber trotzdem ein
ziemlich hoher ist, so machen sie mit ihrem Kohlenhandel ganz gute Geschäfte.

Zum Schluß will ich noch bemerken, daß alle Produkte der kirgisischen
Hausindustrie außerordentlich billig sind, selbst noch viel billiger als die
Industrie-Erzeugnisse der ansässigen Bevölkerung Turkestans, bei der doch die
Arbeitslöhne äußerst gering sind.

8. Wanderungen der Kirgis-Kaisaken.

Wie bereits früher erwähnt worden ist, unternehmen die Kirgisen, wie
überhaupt alle Nomaden, ihre Wanderungen nicht zum bloßen Vergnügen
und aus angeborener Wanderlust, sondern aus purer Notwendigkeit, weil
es in den turkestanischen Steppen und Wüsten infolge der eigentümlichen
klimatischen Verhältnisse nicht möglich ist, an ein und derselben Stelle das
ganze Jahr über Futter und Wasser für das Vieh zu finden. Die Kirgisen
haben deshalb besondere Weideplätze für den Sommer und für den Winter,
zwischen welchen sie ihre Wanderungen in unwandelbarer Regelmäßigkeit
vollführen. Im Winter suchen die Kirgis=Kaisaken selbstverständlich immer
die wärmsten Gegenden auf, wo ihr Vieh weniger von Kälte zu leiden hat
und infolge der kürzeren Dauer des Winters und der geringeren Menge
Schnee auch leichter Nahrung finden kann. Die Kirgisen der Ebenen ziehen
deshalb im Herbst immer nach dem äußersten Süden ihres Verbreitungs=
gebietes; die Bergkirgisen dagegen wandern für den Winter aus den Bergen

in die benachbarten Ebenen. Am liebsten schlagen die Kirgis=Kaisaken ihre
Winterlager in den Schilfniederungen der Flüsse und Seen und in den
Saxaulwäldern am Syr=Darja auf, weil sie da Wasser und Heizmaterial
im Überfluß haben und die ausgedehnten Schilfpflanzungen und Saxaul=
gebüsche ihren Herden einigen Schutz gegen die kalten Nordwinde und die
Schneestürme des Winters gewähren. Häufig errichten sie sich in solchen
Winterlagern, in denen sie den ganzen Winter verbringen, feste Wohnungen
aus Lehm und Schilf. Diese Wohnungen bestehen aber nur aus Hof=
mauern, innerhalb deren sie ihre Jurten aufschlagen und zeitweilig den=
jenigen Teil ihres Viehes unterbringen, der gegen Kälte besonders empfind=
lich ist.

Der Winter ist für den Kirgisen ebenso wie für seine Herden eine
schwere Zeit. Ich kenne nichts Langweiligeres und Trostloseres als den
Aufenthalt in einem Kirgisen=Aul zur Winterszeit. Soweit das Auge reicht,
sieht man meistens nichts als eine endlose, schneebedeckte Ebene. Der Aufent=
halt im Innern der Jurten ist unausstehlich vor Rauch, draußen aber fegt
der eisige Wind oder Schneesturm über die kahle Steppe, und ich erinnerte
mich bei solchen Gelegenheiten stets an Schillers „Nadowessiers Totenklage",
in der als der größte Vorzug des Paradieses hervorgehoben wird, daß es
dort keinen Winter giebt:

> „Wohl ihm, er ist hingegangen,
> Wo kein Schnee mehr ist,
> Wo mit Mais die Felder prangen
> Der von selber sprießt."

Es giebt wirklich für den Nomaden nichts, was ihm das Leben so
verbittert wie der Schnee.

Auch den Anfang der warmen Jahreszeit verbringen die Kirgisen noch
in ihren Winterlagern, weil sich nach dem Abschmelzen des Schnees die
ganze Steppe sofort mit frischem Grase bedeckt. Aber schon nach kurzer
Zeit trocknet die Steppe vollständig aus, die Quellen und Bäche versiegen,
die für Menschen und Tiere unerträglichen Insekten nehmen überhand, und
dies alles zwingt den Kirgisen, nach den Sommerweiden aufzubrechen [1].
Der Aufbruch zur Wanderung im Frühjahr ist für den Kirgisen nach den
glücklich überstandenen Beschwerden und Entbehrungen des Winters der
größte Festtag des Jahres. Er wirft sich für den Marsch in seinen höchsten

---

[1] Beim Aufbruche nach den Sommerweiden lassen die Kirgisen gewöhnlich einen
Teil ihrer Habe, wie z. B. die überflüssigen Jurten und Hausgeräte, welche sie nur
während des Winters brauchen, ferner ihre überflüssigen Getreide= und Holzvorräte u. dgl.
an der Stelle ihrer Winterlager zurück. Die zurückgelassene Habe verstecken sie in
tiefen, unterirdischen, mit Seitenkammern versehenen Gruben, die sie von oben mit Erde
zuscharren, damit sie von Uneingeweihten nicht aufgefunden werden können.

Staat; Frauen und besonders Jungfrauen sind wie zur Hochzeit ausstaffiert, und auch die Kamele werden geschmückt und mit den kostbarsten Teppichen behangen (Bild 30).

Der Kirgise führt auf seinen Wanderungen nicht etwa all sein Vieh in einer einzigen Herde mit sich, sondern dasselbe wird in mehrere Ab= teilungen verteilt. Voraus marschieren gewöhnlich die ungeheuern Schaf= herden; diesen folgen die Pferde, welche nicht etwa zusammengekoppelt werden, sondern, nur von wenigen Hirten beaufsichtigt, ebenso ruhig in Herden einherziehen wie die Schafe. Das turkestanische Pferd ist überhaupt geselliger Natur, und auf meinen Reisen habe ich oft gesehen, daß ganz erschöpfte Pferde noch ihre letzten Kräfte anstrengten, um nicht hinter den andern zurückzubleiben. Oft war ich verwundert, aus mehreren Tausenden von Pferden bestehende Herden nur unter der Aufsicht von einigen zwölf= bis fünfzehnjährigen Knaben zu finden. Brennt einmal, was übrigens nur selten vorkommt, ein Pferd aus Übermut durch, so erfreut es sich seiner Freiheit nicht lange; denn sofort setzt ihm einer der Hirten auf einem be= sonders flinken Pferde nach und fängt es mittels einer langen, mit einer Schlinge versehenen Stange wieder ein. Der Gebrauch des Lasso ist den Kirgisen unbekannt. Den Pferden folgen die weniger zahlreichen Rinder, und den Schluß bildet die bedächtige Kamelkarawane, auf welcher die ge= samte Habe des Kirgisen verpackt ist. Bei dieser befindet sich auch das Familienoberhaupt selbst mit seinen Frauen und kleinen Kindern, während die Schaf=, Pferde= und Rinderherden der Obhut seiner älteren Söhne und seiner Knechte anvertraut sind[1]. Ein Teil einer solchen Karawane ist auf Bild 30 dargestellt. Voraus reitet eine Kirgisenfrau zu Pferd und führt das Leitkamel an der Halfter. Dieses ist mit dem Holzringe, den Filzdecken und den zusammengeklappten Seitengittern einer Jurte bepackt. Auf dem zweiten Kamel ist, mit einem reichen Teppich überhangen, einer der großen Koffer verladen, in welchen die Kirgisen ihr Metallgeschirr, ihre besseren Kleider und sonstigen Kostbarkeiten aufbewahren. Die unter dem Koffer angebrachten, leicht gebogenen Cylinder enthalten, in Filz eingeschlagen, die Holzstäbe, aus welchen das Dach der Jurte zusammengesetzt wird. Diese

---

[1] Der Grund, warum bei den Kirgisen auf der Wanderung die verschiedenen Viehgattungen getrennt geführt werden, ist der, daß Pferde, Rinder, Schafe und Kamele ein ganz verschiedenes Futter brauchen. Während für Pferde und Rinder gewöhnliches Gras erforderlich ist, begnügen sich die Schafe mit den Salzkräutern, welche in den sonst ganz unfruchtbaren Salzsteppen wachsen, und ziehen dieselben ihres Salzgehaltes wegen jeder andern Nahrung vor. Die Kamele dagegen brauchen zu ihrem Gedeihen unbedingt das sogen. Kamelkraut, welches in den gänzlich wasserlosen Sandwüsten und Hungersteppen wächst, das kein anderes Vieh vertragen kann, ohne welches aber die Kamele auf die Dauer nicht bestehen können, wie die unglücklichen diesbezüglichen Versuche gelegentlich der russischen Feldzüge in Turkestan wiederholt bewiesen haben.

Bild 30. Kirgisen auf der Wanderung.

beiden Kamele tragen also alle Bestandteile einer Jurie samt der ganzen dazugehörigen Hauseinrichtung. Kinder im Säuglingsalter werden in ihren transportabeln Wiegen an den Sattel der Kamele gehängt, Kinder im Alter von zwei bis fünf Jahren aber in Körben auf dem Rücken der Kamele untergebracht. Größere Kinder reiten meistens mit ihrer Mutter, oft drei und vier auf einem Pferd, wobei das größere sich an die im Sattel sitzende Mutter, die kleineren aber der Reihe nach an die vorderen anklammern. Wird ein solches Pferd einmal scheu oder sonst aus irgend einem Grunde unruhig, so fliegt natürlich die ganze Familie in den Sand oder nach Umständen in den Schmutz: ein Schauspiel, das man in Turkestan häufig beobachten kann. Knaben über zwölf Jahre werden bereits als Hirten verwendet, auch wenn ihr Vater ein Sultan ist. Der Familienvater selbst kümmert sich, wenigstens anscheinend, bei der ganzen Geschichte um gar nichts und reitet, gewöhnlich mit einem altertümlichen Gabelgewehr bewaffnet, mit seinem Lieblingsfalken auf der Haud, auf seinem besten Pferde wie ein Triumphator einher.

Den Weg vom Winterlager nach den Sommerweiden legen die Kirgis=Kaisaken nicht in einer Tour zurück, sondern sie rücken in ganz kleinen Tagmärschen vor, wobei das Vieh auf dem Wege alles Gras abweidet. Ist auf dem Wege viel Futter vorhanden, so bewegen sie sich so langsam, daß sie erst Mitte Sommer auf den Sommerweiden anlangen. Die Jurten, welche sozusagen das Hauptquartier bei diesen Bewegungen bilden, werden jeden Tag aufgeschlagen und am Morgen wieder abgebrochen, was alles die Frauen allein zu besorgen haben.

Nachdem in den Sommerweidegründen, welche entweder in nördlichen Breiten oder in den Bergen gelegen sind, alles Futter aufgezehrt ist, ziehen die Kirgisen, sobald mit Beginn der Herbstregen in den südlicheren oder tiefer gelegenen Steppen wieder Gras zu sprossen beginnt, in derselben Ordnung und mit derselben Langsamkeit nach den Winterquartieren zurück.

Diese periodischen Wanderungen von den Winter= nach den Sommer=weiden und zurück vollführen die zu einem Aul vereinigten Familien ge=meinschaftlich, und ihre Viehherden werden von gemeinschaftlichen Hirten beaufsichtigt. Jeder Aul hat seine ganz bestimmten Weidegründe, über deren Besitz oft die hartnäckigsten Kriege und Barantas geführt worden sind. Der Viehreichtum hängt deshalb bei den Kirgis=Kaisaken, abgesehen von den klimatischen Verhältnissen, hauptsächlich von der Größe und Güte ihrer Weideplätze ab. In dieser Beziehung herrscht unter den Kirgis=Kaisaken in den verschiedenen Teilen Turkestans eine große Verschiedenheit. Am besten sind diejenigen daran, welche den südöstlichen Teil des Ver=breitungsgebietes der Kirgis=Kaisaken einnehmen. Diese haben ihre Sommer=weiden in den Ausläufern des Tjanschan=Systems, wo es fruchtbare Gebirgs=

weiden giebt, und auch ihre Winterlager werden durch die Gebirge mehr
oder weniger gegen die kalten Nord= und Nordoststürme und gegen die
Schneestürme geschützt. Außerdem gewährt ihnen die Nachbarschaft der an=
sässigen Bevölkerung den Vorteil, daß sie einerseits sich ihre Bedürfnisse
auf billige Weise verschaffen, anderseits ihr überzähliges Vieh und die Er=
zeugnisse ihrer Hausinbustrie vorteilhaft an den Mann bringen können.
Besonders wichtig ist für sie der Karawanenhandel zwischen Rußland und
den zentralasiatischen Städten. Die Beförderung der Waren aus Rußland
nach Turkestan und umgekehrt wurde bis zur Eröffnung der transkaspischen
Eisenbahn ausschließlich von den Kirgis=Kaisaken besorgt, da die ansässige
Bevölkerung Turkestans keine Kamele hält. Auch jetzt noch geht, trotz der
Eisenbahn, der größte Teil der russischen und turkestanischen Waren über
die Kirgisensteppe, weil die Kirgisen den Transport zwar langsamer, aber
billiger und sicherer besorgen als die Eisenbahn. Schlimmer sind schon die=
jenigen von den Kirgis=Kaisaken daran, deren Winterweiden am Unterlaufe
des Syr=Darja gelegen sind. Erstens liegen ihre Sommerweiden im westlichen
Sibirien, und sie haben, besonders in trockenen Sommern, oft einen Weg
von 1000 km und mehr nach Norden zu wandern, bis sie Futter für
ihr Vieh antreffen. Zweitens befindet sich in ihrem Verbreitungsgebiete so
gut wie gar keine ansässige Bevölkerung; sie haben deshalb keinen Absatz
für ihr Vieh und keine Gelegenheit zu Nebenverdiensten; was sie aber selbst
an Einrichtungsgegenständen und Kleiderstoffen von auswärts brauchen,
müssen sie sich für teures Geld von Zwischenhändlern verschaffen. Die
ärmsten Kirgis=Kaisaken sind diejenigen, welche zwischen Syr=Darja und
Amu=Darja nomadisieren. Da dieses Gebiet größtenteils aus Sandwüsten
besteht, in denen nur hie und da spärliches Steppengras zu finden ist, so
können diese Kirgisen nur sehr wenig Vieh, und zwar nur Schafe und
Kamele halten, da es in diesen Wüsten kein Futter für Pferde und Rinder
giebt, und sie müssen das ganze Jahr über fortwährend ihren Platz wechseln,
um ihr weniges Vieh kümmerlich ernähren zu können. Sie können sich aus
den angegebenen Gründen auch nicht nebenbei mit Ackerbau beschäftigen
und sind somit auch dieses Mittels beraubt, durch welches sonst die ärmeren
Kirgisen ihre Lage zu verbessern suchen.

9. Nahrung der Kirgis-Kaisaken.

Von der Nahrung der Kirgisen macht man sich gewöhnlich eine ganz
falsche Vorstellung; in Anbetracht ihres großen Viehreichtums glaubt man,
sie müßten sich ausschließlich oder doch vorzugsweise von Fleisch nähren:
dies ist aber in Wirklichkeit nicht der Fall. Die Kirgisen betrachten ihr
Vieh als ihr Kapital, das sie nur im Notfall angreifen, während sie sich

für gewöhnlich bloß von deffen Zinſen nähren. Nur bei feſtlichen Gelegen=
heiten ſowie bei Bewirtung eines vornehmen Gaſtes genießen ſie Fleiſch, dann
aber auch in unglaublichen Quantitäten, und bei mancher Hochzeitsfeier
und manchem Leichenſchmauſe werden bis 30 Pferde und 150 Schafe auf
einmal verzehrt. Bei der Leichenfeier des Kirgiſenſultans Darma Syrym
wurden zur Bewirtung der Gäſte nicht weniger als 100 Pferde und
1000 Schafe geſchlachtet.

An beſtimmte Tageszeiten für ihre Mahlzeiten halten ſich die Kirgiſen
nicht, ſondern befolgen in dieſer Beziehung die Regel des Diogenes, d. h. die
Reichen eſſen und trinken zu jeder Zeit, wann und wie oft ſie Luſt dazu
haben; die Armen aber eſſen und trinken dann, wenn ſie etwas zu eſſen
oder zu trinken haben.

Als das beſte Fleiſch gilt bei den Kirgiſen das Fleiſch junger Fohlen.
Europäiſche Feinſchmecker mögen ſich ja über dieſe vermeintliche Geſchmacks=
verirrung der Kirgiſen nicht luſtig machen. Das Fleiſch junger, in voller
Freiheit aufgewachſener Pferde, welche ſich nur von Gras nähren, ſchmeckt
natürlich ganz anders als das Fleiſch alter, abgelebter und ausgeſchundener
Mähren, mit dem europäiſche Pferdemetzger ihre Kunden bedienen. Den
zweiten Rang nimmt bei den Kirgis=Kaiſaken das Schaffleiſch ein, welches
am häufigſten gegeſſen wird. Als größte Delikateſſe, welche gewöhnlich be=
vorzugten Gäſten als Vorſpeiſe ſerviert wird, gilt der ſogen. Tjuztjuk, das
etwa handgroße, faſt nur aus Fett beſtehende Bruſtſtück eines Schafes,
welches ſamt der Wolle an einem Holzſtabe über Kohlenfeuer gebraten und in
kleine Stücke zerſchnitten aufgetragen wird. Das Fleiſch von Rindern, Ziegen
und ſogar von Kamelen eſſen die Kirgiſen ebenfalls, aber nur ausnahmsweiſe,
wenn dieſe Tiere wegen Futtermangel, Krankheit, Alter oder wegen irgend
eines Unfalles geſchlachtet werden müſſen. Nur Schweinefleiſch wird von den
Kirgiſen wie auch von den übrigen Mohammedanern nicht gegeſſen. Das
Verbot des Schweinefleiſches bei Mohammedanern und Juden wird in heißen
Gegenden leicht begreiflich; denn in heißen Klimaten können durch den
Genuß von Schweinefleiſch viel leichter Krankheiten entſtehen als in kalten
Gegenden, und man hat dort ſchon von ſelbſt einen Widerwillen gegen
Schweinefleiſch. Auch von den Europäern wird in Turkeſtan Schweinefleiſch
nur ſehr wenig gegeſſen, und zwar nie im friſchen Zuſtande, ſondern ſtets
geräuchert, in Geſtalt von Schinken oder Würſten.

Bei der großen Vorliebe der Kirgiſen für Fleiſch iſt es auffallend,
daß ſie von Wildbret kaum oder nur höchſt ausnahmsweiſe Gebrauch
machen; denn wenn ſie ſich auch mit der Jagd befaſſen, ſo thun ſie dies
nur der Felle wegen oder zur Ausrottung ſchädlicher Tiere. Auch die
Fiſche ſpielen keine Rolle in ihrem Menu, und nur die allerärmſten An=
wohner der Seen und Flüſſe nehmen allenfalls zu Fiſchen ihre Zuflucht.

Das Fleisch wird von den Kirgisen nicht gebraten, sondern stets gesotten[1]. Als Heizmaterial gebrauchen sie, da Holz in den Steppen nur in seltenen Fällen aufzutreiben ist, vorzugsweise Kamelmist und getrockneten Rindermist (Kisjak). Der Kamelmist ist, da das die Hauptnahrung der Kamele bildende Kamelkraut sehr viel Holzfaser enthält, ein ziemlich gutes Brennmaterial. Der Rindermist, der gleichfalls fleißig gesammelt wird, wird mit Straßenstaub zu einem zähen Teige geknetet und fein säuberlich in dünne, runde Fladen geformt, die zum Trocknen an die Außenwände der Jurten geklebt werden.

Das Aroma dieses Feuerungsmaterials läßt zwar manches zu wünschen übrig, ist aber doch nicht so schlimm, wie man etwa glauben könnte. Ich war auf meinen Reisen hundertmal in der Lage, mein bescheidenes, oft nur aus Reis und Wasser bestehendes Mahl über einem Kisjakfeuer bereiten lassen zu müssen.

Mit der Konservierung des Fleisches sind die Kirgisen nicht unbekannt. Sie trocknen dasselbe entweder an der Luft oder räuchern es, indem sie die

---

[1] Die alten Chronikschreiber erzählen von den Hunnen, mit denen die Kirgisen ihrer Abstammung nach verwandt sind, daß dieselben die Gewohnheit gehabt hätten, auf dem Marsche rohes Fleisch zu essen, welches sie vorher unter ihrem Sattel mürbe geritten hätten. Auch mein Landsmann Schiltberger aus München, der ebenfalls vom Schicksal nach Rußland und Zentralasien verschlagen wurde und eine Zeitlang unter Tamerlan in Samarkand als Sklave lebte, erzählt dasselbe in seinem Reisebuch von den damaligen Tataren mit folgenden Worten: „Ich hon och gesehen, wann sie in reiß hytten, das sie ein fleisch nemen vnd es dünn schinden vnd legtents vnder den sattel vnd riten dorvff. Vnd essents wenn sie hungert. Aber sie salzens am ersten vnd mainet dann, es sy nit schad, wenn es würt von der werme des roß trucken vnd würt mar vnder dem sattel von dem ryten, wann der safft dorvß kompt. Das tünd sie, wenn sie nit zit die spis zu bereiten haben." Daß das Ganze eine Fabel ist und auf einem Mißverständnis beruht, sieht wohl jeder ein, der nur einigermaßen etwas vom Reiten versteht. Jeder Reiter weiß, daß die kleinste Unebenheit oder Falte in der Unterlage des Sattels schon nach einigen Stunden das Wundreiten des Pferdes nach sich zieht, um so mehr ein ganzes Stück Fleisch. Außerdem ist, wenigstens bei den heutigen türkischen und sonstigen zentralasiatischen Völkern, die, nach Schiltbergers kurzen Bemerkungen zu urteilen, gegenwärtig noch genau dieselbe Lebensweise führen wie zu Schiltbergers Zeit (1394—1427), das Essen von rohem Fleisch ebensowenig oder vielmehr noch weniger im Gebrauch als in Europa. Um so mehr halte ich den Genuß von rohem, mit dem unausstehlich riechenden Schweiße der Pferde imprägniertem Fleische für undenkbar. Bei den zentralasiatischen Reitervölkern besteht auch heutzutage noch die Gewohnheit, auf der Reise vor dem Auflegen des Sattels den wund gerittenen Pferden möglichst dünne Schnitten rohen Fleisches auf die Wunde zu legen, nachdem sie diese vorher mit Salz bestreut oder mit Salzwasser ausgewaschen haben, damit sich in der Wunde keine Würmer entwickeln und dieselbe schneller zuheilt. Ich habe selbst diese Methode auf meinen Reisen stets angewendet und äußerst zweckmäßig gefunden. Dieses Verfahren hat offenbar den europäischen Chronikschreibern Veranlassung gegeben zur Verbreitung der erwähnten Fabel vom Essen rohen, eingesalzenen und mürbe gerittenen Fleisches.

einzelnen Fleischstücke an den Deckstangen ihrer Jurten über dem in der Mitte der Jurte befindlichen Feuerherd aufhängen.

Die Hauptnahrung der Kirgis-Kaisaken bildet Milch, und zwar die Milch aller ihrer Haustiere, der Rinder, Schafe, Ziegen, Pferde, Esel und Kamele. Als beste gilt wieder die Pferdemilch, aus welcher die Kirgisen ihren Kumys bereiten, der bei ihnen dieselbe Rolle spielt wie das Bier bei den Bayern. Der Kumys wird durch Gärung der Pferdemilch in Schaf-lederschläuchen, verbunden mit häufigem Schütteln, gewonnen. Dieses mehr oder weniger saure Getränk hat mehrere Eigenschaften mit dem bayrischen Biere gemein. Es ist so stark mussierend, daß es, wenn mehrere Tage in luftdichten Gefäßen aufbewahrt, die stärksten Champagnerflaschen zersprengt. Nach dem Genuß einer größeren Menge Kumys, besonders bei nüchternem Magen, schwellen die Adern an, und man wird schwerfällig und schläfrig. Berauschend wirkt Kumys nicht; von andern wird dies zwar behauptet, aber meine eigenen Erfahrungen sprechen dagegen. Ferner befördert Kumys in einem noch viel höheren Grade als bayrisches Bier die Harnabsonderung und die Fettbildung, und er wird deshalb von der russischen Bevölkerung Turkestans mit gutem Erfolge als Mittel gegen Schwindsucht und Blut-armut angewendet. Auch ich verdanke Leben und Gesundheit dem Kumys, der mir, als ich im Jahre 1881 durch Schwindsucht und wiederholte Blutsturzanfälle bereits an den Rand des Grabes gebracht war, wieder so gründlich auf die Beine half, daß ich seitdem oft meiner kräftigen Gesund-heit wegen von weniger Glücklichen beneidet worden bin. Der Kumys hat nur das Unangenehme, daß der eigentümliche Geruch und Geschmack des-selben, wenn man ihn ohne Durst trinkt, nicht jedermann zusagt. Es hat mit dem Kumys offenbar dieselbe Bewandtnis wie mit dem bayrischen Biere, das man auch nur dann vollkommen zu würdigen im stande ist, wenn man von Jugend auf daran gewöhnt ist. Die Qualität des Kumys hängt wesentlich von dem Futter ab, welches den Pferden zur Verfügung steht. Derselbe ist deshalb bei den Bergkirgisen bedeutend besser als bei den Steppenkirgisen und im Frühjahr besser als zu allen andern Jahreszeiten.

Der Kumys ist offenbar ein uraltes Nationalgetränke der türkischen Völker. Schon der Grieche Zemarchus, der 568 n. Chr. von Kaiser Justin als Gesandter an den Türkenchan Dizabulus nach Zentralasien gesandt worden war, erzählt in seinem Reiseberichte, daß bei den ihm zu Ehren ge-gebenen Festgelagen große Mengen eines nicht aus Trauben bereiteten bar-barischen Getränkes, „Kosmos" genannt, vertilgt worden seien. Desgleichen erwähnt Priscus am Hofe des Hunnenkönigs Attila des „Kamos".

Außer Kumys ist bei den Kirgisen auch noch saure, mit Wasser ver-mischte Rinder-, Ziegen-, Kamel- und Schafmilch beliebt, welche an heißen

Sommertagen ein angenehmes, durststillendes Getränk bildet, das den Namen A i r a n führt.

T h e e wird von den vermöglicheren Kirgis-Kaisaken ebenfalls gebraucht, aber nur wenig und in der Regel in einer von der europäischen völlig ab= weichenden Manier. Der Thee, gewöhnlich Ziegelthee, der allein genommen nur einen sehr fragwürdigen Genuß gewährt, da er aus den Abfällen der Theeernte bereitet wird, die mit Ochsenblut vermischt und in Backsteinform geknetet werden, wird von den Kirgisen zusammen mit Milch, Mehl, Salz und Schaffett im Kessel gekocht und dann so, wie er ist, d. h. samt den Theeblättern, als Suppe gegessen.

Auch mit dem Alkohol sind die Kirgisen nicht unbekannt. Sie brauen aus Hirse oder auch aus Kumys ein stark alkoholhaltiges Getränke, Busa genannt, welches seiner Billigkeit und stark und schnell berauschenden Eigenschaften wegen, trotz seines widerlichen Geschmackes und Geruches, auch vor den Augen der russischen Soldaten und Kosaken Gnade gefunden hat. In einem Garten neben der Taschkenter Sternwarte hatte einmal ein unternehmender Kirgise ein nur aus einer Jurte bestehendes Busalokal eröffnet, welches sich eines so regen Zuspruches erfreute, daß ich abends beim Nachhausereiten immer große Vorsicht anwenden mußte, um nicht den einen oder andern der russischen Kosaken und Soldaten zu zerquetschen, die hier oft dutzendweise in schönster Eintracht mit Sarten und Kirgisen auf der Straße herumlagen. Ein russischer Major (ehemaliger Chef der Leib= garde des Generalgouverneurs), der selbst ein großer Verehrer der Busa war, teilte mir mit, daß der Hauptvorzug dieses Getränkes darin bestehe, daß man sich an Busa für die geringe Auslage von 40 Pfennig zweimal bis zur Bewußtlosigkeit betrinken könne. Denn ein Quantum Busa für 40 Pfennig sei vollständig ausreichend, um auch den stärksten Trinker unter den Tisch zu bringen. Am nächsten Tage brauche man dann nur ein Glas Wasser zu trinken, um zum zweitenmal, und diesmal ganz gratis, das Vergnügen des Betrunkenseins durchkosten zu können. Da bei den Russen nicht der Akt des Trinkens selbst, sondern nur der darauffolgende angenehme Trunkenheitszustand, als eine Art Nirwana, als Genuß betrachtet wird, so sind die Vorzüge der Busa evident, indem dieselbe den gewünschten Zustand billig, schnell und gründlich herbeiführt.

Die Busa wird von den Kirgisen durch ein höchst primitives Verfahren hergestellt. Sie gebrauchen als Destillierapparat zwei gewöhnliche gußeiserne Kessel, von denen jeder mit einer aus frisch abgezogenen Häuten angefertigten Kappe bedeckt wird. Die beiden Kessel, von denen der eine als Retorte, der andere als Auffanggefäß zu dienen hat, sind durch eine durch die er= wähnten beiden Kappen gesteckte Röhre miteinander verbunden. Nachdem in den einen Kessel die zur Destillation bestimmte eingemaischte Hirse oder der

Kumys geschüttet und alle Fugen mit Lehm verschmiert worden, wird unter diesem Kessel Feuer angemacht, worauf die sich entwickelnden Dämpfe durch das Rohr in den zweiten, leeren Kessel übertreten und sich daselbst zu einer trüben und säuerlichen alkoholhaltigen Flüssigkeit verdichten.

Die Verarbeitung der Milch zu Butter ist bei den Kirgis-Kaisaken im allgemeinen nicht gebräuchlich; dagegen sind sie mit den Anfängen der Käsebereitung vertraut; sie stellen aus saurer Kuh- oder Schafmilch eine eigene Art Quarkkäse her, der Krut heißt. Im Winter zerreiben die Kirgisen diesen Käse, vermischen ihn mit Wasser und gebrauchen dann dieses Getränk statt des beliebten Airan, der im Winter nicht zu haben ist, weil das Vieh der Kirgisen wegen des spärlichen Futters im Winter keine Milch giebt. Diese Art Käse war unter demselben Namen schon bei den Mongolen Dschingischans in Gebrauch, wie durch Rubruquis bezeugt wird. Eine zweite Art Käse, Kisimtschik genannt, wird aus saurer Schafmilch hergestellt.

Die Nahrungsmittel aus dem Pflanzenreiche spielen bei den Kirgis-Kaisaken nur eine untergeordnete Rolle. Brot backen sie nicht; dasselbe gilt aber als Leckerbissen, wenn sie sich solches von den Russen oder der ansässigen Bevölkerung Turkestans verschaffen können. Das Vermahlen des Getreides zu Mehl ist den Kirgis-Kaisaken gleichfalls im allgemeinen fremd, und sie beziehen Mehl, besonders Weizenmehl, in geringen Quantitäten von den ackerbautreibenden Bewohnern. Das Mehl wird bei den Kirgisen außer zur Herstellung der oben erwähnten Theesuppe noch zum Backen einer eigentümlichen Art Kuchen, Baursak genannt, verwendet, die in Schaffett geschmort werden, ganz gut schmecken und den bei den niederbayrischen Bauern gebräuchlichen „Stritzeln" ähnlich sind. Außerdem gebrauchen die Kirgisen Mehl auch noch zur Bereitung ihres „Balamyk", eines Getränkes, welches sie auf die Weise herstellen, daß sie das Mehl in Fett schmoren und sodann in Wasser einrühren. Die häufigste Verwendung findet bei den Kirgis-Kaisaken die Hirse[1], die mit Milch oder Wasser zu Suppe oder Brei verkocht, oder auch, besonders im Winter, geröstet oder ganz roh gegessen wird. Einige Handvoll roher oder gerösteter Hirse bilden meistens die einzige Wegzehrung eines reisenden Kirgisen. Auch die weniger gebräuchlichen Getreidearten, Weizen, Roggen und Gerste, werden von den Kirgis-Kaisaken ganz in derselben Weise verwendet wie Hirse. Der Gebrauch von Gemüse ist den Kirgisen gänzlich unbekannt.

Das wechselvolle, ganz von den klimatischen und Witterungsverhältnissen abhängige Leben, die alljährlich wiederkehrende Zeit des Hungers im Winter

---

[1] Nach Vambéry war die Hirse (tarik) die älteste Nahrungspflanze der Türken, denn die Grundbedeutung des Wortes tarik ist: Saat oder Anbau. Der Reis dagegen wird von den Türken mit einem persischen Lehnwort (birindsch) bezeichnet.

und des Überflusses im Sommer, haben den Kirgis-Kaisaken in einer Weise abgehärtet, daß er im Notfall ohne besondere Beschwerden tagelang ohne Wasser und wochenlang ohne jedwede Nahrung anzuhalten kann. Bietet sich ihm aber dann einmal Gelegenheit, seinen Appetit nach Herzenslust zu stillen, so ist er im stande, geradezu fabelhafte Mengen Fleisch auf einmal zu vertilgen. Lewschin erzählt, daß einmal in seiner Gegenwart ein Kirgise auf einem Sitz einen sechs Monate alten Hammel aufgegessen und sich sodann bereit erklärt habe, sofort noch einen zweiten zu verspeisen.

Folgender Fall, der sich im Winter 1880—1881 zugetragen hat, charakterisiert am besten diese Eigenschaft der Kirgis-Kaisaken. Ein Kirgise war als Kurier mit einer amtlichen Depesche von Kokan nach Wernoe geschickt worden. Mitten im Gebirge wurde er von einem heftigen, mehrere Tage dauernden Schneesturm überfallen, während dessen ihm sein Pferd davonlief. Da Kirgisen, als geborene Reiter, nur schlechte Fußgänger sind, in dem tiefen Schnee aber auch für einen guten Fußgänger ein Vorwärtskommen kaum möglich gewesen wäre, so blieb dem Kirgisen nichts übrig, als bis auf weiteres im Schnee liegen zu bleiben. Er lag

Bild 31. Kirgisische Pelzmützen.

so, ohne irgend welche Nahrung, 42 Tage und verzehrte inzwischen, um das unangenehme Hungergefühl zu beschwichtigen, fast alle seine Kleider bis auf den Pelz und hätte, wie er später erzählte, auch noch gerne das ihm anvertraute amtliche Paket gegessen, nach dem er einen beinahe unwiderstehlichen Appetit hatte, wenn er nicht die Verantwortung gefürchtet hätte. Erst nach sechs Wochen wurde er von den zu seiner Aufsuchung ausgesandten Dschigiten im Schnee vergraben aufgefunden und nach dem nächstgelegenen Aul gebracht. Hier übernahm er sich aber sofort beim Essen in einer Weise, daß er schon nach zwei Tagen an Indigestion starb.

10. Kleidung der Kirgis-Kaisaken.

Die Kirgis-Kaisaken zeichnen sich im allgemeinen durch große Einfachheit in ihrer äußeren Erscheinung aus und sehen bei ihrer Kleidung mehr auf Nützlichkeit und Zweckmäßigkeit als auf Schönheit und Eleganz. Eine Mode giebt es bei ihnen nicht; dieselbe Kleidung, welche schon die Horden Dschingischans und wahrscheinlich auch schon die Hunnen Attilas getragen haben, tragen die Kirgisen noch heutzutage. Noch einfacher als die Männer

Bild 32. Kirgisen-Sultan.

kleiden sich bei den Kirgis-Kaisaken die Frauen. Sind die Kirgisenfrauen schon an und für sich durch die Natur nicht übermäßig mit Reizen ausgestattet, so trägt auch ihr Kostüm nicht wenig zur Vermehrung der Unansehnlichkeit ihres Äußeren bei. Wollte man selbst eine Venus als Kirgisin verkleiden, sie würde dadurch unfehlbar alle ihre Reize einbüßen.

Am meisten trägt zur Verunstaltung der Kirgisinnen ihre Kopfbedeckung bei. Die verheirateten Frauen umwickeln nämlich Kopf, Hals und Schultern mit einem weißen Baumwolltuche von riesigen Dimensionen, so daß der ganze obere Teil des Körpers nur eine einzige unförmliche Masse bildet, aus der nur das Gesicht hervorsieht, von einem Hals aber keine Spur übrigbleibt (vgl. Bild 24, S. 53). Ihre Haare, die sie in der Regel in zwei Zöpfe flechten, lassen verheiratete Kirgisinnen nie sehen. Das Gesicht verschleiern die Kirgisinnen nicht, weder zu Hause noch auf dem Marsche, unbekümmert um die Vorschriften des Koran. Bei ihrer Lebensweise und in Anbetracht des Umstandes, daß bei den Kirgisen alle Arbeiten auf den Schultern der Frauen ruhen, wäre dies übrigens auch gar nicht durchführbar. Eine besondere Gefahr für die Augen der Beschauer ist aber mit dem Fehlen des Schleiers nicht verbunden, da schon das ganze Kostüm der Kirgisinnen, abgesehen von ihren wenig einladenden, groben und wettergebräunten Gesichtern, vollständig hinreicht, um sie möglichst häßlich erscheinen zu lassen. Es besteht aus einem oben sehr weiten, nach unten sich verengenden und bis auf die Knöchel reichenden Beinkleid aus grobem, blau und schwarz gestreiften Baumwollstoff und aus einem aus demselben Stoffe gefertigten weiten Hemd, das bis etwas über die Knie reicht, über die Beinkleider angezogen und am Halse mittels einer Schnur zugebunden wird. Das Hemd hat vorne einen tiefen

Ausschnitt, durch welchen die bloße Brust zu sehen ist, und wird gewöhnlich durch ein umgebundenes Baumwolltuch oder auch durch einen einfachen Strick um die Hüften zusammengehalten. Die Beinkleider, die keinen Schlitz haben, sondern wie unsere Schwimmhosen allseitig geschlossen sind, werden mittels einer eingezogenen Schnur um die Hüften festgebunden. Knöpfe oder Haften oder auch Fibeln kennen die Kirgisen nicht. Im Sommer und bei der Arbeit tragen die Kirgisinnen keine weiteren Kleidungsstücke und gewöhnlich auch keine Fußbekleidung. Im Winter aber und auf dem Marsche tragen sie außerdem noch, je nach dem Kältegrad, ein oder mehrere schlafrockähnliche Oberkleider, ähnlich denen der Männer, und dieselben langen und plumpen, über die Beinkleider gezogenen Reitstiefel wie diese.

Die Kleidung der Kirgisenfrauen ist bei Armen und Reichen fast gleich; der einzige Unterschied besteht darin, daß bei den Allerreichsten die Ober-kleider und mitunter auch die Beinkleider und Hemden aus Seide angefertigt werden, ein von den Sarten und Tadschiken übernommener Luxus, während die gewöhnlichen Kirgisinnen sich mit Baumwollstoffen und selbstgewirkten Wollstoffen begnügen. Der größere oder geringere Luxus in der Kleidung hängt aber bei den Kirgisenfrauen nicht etwa wie bei uns lediglich vom Stand und Reichtum des Mannes, sondern vom größeren oder geringeren Grade der Zuneigung desselben ab. Oft sieht man die Lieblingsfrau eines reichen Kirgisen in Samt und Seide und auf einem Prachtpferd einherstol-zieren, während dessen übrige Frauen in Lumpen und zu Fuß vor den Kamelen einhertraben. Was würden wohl unsere Damen zu einer solchen Ordnung der Dinge sagen?

Die Kleidung der Mädchen unterscheidet sich bei den Kirgisen sehr vorteilhaft von der der ver-heirateten Frauen. Ihre Unter- und Oberkleider sind aus bunt-farbigen, gewöhnlich roten Stoffen hergestellt, und auf dem Kopfe tragen sie ein Seidenkäppchen oder eine mit Blumen, bunten Federn, Münzen, Silberblechen und Perlen geschmückte Pelzmütze. Ihr Haar tragen sie offen und in eine An-zahl frei herabfallender Zöpfe

Bild 33. Turkestanischer Schafpelz.

geflochten. Da auch bei Kirgisenmädchen lange Zöpfe als Attribut der Schönheit gelten, so werden zur Verlängerung der Zöpfe in geschickter Weise Pferdehaare eingeflochten und an den Enden buntfarbige Bänder und Geld= stücke, farbige Steine u. dgl. befestigt. Statt der schwerfälligen und un= förmlichen Reitstiefel der Frauen tragen die Mädchen nette Stiefelchen aus farbigem Leder.

Überdies schmücken sich die Kirgisenmädchen, soweit es ihre Verhältnisse erlauben, mit silbernen Armbändern, Fingerringen, Ohrringen und Ohr= gehängen, mit Halsketten aus Korallen, Glasperlen, Bernsteinkugeln ꝛc. und behängen ihre Brust mit verschieden geformten, mit unechten, selten mit echten Steinen besetzten Silberplatten; lauter Dinge, auf welche die verheirateten Frauen, höchstens die Frauen der reichsten Sultane ausge= nommen, verzichten müssen.

Mehr Sorgfalt als die Frauen verwenden bei den Kirgis=Kaisaken die Männer auf ihr Äußeres. Auf dem glatt rasierten Kopfe tragen sie gewöhnlich, besonders zu Hause, eine kleine runde Kappe aus Baumwollstoff oder auch aus bunt gestickter Seide oder aus goldgesticktem Samt (Bild 24, S. 53). Beim Ausreiten tragen sie über dieser Kappe oder auch ohne dieselbe noch eine Pelzmütze, von denen es zwei Arten giebt, die in Bild 31 (S. 93) dargestellt sind.

Die erste Mütze, Kalpak genannt, ist ganz derjenigen ähnlich, welche früher die russischen Großfürsten als Abzeichen ihrer Würde trugen. Diese Mützen sind im Innern mit Schaffellen ausgefüttert, deren Haare nach innen gerichtet sind. Der gewöhnlich aufgestülpte Rand der Mütze, der bei großer Kälte und bei schlechtem Wetter herabgelassen werden kann, besteht meistens aus Fuchsfellen, bei Reicheren auch aus Otter=, Biber= und Zobelfellen. Von oben sind die Mützen mit schwarzem, blauem, grünem oder rotem Tuch oder auch mit Samt=, Seiden= oder Baumwollstoff bedeckt. Reiche Sultane besetzen diese Mützen, wie dies auch die russischen Großfürsten thaten, mit Perlen, sowie mit Edel= und Halbedelsteinen. Diese Mütze wird im Winter und Sommer, und zwar nicht bloß von den Männern, sondern auch von den Kindern und den erwachsenen Mädchen getragen. Die zweite Art Pelzmütze, Baschlik, welche nur im Winter gebraucht wird, ist ein außerordentlich praktisches Kleidungsstück. Kopf, Hals und Ohren werden so hermetisch umschlossen, daß einem der ärgste Schneesturm und die grim= migste Kälte nichts anhaben kann. Diese Mütze besteht aus Schaffellen, deren Haare nach innen gerichtet sind. Von außen wird die Mütze ge= wöhnlich mit Tuch oder Baumwollstoff bedeckt und bei Reicheren an den Rändern mit Fuchsfellen verbrämt (vgl. Bild 31, S. 93). Im Sommer tragen die gemeinen Kirgisen statt der Pelzmützen auch weiße Filzhüte, welche in ihrer Form ganz genau den „Generalshüten" gleichen, die sich bei uns die

Knaben aus Zeitungspapier herzustellen pflegen und welche ebenso zusammen-
geklappt werden können wie diese. Der Rand dieser Hüte ist aufgestülpt
und, um das Umbiegen zu erleichtern, an zwei entgegengesetzten Stellen aufgeschnitten. Der aufgestülpte Rand, der zum Schutze gegen das grelle Sonnenlicht und gegen Regen herabgelassen werden kann, wird gewöhnlich mit
breiten blauen oder schwarzen Bändern eingefaßt (vgl. Bild 24 und 30,
S. 53 und 85). Vornehme Kirgisen tragen bei feierlichen Gelegenheiten
mitunter auch eine Art hoher Cylinderhüte aus dunkelrotem, goldgesticktem
Samt, deren Ränder aufgestülpt und zu zwei oder vier gegenüberstehenden,
aufwärts gerichteten Hörnern ausgezogen sind (Bild 32, S. 94).

Hemden und Unterbeinkleider, welche übrigens bei den ärmeren Kirgisen
zu den Luxusartikeln gehören, sind bei den Männern ungefähr dieselben

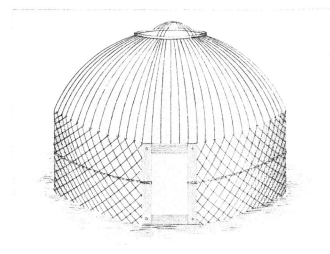

Bild 34. Schematische Zeichnung des Gerüstes einer Kirgisen-Jurte.

wie bei den Frauen. Darüber ziehen sie kurze, aber ungeheuer weite Reithosen, Tschembaren genannt, aus grobem Wollstoff, gelbem Schafleder oder
auch aus ungegerbten Kuh- oder Pferdehauten, deren Haare nach auswärts
gewendet sind. Wie bei den Frauen werden auch bei den Männern die
allseitig geschlossenen Beinkleider und Reithosen mittels einer eingezogenen
Schnur um die Hüften festgebunden. Ihre unförmlichen und schwerfälligen
Reitstiefel tragen die Kirgisen fast beständig. Strümpfe oder Socken kennen
sie nicht. Als Oberkleider tragen die Kirgis-Kaisaken entweder Beschmete,
wie die Tataren — ein bis auf die Kniee reichender, am Körper knapp
anliegender, mit engen und überlangen Ärmeln versehener und im Winter
mit Pelz gefütterter Rock aus Woll- oder Baumwollstoff —, oder die weiten
schlafrockähnlichen Tschapane der Sarten und Tadschiken, welche von den

Russen Chalate genannt werden. Diese letzteren werden aus Baumwollstoff, selbstgewebtem Wollstoff, bei Reicheren auch aus Tuch, Samt oder bucharischer Seide hergestellt. Sie werden gewöhnlich durch einen Ledergürtel oder ein Baumwolltuch an den Hüften zusammengehalten. An diesem Gürtel werden Messer und verschiedene kleine Ledertaschen aufgehängt, da Kleidertaschen bei den Kirgisen wie überhaupt bei allen Zentralasiaten nicht gebräuchlich sind. Im Winter wird über die Chalate und Beschmete noch ein weiter, bis auf die Erde reichender, ebenfalls schlafrockähnlicher Pelz gezogen, der bei Ärmeren aus selbstgegerbten oder auch ganz ungegerbten Schaffellen (Bild 33, S. 95), bei Reicheren aber aus Fuchsfellen und andern kostbaren Pelzarten angefertigt wird. Die Haare der Pelze sind stets nach innen gerichtet. Die Schafpelze bleiben unbedeckt; die kostbareren Pelze dagegen werden von außen mit Tuch, Seide oder Baumwollstoffen überzogen. Die Ärmel der Pelze sind bedeutend länger als die Arme, so daß man in denselben die Hände verbergen und mithin Handschuhe entbehren kann, von deren Existenz die Kirgisen nichts wissen. Diejenigen von den Kirgis=Kaisaken, welche mit der ansässigen Bevölkerung wenig oder gar nicht in Berührung kommen, kann man im Winter auch von Kopf bis zu Fuß in ungegerbte Kuh= und Pferdehäute gekleidet sehen, deren Haare stets nach auswärts gekehrt sind.

Die reichen und vornehmen Kirgis=Kaisaken tragen mit Vorliebe als Prunkgewand reiche, mit Seide, Silber und Gold gestickte oder wenigstens mit Goldborten eingefaßte Röcke aus dunkelrotem, blauem oder auch grünem Samt. Solche Samtröcke werden von der russischen Regierung häufig ver= dienten vornehmen Kirgisen als Auszeichnung verliehen (Bild 32, S. 94).

Was die Kleidung der Kinder betrifft, so gehen dieselben bei den Kirgis=Kaisaken bis etwa zum zwölften Lebensjahre zu Hause im Winter und Sommer gewöhnlich ganz nackt, und zwar nicht etwa bloß die Kinder der Armen, sondern meistens auch die der Reichen. Als ich einmal in der westlichen Dschungarei bei einem reichen Wolostältesten zu Besuche war, der sechs Frauen hatte, fand ich alle seine Kinder, Mädchen wie Knaben, in Adams Kostüm, obwohl mein Besuch erwartet war. Das Nacktgehen der Kinder hat bei den Kirgisen offenbar nicht einen ökonomischen, sondern einen pädagogischen Grund. Oft sah ich Kirgisenkinder sich ganz nackt im frisch gefallenen Schnee tummeln und herumwälzen, während ihre Väter bis an die Ohren in Pelze gehüllt waren. Diese Erziehungsmethode ist zwar geeignet, die körperliche Abhärtung der Kinder außerordentlich zu be= fördern, dürfte aber in moralischer Hinsicht nicht ganz unbedenklich sein. Auf dem Marsche sind die größeren Kinder in ähnlicher Weise gekleidet wie die Erwachsenen; die kleineren tragen gewöhnlich ein langes weites Hemd aus blauem Baumwollstoff und in der kalten Jahreszeit darüber noch einen warmen, schlafrockähnlichen Überwurf oder ein Beschmet, und eine Pelzmütze.

Bild 35. Aufschlagen des Lagers bei den Turkmenen.

7 *

11. Wohnung der Kirgis-Kaisaken.

Die ausschließliche Wohnung der Kirgis-Kaisaken bildet Winter und
Sommer die Jurte, eine der praktischesten Erfindungen, welche von Menschen
jemals gemacht worden sind. Die Jurten sind so geräumig, daß sie ohne
Schwierigkeit eine aus 10 bis 15 Personen bestehende Familie nebst allem
Hausrat beherbergen können. Sie sind im Winter warm und im Sommer
kühl. Das Aufstellen und Abbrechen der Jurten erfordert nur eine Zeit
von 15 bis 20 Minuten, und sie sind so leicht, daß man eine Jurte samt
allem Zubehör auf ein einziges Kamel verladen kann. Die Jurten sind dabei
äußerst dauerhaft und halten, dank ihrer eigentümlichen Konstruktion und
ihrer halbrunden Figur, den stärksten Stürmen stand. Sie bestehen aus
einem leichten, elastischen, hellrot angestrichenen Gerüst aus Weidenholz
(Bild 34, S. 97), welches mit eigens zu diesem Zweck angefertigten und abgepaßten Filzdecken bedeckt wird. Die Seitenwände der Jurten werden durch
vier oder mehr spanische Wände gebildet, welche aus dünnen, leicht gebogenen
und gitterartig untereinander verbundenen Holzstäben bestehen. An den
Kreuzungsstellen sind diese Stäbe durchbohrt, und sie werden daselbst durch
dünne Lederriemen zusammengehalten, die durch beide Stäbe hindurchgehen
und beiderseitig mit Knoten versehen sind. Diese spanischen Wände können
deshalb zum Transport scharnierartig zusammengelegt werden wie die Gitter,
welche bei uns an den Fenstern als Schirme vor Blumenstöcken angebracht
werden. Die erwähnten Holzgitter werden so zusammengestellt, daß sie
nahezu einen geschlossenen Kreis bilden, worauf sie mittels eines durch-
gezogenen Strickes untereinander und mit einem viereckigen hölzernen Rahmen,
welcher die Eingangsthüre bildet, fest verbunden werden. Dieser Strick, der,
wie aus Bild 34 zu ersehen, die ganze Jurte umspannt, hat die Aufgabe,
das Zusammenklappen der die Seitenwände bildenden Gitter unter der Last
des aufliegenden Daches und der schweren Filzdecken zu verhindern. Auf
diesen gitterartigen kreisrunden Unterbau wird eine Anzahl bogenförmiger
dünner Holzstäbe aufgesetzt, welche das Dach der Jurte zu bilden bestimmt
sind. Diese sind an ihren unteren Enden mit Schlingen aus dünnen Lederriemen versehen, mittels deren sie an das Gitter befestigt werden. Ihre oberen
zugespitzten Enden werden in einen massiv hölzernen, etwas über einen Meter
im Durchmesser haltenden Ring gesteckt, der von sechs kreuzweis zu einander
gestellten diagonalen, leicht gebogenen Holzstäben überspannt ist und den
Abschluß der Kuppel bildet. Die Höhe und der Durchmesser einer Jurte
können innerhalb gewisser Grenzen modifiziert werden, je nachdem man die
die Seitenwände bildenden verstellbaren Gitter weiter oder enger aufstellt. Die
breite und niedrige Aufstellung der Jurten wird immer dann angewendet,
wenn heftige Stürme zu gewärtigen sind. Der Durchmesser einer gewöhn-

lichen Jurte beträgt 6—8 m, die Höhe 3—4 m. Die Holzstäbe, aus welchen das Gerüst der Jurten zusammengesetzt ist, werden aus jungen Weidenschöß= lingen geschnitzt, weil sie zugleich fest und elastisch sein müssen; man braucht deren zu einer mittelgroßen Jurte 300 bis 400 Stück (vgl. Bild 35, S. 99).

Über das soeben beschriebene Holzgerüst, welches gewöhnlich ohne weitere Befestigung einfach auf den Boden gestellt wird, werden mehrere abgepaßte weiche Filzdecken von Fingerdicke gebreitet und mittels eigener an dieselben angenähter Bänder und Schnüre befestigt. Diese Filzdecken sind so zu= geschnitten, daß sie die Jurte von allen Seiten fest verschließen und daß nur die Thüröffnung frei bleibt. Diese letztere wird durch eine eigene viereckige Filzdecke oder durch einen schweren Teppich verschlossen, der je nach Bedürfnis am oberen Ende des Thürrahmens zusammengerollt oder rouleauxartig herab= gelassen werden kann (Bild 35 u. 36, S. 99 u. 101). Derjenige Teil der Filzdecken, der über die Mitte der Dachkuppel zu liegen kommt, kann ebenfalls bequem zurückgeschlagen werden, um eine Öffnung für den Rauch und zur Ventilation herstellen zu können. Bei großer Kälte wird, wenn es sonst die Mittel erlauben, noch eine zweite Lage von Filzdecken aufgelegt und ringsum etwas Erde oder Schnee an die Außenwände der Jurte gescharrt, um jeden Luftzug abzusperren. Die Jurten halten dann die Wärme so gut, daß man im stande ist, sie sogar mit Spiritus zu heizen, wie dies russische Offiziere auf Winterfeldzügen mitunter praktiziert haben. Im Sommer werden die Filzdecken ringsum am Boden etwa einen Fuß hoch aufgehoben und zugleich die Mitte des Daches abgedeckt; dadurch entsteht ein angenehmer Luftzug, der selbst bei der größten Hitze den Aufenthalt in einer den birekten Sonnen= strahlen ausgesetzten Jurte erträglich macht, da sich Filz an der Sonne nur wenig erwärmt und keine Wärme ausstrahlt. Mitunter werden im Sommer die Filzdecken von den Seitenwänden der Jurten ganz entfernt und diese statt dessen mit leichten Schilfwänden umgeben, welche dem Luftzuge freien Durch= gang gestatten, dabei aber doch das Eindringen von Schlangen und sonstigem Ungeziefer verhindern (Bild 37).

Die Jurte ist im Winter wie im Sommer gleich praktisch und über= trifft an Komfort und Zweckmäßigkeit bei weitem die primitiven Wohnungen der ansässigen Bevölkerung Turkestans, welche im Winter in ihren thür= und fensterlosen Lehmhütten schutzlos der Kälte und im Sommer allem möglichen Ungeziefer ausgesetzt ist. Ich begreife deshalb vollkommen den Widerwillen der Kirgisen gegen das Wohnen in Stein= oder Lehmhäusern. Die russische Regierung hat sich früher, geleitet von der allgemein verbreiteten, aber irrtümlichen Meinung, daß das Nomadisieren nur eine üble Angewöhnung sei, viele Mühe gegeben, die Kirgis=Kaisaken zu einer ansässigen Lebensweise zu bestimmen, und sich zur Förderung dieses Zieles sogar herbeigelassen, für die kirgisischen Chane und Sultane auf eigene Kosten Wohngebäude zu

Bild 37. Gruppe von Zelte-Turkmenen. (Nach einer Aufnahme von G. Merzbacher.)

errichten. Diese schlugen aber für sich nach altem Brauch ihre Jurten auf
den Höfen der für sie erbauten Paläste auf und benützten die eleganten
Wohnräume als Vorratskammern oder auch als Ställe für ihre jungen
Pferde, Kamele, Schafe und Rinder während der kalten Jahreszeit. Das
Nomadentum der Kirgisen beruht eben, wie ich bereits früher hervorgehoben
habe, nicht auf ihrer angeblich angeborenen Beweglichkeit, sondern darauf,
daß ihre ganze Existenz von ihren Herden abhängt. Man gebe ihnen nur
ein hinreichendes Quantum Ackerland und Lehrmeister, welche sie im Feldbau
unterrichten, dann wird es, wie bei den Usbeken und europäischen Türken,
mit dem Nomadisieren bald vorbei sein.

Die Jurten werden in verschiedenen Größen angefertigt, je nach dem
Vermögen des Besitzers. Eine kleine Jurte kostet auf dem Bazare 60 bis 80,
eine mittlere 100 bis 150 Mark. Reiche und vornehme Kirgisen besitzen
mitunter Jurten, deren Preis wegen ihrer Größe und der Kostbarkeit des
dafür verwendeten Materials 1000 Mark und darüber beträgt. Die ein=
facheren Jurten werden mit schwarzem, die besseren mit grauem und die
feinsten mit weißem Filze bedeckt.

Der Boden im Innern der Jurten wird gleichfalls mit Filzdecken
belegt, wobei nur die Mitte der Jurte frei bleibt, wo der Kessel auf einem
eisernen Dreifuß oder auf drei Steinen aufgestellt wird. Über die Filzdecken
werden, je nach den Vermögensverhältnissen, noch feinere oder gröbere Teppiche
und über diese abgenähte Baumwolldecken gebreitet, welche tagsüber zum
Sitzen, nachts aber als Lager dienen. Als Kopfkissen gebrauchen die Ärmeren
ein Bündel Kleider, ein zusammengerolltes Stück Filz, einen Sattel u. dgl.;
bei Reicheren findet man persische Kopfkissen, die aus einem mit Seide oder
Baumwollstoff überzogenen Baumwollcylinder bestehen und bei der ansässigen
Bevölkerung Turkestans in allgemeinem Gebrauche sind. Bei gewöhnlichen
Kirgisen weist das Innere der Jurte keinerlei Ausschmückungen auf, bei
reichen dagegen werden die Jurten mitunter mit Teppichen oder selbst mit
Seidenstoffen ausgeschlagen. Im Ilithal wohnte ich einmal bei einem Wolost=
Ältesten, der mir zum Aufenthalte die Jurte seiner Lieblingsfrau überließ;
diese Jurte war im Innern vollständig mit demselben roten Goldbrokat aus=
tapeziert, aus welchem bei Katholiken und Orthodoxen die kirchlichen Para=
mente angefertigt werden.

Die Einrichtungsgegenstände, welche eine Kirgisenjurte enthält, sind höchst
einfach und wenig zahlreich (vgl. Bild 4, S. 13). Dies ist auch leicht be=
greiflich. Da der Kirgise auf seinen weiten Wanderungen beständig alle seine
Habe mit sich führen und diese fast jeden Tag auf= und abladen muß, so
würde jedes überflüssige Stück für ihn und seine Lasttiere nur ein ganz un=
nützer Ballast sein. Von Tischen, Stühlen, Bettstellen u. dgl. kann deshalb bei
einem Kirgiz=Kaisaken natürlich nicht die Rede sein. Der wichtigste Gegenstand

einer kirgisischen Haushaltung, mag der Besitzer reich oder auch noch so arm sein, ist ein großer gußeiserner Kessel, wie sie bei uns in den Waschanstalten verwendet werden, in dem der Reihe nach alles gekocht wird, was zum Menu eines Kirgisen gehört: Kamelfleisch, Schaffleisch, Pferdefleisch, Hirse, Thee, Milch u. dgl. Dazu kommen einige messingene oder kupferne Kannen, Kungane genannt, zum Waschen der Hände vor und nach dem Essen und zum Abkochen des Thees für den Fall, daß derselbe ausnahmsweise in der bei uns gebräuchlichen Weise getrunken wird. Zum Herbeischaffen und Aufbewahren des Wassers sowie der Milch dienen aus starkem steifem Leder angefertigte und mit Ausgußröhren versehene Eimer oder auch aus ausgehöhlten Baumstämmen oder Kürbissen hergestellte Gefäße. Tischzeug, mit Ausnahme der Messer, kennt der Kirgise nicht. Alles, was man nicht einfach mit den Händen zum Munde führen kann, wird aus größeren oder kleineren hölzernen Schalen getrunken. Die Kirgisen gebrauchen gewöhnlich dieselben rot lackierten, mit Gold- oder Silberfarbe verzierten Holzschalen, welche man in München in den Auslagefenstern aller Kolonialwarenhandlungen sehen kann. Glas- oder Porzellangefäße oder irdene Geschirre sind natürlich nichts für Kirgisen, denn dieselben wären auf dem Marsche und bei dem ewigen Aus- und Einpacken zu vielen Gefahren ausgesetzt. Alle seine Kostbarkeiten, wie Geld, Schmucksachen, Feierkleider, Metallgeschirre u. dgl., bewahrt der Kirgise in einem großen hölzernen Koffer auf, der, stets mit roter oder grüner Farbe bemalt und mit vergoldetem Eisenblech beschlagen, den Hauptschmuck jeder Jurte bildet. Den Wänden der Jurte entlang sind die zum Nachtlager für die Familie bestimmten Filz- und Baumwolldecken und Kopfkissen, außerdem verschiedene Säcke, Sättel u. dgl. aufgestapelt, und an den Wandgittern hängen Kleider, Pelze, Gewehre, Säbel, Pferdegeschirre, Kumys- und Wasserschläuche, Lederflaschen u. a. m.

Die zweckmäßige Einrichtung der Jurten und die Einfachheit seines Haushaltes, in Verbindung mit der großen, durch jahrelange Übung erlangten Fertigkeit seiner Frauen, ermöglicht es dem Kirgisen, sein Lager in unglaublich kurzer Zeit aufzuschlagen und wieder abzubrechen. Eine halbe Stunde, nachdem ein Kirgisen-Aul seinen Lagerplatz erreicht hat, sind die Jurten aufgeschlagen und vollständig eingerichtet, der Kessel steht am Feuer, und die Tiere grasen auf der Weide, als wenn der Aul schon wochenlang an Ort und Stelle gewesen wäre. Ebenso schnell geht es mit dem Aufpacken. Während meiner Reise im Jahre 1878 an der kaschgarisch-chinesischen Grenze, zur Zeit, als wir uns mit den Chinesen und den chinesischen Kara-Kirgisen halb und halb auf dem Kriegspfade befanden, passierte es mir wiederholt, daß ich von der Höhe eines Gebirgspasses aus einen Kirgisen-Aul im Thal erblickte, der, wenn ich nach Verlauf einer Stunde an Ort und Stelle kam, samt seinen Herden spurlos verschwunden war. Die noch

glimmenden Kohlen an den soeben verlassenen Feuerstellen bewiesen, daß
der Aufbruch der Kirgisen nicht vorbereitet gewesen war und daß dieselben
nur die Furcht vor meinen wenigen, durch ihre weißen Blusen und Mützen
weithin kenntlichen Kosaken verscheucht hatte. Diese Beweglichkeit der Kirgisen
wäre mir damals beinahe verhängnisvoll geworden, weil sie mich der Mög=
lichkeit beraubte, von ihnen die zu unserem Unterhalte nötigen Schafe ein=
zuhandeln, so daß ich einmal mit meinen Leuten über eine Woche ohne
alle Nahrungsmittel war. Nur durch eine Kriegslist gelang es mir endlich,
einen Aul unversehens zu überfallen, ehe er das Weite suchen konnte, und
von demselben einige Schafe einzukaufen.

12. Sitten und Gebräuche der Kirgis-Kaisaken.

Was dem Fremden an den Kirgis=Kaisaken zumeist auffällt, ist die
geringe Sorgfalt, die sie auf ihren äußeren Menschen verwenden. Ihre
Körperpflege scheint sich ausschließlich auf das vom Koran vorgeschriebene
Rasieren der Kopf= und Körperhaare zu beschränken, worin, in Verbindung
mit der Beschneidung, auch so ziemlich ihr ganzer Mohammedanismus be=
steht. Seinen meistens nur spärlich vorhandenen Bart rasiert oder stutzt der
Kirgise nie und läßt ihm auch sonst nicht die geringste Pflege angedeihen.
Die Frauen rasieren gleichfalls die Körperhaare, lassen dagegen die Kopf=
haare ungeschoren. Daß sich ein Kirgise gewaschen hätte, habe ich nie zu
beobachten Gelegenheit gehabt. Er überläßt es dem Regen und dem Schnee,
ihm von Zeit zu Zeit Gesicht und Hände zu waschen, und nimmt außerdem
noch hie und da ein unfreiwilliges Bad beim Passieren der brückenlosen
Flüsse. Nur die Zivilisierteren unter den Kirgisen machen insofern eine
Ausnahme, als sie sich vor und nach dem Essen die Fingerspitzen waschen,
da sie sich der Finger statt jeglichen Tischzeuges bedienen. Gewöhnlich
reinigen die Kirgisen ihre Hände nach dem Essen auf die Weise, daß sie
das an den Händen klebende Fett an ihre Stiefel schmieren, um so zwei
Fliegen auf einen Schlag zu treffen. Diese Eigentümlichkeit der Kirgisen
ist offenbar eine Folge ihrer unsteten Lebensweise; denn bei längerem Umher=
wandern in unkultivierten Gegenden verwildert schließlich auch der feinst=
gebildete Europäer mehr oder weniger, und wenn man Tag für Tag und
bei jeder Witterung im Freien oder in Kirgisenjurten zu übernachten ge=
zwungen ist, nähert man sich allmählich und unbemerkt selbst den Gewohn=
heiten der Kirgisen. Ich war während einer Winterreise auf den Pamir
selbst einmal in der Lage, wegen Kälte und Wassermangel nahezu sechs
Wochen lang auf den Luxus des Waschens verzichten zu müssen, und habe
mich dabei ganz wohl befunden. Ich überzeugte mich bei dieser Gelegenheit,
daß das Unterlassen der täglichen Waschungen das beste Mittel gegen Kälte

und Erkältungen ist, und ich schreibe es zum großen Teile gerade diesem Umstande zu, daß die Kirgisen und auch die Eskimos, Jakuten 2c. die Kätte viel leichter ertragen als andere Menschen.

Bei der Kindererziehung richten die Kirgisen ihr Hauptaugenmerk auf Abhärtung. Die neugeborenen Kinder werden die ersten sechs Wochen täglich im Freien gebadet, ohne Rücksicht auf die Jahreszeit. Von da an aber sind sie vom äußerlichen Gebrauche des Wassers für ihr ganzes Leben dispensiert. Ein einfaches Beruhigungsmittel für Säuglinge, welche nicht ruhig liegen wollen, besteht bei den Kirgisen darin, daß sie den Schreihals, nackt wie er ist, bei einem Bein aufheben und ihn, selbst im Winter, mit einer Schale eiskalten Wassers übergießen. Dieses nervenstärkende Mittel erreicht gewöhnlich seinen Zweck und kann deshalb allen Müttern bestens empfohlen werden. Zur weiteren Abhärtung dient das Nacktgehen der Kinder beiderlei Geschlechts fast bis zum Eintritt der Pubertät. Auch in denjenigen Fällen, wo Kinder Kleider tragen, sind diese ganz leicht und bestehen nur aus einem Baumwollhemd und einer Pelzmütze. Den Knaben wird schon von frühester Jugend an der Kopf rasiert. Die Kirgisinnen sängen ihre Kinder sehr lange, gewöhnlich bis zum fünften Lebensjahre.

Da die Kinder der Kirgisen schon im zartesten Alter fast täglich auf Pferden oder Kamelen transportiert werden, mit 3—4 Jahren aber bereits mit ihren Müttern frei zu Pferd sitzen, so lernen Knaben wie Mädchen das Reiten sehr frühzeitig, und ein sechsjähriges Kirgisenmädchen könnte es im Reiten mit jedem europäischen Sportsman aufnehmen. Ein russischer Kosakenoffizier, der in der Kirgisensteppe aufgewachsen war, setzte während seines Aufenthaltes an der Generalstabsakademie in Petersburg beim Reit-unterricht, an dem auch er teilnehmen mußte, seine Kameraden durch seine unglaublichen Reiterkunststücke in Erstaunen. Darüber befragt, wie er das Reiten gelernt habe, gab er an, er hätte sich als kleiner Knabe häufig zum Zeitvertreib auf irgend einem freistehenden Baume versteckt gehalten und gewartet, bis eine Pferdeherde darunter wegsprengte, und sei dann jedesmal auf eines der Pferde vom Baume herabgesprungen und darauf weitergeritten; auf diese Weise hätte er das Reiten gelernt.

Bei den Kirgisen beschränkt sich die ganze Erziehung der Knaben eigentlich nur auf die Erlernung des Reitens und allenfalls noch der Falken-jagd. Die Mädchen dagegen müssen das Spinnen, Weben, Nähen, Sticken, Anfertigen von Kleidern und von Filz und alle die mannigfaltigen Ver-richtungen der Hauswirtschaft erlernen, sind also schon von Jugend auf vielgeplagte Geschöpfe. Denn wie schon zu Homers Zeiten richtet sich auch bei den Kirgisen der Wert einer Braut hauptsächlich nach deren Kunstfertig-keit in weiblichen Handarbeiten und nach ihrer Brauchbarkeit in der Wirt-schaft, wie jener alte Dichter so schön singt:

> „... ein blühendes Weib war der Kampfpreis,
> Klug in jeglicher Kunst, geschätzt vier Rinder an Werte."

Dank ihrer frühzeitigen und beständigen Übung im Reiten gehören die Kirgis-Kaisaken zu den **gewandtesten und ausdauerndsten Reitern der Welt**[1]. Besonders sind die Barantatschis oder professionellen Pferde-diebe durch ihre unerhörten Leistungen berühmt. Ein russischer Offizier, der einmal beauftragt war, mit einer Abteilung turkestanischer Kosaken, die auch keine schlechten Reiter sind, einen berüchtigten Pferdedieb einzufangen, erzählte mir über den Erfolg seiner Jagd folgendes: „Nach einer mehrtägigen Jagd und nach Anwendung verschiedener Kriegslisten war es den Kosaken endlich gelungen, dem Barantatsch, der auf einem gewöhnlichen Kirgisenpferde ritt, ein zweites Pferd aber am Zügel führte, bis auf einige hundert Schritte nahe zu kommen; das Pferd desselben war augenscheinlich ganz ermattet, und die Kosaken erhoben schon ein Triumphgeschrei, weil sie sicher waren, daß ihnen der Räuber diesmal nicht entgehen könne. Als sie aber Miene machten, Hand an denselben zu legen, sprang er wie der Blitz in voller Karriere von dem ermatteten Pferde auf das frische Reservepferd und war, ehe die Kosaken noch recht wußten, wie ihnen geschah, ihren Augen für immer ent-schwunden." Ein Pferd, mit dessen Hilfe es einmal gelungen ist, einen Barantatsch einzufangen, steht bei den Kirgisen in ebensolchem Ansehen, wie in Europa der Sieger in einem Derby-Rennen.

Die Kirgisen sitzen mit kurzen Steigbügeln zu Pferde, wie überhaupt alle Asiaten, und zwar so wenig fest, daß sie bei jeder Gelegenheit vom Pferde fallen; sie thun dies aber mit einer solchen Gewandtheit, daß sie sich auch bei den anscheinend gefährlichsten Stürzen, bei denen jeder euro-päische Sportsman in Stücke gehen würde, nicht im mindesten verletzen, und sind im Nu wieder auf dem Pferde. Der russische Kapitän-Lieutenant v. Löwenhagen, der früher den auf dem Syr-Darja zwischen Perowsk und Tschinas verkehrenden Regierungsdampfer kommandierte, erzählte mir, daß er sich mit den Kirgisen häufig folgenden Spaß erlaubte. Hatten sich mehrere Hunderte von neugierigen Kirgisen, die immer in Scharen herbeikamen, um die für sie phänomenale Erscheinung eines Dampfers in Augenschein zu nehmen, am Ufer angesammelt, so ließ er plötzlich die Dampfpfeife ertönen, und dieses unerwartete Signal brachte jedesmal wenigstens drei Vierteile aller Reiter auf den Boden. Die kirgisische Reitkunst hat vor der euro-

---

[1] Bei den Kirgisen werden die Kinder zum erstenmal frei aufs Pferd gesetzt, wenn sie drei Jahre alt geworden sind, und dieses wichtige Ereignis wird durch ein solennes Festgelage in Verbindung mit Baiga (s. unten S. 114) und andern Lust-barkeiten gefeiert. Nach beendigtem Gelage wird das Kind von einem berittenen Kirgisen aufs Pferd genommen und durch den ganzen Aul geführt, wobei es von jedermann ein kleineres oder größeres Geschenk erhält.

päischen den Vorteil voraus, daß man auf einem ungeschulten und sogar
ganz wilden Pferde mit ebensolcher Sicherheit reiten kann wie auf einem
geschulten, und daß Unglücksfälle beim Reiten, wie sie bei europäischen
Sportsmen an der Tagesordnung sind, fast gar nicht vorkommen. Mir
ist wenigstens im Laufe von 15 Jahren kein Fall bekannt geworden, daß
ein Kirgise beim Reiten verunglückt wäre, während unter den russischen,
schulmäßig reitenden Kavallerieoffizieren in Turkestan derartige Unfälle nicht
zu den Seltenheiten gehörten. Die Vorzüge des kirgisischen Reitens habe
ich an mir selbst erprobt. Ich bin hundertemal mit dem Pferde gestürzt,
und zwar zuweilen unter sehr gefährlichen Umständen; bin zweimal (das
erste Mal auf dem Alaigebirge, das zweite Mal in Badachschan) samt dem
Pferde von Felsgesimsen abgestürzt, habe aber außer der jeweiligen Zer=
trümmerung des Sattels nie irgend welchen Schaden genommen. Die kir=
gisische Reitmethode hat auch noch den großen Vorteil, daß bei Distanzritten
die Pferde viel mehr geschont werden als bei der europäischen Art zu reiten.
Unter einem Kirgisen legt ein Pferd eine doppelt so große Strecke zurück
als unter einem europäischen Reiter, ohne zu ermüden, und ich habe häufig
gesehen, daß Pferde, welche von russischen Reitern wegen vollständiger Er=
schöpfung absolut nicht mehr vorwärts zu bringen waren, sich sofort wieder
erholten, wenn sich ein Kirgise darauf setzte. Der Batyr der Großen Horde
Tesek Nurawliew, der einmal mit hundert Kirgisen, von denen jeder mit
zwei Pferden ausgerüstet war, einem höheren russischen Offizier das Geleit
gab, legte bei dieser Gelegenheit in 24 Stunden auf gebirgigem und stei=
nigem Terrain eine Strecke von 300 Werst oder 320 Kilometern zurück,
ohne daß auch nur ein einziges Pferd gefallen oder nachträglich erkrankt
wäre. Dabei ist zu bemerken, daß der erwähnte Batyr nahezu 3 Zentner
schwer war.

Die Kirgisen beschlagen ihre Pferde nicht mit Hufeisen; Sporen kennen
sie ebenfalls nicht; statt derselben bedienen sie sich einer eigenen Art Reit=
peitsche, Nagaika genannt, welche bei allen Völkern Zentralasiens und
auch bei den russischen Kosaken in Gebrauch ist, die gleichfalls keine Sporen
tragen. Die Nagaika besteht aus einem kurzen, fingerdicken, gewöhnlich ge=
drechselten, mitunter mit Silber oder Messing beschlagenen, hölzernen Stiel
und einer kurzen, gleichfalls gewöhnlich fingerdicken und durchaus gleich starken
Schnur, welche in der Regel aus dünnen weißen Lederriemen, mitunter aber
auch aus Messingdraht geflochten ist. Die Riemen, aus welchen diese Schnur
besteht, sind am unteren Ende in einen Knoten vereinigt, welcher den wirk=
samsten Teil der Nagaika ausmacht. Dieselbe hat eher die Form eines Dresch=
flegels als einer gewöhnlichen Reitpeitsche (Bild 42 links, S. 121). Beim
Reiten tragen die Kirgisen die Nagaika beständig mittels einer am Stiel be=
festigten Schlinge am rechten Handgelenk; beim Absitzen aber stecken sie dieselbe

in den Gürtel. Einen Kirgisen ohne Nagaika kann ich mir ebensowenig vor-
stellen, wie die Humoristen der westeuropäischen Journale einen Russen ohne
Knute. Als Zaum gebrauchen die Kirgisen eine einfache Trense, deren
Gebiß aus zwei durch ein Gelenk verbundenen Hälften besteht. Das Kopf-
gestell, welches wie gewöhnlich aus Kopfstück, Backenstücken, Stirnriemen,
Kehlriemen und Zügeln besteht, wird aus einfachem gelbem Leder hergestellt.
Bei reichen Kirgisen wird dasselbe mitunter mit vergoldeten Silberplatten
und mit Halbedelsteinen, besonders Türkisen, besetzt, ein von den Tadschiken
und Sarten übernommener Brauch.

Der kirgisische Sattel (Bild 38) wird gewöhnlich aus einem einzigen Stücke Holz geschnitzt. Derselbe ist so eingerichtet, daß sich nur die

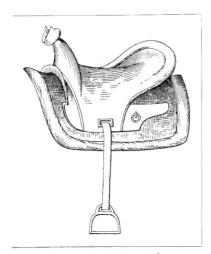

Bild 38. Kirgisischer Sattel.

Stege an die Seiten des Pferdes anlegen und das Rückgrat desselben vollständig frei bleibt. Die Sättel werden
mit grellroter oder grüner Emailfarbe
und dazwischen mit Goldfarbe angestrichen und an den Rändern reichlich
mit weißen Knochen inkrustiert, und
sie sehen deshalb sehr hübsch aus.
Einem weniger geschickten Reiter als
den Kirgisen könnte allenfalls der hohe
Sattelbogen gefährlich werden; dieser
ist aber für den Kirgisen sehr wichtig
zum Anbinden des Pferdes. Da es
nämlich in der Steppe keine Bäume
oder sonstige hierzu passende Gegenstände giebt, so zwingen die Kirgisen,
wenn sie absteigen, ihre Pferde dadurch zum Stillestehen, daß sie die Zügel
einfach über diesen hohen Sattelbogen werfen; dadurch wird der Kopf
des Pferdes so stark nach hinten gezogen, daß dasselbe nicht im stande
ist, zu gehen, und stundenlang ruhig auf einem Fleck ausharrt. Um den
Sattel vor Feuchtwerden durch Schweiß zu schützen, was das Verwerfen
desselben zur Folge haben würde, werden die Stege von unten mit Birken-
rinde überklebt. Am Sattel sind beiderseitig eiserne Ringe angebracht,
welche zum Festbinden des Gepäckes, der Bettdecken sowie der überflüssigen
Kleider auf längeren Reisen dienen. Als Unterlage für den Sattel, der
mittels eines einzigen, oben über den Sitz gelegten breiten Bauchriemens
befestigt wird, dient eine größere oder geringere Anzahl dünner, weicher
Filzdecken. Um das Ausgleiten beim Bergauf- und Bergabreiten zu verhindern, werden die Kirgisensättel stets mit Brust- und Schweifriemen
versehen. Die Steigbügel sind gewöhnlich von Eisen oder Messing.

mitunter aber auch von Holz. Die hölzernen Steigbügel haben vor den metallenen den Vorzug, daß sie sich im Winter nicht so sehr abkühlen wie die letzteren und daß deshalb die Füße des Reiters weniger von der Kälte zu leiden haben. Arme Kirgisen gebrauchen statt der Steigbügel auch wohl einfache, mit Schlingen versehene Stricke aus Kamelhaaren. Ein großer Vorzug der kirgisischen Steigbügel besteht darin, daß sie sehr weit sind, so daß also im Fall eines Sturzes jegliche Gefahr des Hängenbleibens und Geschleiftwerdens ausgeschlossen ist.

Die Kirgisen gebrauchen den eben beschriebenen Holzsattel so wie er ist, d. h. ohne Lederüberzug und ohne Kissen, wozu aber kirgisische Übung und Abhärtung gehört. Für Europäer empfehlen sich die Kirgisensättel weniger, besonders wenn es sich um größere Distanzen handelt. Ich habe einmal 500 Kilometer auf einem Kirgisensattel zurückgelegt, weil ich durch die Umstände verhindert gewesen war, wie gewöhnlich meinen eigenen Sattel mitzunehmen, möchte aber das Vergnügen nicht noch einmal durchkosten. Quersättel giebt es bei den Kirgis-Kaisaken natürlich nicht, und die Frauen und Mädchen reiten bei ihnen auf denselben Sätteln und sitzen in derselben Weise zu Pferde wie die Männer (Bild 25, S. 57).

Der Kirgise bringt den größten Teil seines Lebens im Sattel zu; wenn er nicht unthätig in seiner Jurte liegt, so ist er unfehlbar zu Pferde. Eine Ermüdung beim Reiten scheinen die Kirgisen gar nicht zu kennen. Auf den Jahrmärkten ist das ganze Publikum, sowohl Käufer als Verkäufer, beritten; alle Händel werden zu Pferde abgeschlossen; zu Pferde trinken sie Thee und Kumhs, und zu Pferde halten sie ihre Versammlungen ab. Auch die von den Kirgisen zu Markt gebrachten Waren, als Filzdecken, Pelze, Teppiche ꝛc., ja selbst Schafe, Ziegen und Kälber, haben die Verkäufer vor, hinter und unter sich auf dem Pferde.

Die Pferde werden bei den Kirgis-Kaisaken auf der Weide nie angebunden, weil sie sonst am Futtersuchen verhindert wären; denn in den Kirgisensteppen ist das Gras so spärlich, daß ein Pferd immer eine große Strecke abweiden muß, um sich sättigen zu können. Sind die Pferde in größeren Herden beisammen, so werden sie von Hirten beaufsichtigt, ebenso wie die Rinder und Schafe. Befinden sich aber nur einzelne Pferde auf der Weide, wie z. B. die Reitpferde, die man gewöhnlich in der Nähe der Auls grasen läßt, um sie jederzeit zur Hand zu haben, so werden sie durch Koppeln am Fortlaufen verhindert. Das Koppeln besteht darin, daß die beiden Vorderfüße mittels eines kurzen Strickes so miteinander verbunden werden, daß das Pferd weder gehen noch laufen, sondern sich nur sprungweise fortbewegen kann. Auf diese Weise hat das Pferd volle Freiheit, seinem Futter nachzugehen, ist aber zugleich verhindert, sich weiter zu entfernen. Bei besonders unruhigen Tieren wird eine strengere Art des Koppelns angewendet, welche auch bei den russischen Kosaken in Gebrauch ist. Die beiden Vorderbeine werden am Mittelfuß ziemlich beweglich gefesselt; von diesen führt außerdem eine zweite Fessel zu einem der Hinterfüße hinüber und umfaßt den Unterschenkel des Pferdes über dem Sprunggelenke.

Der Umstand, daß seit der Unterwerfung unter die russische Herrschaft und dem dadurch bedingten Aufhören der ewigen Barantas alle bessergestellten Kirgisen für gewöhnlich 365 Tage im Jahr nichts zu thun haben, und daß sie bei ihrem Aufenthalt in der einförmigen und langweiligen Steppe nur selten etwas Neues oder Interessantes zu sehen oder zu hören bekommen, erklärt ihre wahrhaft kindliche Neugierde und ihre Vorliebe für alle Arten von „Tamaschas". Auf dieser ihrer Neugierde und ihrem lebhaften Interesse für alle Neuigkeiten beruht die ungemein schnelle Verbreitung von Nachrichten in den Kirgisensteppen, die mich oft geradezu in Erstaunen setzte. Unter den Kirgisen verbreiten sich Neuigkeiten viel schneller als unter der russischen Bevölkerung Turkestans, die doch Post und Telegraphen zur Verfügung hat. Gelangt in einen Kirgisen-Aul eine auch noch so unbedeutende Nachricht, so setzt sich sofort ein Kirgise zu Pferd und jagt nach dem nächsten Aul, um daselbst seine Neuigkeit an den Mann zu bringen, da er dafür einer gastlichen Aufnahme sicher ist. Dort findet sich alsbald ein neuer freiwilliger Kurier, um die Neuigkeit weiterzubefördern, und so wandern diese Nachrichten von einem Ende der Steppe zum andern mit einer Schnelligkeit, mit der sich kein auch noch so gut organisierter Nachrichtendienst messen kann.

Um eine Tamascha mitzumachen, läßt es sich ein Kirgise nicht verdrießen, einen Weg von 300—400 und mehr Kilometern zurückzulegen. Das Wort „Tamascha" ist schwer zu übersetzen. Der Zentralasiate versteht darunter alles, was mit einer Ansammlung von Menschen, mit Lärm und Spektakel verbunden ist. Als Tamascha gilt eine Hochzeit, ein Jahrmartt, ein Plünderungszug, ein Pferderennen, eine Hinrichtung, ein Leichenbegängnis, eine öffentliche Gerichtsverhandlung, eine große Keilerei u. dgl. Am besten wäre der Sinn des Wortes durch die bayrischen Lokalausdrücke „Hetz" oder „Gaudi" wiederzugeben.

Merkwürdig ist, daß die Kirgisen keinerlei Art von Tanz kennen. Ich könnte mir einen tanzenden Kirgisen auch gar nicht vorstellen; ein solcher müßte sich bei ihrer Ungeschlachtheit höchstens wie ein Tanzbär ausnehmen. Dagegen giebt es bei den Kirgisen zahlreiche Lieder, die, ein passendes Pendant zu ihrer monotonen Steppe, äußerst eintönig, melancholisch und leise sind. Die Sänger begleiten ihre Lieder, deren Text stets aus Improvisationen zu bestimmten Melodien besteht, in der Regel auf einer dreisaitigen, roh aus leichtem Holz gearbeiteten und nach Art der Mandoline gespielten Guitarre, welche Tschermek heißt. Beim Reiten durch die endlosen

Bild 39. Baiga.

Steppen vertreiben sich die Kirgisen ihre Zeit gewöhnlich damit, daß sie irgend ein monotones Lied leise vor sich hinsummen[1].

Mit dem erwähnten Charakterzuge der Kirgis=Kaisaken hängt auch ihre außerordentliche Gastfreiheit zusammen. Der Kirgise bewirtet einen Gast stets mit dem Besten, was er hat, und bei freudigen oder traurigen Familien=ereignissen werden alle Ankömmlinge, Verwandte und Fremde, Bekannte und Unbekannte, tagelang bewirtet und dabei, wenn es sonst die Vermögens=verhältnisse erlauben, oft unglaubliche Mengen Fleisch zum besten gegeben.

Bei keiner Festlichkeit darf das Nationalspiel der Kirgisen, die Baiga (Bild 39, S. 113), auch Kok=buri oder „Grüner Wolf" genannt, fehlen. Dieses außerordentlich beliebte und aufregende Spiel ersetzt bei den Kirgisen unsere Pferderennen, die bei denselben ursprünglich nur verhältnismäßig wenig in Gebrauch gewesen zu sein scheinen. Wenigstens habe ich nie ein von Kirgisen arrangiertes Pferderennen zu sehen Gelegenheit gehabt. Die Baiga, welche gewöhnlich vom Festgeber, mitunter aber auch ohne alle Veranlassung zum bloßen Zeitvertreib von den Teilnehmern selbst („auf Subskription" würde man

---

[1] Der französische Forschungsreisende Capus schreibt in seiner Monographie La Musiqué chez les Khirghizes et les Sartes über Musik und Gesang der Kirgisen: „Alles ist relativ; wenn wir finden, daß die Musik der Kirgisen der sartischen Musik überlegen ist, so kommt dies daher, daß sich dieselbe mehr der unserigen nähert und daß sie in höherem Grade Gefühle ausdrückt, an welche wir selbst gewöhnt sind. Ferner ist die kirgisische Tonleiter fast identisch mit der unserigen; die Notenintervalle stehen in demselben Verhältnisse wie in unserer Tonleiter. Aus diesem Grunde sind auch die Melodien der Kirgisen leichter in Noten zu setzen als die sartischen Melodien. Die meisten kirgisischen Melodien sind in der Molltonart, was ihnen einen eigentümlich me=lancholischen Anstrich verleiht, der noch mehr hervorgehoben wird durch die Langsamkeit des Rhythmus und die Weichheit der Stimme des Sängers. Lange ausgehaltene Noten sind eine von den Eigentümlichkeiten dieser Melodien. Die erwähnten Noten beginnen piano, schwellen in der Mitte an, um dann wieder abzunehmen, was in der Ferne sich gerade so ausnimmt, als wenn die Stimme des Sängers durch einen Windstoß fortgetragen würde. Die kirgisischen Motive zeichnen sich aus durch die Breite des Rhythmus, durch eine Art feierlicher Einfachheit und durch die Abwesenheit jeglicher Affektiertheit. Die Stimmen sind gewöhnlich sehr rein, Tenor und Mezzo=Sopran vorherrschend. Die Kirgisen und die Nomaden überhaupt lieben Gesang und Musik, und sie benützen jede Gelegenheit, ihre Liebe zur Musik zu befriedigen. Fast alle wichtigen Ereignisse ihres Lebens, ob traurig oder fröhlich, bilden den Vorwand zu Musik. Die kirgisischen Sänger besitzen ein großes Improvisationstalent. Zu einem gegebenen Motive dichten sie eine Reihe von Couplets mit Schlußreimen. — Die kir=gisische Melodie ist eine Tochter der Steppe und von dieser hat sie alle ihre Schön=heiten. In der Steppe markiert die Gangart des Pferdes oder der Schritt des Kamels den Rhythmus. Die Endlosigkeit der Steppe entwickelt die lang ausgehaltenen Noten, und die Einförmigkeit und Traurigkeit der Steppe lassen klagende Melodien mit öfter wiederholtem Motiv entstehen. Die sich erhebende Brise lehrt den Sänger, seine Stimme anschwellen zu lassen und seinem Gesang durch unberechnete Nuancen ein Relief zu geben."

bei uns sagen) arrangiert wird, besteht in folgendem. Der Veranstalter der Baiga wirft ein frisch geschlachtetes Schaf oder eine Ziege mitten unter die Teilnehmer am Spiele, die alle beritten und mit der unfehlbaren Nagaika bewaffnet sind. Die Aufgabe besteht nun darin, das Schaf im Laufe vom Boden aufzuheben und dem Veranstalter des Spieles vor die Füße zu werfen. Die Ausführung dieser einfachen Aufgabe ist aber viel schwieriger, als es scheinen möchte. Denn kaum hat einer der Reiter in voller Karriere das Schaf vom Boden auf seinen Sattel gehoben, so wird er von allen Seiten umringt, und jeder sucht ihm seine Beute zu entreißen. Dabei wird das Schaf mitunter von zwei im tollsten Laufe dahinsausenden Gegnern so heftig hin und her gezerrt, daß es in Stücke geht und jeder mit seinem Teile vom Pferde fällt. Alle Augenblicke stürzt bei dem fürchterlichen Getümmel und Gedränge ein Reiter samt seinem Pferde, und der ganze Troß geht über den Gefallenen hin. Aber trotzdem habe ich nie gesehen, daß sich bei diesem Spiel ein ernstlicher Unfall ereignet hätte, obwohl ich hundertmal solchen Baigas beigewohnt habe: so groß ist die Gewandtheit von Roß und Reiter. Terrainhindernisse giebt es beim Kok=buri nicht. Ist es nach langem und hartem Kampfe einem der Reiter gelungen, mit dem Schaf aus der Mitte seiner Mitbewerber zu entrinnen, so macht sich sofort alles an seine Verfolgung. Dabei geht es in tollster Karriere über Stock und Stein, über Gartenmauern, über Gräben, durch tiefe und reißende Flüsse und über die steilsten Bergabhänge. Bei diesem Spiele, welches meistens stundenlang dauert, bis es endlich einem der gewandtesten und unermüdlichsten Reiter gelingt, allen Nachstellungen seiner Gegner zu entgehen und das Schaf vor den Füßen des Festgebers niederzuwerfen, kommt die Schnelligkeit und Kraft des Pferdes und die Gewandtheit und Stärke des Reiters zum höchsten Ausdruck, und ein Pferd, auf dem der Besitzer als Sieger aus einem Kok=buri hervorgegangen ist, ist bei den Zentralasiaten ebenso geschätzt, und sicherlich mit mehr Berechtigung, wie in Europa ein berühmtes Rennpferd. Der Sieger im Kok=buri erhält einen vorher festgesetzten Preis, der vom Veranstalter des Spieles gegeben wird: eine Geldsumme, ein Pferd, einen Chalat u. dgl. Bei besonders feierlichen Gelegenheiten, und wenn der Gastgeber ein sehr reicher Mann oder gar ein Sultan ist, besteht der Preis wohl auch in einer Braut samt reicher Aussteuer.

Das tollste und wildeste Kok=buri, das ich jemals gesehen habe, war das im Jahre 1878 im Alaithal, auf nahezu 4000 m Meereshöhe, zu Ehren des Generals Abramow veranstaltete, an dem etwa 300 Kara=Kirgisen teilnahmen, die von den Russen nicht mit Unrecht als „wilde Berg=Kirgisen" bezeichnet werden. Die wilde Jagd ging bei dieser Gelegenheit fortwährend über so steile Bergabhänge hin, daß ich nur auf Händen und Füßen hinaufklettern konnte, und daß oft ein Dutzend Reiter und Pferde in einem Knäuel

und kopfüber den Abhang hinunterkollerten. Wurde der Kampf infolge
der Ermüdung der Teilnehmer etwas weniger heftig, so sprengte von Zeit
zu Zeit irgend ein graubärtiger und deshalb angesehener Kirgise mitten
unter die Kämpfenden hinein und suchte dieselben durch wuchtige und ohne
Ansehung der Person ausgeteilte Nagaikahiebe zu neuen Anstrengungen zu
entflammen, da sie offenbar eine lässige Beteiligung an dem zu Ehren des
Militärgouverneurs gegebenen Festspiele als eine Rücksichtslosigkeit gegenüber
dem vornehmen Gast ansahen. Schließlich wurde der Kampf um das Schaf
so heftig, daß in der Hitze des Gefechtes ein Teil des Lagers unseres Haupt-
quartiers, darunter auch das Zelt des Generals Abramow selbst, über den
Haufen geritten wurde. Nach Beendigung des Spiels entstand eine große
Schwierigkeit in betreff der Preisverteilung, da das Schaf in etwa zehn
Stücke gerissen worden war, und jeder, der ein solches Stück erbeutet hatte,
den Preis für sich beanspruchte. Die Kontroverse wurde dann auf die
Weise beglichen, daß den ausgesetzten Preis der Inhaber des größten Teiles
des Rückgrates, die Inhaber der übrigen Bestandteile des Schafes aber je
einen Chalat und eine kleine Geldsumme als Abfindung erhielten.

Ein weiterer bei den Kirgisen sehr beliebter Sport ist die Jagd.
Die Jagd mit Feuergewehren wird bei ihnen verhältnismäßig wenig betrieben,
und sie benützen ihre antediluvianischen Flintstein= und Luntengewehre, deren
selbstverfertigte Schäfte meistens nur aus einem mittels eines Strickes an
den Lauf befestigten Prügel bestehen, hauptsächlich gegen die Tiger, denen
sie auf andere Weise nicht beikommen können. Es gehört ein bedeutendes
Quantum Unerschrockenheit und Todesverachtung dazu, um mit derartigen
primitiven Waffen, wie ich sie bei kirgisischen Tigerjägern gesehen habe,
einem solchen gefährlichen Raubtiere gegenüberzutreten. Denn der turkestanische Tiger ist, soviel ich nach den Exemplaren beurteilen kann, die ich
einerseits in Turkestan, anderseits in europäischen Menagerien gesehen habe,
bedeutend größer und stärker als der indische Tiger, und er besitzt auch
wegen der größeren Winterkälte ein viel dichteres Fell als dieser. Während
meines Aufenthaltes in Perowsk am Syr=Darja, im Jahre 1874, erschlug
daselbst ein Kirgise einen Tiger, der ihm all sein Vieh und zuletzt auch
noch seine Familie gefressen hatte, einfach mit einem Beile. Der Kirgise
hatte sich neben der Grube, in der die Überreste seiner letzten Kuh lagen,
nur mit einem Beile bewaffnet im Gebüsch in Hinterhalt gelegt, und als
der Tiger kam, um die Überbleibsel von seinem Frühstück zu verzehren,
sprang er zu demselben in die Grube und erschlug ihn, nachdem er ihm in
einer wohlgesetzten Standrede noch alle gegen ihn und seine Familie verübten Schandthaten vorgehalten hatte.

Die vorsichtigeren von den kirgisischen Jägern gehen bei Tigerjagden
ganz systematisch zu Werke. Sie verschanzen sich unter dem Holzgerüste einer

Kirgisenjurte, rücken, indem sie das Jurtengestell mit sich tragen, gegen den Schlupfwinkel des Tigers vor und erschießen denselben aus ihrem sicheren Versteck in aller Gemütsruhe und ohne irgend welche Gefahr zu laufen.

Eine eigentümliche Methode bringen die Kirgis-Kaisaken bei Wolfs= jagden zur Anwendung. Sie stellen den Wolf zu Pferde und erschlagen ihn mit ihren Reitpeitschen oder mit Holzstangen. Zum Lebendigeinfangen von Füchsen, denen die Kirgisen des geschätzten Felles wegen am eifrigsten nachstellen, bedienen sie sich eiserner Fuchsfallen.

Am beliebtesten ist bei den Kirgisen die Falkenjagd. Die Falken der Kirgisen, welche zum Einfangen von kleinerem Wild wie Fasanen,

Bild 40. Antilopenjagd mit Adlern.

Wildgänse, Hasen u. dgl. verwendet werden, sind nach dem Urteile von Kennern außerordentlich gut abgerichtet, und die Falknerei ist die einzige Wissenschaft, mit der sich die Kirgisen befassen. Zur Jagd auf größere Tiere, wie Füchse und Antilopen, verwenden sie Adler, die sie dazu abrichten, dem Wild die Augen auszuhacken (Bild 40). Sie sollen zum Abrichten abgeschnittene Antilopenköpfe benützen, in deren Augenhöhlen sie die zum täglichen Futter für die zu dressierenden Adler bestimmten Fleischstücke stecken. Die Jagd mit Jagdhunden, welche eine Lieblingsbeschäftigung der Turkmenen ist und indogermanischen Ursprungs zu sein scheint, ist bei den Kirgisen wenig gebräuchlich.

Die Jagd ist in Turkestan eine äußerst lohnende Beschäftigung, weil das Land infolge der Spärlichkeit der Bevölkerung außerordentlich reich an

Wild jeder Art ist. Die wichtigsten Arten von Wild sind in Turkestan: Tiger, Panther, Leoparden, Irbisse, Antilopen, Elentiere, Hirsche, Damhirsche, Rehe, Wildschweine, verschiedene Arten von wilden Ziegen und Gebirgsschafen, wilde Kamele, Pferde und Esel, Hasen, Füchse, Wölfe, Schakale, Bären, Stachelschweine, Igel, Murmeltiere, Pfeifhasen, Dachse, Luchse, Marder, Wildkatzen, Robben, Fischottern, Biber, Hermeline, Wiesel, Iltisse 2c.; von Geflügel giebt es Fasanen, Trappen, Kraniche, Pelikane, Uhus, Nachteulen, Raben, Kormorane, Saatkrähen, Tauben, Mandelkrähen, Stare, Rebhühner, Wildgänse, Schneehühner, Wildenten, Taucher, Schwäne, Schnepfen, Wachteln, Flamingos, Auerhähne, Birkhühner, Störche, Ibisse, Reiher, Kibitze, Möwen, Geier, Falken, Ortolanen, Adler und viele andere (Bild 41). Für die Erlegung von Tigern und Wölfen zahlt die russische Regierung Schußgeld, welches für Tiger 50 Mark beträgt. Wie reich Turkestan an Wild ist, kann man daraus ersehen, daß ich noch im Jahre 1874 am Syr-Darja das Paar Fasanen für 20 Pfennig und graue Fuchsfelle für 1—2 Mark kaufen konnte. Es giebt deshalb unter den in Turkestan angesiedelten Russen manche, welche ausschließlich von der Jagd leben.

Eine große Rolle spielten bei den Kirgisen früher, zur Zeit ihrer Unabhängigkeit, die sogen. Barantas (von baran = Schaf). Die Barantas kommen gegenwärtig bei den russischen Kirgisen nur mehr selten vor, weil die russische Administration die Teilnehmer nicht wie früher als Helden, sondern als Räuber behandelt. Die Barantas bestehen darin, daß ein Aul oder auch ein ganzer Stamm einen Raubzug gegen einen benachbarten Aul oder Stamm unternimmt, um demselben teils mit List teils mit Gewalt sein Vieh wegzunehmen. Die Bewaffnung der Kirgisen bestand früher und zum Teil auch jetzt noch aus Lanzen, krummen Säbeln, langstieligen und halbmondförmigen Schlachtbeilen, hölzernen Schlagstöcken mit einem gerippten, melonenförmigen Messingknauf am vorderen Ende, sowie aus Bogen und Pfeilen. Die gewöhnlichste Waffe der Kirgisen war aber von jeher die wuchtige Nagaika, mit der sie auch alle ihre Privatstreitigkeiten untereinander kurzer Hand auszutragen pflegen (Bild 42, S. 121). In neuerer Zeit kommen immer mehr und mehr Feuerwaffen, besonders Gabelgewehre mit Luntenschlössern von äußerst primitiver Einrichtung und Ausführung, in Aufnahme (vgl. Bild 152). Auf Menschenraub verlegten sich die Kirgis-Kaisaken bei ihren Barantas nicht, da Sklaverei bei ihnen von jeher unbekannt war. Auch ging es bei denselben meist ohne Blutvergießen ab. Als Veranlassung zu einer Baranta kann eine von einem Fremden einem Stammesgenossen zugefügte Beleidigung, ein von einem Angehörigen eines benachbarten Auls ausgeführter Diebstahl, ein ungesühnter Mord, Verlust des eigenen Viehes durch Seuchen oder Hungersnot und anderes mehr bienen. Auch einzelne Individuen unternehmen mitunter auf eigene Rechnung

und ohne alle Veranlassung Barantatas, teils um sich zu bereichern, teils um Ehre und Ansehen zu gewinnen, weil durch Kühnheit und Gewandt=
heit ausgezeichnete Barantschis, wie die Unternehmer von Barantas heißen, mit dem Ehrentitel Batyr belegt werden und in ebensolchem wo nicht noch größerem Ansehen stehen wie ihre Adeligen. Einem berühmten Batyr war früher jeder Kirgise zu folgen bereit, und dieselben erlangten auf diese Weise oft mehr Macht und Ansehen als selbst die Chane. Hat einmal zwischen zwei Auls oder Stämmen das Baranta=Verhältnis begonnen, so ist ein Ende der Feindseligkeiten nicht leicht abzusehen; denn die ausgeplünderte Partei ist durch den Verlust ihres Viehes und die Rücksicht auf ihre Ehre gezwungen, auch ihrerseits wieder eine Baranta gegen die Angreifer zu unternehmen, und so ziehen sich diese gegenseitigen Plünderungen Jahre und Jahrzehnte lang hin. Von den russischen Behörden werden Barantas zwischen zwei Auls gewöhnlich dadurch beigelegt, daß durch ein Schieds=
gericht die beiderseitigen Verluste während der ganzen Dauer der Feind=
seligkeiten gegeneinander abgewogen und die Partei, welche am meisten gestohlen hat, zu einem entsprechenden Schadenersatz an die bei den gegen=
seitigen Plünderungen zu kurz gekommene Partei verurteilt wird.

Die Verehrung, welche die Kirgis=Kaisaken ihren Sultanen und Batyrs zollen, erstreckt sich auch noch auf die Toten. Während die Gräber der ge=
meinen Kirgisen aus einfachen Erdhaufen ohne irgend welche Abzeichen be=
stehen, werden für die Sultane und Batyrs Mausoleen errichtet, die gewöhnlich aus Lehm oder ungebrannten Ziegeln aufgeführt und von außen mit ein=
fachen Stukkaturarbeiten überkleidet werden. Der Typus dieser Grabmäler (Bild 43, S. 123) ist fast immer derselbe. Es sind viereckige, von einer Kuppel gekrönte Bauwerke mit einer krenelierten, die Kuppel gewöhnlich überragenden Fassade. Offenbar hat für diese Mausoleen der Baustil der Moscheen als Vorbild gedient. Nicht selten werden solche Grabmäler noch mit einer niedrigen Ringmauer umgeben. Neben dem Grabmale wird eine lange Stange mit einer weißen oder roten Fahne oder auch mit einem Pferde=
oder Jakschweif aufgestellt als Abzeichen des Ranges des Begrabenen. Außerdem findet man an jedem derartigen Grabmal eine größere oder geringere Anzahl von Widderköpfen, welche von den am Grabe geschlachteten und verspeisten Tieren herrühren und ebenfalls als Zeichen dienen, daß hier ein großer Mann, wo nicht gar ein Heiliger begraben liegt. Diese Kirgisen=
gräber liegen meistens vereinzelt mitten in der Wüste, wo möglich auf einer Anhöhe, und dienen mit ihren gewöhnlich blendend weißen Wänden auf weite Strecken hin als Orientierungszeichen für Reisende und Nomaden.

Das Leichenbegängnis, welches in der Regel schon am nächsten Tage nach dem Ableben des Betreffenden stattfindet und an welchem nur Männer teilnehmen dürfen, während die Frauen den Toten in ihrer Jurte beweinen und beklagen, ist von keinerlei besonderem Zeremoniell begleitet; dagegen wird das Totenmahl, gewöhnlich am ersten Jahrestage, wo möglich mit dem größten Pompe gefeiert. Das Totenmahl für einen reichen und vornehmen Mann dauert oft sieben Tage hintereinander, und es werden dabei, wie bereits früher erwähnt, oft ungeheure Mengen von Pferde= und Schaffleisch verzehrt. Außerdem werden vom Festgeber zu Ehren des Toten Wettkämpfe der verschiedensten Art veranstaltet, und die für die Sieger ausgesetzten Preise verschlingen oft ganze Vermögen. So bestand z. B. bei der Totenfeier des Sultans Subbotai von der Großen Horde allein der erste Preis für das Pferderennen aus 100 Kamelen, 100 Pferden, 100 Rindern, 100 Schafen, 100 Rubeln,

Bild 42. Kirgisische Waffen.

100 Kokanen, 100 Ellen Tuch, 100 Stücken Seidenzeug und 100 Stücken Baumwollstoff. Dafür werden aber auch die Veranstalter von solchen großartigen Totenfeiern Generationen hindurch in Liedern gefeiert, ganz so wie zu den Zeiten des seligen Homer.

Infolge ihrer eigentümlichen Lebensweise und ihrer spartanischen Erziehung erfreuen sich die Kirgisen unter allen Völkern Zentralasiens der besten Gesundheit, so daß sich die Redensart gebildet hat: „gesund wie ein Kirgise“. Man trifft unter den Kirgisen nicht selten Greise von 80 Jahren und mitunter selbst von 100 Jahren. Von sartischer Krankheit oder Rischta wissen sie nichts, teils weil sie dem Wasser überhaupt nach Möglichkeit aus dem Wege gehen, teils weil sie zum Trinken Quellwasser oder frisches Brunnen- oder Flußwasser gebrauchen und nicht gezwungen sind, zu dem verdorbenen Wasser der Städte und Dörfer zu greifen. Von ansteckenden Krankheiten bleiben die Kirgisen gleichfalls in auffallender Weise verschont. Einen pockennarbigen Kirgisen kann ich mich nicht erinnern jemals gesehen zu haben, obwohl vom Impfen bei ihnen natürlich keine Rede sein kann. Ich schreibe dies dem beständigen Wohnungswechsel und der desinfizierenden Wirkung des Rauches zu, dem die Kirgisenjurten ebenso wie alle ihre Einrichtungsgegenstände und ihre Kleider fortwährend, sowohl im Winter wie im Sommer, ausgesetzt sind. Nur Augenkrankheiten sind bei den Kirgisen sehr verbreitet, wozu sie offenbar durch ihre Unreinlichkeit und durch den Rauch ihrer Wohnungen prädisponiert werden. Außerdem leiden sie, besonders Kinder, häufig an Schorf und sonstigen Ausschlägen der Kopfhaut, was wieder nur ihrer Unreinlichkeit und dem beständigen Tragen von schmutzigen Pelzmützen zuzuschreiben ist, deren Haare direkt mit dem glatt rasierten Kopf in Berührung kommen, da sie bei ihren Pelzmützen kein Unterfutter gebrauchen.

Eine eigentliche Heilkunde giebt es bei den Kirgis-Kaisaken nicht, ebensowenig wie eigentliche Ärzte. In schweren Krankheitsfällen wenden sie sich an ihre Baksas, deren Kurmethode schon früher auseinandergesetzt worden ist, oder auch an mohammedanische Mullas, wenn solche in ihrem Bereiche sind. In allen leichteren Fällen aber nehmen sie ihre Zuflucht zu Hausmitteln von mehr oder weniger zweifelhaftem Werte. Da diese Hausmittel bei den verschiedenen Horden und Geschlechtern verschieden sind, so ist eine ausführlichere Aufzählung derselben natürlich nicht möglich; um aber den Lesern einen ungefähren Begriff zu geben von den medizinischen Verhältnissen bei den Kirgis-Kaisaken, will ich einige Hausmittel anführen, welche seiner Zeit von Lewschin bei der Kleinen Horde vorgefunden worden sind:

Ein Getränk aus Honig, Butter und der Wurzel des wilden Rosenstrauches — gegen Brustkrankheiten.

Salzseebäder — gegen Krätze und verschiedene andere Hautkrankheiten.

Einreiben mit dem Safte von Schafmist oder Umschläge von gebranntem Schafmist — gegen Knochenschmerz.

Kataplasmen aus verschiedenen Kräutern — gegen Geschwüre.

Beräucherungen mit Zinnober auf glühenden Kohlen — gegen Fußschmerzen.

Einhüllen der kranken Glieder in die noch rauchenden Eingeweide eines frisch geschlachteten Schafes — gegen Frostbeulen und Wunden.

Kupferfeilspäne und das Pulver eines bestimmten Steines auf die Haut gelegt und mit Wasser getrunken — gegen Knochenbrüche!

Bärengalle (statt unserer Kantharidentinktur) — gegen Schwäche.

Einhüllen der Kranken in die Häute frisch geschlachteter Tiere, Einnehmen von Zinnober, Schafblut, geschmolzenem Talg ꝛc. — gegen verschiedene innere Krankheiten.

Ein Getränk aus Wasser und dem Pulver der getrockneten und zerstoßenen Füße eines gewissen Vogels, der bei den Kirgisen Tilegus heißt — gegen Fieber und gegen den Biß toller Hunde.

Ganz außerordentlich ist bei den Kirgis=Kaisaken das Gehör und der Gesichtssinn entwickelt, und ihre Leistungen in dieser Beziehung er= innerten mich immer lebhaft an die diesbezüglichen Romanerzählungen über die amerikanischen Rothäute. Sie konnten oft noch in einer solchen Entfernung

Bild 43. Grabmal eines Kirgisenfürsten.

die Farbe eines Pferdes unterscheiden, wo ich trotz meiner Brillen kaum mehr erkennen konnte, daß es überhaupt ein Pferd war. Auf der erstaun= lichen Schärfe ihrer Augen beruht auch die wunderbare Fähigkeit der Kir= gisen, sich mitten in der endlosen Wüste, selbst im Winter, wo alles mit Schnee bedeckt ist, zurechtzufinden. Mir ist nie recht klar geworden, auf welche Weise z. B. die kirgisischen Postknechte mitten in der Steppe, wo nicht die geringste Bodenerhebung wahrzunehmen war, wo kein Baum, Strauch oder Wasserlauf als Anhaltspunkt dienen könnte, dazu bei stock= finsterer Nacht und bei Schneestürmen, welche alle früheren Spuren und Geleise verwehten, dennoch ihren Weg zu finden wußten. Bei klarem Wetter orientieren sich die Kirgis=Kaisaken mit großer Leichtigkeit und Sicherheit

nach dem Stande der Gestirne, am Tage nach dem Stande der Sonne und
nachts nach dem Polarstern, den sie Temir-kasyk, d. h. Eisenpfahl, nennen.
Eine besondere Zeiteinteilung kennen sie nicht. Sie bestimmen die Zeit
nach der Höhe und nach dem Azimut der Sonne und der auffallenderen
Sternbilder, für welche sie eigene, von den unserigen abweichende Benennungen
haben. Die Sonnenhöhe drücken sie in Piken aus. Wenn man z. B. auf
der Reise einen Kirgisen fragt, wie lange man noch brauchen werde, um
an den und den Ort zu kommen, so antworten sie, dies würde geschehen,
wenn die Sonne noch eine, zwei, drei Piken hoch sein würde[1], oder wenn
sich die Sonne über dieser oder dieser Bergspitze befinden werde. Zur Zeit=
rechnung bedienen sich die Kirgisen eines zwölfjährigen Cyklus, dessen einzelne
Jahre nach verschiedenen Tieren benannt sind, wie aus folgender Tabelle
zu ersehen ist:

1. Jahr	Ratte,	5. Jahr	Drache,	9. Jahr	Affe,
2. „	Ochse,	6. „	Schlange,	10. „	Huhn,
3. „	Tiger,	7. „	Pferd,	11. „	Hund,
4. „	Hase,	8. „	Schaf,	12. „	Schwein.

Diese Zeitrechnung stammt offenbar noch aus den Urzeiten der mongolischen
Menschenrasse, denn sie findet sich außer bei den Kirgisen und sonstigen
türkischen Völkerschaften auch noch bei andern zur mongolischen Rasse ge=
hörigen Völkerschaften, wie Chinesen, Japanesen, Tibetanern, eigentlichen
Mongolen, Mandschuren ec. Ja selbst bei den aus der mongolischen Rasse
hervorgegangenen Amerikanern finden sich Spuren derselben. Die Azteken
gebrauchten nämlich zur Bezeichnung ihrer Tage ganz ähnliche Tiernamen,
wobei nur die den Azteken unbekannten durch ähnliche Tiere oder durch
anderweitige Gegenstände ersetzt waren. Vier Bezeichnungen, nämlich Hase,
Schlange, Affe und Hund, sind der aztekischen und kirgisischen Reihe
gemein; drei andere sind, soweit es die verschiedenen Tiergattungen der
beiden Kontinente erlaubten, fast dieselben; für den Tiger ist bei den
Azteken der Panther, für den Drachen die Eidechse und für das Huhn
der Adler substituiert. Die fünf übrigen Tiere der kirgisischen Reihe, welche
den Azteken unbekannt waren, wurden durch andere Zeichen ersetzt, nämlich:
Rohr, Rasiermesser, Sonnenbahn, Hundeschwanz und Haus. Als Einheiten
zur Bestimmung von Weglängen gebrauchen die Kirgisen die Entfernung,
bis zu welcher man sich noch durch Zuruf verständlich machen kann, oder
in welcher man noch einen bestimmten Gegenstand unterscheiden kann, oder
mit andern Worten die Hör= und Sehweite. Größere Entfernungen werden
nach Tagreisen zu Pferd oder Kamel abgeschätzt.

---

[1] Diese Bezeichnungsweise gebraucht auch Sultan Baber (1483—1530) wieder=
holt in seinen Memoiren.

Dank ihrem ſcharfen Geſicht und Gehör, ihrer Gewandtheit und Uner=
müdlichkeit im Reiten, ihrer Fähigkeit zum Ertragen von allen möglichen
Beſchwerden und Entbehrungen, ſowie ihrer unbedingten Ehrlichkeit und
Zuverläſſigkeit ſind die Kirgis=Kaiſaken als Kuriere, Kundſchafter u. dgl.
geradezu unbezahlbar, und ſie haben ſich in dieſer Beziehung den Ruſſen
von jeher als äußerſt nützlich erwieſen. So war es z. B. ein Kirgis=
Kaiſak, ein ehemaliger Räuber, der während des Feldzuges nach Chiwa
den General v. Kauffmann und deſſen Heer in der ſchrecklichen Sandwüſte
Adam=Krylgan („Menſchenuntergang“) vor dem Verdurſten rettete, indem er
das bereits verſchmachtende Heer, deſſen Untergang ohne ſeine Hilfe unver=
meidlich geweſen wäre, nach einer weit abſeits vom Wege liegenden und
ſonſt niemand bekannten Quelle führte, die er viele Jahre vorher auf der
Flucht vor ſeinen Verfolgern einmal zufällig entdeckt hatte.

Schließlich iſt noch zu bemerken, daß die Kirgiſen weder Maße noch
Gewichte noch eigene Münzen haben. Statt unſerer Maße und Gewichte
bedienen ſie ſich lediglich ihres Augenmaßes; ſtatt unſerer Gold und Silber=
währung aber haben ſie, wenn man den Ausdruck gebrauchen darf, eine
Schafwährung, indem ſie den Wert eines Schafes allen ihren Wertberech=
nungen zu Grunde legen. Im Verkehre mit den Ruſſen und mit der an=
ſäſſigen Bevölkerung Turkeſtans gebrauchen ſie zwar je nach Umſtänden
ruſſiſches, buchariſches und chineſiſches Geld, untereinander aber treiben ſie
nach wie vor Tauſchhandel und ſchließen alle ihre Geſchäfte in Kamelen,
Pferden, Rindern und Schafen ab.

13. Kara-Kirgiſen.

Was ich ſoeben über das Familienleben, die Religion, Rechtsverhält=
niſſe, Viehzucht, Nahrung, Kleidung, Wohnung, Sitten und Gebräuche der
Kirgis=Kaiſaken auseinandergeſetzt habe, gilt faſt unverändert auch für die
Kara=Kirgiſen. Die Kara-Kirgiſen unterſcheiden ſich von den Kirgis=
Kaiſaken hauptſächlich nur durch ihre ſozialen Verhältniſſe, ſowie dadurch,
daß bei ihnen der Ackerbau im ganzen eine größere Rolle ſpielt als bei
letzteren. Während bei den Kirgis=Kaiſaken die Geſellſchaft auf ariſtokratiſcher
Grundlage aufgebaut iſt, giebt es bei den Kara-Kirgiſen keinen Geburtsadel,
und nur die Batyrs genießen bei ihnen Ehre und Anſehen. Vor der Unter=
werfung unter die ruſſiſche Herrſchaft wurden die Kara-Kirgiſen, wie dies
bei den auf chineſiſchem Gebiete nomadiſierenden noch heutzutage der Fall
iſt, von ſogen. Manapen regiert, die vom Volk ohne Rückſicht auf Herkunft
gewählt wurden, deren größerer oder geringerer Einfluß aber hauptſächlich
auf ihrem perſönlichen Anſehen beruhte. Meiſtens waren dies Batyrs,
welche ſich durch ihre kühnen Raubzüge Vermögen und Ruhm erworben

hatten. Die einzelnen Auls und Geschlechter der Kara-Kirgisen waren
voneinander ganz unabhängig und meistens in Feindschaft untereinander.
Die Barantas waren bei ihnen in Permanenz. Gegenwärtig stehen die
russischen Kara-Kirgisen unter selbstgewählten Wolost- und Aul-Ältesten und
Biis, genau so wie die Kirgis-Kaisaken.

Die größere Neigung der Kara-Kirgisen zum Ackerbau hat ihren Grund
darin, daß sie ausschließlich Gebirgsgegenden bewohnen, wo eine künstliche
Bewässerung entweder gar nicht oder nur in untergeordnetem Maße erforderlich ist, und also der Feldbau weniger Arbeit und Zeit verlangt und
deshalb leichter mit dem Nomadenleben verbunden werden kann als in der
Ebene. Außerdem ist bei den Kara-Kirgisen die Entfernung zwischen den
Winter- und Sommerweiden in der Regel nicht groß, so daß sie auch
während ihres Aufenthaltes auf den Sommerweiden im Hochgebirge ihre
Felder in den Thälern nicht ganz aus den Augen verlieren und je nach
Bedürfnis jederzeit zur rechtzeitigen Bestellung ihrer Felder und zur Einheimsung der Feldfrüchte zurückkehren können. Diejenigen Kara-Kirgisen,
welche über größere Flächen kulturfähigen Bodens verfügen, sind sogar
Halbnomaden und wohnen im Winter in ebensolchen aus Lehmhütten bestehenden Dörfern wie die ansässige Bevölkerung Turkestans. Die Dörfer
im östlichen Teil Kara-Tegins, am Westende des Alaithales und teilweise
auch im östlichen Teil Ferganas, sind ausschließlich von halbnomadischen
Kara-Kirgisen bewohnt.

Infolge ihres beständigen Aufenthaltes in Gebirgsgegenden sind die
Kara-Kirgisen, wie alle Bergvölker, weniger gesellig, menschenscheuer und
wilder als die Kirgis-Kaisaken und auch viel schwerer im Zaum zu halten
als diese. Um dem Besuche eines russischen Bezirkschefs auszuweichen, verlassen oft ganze Auls mit allen ihren Herden ihre Weideplätze und ziehen
sich zeitweilig auf ein entlegeneres oder weniger zugängliches Gebiet zurück,
bis die Gefahr vorüber ist. Dieser Umstand macht es den russischen Behörden
äußerst schwer, die genauere Anzahl der Kara-Kirgisen festzustellen.

Die Kara-Kirgisen haben ihre Winterlager gewöhnlich in den Thälern,
ihre Sommerweiden aber auf den anstoßenden Gebirgsabhängen und Hochthälern. Es giebt aber auch Winterlager von Kara-Kirgisen auf dem
Pamir bis zu einer Meereshöhe von 4800 m. Der Aufenthalt auf diesen
Höhen während der kalten Jahreszeit wird dadurch ermöglicht, daß hier
im Winter die Thäler schneefrei sind, weil sich die Schneewolken im Winter
nicht so hoch erheben können, indem die in der Luft enthaltenen Wasserdämpfe schon in geringeren Höhen niedergeschlagen werden. Schnee fällt
deshalb auf den höchsten Gebirgen Turkestans nur während des Sommers.

Die Kara-Kirgisen sind im allgemeinen wohlhabender als die Kirgis-
Kaisaken, weil sie neben der Viehzucht auch Ackerbau treiben können und

überdies ihre Gebirgsweiden unvergleichlich besser sind als die den Kirgis=
Kaisaken zu Gebote stehenden Wüsten und Hungersteppen. Auch haben die
Herden der Kara=Kirgisen viel weniger von Futtermangel während der kalten
Jahreszeit zu leiden, weil die Gebirgsthäler eine geschütztere Lage haben
als die offene Steppe und deshalb weniger klimatischen Zufälligkeiten aus=
gesetzt sind, und weil die ackerbautreibenden Kara=Kirgisen außerdem auch
in der Lage sind, für den Winter Futtervorräte anzulegen und im Notfalle
ihre Herden mit Stroh zu füttern.

Eigentümlich ist bei den Kara=Kirgisen, daß sie als Reit= und Lasttiere
neben den Pferden und Kamelen mit Vorliebe Ochsen und Yaks verwenden,
besonders auf großen Höhen, wo Pferde und Kamele wegen der dünnen
Luft nicht mehr leistungsfähig sind. Die Reitochsen und Yaks werden
mittels eines Strickes gelenkt, der an einem durch die Nasenscheidewand ge=
steckten eisernen Ringe befestigt wird. Kamele halten die Kara=Kirgisen
überhaupt in viel geringerer Anzahl als die Kirgis=Kaisaken; dafür spielt
aber bei ihnen die Rindviehzucht eine desto größere Rolle, was sich durch
die Umstände leicht erklärt.

14. Kalmücken.

Die Lebensweise der turkestanischen Kalmücken und Targauten ist so
ziemlich dieselbe wie die der Kirgisen. Sie sind fast ausschließlich Nomaden
und wohnen in ebensolchen Jurten wie die Kirgisen. Ihr Hauptreichtum
besteht in Pferden und in zweiter Linie in Schafen; Rinder halten sie sehr
wenige, Kamele aber habe ich bei ihnen gar nicht gesehen. Bei den Kal=
mücken spielt die Jagd eine große Rolle, und es giebt bei ihnen gewerbs=
mäßige Jäger. Sie jagen nicht wie die Kirgisen nur zum Vergnügen und
nur der Felle wegen, sondern auch des Fleisches wegen, das sie an der Luft
trocknen. Seit der Aufgabe Kuldschas durch die Russen stehen die tur=
kestanischen Kalmücken wieder sämtlich unter chinesischer Botmäßigkeit und
werden von Chanen regiert. Ihrer Religion nach sind sie Buddhisten.
Sie haben in ihren Winterlagern gemauerte Tempel, auf der Wanderung
aber dienen ungeheuer große und hohe Zelte als Gebetsstätten. Im Thale
des Kasch traf ich im Jahre 1880 ein nomadisierendes Kalmückenkloster; die
Mönche wohnten in gewöhnlichen Filzjurten rings um ein außerordentlich
hohes Tempelzelt aus blauem und weißem Baumwollstoff. Diese Mönche,
von denen drei eine Zeitlang in meiner Gesellschaft reisten, erinnerten mich
durch ihre Kleidung aus gelbem Stoff, ihre Mützen, ihr bartloses Gesicht
und ihr ganzes Äußere lebhaft an unsere Franziskaner. Die Kalmücken
tragen sich im gewöhnlichen Leben ungefähr wie die Kirgisen, in mancher
Beziehung aber ähnlich wie die Chinesen, mit denen sie auch die Zöpfe

gemein haben. Im Gegensatze zu den Kirgisinnen tragen die Kalmückinnen ihre Haare offen. Sie flechten dieselben in zwei Zöpfe, die sie mit Korallen, Bändern und Glasperlen ec. verzieren und über die Brust oder den Rücken herabhängen lassen. Auch gebrauchen sie silberne Ohrringe, Fingerringe und Armbänder (vgl. Bild 17, S. 33).

Bei den turkestanischen Kalmücken ist das Tabakrauchen ungemein ver=
breitet, und zwar rauchen nicht nur die Männer, sondern selbst die Frauen und Kinder. Sie rauchen den Tabak nicht aus Wasserpfeifen, wie die übrigen turkestanischen Völkerschaften, sondern aus chinesischen Tabakspfeifen, die entweder ganz aus Messing hergestellt sind oder aus einem dünnen, geraden, mit Papier überklebten Holzrohre, Nephritspitze und Messingkopf bestehen. Der Pfeifenkopf ist stets sehr klein, so daß der Tabak immer schon nach einigen Zügen ausgeraucht ist. Auch das Tabakschnupfen, von dem die übrigen turkestanischen Völkerschaften nichts wissen, habe ich bei den Kalmücken verbreitet gefunden. Die Vermöglicheren gebrauchen Schnupf=
tabaksgefäße aus Nephrit, welche genau die Form unserer Schmalzlergläser haben. Unter allen turkestanischen Völkerschaften sind die Kalmücken am meisten dem Branntweingenuß ergeben. Sie gebrauchen eine Art selbst=
fabrizierten Milchbranntweins, Tschunscha genannt, den sie auf folgende Weise herstellen. Ein gewöhnlicher gußeiserner Kessel wird zu drei Vierteilen mit Milch gefüllt und mit einem genau passenden Holzdeckel bedeckt. Im Deckel befinden sich zwei Löcher, in welche zwei gebogene, in zwei hölzerne Kannen mündende Holzröhren gesteckt werden. Nachdem alle Ritzen sorg=
fältig mit Lehm verschmiert worden sind, wird unter dem Kessel ein Feuer angemacht, worauf die Milch in die Holzkannen überdestilliert. Dem übermäßigen Gebrauche des Branntweins, dem sich jung und alt ergiebt, dürfte wohl der gegenwärtige Verfall der Kalmücken zuzuschreiben sein.

Von den Kara=Kirgisen und ihren sonstigen Nachbarn haben die Kalmücken wegen ihrer physischen Inferiorität viel zu leiden. Sie sind, soviel ich wenigstens bemerken konnte, viel ärmer als die Kara=Kirgisen. Im Winter 1879 traf ich am Tetes ein Kalmückenlager, in dem die wenigsten Jurten mit Filz eingedeckt waren. Trotz einer Kälte von 25° und eines heftigen Schneesturmes waren die meisten Jurten größtenteils offen und nur auf der Windseite durch eine ärmliche und vielfach durch=
löcherte Filzdecke geschützt. Selbst die mir zum Aufenthalt überlassene Jurte des Aul=Ältesten, die beste von allen, war so schadhaft, daß ich während der Nacht trotz meiner zwei Pelze beinahe erfroren wäre. In Semiretschie sind die armen Kalmücken als Taglöhner beliebt. In Kuldscha spielten dieselben zur Zeit meiner Anwesenheit in den Jahren 1879 und 1880 als Ziegelarbeiter genau dieselbe Rolle wie die italienischen Arbeiter in Süddeutschland.

15. Nomadische Usbeken.

Diejenigen von den Usbeken, welche ihrer ursprünglichen Lebensweise noch mehr oder weniger treu geblieben sind, führen ein ähnliches Leben wie die Kara-Kirgisen. Im Winter wohnen sie größtenteils in festen Dörfern, welche aus den gewöhnlichen Lehmhütten bestehen. Sie benützen

Bild 44. Armer Turkmene vom Ufer des Amu-Darja.

aber, wie die Kara-Kirgisen, ihre Häuser in der Regel nur als Speicher sowie als Ställe für ihr Vieh. Sie selbst wohnen auch im Winter in ihren Jurten, die sie auf den Höfen oder in den Gärten aufschlagen. Im Frühjahr bestellen sie ihre rings um ihre Dörfer herumliegenden Felder und begeben sich dann mit ihren Herden auf die Wanderschaft in die Berge. Die nomadischen Usbeken unterscheiden sich in ihrem Äußern, ihrem

Typus und in ihrer Lebensweise so wenig von den Kara-Kirgisen, daß ein Neuling sie leicht mit letzteren verwechseln kann. Nur haben die Usbekenfrauen die Gewohnheit, sich zu verschleiern, ein Brauch, den sie offenbar aus konventionellen Gründen von der ansässigen Bevölkerung angenommen haben, unter der sie den Winter über leben.

16. Turkmenen.

Alle Turkmenen sind durch Sprache, Religion, Gebräuche und Anschauungen untereinander verwandt; sie zerfallen in Stämme, diese in Abteilungen oder Horden, und diese wieder in Geschlechter oder Clans. Nach ihrer eigenen Tradition sollen alle Stämme der Turkmenen aus der Halbinsel Mangyschlak hervorgegangen sein.

Die verschiedenen Stämme der Turkmenen, welche gegenwärtig fast sämtlich der russischen Herrschaft unterworfen sind, standen zur Zeit ihrer Unabhängigkeit untereinander in keinerlei Verbindung. Sie standen unter der Leitung von selbstgewählten Ältesten oder Chanen, die sich aber nur eines verhältnismäßig geringen Einflusses erfreuten, da die Turkmenen äußerst freiheitsliebend sind und sich nur schwer fremdem Willen zu beugen verstehen. Als oberstes Gesetz galt bei ihnen von jeher das Herkommen (deb), und sie richteten sich in allem streng nach dem, was Sitte und Gebrauch vorschrieb. Die Familienverhältnisse sind bei den Turkmenen dieselben wie bei den Kirgisen. Auch bei ihnen ist die Frau Sklavin, die alle Arbeiten verrichten muß, während der Mann sich in der Regel nur mit der Pflege seines Pferdes befaßt und sich weiter um nichts kümmert. Der Religion nach sind die Turkmenen sunnitische Mohammedaner.

Die Turkmenen sind zum Teil Nomaden, zum Teil Halbnomaden, wie es eben die Natur der von ihnen eingenommenen Wohnsitze bedingt. Die Lebensweise der nomadischen Turkmenen ist dieselbe wie die der Kirgis-Kaisaken. Sie sind aber viel ärmer als diese, weil sie bei der Unwirtlichkeit ihres Landes nicht im stande sind, größere Herden zu halten. Ein einziger Kirgis-Kaisake besitzt oft mehr Vieh als ein ganzes Turkmenengeschlecht. Diejenigen Turkmenen, welche aus Mangel an Weideplätzen nicht im stande sind, soviel Vieh zu halten, als sie zum Lebensunterhalte brauchen, betreiben außer der Viehzucht noch Ackerbau und je nach Umständen Fischfang und Handel, und beschäftigen sich mit der Herstellung von Teppichen, die sehr geschätzt sind. Aber auch diese leben in verhältnismäßig ärmlichen Verhältnissen. Überhaupt sind die Turkmenen unter allen Völkern Zentralasiens von der Natur am stiefmütterlichsten behandelt, wodurch es sich erklärt, daß unter den Turkmenen die Raubzüge von jeher eine so wichtige Rolle gespielt haben. Das gesamte Vermögen einer gewöhnlichen Turkmenenfamilie an Vieh und beweglichem Eigentum repräsentiert nur einen Wert von 400—500 Mark.

16. Turkmenen.

Die Haustiere sind bei den Turkmenen dieselben wie bei den Kirgis-Kaisaken: Pferde, Kamele, Esel, Rinder, Schafe und Ziegen. Die größte Sorgfalt verwendet der Turkmene auf sein Pferd, welches er höher schätzt

Bild 45. Tekke-Turkmenen-Familie. (Nach einer Aufnahme von G. Merzbacher.)

als Frau und Kinder, und auf dessen Wohlergehen er mehr bedacht ist als auf sein eigenes. Oft sieht man einen Turkmenen in Lumpen daherkommen, während sein Pferd mit kostbaren Decken und mit silberbeschlagenem Geschirr und Sattel geschmückt ist. Die Turkmenenpferde wachsen in der Jurte mit

den Kindern zusammen auf, wodurch ihre große Intelligenz und Anhäng=
lichkeit erklärt wird. Der Turkmene hält sein Pferd Tag und Nacht ge=
sattelt und bedeckt es beständig, Winter und Sommer, mit schweren Decken.
Er thut dies deshalb, um das Pferd am Fettwerden und am Schwitzen
beim Galoppieren zu hindern. Zu Hause füttert der Turkmene sein Pferd
mit Gerste und Luzerne und nebenbei mit Milch und Brot, auf den
Märschen aber mit Klößen aus Mehl und Schaffett, die auch seine eigene
Nahrung bilden. Nie reitet ein Turkmene auf einer Stute, was bei ihnen
wie auch bei den übrigen Zentralasiaten als eines Mannes unwürdig be=
trachtet wird. Die Anzahl der Pferde ist unter den obwaltenden Umständen
bei den Turkmenen natürlich nicht groß; Besitzer von Pferdeherden wie
bei den Kirgisen giebt es unter ihnen nicht, sondern jeder zieht nur einige
Pferde, wie die Beduinen. Deshalb spielt auch bei den Turkmenen der
Kumys keine Rolle.

Die Kleidung ist bei den Turkmenen im allgemeinen dieselbe wie bei
den Kirgisen und Usbeken, von denen sie sich hauptsächlich nur durch ihre
hohen, wahrscheinlich von den alten Massageten übernommenen Pelzmützen
aus langhaarigen, schwarzen, weißen oder braunen Schaffellen unterscheiden
(Bild 44, S. 129; vgl. auch Bild 14, S. 29, Bild 37, S. 103 und
Bild 64). Manches haben sie auch von ihren Nachbarn, den Persern,
Bucharen und Chiwanern übernommen. Die Turkmenenfrauen kleiden sich
teils wie die Kirgisinnen und Usbekinnen teils wie die Frauen der Sarten,
Tadschiken und ansässigen Usbeken, je nachdem sie ein nomadisches oder
mehr oder weniger ansässiges Leben führen. Wie die Kirgisinnen gehen
auch die Turkmenenfrauen stets unverschleiert (Bild 45, S. 131; vgl. auch
Bild 13, S. 28).

Die Wohnung der Turkmenen, sowohl der Nomaden wie Halbnomaden,
bildet dieselbe Filzjurte, welche auch bei den Kirgisen und Kalmücken in
Gebrauch ist. Auch die ansässigen Turkmenen wohnen nicht in Häusern;
die vielgenannten turkmenischen Festungen Geok=Tepe und Merw bestanden
nur aus Ringmauern, innerhalb deren die Bewohner und Verteidiger in
Jurten wohnten (Bild 46). Eine eigentümliche Art von Wohnungen fand
ich bei den am mittleren Amu=Darja angesiedelten Turkmenen, welche sämtlich
in der äußersten Armut lebten. Da sie in Ermangelung von Schafen und
von Holz zu den Jurtengestellen nicht im stande waren, sich wirkliche Filz=
jurten anzuschaffen, so hatten sie sich aus Schilf Hütten geflochten, die
genau die Form und Größe der gewöhnlichen Kirgisenjurten hatten und für
den Winter zur Abhaltung der Unbilden der Witterung von außen mit
Lehm beworfen wurden.

Die Haupterwerbsquelle bildeten für die Turkmenen bis zur Unter=
werfung unter die russische Herrschaft ihre Alamane oder Plünderungs=

Bild 46. Befestigtes Lager der Teffe-Indianen.

züge. Bei den Alamanen der Turkmenen war es nicht bloß auf das Vieh abgesehen, wie bei den Barantas der Kirgisen, sondern alles wurde mit= genommen, was nur irgend Wert hatte. Das wichtigste Objekt aber waren die Menschen, die einen viel größeren Wert repräsentierten als das Vieh, und auf die es bei den Alamanen sogar in erster Linie und oft ausschließlich abgesehen war. Die Turkmenen benützten die Gefangenen, für die kein Lösegeld bezahlt wurde, nicht nur selbst als Sklaven, sondern versorgten auch alle Sklavenmärkte Turkestans, von denen die von Chiwa, Buchara und Kokan die wichtigsten waren. Die Turkmenen waren deßhalb von jeher der Schrecken aller ihrer Nachbarn. In Persien waren bekanntlich auf den Feldern überall Türme errichtet, welche den Feldarbeitern bei plötz= lichen Überfällen durch die Turkmenen als Zufluchtsorte dienen sollten. Wie bereits früher erwähnt, wurden im Laufe des letzten Jahrhunderts allein aus Persien nicht weniger als eine Million Menschen als Sklaven weggeführt. Aber nicht bloß die Perser, auch die Russen hatten viel von den Turk= menen zu leiden. Besonders waren die russischen Fischer auf dem Kaspischen Meere den Überfällen turkmenischer Räuber ausgesetzt, so daß im Jahre 1826 die russische Regierung gezwungen war, eine eigene Summe ins Budget ein= zustellen zum Loskaufe der gefangenen Russen auf den Sklavenmärkten von Chiwa. Aber trotzdem schmachteten bis zur Eroberung von Chiwa im Jahre 1873 noch immer russische Gefangene in chiwanischer Sklaverei. Als Nadir=Schah von Persien im Jahre 1740 Chiwa einnahm, wurden von ihm in der Stadt Chiwa allein 4000 russische Sklaven befreit. Die Turk= menen verschonten auf ihren Sklavenjagden nur die mohammedanische Be= völkerung und die Juden. Da nämlich die Turkmenen selbst Mohammedaner sind, so verbot ihnen ihre Religion, ihre Glaubensgenossen zu Sklaven zu machen. Die Perser aber galten als Schiiten für Ungläubige[1]. Was die Juden betrifft, so konnten die Turkmenen dieselben weder selbst als Sklaven verwenden, noch auch anderweitig einen Absatz für sie finden, weil bei den Zentralasiaten die Juden für ebenso unrein gelten wie der Hund und das Schwein, so daß jede Wohnung, welche ein Jude betritt, ebenfalls für unrein gilt.

Auf Grund des Gesagten kann man sich leicht einen Begriff machen, wie wichtig für die Turkmenen die Alamane waren, und wie viele Hunderte von Millionen sie im Laufe der Zeit durch den Menschenraub allein verdient haben; gar nicht zu reden von den geraubten Herden und sonstigen Kost= barkeiten. Daraus ersieht man aber auch, wie wichtig die Unterwerfung

---

[1] Es wird übrigens den Turkmenen nachgesagt, daß sie auf ihren Alamanen gelegentlich auch ihre sunnitischen Glaubensgenossen nicht verschonten, daß sie diese aber zur Beruhigung ihres Gewissens vorher erst gewaltsam zum Schiitismus bekehrten, um sie so ohne Verletzung der Vorschriften des Koran zu Sklaven machen zu können.

der Turkmenen durch die Russen und die Unterdrückung des von denselben geübten Unwesens für Persien sowohl als Rußland war. Wie die Turk=
menen nach dem Versiegen ihrer Haupterwerbsquelle in ihrem unwirtlichen Lande auf die Dauer zurechtkommen sollen, ist freilich eine andere Frage, deren Lösung den Russen vielleicht mit der Zeit noch Schwierigkeiten bereiten dürfte. Das merkwürdigste an den Turkmenen ist in Anbetracht ihrer großen Armut und ihrer allerdings nur durch die Unwirtlichkeit ihres Landes bedingten Raublust ihre grenzenlose Gastfreiheit nicht nur gegen ihre Lands=
leute und Glaubensgenossen, sondern selbst gegen Fremde und Ungläubige.

Der Turkmene opfert nicht nur für seinen Gast, und sollte dieser selbst ein verachteter Perser sein, wenn nötig, sein letztes Schaf und sein letztes Stück Brot, sondern verteidigt denselben auch im Notfalle selbst gegen seine eigenen Stam=
mesgenossen mit Einsetzung seines Lebens.

17. Zigeuner.

Die nomadischen Zigeuner unterscheiden sich in ihrer Klei=
dung und in ihrem ganzen Äußern nicht viel von den no=
madischen Usbeken. Der Zweck ihrer Wanderungen ist aber ein ganz anderer als der der übrigen Nomaden. Wie die europäischen Zigeuner halten auch die turkestanischen Ljulis

Bild 47. Zigeuner mit einer gelehrten Ziege.

nur Pferde, und zwar nur so viele, als sie zum Reiten und zum Transport ihrer Habseligkeiten und ihrer Familien brauchen. Mit anderweitiger Vieh=
zucht beschäftigen sie sich nicht. Sie ziehen, wie bei uns, von einer Stadt zur andern und lassen sich in der Nähe der Städte und Dörfer in eigenen Lagern nieder, die aber nicht aus Jurten, sondern aus weißen Leinwand=
zelten bestehen. Ihren Lebensunterhalt verdienen sich die Männer zum größten Teil mit Handarbeiten; sie verfertigen die schwarzen Roßhaarnetze, mit denen sich die Frauen der Sarten, Tadschiken und Usbeken verschleiern; ferner Siebe, Drahtgitter, Körbe, hölzerne Schüsseln und Schaufeln u. dgl.; außerdem beschäftigen sie sich auch mit Pferdehandel sowie mit der Heilung

von Pferdekrankheiten. Das Herumführen von dressierten Affen, Bären und Ziegen (Bild 47, S. 135) ist gleichfalls eine Spezialität der turke= stanischen Zigeuner. Die Frauen bringen sich durch Betteln, Wahrsagen und nicht zum geringsten Teile durch Diebstahl fort. Sie gehen unver= schleiert und erfreuen sich, wie es bei ihrer Lebensweise auch nicht anders zu erwarten ist, in Bezug auf eheliche Treue keines guten Rufes. Die turkestanischen Zigeuner spielen also bis ins einzelnste genau dieselbe Rolle wie die europäischen.

III. Lebensweise, Sitten und Gebräuche der ansässigen Bevölkerung Turkestans.

Die Lebensweise der ansässigen Bevölkerung Turkestans ist, abgesehen von kleinen lokalen Abweichungen, bei allen Nationalitäten, mögen diese nun Sarten, Usbeken, Tadschiken oder auch ansässige Kirgisen, Araber und Zigeuner sein, genau dieselbe: ein Beweis, daß alle später eingewanderten Völker die Lebensweise der indogermanischen Urbewohner Turkestans angenommen haben. Nur die Galtschas in den Gebirgen weisen einige hauptsächlich durch die Ortsverhältnisse bedingte Abweichungen auf, die ich später auseinandersetzen werde. Auch in Bezug auf Sitten und Gebräuche weichen die Sarten, Tadschiken, ansässigen Usbeken 2c. nur sehr wenig voneinander ab, und dies um so mehr, als auch die Religion bei allen dieselbe ist. Die nämliche Gleichheit, welche in Bezug auf Lebensweise, Sitten und Gebräuche bei allen ansässigen Bewohnern Turkestans herrscht, finden wir auch in Bezug auf die Anlage der Städte und Dörfer. Überall treffen wir dieselben Stadt= und Gartenmauern aus Lehm, dieselben fensterlosen Häuser mit flachen Lehmdächern, wie sie schon die Ur=Indogermanen gebaut haben; dieselben engen, krummen und schmutzigen Straßen und dieselben Teiche und vielfach verzweigten Bewässerungskanäle. Diese Ähnlichkeit ist so groß, daß, wenn man jemand mit verbundenen Augen plötzlich von einer Stadt in eine andere versetzen würde, er sicherlich nicht im stande wäre, anzugeben, wo er sich befinde. Kennt man in Turkestan nur eine Stadt, so kennt man damit auch alle übrigen. Nur die Galtschadörfer in den Gebirgen und die Städte des afghanischen Turkestan weisen in Bezug auf Bauart wesentliche Abweichungen auf, die aber nur durch die örtlichen Verhältnisse bedingt sind.

Um den Lesern in möglichster Kürze eine möglichst klare Vorstellung von dem Leben und Treiben der ansässigen Bevölkerung Turkestans zu geben, halte ich es deshalb für das beste, statt einer allgemein gehaltenen Schilde= rung eine ausführliche Beschreibung der Stadt Taschkent, der gegenwärtigen Hauptstadt des russischen Turkestan, mitzuteilen, welche den Typus der turkestanischen Städte am reinsten darstellt, und welche ich auch aus eigener Anschauung am besten kenne, weil Taschkent fünfzehn Jahre lang meine zweite Heimat gebildet hat.

Taschkent, die Hauptstadt des russischen Turkestan.

1. Allgemeines.

1. **Geschichtliches.** Taschkent spielte bis zur Einnahme durch die Russen, welche es sofort zur Hauptstadt ihrer zentralasiatischen Besitzungen machten, nur eine untergeordnete Rolle in der Geschichte Turkestans, obgleich es in Bezug auf Einwohnerzahl und Reichtum, dank seiner günstigen Lage in der Nähe des wasserreichen Flusses Tschirtschik, unter allen jetzigen turkestanischen Städten den ersten Rang einnimmt. Dies hatte seinen Grund in folgenden Umständen. Erstens ist Taschkent eine von allen Seiten völlig isolierte Oase. Nördlich von Taschkent liegen in einer Entfernung von 120, 284 und 308 km die drei vorgeschobenen unbedeutenden Städte Tschimkent, Turkestan und Aulie-Ata, deren Einwohnerzahl von jeher nur gering gewesen sein kann. Hinter diesen Städten beginnt sofort die ungeheure Kirgisensteppe. Im Osten von Taschkent liegen zwischen dieser Stadt und dem Alataugebirge nur vereinzelte, durch große Räume voneinander getrennte kleine Dörfer. Im Süden ist Taschkent durch unfruchtbares Steppenland sowie durch das völlig kahle Mogul-Tau-Gebirge und den Syr-Darja von der Stadt Chodschent und dem Ferganathal getrennt. Im Westen aber breitet sich zwischen dem Syr-Darja und der Taschkent nächstgelegenen, gleichfalls völlig isolierten Stadt Dschisak die 140 km breite, gänzlich wasserlose Hungersteppe aus. Obgleich also Taschkent, dank seiner großen Einwohnerzahl und seinem verhältnismäßigen Reichtum, unter allen jetzigen turkestanischen Städten am besten geeignet gewesen wäre, die übrigen Städte zu beherrschen, so mußte es doch auf eine herrschende Rolle verzichten, weil es infolge seiner isolierten Lage nur auf seine eigenen Kräfte angewiesen und nicht im stande war, die weit entlegenen Städte zu unterwerfen und mit Erfolg auf die Dauer zu behaupten. Ein zweiter wichtiger Umstand, der der Ausbreitung der Macht der Stadt Taschkent im Wege stand, war ihre exponierte Lage. Taschkent hatte immer den ersten Anprall aller aus der Dschungarei am Nordfuße des Tjanschangebirges entlang in Turkestan einbrechenden Horden: zuerst der Yuetschi, dann der Hiongnu oder Hunnen und der sonstigen türkischen Völker, endlich der Mongolen Dschingischans auszuhalten, wie ja auch von den Russen die Eroberung des eigentlichen Turkestan mit der Einnahme von Taschkent eröffnet wurde. Infolge dieses Umstandes hat Taschkent auch unter allen turkestanischen Städten die am meisten gemischte Bevölkerung, und diese bestand bis auf die letzte Zeit fast ausschließlich aus Sarten, dem Mischvolk par excellence.

Über die frühere Geschichte von Taschkent weiß man nur sehr wenig. Die Zeit seiner Entstehung ist unbekannt, reicht aber sicherlich ins höchste Alter-

tum hinauf. Zur Zeit der Feldzüge Alexanders des Großen war die Gegend
von Taſchkent noch von den indogermaniſchen Skythen, den Vorfahren der
heutigen Slaven, beſetzt, da damals der Syr-Darja die Grenze zwiſchen
dem Perſerreiche und dem Lande der Skythen bildete. Wenn Taſchkent,
wie es auf Grund der örtlichen Verhältniſſe faſt mit Sicherheit anzunehmen
iſt, damals ſchon exiſtierte, ſo war es jedenfalls der Sitz desjenigen ſkythiſchen
Königs, mit deſſen Unterthanen Alexander auf dem rechten Ufer des Syr-
Darja gekämpft hatte, und der an Alexander nach der Schlacht bei Chodſchent,
dem damals von Alexander gegründeten Alexandria Eschate, eine Geſandt-
ſchaft ſchickte[1].

Zum erſtenmal wird Taſchkent von dem chineſiſchen Reiſenden Hiuen-
Tſang erwähnt, der es im 7. Jahrhundert n. Chr. auf ſeiner Pilgerfahrt nach Indien berührte. Seit der zweiten Hälfte desſelben Jahrhunderts gehörte Taſchkent zu dem von den Arabern in Zentralaſien errichteten Reiche. Später kam es unter die Herrſchaft der Seldſchukken, welche
von 1004 an Buchara beherrſchten, ſowie nacheinander noch verſchiedener
anderer türkiſcher Völkerſchaften, die unabläſſig aus der Dſchungarei hervor-
drangen. Um das Jahr 1220 wurde Taſchkent von Dſchingischan eingenommen und blieb dann unter ſeiner Herrſchaft und der ſeiner Nachfolger,
bis es von Tamerlan ſeinem großen Reich einverleibt wurde. Später ging
es in den Beſitz des berühmten Usbekenfürſten Scheibani-Chan über, der
Buchara den letzten Nachfolgern Tamerlans entriß. Im Jahre 1598 wurde
Taſchkent von den Kirgis-Kaiſaken erobert, deren Macht damals ihren Höhepunkt erreichte, und blieb in deren Beſitz bis zum Jahre 1723. In dieſem
Jahre wurden die Kirgis-Kaiſaken von den Dſchungaren unter Anführung
Galdan-Tſyrans überwältigt und nach Weſten verdrängt, worauf Taſchkent
eine Zeitlang mit dem Reiche der Dſchungaren vereinigt blieb. Als dieſes
im Jahre 1757 von den Chineſen vernichtet und bald darauf faſt alle
Dſchungaren, über eine Million Menſchen, aufgerieben wurden, blieb Taſchkent eine Weile unabhängig und bildete mit den Städten Turkeſtan und
Tſchimkent eine Art Konföderation, wurde aber von Zeit zu Zeit gezwungen,
die Oberhoheit des bucharischen Emirs anzuerkennen. Im Jahre 1814
wurde Taſchkent vom Chan von Kotan erobert, und ſeitdem blieb es bei
Kotan bis zur Einnahme durch die Ruſſen. Nur vorübergehend geriet es
nochmals in den Beſitz des bucharischen Emirs Naſſr-Ulla, als dieſer 1840
Kolan eroberte und den damaligen Chan Mohammed Ali hinrichten ließ.
Der Zuſammenhang zwiſchen Kotan und Taſchkent war aber immer ein ſehr
lockerer, und die Taſchkenter revoltierten bei jeder paſſenden und unpaſſenden

---

[1] Vgl. meine Monographie: Alexanders des Großen Feldzüge in Turkeſtan.
München, 1893.

Gelegenheit. Taschkent wurde gewöhnlich von einem vom Chan eingesetzten Bek regiert, war aber zeitweilig auch die Residenz des Chans und dann als solche die Hauptstadt des Chanats Kokan.

Von den Russen wurde Taschkent im Jahre 1865 mit Sturm ge=nommen. Es ist hier nicht der Platz, eine ausführliche Geschichte der Er=oberung Turkestans durch die Russen zu geben; ich will nur den allgemeinen Gang der Ereignisse und die Umstände kurz auseinandersetzen, welche die Russen, eigentlich gegen ihren Willen, zum Vordringen nach Zentralasien und zur Unterwerfung dieser weiten Länder gezwungen haben.

Die Vorwärtsbewegung der Russen gegen Turkestan, welche dieselben schließlich in verhältnismäßig kurzer Zeit bis an die Grenzen Indiens ge=führt hat, war durch die Kirgisen herbeigeführt worden. Wie bereits erwähnt, hatten die Kirgis=Kaisaken der Mittleren Horde, nachdem sie sich schon früher der Städte Aulie=Ata, Turkestan und Tschimkent bemächtigt hatten, im Jahre 1598 auch die Stadt Taschkent eingenommen und dieselbe zum Hauptstützpunkt ihrer Macht erkoren. Im Anfang des 18. Jahr=hunderts wurden sie aber von den Dschungaren hart bedrängt, so daß sie sich gezwungen sahen, sich an Rußland um Hilfe zu wenden. Da bei der damaligen Lage Rußlands diese Hilfe nicht gewährt werden konnte, so unterlagen die Kirgisen den Dschungaren und wurden von denselben aus der Gegend von Taschkent nach Westen verdrängt. Durch dieses unfreiwillige Vordringen der Mittleren Horde nach Westen kam die dort nomadisierende Kleine Horde ins Gedränge. Diese suchte deshalb im Jahre 1732 um Aufnahme in den russischen Unterthanenverband nach, die ihr im folgenden Jahre gewährt wurde. Zwei Jahre später unterwarf sich auch die Mittlere Horde freiwillig der russischen Herrschaft. Im Jahre 1801 wanderte ein Teil der Kleinen Horde mit Erlaubnis der russischen Regierung in die von den Kalmücken verlassenen Gegenden zwischen Ural und Wolga ein, und seitdem führen diese Kirgisen den Namen Innere oder Bukejewsche Horde. Im Jahre 1847 unterwarf sich schließlich auch die Große Horde den Russen. Acht Jahre später folgte dem Beispiele der Kirgis=Kaisaken auch ein Teil der Kara=Kirgisen, indem der im Tjanschangebirge nomadi=sierende Teil derselben sich gleichfalls den Russen ergab.

Die Unterwerfung der Kirgisen unter die russische Herrschaft war aber eigentlich nur eine nominelle. Die Kirgisen faßten ihr Verhältnis zu den Russen so auf, daß diese verpflichtet seien, sie gegen die Angriffe ihrer Feinde zu schützen, während sie ihrerseits keinerlei Verpflichtungen gegen die Russen anerkannten und mit der größten Unparteilichkeit die russischen Kara=wanen und Ansiedler ebensogut ausplünderten wie ihre Nachbarn auf der turkestanischen Seite. Die russischen Behörden versuchten alles mögliche, um unter den Kirgisen einige Ordnung herzustellen und sie von räuberischen

Überfällen auf die ruſſiſchen Anſiedlungen und Karawanen abzuhalten. Zuerſt verſuchten ſie dieſes Ziel durch Einſetzung von ihnen treu ergebenen Chanen zu erreichen. Da dieſe aber, eben weil ſie von den Ruſſen ein= geſetzt waren, bei den Kirgiſen keinen Einfluß und keine Achtung genoſſen, ſo wurde die Sache nur noch ärger und es herrſchte beinahe vollſtändige Anarchie. Die Würde des Chans wurde deshalb im Jahre 1833 ganz aufgehoben und die Kirgiſen in eine Anzahl von Woloſten und Auls mit ſelbſtgewählten Älteſten eingeteilt, welche ruſſiſchen Bezirkschefs untergeordnet wurden. Dieſe Maßregel, welche ſich in der Folge als ſehr zweckmäßig erwies, weil durch dieſelbe die Macht der Sultane und der bisher erblichen Stammeshäupter für immer gebrochen wurde, rief aber unter den Kirgiſ= Kaiſaken eine heftige Gärung hervor, welche von dem angeſehenen Sultan Kaſym und deſſen Sohn Keniſar benützt wurde, um im Jahre 1838 einen allgemeinen Aufſtand der Kirgiſen gegen die ruſſiſche Herrſchaft hervor= zurufen, der erſt im Jahre 1844 vollſtändig unterdrückt werden konnte.

Ruhe und Ordnung in der Kirgiſenſteppe zu ſtiften gelang aber trotz alledem nicht, weil die Kirgiſen beſtändig von ihren turkeſtaniſchen Nachbarn, den Kokanen, Bucharen und Chiwanern, gegen Rußland aufgehetzt wurden, und weil die kirgiſiſchen Räuber nach vollbrachter That ſich immer ohne Schwierigkeit nach den zentralaſiatiſchen Chanaten flüchten konnten, da die Grenze gegen die chineſiſchen, kokaniſchen, buchariſchen und chiwaniſchen Be= ſitzungen nicht in den Händen der Ruſſen war.

Die ruſſiſche Regierung griff deshalb zu einem neuen Mittel, welches den beabſichtigten Zweck endlich vollſtändig erreichte, die Ruſſen aber in neue und viel ernſtere und folgenreichere Händel mit den zentralaſiatiſchen Chanaten verwickelte. Dieſes Mittel beſtand darin, daß die ganze Kirgiſen= ſteppe auf der turkeſtaniſchen Seite allmählich mit einer ununterbrochenen Reihe von Befeſtigungswerken umgeben wurde, um einerſeits den Kirgiſen das Durchſchlüpfen über die Grenze nach Verübung eines Angriffs auf die Ruſſen zu erſchweren und ſie anderſeits ſelbſt gegen Überfälle von ſeiten der Chiwaner und Kokanen ſicherzuſtellen. Dieſe befeſtigten Punkte wurden gleichzeitig von zwei Seiten, von Orenburg aus, welches im Jahre 1735 gegründet worden war, und von Sibirien aus ganz allmählich nach dem Syr=Darja einerſeits und nach dem Tianſchan anderſeits vorgeſchoben. Nach= dem die Ruſſen den Syr=Darja in der Nähe des Aralſees erreicht hatten, rückten ſie an dieſem Fluſſe entlang nach Oſten vor, während von Oſten her eine Reihe von Feſtungen am Nordfuße des Alexandergebirges entlang angelegt wurde, bis dieſe beiden Feſtungslinien bei Tſchimkent zuſammen= ſtießen. Von Orenburg aus wurden im Jahre 1839 die Forts Emba und Ak=Bulak, 1845 Orenburgsk und Uralsk, 1847 Raim oder Aralsk und 1348 Koſ=Aralsk und Kara=Butak angelegt. Von Sibirien aus wurden im Jahre 1847 die Forts Kopal, Wernoe und Kastek angelegt. Sergiopol war bereits 1831 gegründet worden.

Bis hierher war die Anlegung der Befestigungswerke ohne besondere Schwierigkeiten vor sich gegangen, weil man sich auf russischem Gebiete bewegte. Beim Vordringen vom Aralsee aus nach Osten und von Wernoe aus nach Westen setzte es dagegen häufige Kämpfe mit den Kokanen ab, weil die weiteren Festungen alle auf kokanischem Gebiet erbaut werden mußten, da die Anlage von solchen in der Wüste natürlich unmöglich war.

Den Kampf eröffnete von Westen her der General Perowsky, der im Jahre 1853 die erste kokanische Festung am Syr-Darja, Ak-Metschet, im Sturme nahm, trotz der tapfern Verteidigung durch den kokanischen Befehlshaber Jakub-Bek, der noch zu größeren Dingen bestimmt war, da er sich später zum unabhängigen Herrscher von Kaschgar aufschwang und als solcher sogar den Russen und Engländern Respekt einflößte. An der Stelle des zerstörten Ak-Metschet wurde sofort eine russische Festung, Fort Perowsk, angelegt, und außerdem wurden noch im selben Jahre die Festungen Kasalinsk und Karmaktschi erbaut. Im Jahre 1861 kam dazu noch das Fort Dschulek. Von Wernoe aus, wo im Jahre 1854 eine russische Stadt gegründet worden war, wurden 1860 die kokanischen Festungen Tokmak und Pischpek und 1862 Merke erobert.

Während die Russen bisher im ganzen ziemlich planlos vorgegangen waren und die kommandierenden Generale am Syr-Darja und in Semiretschie voneinander unabhängig und nach eigenem Gutdünken operiert hatten, wurde jetzt endlich System in die Sache gebracht und im Jahre 1864 die Vereinigung der beiden festen Linien, die einerseits von Orenburg bis Dschulek, auf der andern Seite von Sibirien bis an den Nordfuß des Alexandergebirges reichte, ernstlich in Angriff genommen. Von Westen her rückte General Werjowkin am Syr-Darja entlang gegen die Stadt Turkestan vor und nahm sie mit Sturm am 23. Juni. In der Nähe dieser Stadt, bei dem Dorfe Ikan, spielte sich bei dieser Gelegenheit ein Vorgang ab, der der Heldenthat der 300 Spartaner des Leonidas in nichts nachgiebt, und den ich um so weniger mit Stillschweigen übergehen will, als er den Geist der russischen Truppen und die Art der russischen Kriegführung in Asien am besten illustriert. Der kokanische General und Regent Alim-Kul hatte nach der Einnahme von Turkestan eine Armee von etwa 15 000 Mann aufgestellt und marschierte mit derselben gegen Turkestan, um diese Stadt den Russen wieder zu entreißen. In der Nähe des Dorfes Ikan überfiel er am 16. Dezember mit seiner Übermacht den Jessaul (Rittmeister) Serow, der mit seiner aus uralischen Kosaken bestehenden Sotnja (Eskadron) den Einwohnern dieses Dorfes auf ihre Bitte hin zu Hilfe geschickt worden war, auf freiem Felde und schloß ihn von allen Seiten ein, so daß er weder

nach Ikan vorzudringen, noch nach Turkeſtan zurückzukehren im ſtande war.
In dieſer Stellung verteidigte ſich Serow mit ſeiner Handvoll Koſaken drei
Tage und drei Nächte gegen die achtzigfache Übermacht, und obgleich ſie
drei Tage ohne Lebensmittel, ohne Waſſer und ohne Schlaf zugebracht hatten,
und Alim=Kul, in Bewunderung ihrer beiſpielloſen Tapferkeit, ihnen eine
ehrenvolle Kapitulation mit freiem Abzuge zur Hauptarmee anbot, ſchlugen
ſie ſich doch am Ende des britten Tages, als ſie den Geſtank der ringsum
als Schutzwehr aufgeſtapelten Leichen nicht mehr ertragen konnten, und
einſahen, daß ſie auf keine Hilfe aus dem nahen Turkeſtan rechnen konnten,
glücklich durch, wobei ſie alle ihre Schwerverwundeten, 43 an der Zahl,
mitnahmen, obwohl alle Überlebenden ſelbſt mehr oder weniger ſchwer ver=
wundet waren. Dieſe Heldenthat der Koſaken Serows machte auf die
Kokanen einen ſolchen Eindruck, daß ſie auf den geplanten Angriff auf
Turkeſtan verzichteten, und trug nicht wenig bei zu den weiteren Erfolgen
der Ruſſen in Zentralaſien[1].

Vergleicht man die Handlungsweiſe Serows und ſeiner Koſaken mit
dem Verhalten der Engländer in Kabul während des erſten afghaniſchen
Feldzugs, wo eine 18 000 Mann ſtarke engliſch=indiſche Armee in einer
uneinnehmbaren Poſition unter den ſchimpflichſten Bedingungen und unter
Auslieferung der Waffen kapitulierte, was nachträglich den Untergang der
ganzen Armee zur Folge hatte, ſo kann man wohl nicht darüber im un=
klaren ſein, welches der Ausgang eines eventuellen Kampfes zwiſchen Ruſſen
und Engländern auf aſiatiſchem Boden ſein wird; beſonders wenn man
bedenkt, daß die Koſaken den minderwertigſten Beſtandteil der ruſſiſchen
Armee repräſentieren, während in Kabul die beſten engliſch=indiſchen Truppen
verſammelt geweſen waren[2].

---

[1] Sehr charakteriſtiſch für den Geiſt, der unter den ruſſiſchen Truppen herrſcht,
iſt auch folgender (keineswegs vereinzelter) Fall, der ſich während der Belagerung der
turkmeniſchen Feſtung Geok=Tepe durch General Stobelew im Jahre 1880 abgeſpielt
hat. Bei einem unerwarteten nächtlichen Ausfalle war es den belagerten Turkmenen
gelungen, zwei ruſſiſche Gebirgskanonen und einen Kanonier Namens Agafon Nikitin
in ihre Gewalt zu bekommen. Da die Turkmenen mit den Kanonen nicht umzugehen
verſtanden, ſuchten ſie durch Verſprechungen und Drohungen Nikitin dahin zu bringen,
die Kanonen zu bedienen. Dieſer weigerte ſich aber ſtandhaft, die Kanonen auf ſeine
Landsleute zu richten, und blieb ſeinem Vorſatze ſelbſt dann noch getreu, als ihm die
Turkmenen der Reihe nach ſämtliche Finger und Zehen abſchnitten, ihm bei lebendigem
Leibe die Haut abzogen und ihn ſchließlich unter den gräßlichſten Foltern zu Tode
marterten. Die Ruſſen ehrten das Andenken dieſes Helden nachträglich dadurch, daß
ſie in Kalwaria, dem Heimatsorte deſſelben, eine dem hl. Agafon geweihte Kirche
erbauten, zu der auch der ruſſiſche Kaiſer eine namhafte Summe beiſteuerte.

[2] Das Obige hatte ich bereits im Jahre 1890 geſchrieben. Der gegenwärtige
Krieg zwiſchen den Engländern und Buren in Südafrika hat mein bereits vor zehn
Jahren abgegebenes Urteil über die Kriegstüchtigkeit der engliſchen Truppen aufs

Gleichzeitig mit der Eroberung von Turkestan durch General Werjowkin war von General Tschernajew Aulie-Ata eingenommen worden, und am 4. Oktober desselben Jahres bemächtigte sich der letztere mittels eines Handstreiches auch noch der Stadt Tschimkent.

Damit war endlich die Verbindung zwischen der sibirischen und orenburgischen Festungslinie hergestellt und somit das ganze von den Kirgis-Kaisaken und dem russischen Teil der Kara-Kirgisen eingenommene Gebiet in der Gewalt der Russen. Weiter zu gehen lag nicht in der Absicht der russischen Regierung. Denn die Besetzung der zentralasiatischen Chanate mußte, abgesehen davon, daß dieselbe Rußland keinen materiellen Nutzen bringen, sondern im Gegenteil nur unnütze Ausgaben verursachen konnte, unfehlbar zu weiteren Verwicklungen führen und zugleich die Eifersucht der Engländer herausfordern, die ohnedies das Vordringen der Russen nach Zentralasien mit scheelen Augen und mit nur zu berechtigtem Mißtrauen beobachteten. Für jeden aber, der die Sachlage kennt und mit dem Geiste der russischen Offiziere sowie mit dem Charakter der Eingeborenen Turkestans vertraut ist, ist es klar, daß das weitere Vordringen der Russen in Zentralasien nur eine Frage der Zeit sein konnte. Denn erstens war bei der allgemeinen Zerfahrenheit in allen zentralasiatischen Chanaten von denselben keine Ruhe zu erwarten, solange sie unabhängig blieben. Zweitens wäre die Verpflegung der russischen Truppen auf der ungeheuern, von Orenburg über Kasalinsk, Turkestan, Tschimkent, Wernoe und Sergiopol bis Sibirien reichenden Festungslinie äußerst schwierig gewesen, wenn, wie dies bis zur Einnahme von Taschkent der Fall war, fast alle Vorräte aus Rußland und Sibirien herbeigeschafft werden mußten. Vor der Besetzung Taschkents kostete z. B. in Kasalinsk den Staat jedes Pud (16 kg) Mehl 40—60 Mark. Den wichtigsten Faktor aber, welcher den Russen nicht erlaubte, sich mit dem bereits Erreichten zu begnügen, bildete der Geist der russischen Offiziere, welche in ihrem Leben keinen höheren Zweck kennen als Carriere, und die deshalb jede Gelegenheit, sich auszuzeichnen, begierig ergreifen. Zur Erreichung dieses ihres höchsten Zieles scheuen sie sich nicht, im Notfalle selbst die ausdrücklichen Befehle ihrer Vorgesetzten und der

---

glänzendste bestätigt. Am niedrigsten wurde seiner Zeit die englische Tapferkeit und Kriegstüchtigkeit von den Afghanen taxiert, welche schon wiederholt Gelegenheit gehabt haben, sich mit den Engländern zu messen. Auf meiner Reise nach Badachschan und Afghanistan im Jahre 1878 hatte ich Gelegenheit, verschiedene afghanische Offiziere zu sprechen. Diese sprachen alle ihre Ansicht dahin aus, daß die Engländer noch schlechtere Soldaten seien als die Bucharen. (Die Bucharen gelten nämlich in ganz Zentralasien als das Ideal eines Soldaten, wie er nicht sein soll.) Die Engländer verdankten ihre Erfolge nur ihren überlegenen Waffen. Hätten die Afghanen ebensolche Waffen, so wollten sie garantieren, daß kein Engländer lebend über ihre Grenze kommen sollte.

Regierung zu mißachten, weil sie im Falle des Gelingens sicher sind, nicht nur straflos zu bleiben, sondern auch noch eine entsprechende Belohnung zu erhalten. Denn in Rußland richtet man sich in solchen Fällen stets nach der von der Kaiserin Katharina II. aufgestellten Maxime, daß es für einen Sieger keinen Richter gebe: ein Grundsatz, dem Rußland die meisten seiner Erfolge verdankt.

General Tschernajew, der Urtypus eines russischen Offiziers und Soldaten, ließ sich nach der Einnahme von Tschimkent die günstige Gelegenheit nicht entgehen, sofort nach dem erwähnten Prinzipe zu handeln. Obgleich ihm durch ein spezielles Reskript des Kriegsministers strenge untersagt worden war, weiter nach Süden vorzudringen, und obwohl er nur etwa 2000 Mann Truppen und zehn alte Kanonen aus der Zeit der napoleonischen Kriege zur Verfügung hatte, machte er sich dennoch von Tschimkent aus sofort auf den Weg, um Taschkent, eine Stadt mit 90 000 Einwohnern, die mit einer 25 km langen starken Mauer umgeben war und von einer aus 15 000 Mann kokanischer Truppen und ebensovielen bewaffneten Bürgern bestehenden Besatzung verteidigt wurde, anzugreifen. Dieser tollkühne und ohne alle Vorbereitung unternommene Angriff fiel aber für Tschernajew sehr unglücklich aus. Er wurde am 15. Oktober mit großem Verluste zurückgeschlagen und verlor unter andern seinen Generalstabschef Obuchow, der beim persönlichen Angriff auf einen Turm, den er infolge seiner totalen Betrunkenheit für eine Bresche ansah, samt seiner ganzen Sturmkolonne aufgerieben wurde.

Die Lage Tschernajews, der sich nach dieser Schlappe wieder nach Tschimkent zurückzog, war eigentlich eine verzweifelte. Er war, wie fast immer, ohne Geld und ohne die Mittel, seine Soldaten ordentlich zu verpflegen, hatte von keiner Seite auf Sukkurs zu rechnen und konnte alle Augenblicke von den übermütig gewordenen Kokanen und Taschkentern mit Übermacht angegriffen werden. Er verzagte aber als echter Russe auch jetzt nicht. Um sich Geld zu verschaffen, stellte er am Syr-Darja Kosaken auf und ließ die russischen Posten abfangen und alle Geldsendungen in Beschlag nehmen. Die Hoffnung, sich der Stadt Taschkent zu bemächtigen, gab er trotz seiner kritischen Lage nicht auf. Er fing aber das zweite Mal die Sache vorsichtiger an. An eine regelrechte Belagerung der Stadt war in Anbetracht seiner geringen Streitkräfte und der großen Ausdehnung der Stadtmauern natürlich nicht zu denken. Tschernajew besetzte deshalb zuerst die kleine Feste Nias-Bek am Tschirtschik, welche die Wasserwerke beherrscht, durch welche die Stadt mit Wasser versorgt wird. Dadurch allein wäre es schon möglich gewesen, die Taschkenter zur Übergabe zu zwingen, weil es in der ganzen Stadt nur eine einzige Quelle und fast gar keine Brunnen gab, da in Taschkent das Grundwasser stark salzhaltig ist. Sodann nahm Tschernajew

die Festung Tschinas weg, welche die Fähre über den Syr-Darja auf dem
Wege nach Samarkand beherrscht, um dem bucharischen Emir, der, von den
Taschkentern zu Hilfe gerufen, bereits im Anmarsche war, den Weg nach
Taschkent zu verlegen. Endlich setzte er sich mit der hauptsächlich aus Kaufleuten bestehenden Friedenspartei in Taschkent in Verbindung, welche weder
von den Bucharen noch von den Kokanen etwas wissen wollte, und ver-
abredete mit ihnen, daß sie zu einer bestimmten Zeit die Wachen überfallen
und den Russen die Thore öffnen sollten. Dieser Plan wurde aber dadurch
vereitelt, daß es dem kokanischen Regenten Alim-Kul gelang, sich mit
7000 Mann Truppen und 40 Kanonen in die bedrohte Stadt zu werfen.
Nachdem aber Alim-Kul bei einem Angriff auf Tschernajews Lager im Osten
von Taschkent, bei welcher Gelegenheit Tschernajew samt seiner Suite aus
nächster Nähe von mehreren feindlichen Batterien beschossen wurde, gefallen
war, unternahm Tschernajew am Morgen des 27. Juni 1865 einen zweiten
Sturm auf die Stadt.

Um 3 Uhr morgens überrumpelte eine Sturmkolonne unter Anführung
des Hauptmanns Abramow, des späteren Militärgouverneurs von Samar-
kand und Fergana, die Wache am Kamelanthor, sprengte das Thor und
stürmte von da auf der Mauer entlang bis zum Kara-Sarai-Thor, in dessen
Nähe sich die Wohnungen der russisch gesinnten Bürger befanden. Zur selben
Zeit drang eine andere Sturmkolonne durch das Kokanische Thor ein und
besetzte die Citadelle. Die Stadt ergab sich aber auch jetzt noch nicht. Jede
Straße mußte mit Sturm genommen werden, und aus allen Häusern und
Gärten wurde auf die Stürmenden gefeuert. Besonders heftig tobte der
Kampf in den engen und winkeligen Straßen des Bazars, wo überall
Barrikaden errichtet worden waren. Der Kampf dauerte ohne Unterbrechung
den ganzen Tag fort, und erst mit Einbruch der Nacht wurde das Morden
beiderseitig eingestellt. Am nächsten Morgen ging es aber von neuem los,
und den ganzen Tag waren die Russen wieder damit beschäftigt, die von
den Eingeborenen während der Nacht allenthalben aus Bäumen und Wagen
errichteten Barrikaden zu stürmen und wegzuräumen. Erst am Abend erschien eine Deputation von seiten der Einwohner mit dem Angebote der
Übergabe auf Gnade und Ungnade, und am nächsten Tage, den 29. Juni,
wurde dann die Übergabe feierlich vollzogen. In die Hände der Sieger
fielen unter anderem 63 Festungsgeschütze und 72 000 Pfund Pulver. Welchen
Eindruck die Tollkühnheit und Tapferkeit der Russen bei der Einnahme von
Taschkent auf die Eingeborenen machte, kann man daraus abnehmen, daß
5000 kokanische Reiter, welche während des Sturmes aus der Stadt entkommen waren, in ungestümer Flucht nach dem 11 km entfernten Tschirtschik
eilten und sich in wilder Verzweiflung in den tiefen und reißenden Fluß
stürzten, obwohl sie nur von ganzen 40 Kosaken verfolgt wurden.

Unmittelbar nach der Übergabe der Stadt beging Tschernajew einen Geniestreich, der ihm sofort die Achtung und die Herzen aller Taschkenter gewann. Während noch die Toten unbeerdigt in den Straßen lagen, begab sich Tschernajew allein, nur von einem einzigen Kosaken begleitet, der ihm ein Bündel Wäsche nachtrug, durch eine tausendköpfige Menge von Ein= geborenen nach dem Bazar, um sich nach den Anstrengungen des zweitägigen Sturmes in der dortigen öffentlichen Badstube zu restaurieren, und als ihm nach Beendigung des Bades einer aus dem Publikum eine Schale Thee reichte, leerte er dieselbe sofort und ohne Zögern. Diese Einfachheit und Unerschrockenheit machte auf die Taschkenter einen solchen Eindruck, daß Tschernajew von nun an als Heros betrachtet wurde und völlige Legenden über ihn entstanden. Leider hatte Tschernajew später das Unglück, nach General Kauffmanns Tod zu deffen Nachfolger ernannt zu werden, und bei dieser Gelegenheit verstand er seine gänzliche Unfähigkeit als Administrator so glänzend zu beweisen und bei den Eingeborenen sowohl wie bei der russischen Bevölkerung Turkestans alle Achtung so gründlich einzubüßen, daß er bei seinem Scheiden von Taschkent nur mit Verwünschungen begleitet wurde und ihm keine Seele das Geleit gab.

Die Einnahme von Taschkent war zwar gegen den ausdrücklichen Willen der russischen Regierung erfolgt, und Tschernajew wurde nachträglich für seinen Ungehorsam seiner Stelle enthoben. Aber die Stadt wieder an Kokan zurückzugeben, war trotzdem nicht möglich, weil sonst die russisch gesinnte Partei unter den Taschkentern, welche die Einnahme der Stadt wesentlich er= leichtert hatte, zu sehr kompromittiert und schutzlos der Rache ihrer fanatischen Gegner preisgegeben gewesen wäre, und weil dann Rußland das Zutrauen der Eingeborenen Turkestans für alle Folgezeit verloren haben würde. Taschkent wurde deshalb im Jahre 1866 mit den bereits früher eroberten Gebieten zu einem eigenen Gouvernement unter dem Namen Syr=Darja=Provinz vereinigt und dem Generalgouvernement Orenburg zugeteilt. Da aber mit dem General= gouverneur Kryschanowsky kein Gouverneur auskommen konnte, so wurde im Jahre 1867 die Syr=Darja=Provinz wieder von Orenburg getrennt und mit der Provinz Semiretschie zu einem eigenen Generalgouvernement ver= einigt, welches den Namen des turkestanischen erhielt. Zum ersten turkesta= nischen Generalgouverneur, mit seinem Sitz in Taschkent, wurde der General= adjutant Konstantin Petrowitsch von Kauffmann ernannt, der später noch das Gebiet von Samarkand (1868), den Amu=Darja=Bezirk (1873), Fer= gana (1876) und zeitweilig auch noch das Gebiet von Kuldscha (1871 bis 1881) mit dem turkestanischen Generalgouvernement vereinigte.

2. Bedeutung und Entstehung des Namens „Taschkent".
Über die Entstehung des Namens der Stadt Taschkent haben sich die Etymo= logen vielfach den Kopf zerbrochen, ohne zu einem befriedigenden Resultate

zu gelangen. Das Wort Taschkent bedeutet nämlich auf deutsch „Stein=
stadt" und ist aus zwei, verschiedenen Sprachen angehörenden Wörtern zu=
sammengesetzt: dem türkischen tasch = Stein und dem persischen kent = Stadt.
Nun ist aber Taschkent nicht aus Stein, sondern durchaus aus Lehm erbaut,
und in weitem Umkreis um Taschkent giebt es überhaupt keine Steine, weil
der Grund, auf dem die Stadt erbaut ist, aus einer ausgedehnten und
mächtigen Lößschichte besteht. Man könnte deshalb allenfalls Taschkent nur
nach der Theorie von lucus a non lucendo als eine Stadt erklären, in
der es keine Steine giebt. Manche haben deshalb den Namen so gedeutet,
daß damit eine Stadt bezeichnet wird, welche einen Durchmesser von einem
Tasch hat, da der Tasch = 8 km die bei den Eingeborenen gebräuch=
liche Einheit zur Bestimmung von Weglängen ist. Ich glaube aber, daß
die Entstehung des Namens Taschkent auf viel natürlichere Weise erklärt
werden kann. Der chinesische Mönch Hiuen=Tsang, der auf seiner Pilger=
fahrt nach Indien (629—645 n Chr.) Taschkent berührte, nennt die Stadt
in seinem Reisebericht in seiner chinesischen Schreibweise Tschatschkent; bei
den späteren arabischen Schriftstellern erscheint es aber unter dem Namen
Schaschkent[1], und dies ist offenbar der ursprüngliche indogermanische Name
der Stadt; denn schasch bedeutet im Sanskrit „sechs", und Schaschkent hatte
also dieselbe Bedeutung wie das griechische Hexapolis. Wahrscheinlich bildete
Taschkent im Altertum mit den fünf übrigen in der skythischen Wüste rechts
vom Syr=Darja gelegenen Städten, welche nachmals die Namen Turkestan,
Aulie=Ata, Tschimkent, Otrar und Sauran führten, und von denen die
beiden letzten schon lange in Trümmern liegen, einen Bund von sechs
Städten und erhielt als die Hauptstadt des Bundes den Namen „Sechs=
stadt". Ähnliche Wortbildungen, welche bekanntlich bei den alten Griechen
vielfach angewendet wurden, sind auch gegenwärtig in Turkestan noch in
Gebrauch. So erhielt z. B. das von Jakub Bek im Tarymbecken gegründete
Reich, welches ursprünglich als Alty=Schaar (Sechsstadt) bezeichnet worden
war, den Namen Dschity=Schaar oder „Siebenstadt", nachdem Jakub Bek
seiner Herrschaft noch eine siebente Stadt, nämlich Kara=Schaar, nebst deren
Gebiet einverleibt hatte. Von den späteren türkischen Einwanderern, für
welche das Wort Schaschkent als Fremdwort unverständlich war, wurde
dasselbe des Gleichklanges wegen in Taschkent umgeändert, was nach ihrer
Sprache Steinstadt bedeutet. In ganz ähnlicher Weise verwandelten sie auch
den Namen Bastra in Balch oder „Hauptstadt", den Namen Tschaschm=
kent (Quellenstadt) in Tschimkent oder „Rasenstadt" u. dgl. m. Die zweite

---

[1] Sultan Baber kennt Taschkent bereits unter dem Namen Taschkend; er be=
merkt aber ausdrücklich, daß dasselbe bei den älteren Schriftstellern bald unter dem
Namen Schasch, bald unter dem Namen Dschadsch erscheine.

Bild 48. Lößlandschaft in der Umgebung von Taschtent. Brücke über den Tschirtschit zwischen Taschtent und Tschimgan. (Nach einer Aufnahme von G. Merzbacher.)

Silbe „kent" wurde, obgleich sie indogermanisch war, von den türkischen Völ=
kern unverändert beibehalten, weil sie sich an dieselbe bereits gewöhnt hatten;
denn auch viele andere turkestanische Städtenamen weisen dieselbe Zusammen=
setzung auf wie Kokand, Samarkand, Tschimkent, Pskent, Jarkand ꝛc.
Kand und kent hat dieselbe Bedeutung; die Form „kand" wird gebraucht,
wenn die vorhergehende Silbe die Vokale a, o oder u enthält, sonst aber
die Form „kent". Die richtige Schreibweise wäre also in unserem Fall Tasch=
kand, wie es auch von den Eingeborenen ausgesprochen wird. Die Russen
haben aber, nach dem Vorgange der ersten, mit der Linguistik wenig ver=
trauten Pioniere, von Anfang an die Form „Taschkent" adoptiert, und dies
ist jetzt der offizielle Name der Stadt.

3. Lage der Stadt Taschkent. Taschkent liegt 4^h 37^m 11^s
östlich von Greenwich unter einer Polhöhe von 41^0 $19'$ $32''$; es liegt also
ungefähr auf dem Parallel von Neapel; seine Meereshöhe beträgt 488 m.
Die Koordinaten beziehen sich auf die Sternwarte von Taschkent, welche 1 km
östlich von der ehemaligen Stadtmauer liegt.

Es giebt in ganz Turkestan nur wenige Orte, welche eine in jeder
Beziehung so günstige Lage haben wie Taschkent. Es liegt in dem breiten,
beiderseitig durch niedrige Ausläufer des Tschatkalgebirges begrenzten Thale,
welches einerseits vom Tschirtschik, anderseits vom Keleß durchflossen wird.
Der Grund, auf dem Taschkent erbaut ist, besteht, wie bereits erwähnt, aus
einer mächtigen Lößschichte, die sich bis an das Ufer des 60 km abstehenden
Syr=Darja fortsetzt. Das Terrain ist bei Taschkent wellenförmig und, wie alle
Lößlandschaften, stellenweise von tiefen, durch die Wasserläufe eingegrabenen
Einschnitten durchfurcht. In Bezug auf Wasserreichtum, wovon in den
turkestanischen Ebenen alles Leben und Gedeihen abhängt, kann sich keine
andere Stadt Zentralasiens mit Taschkent messen. In einer Entfernung
von 10 km fließt südöstlich von Taschkent der wasserreiche Tschirtschik
vorüber, der größte aller Nebenflüsse des Syr=Darja. Die Stadt selbst
liegt an dem aus dem Tschirtschik abgeleiteten Salar, der durch seine zahl=
reichen Kanäle die im Osten der Stadt gelegenen Felder und Gärten und
die russische Stadt mit Wasser versorgt. Die Eingeborenen=Stadt wird durch
den tief eingeschnittenen Boß=su=Kanal durchströmt, der ebenfalls aus dem
Tschirtschik abgeleitet ist (Bild 48, S. 151).

Taschkent ist eine rings von wellenförmigem Steppenland umgebene
Oase. Die Steppe reicht vom Ufer des Syr=Darja bis an das etwa
80 km östlich von Taschkent sich erhebende Tschatkalgebirge, dessen Ab=
hänge gleichfalls zum größten Teil aus Steppenboden bestehen. Diese
Steppe bedeckt sich alljährlich während der Dauer der Frühjahrsregen mit
verhältnismäßig üppigem Steppengrase, welches aber mit dem Aufhören
der Regenzeit sofort austrocknet, worauf dann die Steppe bis ans Gebirge

hinan den ganzen Sommer über ein ungeheuer eintöniges, fahles Aussehen zeigt. Im Westen von Taschkent breitet sich eine ausgedehnte Sumpf= landschaft aus, der die Stadt wohl zum guten Teil ihre Fiebermiasmen verdanken dürfte. Vom Syr=Darja bis ans Gebirge ist die Steppe mit einer Anzahl von Dörfern bedeckt, welche oasenartig und sehr weitschichtig an den Wasserläufen und in den Gebirgsthälern verstreut sind.

Von Taschkent aus eröffnet sich im Nordosten, Osten und Südosten eine hübsche Aussicht auf die ganze sich zwischen der Stadt und dem Gebirge ausbreitende Steppenlandschaft sowie auf das Tschatkalgebirge selbst, welches den größten Teil des Jahres über mit Schnee bedeckt ist. Nur während der heißesten Sommermonate verschwindet der Schnee auf den höchsten Spitzen. Infolge der außerordentlichen Reinheit der Luft scheinen die Ge= birge viel näher zu sein, als sie wirklich sind. Nur während der trockenen Sommermonate, wenn lange Zeit kein Regen gefallen ist, wird die Aus= sicht einigermaßen getrübt durch den feinen, beständig in der Luft suspen= dierten Staub. Bei besonders reiner Luft kann man von Taschkent aus auch die 200 km entfernte turkestanische Gebirgskette, die Fortsetzung des Alaigebirges, erblicken, deren schneebedeckte, unter den Sonnenstrahlen silber= glänzende Kämme einen prächtigen Anblick gewähren.

In klimatischer Beziehung hat Taschkent gleichfalls eine sehr vorteil= hafte Lage. Durch die im Nordosten vorgelagerten hohen Gebirge wird die Stadt im Winter gegen die eisigen Nordostwinde geschützt, infolgedessen Taschkent während der kältesten Jahreszeit eine bedeutend höhere Temperatur aufweist als die weiter westlich in der offenen Steppe gelegenen Orte. Dank dem Umstande ferner, daß das Thal des Tschirtschik nach Südwest geöffnet ist, ist hier die Niederschlagsmenge eine verhältnismäßig große, und Tasch= kent hat deshalb auch bei der größten Dürre immer mehr als hinreichenden Wasserzufluß: ein Vorzug, dessen sich kaum noch eine zweite Stadt Tur= kestans zu erfreuen hat.

2. Beschreibung des sartischen Taschkent.

1. Anlage und Befestigungswerke der Stadt. Das heutige Taschkent zerfällt in zwei streng geschiedene und voneinander grundverschiedene Teile: die Stadt der Eingeborenen oder das sogen. sartische Taschkent und die erst seit der russischen Occupation entstandene russische Stadt. Die letztere liegt zwischen dem Boß=su=Kanal und dem Salar; das sartische Taschkent aber breitet sich hauptsächlich im Westen vom Boß=su=Kanal aus und hat im großen und ganzen heutzutage noch dieselbe Ausdehnung und dasselbe Aus= sehen wie vor der Eroberung durch die Russen.

Alle zentralasiatischen Städte und selbst die größeren Dörfer zerfallen in drei voneinander getrennte Teile: den Bazar, den wichtigsten Stadtteil;

die rings um den Bazar herumliegenden Häuserviertel, und endlich die
sich von außen an letztere anschließenden Gärten und Felder, welche die
eigentliche Stadt von allen Seiten umgeben. In Bild 49 ist diese Ein=
teilung der turkestanischen Städte schematisch dargestellt. Alle Städte nähern
sich mehr oder weniger dem in der Zeichnung angegebenen Grundtypus und
weichen von demselben nur insoweit ab, als es die betreffenden Terrain=
und Bewässerungsverhältnisse erfordern. Im Zentrum der Stadt liegt der
freie Bazarplatz, auf dem die wöchentlichen Bazare oder Jahrmärkte sowie

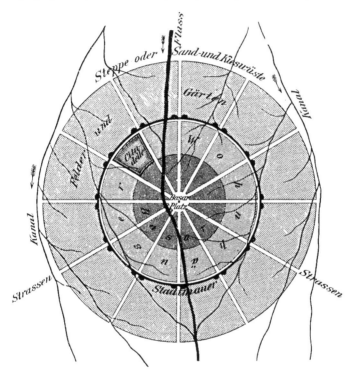

Bild 49. Schematischer Plan der turkestanischen Städte.

allenfallsige Volksversammlungen, Hinrichtungen u. dgl. abgehalten werden.
An den Bazarplatz schließen sich, meist konzentrisch, die ständigen Kaufläden
an, welche ihrerseits wieder von den aus einfachen Lehmhütten bestehenden
Häuservierteln umgeben sind. Die bisher aufgezählten Teile, welche zu=
sammen die eigentliche Stadt bilden, sind ringsum von einer ununter=
brochenen Stadtmauer [1] umgeben, außerhalb deren sich die Gärten und
Felber der Stadtbewohner ausbreiten. Auf einer natürlich oder künstlich

---

[1] Manche turkestanische Städte sind sogar mit doppelten Stadtmauern umgeben,
wie z. B. Chiwa, Kokan, Chobschent und Uratübe.

Bild 50. Palast des Emirs von Buchara.

erhöhten Stelle innerhalb der Stadtmauer ist die noch von einer eigenen Ringmauer umgebene Urda oder Citadelle erbaut, welche nicht den Zweck hat, als Schutzwehr gegen einen äußeren Feind, sondern als Zwingburg zu dienen zum Schutze des Herrschers oder Befehlshabers gegen allenfallsige Aufstände der geknechteten Bürger. Der Herrscher oder Gouverneur wohnt deshalb stets in der Urda (vgl. Bild 50, S. 155 und Bild 51). Vom Bazarplatz aus führen mehr oder weniger radiale Straßen durch die Reihen der Verkaufsläden, der Häuser und weiterhin durch die Stadtthore und die anliegenden Gärten und Felder nach den benachbarten Ortschaften. Außerhalb der Gärten und Felder beginnt sofort die dürre Steppe oder ganz vege= tationslose Sand= oder Kieswüste.

Auf Grund der schematischen Zeichnung (Bild 49, S. 154) und mit Berücksichtigung der Himmelsgegenden ist man im stande, sich in jeder turke= stanischen Stadt, ohne Führer und ohne ein Wort von der Sprache der Eingeborenen zu verstehen, mit Leichtigkeit zu orientieren, wie ich selbst hundertmal erprobt habe.

Auch in Taschkent war früher, bis zur Einnahme durch die Russen, die eigentliche Stadt von einer hohen und sehr starken Mauer umgeben, welche, wie auch sonst überall in Turkestan, aus Lößerde aufgeführt war. Der Löß ist für die örtlichen Verhältnisse ein Baumaterial, wie man es sich nicht besser wünschen könnte. In trockenem Zustande ist derselbe steinhart und eignet sich deshalb bei der außerordentlichen Trockenheit der Luft und den geringen Niederschlägen sehr gut zur Herstellung von Mauerwerken. Mit Wasser angefeuchtet wird der Löß aber ganz weich und läßt sich ebenso leicht verarbeiten wie gewöhnlicher Thon. Alle Ringmauern, sowohl Stadt= wie Garten= und Hofmauern, werden in Turkestan auf folgende Weise hergestellt. Zuerst wird an der zu erbauenden Mauer entlang ein entsprechend breiter und tiefer Graben ausgehoben, in denselben Wasser eingeleitet und die beim Ausheben des Grabens gewonnene Erde, vermischt mit Stroh, durch Treten mit den bloßen Füßen zu einem zähen Teige geknetet. Nachdem diese Masse ordentlich durchgearbeitet ist, wird sie mittels der beim Feldbau gebräuch= lichen schweren Hauen einfach und ohne irgend welches Fundament auf der Erde aufgeschichtet und mit den Füßen festgestampft. Zuerst wird nur eine Schichte von etwa 0,6 m Höhe aufgetragen und so lange stehen gelassen, bis sie soweit ausgetrocknet ist, daß sie die Last einer neuen Schichte aus= halten kann, ohne einzusinken. Dann wird eine zweite, ebenso hohe Schichte aufgetragen, und so fährt man fort, bis die Mauer die beabsichtigte Höhe erreicht hat. Die bei einer solchen Bauart entstehenden Unebenheiten an den Seiten der Mauern werden gewöhnlich dadurch entfernt, daß die einzelnen Schichten vor dem Auftragen einer neuen Schichte mittels der erwähnten Hauen geglättet werden. Die Hiebe werden dabei bei einer Schichte schräg von links nach rechts, bei der folgenden von rechts nach links geführt u. f. f., wodurch die Mauern das in Bild 52 (S. 158) angedeutete zickzackformige Aussehen erhalten.

Bild 51.

In Anbetracht des verwendeten Materials müssen die Mauern natürlich unten dicker sein als oben. Der obere Rand der Mauern wird ausgezackt, was teils zur Zierde dienen teils auch die Schießscharten ersetzen soll. Auf der Innenseite der Stadtmauern läuft eine Plattform entlang, auf welcher die Verteidiger, eventuell auch Kanonen aufgestellt werden können und auf

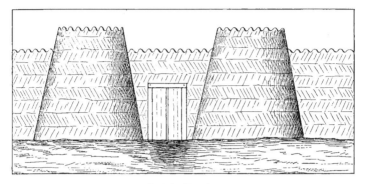

Bild 52. Turkestanische Stadtmauer.

der man ohne Unterbrechung um die ganze Stadt herumgehen kann (Bild 53). Denn die Mauern werden ohne irgend welche Unterbrechung über Flüsse, Kanäle und Schluchten hinübergeführt. Zu dem Ende werden die Wasser=läufe mit dicken Balken überbrückt und auf diesen die Mauern genau in derselben Weise aufgebaut wie auf festem Boden. Die Höhe der Stadt=mauern ist je nach den Terrainverhältnissen, der Bedeutung des Ortes und der mehr oder weniger gefähr=deten Lage verschieden. Die Mauern von Taschkent, welche zu den stärksten gehörten und zur Zeit meiner Ankunft, im Jahre 1874, noch erhalten waren, hatten eine Höhe von 4,5—6 m. Ihr Umfang betrug ungefähr 25 km. Die Häuser waren nicht an die Stadtmauer angebaut, sondern rings um die ganze Stadt lief innen an der Mauer eine breite Straße entlang, offen=bar zur Erleichterung der Vertei=digung. Die Gärten und Felder lagen fast alle außerhalb der Stadtmauer, waren aber eben=

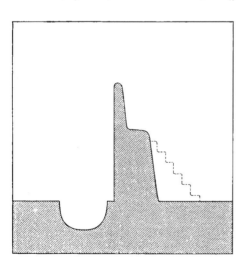

Bild 53. Turkestanische Stadtmauer, Durchschnitt.

falls alle von eigenen, gleichfalls aus Lehm hergestellten Ringmauern um=geben. Aus der eigentlichen Stadt führten zwölf Thore nach den Gärten und den benachbarten Ortschaften, welche meistens nach denjenigen Städten benannt waren, nach welchen sie führten, wie z. B. das Kokanische Thor, Samarkander Thor 2c. Die Einrichtung der Stadtthore ist in Turkestan eine ganz eigentümliche. In eine Lößmauer Bresche zu schießen ist sehr schwer, weil dünne Mauern von den Kugeln einfach durchschlagen werden, ohne weiteren Schaden zu nehmen, an dicken Mauern aber die Kugeln abprallen. Beim Angriff auf eine turkestanische Stadt müssen deshalb immer die Thore gestürmt werden. Diese werden darum stets möglichst fest gebaut. Zu beiden Seiten des Thores werden sehr solide, mehr oder weniger konische, runde Türme aufgeführt und darauf Plattformen zur Aufstellung von Festungsgeschützen hergestellt (Bild 52 u. 54). Das mit massiven Thor= flügeln versehene Thor führt in eine große, viereckige, hohe Halle, deren Boden etwa 2 m über den Weg erhoben ist. In dieser Halle, welche

Bild 54. Stadtthor von Chiwa.

jeder passieren muß, der durch das Thor eingeht, reitet oder fährt, ist die Thorwache placiert. Tagsüber sind die Thore beständig offen, nach Eintritt der Dunkelheit aber werden dieselben geschlossen und die Schlüssel dem zu= ständigen Polizeichef abgeliefert, um allenfallsige Überraschungen infolge von Nachlässigkeit oder Treulosigkeit der Thorwächter unmöglich zu machen. In den erwähnten Thorhallen nehmen in den noch unabhängigen Gebieten an Bazartagen häufig die Richter Platz, um jedem, der irgend ein Anliegen hat, sofort Recht zu sprechen. Die zudiktierten Strafen werden auch gleich in diesem selben Lokale vollzogen und eventuell die zum Hängen verurteilten Verbrecher an den Deckbalken aufgehängt, so daß die Besucher des Bazars unter den Gehenkten durchpassieren müssen. Als General v. Kauffmann die aufständische Stadt Kokan, welche gleich nach seinem Abzuge den von ihm eingesetzten Chan wie einen Hammel auf dem Bazare abgestochen hatte, zum zweitenmal in seine Gewalt brachte, ließ er ebenfalls zum abschreckenden Beispiel die Rädelsführer gruppenweise an allen Thoren der Stadt aufhängen.

Für die Sicherheit ihrer Stadt hatten die Taschkenter nicht bloß durch die Erbauung einer verhältnismäßig sehr starken und für turkestanische Verhältnisse beinahe uneinnehmbaren Stadtmauer, sondern außerdem auch noch durch die Anlage einer Anzahl von Beobachtungsstationen außerhalb der Stadt gesorgt. Da bei den Turkestanern Kriegserklärungen nicht in Gebrauch waren und die Hauptkunst der turkestanischen Feldherren gerade in der Ausführung von plötzlichen und unerwarteten Überfällen mitten im Frieden bestand, so hatten die Taschkenter in der Steppe eine Anzahl künstlicher konischer Hügel von 12—15 m Höhe errichtet, auf denen eigene Posten aufgestellt wurden, welche die Annäherung des Feindes zu melden hatten. Diese Beobachtungshügel sind gewöhnlich paarweise vorhanden, liegen meistens in der ebenen Steppe, wo keine passenden natürlichen Bodenerhebungen vorhanden sind, und reichen auf dem Wege nach Fergana, von woher Taschkent am häufigsten unerwarteten Überfällen ausgesetzt war, bis zur jetzigen Poststation Uralskaja, 70 km von Taschkent.

Gegenwärtig ist die Stadtmauer von Taschkent, da sie weiter keinen Zweck mehr hat, ganz in Verfall geraten und auf der Ostseite, wo die sartische Stadt an die russische stößt, ganz abgetragen, indem das Material der Mauer von Russen und Eingeborenen zum Ziegelschlagen verwendet wurde.

Wie alle turkestanischen Städte hatte Taschkent früher auch eine von einer eigenen Mauer umgebene Urda[1] oder Citadelle, welche von den Russen gleich nach der Einnahme der Stadt in die Luft gesprengt wurde. Dieselbe lag auf dem hohen linken Ufer des Boß-su-Kanals, welche Stelle gegenwärtig zur russischen Stadt gezogen und mit einer Kaserne und verschiedenen Staats- und Privatgebäuden überbaut ist.

2. Bazar. Der Bazar hat für den Zentralasiaten eine Bedeutung, von der sich ein Europäer schwerlich einen rechten Begriff machen kann. Auf dem Bazar verbringt der Zentralasiate den größten Teil seines Lebens, und der Bazar ersetzt ihm unsere Zeitungen, Gasthäuser, Kaffeehäuser, Rathäuser, Vergnügungsplätze, Börsen, Gerichtskammern u. dgl. Auf dem Bazar vollzieht sich das gesamte öffentliche und zum guten Teil auch das Privatleben der männlichen Stadtbevölkerung, und tagsüber ist im Winter und Sommer fast die ganze Bevölkerung, soweit sie nicht durch Feldarbeiten verhindert ist, auf dem Bazar versammelt (Bild 55). Der Bazar ist die eigentliche Heimat des Städters; seine Privatwohnung, auf die er deshalb auch nur verhältnis-

---

[1] In den von Tadschiken bewohnten Städten, wie z. B. in Chodschent und Samarkand, werden die Burgen mit dem Namen „Ark" bezeichnet, offenbar derselbe Stamm wie im lateinischen arx.

mäßig wenig Sorgfalt verwendet, dient ihm hauptsächlich bloß als Nachtlager und als Aufbewahrungsort für sein Eigentum und seine Weiber und Kinder.

Bild 55. Bazarscene in Taschkent: Ein Mulla predigt auf offenem Markte.

Die Einrichtung der Bazare ist überall die gleiche, und die Bazare der verschiedenen Städte unterscheiden sich voneinander nur durch ihre verschiedene Größe. Der Bazar von Taschkent ist einer der größten von ganz Zentralasien und enthält an 4000 Verkaufsläden und Werkstätten. Die Bazarstraßen sind verhältnismäßig breit und meist mit Schilfmatten überdacht, die auf quer über die Straßen von einer Budenreihe zur andern gelegten Balken ausgebreitet werden. Dadurch entsteht ein angenehmes Halbdunkel und eine erfrischende Kühle, die durch fortwährendes Begießen der Bazarstraßen mit Wasser noch erhöht wird: ein höchst wohlthuender Kontrast gegen das grelle Sonnenlicht und die erdrückende Backofenhitze der angrenzenden, durch die Häuserviertel führenden Straßen (Bild 56).

Die Buden, welche zu beiden Seiten der Bazarstraßen hinlaufen und, mögen sie nun als Verkaufsläden oder als Werkstätten für die verschiedenen Handwerker dienen, alle einander gleich sehen, haben nicht die mindeste Ähnlichkeit mit europäischen Verkaufsläden. Sie bestehen aus 2,5—3 m hohen, 4,5—6 m langen und 2—2,5 m tiefen Räumen, die nach der Straße zu ganz offen sind. Die Wände sind aus Lehm oder auch nur aus beiderseitig mit Lehm bestrichenen Schilfwänden hergestellt. Auch das Dach besteht nur aus Dachbalken, Schilf und Lehm. Der Boden dieser Buden ist gewöhnlich einige Fuß über den Straßenkörper erhoben, ebenso wie die schmalen an den Buden entlang laufenden Fußwege. Die Buden dienen ohne Unterschied entweder als Verkaufsläden für alle möglichen Waren oder als Werkstätten für alle möglichen Handwerker, da fast sämtliche Gewerbe öffentlich auf dem Bazar betrieben werden. Fenster oder Thüren giebt es in den Bazarbuden nicht, und die Händler und Handwerker hantieren das ganze Jahr über und bei jeder Witterung in diesen nur von drei Seiten geschlossenen Lokalen. Zur Nachtzeit werden die Läden entweder durch einen Bretterverschlag oder durch spanische Wände aus Schilfrohr verschlossen. Diejenigen Händler, welche nicht im stande sind, alle ihre Waren jeden Abend mit nach Hause zu nehmen, übernachten auch Winter und Sommer in ihren Verkaufsläden.

Händler und Handwerker sitzen bei ihren Verrichtungen auf dem mit Schilfmatten oder Filzdecken belegten Boden mit untergeschlagenen Beinen, entweder innerhalb der Buden oder auf dem an den Läden hinführenden Fußwege (Bild 57, S. 165). Auch die Käufer nehmen neben dem Verkäufer auf dem Boden Platz, wenn sie nicht der größeren Bequemlichkeit wegen vorziehen, die Auswahl der Waren vom Pferde aus vorzunehmen, in welchem Fall ihnen die Waren der Reihe nach zur Besichtigung aufs Pferd gereicht werden. Da im Winter das Sitzen auf dem durchweichten Boden natürlich nicht besonders angenehm ist, so befinden sich zur größeren Bequemlichkeit des Publikums vor besseren Verkaufsbuden, besonders aber vor den Theebuden und Garküchen, eigene hölzerne, mit Filzdecken oder Teppichen bedeckte

Plattformen (Bild 58, S. 165), auf denen man mit untergeschlagenen Beinen Platz nehmen und den Handel in aller Gemütlichkeit abschließen kann.

Eine Eigentümlichkeit der zentralasiatischen Bazare ist die strenge Ab=
sonderung der verschiedenen Gewerbe und der verschiedenen Warenbranchen

11 *

voneinander, welche dem kauflustigen Publikum das Aufsuchen und die
Auswahl der nötigen Waren außerordentlich erleichtert. Eine Budenreihe ist
z. B. ausschließlich von Kleiderhändlern besetzt, die nächste von Baumwollstoff=
händlern, die dritte von Seidenhändlern; Pelze, Wäsche, Stiefel, Sättel,
Metallwaren, Töpferwaren, Obst, Gemüse, Fleisch, kurzum alles, was
überhaupt zu verkaufen ist, wird ausschließlich nur in einer bestimmten
Budenreihe verkauft. Ebenso sind auch die Garköche alle in eine eigene
Reihe verwiesen, wo sie direkt auf der Straße und vor aller Augen ihre
Nationalspeisen: Plow, Pelmene, Schaschlyk und Lepjoschti, bereiten und
durch angebranntes Schaffett und Kunschutöl weithin die Luft verpesten.
Ebenso wie die Waren sind auch die Handwerke alle streng nach Kategorien
geordnet. In einer Straße verursachen die Kessel= und Theekannenschmiede
einen ohrbetäubenden Lärm; in einer andern Straße hantieren die Huf=
und Nagelschmiede; Gold= und Silberarbeiter, Schuhmacher, Schneider,
Kerzengießer, Färber, Drechsler, Sattler (vgl. Bild 57), Seidensticker ꝛc.
nehmen alle je eine bestimmte Straße ein. Die Teilung nach Branchen
beschränkt sich aber nicht bloß auf die allgemeine Einteilung, sondern sogar
auf die einzelnen Läden. Jeder Händler führt in der Regel nur einen
einzigen Artikel. In einem Laden findet man z. B. nur Pferdesättel, in
einem andern nur Pferdegeschirre, in einem dritten nur Pelzmützen, in einem
vierten nur Pelzröcke, in einem fünften nur Chalate ꝛc. Von den Schuh=
machern verkaufen die einen ausschließlich Reitstiefel, die andern Galoschen
mit Lederstrümpfen, die dritten nur zugeschnittenes Stiefelleder u. s. f. Ja
sogar die zur Herstellung des Plow nötigen fein geschnittenen gelben Rüben
werden nicht vom Koch selbst zubereitet, sondern schon ganz fertig von eigenen
Händlern geliefert, welche sich ausschließlich mit dem Zerschneiden und dem
Verkaufe gelber Rüben beschäftigen.

Unter allen Bazarbuden erfreuen sich die Theebuden oder Tschai=Chanes
des größten Zuspruches, und diejenigen von den Eingeborenen, denen es
ihre Mittel erlauben, verbringen den größten Teil des Tages in den Tschai=
Chanes mit Plaudern, Theetrinken, Rauchen und Schachspielen. Die Mehr=
zahl der Theebuden befindet sich rings um den Bazarplatz, da wo sich die ver=
schiedenen durch die Budenreihen führenden Straßen kreuzen. In der Nähe
der Theebuden befinden sich auch die Läden der Barbiere, soweit dieselben
überhaupt einen eigenen Laden besitzen; die meisten Barbiere sind ambulant
und üben ihr Geschäft einfach auf der Straße oder in den Theebuden aus.

Die an verschiedenen Stellen des Bazars errichteten Karawansarais[1]
ersetzen in Zentralasien den Reisenden unsere Gasthäuser, welche es daselbst

---

[1] Nicht Karawanserei, wie im Deutschen gewöhnlich geschrieben wird, denn es ist
aus den zwei Wörtern karawan = Karawane und sarai = Scheune zusammengesetzt.

nicht giebt. Die Karawanjarais sind öffentliche Gebäude, welche zur zeit=
weiligen Aufnahme der reisenden Kaufleute samt ihren Waren, Pferden und
Kamelen dienen. Sie bestehen aus einem geräumigen viereckigen Hofe, der

Bild 57. Sartische Sattler auf dem Taschkenter Bazar.

rings von ein= oder zweistöckigen Gebäuden umgeben ist, in denen sich die
zur Aufnahme der Reisenden und ihrer Waren bestimmten Zimmer befinden.
Es sind dies einfache, fensterlose, rauchgeschwärzte Gemächer mit Lehmböden
ohne irgend welche Einrichtungsgegenstände, da in Zentralasien jeder Reisende
alles Nötige, wie Betten, Fußteppiche, Trink= und Kochgeschirr, Thee=
kannen u. dgl., mit sich führt, Tische und Stühle aber überhaupt unbe=
kannt sind. Die Lasttiere werden mitten auf dem Hofe angebunden, auf
welchem sich jedesmal ein Wasserbassin befindet. Die Reisenden erhalten
in den Karawan=
jarais nur Wasser
und gegen ent=
sprechende Bezah=
lung Futter für
ihre Lasttiere; für
den Aufenthalt
selbst wird nichts
bezahlt. Speisen

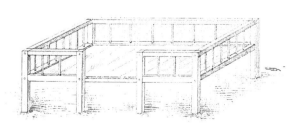

Bild 58. Hölzerne Plattform.

187

werben nicht verabfolgt, und die Reiſenden müſſen ſich ſolche entweder ſelbſt bereiten oder vom Bazar holen laſſen (Bild 59).

Das, was einen Europäer auf einem zentralaſiatiſchen Bazar am un=
angenehmſten berührt, iſt der fabelhafte Schmutz und der unausſtehliche
Geſtank, der überall die Luft verpeſtet. Das Waſſer, welches in unzähligen
offenen Kanälen faſt durch alle Straßen geleitet wird, erreicht, bis es den
Bazar wieder verläßt, einen unglaublichen Grad von Unreinheit, ſo daß es
geradezu ſtinkend wird. Aller Unrat fließt von den Straßen in die Kanäle,
die Einwohner verrichten in denſelben ihre unabläſſigen, vom Koran vor=
geſchriebenen Waſchungen, Pferde und räudige Hunde baden in ihnen, und
das Waſſer derſelben Kanäle wird nicht nur zum Begießen der Straßen,
ſondern auch zum Trinken und zur Bereitung der Speiſen und des Thees ver=
wendet, ohne auch nur oberflächlich filtriert zu werden. Die Fleiſcher ſchlachten
ihr Vieh mitten auf der Straße und hängen das Fleiſch an der offenen Seite
ihrer Buden ebenſo zur Schau aus, wie in andern Buden Kleider, Seiden=
ſtoffe und Gold= und Silbergeſchmeide ausgeſtellt werden. Da hier das
Fleiſch bei der großen Hitze ſchon in kurzer Zeit zu faulen beginnt, um ſo
mehr als es beſtändig von Fliegen und andern Inſekten vollſtändig bedeckt
iſt, ſo kann man ſich denken, was die Fleiſcherbuden für ein Aroma verbreiten.
Dazu kommt dann noch der Rauch und Geſtank der zahlreichen Garküchen
und die Ausdünſtung des allenthalben in den Straßen herumliegenden Pferde=
und Kamelmiſtes, da alle Bazarſtraßen von morgens bis abends von
Reitern und Karawanen bedeckt ſind, der Unrat aber von den Straßen nie
entfernt wird.

3. Straßen (Bild 60, S. 169, Bild 61, S. 171 und Bild 62,
S. 173). Man darf nicht etwa glauben, daß ein Spaziergang durch die
Straßen einer zentralaſiatiſchen Stadt ebenſo angenehm und unterhaltend
ſei wie z. B. hier in München ein Gang durch die Maximilianſtraße.
Von Damen, der Hauptzierde einer europäiſchen Straße, ſieht man dort
keine Spur. Nur ein Eingeweihter weiß, daß unter den hie und da ver=
ſtohlen durch die Straßen huſchenden unförmlichen Überwürfen, unter denen
nichts als ein Paar in ebenſo unförmliche Stiefel und Galoſchen gekleideter
Füße zum Vorſchein kommt, weibliche Weſen verſteckt ſind; ob aber dieſe
Füße einer 18jährigen Schönheit oder einer 80jährigen Megäre gehören,
weiß nur Allah allein. Was die zweite Zierde (?) des europäiſchen Straßen=
lebens, die Gigerl, betrifft, ſo giebt es ſolche in den Städten Zentralaſiens
allerdings ebenſo gut wie in Europa; ſie treiben ſich aber dort nicht auf
den Straßen, ſondern auf dem Bazare und beſonders in den Theebuden
herum. Die zentralaſiatiſchen Gigerl unterſcheiden ſich, und zwar nicht
zu ihrem Nachteil, in einigen weſentlichen Punkten von ihren europäiſchen
Kollegen. Während ſich die europäiſchen Gigerl durch große Stöcke, kurze

Bild 52. Karawanserai in Buchara. (Nach einer Aufnahme von G. Merzbacher.)

Hosen und Röcke, hohe Krägen, kleine Hüte, absatzlose Schnabelschuhe und eine orangutanähnliche Haltung auszeichnen, sind ihre zentralasiatischen Kollegen an ihrer stolzen und verwegenen Haltung, ihren langen Stiefeln mit fabelhaft hohen und nur fingerdicken Absätzen, kurzen Chalaten, schief gesetzten Turbanen oder Hauskäppchen und den hinter ihre langen Ohren gesteckten Blumen kenntlich.

Von einer Pflasterung oder Makadamisierung ist natürlich bei turkesta= nischen Straßen keine Rede. Der Straßenkörper besteht einfach aus dem allgegenwärtigen Löß und ist deshalb im Sommer mit halbfußtiefem Staub, im Winter aber mit fußtiefem Schlamme bedeckt, der sich an den tiefer gelegenen Stellen in solchen Massen ansammelt, daß die Pferde bis an den Bauch einsinken und von einem Durchpassieren zu Fuß keine Rede mehr sein kann. Da die Straßen hauptsächlich von Reit= und Wagenpferden und von Kamelen passiert werden, die alle die Gewohnheit haben, immer in die Fußstapfen ihrer Vorgänger zu treten, so haben sich in den Straßen förmliche, quer über den Weg laufende Staffeln gebildet, welche lebhaft an einen Kartoffelacker erinnern. Daß das Fahren in einer solchen Straße mit Federwagen sehr unangenehm und für die Equipage selbst lebensgefährlich ist, kann man sich leicht vorstellen. Nur die einheimischen breitspurigen, zwei= rädrigen Wagen mit ihren ungeheuern Rädern sind im stande, diese holpe= rigen Wege gefahrlos zu passieren.

Brücken werden selbst in den Städten nur über diejenigen der zahl= reichen Bäche und Kanäle gebaut, deren Ufer zu hoch und steil sind, um einfach durchfahren oder =reiten zu können. Sonst überläßt man es den Passanten, durchs Wasser zu kommen, so gut sie es verstehen. Dies hat seinen Grund darin, daß in Turkestan jeder halbwegs anständige Mensch, Männer sowohl wie Frauen und Kinder, beritten ist, und daß nur die aller= ärmsten Bettler und Stromer zu Fuß gehen, um die es nicht schade ist, wenn sie im Winter mit bloßen Füßen durch das eiskalte Wasser und den knietiefen Schlamm waten müssen.

In Taschkent sind die Straßen in der sartischen Stadt bedeutend besser als in vielen andern zentralasiatischen Städten, aber doch sind auch hier die Zustände derart, daß unter anderem einmal in der Hauptstraße elf Frauen ertranken infolge des unglücklichen Zufalls, daß gerade beim Durchfahren durch eine unergründliche Pfütze ihr Wagen zerbrach und sie nicht im stande waren, sich aus dem zähen Schlamme herauszuarbeiten. Mehr als einmal habe ich mitangesehen, wie Reiter bis an die Brust in dem aufgeweichten Boden versanken, und einmal habe ich selbst in der Nähe des Bazars einem Knaben das Leben gerettet, der infolge des Stolperns seines Pferdes kopfüber in den metertiefen Schmutz gefallen war, so daß nur noch seine Beine daraus hervorragten. In letzterer Zeit sind, dank dem Eingreifen der russischen

Administration, die Straßenverhältnisse bedeutend besser geworden, lassen aber noch immer viel zu wünschen übrig. Eine gründliche Abhilfe ist auch

Bild 60. Hauptstraße von Taschkent.

ohne ganz unverhältnismäßige Kosten nicht möglich, weil der jeden Winter grundlos werdende Lößboden das Pflastern und Makadamisieren außerordent=

lich erschwert, wie die Russen bei der Anlage der Straßen in ihrer Stadt genugsam erfahren haben.

Ein Hauptfehler der turkestanischen Straßen ist der, daß sie, mit Aus-nahme der wenigen Hauptstraßen, so enge sind, daß zwei Wagen einander nicht ausweichen können und jedesmal eines von zwei sich begegnenden Fuhr-werken umkehren muß, bis es ihm gelingt, in eine Seitengasse auszuweichen. An Bazartagen entstehen aus dieser Veranlassung oft stundenlange allgemeine Verkehrsstockungen. Vierrädrige Wagen sind in solchen engen Gassen über-haupt nicht zu brauchen, weil man mit denselben nicht einmal umkehren kann. Dieser Mißstand hat offenbar seinen Grund darin, daß man mit dem Platz innerhalb der Stadtmauern sparsam umgehen mußte, um den Umfang der Stadtmauern nicht allzusehr vergrößern zu müssen. Denn die zentralasiatischen Städte haben ohnedies eine unverhältnismäßig große Aus-dehnung infolge des Umstandes, daß alle Häuser nur aus Erdgeschossen bestehen und stets von mehr oder weniger geräumigen Höfen und selbst Gärten umgeben sind.

Sind die Straßen in den zentralasiatischen Städten schon infolge der angeführten Umstände trostlos genug, so wird das unvorteilhafte Aussehen derselben überdies noch dadurch wesentlich vermehrt, daß es an den Straßen keine Häuser, sondern nur einförmige, aus gelbem Lehm hergestellte Hof-mauern giebt, deren endlose Eintönigkeit nur hie und da durch eine kleine Pforte unterbrochen wird, welche man eher für den Eingang in einen Schweinestall als in eine menschliche Wohnung halten möchte. Denn die Wohngebäude befinden sich alle auf den Höfen, und selbst der Einblick auf die Höfe beim Öffnen der auf die Straße führenden Thüren ist dadurch unmöglich gemacht, daß hinter jeder Thür eine eigene Vormauer angebracht ist. Die Höhe der Hofmauern, welche von beiden Seiten die Straßen ein-fassen, ist so berechnet, daß man auch beim Reiten auf Pferden oder Kamelen nicht darüber hinwegsehen kann; sie haben deshalb gewöhnlich eine Höhe von 3—3,5 m. Die Straßen, welche durch die Häuserviertel innerhalb der Stadtmauern führen, unterscheiden sich in nichts von den Straßen, welche sich zwischen den außerhalb der Ringmauern gelegenen Gärten und Feldern hinziehen, da diese von ganz gleichen Mauern eingefaßt sind wie die Woh-nungen in der Stadt. Man kann deshalb bei der Ankunft in einer fremden Stadt nur aus dem Umstand, ob man das Stadtthor bereits passiert hat oder nicht, darauf schließen, ob man sich noch zwischen den Feldern und Gärten oder bereits zwischen den Häuserreihen befindet. In allen zentral-asiatischen Städten sind die Straßen krumm und gehen fortwährend im Zickzack, da die Eingeborenen von einer regelrechten Anlage von Straßen-zügen und einer vorläufigen Herstellung von Plänen bei der Aufführung von Häusern keine Idee haben. Nur die Hauptstraßen von Taschkent, welche

vom Bazar aus nach der Umgebung führen, zeigen einen Anflug von Regel=
mäßigkeit, wiewohl auch sie vielfache Ecken und Krümmungen aufweisen.

Die ungeheure Monotonie der Straßen des sartischen Taschkent wird
nur hie und da unterbrochen durch eine Moschee oder Medresse, durch ver=
einzelte Grabmäler, welche sich mitten in der Stadt neben dem Wege be=
finden, durch die Hebungen und Senkungen des Bodens und durch die
vielen, teilweise in tiefen Schluchten dahinfließenden Wasserläufe, von denen
die ganze Stadt nach allen Richtungen durchschnitten wird. In dieser
Beziehung macht Taschkent trotz allem einen viel besseren Eindruck als die

Bild 61. Straßenbild in Buchara. (Nach einer Aufnahme von G. Merzbacher.)

meisten übrigen Städte Turkestans, welche meistens in mehr oder weniger
ebenem Terrain angelegt sind.

Was den Verkehr in den Straßen von Taschkent betrifft, so ist derselbe
in den verschiedenen Stadtteilen sehr verschieden; während man in den
Seitenstraßen nur hie und da einen vereinzelten Reiter oder Wanderer
erblickt, sind die nach dem Bazar führenden Hauptstraßen, besonders an
Bazartagen, den ganzen Tag über von endlosen Reihen von Kamel=, Pferde=
und Eselkarawanen, von Wagen und von Reitern auf Pferden, Eseln und
Kamelen besetzt, durch die es oft schwer ist sich mittels fleißiger Anwendung
der Reitpeitsche hindurchzuarbeiten. Dieses Mittel wird nicht etwa bloß
von den Russen, sondern in einem noch ausgedehnteren Maße von den Ein=

geborenen selbst zur Anwendung gebracht; denn in Turkestan hält sich jeder durch Rang oder Reichtum Hervorragende für berechtigt, sich den Vortritt vor weniger Begünstigten durch die ultima ratio der Nagaika zu erzwingen, was von den also Gemaßregelten ganz in der Ordnung gefunden und auch ihrerseits wieder gegen noch tiefer Stehende angewendet wird. Nachgiebigkeit gilt bei den Zentralasiaten für ein Zeichen der Schwäche, und man kann sich ihre Achtung durch nichts besser erwerben als durch Arroganz und brutale Anwendung der rohen Gewalt. Die Russen sind deshalb zur Beherrschung der Zentralasiaten wie geschaffen.

Zur Nachtzeit steht im sartischen Taschkent, wie auch in allen andern von Eingeborenen bewohnten Städten Turkestans, jeglicher Verkehr vollständig still. Die einheimische Polizei, welche für die Städte der Eingeborenen auch unter russischer Herrschaft beibehalten worden ist, hat zur größeren Erleichterung der Ausübung ihres Berufes ein für allemal die praktische Verfügung getroffen, daß ohne Ansehung der Person jeder, der nach Einbruch der Dunkelheit auf der Straße betroffen wird, als Übelthäter anzusehen und unnachsichtlich in Polizeigewahrsam zu bringen ist. Diese Einrichtung hat außerdem noch den wichtigen Vorzug, daß sie alle Auslagen für Straßenbeleuchtung überflüssig macht. Die Nachtruhe wird aber dadurch keineswegs wesentlich gefördert. Denn die zahlreichen Nachtwächter verursachen durch ihre Tamtams und hölzernen Klappern, zu deren unablässiger Handhabung sie zum Beweise der gewissenhaften Ausübung ihres Berufes dienstlich verpflichtet sind, in Verbindung mit dem ununterbrochenen Gekläffe der zahllosen herrenlosen Hunde, welche zur Nachtzeit allein die Straßen bevölkern und sich untereinander förmliche Schlachten liefern, einen solchen heillosen Lärm und Spektakel, daß ein Neuling ganze Nächte nicht im stande ist, ein Auge zuzumachen, besonders während der warmen Jahreszeit, wo man wegen der großen Hitze gezwungen ist, im Freien oder wenigstens bei offenen Fenstern zu schlafen.

4. **Bevölkerung des sartischen Taschkent.** Trotz der bedeutenden Ausdehnung der Stadt, welche mit Einschluß der Gärten ein ebenso großes Areal umfaßt wie Paris, beträgt die Einwohnerzahl des sartischen Taschkent doch nur ca. 125 000. Die genauere Ziffer anzugeben ist nicht möglich, weil das Eindringen in die Familien behufs einer regelrechten Volkszählung durch die mohammedanischen Vorurteile der Einwohner unmöglich gemacht ist. Die russische Administration mußte sich darauf beschränken, die Anzahl der einzelnen Höfe zu konstatieren, welche von je einer Familie bewohnt werden und bei der Verteilung der Abgaben als Grundeinheit angenommen werden. Für jede Familie rechnet man gewöhnlich fünf Individuen, was der Wahrheit ziemlich nahe kommen dürfte.

Bild 62. Ansicht von Kuldscha. (Nach einer Aufnahme von C. Merzbacher.)

Taschkent hat unter allen turkestanischen Städten die am meisten ge=
mischte Bevölkerung, was in Anbetracht der Lage und der Geschichte der
Stadt auch nicht anders zu erwarten ist. Denn alle mongolischen Völker=
stämme, welche sich im Laufe der Zeiten aus der Dschungarei nach Turkestan
ergossen haben, mußten die Gegend von Taschkent passieren und konnten
erst nach Überwältigung dieser mächtigen Stadt weiter vordringen. In
Taschkent haben sich deshalb die indogermanischen Ureinwohner fortwährend
mit den Niederschlägen aller späteren Einwanderungen gemischt. Infolge=
dessen trifft man auch unter den Taschkentern alle möglichen Typen an.

Die Taschkenter bestehen zum weitaus größten Teil aus türkisch sprechen=
den Sarten, welche im großen Ganzen alle die früher auseinandergesetzten,
den Sarten eigentümlichen physischen und moralischen Merkmale in hervor=
ragendem Maße aufweisen, da Taschkent das eigentliche Zentrum des Ver=
breitungsgebietes der Sarten ist. Tadschiken giebt es nur wenige; diese
sind meistens aus Chodschent und Fergana eingewandert und halten sich
gewöhnlich in Taschkent nur zeitweilig als Händler oder Arbeiter auf.
Außer den Sarten und Tadschiken giebt es in Taschkent auch noch je
einige Hundert Tataren, Kirgisen und bucharische Juden, sowie vereinzelte
Hindus, Afghanen, Perser, Chinesen ꝛc.

Das männliche Geschlecht überwiegt in Taschkent beträchtlich über das
weibliche, offenbar eine Folge der Polygamie.

5. Politische und soziale Verhältnisse sonst und jetzt.
Wie bereits früher erwähnt worden ist, gehörte Taschkent zur Zeit der Ein=
nahme durch die Russen zum Chanat Kokan. Von den verschiedenen seit
dem Anfang des 16. Jahrhunderts entstandenen Usbeken=Chanaten hatten
sich bis auf die neueste Zeit nur drei erhalten: Chiwa, Buchara und Kokan.
Von diesen haben gegenwärtig nur noch die beiden ersten eine nominelle
Selbständigkeit bewahrt, während das letztere seit 1876 Rußland ein=
verleibt ist.

Die staatlichen und gesellschaftlichen Einrichtungen waren in allen
Usbeken=Chanaten die gleichen [1]. Die herrschende Klasse bildeten die Usbeken,
aus denen die Herrscher hervorgegangen waren. Einen eigentlichen Adel
gab und giebt es aber nicht. Nur die Brüder und Söhne des jeweiligen
Chans erfreuen sich einer bevorzugten Stellung und führen den Titel Tjura
oder „Herr", welcher von den Eingeborenen auch den russischen Beamten
und Offizieren beigelegt wird. Dieser Titel wird, ebenso wie das kirgisische
„Sultan", dem Personennamen nachgesetzt. Außerdem stehen nur noch die

---

[1] Auch das ephemere, von dem Sarten Jakub Bek im Tarymbecken errichtete
Reich war in ganz ähnlicher Weise organisiert gewesen wie die Usbekenstaaten Buchara,
Kokan, Chiwa, Kundus ꝛc.

Mullas oder Gelehrten in Ansehen; diese verdanken aber ihre bevorzugte Stellung nur ihrer Gelehrsamkeit und nicht etwa ihrer Abstammung, da der Zutritt zu den Schulen jedermann ohne Rücksicht auf Herkunft offen steht. Alle andern Unterthanen, ganz gleich, ob Usbeken, Sarten oder Tadschiken, sind rechtlose Sklaven ihres Chans, der sie gewöhnlich alle mit der größten Willkür behandelt und heute einen Bettler und selbst einen ehemaligen Sklaven zur ersten Würde erheben und morgen wieder zum Bettler machen oder selbst ohne allen Grund hinrichten lassen kann. Die einflußreichen Persönlichkeiten und die hohen Würdenträger an den Höfen der Chane machen deshalb meistens im Laufe ihrer Carriere vielfache Wandlungen durch, von denen übrigens auch die Chane selbst nicht immer verschont bleiben. Der frühere kokanische Gesandte Mirsa-Hakim, der für den Verrat seines Vaterlandes und seines Chaus später den Titel eines russischen Staatsrates erhielt, war früher Kleinkrämer gewesen. Der Chan von Chiwa, Kulman, war infolge einer Verschwörung vom Taglöhner zum Chan avanciert. Der frühere Beherrscher von Kaschgar, Jakub Bek, war aus der Hefe des Volkes hervorgegangen und war in seiner Jugend Batscha, d. i. öffentlicher Tänzer, gewesen. Der letzte Chan von Kokan, Chudojar, hatte sich nach seiner ersten Entthronung in Dschisak als Krämer etabliert und dabei so viel Geschmack am Handel gefunden, daß er denselben auch später, als er wieder auf den Thron gelangte, fortsetzte und einen großen Teil der Verkaufsbuden auf dem Bazar von Kokan sein eigen nannte, ja sogar es nicht unter seiner Würde erachtete, Musikbanden sowie Affen- und Bärenführer zu halten, die er für seine Rechnung auf den Jahrmärkten herumziehen und unaufgefordert in Privathäusern Vorstellungen geben ließ.

Da die Würde des Vaters, deren Verleihung lediglich von der Laune des Herrschers abhängt, nur in seltenen Fällen auf den Sohn übergeht, so genießen die Kinder der höchstgestellten Beamten häufig keine andere Erziehung als die Kinder der gewöhnlichen Bürger und laufen wie diese mit bloßen Füßen und halbnackt auf den Straßen herum. Während meines mehrwöchentlichen Aufenthaltes in Baisun im Jahre 1886, wo ich Gast des dortigen Beks oder Gouverneurs war, kamen jeden Tag die Söhne des Beks auf meinen Hof, um in Gesellschaft meiner Diener und Kosaken die Überreste von meiner Mahlzeit zu verzehren. Einen ehemaligen Bek oder Hofbeamten oder die Söhne von solchen als Trödler, Fuhrknecht und selbst als Taglöhner hantieren zu sehen, ist gar nichts Außergewöhnliches.

Wie unsicher und unbeständig die Gunst der Chane ist, kann man aus folgendem Fall ersehen. Bei dem vorigen Emir von Buchara, Mossafar-Eddin, der ein ebenso leidenschaftlicher wie mittelmäßiger Schachspieler war, stand zur Zeit meiner ersten Reise nach Buchara ein Buchare, der als der beste Schachspieler galt, in großem Ansehen und wurde von demselben mit

Ehren und Reichtümern überhäuft. Auf einer späteren Reise traf ich den erwähnten Günstling unter der Schar zerlumpten Gesindels, welches unser Quartier umdrängte, um vielleicht etwas von den uns aufgetischten Lecker=bissen abzubekommen, wie es bei der Bewirtung von Gästen Usus ist. Als ich mich erkundigte, auf welche Weise er so tief gefallen sei, wurde mir folgendes mitgeteilt. Der Emir spielte einmal in seinem Beisein Schach mit einem seiner Beke und waubte sich, nachdem er in einer kritischen Lage nach langer Überlegung einen entscheidenden Zug gemacht hatte, selbstgefällig an ihn mit der Frage, ob er seinen Zug für einen guten halte. Er antwortete der Wahrheit gemäß, daß er den Zug für einen unglücklichen halten müsse, und daß er sich nicht getäuscht halte, zeigte der Erfolg sofort, denn der Emir verlor das Spiel schon nach ein paar weiteren Zügen. Über diesen Freimut seines Schachbeirates sowie über den Verlust des Spieles war der Emir so erbittert, daß er ihn, wie er ging und stand, davonjagte und sein ganzes Vermögen einzog. Da dem vom Emir aufgegebenen Günstling natürlich auch alle jene den Rücken lehrten, welche bisher um seine Gunst gebuhlt hatten, so blieb dem unglücklichen Schach=Meister nichts übrig, als sich sein Brot zu erbetteln.

Die Willkür, mit welcher die zentralasiatischen Chane von jeher alle ihre Unterthanen ohne Ansehung der Person behandelten, wurde nur einiger=maßen gemildert durch die beständige Furcht vor Empörungen und vor Meuchelmord. Der letzte Chau von Kokan, Chudojar, war von seinen Unterthanen dreimal aus dem Lande gejagt worden. Der Großvater des gegenwärtigen Emirs von Buchara, Nassr=Ulla, der auch schließlich durch seine Lieblingsfrau aus dem Wege geräumt wurde, lebte, nachdem er selbst alle seine Brüder ums Leben gebracht hatte, in beständiger Todesangst und ergriff umfangreiche Vorsichtsmaßregeln, um sich vor Giftmischern sicher zu stellen. Sein Trinkwasser mußte stets unter Aufsicht und unter Siegel von zwei Hofbeamten direkt aus dem Sarawschan geholt werden und mußte jedesmal erst vom Kuschbegi und dessen Bediensteten verkostet werden, ehe sich der Emir entschloß, dasselbe zu trinken. Die für den Emir bestimmten Speisen wurden nicht in seinem eigenen Harem, sondern im Harem und unter Aufsicht desselben Beamten bereitet. Von den fertigen Gerichten aß immer zuerst der Kuschbegi mit seinen Leuten, und erst wenn sich bei ihnen im Laufe einer Stunde keine Vergiftungssymptome einstellten, wurden die Speisen in einer verschlossenen und versiegelten Kiste an den Emir übersandt. Ebenso wurde mit den zum Tische des Emirs gelieferten Früchten verfahren. Seinen eigenen Söhnen traute Nassr=Ulla so wenig, daß er sie jedesmal zwang, die Hauptstadt zu verlassen, so oft er für den Sommer nach Samar=kand übersiedelte, damit sie in seiner Abwesenheit nicht etwa einen Aufstand ins Werk setzen könnten.

Was die Staatseinrichtungen in den zentralasiatischen Chanaten betrifft, so zeichnen sich dieselben durch eine weitgehende Dezentralisation aus. Verwaltungsbehörden, deren Wirkungskreis sich auf den ganzen Staat erstreckt, giebt es überhaupt nicht. Der Chan regiert direkt nur diejenige Stadt, in welcher er residiert; in dieser erhebt er die Steuern, ernennt die Verwaltungsbeamten und die Richter und entscheidet persönlich in den wichtigeren Streit- und Kriminalsachen. Die Verwaltung der übrigen zu dem betreffenden Chanate gehörigen Städte wird vom Chane Gouverneuren übertragen, die den Titel Bek führen und ihren Bezirk fast ganz selbständig verwalten. Die Beks ernennen in ihrem Rayon nach eigenem Gutdünken die Beamten und Richter, meistens aus der Zahl ihrer Verwandten, sammeln die Steuern ein und haben nur für ihren Bezirk an den Chan jährlich eine bestimmte Summe zu entrichten und im Falle eines Krieges mit der waffenfähigen Mannschaft ihres Bezirkes Heeresfolge zu leisten. Die Chanate bestehen also eigentlich aus einem losen Konglomerate von kleinen Staaten, die je aus einer größeren Stadt und den umliegenden Dörfern bestehen.

Diese Einrichtung hat ihren Grund in den örtlichen Verhältnissen. In Turkestan bestehen die einzelnen Staaten nicht aus einem zusammenhängenden Gebiete, sondern nur aus vereinzelten Oasen, die, oft Hunderte von Kilometern voneinander entfernt, über die endlosen Sandwüsten und Hungersteppen inselartig verstreut sind. Infolge der großen Entfernungen, der erschwerten Verbindung und der allgemeinen Unsicherheit in diesen schwach bevölkerten Gegenden ist es unmöglich, die weit entlegenen Oasen von einem Zentrum aus gehörig in Kontrolle zu halten, und es war deshalb notwendig, die Gouverneure mit größeren Machtbefugnissen für alle Fälle auszurüsten und ihnen alle Verantwortlichkeit für ihre Oase zu überlassen.

Die Stellung der Beks war in den zentralasiatischen Chanaten früher eine ganz ähnliche wie die der Satrapen im alten Perserreiche. Wie die Satrapen empörten sich die Beks häufig gegen ihren Herrn und oft mit Erfolg, und führten Kriege mit ihren Nachbarbeks, ohne sich um den Chan zu kümmern. Erst in neuester Zeit ist infolge des Einflusses der Russen in den noch bestehenden Chanaten die Macht der Chane gegenüber ihren Beks so gestiegen, daß diese ihre frühere Unabhängigkeit zum größten Teil eingebüßt haben und zu bloßen Beamten herabgesunken sind. Besonders hat das Beispiel der zwei Städte Schaar und Kitab zur Herbeiführung dieser Veränderung im Verhältnis der Beks zu den Chanen beigetragen. Die Beks dieser Städte hatten sich ebenfalls gemeinsam gegen den bucharischen Emir empört und ihre Unabhängigkeit jahrelang gegen alle Anfechtungen von seiten des Emirs behauptet, waren aber zuletzt von den Russen zu Gunsten des Emirs besiegt und gefangen genommen und auf russischem Gebiet interniert worden, und seitdem denkt kein Bek mehr daran, sich gegen seinen Herrn aufzulehnen.

Aus den oben angeführten Gründen giebt es in Turkestan auch keine eigentlichen Ländernamen, und jeder Staat führt den Namen nach der wichtigsten aller zu einem politischen Ganzen vereinigten Oasen. So war Kokan derjenige Staat, in dem die Oase Kokan die wichtigste und deshalb der Sitz des Chans war. Buchara hat seinen Namen von der Residenzstadt Buchara und Chiwa von der Stadt Chiwa. Der Name Turkestan selbst war ursprünglich nur ein Städtenamen und ist von der unbedeutenden Stadt Turkestan auf das ganze, hauptsächlich von türkischen Völkern bewohnte, Gebiet von Zentralasien übertragen worden[1]. Die Staatennamen Buchara, Chiwa und Kokan, sowie der Ländername Turkestan, werden aber wohlgemerkt nur von den Europäern gebraucht; die Eingeborenen Turkestans verstehen unter den erwähnten Namen auch heutzutage noch nur die betreffenden Städte.

Dasselbe Verhältnis bestand aus den gleichen Gründen auch schon im Altertum, weshalb auch die Geschichtschreiber der Feldzüge Alexanders die Städtenamen Baktra und Sogdiana zugleich auch zur Bezeichnung der betreffenden Landschaften benützten: ein Umstand, der später mannigfache Irrtümer in Bezug auf die Geographie des Altertums zur Folge hatte. (Vgl. meine Monographie „Alexanders d. Gr. Feldzüge in Turkestan", München 1893.)

Was die Hofhaltung der zentralasiatischen Chane betrifft, so war dieselbe ebenfalls in allen Chanaten auf ganz gleiche Weise eingerichtet. Der Hofstaat des Chans von Kokan bestand, ähnlich wie dies in Buchara (Bild 63) und Chiwa noch gegenwärtig der Fall ist, aus folgenden Würdenträgern:

I. Hofbeamte.

1. Kusch=Begi oder Großfalkonier, der Stellvertreter des Chans für den Fall seiner Abwesenheit aus der Hauptstadt,
2. Diwan=Begi oder Kanzler,
3. Taksaba oder Mundschenk,
4. Mirachur oder Stallmeister,
5. Karaul=Begi oder Chef der Leibwache,
6. Mirsa=Baschi oder Oberschreiber.

II. Militärchargen.

1. Atalyk oder Höchstkommandierender,
2. Parmanatschi oder General,
3. Datcha oder Oberst,
4. Min=Baschi oder Chef von 1000 Mann,
5. Pansat=Baschi oder Chef von 500 Mann,
6. Yus=Baschi oder Hauptmann.

---

[1] Auf ganz ähnliche Weise hat auch das heutige Sibirien seinen Namen erhalten, indem die Russen den Namen der Hauptstadt der sibirischen Tataren, Sibir, auf das damals wahrscheinlich namenlose Land übertrugen.

Abb. 63. Die höchsten bucharischen Würdenträger; rechts unten der Höchstkommandierende der Truppen.
(Nach einer Aufnahme von G. Merzbacher.)

Außer diesen höchsten Rangklassen gab es noch eine zahllose Menge von niedern Hofbeamten: Astrologen, Schreiber, Polizisten, Köche, Pferde=knechte, Gaukler, Komödianten 2c., deren Hauptaufgabe darin bestand, den ganzen Tag auf dem Hofe der Residenz herumzulungern und im Falle eines feierlichen Empfanges in Goldbrokat gekleidet und mit Amtsstäben in den Händen Spalier zu bilden, und so durch ihre Anzahl und den Reichtum ihrer Kleidung das Ansehen ihres Herrn zu erhöhen. Denn in Turkestan wird der Rang und das Ansehen eines Mannes nur nach der Zahl seiner Diener bemessen. Es giebt deshalb in Turkestan niemand, der, mag er in der Gesellschaft auch einen noch so tiefen Rang einnehmen, nicht für nötig hielte, sich mit einer aus noch tiefer stehenden Individuen bestehenden Suite zu umgeben. Ich hatte einmal in Taschkent als Pferdejungen einen zehn=jährigen Sartenknaben gemietet, den ich zerlumpt und halb verhungert auf der Straße aufgelesen hatte. Als ich denselben einst auf den Bazar schickte, um fünf Pfund Zucker zu holen, erschien er in Begleitung von zwei andern Gassenjungen, die ihm je ein Paket Zucker nachtragen mußten, da er als Bediensteter eines „Tjura" es unter seiner Würde hielt, die Pakete selbst zu tragen.

Aus den angegebenen Gründen ist es in Turkestan für einen Höher=gestellten unmöglich, ohne einen unverhältnismäßig großen Schwarm von Begleitern zu reisen. Denn die Dolmetscher, Bedienten, Führer und Pferde=knechte, welche man selbst mietet, halten es für unumgänglich notwendig, ihrerseits zu ihrer eigenen Bedienung und Bequemlichkeit und zur Erhöhung ihres Ansehens eigene Reitknechte mitzunehmen, die wo möglich ihrerseits wieder Pferdejungen engagieren, nur um möglichst viel Staat zu machen, so daß man schließlich einen Troß von fünfzig und mehr Menschen mit noch mehr Pferden mitzuschleppen und zu beköstigen hat.

Die Höfe der verschiedenen Beks (Bild 64) sind im kleinen dasselbe, was der Hof des Chans im großen ist, und es findet sich an denselben eine ähnliche, wenn auch entsprechend weniger zahlreiche Beamtenhierarchie, wie am Hofe des Chans. Der wichtigste Mann am Hofe eines Beks ist stets der Diwan=Begi, welcher während der Abwesenheit seines Herrn als dessen Stellvertreter fungiert und auch sonst die meisten Obliegenheiten des Beks versieht. Denn die Beks, die meistens Usbeken sind und sich aus den Verwandten und Günstlingen des Chans rekrutieren, sind in der Regel Leute ohne alle Kenntnisse und ohne irgend welche wissenschaftliche Vorbildung, und sie verwalten ihre Bezirke ungefähr in derselben Weise, wie seinerzeit Sancho Pansa seine Insel zu „regieren" gedachte. In denjenigen Bek=schaften, welche, wie besonders in den schwach bevölkerten Gebirgsgegenden, ein ausgedehnteres Gebiet umfassen, bestellt der Bek für die einzelnen von ihm abhängigen auswärtigen Städle und Dörfer wieder eigene Chefs.

meistens aus der Zahl seiner Verwandten, welche nur ihm verantwortlich sind und den Titel Amljakdar führen.

Die Verwaltung der Beks beschränkt sich hauptsächlich auf die Gerichts= barkeit und das Eintreiben der Steuern. Die gewöhnlichen Streitsachen werden von den von den Beks ernannten Kasis geschlichtet. Wichtigere Angelegenheiten dagegen sowie Kriminalfälle werden vom Bek selbst oder von dessen Diwan=Begi abgeurteilt.

Bild 64. Chiwanische Beks. (Nach einer Aufnahme von G. Merzbacher.)

An Steuern wurden im Chanat Kokan vor der russischen Herrschaft folgende erhoben:

1. Cherabsch oder Feldsteuer; diese wurde in natura erhoben.

2. Tanapna, eine in Geld erhobene Abgabe von den Frucht= und Gemüsegärten.

3. Sjaket, eine Handelssteuer, welche von den verkauften Waren oder von dem auf dem Bazare verkauften Vieh erhoben wurde.

4. Bazarsteuer für das Recht, auf dem Bazar Handel zu treiben.

5. Wagesteuer, eine Abgabe, welche die Pächter der Stadtwagen zu entrichten hatten.

6. Salzsteuer.

Eigentümlich ist in Turkestan die Art und Weise, wie die Beks ihren Tribut an den Chan zu entrichten haben. Derselbe wird nämlich nicht in Geld, sondern in Gestalt von Geschenken dargebracht. In Buchara ist z. B. dafür folgender Modus im Gebrauche. Zweimal im Jahre, im Frühjahr und im Herbst, müssen sich alle Beks mit einem ihrem Range entsprechenden Gefolge beim Hoflager des Emirs einfinden und demselben Geschenke bringen, deren Art und Zahl durch das Hofzeremoniell genau vorgeschrieben ist, deren Wert aber den Einkünften ihres Bezirkes zu entsprechen hat. Diese Geschenke bestehen aus folgenden Gegenständen:

1. Aus 86 Pferden mit seidenen und samtenen, gold- und silbergestickten Schabracken und mit silberbeschlagenem, mit Türkisen und andern Halbedelsteinen besetzten Geschirre.

2. Aus ebenso vielen Chalaten oder Feierkleidern, von denen je eine bestimmte Anzahl aus Kaschmirstoff, Goldbrokat, Samt, Atlas, Tuch, Seide und Halbseide zu bestehen hat.

3. Aus einer Anzahl unverarbeiteter Seidenstoffe.

4. Aus einigen türkisbesetzten Gürteln.

5. Aus einer bestimmten Geldsumme in Gold- und Silbermünzen.

Bei ihrem Erscheinen bei Hofe, sowie bei ihrem Abgange von dort, erhalten aber auch die Beks vom Emir Gegengeschenke, die gleichfalls aus Geld, Seidenstoffen, Gürteln, Feierkleidern und prachtvoll aufgezäumten Pferden bestehen, und deren Wert und Zahl nach dem Rang des Empfängers, sowie nach dem größeren oder geringeren Wohlwollen des Emirs berechnet ist.

Außer diesen regelmäßigen Leistungen haben die Beks im Falle der Durchreise oder des zeitweiligen Aufenthaltes des Emirs in ihrem Bezirke denselben samt seiner Suite und der ihn stets begleitenden Armee für die ganze Zeit seiner Anwesenheit zu verpflegen und ihm sowohl wie seinen Hofbeamten bei seiner Ankunft und abermals bei seiner Abreise die üblichen Geschenke darzubringen. Der bucharische Emir verbringt den ganzen Sommer mit seinem gesamten Hofstaat und seiner Leibgarde jedesmal in den drei Städten Karschi, Schaar und Kitab, und lebt diese ganze Zeit auf Kosten der betreffenden Beks, wobei er die Dauer seines Aufenthaltes in jeder der drei Städte genau nach dem Reichtum und der Leistungsfähigkeit der einzelnen Städte berechnet. Diese Wanderungen unternimmt der Emir teils der Gesundheit wegen, weil in Buchara während der warmen Jahreszeit infolge des Wassermangels der Aufenthalt sehr gesundheitsschädlich ist, teils auch zur Entlastung seiner Hauptstadt, welche ihn während der Wintermonate verpflegen muß. Vor der Eroberung Samarkands durch die Russen war diese Stadt die Sommerresidenz des Emirs gewesen. Ein ganz ähnliches Verhältnis hatte bekanntlich auch schon im alten Perserreiche zwischen dem König und den Satrapen bestanden. Daraus geht hervor, daß die gegenwärtig in Turkestan herrschenden Verhältnisse nicht von den mongolischen Uzbeken eingeführt worden sind, sondern noch aus den Zeiten der alten Baktrier und Sogdianer oder aus der indogermanischen Urzeit stammen, wo Turkestan noch ausschließlich von Indogermanen bewohnt war.

In denjenigen Städten, wo sich beständige Besatzungen von Truppen des Chans befinden, hat dieselben ebenfalls der betreffende Bek zu verpflegen.

Die erwähnten, jährlich zweimal sich wiederholenden Fahrten an das Hoflager des Emirs oder Chans sind die einzige Schattenseite in dem sonst beneidenswerten Dasein der Beks. Denn kein Bek weiß, wenn er sich auf den Weg macht, ob er seine Stadt und die Seinen wieder sehen wird. Da seine ganze Macht und Existenz nur von der häufig wechselnden Laune des Chans, dieser aber von den Einflüsterungen seiner Günstlinge abhängig ist, so kostet es einen solchen Günstling oft nur ein Wort, um den mäch=tigsten Bek zu stürzen, und die Verhältnisse sind an den Höfen der zentral=asiatischen Chane ganz genau dieselben, wie sie in der Bibel in der Geschichte Davids und im Buche Esther so wahr und anschaulich geschildert werden. Während meiner ersten Reise nach Hissar im Jahre 1875 waren in dem Dorfe Derbent seine Vorbereitungen für unsern Empfang getroffen worden — wie sich später herausstellte, infolge des Umstandes, daß der Bek von Baisun, zu dessen Bezirk Derbent gehörte, die betreffende Mitteilung nicht rechtzeitig erhalten hatte, weil er eben verreist war. Als der Hof=beamte, der uns vom Emir als Reisemarschall beigegeben worden war, dies brieflich dem Emir mitteilte und dieser deshalb auf den betreffenden Bek erbittert war, benützte einer der Hofbeamten diese günstige Gelegenheit, um die Stelle des Beks einem seiner Verwandten zu verschaffen, und teilte dem Emir mit, daß der Bek von Baisun überhaupt ein schlechter Kerl sei, denn unter den Geschenken, die er dem Emir dargebracht hätte, hätte sich ein zerrissener Chalat befunden. Darüber war der Emir so empört, daß er, ohne die Sache näher zu untersuchen und dem wahrscheinlich unschuldigen Angeklagten Gelegenheit zur Verteidigung zu geben, den Bek sofort seines Amtes enthob und mehrere Tage unschlüssig war, ob er denselben nicht auch noch aufhängen lassen sollte. Die Beks sind deshalb gezwungen, den Hof=beamten und Günstlingen des Chans fortwährend reiche Geschenke zu machen und zu dem Ende ihre Unterthanen bis aufs Blut auszusaugen, um im Falle der Not beim Chan Fürsprecher zu haben. Daß beim Tode eines Chans jedesmal ein allgemeiner Wechsel in der gesamten Verwaltung ein=tritt, ist unter den angedeuteten Verhältnissen selbstverständlich. Während meiner letzten Dienstreise im Jahre 1886 fand ich in ganz Buchara, mit alleiniger Ausnahme der von den Brüdern des Emirs besetzten Stellen, durchaus ganz neue Persönlichkeiten in Amt und Würden. Alle Beks aus der Zeit des erst kurz vorher verstorbenen Emirs Mossafar=Eddin waren samt ihren zahlreichen Beamten und Günstlingen spurlos verschwunden, indem sie von Mossafars Sohn und Nachfolger zum Teil einfach entlassen, zum Teil auch hingerichtet worden waren.

Wie die Steuern zum größten Teil in natura erhoben werden, so erhalten auch die Beamten, sowohl die vom Emir als die von den Beks eingesetzten, und die sonstigen Bediensteten bis herab zum letzten Stalljungen, ihren Gehalt in natura ausbezahlt. Derselbe besteht in einer bestimmten Anzahl von Kleidern und einem festgesetzten Quantum Gerste und Weizen, welches ihnen jedesmal zur Erntezeit zugeteilt wird. Diese Gehälter sind im allgemeinen sehr gering und bilden nur einen minimalen Teil des wirklichen Einkommens der Beamten und des Dienstpersonals. Die Haupteinkünfte derselben bestehen in zufälligen Geschenken und in dem, was sie vom Volke auf Grund ihres größeren oder geringeren Einflusses beim Emir, beim Bek und den höheren Beamten zu erpressen verstehen. Denn das gesamte Verwaltungssystem beruht in den turkestanischen Chanaten ausschließlich auf Bestechung und Günstlingswirtschaft, und die Köche und Wasserpfeifenträger haben deshalb oft mehr Einfluß und folglich auch mehr Einkünfte als die Beamten.

Die Macht der Chane beruhte in den Usbekenchanaten hauptsächlich auf Mietstruppen, die sich aus allen möglichen Völkerschaften und Volksklassen rekrutierten. Besonders waren bis zur Aufhebung der Sklaverei durch die Russen die von den Turkmenen eingehandelten persischen Sklaven als Soldaten beliebt, welche, dank ihrer natürlichen Begabung, meistens die höchsten Offiziersstellen einnahmen. Auch durchgebrannte russische Kosaken verirrten sich zuweilen unter die Truppen der zentralasiatischen Chane und spielten dann dort eine hervorragende Rolle. So war der Höchstkommandierende der bucharischen Armee zur Zeit der Eroberung Samarkands durch die Russen ein aus Sibirien entflohener Kosaken-Urjadnik (Unteroffizier), der die regulären Truppen des Emirs einexerziert und bei denselben das russische Kommando eingeführt hatte, welches bei den Bucharen auch jetzt noch in Gebrauch ist. Dieser ehemalige Kosak führte in Buchara ein höchst wechselvolles Leben und machte fast jede Woche seine Carriere von neuem durch. Gewöhnlich betrank er sich am Sonntag und verübte dann irgend einen großartigen Exzeß, wofür er am Montag zum Gemeinen degradiert wurde. Am Dienstag avancierte er dann wieder zum Offizier und brachte es bis zum Freitag oder Samstag gewöhnlich wieder bis zum Höchstkommandierenden, um dann in der nächsten Woche seine Carriere abermals von neuem zu beginnen. Als er nach seiner Niederlage bei Samarkand dem Emir begreiflich machen wollte, daß es unmöglich sei, den Kampf gegen die weit überlegenen Russen fortzusetzen, ließ ihm dieser für seinen Mangel an Patriotismus den Hals abschneiden und übernahm das Kommando in eigener Person, ohne aber bekanntlich mehr Glück zu haben.

Die erwähnten Mietstruppen, welche als Sarbasen bezeichnet werden, bestanden und bestehen in Buchara noch jetzt aus Infanterie und Artillerie

Bild 65. Die ehemalige reguläre Armee von Kokan.

(Bild 65, Bild 66 S. 187, u. 67 S. 189). Die Uniform der Sarbasen besteht aus schwarzen, hohen Schaffellmützen, ähnlich den turkmenischen, aus schwerfälligen Lederstiefeln, roten Chalaten oder Jacken mit stehendem Kragen und aus gelben weiten Lederhosen, die über Chalat und Stiefel angezogen werden. Auf Grazie können derartig uniformierte Soldaten keinen Anspruch machen; denn durch die in die Hosen zusammengebauschten Chalate wird ihr Leibesumfang, besonders aber an der Rückseite, derartig vergrößert, daß sie lebhaft an die kirgisischen Fettschwanzschafe erinnern. Die Artilleristen haben blaue Röcke mit roten Kragen. Offiziere und Unteroffiziere tragen außerdem noch lange Tuchkaftane von roter, blauer oder grüner Farbe, je nach der Waffengattung, und lange, krumme Säbel, und schmücken sich außerdem mit allen möglichen Arten von ausrangierten russischen Offizierspauletten und Beamtenachselklappen, die sie von russischen Offizieren und Beamten als Geschenk erhalten oder von jüdischen Trödlern einhandeln. Die Bewaffnung der Infanterie besteht in Gewehren von allen möglichen Formen und Kalibern, angefangen von den kurzen, massiven und sich an der Mündung des Laufes erweiternden Feuerrohren aus der Zeit der Entdeckung Amerikas bis herab auf die doppelläufigen Jagdgewehre unserer Tage. Seit neuester Zeit besitzt die bucharische Armee auch eine Anzahl Berdangewehre, die dem Emir vom Kaiser von Rußland gelegentlich der Kaiserkrönung zum Geschenk gemacht worden waren. Die Kanonen sind größtenteils Vorderlader eigenen Fabrikats. Auf dem Marsche werden die Sarbasen, da die Zentralasiaten alle nur schlechte Fußgänger sind, auf den gewöhnlichen einheimischen, zweirädrigen Wagen transportiert. Die Sarbasen, Infanterie sowohl wie Artillerie, haben nur im Kampfe mit den Eingeborenen einigen Wert, sind aber gegenüber europäischen Truppen ohne alle Bedeutung.

Im Fall eines Krieges wurde in Kokan und Buchara außer den Sarbasen meistens auch noch die ganze übrige waffenfähige Mannschaft aufgeboten. Diese ganz ungeübte und undisziplinierte Miliz bestand ausschließlich aus Reiterei und war in der mannigfaltigsten Weise mit Lanzen, mit schwerfälligen Säbeln, mit Flintstein= und Luntengewehren, mit messingbeschlagenen Stöcken, mit Schleudern und Bogen oder auch nur mit Nagaiken bewaffnet [1] und hatte ungefähr denselben taktischen Wert wie seiner Zeit die ungeheuern Heere des Darius im Kampfe mit der makedonischen Phalanx Alexanders (Bild 68, S. 191; vgl. auch Bild 152). Ein ehemaliger kokanischer Offizier erzählte mir, daß in den Kämpfen zwischen Kokan und Buchara die beiderseitigen Armeen mitunter über 100 000 Mann stark waren. Die Schlachten, welche sich diese formidabeln Heere gegenseitig lieferten, verliefen aber immer ziemlich unblutig. Nachdem beiderseitig auf große Distanzen die ersten Schüsse gewechselt waren, wandte sich immer die eine der streitenden Parteien sofort

---

[1] Im letzten kokanischen Kriege (1876) traten den Russen noch Kämpfer mit Visierhelmen und mit eisernen Panzerhemden entgegen.

Bild 66. Bucharische Infanterie. (Nach einer Aufnahme von G. Merzbacher.)

zur Flucht, ohne daß jemand im stande gewesen wäre, zu ergründen, warum gerade diese und nicht die andere Partei davonlief[1]. Es war also von seiten der Russen ganz rationell, daß sie bei ihren Kämpfen in Zentralasien sich nur auf ihre eigenen, wenn auch noch so diminutiven Kräfte verließen und auf die ihnen wiederholt angebotene Unterstützung durch bucharische, kirgisische und anderweitige einheimische Hilfstruppen großmütig verzichteten.

Daß derartige Armeen nicht im stande sind, eine wenn auch noch so oberflächlich befestigte Stadt im Sturm zu nehmen, brauche ich wohl nicht erst ausdrücklich hervorzuheben. Daher kommt es, daß in Turkestan nicht nur die größeren Städte, sondern selbst Dörfer und einzelnstehende Gehöfte befestigt sind. Der bucharische Emir führte seiner Zeit mit seiner ganzen Heeresmacht jahrelang erfolglos Krieg gegen die beiden aufständischen Städte Schaar und Kitab und konnte denselben weiter nichts anhaben, als daß er Jahr für Jahr durch seine Reiterei die außerhalb der Mauern liegenden Getreidefelder seiner Feinde niederreiten ließ, während die Russen, die damals unter Tschernajews Führung selbst in einer keineswegs musterhaften Verfassung waren, Taschkent, die größte und am stärksten befestigte Stadt von ganz Zentralasien, mit nur zwei Bataillonen eroberten.

Wer die Schilderungen Homers über die Kämpfe der Griechen und Trojaner verstehen will, braucht nur das Kriegswesen der heutigen Bewohner Turkestans zu studieren, denn dort ist die Kriegführung unter den Eingeborenen noch genau dieselbe, wie sie Homer schildert. Wie bei Homer findet sich auch in den Armeen der heutigen Zentralasiaten nur der eine oder

---

[1] Sehr bezeichnend für den Grad der Tapferkeit der eingeborenen turkestanischen Krieger ist folgender Fall. Zur Zeit als die Russen mit dem bucharischen Emir im Kriege lagen und der am weitesten vorgeschobene Posten der Russen noch die Stadt Dschisak war, reiste ein russischer Artillerieoffizier ganz allein von Taschkent nach Dschisak, wohin er soeben versetzt worden war. Als er bei mondheller Nacht in einer gewöhnlichen Posttarantasse über die Wüste von Dschisak fuhr, wurde er plötzlich von einer Abteilung bucharischer Kavallerie umzingelt, die eine wütende Jagd auf ihn eröffnete. Da an Widerstand natürlich nicht zu denken war, so verfiel der Offizier auf folgende Kriegslist. Er band seine große russische Theemaschine, die er zufällig bei sich hatte, oben auf die Tarantasse, und als die Verfolger schon ganz nahe waren, ließ er plötzlich die Pferde anhalten und erteilte mit weithin vernehmlicher Stimme den Befehl, das Geschütz zum Feuern fertig zu machen. Die Bucharen, welche die Kommandoworte wohl verstanden, da in der von russischen Flüchtlingen organisierten bucharischen Armee das Kommando russisch war und noch ist, und deshalb das im Mondschein weithin blinkende Ding auf dem Wagen für nichts anderes als ein Kanonenrohr halten konnten, flohen nach allen Seiten auseinander, und der Offizier benützte diesen Moment, um sofort seine Flucht mit erneuten Kräften fortzusetzen. Als sich seine Verfolger von ihrem Schrecken erholt hatten und sich wieder an die Jagd machten, wiederholte er von Zeit zu Zeit das gleiche Manöver, immer mit gleichem Erfolge, und gelangte so, dank seiner improvisierten Kanone, wohlbehalten nach Dschisak.

andere Tapfere à la Achilles, Hektor, Ajax zc., welche den Kampf eigentlich
allein ausfechten, während die übrigen Krieger bei der ganzen Affaire
nur unthätige Zuschauer bleiben und nur im Falle der Niederlage ihrer
Vorkämpfer die Flucht ergreifen und sich ruhig abschlachten lassen wie eine
Herde Schafe. Auch die langen Zwiegespräche der homerischen Helden, bevor
sie sich gegenseitig den Hals brachen, sind gar nicht so unwahrscheinlich, wie
man gewöhnlich annimmt, weil eben die homerischen Kämpfe keine allgemeinen Schlachten, sondern nur Einzelkämpfe der Vorkämpfer waren [1].

Bild 67. Bucharische Artillerie. (Nach einer Aufnahme von G. Merzbacher.)

Für die Aufrechthaltung der Ruhe und Ordnung in den Städten
Turkestans sorgt eine eigene Polizei, welche aus einem Polizeimeister oder

[1] Echt homerische Scenen spielten sich auch noch in den Kämpfen der Russen
gegen die Eingeborenen ab. Ich will statt vieler nur einen Fall erzählen, der mir
von verschiedenen Augenzeugen mitgeteilt worden ist. Während der Eroberung des
Chanals Kokan wurde einmal eine russische Heeresabteilung von einer Übermacht
von Kiptschaken umringt und von der in unmittelbarer Nähe stehenden Hauptmacht
vollständig abgeschnitten. Da die Lage der Eingeschlossenen sehr kritisch war, so erklärte der kommandierende General, daß der Überbringer einer Depesche an die
Hauptarmee den Georgsorden und eine hohe Geldbelohnung erhalten würde; es fand

Kur-Baschi und einer Anzahl Polizeidiener oder Mirschabs besteht. Trotz der primitiven Einrichtung der Polizei und des gänzlichen Mangels einer Straßenbeleuchtung ist in den von den Eingeborenen bewohnten Städten Turkestans die Sicherheit eine viel größere als in den russischen Städten, trotzdem in diesen Straßenbeleuchtung eingeführt, die Polizei auf europäische Weise organisiert und außerdem noch durch ein zahlloses Heer von Nacht= wächtern verstärkt ist. Dies hat seinen Grund in dem summarischen und rücksichtslosen Vorgehen der einheimischen Polizisten und in der bereits er= wähnten eigentümlichen Einrichtung, daß für die ganze Zeit vom Abend= bis zum Morgengebet aller Verkehr auf den Straßen verboten ist und jeder, der sich nach Einbruch der Dunkelheit aus irgend einem Grunde auf der Straße blicken läßt, arretiert wird. Liebhaber von nächtlichen Abenteuern, Diebe und sonstige Malefikanten haben deshalb einen schweren Stand. Die Ausführung ihrer bösen Absichten wird diesen Leuten nur dadurch einiger= maßen erleichtert, daß die Polizisten und Nachtwächter verpflichtet sind, die ganze Nacht über in kurzen Zwischenräumen Tamtams, Trommeln und eigene hölzerne Klappern zu handhaben, einesteils um den Übelthätern Furcht einzujagen, andernteils um zu beweisen, daß sie sich auf ihrem Posten be= finden und nicht etwa eingeschlafen sind, da man sich auf die Ehrlichkeit und Gewissenhaftigkeit der Polizisten und Nachtwächter ebensowenig verlassen kann wie auf die anderer Leute. Diejenigen, welche nächtlicherweile auf verbotenen Wegen wandeln, können sich deshalb in den meisten Fällen ziemlich genau über den jeweiligen Aufenthaltsort der Sicherheitsorgane orientieren und danach ihre Maßregeln treffen. Bei der Sternwarte in Taschkent, welche

sich aber unter den offiziellen Meldereitern, obwohl es lauter verwegene Kerle waren, keiner, der Lust gehabt hätte, das augenscheinlich Unmögliche zu wagen und den ver= lockenden Preis zu verdienen. Da erbot sich der russische Kaufmann Gromow, ein Mann von riesiger Körperkraft, der die Truppen als Volontär begleitete, die Depesche zu überbringen. Er nahm in jede Hand einen geladenen Revolver und sprengte, den blanken Säbel zwischen den Zähnen, mit verhängtem Zügel direkt auf den dicht= gedrängten Haufen der Kiptschaken los, indem er ununterbrochen aus seinen beiden Revolvern nach rechts und links in die Reiterscharen hineinfeuerte. Die Kiptschaken, obwohl viel tapferer als die Sarten und Tadschiken, wurden über diesen unerwarteten Angriff eines einzigen Mannes gegen eine ganze Armee so perplex, daß sie ihre Reihen öffneten und Gromow passieren ließen. Nur einer suchte ihm den Weg zu verlegen und warf sich mit hochgeschwungenem Säbel auf ihn. Gromow, der bereits alle seine Patronen verschossen hatte, parierte den Säbelhieb mit seiner wuchtigen kara= tagischen Klinge und führte dann einen solchen Streich nach dem Kopfe seines Gegners, daß er ihm den Turban entzwei hieb und die ganze vordere Hälfte des Kopfes samt Gesicht und prächtigem Vollbart so glatt wegrasierte, daß sie weithin in den Sand flog. Auf dies hin floben alle auseinander, und Gromow erreichte ungefährdet die Hauptarmee, zur größten Verwunderung der eingeschlossenen Russen, vor deren Augen sich die ganze Scene abgespielt hatte.

ringsum von einer hohen Mauer umgeben und bei der außerdem noch für jedes einzelne Gebäude ein eigener Nachtwächter aufgestellt ist, kam deshalb einmal das Kuriosum vor, daß einem der Nachtwächter selbst, während er in Ausübung seines Berufes lustig darauf los klapperte, seine eigene Woh= nung, die innerhalb des von ihm bewachten Rayons lag, vollständig aus= geräumt wurde.

Als Vertreter der Bevölkerung der Städte und Dörfer gegenüber den Regierungsbehörden fungieren eigene, von der Bevölkerung selbst gewählte Älteste, welche als Akfakale oder „Graubärte" bezeichnet werden und eine

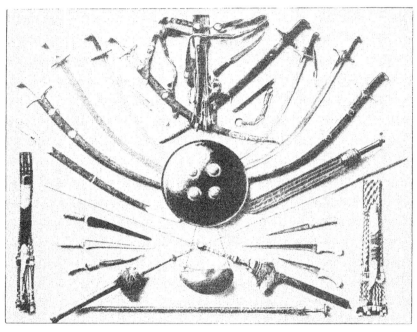

Bild 68. Zentralasiatische Waffen.
(Nach H. Moser, Durch Zentral-Asien. Leipzig 1888, F. A. Brockhaus.)

ganz ähnliche Rolle spielen wie in Europa die Bürgermeister. Das sartische Taschkent zerfällt in vier Bezirke oder Jurten, in deren jedem ein eigener Akfakal aufgestellt ist. Diese Bezirke, welche die Namen Scha=i=chan=taur, Bisch=Agatsch, Sibsor und Kottschi führen, zerfallen wieder in eine größere Anzahl Viertel oder Mohalas, von denen jedes wieder seinen eigenen Namen hat. Der Bezirk Scha=i=chan=taur, der den nordöstlichen Stadtteil umfaßt, zerfällt in 48 Viertel; der Bezirk Bisch=Agatsch, der an die russische Stadt grenzende Stadtteil, in 32 Viertel; der nordwestliche Stadtteil bildet den Sibsor=Bezirk mit 38 Vierteln, und der südwestliche den Kottschi=Bezirk mit 31 Vierteln. Seit der Unterwerfung unter die russische Herrschaft bildet

die Stadt Taschkent in administrativer Beziehung einen selbständigen Be=
standteil der Syr=Darja=Provinz, welche außerdem noch die Bezirke von
Kasalinsk, Perowsk, Amu=Darja, Aulie=Ata, Tschimkent und den Kurama=
oder Landbezirk von Taschkent umfaßt. Taschkent steht gegenwärtig unter
einem russischen Stadthauptmann mit Oberstenrang, dem zwei Gehilfen
beigegeben sind: einer für den russischen Stadtteil, der andere, der aus
der Zahl der Eingeborenen ernannt wird, für die asiatische Stadt. In
Bezug auf die innere Einrichtung des sartischen Taschkent haben die Russen
fast gar nichts geändert. Wie früher wählen die Eingeborenen ihre Aksakale
und Kasis selbst, zahlen dieselben Abgaben wie früher, nur in bedeutend
vermindertem Maßstabe, und auch ihre polizeilichen Einrichtungen be=
stehen unverändert fort: nur mit der Beschränkung, daß Russen, welche
nächtlicherweile die Straßen der sartischen Stadt passieren, nicht festge=
nommen werden dürfen. Durch dieses Entgegenkommen erreichten die
Russen einen doppelten Vorteil. Erstens fühlen sich die Eingeborenen da=
durch geschmeichelt, daß man ihre althergebrachten Einrichtungen nicht an=
getastet hat; zweitens ersparen die Russen die Ausgaben für Straßen=
beleuchtung, für Polizei, für eigene Gerichtskammern u. dgl.; zugleich
erreichten sie dadurch auch eine viel größere Sicherheit, als wenn sie die
Sache selbst in die Hand genommen hätten, weil die Eingeborenen sich
natürlich alle Mühe geben, das in sie gesetzte Vertrauen zu rechtfertigen,
um nicht etwa infolge eines Mißbrauches die ihnen bisher gewährten Vor=
rechte einzubüßen.

Wie die übrigen Eingeborenen Turkestans werden auch die Taschkenter
zum Militärdienste nicht herangezogen, gemäß einer eigenen Stipulation
gelegentlich der Übergabe der Stadt. Übrigens würden die Russen auch
ohne eine solche Abmachung wahrscheinlich auf die Kriegsdienste derselben
verzichtet haben, weil die ansässige Bevölkerung Turkestans doch nur Sol=
daten von sehr zweifelhaftem Werte abgeben würde und zu Fußtruppen
überhaupt nicht zu brauchen wäre.

6. Familienverhältnisse. Die Familienverhältnisse sind bei der
ansässigen Bevölkerung Turkestans, wenigstens nach unsern Begriffen, äußerst
traurige, und ein Familienleben in unserem Sinn ist ganz undenkbar. Die
Sarten, Tadschiken und ansässigen Usbeken leben als Mohammedaner in
Polygamie, ebenso wie die mohammedanischen Nomaden. Den Luxus von
mehreren Frauen können sich aber nur die Reicheren erlauben, weil auch
bei ihnen an die Eltern der Braut ein Kalym zu entrichten ist, der in der
Regel in einer bestimmten Summe Geldes besteht. Ärmere begnügen sich
gewöhnlich mit einer oder, wenn's hoch kommt, mit zwei Frauen. Viele
sind überhaupt nicht im stande, sich eine Frau anzuschaffen, weil, abgesehen
von der Vielweiberei der Reicheren, die Anzahl der weiblichen Individuen

schon an und für sich bedeutend geringer ist als die der Männer. Es giebt deshalb in Turkestan keine alten Jungfern, dafür aber desto mehr unfrei= willige Hagestolze.

Die Mädchen, welche sich nicht etwa nach ihrem eigenen Gutdünken verheiraten dürfen, sondern von den Eltern ohne Rücksicht auf ihre persön= lichen Neigungen vergeben werden, heiraten schon sehr früh, mitunter schon mit zehn Jahren, gehören aber dafür mit zwanzig Jahren meistens auch schon zu den alten Weibern. Die Frau ist vollständig die Sklavin ihres Mannes, der sie je nach Laune gut oder schlecht kleidet und nährt, und ohne Rücksicht auf seine Vermögensverhältnisse und seine bürgerliche Stellung die eine seiner Frauen in Lumpen gehen läßt und sie zu den niedrigsten Arbeiten verwendet, während er die andere in Gold und Seide kleidet. Ist die Lage einer derartig zurückgesetzten Frau schon an und für sich keine be= neidenswerte, so wird dieselbe noch dadurch verschlimmert, daß sie mitansehen muß, wie ihre Kinder den Kindern der Lieblingsfrau in allem nachstehen und sich von denselben jedwede Behandlung gefallen lassen müssen. Nur diejenigen Frauen, welche aus besseren Familien stammen, können sich durch ihre Familienverbindungen eine bessere Behandlung von seiten ihres Mannes erzwingen und im Falle von Mißhandlung ihren Mann durch Richterspruch veranlassen, sich von ihnen zu scheiden. Alle andern Frauen sind dagegen schutzlos der Willkür ihres Mannes preisgegeben, der sich jederzeit ohne Angabe der Gründe und aus eigener Machtvollkommenheit von ihnen scheiden oder sich neben· ihnen jüngere Frauen nehmen kann, wenn ihm die älteren nicht mehr gefallen.

Der wichtigste Umstand, der in den turkestanischen Städten das ge= samte öffentliche Leben zu einem unerträglich eintönigen und langweiligen macht und auch ein eigentliches Gesellschafts= und Familienleben nicht auf= kommen läßt, ist die vollständige, mehr als klösterliche Abschließung der Frauen von der Männerwelt. Auf der Straße dürfen die Frauen entweder gar nicht oder nur so tief verschleiert erscheinen, daß von ihrer Figur über= haupt nichts zu sehen ist. Zu Hause aber müssen sie eine eigene Abteilung bewohnen, welche außer ihren Männern und Kindern nie ein männliches Wesen betreten darf. Ja nicht einmal der Bräutigam darf seine Braut vor der Hochzeit sehen, und selbst noch während der Trauung befinden sich Braut und Bräutigam in zwei verschiedenen Lokalen, so daß sich die Männer bei der Wahl ihrer Frauen lediglich auf die Berichte ihrer weiblichen Ver= wandten oder gewerbsmäßiger Heiratsvermittlerinnen verlassen müssen. Qui= prognos, wie sie seiner Zeit dem Patriarchen Jakob von seinem Schwieger= vater Laban gespielt wurden, sind deshalb leicht möglich. Die Frauen können ihr ganzes Leben lang außer ihren Männern höchstens noch mit ihren Brüdern und Eltern verkehren, alle andern Männer sind für sie so gut wie gar nicht vorhanden. An keiner öffentlichen Festlichkeit, ja nicht einmal an Familienfesten oder am Empfange von Gästen in ihrem eigenen Hause können die Frauen teilnehmen. Ein freudloseres Dasein als das Leben der einheimischen Frauen in den Städten Zentralasiens kann man sich deshalb schwerlich vorstellen [1].

Aber auch das Leben der Männer ist im allgemeinen, dank der strengen Trennung der beiden Geschlechter, ein keineswegs beneidenswertes. Ein Mann ohne Familie bekommt überhaupt in seinem Leben nie ein weibliches Wesen zu Gesicht und ist ausschließlich auf den Umgang mit Männern angewiesen. Die Folge dieser unnatürlichen Verhältnisse ist eine unglaubliche moralische Verkommenheit und ein geradezu schreckenerregendes Überhandnehmen aller möglichen unnatürlichen Laster.

Auch die verheirateten Männer verkehren verhältnismäßig nur wenig mit ihren Frauen und ziehen es vor, ihre Zeit im Umgang mit Männern totzuschlagen und den ganzen Tag auf dem Bazar herumzulungern, soweit sie nicht durch Feldarbeit, Handelsgeschäfte oder irgend ein Handwerk in Anspruch genommen sind. Dies hat seinen Grund in dem gänzlichen Mangel an Bildung bei allen Frauen, selbst der bestgestellten Familien: gleichfalls eine Folge der Abschließung des weiblichen Geschlechts, welche die Erlangung einer höheren Bildung auf Schulen für Frauen unmöglich macht. Die Frauen sind deshalb nicht im stande, Gefährtinnen und Gesellschafterinnen ihrer Männer im besseren Sinne zu sein.

Wie langweilig, ja geradezu unerträglich sich infolge der geschilderten Verhältnisse das gesamte Leben in den nur von Eingeborenen bewohnten Städten gestaltet, davon kann sich nur derjenige einen Begriff machen, der einmal durch sein Unglück auf längere oder kürzere Zeit in eine solche Stadt verschlagen worden ist. Besonders deprimierend wirkt ein solches Leben, wie ich aus eigener Erfahrung bestätigen kann, auf Europäer, welche an weiblichen Umgang und an europäische Gesellschaftsformen gewöhnt sind. Für Europäer kann ein längerer Aufenthalt in rein mohammedanischen Städten geradezu verhängnisvoll werden, und mir sind wiederholt Fälle bekannt geworden, daß ein mehrjähriges Leben in einer ausschließlich mohammedanischen Umgebung die Betreffenden zu Selbstmord oder Wahnsinn geführt hat.

Ein Gutes hat für die Frauen in den Städten und Dörfern Turkestans ihre strenge Absonderung und Klausur zur Folge: daß sie weniger zu schweren Arbeiten herangezogen werden, als dies bei den Kirgisen der Fall ist, und daß sie mit Feld- und Gartenarbeiten und mit schwereren Handwerksarbeiten verschont bleiben. Die Hauptaufgabe der Garten- und

---

[1] Ich will hier bemerken, daß in Turkestan das Institut von Eunuchen unbekannt ist. Auch bei den Harems der Chane giebt es keine Eunuchen.

Tadschikenfrauen besteht in der Pflege und Erziehung ihrer Kinder, dem Bereiten der Speisen, dem Anfertigen und Waschen der Kleider, dem Spinnen von Garn und Weben von Kleiderstoffen für den Hausgebrauch u. dgl.; besonders die Seidenzucht liegt ganz in den Händen der Frauen. Alle Arbeiten, welche öffentlich und im Freien zu verrichten sind, wie Feld- und Gartenbau, Hand= werke, Handelsgeschäfte, Viehzucht, werden ausschließlich von Männern besorgt, ganz anders, als dies bei den Nomaden der Brauch ist. Alle häuslichen Arbeiten aber werden selbst bei den höchstgestellten Würdenträgern und den Chanen von den Frauen verrichtet, da es weibliche Dienstboten nicht giebt, wohl aber männliche. Es ist gar nichts Außergewöhnliches, daß die Frauen der höchsten Beamten, ja selbst der Chane, die Produkte ihrer Hausindustrie, wie gestickte Hauskäppchen, Gürtel, Täschchen u. dgl., auf den Bazar zum Verkauf schicken, um sich so eine kleine Nebeneinnahme zu verschaffen.

7. Religion. Die ansässige Bevölkerung Turkestans bekennt sich, ebenso wie die Kirgisen, zum sunnitischen Mohammedanismus. Aber während die Kirgisen eigentlich nur dem Namen nach Mohammedaner sind, zeichneten sich die Ansässigen, besonders die ansässigen Usbeken, von jeher durch großen Fanatismus aus, und sie dürften in dieser Beziehung wohl unter allen Be= kennern des Islam den ersten Rang einnehmen. Dieser Fanatismus wurde hauptsächlich von den sogen. Reis, Duwanas und Ischanen genährt, von denen die ersteren gegenwärtig in den russischen Besitzungen abgeschafft sind. Die Reis waren von der Regierung aufgestellte Beamte, deren Haupt= aufgabe darin bestand, über die strenge Erfüllung der Vorschriften des Koran zu wachen und die Lauen und Gleichgültigen zu bestrafen. Sie waren zu dem Ende mit einer riesigen, aus einem breiten, dicken Lederstreifen und einer hölzernen Handhabe bestehenden Peitsche ausgerüstet, mit der sie diejenigen, die sich systematisch dem Besuche der Moscheen entzogen, zum Gebete zusammentrieben und nebenbei auch die Kaufleute auf den Bazaren, welche sich Übervorteilungen des Publikums durch falsches Maß oder Gewicht zu Schulden kommen ließen, unbarmherzig durchpeitschten. Auch die Hand= habung der Sittenpolizei war den Reis übertragen, und die in flagranti ertappten Übelthäter wurden von ihnen in einer wirklich barbarischen Weise abgestraft. Da die Reis ebenso bestechlich waren wie alle andern Beamten, so wurden von denselben in der Regel nur diejenigen zur Verantwortung gezogen, welche nicht die Mittel besaßen, sich loszukaufen, und die Amts= thätigkeit der Reis stellte sich deshalb eher als ein wohlorganisiertes Er= pressungssystem dar. Weil nun die Russen natürlich kein besonderes Interesse daran hatten, den gegen alle Andersgläubigen gerichteten Fanatismus der Bevölkerung ihrer zentralasiatischen Besitzungen zu nähren, so hoben sie in den ihrer Herrschaft unterworfenen Gebieten das Amt der Reis auf, und dieses besteht gegenwärtig nur noch in den unabhängigen Chanaten fort.

Die Duwanas sind in Turkestan dasselbe, was in andern mohamme=
danischen Ländern die Derwische oder Kalentars sind. Die Duwanas leben
gewöhnlich in klösterlicher Gemeinschaft und im Cölibat, es giebt aber auch
verheiratete Duwanas. Ihre Zahl ist ziemlich groß; auf jedem Bazar und
jedem Jahrmarkte trifft man ganze Scharen von singenden und schreienden
Duwanas, welche das Publikum förmlich brandschatzen. Der Einfluß und
das Ansehen der=
selben beim Volk
ist sehr groß, was
für mich stets ein
Rätsel geblieben
ist, denn ein ge=
meineres, unver=
schämteres und
widerlicheres Pack
als die Duwanas
kann man sich
schwerlich vorstel=
len. Die Duwanas
rekrutieren sich
hauptsächlich aus
arbeitsscheuem Ge=
sindel, welches vor=
zieht, auf Kosten
des dummgläubi=
gen Volkes zu le=
ben, statt sich seinen
Lebensunterhalt
durch ehrliche Ar=
beit zu verdienen.
Sie sind deshalb
auch in Bezug auf
Lebenswandel kei=

Bild 69. Duwanas (mohammedanische Bettelmönche).

neswegs Muster für das gewöhnliche Volk, sondern nehmen im Gegenteil so
ziemlich die tiefste Stufe ein, welche ein Mensch in Bezng auf moralische
Verkommenheit überhaupt erreichen kann. Sie sind dem Genusse von Opium,
Nascha oder Haschisch und allen möglichen unnatürlichen Lastern so sehr er=
geben, daß sich die Folgen ihrer Ausschweifungen in der Regel schon in ihrem
vertierten und idiotischen Gesichtsausdruck ausprägen, weshalb auch das Wort
Duwana in Turkestan gleichbedeutend ist mit Idiot. Dabei sind sie, natürlich
nur aus Spekulation, große Fanatiker und entflammen durch ihre öffentlich

auf den Straßen und Bazaren abgehaltenen Brandreden das gemeine Volk zu gleichem Fanatismus und zum blinden Hasse gegen alle Andersgläubigen. In den russischen Besitzungen ist deshalb auch den Duwanas das Halten von öffentlichen Predigten verboten worden. Die Duwanas befassen sich weder mit wissenschaftlichen noch mit irgendwelchen sonstigen Arbeiten und leben ausschließlich von Almosen, die sie in marktschreierischer Weise und mit der größten Unverschämtheit einsammeln oder vielmehr eintreiben. Von Dank=barkeit für eine empfangene Gabe ist bei ihnen keine Rede, da sie im Gegen=teil dem Geber eine Wohlthat zu erweisen glauben, wenn sie von ihm ein Almosen annehmen und ihm so Gelegenheit geben, ein Gott wohlgefälliges Werk zu verrichten.

Von der äußeren Erscheinung der Duwanas kann man sich nach Bild 69, auf dem zwei typische Exemplare dieser würdigen Sippschaft dargestellt sind, einen ungefähren Begriff machen. Das Charakteristischeste an dem Kostüm eines Duwana ist die unverhältnismäßig große, hohe, konische Mütze aus Teppichstoff, welche sie Winter und Sommer tragen und welche die eigent=liche Uniform der Duwanas bildet, da solche Mützen sonst von niemand getragen werden. Zum Einsammeln von Almosen tragen sie am Arm oder Gürtel einen hohlen, horizontal entzwei geschnittenen Mantelsack=Kürbis. Der obere Teil des Kürbis, der mit dem größeren unteren Teil mittels eines Strickes ganz in derselben Weise verbunden ist wie die Deckel an den Weih=rauchfässern in den katholischen und orthodoxen Kirchen, bildet den Deckel dieser eigentümlichen Almosenbüchse. In der linken Hand tragen die Du=wanas zwei kurze, gedrechselte, mittels eines eisernen Ringes verbundene Stäbe, durch deren Gerassel sie die Aufmerksamkeit des Publikums auf sich zu lenken suchen. Ihre Ausrüstung vervollständigt ein langer, massiver Stock, der oft mit verschiedenen, gleichfalls zum Rasseln bestimmten Metall=stücken behangen ist. Das ganze übrige Kostüm der Duwanas besteht aus einem mittels eines Strickes zusammengehaltenen Chalat, der mit Hunderten von Flicken aller möglichen Farben, Formen und Größen besetzt ist, von dem unzählige, oft künstlich angesetzte Fetzen und Teile des Unterfutters herunterhängen und durch dessen handgroße Löcher stellenweise der bloße Körper zu sehen ist, so daß im Vergleich mit einem zentralasiatischen Duwana Antisthenes und sein Schüler Diogenes als die reinsten Gigerl erschienen wären. Diese bis zur Indecenz zerrissenen und zersetzten Chalate gehören gleichfalls zur Uniform der Duwanas; denn ich habe bei näherem Zusehen öfters bemerkt, daß auch in den Fällen, wenn ein Duwana einen neuen Chalat trug, derselbe über und über mit absichtlich angenähten Fetzen be=hangen war, damit er den Schein der Schadhaftigkeit erwecken sollte. Hemden und sonstige Wäsche fehlen bei den Duwanas meistens ganz. Die Füße bleiben Winter und Sommer entweder ganz bloß oder sie tragen

ungeheuer schwerfällige Pantoffel von der Art der berühmten Pantoffel des
Bagdader Kaufmanns Kasem, die seiner Zeit ihrem Herrn so viele Prügel
und sonstiges Ungemach eintrugen.

Eine ganz andere Rolle als die Duwanas spielen die Ischane, deren
Zahl viel geringer ist als die der Duwanas, und welche von manchen Rei=
senden irrtümlicherweise für mohammedanische Geistliche gehalten worden sind.
Eigentliche Geistliche, in der Art der christlichen, giebt es bekanntlich bei
den Mohammedanern überhaupt nicht. Die Mullas sind nichts weiter als
Schriftgelehrte und Vorbeter in den Moscheen, welche Funktion jeder be=
liebige Mohammedaner ausüben kann, ohne dazu einer höheren Autorisation
zu bedürfen. Die Ischane sind Leute, welche, ebenso wie die Duwanas,
ein Parasitenleben auf Kosten der Gläubigen ehrlicher Arbeit vorziehen,
dabei aber zu stolz und vornehm sind, um sich den Duwanas anzuschließen.
Es sind meistens Leute, welche einst bessere Tage gesehen, ihr Vermögen
aber auf diese oder jene Weise durchgebracht haben. Sie nehmen für sich
das Monopol besonderer Frömmigkeit und Heiligkeit in Anspruch, etablieren
sich bei irgend einer Moschee oder dem Grabmal eines angeblichen Heiligen
und verbringen ihre freie Zeit, eine Art Rosenkranz in der Hand, in
äußerlichem Gebete, wobei sie mit Vorliebe ihren Standpunkt so wählen,
daß sie von jedermann gesehen werden können. Da die Ischane vor lauter
Beten natürlich keine Zeit zur Erwerbung ihres Lebensunterhaltes finden,
so tragen ihre Glaubensgenossen dafür Sorge, daß es ihnen an nichts ge=
bricht, weil sie sich durch die Unterstützung solcher gotterleuchteter Männer
eine Staffel in den Himmel zu bauen glauben. Die Ischane führen des=
halb ein angenehmes und sorgloses Leben, kleiden sich in die feinsten Stoffe
von irgend einer auffallenden, besonders roten oder weißen Farbe, und halten
sich Diener und Pferde. Bei allen Festlichkeiten und Schmausereien wird
ihnen der erste Platz angewiesen, und bei den gemeinsamen Gebeten wird
ihnen das Ehrenamt des Vorbeters eingeräumt.

Einer bevorzugten Stellung erfreuen sich bei den Mohammedanern
Zentralasiens auch noch alle diejenigen, welche eine Wallfahrt zum Grabe
des Propheten nach Mekka gemacht haben. Dieselben führen auch hier den
Titel Hadschi und haben das Vorrecht, weiße Chalate tragen zu dürfen.
Die Zahl der Mekkapilger ist in Turkestan verhältnismäßig gering infolge der
großen Entfernung und der Schwierigkeit der Kommunikation. Gewöhnlich
nehmen die Mekkapilger ihren Weg über Afghanistan und Indien, und sie
brauchen zu dieser Reise, auf der durch Cholera und andere Krankheiten
sowie infolge der Beschwerden und Entbehrungen und räuberischer Überfälle
stets ein großer Teil umkommt, meistens ein bis zwei Jahre. Seit neuerer
Zeit wählen die Bemittelteren den bequemeren Weg über Rußland und durch
das Schwarze und Mittelländische Meer.

Die angeblichen Nachkommen Mohammeds, die gleichfalls eine bevor=
zugte Stellung genießen, werden in Turkestan als Chodschas bezeichnet.

Bild 70. Die Gur-Emir-Moschee mit dem Grabe Tamerlans zu Samarkand.

Diese sind ziemlich zahlreich, verheiraten sich wo möglich nur untereinander
und bilden so eine Art geistlicher Aristokratie. Man trifft die Chodschas in

allen möglichen Lebensstellungen, als Mullas (Bild 81, S. 225), Kaufleute, Handwerker und Bauern. Sie dürften wohl in Wirklichkeit die Nachkommen der arabischen Eroberer sein.

Außer den zufälligen Gaben, welche den Duwanas, Ischanen und sonstigen religiösen Parasiten von den Gläubigen zufließen, ist für den Unterhalt derselben auch noch durch eine große Anzahl von frommen Stiftungen gesorgt, welche als Wakuf bezeichnet werden. Unter Wakuf versteht man in den mohammedanischen Ländern alles Eigentum der toten Hand, welches teils von gottesfürchtigen Fürsten, teils von reichen Privatpersonen zum

Bild 71. Hasret-Moschee in der Stadt Turkestan.

Unterhalte von Moscheen, Medresses, Klöstern, Bädern, Aussätzigenhäusern, Brunnen und von armen Gelehrten und Studenten u. dgl. gestiftet worden ist. Das Wakuf-Vermögen besteht teils in Ländereien, teils in Gebäuden, Bazarbuden, Karawansarais, Mühlen 2c., und wird von eigenen Beamten, den Mutewals, verwaltet, welche auch für die Verwendung der Einkünfte der verschiedenen Stiftungen, entsprechend den Intentionen der Stifter, zu sorgen haben. Die Wakuf-Stiftungen sind von allen Steuern und Abgaben befreit. Wenn man bedenkt, daß in Turkestan, abgesehen von den fortwährenden zufälligen Leistungen an die Duwanas, Ischane und Mullas in Gestalt von Almosen und Geschenken, ein Dritteil des gesamten Grundbesitzes und sonstigen Nationalvermögens dem Wakuf verfallen ist, so kann man sich leicht ausrechnen, ein wie großer Prozentsatz der ganzen Bevölkerung aus Mullas, Duwanas und Ischanen besteht, welche ausschließlich auf Kosten der arbeitenden Klassen leben, die auch noch alle Staatsausgaben allein zu bestreiten haben. In den russischen Besitzungen Zentralasiens haben die Verwaltung der Wakuf-Güter die russischen Behörden in die Hand genommen, verwenden aber die Einkünfte in der hergebrachten Weise zu Kultuszwecken.

Trotz der Opferfreudigkeit für religiöse Zwecke, welche die zentralasiatischen Mohammedaner allenthalben an den Tag legen, besteht die Religio-

Bild 72. Maxim-Moschee zu Taschkent.

sität derselben eigentlich nur in Äußerlichkeiten, in Almosengeben und in der möglichst strikten Befolgung aller sonstigen vom Koran vorgeschriebenen äußerlichen Religionsübungen, gerade wie seiner Zeit bei den jüdischen Pharisäern. Pünktlich verrichten sie ihre unablässigen Waschungen vor jedem Gebete, vor und nach jeder Mahlzeit, nach jeder Verrichtung eines natürlichen Bedürfnisses, wenn nötig selbst mitten auf der Straße, und nie habe ich gesehen, daß ein Mohammedaner sein Morgen- oder Abendgebet versäumt hätte. Selbst auf der Reise, im ärgsten Unwetter und im größten Schmutze knieen sie mitten auf dem Wege nieder und verrichten zur Zeit des Sonnenaufgangs und Sonnenuntergangs ihr Gebet, ohne sich um irgend jemand zu kümmern. Selbst wenn sie eben im hitzigsten Streite begriffen sind, stellen sie bei Verkündigung der Gebetstunde ihre Feindseligkeiten sofort ein, um dieselben nach beendigtem Gebete wieder mit erneuten Kräften anzu=nehmen. Das ist aber auch alles. Daß sie sich nebenbei jeden Betrug und jede Übervorteilung ihrer Nebenmenschen erlauben, besonders wenn dies ein Andersgläubiger oder Kafir ist, und daß sie sich insgeheim den ärgsten Lastern und Ausschweifungen hingeben, halten sie für völlig irrelevant, wenn nur das Dekorum gewahrt bleibt und nichts an die Öffentlichkeit bringt.

Regelmäßig wiederkehrende Feiertage in der Art unserer Sonntage giebt es bei den Mohammedanern nicht. Sie haben nur drei große Feste im Jahre, die jedesmal mehrere Tage hintereinander gefeiert werden; sonst aber ist bei ihnen ein Tag wie der andere. Nur an den Freitagen ver=sammeln sich die Männer am Morgen in der Moschee zum gemeinsamen Gebet, gehen aber nachher wie jeden andern Wochentag ihrer Arbeit und ihren Geschäften nach.

Die Moscheen gelten nicht als Gotteshäuser wie bei den Christen, sondern sind nichts weiter als Versammlungsorte. Die Mohammedaner finden deshalb gar nichts Besonderes darin, wenn ihre Moscheen von Ungläubigen betreten werden. Auf meinen Reisen in dem strenggläubigen Buchara wurden mir gerade mit Vorliebe Moscheen als Wohnung für die Dauer meines Aufenthaltes angewiesen, wenn keine besseren Lokalitäten vor=handen waren. Auch der Umstand, daß die Mohammedaner vor dem Ein=tritt in eine Moschee ihre Schuhe abnehmen, hat keinen religiösen Grund, sondern beruht auf der allgemeinen, durch Reinlichkeitsrücksichten bedingten Gewohnheit, vor dem Eintritt in eine Wohnung die obere, durch den Kot der ungepflasterten Straßen beschmutzte Fußbekleidung abzulegen, weil man in den Wohnungen der Eingeborenen, wie auch in den Moscheen, nicht auf Stühlen, sondern einfach auf dem Boden Platz nimmt. Sie verlangen deshalb auch von den Europäern nicht, daß sie vor dem Eintritt in eine Moschee die Stiefel ausziehen sollen.

Von Moscheen giebt es in Turkestan zweierlei Arten: große Kuppel=gebäude aus gebrannten Ziegeln mit hohen Fassaden und weiten Thorbogen, welche größtenteils noch aus Tamerlans Zeit stammen (Bild 70 S. 199 u. Bild 71 S. 200), und die modernen Moscheen, welche aus einfachen, einem gewöhnlichen Wohnhaus ähnlichen Gebäuden mit anstoßenden Säulenhallen bestehen, wie deren eine auf Bild 72 (S. 201) dargestellt ist. In Taschkent giebt es nur zwei größere Moscheen der ersteren Art: die alte, halbver=fallene Moschee Chodscha=Achrar, deren noch stellenweise erhaltene Mo=saikarbeiten beweisen, daß sie in demselben Stil erbaut gewesen war wie die Tamerlanschen Moscheen in Samarkand, und die aus neuerer Zeit

Bild 73. Inneres einer Moschee zu Buchara.

stammende Bekjar=Bek=Moschee, welche den Bazar beherrscht. Alle übrigen Taschkenter Moscheen, deren Zahl sich auf 255 beläuft, gleichen mehr oder weniger der auf Bild 72 (S. 201) abgebildeten Maxim= Moschee. Sie bestehen in der Regel aus einem größeren oder kleineren rechteckigen Gemache, welches aus gebrannten Ziegeln oder auch einfach aus Lehm erbaut ist, und einer daranstoßenden Säulenhalle mit geschnitzten hölzernen Säulen und ebenem hölzernen Dache. Der Boden der Säulen= hallen ist stets einige Fuß über den umgebenden Hof erhoben. Mitunter fehlt der geschlossene Raum ganz, und die Moschee besteht dann lediglich aus einem vorne offenen, aus Lehmmauern aufgeführten Schuppen. Das Innere der Moscheen (Bild 73, S. 203) weist in der Regel keinerlei Ver= zierungen oder Einrichtungsgegenstände auf, und die Wände sind sogar meistens nicht einmal getüncht. Eine aus einigen Stufen bestehende, aus Ziegeln oder Lehm aufgeführte Erhöhung dient als Kanzel für den vor= tragenden Mulla. Die Moscheen sind immer so orientiert, daß die dem Eingange gegenüberstehende Wand, welcher sich die Besucher beim Gebete zu= wenden, möglichst senkrecht zur Richtung nach Mekka steht. Auch bei ihren Gebeten außerhalb der Moschee suchen die Mohammedaner jederzeit die Rich= tung nach Mekka einzunehmen, und sie nehmen die Sache in dieser Beziehung so genau, daß ich in allen Städten, welche ich auf meinen Reisen berührte, von den Einwohnern ersucht wurde, ihnen mittels meiner astronomischen Instrumente möglichst genau die Richtung nach Mekka anzugeben. Bei jeder Moschee befindet sich ein größerer oder kleinerer Hof oder Garten mit einem Teich in der Mitte, an welchem die Besucher der Moschee vor dem Gebete die vorgeschriebenen Waschungen vornehmen, wenn sie dies nicht schon zu Hause gethan haben. Diese Moscheehöfe bilden einen Lieblingsversammlungs= ort für alle diejenigen von den Bewohnern, deren einzige Lebensaufgabe in einem ununterbrochenen dolce far niente besteht, die es aber unter ihrer Würde erachten, sich mit den jüngeren Leuten auf dem Bazar und in den Theebuden herumzutreiben. Bei jeder Moschee befindet sich ein Imam oder ständiger Vorbeter mit einem Gehilfen, der den Titel Suphi führt, sowie ein mit kräftiger Stimme begabter Ausrufer, der vom Minaret der Moschee aus (Bild 74) die Zeit des Morgen= und Abendgebetes und damit zugleich die Polizeistunde zu verkünden hat. Alle diese beziehen durchweg keinen regelmäßigen Gehalt, sondern erhalten nur zur Zeit der hohen Feste frei= willige Geschenke von den Besuchern der betreffenden Moschee und zur Erntezeit einen bestimmten Anteil an dem Ertrage des Bodens.

Beim gemeinsamen Gebete, in der Moschee sowohl wie außerhalb derselben, ordnen sich alle Teilnehmer in Reih und Glied wie eine Abteilung Soldaten, wobei der Vorbeter (Imam) sich vor der Front befindet, um allen sichtbar zu sein. Beim Gebete wird in schneller Aufeinanderfolge abwechselnd gestanden und gekniet und von Zeit zu Zeit mit der Stirne der Boden berührt; alle diese Bewegungen, zu denen noch verschiedene Manipulationen mit den Händen kommen, werden von dem Vorbeter vorgemacht und von der ganzen Versammlung, wie auf Kommando, nachgeahmt. Dies macht auf Unbeteiligte einen äußerst komischen Eindruck, weil das Ganze mehr einer Freiturnübung als einer religiösen Handlung gleichsieht, um so mehr, als alles mit lautloser Stille vor sich geht, da die Gebete nicht laut gesprochen werden. Frauen dürfen sich an solchen gemein= samen Gebeten nichtbeteiligen und auch die Moscheen nicht besuchen.

Die Fasten der Mohammeda= ner, welche den ganzen Monat Ramasan dauern und als Urasa be= zeichnet werden, sind von den Fa= sten der Christen vollständig ver= schieden. Sie be= stehen nicht in der Enthaltung von Fleischspeisen oder in der Mäßigkeit im Essen, sondern

Bild 74. Minaret Madamin-Chana in Chiwa.

darin, daß man von Sonnenaufgang bis Sonnenuntergang keinerlei Speisen und Getränke zu sich nehmen darf, selbst nicht einmal Wasser. Die Moham= medaner sind in dieser Beziehung so streng, daß sie sich nicht einmal baden dürfen, weil dabei unversehens durch die Nase oder durch die Ohren Wasser in den Körper einbringen könnte. Daß die Einhaltung so strenger Fasten, besonders unter der Glühhitze Turkestans, keine Kleinigkeit ist, kann man sich leicht vorstellen. Kaum ist aber die Sonne untergegangen und das Abend= gebet absolviert, so beginnt, als Entschädigung für die tagsüber ausgestandenen

Entbehrungen, sofort eine solenne Schmauserei mit Gesang und Tanz, die mitunter bis an den Morgen währt und bei der in Bezug auf Völlerei das Menschenmöglichste geleistet wird. Auf der Reise brachten mich diese Fasten der Mohammedaner oft der Verzweiflung nahe. Tagsüber waren die Leute zu nichts zu brauchen infolge von Schlaflosigkeit, Hunger und Durst, und zur Nachtzeit, wenn man von den Anstrengungen der Reise erschöpft war, hatte man keinen Augenblick Ruhe, weil die ganze Nacht über das Geschrei und Gejohle und der Lärm der Trommeln, Tamtams und aller möglichen Musikinstrumente kein Ende nahm. Und solche gesundheits= widrige, Nacht für Nacht mit Orgien abwechselnde Fasten halten die Leute für ein Gott wohlgefälliges Werk.

In Bezug auf Aberglauben stehen die zentralasiatischen Moham= medaner keiner andern Glaubensgesellschaft nach. Die Gräber, die angeblichen Kleider und Reliquien ihrer unzähligen Heiligen, deren Anspruch auf diesen Rang meistens sehr problematisch ist, spielen bei ihnen eine große Rolle. Es giebt in Zentralasien viele apokryphe Heiligengräber, wie z. B. die Gräber Alis, des Schwiegersohnes des Propheten, in Masar=i=Scherif und in Schach=i=Mardan, das Grabmal Alexanders des Großen in Margelan, das Grab Daniels in Samarkand und viele andere. Aus der Geschichte wissen wir, daß Alexander immer nach der Ehre geizte, noch bei Lebzeiten unter die Zahl der Götter aufgenommen zu werden, ohne daß sein Ehrgeiz befriedigt worden wäre; dafür ist ihm aber nachträglich eine Ehre zu teil geworden, auf die er nicht gerechnet hatte, nämlich nach 2000 Jahren noch als mohammedanischer Heiliger und als Verbreiter des Islams in Zentralasien verehrt zu werden. Unerschütterlich ist der Glaube der Moham= medaner Turkestans an die Heilkraft von Reliquien und Amuletten. Splitter vom Grabstein[1] Tamerlans gelten als ein unfehlbares Mittel gegen alle möglichen inneren Krankheiten, was einen ausgedehnten Handel mit imi= tierten Partikeln von Tamerlans Grab zur Folge hat. Auf welche Weise Tamerlan in den Geruch der Heiligkeit gekommen ist, dürfte für Abend= länder einigermaßen schwer verständlich sein. Einen gleich einträglichen Handel treiben die Mullas mit selbstverfertigten Amuletten, welche angeblich wunderthätige Gebetsformeln und Zaubersprüche enthalten, deren Inhalt aber oft Ähnlichkeit hat mit den bekannten Passauer Zetteln, die den Besitzer unverwundbar machen sollten, in Wirklichkeit jedoch nichts weiter enthielten als die Sentenz: „Hallunke, wehre dich!" Diese Amulette werden für teures

---

[1] Dieser Grabstein ist aus einem einzigen Block von dunkelgrünem Nephrit gemeißelt und von unberechenbarem Werte. Von unbekannter Hand ist der Stein in der Mitte entzweigeschlagen worden, und an dieser Bruchstelle sind von abergläubischen Mohammedanern und russischen Sammlern einzelne Stücke abgeschlagen worden, wie aus dem Bild 75 zu ersehen ist.

Gelb meiſtens von den Apothekern und den in ſolchen Dingen beſonders kompetenten Juden eingehandelt und gewöhnlich in einem dreieckigen Täſchchen

Bild 75. Grabmal Tamerlans und ſeiner Verwandten in Samarkand.

ober in einem Cylinder aus Silberblech, Karton u. dgl. (Bild 76, S. 208) an einer Schnur um den Hals oder über die Schulter getragen. Selbſt

den Haustieren, besonders den Pferden, werden Amulette angehängt, um
sie vor Unglück und Krankheit zu bewahren. Die turkestanischen Moham=
medaner, vorzüglich die Tabschiken, erweisen auch gewissen heiligen Bäumen
eine besondere Verehrung. Es sind dies in der Regel uralte, einzeln stehende
Bäume, die angeblich von irgend einem Heiligen gepflanzt sind und deren
Schatten den erschöpften Wanderern natürlich sehr erwünscht ist. Die Reisenden
bethätigen ihre Verehrung gegen die erwähnten heiligen Bäume dadurch, daß
sie von ihren Kleidern Fetzen abreißen und an die Zweige binden. Das
Aussehen derartig dekorierter Bäume läßt natürlich viel zu wünschen übrig,
besonders wenn die angehängten Fetzen, wie es häufig der Fall ist, ebenso

Bild 76. Amulettbehälter.

zahlreich sind wie die Blätter. Dieser Baumkultus ist offenbar noch ein
Überrest aus der indogermanischen Urzeit. Bekanntlich beschenkte Xerxes auf
seinem Zuge nach Griechenland einen Baum, unter dessen Schatten er aus=
geruht hatte, und ließ an dessen Zweigen goldene Ketten und Spangen
aufhängen. Ebenso ist bekanut, welche Verehrung die alten Germanen ihren
heiligen Bäumen erwiesen, so zwar, daß die christlichen Missionäre sich ver=
anlaßt sahen, diese Bäume umzuhauen, um die Bekehrung der Germanen
zu beschleunigen. Die bei den Deutschen jetzt noch üblichen Maibäume und
Weihnachtsbäume dürften wohl ebenfalls auf den früheren Baumkultus zurück=
zuführen sein.

Die zentralasiatischen Mohammedaner waren, wie bereits erwähnt, vor
der russischen Herrschaft ungemein fanatisch, und man hatte von setten der

Russen anfangs große Besorgnisse gehegt, wie mit solchen Fanatikern aus=
zukommen sein würde. Wie sich aber nachträglich herausstellte, war dieser
Fanatismus nur das Werk weniger interessierter Kreise, der Reis, Duwanas,
Ischane und Mullas, die das gemeine Volk in ihrem Banne hielten. Seit=
dem in den russischen Besitzungen die Macht dieser Geschäftsfanatiker dadurch
gebrochen ist, daß sie von oben nicht mehr unterstützt werden, und das Volk
sich selbst überlassen bleibt, hat sich herausgestellt, daß es mit dem Fanatismus
desselben gar nicht so weit her ist, und daß ihm sein Vorteil und seine
Vergnügungen weit mehr am Herzen liegen als der Zelotismus seiner
Mullas. Die russische Regierung gewährt den Mohammedanern vollständige
Religionsfreiheit, und General v. Kauffmann hat mit Rücksicht auf die
Verhältnisse von Anfang an jedwede Missionsthätigkeit und alle Bekehrungs=
versuche von seiten der orthodoxen Popen sowohl wie der Missionäre der
übrigen christlichen Bekenntnisse verpönt. Ja er verhinderte sogar, um
möglichst alle Reibereien zwischen Mohammedanern und Christen hintanzu=
halten, daß Taschkent zum Sitze des turkestanischen Bischofs gewählt wurde,
und verwies denselben nach Wernoe, der Hauptstadt der Provinz Semiretschie,
welche von einer fast ausschließlich russischen und orthodoxen Bevölkerung
bewohnt wird. Dies alles wurde natürlich General v. Kauffmann von der
orthodoxen Geistlichkeit sehr verübelt; der Erfolg zeigte aber, wie richtig er
gerechnet hatte. Die von den Russen gegen die Mohammedaner geübte
Toleranz hatte in den russischen Besitzungen Zentralasiens nicht nur keine
Erstarkung des Mohammedanismus, sondern im Gegenteil einen auffallenden
Indifferentismus seiner Bekenner zur Folge, den man bei Mohammedanern
für unmöglich gehalten hätte. Mir ist die ganzen 15 Jahre meines Auf=
enthaltes in Turkestan kein einziger Konflikt zwischen Mohammedanern und
Christen bekannt geworden, wie deren in dem von englischen Missionären
unsicher gemachten Indien häufig vorkommen, und Mohammedaner und
Christen vertragen sich gegenwärtig in Turkestan so gut miteinander, wie es
den verschiedenen christlichen Konfessionen untereinander nur zu wünschen wäre.
Die mohammedanischen Würdenträger und Honoratioren beteiligen sich un=
aufgefordert an kirchlichen Begräbnissen hochstehender russischer Beamter, und
zur Zeit der letzten Krankheit des von den Eingeborenen allgemein verehrten
Generals v. Kauffmann erbaten sich die mohammedanischen Mullas die
Erlaubnis, im Palais des Generalgouverneurs in Gemeinschaft mit den
russischen Popen für die Wiedergenesung desselben beten zu dürfen.

8. Rechtspflege. Die Rechtsanschauungen der anfässigen Bevölkerung
Turkestans sind von denen der Kirgisen und sonstigen Nomaden himmelweit
verschieden und nähern sich viel mehr unsern Begriffen von Recht und
Unrecht. Während die Kirgisen, wie wir oben gesehen haben, in Bezug
auf Mein und Dein ähnliche Ansichten haben wie die alten Spartaner und

Germanen, und keinen Unterschied kennen zwischen zivilrechtlicher und krimineller Natur der Verbrechen, wird bei den Ansässigen Diebstahl sehr strenge
bestraft und zwischen den Vergehen, welche nur eine Schädigung des Nebenmenschen involvieren, und denen, welche gegen die gesellschaftliche Ordnung
gerichtet sind, genau unterschieden. Eigentliche geschriebene Gesetze giebt es
in den zentralasiatischen Chanaten nicht. Als Grundlage bei allen Recht-
sprechungen gilt das Schariat, das ist der Koran, die Tradition und die
Entscheidungen der ersten Kalifen, welche nebst ihren Kommentaren und
einer großen Anzahl von Präcedenzfällen in einer Unzahl von Werken nieder-
gelegt sind. Richter können deshalb nur diejenigen sein, welche sich das
Studium dieser Werke zur Lebensaufgabe gemacht haben, d. h. die Mullas,
die daher auch zu gleicher Zeit die Rolle von Theologen und Juristen spielen.
In den mohammedanischen Staaten Zentralasiens giebt es in allen Rechts-
sachen zwei Instanzen, den Kasi (dasselbe, was bei den Türken der Kadi ist)
und den Bek oder Chan. Die Kasis entscheiden in allen zivilrechtlichen Streitsachen und können auch geringere Vergehen aburteilen. Zu gleicher Zeit
fungieren sie auch als Notare und Zivilstandesbeamte, indem ihnen die
Anfertigung von Urkunden bei Kauf und Verkauf, bei Kontrahierung von
Anlehen, bei Eheschließungen und Ehescheidungen u. dgl. obliegt. Die Kasis
werden von den Beks oder dem Chane selbst auf Lebenszeit ernannt, nachdem
sie eine eingehende Prüfung aus dem Schariat bestanden haben. Die Zahl der
Kasis ist unbeschränkt und denselben ist kein besonderer Amtskreis zugewiesen.
Jeder wendet sich mit seinem Anliegen an denjenigen Kasi, zu dem er am
meisten Zutrauen hat. Besondere Gerichtskammern giebt es nicht. Jeder Kasi
übt sein Amt in seiner Wohnung oder auch auf dem Markte und in den
Thorhallen aus. Die Kasis haben als Gehilfen nur einen Schreiber (Mirsa),
von dem weiter keine Kenntnisse verlangt werden als eine gute Handschrift.
Alle Verhandlungen sind mündlich. Die Entscheidungen werden aber von
dem Mirsa in ein eigenes Buch eingetragen und dann vom Kasi durch Anlegung seines Siegels bekräftigt. Bei den Zentralasiaten ist es überhaupt
nicht Brauch, ein Dokument oder auch nur einen Brief zu unterschreiben, wozu
auch die wenigsten fähig wären; sie drucken statt ihrer Unterschrift jedesmal
mit Tuschfarbe ihr Siegel auf. Einen regelrechten Gehalt beziehen die Kasis
nicht; ihre Einkünfte bestehen in den Taxen, welche sie bei Ausübung ihres
Amtes erheben, sowie in den zufälligen Geschenken, welche sie bei Hochzeiten u. dgl. erhalten. Diejenigen, welche mit der Entscheidung des Kasi
nicht zufrieden sind, können an den Bek, oder in den Hauptstädten an den
Chan oder dessen Stellvertreter appellieren.

Der Bek trifft die oberinstanzliche Entscheidung entweder selbst oder
überweist in besonders wichtigen und schwierigen Fällen die Angelegenheit
einer Versammlung von Kasis, welche unter dem Vorsitze des obersten Kasi

oder Kasi-Kaljan ihre Entscheidung trifft, die vom Bek bestätigt oder auch umgestoßen werden kann. In allen wichtigeren Fällen, besonders Kriminalfällen, entscheidet der Bek selbst, der allein das Recht hat, schwerere Körperstrafen oder die Todesstrafe zu verhängen, sofern sich der Chan nicht die Bestätigung der Todesurteile vorbehalten hat. Die Gerichtsverhandlungen beim Bek oder Chan sind sehr summarisch und nehmen nur wenig Zeit in Anspruch. Während meiner Reise im Jahre 1886 durch Buchara hatte ich einmal Gelegenheit, dieses Gerichtsverfahren eingehend zu studieren. In der Stadt Kitab, wo ich zwei Tage Gast des Beks war, war ich in der Citadelle auf demselben Hofe einquartiert, den der Bek selbst bewohnte, und zwar befand sich meine Wohnung gerade der Wohnung des Beks gegenüber. Der zweite Tag meines Aufenthaltes war gerade ein wöchentlicher Bazartag, und die Bazartage sind bei den Eingeborenen, zur größeren Bequemlichkeit der Landbewohner, welche an solchen Tagen von allen Seiten in die Stadt kommen, zugleich auch Gerichtstage. Der Bek hatte schon von frühem Morgen an seinen Platz an einem offenen, bis auf den Boden reichenden Fenster eingenommen und harrte, in einem Buche lesend, der Ankunft der Parteien. Die Kläger und Beklagten, welche der Reihe nach von einem Diener paarweise hereingeführt wurden, verneigten sich, sobald sie des Beks ansichtig wurden, bis zur Erde und näherten sich unter fortwährenden Bücklingen und offenbar unter großen Schwulitäten dem offenen Fenster, an welchem der Bek auf der Erde lauerte. Auf ein gegebenes Zeichen begann der Kläger seine Rede, die in einem ein bis zwei Minuten dauernden, unglaublich schnell und geläufig vorgebrachten Wortschwall bestand. Nachdem sodann der Angeklagte in ähnlicher Weise geantwortet hatte, erteilte der Bek, ohne von seinem Buche aufzusehen und die Parteien oft nicht eines Blickes würdigend, sofort und ohne lange Überlegung seinen nur in ein paar Worten bestehenden Urteilsspruch, gegen den es keine weitere Appellation gab. Die Parteien bezeugten sodann durch abermaliges wiederholtes Verbeugen bis zur Erde ihre Dankbarkeit für den erhaltenen Richterspruch und entfernten sich scheinbar in größter Eintracht. Kaum waren sie aber unter den Thorbogen gekommen, wo sie den Augen des Beks entrückt waren, ich sie aber von meinem Zimmer aus noch sehen konnte, so gerieten sie sich meistens sofort wieder in die Haare, bis sie von dem dienstthuenden Trabanten des Beks beide beim Kragen gepackt und an die Luft befördert wurden, um den folgenden Parteien Platz zu machen. Wurde ein Angeklagter zu einer körperlichen Strafe verurteilt, so wurde dieselbe auf der Stelle vollzogen. Ein Tischler war angeklagt worden, daß er eine Arbeit, für die er das Geld vorausgenommen hatte, nicht rechtzeitig abgeliefert habe. Der Bek verurteilte ihn hierfür zu 40 Peitschenhieben. Der kontraktbrüchige Tischler wurde sofort gepackt, vor das Thor geschleppt und zum großen

Gaudium des Bazarpublikums mit der zudiktierten Tracht regaliert. Der be=
treffende Bek von Kitab, der an dem erwähnten Vormittag auf die angegebene
Weise an die fünfzig Rechtsfälle erledigte, ohne sich besonders anzustrengen,
war ausnahmsweise selbst Mulla und ein sehr aufgeklärter Mann, weshalb
er auch alle Streitsachen in eigener Person entschied. Meistens sind aber die
Beks ganz ungelehrte Persönlichkeiten, die weder vom Schariat noch vom Lesen
und Schreiben einen Begriff haben. In solchen Fällen liegt die Entscheidung
in den Händen ihrer Diwan=Begis, die mit dem Rechte häufig förmlich
Handel treiben. In welcher Weise von diesen Diwan=Begis in der Regel
die Justiz gehandhabt wird, darüber erzählte mir einmal der Diwan=Begi
des Beks von Baisun, der zu mir eine große Zuneigung gefaßt hatte, ganz
offenherzig folgendes: Hat jemand eine Streitsache, die er vom Bek schlichten
lassen will, so kommt er zum Diwan=Begi, trägt ihm die Angelegenheit vor
und überreicht ihm dabei für ihn selbst, sowie für den Bek entsprechende
Geschenke, je nach der Wichtigkeit des Falles: Früchte, Seidenstoffe, Chalate
oder auch ein aufgezäumtes Pferd. Der Diwan=Begi macht von der ein=
gelaufenen Klage Mitteilung an den Beklagten, der sich nun ebenfalls mit
entsprechenden Geschenken einfinden muß, um die Angelegenheit seinerseits
aufzuklären. Nachdem der Diwan=Begi die beiderseitigen Argumente an=
gehört und die Geschenke für sich und den Bek in Empfang genommen hat,
macht er diesem darüber Mitteilung, wobei er zugleich seine unmaßgebliche
Meinung dahin ausspricht, daß, je nachdem, dem Kläger oder dem Beklagten
Recht zu geben sei, denn der andere habe schlechtere Geschenke gebracht und
dadurch seine schlechte Gesinnung an den Tag gelegt. Dabei hat es dann
auch in der Regel sein Bewenden. Daß unter solchen Umständen ein Armer
keine Möglichkeit hat, zu seinem Rechte zu kommen, und sich deshalb von
seiten der Reicheren jeglichen Übergriff gefallen lassen muß, ist einleuchtend.

Indeßen den Residenzstädten, welche vom Chan oder Emir selbst verwaltet
werden, übt der Herrscher die oberste Gerichtsbarkeit in eigener Person aus,
und jeder Unterthan hat das Recht, sich an den Chan direkt zu wenden,
notabene, wenn er von den Höflingen vorgelassen wird.

Die Strafen, welche in den zentralasiatischen Chanaten vor der russischen
Herrschaft über die Verbrecher verhängt wurden und in den unabhängigen
Staaten zum Teil noch werden, zeichneten sich durch große Strenge und
Grausamkeit aus. Für leichtere Vergehen wurden Bastonnade, Arrest, Ge=
fängnis und Verstümmelung, für schwerere die Todesstrafe verhängt, für
welche es in den verschiedenen Staaten sechs verschiedene Arten gab.

Die Bastonnade wird in der Weise angewendet, daß ein Gerichts=
diener sich rücklings vor den Delinquenten stellt, sich dessen Arme über die
Schulter legt und ihn an beiden Händen festhält, während ein zweiter
Gerichtsdiener demselben mit einem etwa 1,5 m langen und armdicken Prügel

den entblößten Rücken bearbeitet. Auch Peitschenhiebe werden statt der Stock=
prügel oft angewendet. Diese werden mit den gewöhnlichen Reitpeitschen
oder Nagaiken erteilt, wobei der Delinquent die eine Hälfte der zudiktierten
Streiche auf den Rücken, die andere auf den Bauch erhält. Diese Art der
Bestrafung ist besonders grausam, weil der Bestrafte dabei oft so zugerichtet
wird, daß ihm die Eingeweide heraushängen.

Eigentümlich ist die Art und Weise, wie die zu einem längeren oder
kürzeren Arrest Verurteilten ihre Strafe abzubüßen haben. In Baisun traf
ich im Jahre 1886, gelegentlich eines dem Bek abgestatteten Besuches, auf
einer Terrasse innerhalb des Festungthores sechs Individuen, welche tags
vorher auf dem Bazare die Bastonnade erhalten hatten. Dieselben waren
des Diebstahls angeklagt und vom Bek zur Bastonnade und zu sechsmonatlicher
Haft verurteilt worden. Die Verurteilten mußten ihre ganze Haftzeit hier
auf der Terrasse unter freiem Himmel zubringen, wobei sich der Bek weder
um die Verpflegung noch um die Bewachung derselben kümmerte. Die
Verköstigung und Überwachung der Arrestanten war den nächsten Verwandten
derselben überlassen, welche mit ihrer Person und ihrem Vermögen dafür
hafteten, daß die Gefangenen keinen Fluchtversuch machten. Dieselben waren
deshalb gezwungen, Tag und Nacht neben ihren gefangenen Verwandten
zuzubringen, um sie am Entweichen zu verhindern. Jedenfalls das einfachste,
billigste und sicherste Mittel für den Staat, seine Strafgefangenen unter=
zubringen.

Schrecklich ist das Los derjenigen, welche zu längerer oder kürzerer
oder auch zu lebenslänglicher Kerkerstrafe verurteilt werden. Die ein=
heimischen Gefängnisse, Sindane genannt, sind einfache, buulle, unterirdische
Erdlöcher von 6—12 m Tiefe, welche sich nach oben flaschenartig ver=
engen und mit einem hölzernen Deckel verschlossen werden. Diese Gefängnisse
machen jeden Fluchtversuch unmöglich und mithin die Unterhaltung von
zahlreichen Aufsichtsorganen überflüssig. Die Gefangenen werden in diese
Gefängnisse an Stricken hinabgelassen, ebenso wie das Trinkwasser und
die Speisen, welche denselben von mitleidigen Seelen dargebracht werden.
Es sind dies ganz genau solche Gruben, wie sie zum Aufbewahren von
Getreide verwendet werden, und oft werden ohne weiteres leer stehende, unter=
irdische Getreidekammern und selbst ausgetrocknete, tiefe Brunnen als Ge=
fängnisse benützt. Etwas Furchtbareres als den Aufenthalt in solchen Kerkern
kann man sich schwerlich vorstellen, und jede beliebige Todesart ist eine Wohl=
that im Vergleich mit dem Leben solcher Gefangenen. Dieselben werden
vom Staate weder mit Speise noch mit Trank versehen, und wenn sie nicht
etwa Verwandte haben, die sie füttern, so sind sie lediglich auf die Mild=
thätigkeit des Publikums angewiesen, welches aber aus leicht begreiflichen
Gründen solche Orte des Schreckens nach Möglichkeit vermeidet. Daß die

Gefangenen aus Hunger die Leichen ihrer verstorbenen Leidensgenossen auf= zehrten, soll in früheren Zeiten gar nichts Außergewöhnliches gewesen sein. Da die Gefängnisse keinerlei Ventilation haben und die Defekte der Ge= fangenen und selbst die Leichen der Verstorbenen nie entfernt werden, so kann man sich vorstellen, was für Miasmen sich an solchen Orten an= sammeln müssen, wo mitunter Dutzende von Menschen zusammengepfercht sind, deren Ausdünstung bei der großen Hitze allein schon unerträglich ist. Zum Überflusse werden die Unglücklichen von einer Unmasse von Wanzen, Zecken, Läusen, Ratten und allem möglichen sonstigen Ungeziefer gequält, welches sich auf einem so günstigen Nährboden bis ins Unglaubliche ver= mehrt. Die Insassen dieser schauerlichen Marterkammern sind nicht immer wirkliche Verbrecher, sondern sogar der Mehrzahl nach ganz Unschuldige, welche die Laune des Herrschers und die Intriguen ihrer politischen Gegner dahingebracht haben, wo sie oft ganz vergessen werden und dann ihr Leben unter einer solch scheußlichen Umgebung anhauchen müssen. Die zwei eng= lischen Reisenden Stoddard und Konolly, welche der Emir Nassr-Ulla im Jahre 1842 hinrichten ließ, sollen vor ihrer Hinrichtung in der Stadt Buchara in solchen Gefängnissen geschmachtet haben. Die Russen haben natürlich in ihren Besitzungen mit diesen Scheußlichkeiten aufgeräumt und verwenden allen ihren Einfluß, um auch in den noch unabhängigen Staaten Zentralasiens die Verhältnisse etwas menschlicher zu gestalten; ob aber mit Erfolg, ist niemand in der Lage zu kontrollieren.

Verstümmelungen als gesetzliche Strafe müssen früher in Turkestan ziemlich häufig angewendet worden sein, nach der großen Zahl derjenigen zu urteilen, welche man noch zu meiner Zeit ohne Nase oder ohne Hände, mitunter selbst ohne Füße als Bettler herumziehen sah. Gewöhnlich wurden diese Strafen über Diebe verhängt, die man auf solche Weise unschädlich machen oder wenigstens zeichnen wollte. Deshalb sind auch die meisten der also Zugerichteten Kirgisen, die im Diebstahl nichts Unrechtes, sondern im Gegenteil einen ehrenvollen Sport erblicken, während die Ansässigen in dieser Beziehung keinen Spaß verstehen. Die Hände wurden den Dieben am Gelenke, die Füße am Knöchel abgeschnitten, die Nasen aber so glatt weg= rasiert, als wenn sie nie eine solche gehabt hätten. Auch die Ohren wurden denjenigen, welche schon einmal oder mehrmals gerichtlich bestraft waren, je nach Umständen aufgeschlitzt oder abgeschnitten, und diese Art der Ver= stümmelung bildete für die Betreffenden eine Art Strafliste bei etwaigen späteren Konflikten mit dem Gesetze.

Die Todesstrafe wurde in den zentralasiatischen Staaten sehr häufig angewendet, wie denn in Buchara sogar Diebstahl, Ehebruch, Prostitution, ja selbst schon der Genuß von Wein bis in die neueste Zeit mit Tod bestraft wurde. Die meisten Opfer forderte aber stets die Laune und das

Mißtrauen der Herrscher, welche ihren Thron nur durch Grausamkeit und die Vernichtung aller irgendwie verdächtigen Individuen befestigen zu können glaubten. Wie arg es in dieser Beziehung manche Chane trieben, kann man aus dem Beispiele des letzten Chans von Kotan ersehen, der einmal 20000 Kiptschaken hinrichten ließ, bloß aus Ärger darüber, daß er bis dahin von einem Kiptschaken in unbequemer Weise bevormundet worden war. Der größte Wüterich war aber unstreitig der bucharische Emir Nassr-Ulla gewesen, der nicht nur die beiden erwähnten Engländer und den kokanischen Chan Mohammed Ali, sondern selbst seine eigenen Frauen und nächsten Verwandten hinrichten ließ und die Gefängnisse mit in Ungnade gefallenen Günstlingen und mit den höchsten Würdenträgern anfüllte.

Die gewöhnlichste Hinrichtungsart besteht in Turkestan im Halsabschnei-

Bild 77. Minaret Mir-Arab in Buchara. Hinrichtungsplatz für schwere Verbrecher.

den; das Köpfen dagegen ist nicht gebräuchlich. Der Henker setzt den Delinquenten mit gebundenen Händen vor sich auf den Boden, faßt ihn mit der linken Hand beim Kinn und schneidet ihm mit einem gewöhnlichen Tischmesser die Gurgel entzwei. Gewöhnliche Verbrecher werden auf diese Weise in der Regel öffentlich auf dem Bazare hingerichtet, wobei nicht viel Zeremonien gemacht werden. Der Henker führt die ihm überlieferten Verbrecher an Markttagen ohne weitere Eskorte und Vorbereitungen auf den

Bazar, wählt sich dort einen möglichst belebten Punkt aus und schlachtet seine Opfer der Reihe nach genau ebenso ab, wie die Schafe abgestochen werden.

Neben dem Halsabschneiden ist auch das H ä u g e n im allgemeinen Gebrauche, welches, wie auch bei uns, als die schimpflichste Todesart gilt. Die zum Tode durch den Strang Verurteilten werden entweder über den Thorwegen aufgehängt, was besonders bei Aufrührern und politischen Verbrechern als abschreckendes Beispiel angewendet wird, oder sie werden an Galgen aufgeknüpft, die in jeder Stadt ein für allemal auf den Bazarplätzen aufgerichtet sind. Dem Verurteilten wird ein Strick um den Hals gelegt, mittels dessen er in die Höhe gezogen und etwa einen Meter über dem Boden festgebunden wird. Auch die einheimischen zweiräderigen Wagen werden oft, wenn gerade kein Galgen in der Nähe ist, zum Aufhängen benützt. Der Hinzurichtende wird mittels einer Schlinge an einem Arme der Gabel befestigt und dann das Hinterteil des Wagens zu Boden gesenkt, wodurch die Gabel mit dem zu Hängenden emporgeschnellt wird. Diese Hinrichtungsart wurde z. B. gegen diejenigen Russen angewandt, welche das Unglück hatten, während des kokanischen Krieges im Jahre 1876 den Kokanen in die Hände zu fallen, und sich weigerten, zum Mohammedanismus überzutreten.

In Buchara gilt als höchste Strafe das H e r a b s t ü r z e n v o n d e m M i n a r e t M i r = A r a b , welches auf Bild 77 (S. 215) dargestellt ist. Dieses Minaret, welches auf einem freien Platz im Zentrum der Stadt Buchara steht, ist aus gebrannten Ziegeln erbaut und ist mit einer Höhe von 52 m der höchste Turm von ganz Zentralasien. Die schwersten Verbrecher werden von der Plattform dieses Minarets auf das Pflaster herabgeschleudert, wo sie natürlich nur als unförmliche Masse ankommen. Während des Aufenthaltes des russischen Generals Matwejew in Buchara im Jahre 1884 wurde auf diese Weise ein Verbrecher hingerichtet, dessen Geschichte ich hier anführen will, weil sie für die bucharischen Verhältnisse charakteristisch ist. Der Betreffende hatte einem reichen Kaufmann eine Summe von etwa 100 000 Mark gestohlen und war mit seiner Beute nach Afghanistan, dem Amerika aller Zentralasiaten, durchgebrannt. Da der Emir deshalb keine Möglichkeit hatte, den Verbrecher in Haft nehmen zu lassen, so berief er zwei seiner Geheimpolizisten und erteilte ihnen den Auftrag, ihm den Dieb lebendig oder tot einzuliefern; wo nicht, würde er ihnen den Hals abschneiden lassen: die gewöhnliche Perspektive aller derer, welchen es nicht gelingt, die oft rein unmöglichen Befehle des Emirs auszuführen. Die zwei unglücklichen Detektives machten sich als Arbeiter verkleidet auf den Weg, holten den Dieb, der sich für das gestohlene Geld bereits Waren und eine Karawane angeschafft hatte, ein und verdingten sich demselben als Kameltreiber. Mehrere Wochen mußten sie so zu Fuß hinter ihrem Opfer hertraben, bis sie endlich eine günstige Gelegenheit zur Ausführung ihres Planes erlangten. Sie überfielen den Dieb während der Nacht im Schlafe mitten unter seinen bewaffneten Begleitern, knebelten ihn und trugen ihn auf ihren Schultern bis an den Amu-Darja, natürlich unter beständiger Lebensgefahr, weil sie sich von den Afghanen nicht betreten lassen durften, die sie ohne weiteres aufgeknüpft haben würden. Sie konnten deshalb mit ihrer gefährlichen Bürde nur zur Nachtzeit und auf Umwegen marschieren, brachten aber schließlich ihr Opfer glücklich bis Buchara. Der Emir verurteilte den Eingelieferten zum Tode durch Halsabschneiden. Da demselben aber diese Todesart nicht gefiel, so bekannte er, was übrigens nur erdichtet war, daß er sich auch noch an Wakuf-Gütern vergriffen hätte, und dafür wurde er dann zu der höchsten Strafe, zum Herabstürzen vom Minaret, verurteilt, was er auch nur gewollt hatte.

Das Erschießen ist nur wenig im Gebrauche und wird sonderbarerweise nur gegen Frauen angewendet, welche sich des Ehebruchs, der Prostitution u. dgl. schuldig gemacht haben, oder die der Chan aus irgend welchen Gründen bestrafen oder einfach beseitigen will. Dieselben werden mit Pistolen erschossen. Diejenigen Frauen, deren die Chane überdrüssig geworden sind, werden nicht getötet, sondern von denselben an ihre Günstlinge verschenkt, wie denn z. B. der depossedierte Chan von Kolan vor seiner Überführung nach Orenburg in Taschkent seinen zahlreichen Harem unter seine Bekannten verteilte. Ehebrecherinnen wurden früher mitunter auch gesteinigt. Sie wurden zu dem Ende bis an die Brust in die Erde vergraben und dann vom Publikum mit Steinen oder Erdschollen totgeworfen.

In Kolan war bis zur Einführung der russischen Herrschaft auch das Pfählen in Gebrauch, welches in zweierlei Weise angewendet wurde. Entweder wurde der Verurteilte einfach auf einen zugespitzten Pfahl gesetzt, wie dies früher auch in der Türkei üblich war, oder er wurde an einen zweiräderigen Wagen gebunden, wobei seine Beine an die Gabel geschlossen wurden, der Pfahl auf einem zweiten Wagen befestigt und dann durch Gegeneinanderrennen der beiden Wagen dem Verurteilten mit aller Gewalt in den Leib gestoßen. Zuletzt wurde der Pfahl samt dem aufgespießten Verbrecher in den Boden gepflanzt.

Die Russen haben in ihren zentralasiatischen Besitzungen von den früheren Rechtsinstitutionen nur das Amt des Kasi, und zwar mit einigen Modifikationen, beibehalten. Sie waren dazu durch den Umstand veranlaßt worden, daß es unmöglich gewesen wäre, die eingeborenen Mohammedaner in allem den ordentlichen russischen Gerichten zu unterwerfen, ohne ihre religiösen Anschauungen aufs tiefste zu verletzen, da sie gewohnt waren, alle ihre Privatstreitigkeiten und ihre Familienangelegenheiten auf Grund des Schariats geschlichtet zu sehen, dessen Kenntnis natürlich russischen Richtern nicht zu-

gemutet werden konnte. Die russische Regierung hat aber auf die Nominierung
der Kasis, welche früher von den Vertretern der Staatsgewalt aufgestellt
wurden, verzichtet und die Wahl derselben den Gemeinden überlassen. Die
russische Administration verlangt nur, daß zu Kasis unbescholtene, noch un=
bestrafte und über 25 Jahre alte Persönlichkeiten gewählt werden sollen.
Ein besonderer Befähigungsnachweis, wie dies früher der Fall war, wird
von den Kasis nicht mehr verlangt. Wie die Aksakale werden auch die
Kasis jetzt immer auf eine bestimmte Reihe von Jahren gewählt. Das
Amt des Kasi=Kaljan oder Oberrichters wurde aufgehoben, die Kasis alle
einander gleichgestellt und jedem ein besonderer Amtskreis angewiesen, inner=
halb dessen nur der zuständige Kasi das Recht hat, richterliche und notarielle
Funktionen auszuüben. In der Stadt Taschkent ist die Zahl der Kasis,
entsprechend den alten vier Stadtbezirken, auf vier festgesetzt. Die Fest=
stellung des Gehaltes oder sonstigen Diensteinkommens der Kasis in Gestalt
von Sporteln oder Taxen hat die Regierung gleichfalls den Gemeinden
selbst anheimgegeben. Die Kasis entscheiden nach wie vor alle Streitigkeiten
der Eingeborenen untereinander, deren Wert 200 Mark nicht übersteigt,
und können auch geringere Vergehen aburteilen; sie haben also als Richter
einen ähnlichen Wirkungskreis wie die russischen Friedensrichter. Wichtigere
Streitsachen werden von einer Versammlung aller Kasis eines Bezirkes
geschlichtet. Kriminalfälle werden von den ordentlichen russischen Gerichten
nach gemeinem russischen Recht abgeurteilt, ebenso wie alle Streitigkeiten
zwischen Russen und Eingeborenen. Auch den Eingeborenen ist es übrigens
anheimgestellt, sich, wenn sie dies vorziehen, in allen ihren Angelegenheiten
direkt an die russischen Gerichte zu wenden.

Die Todesstrafe ist in Rußland seit der Regierung der Kaiserin Elisabeth
aufgehoben, und alle, selbst die schwersten Verbrecher, Hochverräter allein
ausgenommen, werden zur Deportation nach Sibirien (seit neuester Zeit nach
der Insel Sachalin) und zur Zwangsarbeit daselbst verurteilt. Dieses
Gesetz gilt auch für die zentralasiatischen Besitzungen Rußlands. Nur solche
Eingeborene, welche sich einer Empörung oder des Mordes von russischen
Beamten und Offizieren schuldig machen, können von den jedesmal ad hoc
eingesetzten Feldgerichten zum Tode durch den Strang oder durch Erschießen
verurteilt werden. Die Urteile dieser Feldgerichte, welche jedesmal aus fünf
Armeeoffizieren und einem Auditor bestehen, unterliegen noch der Bestätigung
durch den Generalgouverneur. Während meines 15jährigen Aufenthaltes in
Taschkent sind nur drei solche Fälle vorgekommen, wovon die zwei ersten sich
während des kokanischen Aufstandes im Jahre 1876 ereigneten, was sowohl
für die Russen wie für die Eingeborenen ein gleich ehrenvolles Zeugnis ablegt.

9. Unterrichtswesen. Das Unterrichtswesen ist bei der ansässigen
Bevölkerung Turkestans sehr ausgebildet und die Anzahl der Schulen sehr

groß, obwohl der Unterricht Privatsache ist und die einheimischen Regierungen sich weder um die Errichtung von Lehranstalten noch um die Besoldung der Lehrer kümmern. Es giebt in Turkestan zwei Klassen von Lehranstalten, Elementarschulen oder Mechtebs und Hochschulen oder Medresses.

Die Lehrer an den Elementarschulen sind Mullas, ebenso wie an den Hochschulen. In jeder Elementarschule giebt es nur einen einzigen Lehrer, der die Schüler aller Jahrgänge gleichzeitig in ein und demselben Lokal unterrichtet. Einen bestimmten Gehalt beziehen diese Lehrer nicht. Ihr ganzes Einkommen besteht in dem von den Schülern freiwillig entrichteten Schulgelde, welches aber im besten Falle eine Mark jährlich nicht überschreitet, sowie in gelegentlichen Geschenken an Lebensmitteln, welche sie jeden Donners= tag, und an Feierkleidern, welche sie zur Zeit der hohen mohammedanischen Feste von den Eltern ihrer Schüler erhalten. Besonders ist es Brauch, daß der Vater eines Knaben dem Lehrer einen Chalat präsentiert, wenn der Knabe so weit fortgeschritten ist, daß er zum Lesen des Koran übergehen kann.

Eigentliche Schulhäuser giebt es nicht. Der Unterricht wird im Winter entweder in der Wohnung des Lehrers, in einem gewöhnlichen, un= geheizten, fensterlosen und nur durch die Thüröffnung erleuchteten Gemach, oder, wenn der Lehrer kein hinreichend großes Lokal zur Verfügung hat, in der zuständigen Moschee abgehalten.

Im Sommer dagegen wird der Unterricht meistens im Freien, auf einer Veranda, in einem schattigen Hofe oder in einem Garten erteilt. Der Schulbesuch ist nicht obligatorisch, weshalb auch die Schulen haupt= sächlich nur von den Kindern der Reicheren frequentiert werden. Die weitaus größte Mehrzahl der Schüler besteht aus Knaben, wiewohl mitunter auch Mädchen, besonders aus den besseren Ständen, Elementarunterricht erhalten. Mädchen und Knaben werden meistens zusammen unterrichtet; es giebt jedoch auch eigentliche Mädchenschulen, an denen aber den Unterricht ebenfalls ein Mulla erteilt. Der Elementarunterricht beginnt, wie bei uns, in der Regel im Alter von 5—6 Jahren und dauert für Knaben gewöhnlich sieben Jahre. Viele Eltern nehmen aber ihre Knaben schon früher aus der Schule, wenn sie dieselben in ihrem Geschäfte oder zur Arbeit verwenden können. Den ganzen Kursus machen gewöhnlich nur diejenigen durch, welche später in eine Medresse einzutreten beabsichtigen. Der Schulbesuch der Mädchen endet meistens schon mit dem achten oder neunten Lebensjahre, da dieselben mit zehn Jahren schon ins heiratsfähige Alter treten und vorher noch Unterricht im Nähen, Sticken, Weben und andern häuslichen Arbeiten er= halten müssen.

Der Unterricht ist für Lehrer und Schüler gleich anstrengend, denn er dauert täglich 9 Stunden, von 6 Uhr morgens bis 5 Uhr nachmittags, mit nur wenigen Freistunden zur Erholung und zum Einnehmen der bescheidenen, nur aus Brot und Früchten bestehenden Mahlzeiten, die von den Kindern in ihren Schultaschen mitgebracht werden. Die Schüler haben wöchentlich nur einen Tag frei, nämlich den Freitag. Außerdem haben sie wenig Ferien, immer je eine Woche zur Zeit der drei hohen mohammedanischen Feste.

Der Unterricht in den turkestanischen Elementarschulen beschränkt sich hauptsächlich auf die Erlernung von Lesen und Schreiben. Eigentliche Kurse wie bei uns giebt es nicht. Die Schüler erlernen zunächst das Alphabet und beginnen dann das Lesen und Kopieren von ausgewählten Teilen des Koran, worauf sie zur Lektüre verschiedener anderer Bücher über= gehen. Das Studium eines Buches gilt für beendet, wenn der Schüler im stande ist, dasselbe ohne Schwierigkeit zu lesen und abzuschreiben. Wer auf diese Weise ein halbes Dutzend Bücher absolviert hat, hat den Kursus beendigt und kann zum Studium an einer Hochschule übergehen, wenn er Lust und Befähigung dazu in sich verspürt. Außer Lesen und Schreiben erlernen die Kinder in den Elementarschulen auch noch die wichtigsten Gebete und Vorschriften des Koran und die komplizierten, beim Gebete und den vom Koran vorgeschriebenen Waschungen zu beobachtenden Zeremonien.

Eigentümlich und von unsern Bräuchen völlig abweichend ist die von den Lehrern in den turkestanischen Elementarschulen gehandhabte Unterrichts= methode, welche es erklärlich macht, warum die in diesen Schulen erzielten Erfolge der von Lehrern und Schülern aufgewendeten Zeit und Arbeit so wenig entsprechen. Ist der Unterricht schon dadurch sehr erschwert, daß die Schüler aller Jahrgänge von ein und demselben Lehrer gleichzeitig unter= richtet werden müssen, so wird derselbe außerdem noch ganz unnötigerweise dadurch beeinträchtigt, daß die verschiedenen Schüler zu einer gegebenen Zeit sich nicht mit ein und demselben Gegenstande, wie Lesen oder Schreiben, beschäftigen, sondern daß jeder irgend etwas anderes treibt, wodurch es, sollte man meinen, für den Lehrer ganz unmöglich wird, jedem einzelnen zu folgen. Während der eine das ABC, der andere den Koran, der dritte irgend ein anderes Buch abschreibt, buchstabiert ein vierter im ABC, ein fünfter im Koran, ein sechster in irgend einem Dichter u. s. w. Da alle zu gleicher Zeit und mit möglichst lauter Stimme lesen und jeder etwas anderes, so entsteht ein solches Durcheinander und ein solcher Höllenspektakel, daß sich derartige Schulen schon von weitem unliebsam bemerkbar machen und einem in der Nähe Hören und Sehen vergeht. Der Lehrer sitzt in= mitten dieser lärmenden Menge wie die Schüler auf dem Boden, mit einer langen Rute bewaffnet, mit der er von seinem Standpunkt aus auch noch die an der äußersten Peripherie Sitzenden erreichen und diejenigen, welche nicht den nötigen Eifer an den Tag legen, sofort zur Ordnung rufen kann. Die Schüler strengen deshalb die äußersten Kräfte ihrer Lungen an und schreien, daß sie krebsrot werden, daß ihnen die Stirnadern anschwellen und

die Augen aus dem Kopfe treten; jeder sucht seinen Nachbar zu über=
schreien, um sich so das Wohlgefallen des Lehrers zu verdienen.

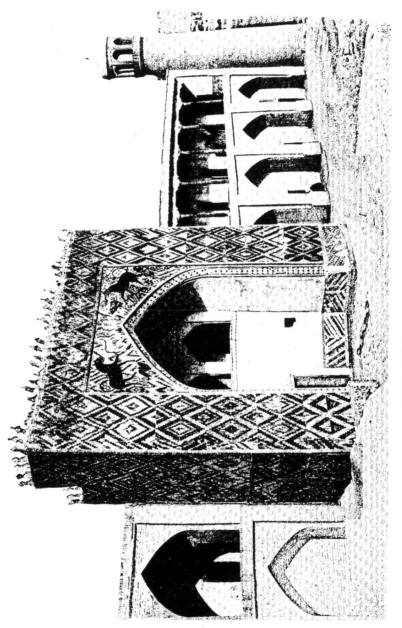

Bild 78. Medreffe Ruftem=Bef in Ura=Tübe.

Die Schüler lauern sowohl beim Lesen wie beim Schreiben mit unter=
geschlagenen Beinen und nach vorn übergebeugtem Körper auf dem mit

einer Filzdecke oder einfachen Schilfmatte bedeckten Boden. Die Bücher haben sie beim Lesen und Abschreiben vor sich auf dem Boden liegen — ein gutes Präservationsmittel gegen Kurzsichtigkeit. Zum Schreiben verwenden sie statt unserer Schiefertafeln spatenförmige, hölzerne Brettchen, welche sie mit der linken Hand beim Griffe festhalten, während sie mit der Rechten mittels eines zugespitzten Schilfrohrs und gewöhnlicher Tusche ihre kalligraphischen Versuche darauf malen. Beim Schreiben auf Papier halten sie das zu beschreibende Blatt auf ihrer flachen linken Hand. Auch hierbei werden Schilfrohr und Tusche verwendet. Die Eingeborenen Turkestans beschreiben das Papier immer nur auf einer Seite, welche schon bei der Herstellung mit einem eigenen Firnis überzogen wird, während man die Kehrseite rauh läßt.

Die Behandlung, welche den Schülern der Elementarschulen von den Lehrern zu teil wird, ist sehr streng, und wegen jeder Kleinigkeit wird die Rutenstrafe angewendet. Ein eigentümliches, aber in pädagogischer Hinsicht ziemlich fragwürdiges Verfahren besteht hierbei darin, daß derjenige von den Schülern, der einen andern wegen eines Vergehens zur Anzeige bringt, als Belohnung für seine Denunziation das Recht erhält, dem Delinquenten bei der auf seine Anzeige hin erfolgenden Bestrafung den ersten Streich mit der Rute zu geben.

Die eben geschilderten Elementarschulen können der Natur der Sache nach nur eine beschränkte Zahl von Schülern, etwa 20—30, unterbringen; die Anzahl der Schulen ist deshalb eine sehr große. In Taschkent giebt es solche in den meisten der 149 Viertel, in welche die sartische Stadt zerfällt. Im Jahre 1879 zählte Taschkent 119 Elementarschulen, die von den Russen errichteten Schulen nicht mitgerechnet.

Die zentralasiatischen Hochschulen oder Medresses haben mit unsern Universitäten nur eine sehr entfernte Ähnlichkeit; eher wären sie mit den in manchen katholischen Ländern zur Heranbildung von Theologen errichteten Klerikalseminarien zu vergleichen. Es sind Pensionate, in welchen die Lehrer und Schüler zusammenwohnen und auf Kosten der Anstalt vollständig unterhalten werden. Die Medresses erhalten keinerlei Subventionen vom Staate, sondern werden ausschließlich aus den Einkünften der Wakuf-Stiftungen unterhalten, welche vom Gründer der betreffenden Medresse errichtet worden sind.

Die Medressegebäude (Bild 78, S. 221, Bild 79 und Bild 80, S. 224) sind alle nach ein und demselben Stil erbaut. Es sind dies in der Regel zweistöckige[1] Gebäude aus gebrannten Ziegeln mit quadratischem

---

[1] Ich gebrauche hier wie überall den Ausdruck zweistöckig in dem in Rußland gebräuchlichen Sinne, wo ein nur aus dem Erdgeschosse bestehendes Haus als einstöckig bezeichnet wird, weil ich die russische Ausdrucksweise für korrekter und praktischer halte als die in den meisten Gegenden Deutschlands gebräuchliche.

Bild 79. Die große Medreffe in Buchara. (Nach einer Aufnahme von G. Merzbacher.)

Grundriß. Im Innern befindet sich ein geräumiger, meistens mit gebrannten Ziegeln gepflasterter Hof, an den sich von allen Seiten die Wohnungen der Studenten und Gelehrten anschließen. Stallungen, Küchen und sonstige Wirtschaftsgebäude giebt es in diesen Anstalten nicht. Auf den Hof gelangt man durch ein Thor in der Mitte der Hauptfassade, das von einem un= verhältnismäßig hohen Thorbogen überspannt ist. Die Wohnräume bestehen aus zwei übereinander liegenden Rethen von Zellen, welche an Größe alle einander gleich sind. Vor jeder Zelle befindet sich eine hohe, nischenartige Vorhalle, welche vorn offen ist. Die Zellen sind ziemlich dunkel, da sie

Bild 80. Omar=Medresse in Kotan.

nur durch ein einziges, über der Thür angebrachtes Fenster erleuchtet werden, das aus einem mit dünnem Papier überklebten Holzgitter besteht. Die Lehrer und Studenten halten sich deshalb in ihren Zellen hauptsächlich nur zur Nachtzeit und während der kalten Jahreszeit auf, obliegen aber ihren Studien während der wärmeren Jahreszeit in den offenen Vorhallen. Geheizt werden die Zellen nicht. Ihre ganze Einrichtung, für die Gelehrten sowohl wie für die Studenten, besteht aus einer Schilfmatte, einigen Decken und Kissen, die tagsüber zusammengerollt in einer Ecke liegen, nachts aber einfach auf dem Boden ausgebreitet werden; ferner aus einem Kerzen= leuchter oder einer Öllampe, einer messingenen Waschschüssel und Wasserkanne und endlich noch aus ein paar Büchern, mit deren Studium sich die Insassen

Bild 81. Junus-Chodscha, Mulla aus Taschkent.
(Nach einer Aufnahme von G. Merzbacher.)

gerade beschäftigen. Die Ge=
lehrten haben gewöhnlich jeder
eine Zelle für sich, die Stu=
denten dagegen wohnen zu zwei
in einer Zelle. Bei den Medresses
befindet sich in der Regel auch
eine Moschee für die religiösen
Bedürfnisse der Medresse=Ange=
hörigen.

Den Wirtschaftsangelegen=
heiten jeder Medresse steht ein
Mutewal vor, dem, wie bereits
früher erwähnt, die Verwaltung
und Nutzbarmachung des der
Medresse vermachten, in Län=
dereien, Karawanserais, Ver=
kaufsbuden, Mühlen 2c. bestehen=
den Vermögens und die Aus=
bezahlung der Gehälter und
Stipendien an die Lehrer und
Schüler obliegt.

Die Zahl der Lehrer und Studenten einer Medresse hängt natürlich
von den Einkünften derselben ab und ist deshalb für jede Medresse eine
beschränkte. In Taschkent ist die größte und reichste die Bekljar=Bek=Medresse,
welche etwa 250 Schüler unterhält.

Dank der Bedürfnislosigkeit und einfachen Lebensweise der Eingeborenen
sind die Unterhaltungskosten einer Medresse nach unsern Begriffen äußerst
gering, und mancher europäische Professor bezieht mehr Gehalt als das ganze
Professorenkollegium und die sämtliche Studentenschaft einer turkestanischen
Hochschule ersten Ranges miteinander. Die Anzahl der Medresses ist deshalb
eine verhältnismäßig große, und die Stadt Taschkent allein zählt deren im
ganzen 17, darunter 6 durch Reichtum und Studentenzahl hervorragende.
Einige von diesen Medresses bestehen schon seit 400—500 Jahren. Die
meisten Gelehrtenschulen giebt es in der Stadt Buchara, dem Rom der
zentralasiatischen Mohammedaner.

Die Lehrer an den Medresses sind äußerst ehrwürdige Männer,
welche die Achtung, die ihnen von der Bevölkerung gezollt wird, wirklich
redlich verdienen. Sie haben auf alle Freuden der Welt verzichtet und
leben nur ihrer Wissenschaft. Mein ehemaliger Lehrer Lamont, der frühere
Direktor der Münchener Sternwarte, war in Gesinnung und Lebensweise
das getreue Abbild eines turkestanischen Medresse=Professors. Dieselben er=

halten kein Honorar von ihren Schülern und sind lediglich auf die be=
scheidenen Mittel angewiesen, welche ihnen die Medresse gewährt und welche
nur für die Beschaffung der einfachsten Nahrung und Kleidung ausreichen.
Die Medresse=Lehrer sind Mullas, welche ihre Studien meistens an derselben
Medresse absolviert haben. Sie verwenden ihre ganze Zeit teils auf eigene
Studien, teils auf den Unterricht ihrer Schüler. In ihrer äußeren Er=
scheinung zeichnen sie sich durch ihr würdevolles Auftreten, ihre einfache, aber
ausnehmend reinliche Kleidung und den kolossalen Umfang ihrer blendend
weißen, aus indischem Gazestoff aufgebauten Turbane aus (Bild 81, S. 225).

Zur Aufnahme unter die M e d r e s s e = S c h ü l e r ist, soweit die Mittel
reichen, ohne Ansehung der Herkunft und Nationalität, jeder berechtigt, der
mohammedanischen Glaubens ist und in den Elementarschulen die nötige
Vorbildung erhalten hat. Die Schüler der turkestanischen Hochschulen zeichnen
sich vor ihren europäischen Kommilitonen sehr vorteilhaft aus durch ihr ein=
gezogenes und bedürfnisloses Leben, worin sie ihren Lehrern nachzueifern
streben, und durch ihre große Bescheidenheit im Umgange. Von Burschen=
schaften, Kommersen, Paukereien, nächtlichen Skandalen und Konflikten mit
der Polizei haben sie auch keine blasse Ahnung. Sie kleiden sich genau
ebenso wie ihr Lehrer, nur weisen ihre Turbane, entsprechend ihren geringeren
Kenntnissen, geringere Dimensionen auf als die Turbane ihrer weisheit=
erfüllten Lehrer. Die wissenschaftlichen Arbeiten der Medresse=Studenten nehmen
fast den ganzen Tag in Anspruch; dabei sind ihre Ferien sehr karg bemessen
und beschränken sich, wie an den Volksschulen, auf je eine Woche zur Zeit
der drei mohammedanischen Hauptfeste.

Eigentliche K u r s e giebt es an den zentralasiatischen Hochschulen nicht,
wie es auch nichts unsern Doktorpromotionen, Staatsprüfungen und Staats=
konkursen Ähnliches giebt. Die Schüler haben nur eine bestimmte Anzahl
von Büchern, je nach Umständen 30—140, durchzustudieren, nach deren
Absolvierung sie Anspruch auf den Titel Mulla haben. Je mehr Bücher
einer durchstudiert hat, desto größer ist sein Ansehen als Gelehrter, und desto
mehr Anspruch hat er auf die höchsten geistlichen und richterlichen Würden.

Von S p r a c h e n werden in den turkestanischen Medresses außer Türkisch
noch Persisch und Arabisch gelehrt. Persisch ist bei den Eingeborenen Tur=
kestans die Sprache der Gebildeten und der Diplomaten, wie in Europa
Französisch. Arabisch aber, als die Sprache des Koran, spielt bei ihnen
dieselbe Rolle wie das Hebräische bei unsern Theologen.

Das ganze Studium beschränkt sich in den zentralasiatischen Hochschulen
hauptsächlich auf die Auslegung des Koran und das Studium der Schriften
der hervorragendsten Koranausleger und mohammedanischen Rechtslehrer und
steht heutzutage noch so ziemlich auf derselben Stufe wie zur Zeit der Ein=
führung des Islam in Turkestan. Von Naturwissenschaften wird nur soviel

mitgenommen, als den mohammedanischen Gelehrten bereits vor tausend Jahren bekannt war; alle neueren Errungenschaften in Astronomie, Physik, Medizin, Chemie, Geographie 2c. werden vollständig ignoriert. Als oberstes Prinzip gilt noch immer der dem Kalifen Omar imputierte Grundsatz, daß der Inhalt aller neueren Werke entweder bereits im Koran enthalten und folglich überflüssig, oder nicht im Koran enthalten und folglich häretisch sei.

Die Studienzeit ist an den Medresses, je nach den Fähigkeiten der einzelnen Schüler und dem größeren oder geringeren Grade von Gelehr=samkeit, den der einzelne erreichen will, sehr verschieden und beträgt zwischen 15 und 30 Jahren. Gewöhnlich bleibt ein Schüler so lange an der Me=dresse, bis er eine Anstellung als Professor, Richter, Imam u. dgl. erhält, und kehrt im Falle des Verlustes seiner Stelle wieder dahin zurück.

Die Lehrmethode der Medresse=Professoren hat viele Ähnlichkeit mit der von manchem unserer Philologen bei der Erklärung der alten Klassiker adop=tierten Methode. Sie erklären die Werke, welche sie mit ihren Schülern durchgehen, sprachlich und sachlich mit einer Gründlichkeit, die der Silben=stecherei solcher Philologen in nichts nachgiebt, so daß sie oft zur Exponierung eines einzigen Werkes ein ganzes Jahr brauchen. Gelingt es einem solchen Pedanten, in eine völlig unsinnige Stelle des Koran, die früher schon auf hundert verschiedene Arten ausgelegt worden war, einen neuen Sinn hinein zu interpretieren, so ist er ein gemachter Mann, und er wird von seinen Schülern und Kollegen ebenso bewundert, wie bei uns allenfalls die Ent=decker des Gravitationsgesetzes, der Cholerabacillen u. f. f., und aus weiter Ferne kommen Schüler und Gelehrte herbei, um ein solches Kirchenlicht anzu=staunen und wo möglich dessen Unterricht zu genießen. Man kann nur aufs höchste bedauern, daß so viel Zeit und Arbeit und so viel redliches Bemühen so wenig fruchtbringend auf das ewige Wiederkäuen der Leistungen längst vergangener Zeiten und Geschlechter verwendet wird, wodurch die Menschheit und die Wissenschaft auch nicht um einen Schritt vorwärts gebracht wird.

Unter allen zentralasiatischen Gelehrtenschulen genießen das höchste An=sehen die Medresses der Stadt Buchara, welche die ersten Koryphäen der mohammedanischen Gelehrsamkeit zu ihren Lehrern zählen.

Außer den Medresses, welche die allgemeine Bildung und die Heran=ziehung von Gelehrten bezwecken, giebt es in Taschkent wie auch in andern Städten Turkestans noch verschiedene Spezialschulen, welche für einen ganz bestimmten Zweck errichtet sind; so die Medresses: Karich=Chana, in welcher sich die Schüler ausschließlich mit dem Auswendiglernen des Koran befassen; Saliwat=Chana, in welcher nur Gebete gelehrt werden; Masnawi=Chana, in welcher die Werke des Dichters Masnawi studiert werden, u. dgl.

Die Russen haben in ihren zentralasiatischen Besitzungen in Bezug auf das Unterrichtswesen an den alten Institutionen nichts geändert. Sie haben zwar auf ihre Kosten eine Anzahl von russischen Volksschulen und Gymnasien errichtet; diese sind aber hauptsächlich für die Kinder der russischen Ansiedler, Soldaten, Beamten und Offiziere bestimmt. Die verhältnismäßig wenigen russischen Schulen, welche von den Eingeborenen, besonders von den Kirgisen, besucht werden, dienen in erster Linie zur Heranbildung von Dolmetschern für die verschiedenen Behörden, da von den in Turkestan dienenden russischen Beamten nur sehr wenige mit den Sprachen der Eingeborenen vertraut sind. Sehr verdienstvoll war die Errichtung von russischen Aul-Schulen für die Nomaden, welche bei ihrer unsteten Lebensweise früher nicht im stande gewesen waren, ihren Kindern Schulunterricht erteilen zu lassen. Die Lehrer für die Aul-Schulen werden für ihren Beruf im Taschkenter Lehrerseminar ausgebildet, müssen der russischen und der einheimischen Sprachen mächtig sein und werden den verschiedenen Nomaden-Auls zugeteilt, um sie auf ihren Wanderungen zu begleiten und dabei die Kinder der Aul-Angehörigen in den Anfangsgründen und in der russischen Sprache zu unterrichten. Daß das Leben eines solchen nomadischen Schulmeisters, besonders wenn er europäischer Abstammung ist, nicht gerade beneidenswert ist, wird nach dem, was ich oben über die Lebensweise der Nomaden mitgeteilt habe, einleuchten, besonders wenn man bedenkt, daß der Gehalt eines Aul-Schullehrers nur 50—70 Mark monatlich beträgt.

10. Wohnungen. Die eigentümlichen Familienverhältnisse und die gänzliche Abschließung der Frauen von der Männerwelt erfordern eine eigene, von der unserigen völlig abweichende Bauart und Einrichtung der Wohnhäuser. In Turkestan ist jedes Haus nur für eine einzige Familie eingerichtet und das Institut von Zinshäusern oder gar von möblierten Zimmern gänzlich unbekannt. Kommt zu einem Hausbesitzer ein fremder Gast, so überläßt er demselben für die Dauer seines Aufenthaltes sein ganzes Haus samt Einrichtung und Dienerschaft, und sucht inzwischen mit seiner Familie Unterkunft bei irgend einem seiner Verwandten, wenn er für solche Fälle nicht noch ein zweites Haus in Reserve hat.

Die Häuser sind alle nach ein und demselben Stil erbaut, und die Wohnungen der Reichen unterscheiden sich von denen der Armen nur durch die geräumigeren Höfe und Gärten, die größere Höhe der Mauern, die größere Anzahl von Gemächern, die kunstvollere Ausführung und das bessere Baumaterial. Die Hauptsache in der Wohnung jedes ansässigen Zentralasiaten ist die hohe Umfassungsmauer, welche die Wohngebäude samt zugehörigen Gärten und Hofräumen allseitig begrenzt und von der Außenwelt vollständig abschließt. Diese Umfassungsmauer, welche nur auf der Straßenseite von einer einzigen Pforte durchbrochen wird, hinter der eine eigene Vormauer angebracht ist, um den Einblick auf den Hof von der Straße aus zu verhindern, bildet gleichsam die Burg jedes Hausbeſitzers, in die kein Unbefugter einzudringen das Recht hat. Innerhalb ſeiner Mauern iſt der Zentralaſiate ſein eigener Herr, und nicht einmal die Behörden wagen es, die Heiligkeit der Privatwohnungen, beſonders

Bild 82. Querſchnitt einer ſartiſchen Wohnung.

1. Veranda.
2. Verandaſäule.
3. Zimmerthür.
4. Fenſteröffnung.

5 Vertiefung für die Überſchuhe.
6. Mauerniſche
7. Rauchloch
8 Teich.

9 Futtertrog.
10. Luzernevorrat für den Winter
11. Terraſſe
12 Umfaſſungsmauer

der Frauenabteilungen, anzutaſten, was bisher die Ausführung von ge=nauieren Volkszählungen unmöglich gemacht hat. Denn nach zentralaſiatiſcher Sitte gälte es ſchon für eine Impertinenz, wenn man einen Hausvater auch nur nach der Zahl ſeiner Frauen und Kinder oder nach den Vor=gängen innerhalb ſeiner vier Wände fragen wollte.

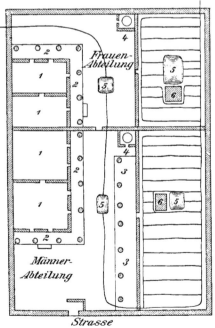

Bild 83. Grundriß einer ſartiſchen Wohnung.
——— Kanäle. 1 Wohnzimmer. 2 Veranda 3 Stallungen
4 Abtritt 5 Teich. 6 Terraſſe.

Der von der erwähnten Um=faſſungsmauer umſchloſſene Raum zerfällt in zwei voneinander durch eine Zwiſchenmauer ſtreng ge=ſchiedene und nur durch eine enge und niedrige Gartenthüre verbundene Teile. Der größere, nach der Straße zu liegende Teil bildet die Männerabteilung, in welcher der Hausvater mit ſeinen erwachſenen Söhnen und allen=falls bei ihm wohnenden männ=lichen Verwandten und Dienern wohnt, ſeinen Geſchäften obliegt und die Beſucher und Fremden empfängt. Der andere Teil iſt ausſchließlich für den Aufenthalt der Frauen und Kinder be=ſtimmt, und denſelben dürfen nur Frauen, von Männern aber nur der Hausvater allein betreten [1]. Die erwähnten beiden Abteilungen zerfallen wieder in je zwei oder nach Umständen je drei Unterabteilungen: die Wohngebäude, den Hof= raum und den Garten, welch letzterer gewöhnlich bei Ärmeren fehlt. Be= sonders in wasserarmen Gegenden und in eng gebauten Städten müssen sich die Bewohner mit einem einfachen Hofe begnügen, während die Gärten vor die Stadtmauern verwiesen sind. Wo ein Garten vorhanden ist, ist derselbe in der Regel wieder durch eine weitere Zwischenmauer von dem Hof und den Wohngebäuden getrennt. Die allgemeine Anordnung der Wohn= gebäude, Stallungen, Höfe und Gärten ist in der Regel die in obigen zwei Zeichnungen (Bild 82 u. 83, S. 229) angedeutete, von denen die erste den Aufriß, die zweite den Grundriß einer Durchschnittswohnung darstellt.

Das Wohngebäude, welches je nach den Vermögensverhältnissen des Besitzers aus einem oder mehreren nebeneinander liegenden Gemächern besteht, ist in der Weise an die Umfassungsmauer angebaut, daß die letztere zugleich die hintere Wand des Wohnhauses bildet. Die Wohngebäude sind fast ausschließlich einstöckig, was seinen Grund teils in dem verwendeten Bau= material, teils in den häufigen Erdbeben hat [2]. Die Mauern der Wohn= gebäude werden aus demselben Material hergestellt wie die Stadt=, Hof= und Gartenmauern und in ganz ähnlicher Weise aufgeführt wie diese. Auf dem Hofe wird eine große Grube ausgegraben, die dabei gewonnene Erde mit Wasser und Häckseln zu einem zähen Teige geknetet, daraus große Kugeln geformt und diese aufeinander geschichtet und mit den Füßen fest= gestampft. Wie die Stadt= und Gartenmauern werden auch die Häusermauern schichtenweise aufgeführt, weil man immer die untere Schichte erst trocken

---

[1] Die Heiligkeit der Frauenabteilungen ist in den Augen der Zentralasiaten so groß, daß dieselbe schon durch den Blick eines Fremden entweiht werden kann. Als ich im Jahre 1886 in Baisun, da kein anderer passender Platz aufzutreiben war, die astronomischen Beobachtungen auf dem Dache meiner Wohnung ausführen mußte, wurden für die betreffende Nacht alle umliegenden Häuser von ihren Besitzern geräumt.

[2] Die Häufigkeit der Erdbeben ist an den verschiedenen Orten Turkestans sehr verschieden. Während in manchen Gegenden, wie z. B. in Samarkand, solche sehr selten sind, werden andere Orte häufig von Erdbeben heimgesucht, wie z. B. die Stadt Wernoe, welche am 9. Juni 1887 durch ein Erdbeben beinahe gänzlich zerstört wurde und in der seitdem fast täglich einige leichtere oder heftigere Erdstöße erfolgen. Auch in Osch, am Ostende des Ferganathales, kamen vor mehreren Jahren eine Zeit= lang fast täglich Erdbeben vor. In Taschkent zählt man im Durchschnitt etwa ein halbes Dutzend Erdbeben im Laufe eines Jahres. Im allgemeinen sind in Turkestan die Erdbeben leicht und führen nur in seltenen Fällen zum Einsturz von Gebäuden und zum Verlust von Menschenleben. In Taschkent habe ich in 15 Jahren nur zwei derartige Erdbeben erlebt, von denen das vom 29. November 1886 das stärkste war und erheblichen Schaden anrichtete. Das heftigste in neuerer Zeit in Turkestan vorgekommene Erdbeben war das bereits erwähnte von Wernoe, welches in ganz Turkestan verspürt wurde.

werden laſſen muß, ehe man eine weitere Schichte darauflegt. Das unter
den Lehm gemiſchte Stroh verleiht den Mauern eine große Feſtigkeit, um
ſo mehr, als die unter dem Stroh zurückgebliebenen Samenkörner durch die
große Sonnenwärme zum Keimen gebracht werden und die ganze Mauer
nach allen Richtungen durchwachſen, ſo daß an neugebauten Häuſern außen
zahlreiche Gerſten= und Weizenhalme hervorſproſſen. Eine ſolche Mauer hält
den Erdbeben viel beſſer ſtand als eine wenn auch noch ſo ſolide aus
gebrannten Ziegeln aufgeführte. Gebrannte Ziegel werden zum Bau von
Privathäuſern nicht verwendet und kommen nur bei größeren öffentlichen
Gebäuden wie Moſcheen, Medreſſes, Karawanſarais und Bädern zur Ver=
wendung, bei denen ihr Gebrauch nicht zu umgehen iſt, weil Lehmmauern
den ſtarken Druck natürlich nicht aushalten würden. In den ſeltenen Fällen,
wo auf ein Wohnhaus ein oberes Stockwerk aufgeſetzt wird, werden die
Wände des zweiten Stockes auf eine eigentümliche Weiſe durch Verbindung
von Holz und Lehm hergeſtellt. Es wird zuerſt aus mittelſtarken Ballen
eine Holzbaracke gezimmert und zwiſchen die Balken in ganz unregelmäßiger
Weiſe, meiſtens fächerartig, eine große Menge kurzer, dünner Holzſtäbe
eingeſetzt. Die Zwiſchenräume zwiſchen den Hauptbalken und den Holzſtäben
werden dann mit Lehmkugeln ausgefüllt, und ſchließlich wird das Ganze
von innen und außen mit einer dicken Lehmſchichte überkleiſtert, ſo daß vom
Holzgeripppe nichts mehr zu ſehen iſt als höchſtens die Enden der Hauptbalken
(vgl. Bild 158). Dieſe oberen Stockwerke, welche nicht als Wohnräume,
ſondern nur als Speicher verwendet werden, führen den perſiſchen Namen
Bala=Chana, von bala = oberes und chana = Zimmer, aus dem offenbar
das ruſſiſche balagan = Jahrmarkt=Schaubude und wahrſcheinlich auch unſer
„Balkon" abgeleitet iſt.

Fundamente haben die Wohngebäude nicht, was auch ganz überflüſſig
wäre, weil der aus Löß beſtehende Boden dieſelbe Feſtigkeit beſitzt wie die
Mauern ſelbſt, die ja aus demſelben Material hergeſtellt ſind. Nur hat der
Mangel eines Fundamentes den Nachteil, daß während der Regenzeit der
untere Teil der Mauern aus dem durchweichten Boden die Feuchtigkeit
anzieht, wodurch die Feſtigkeit derſelben beeinträchtigt wird. Die Reicheren,
welche ihren Wohnhäuſern eine größere Höhe zu geben pflegen, als dies bei
den Hütten der Ärmeren üblich iſt, gebrauchen deshalb mitunter die Vorſicht,
die unterſte Lage der Mauern aus gebrannten Ziegeln herzuſtellen oder
wenigſtens ihre Häuſer auf eine künſtlich aufgeſchüttete Terraſſe zu ſtellen.

Die Innen= und Außenwände der Häuſer bleiben in der Regel ſo wie
ſie ſind und haben folglich die gelblichgraue Farbe des Straßenbodens.
Das Tünchen mit gelöſchtem Kalke war früher in Turkeſtan nicht in Brauch
und iſt erſt durch die Ruſſen eingeführt worden. Dagegen bedecken die
Reichen die Innenwände ihrer Wohnungen mit Stukfaturarbeiten aus Ala=

baster in arabischem Stile. Wandmalereien trifft man nur selten. Dieselben bestehen gewöhnlich aus Arabesken in möglichst bunten und grellen Farben, oder auch aus stilisierten Blumen, die mich immer lebhaft an eine Erzählung in den „Münchner Fliegenden Blättern" erinnerten, laut welcher ein zum Zimmermaler avancierter Anstreicher die Blumen und Blätter auf den zu dekorierenden Wänden auf die Weise herstellte, daß er seine Hände abwechselnd in rote und grüne Farbe tauchte, dieselben mit gespreizten Fingern an die Wand drückte und schließlich an die so hergestellten Blumen und Blätter durch einen Pinselstrich noch den Stiel ansetzte.

Ebenso einfach wie die Mauern werden auch die Dächer der Wohn= häuser hergestellt. Die gewöhnlich unbehauenen, nur von Ästen und Rinde entblößten Dachbalken werden in einem gegenseitigen Abstande von etwa 70 cm horizontal auf zwei gegenüberstehende Mauern gelegt und in dieser

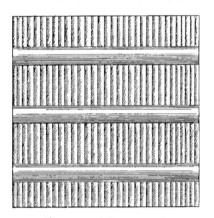

Bild 84. Sartische Zimmerdecke.

Lage eingemauert. Quer über diese Balken wird eine ungefähr 20 cm dicke Schichte von Schilfrohr oder, wo Schilfrohr nicht vorhanden ist, von Reisig gebreitet, welche birekt die Zim= merdecke bildet. Die Reicheren ver= wenden zierlich geschnitzte Deckbalken und statt des Schilfes kurze runde Stäbe aus Weidenholz von etwa 5 cm Dicke, die dicht aneinander von einem Balken zum andern gelegt werden, wie nebenstehendes Bild 84 zeigt. In den seltenen Fällen, wo die Zimmerdecken aus kurzen, quer über die Dachbalken gelegten Brettern hergestellt werden, sind diese Bretter in der Art geschnitzt, daß sie den Anschein erwecken, als wären es feine Bretter, sondern runde Holzstäbe: ein Beweis, daß die Herstellung der Zimmerdecken aus Holzstäben die ursprüngliche war und deshalb noch immer als Norm gilt.

Bei den Reichen werden die Zimmerdecken oft sehr kunstvoll mit viel= verschlungenen und äußerst komplizierten Arabesken bemalt, die aus möglichst grellen, blauen, roten, grünen und gelben Farben zusammengesetzt werden; auch Goldfarbe kommt mitunter zur Verwendung.

Die auf die angegebene Weise aus Balken und Schilf, Reisig, Holz= staben oder auch Brettern hergestellten Decken werden nun noch mit einer etwa fußdicken Lehmschichte bedeckt, die ebenfalls aus Lößerde und Stroh besteht. Der zum Eindecken der Dächer bestimmte Lehm wird mit besonderer Sorgfalt präpariert, weil die horizontalen Dächer von Regen und Schnee viel mehr zu leiden haben als die Mauern, die von den Niederschlägen nur

Bild 85. Ansicht von Hissar in Ost-Buchara. (Nach einer Aufnahme von Willy R. Rickmers.)

seitwärts getroffen werden und jedesmal schnell wieder austrocknen. Der zum Eindecken der Dächer bestimmte Lehm wird mit sehr viel Stroh, bis zu 50 Prozent, vermengt, mit viel Wasser angefeuchtet und dann, unter öfterem Umrühren, etwa eine Woche lang der Gärung überlassen. Ist das Material gehörig vorbereitet, so wird dasselbe schichtenweise auf das Dach aufgetragen und jede Schichte möglichst sorgfältig mit den bloßen Füßen festgestampft. Die mit dem Feststampfen der Dächer beschäftigten, gewöhnlich halbnackten Arbeiter bewegen sich bei ihrer Arbeit im Tanzschritt, was einen hochkomischen Anblick gewährt.

Während der Regenzeit bedecken sich diese Lehmdächer jedesmal mit einer üppigen Grasvegetation und im Frühjahre mit einer Unmasse von wilden Tulpen.

Da die ebenen Dächer im Winter der unmittelbaren Einwirkung von Regen und Schnee ausgesetzt sind, so werden sie immer schon in verhältnis= mäßig kurzer Zeit defekt, und es bilden sich Risse, durch die das Regen= und Schneewasser in die Wohnungen eindringt. Besonders gefährlich sind diesen Dächern die Hunde, die sich beständig auf ihnen herumtreiben und durch Scharren deren Solidität beeinträchtigen. Die Lehmschichte muß deshalb jeden Herbst vor Eintritt der Regenzeit ausgebessert und von Zeit zu Zeit ganz erneuert werden.

Die ebenen Hausdächer sind bei den Eingeborenen ein beliebter Auf= enthaltsort; während der warmen Jahreszeit dienen sie als Schlafstellen und als Ort zur Verrichtung des Morgen= und Abendgebetes, und an sonnigen Wintertagen obliegen hier die Frauen ihren häuslichen Arbeiten (Bild 62, S. 173; Bild 85, S. 233, und Bild 86).

Die auf die angeführte Weise erbauten Wohnhäuser der Eingeborenen sind absolut feuersicher, und während der ganzen 15 Jahre meines Aufent= haltes in Zentralasien ist nie eine Feuersbrunst zu meiner Kenntnis gelangt. Als daher vor einigen Jahren in Taschkent der Agent einer Feuerversicherungs= gesellschaft erschien, erregte derselbe bei den Taschkentern ein ebensolches Gaudium, als wenn allenfalls bei uns jemand die Häuser gegen etwaige Beschädigungen durch Aerolithen versichern wollte.

Die gegenwärtig in Turkestan gebräuchliche Bauart stammt offenbar noch aus den ältesten Zeiten, und man kann mit Sicherheit annehmen, daß hier die Häuser nie anders gebaut worden sind als in der Gegenwart. Die an jeder Baustelle in Überfluß vorhandene Lößerde ist ein so handliches und brauchbares Material, und die daraus aufgeführten Bauten haben, dank der außerordentlichen Trockenheit des Klimas, eine solche Festigkeit und verhältnis= mäßige Dauerhaftigkeit, daß die Bewohner keine Veranlassung hatten, sich nach einem andern Material umzusehen. Gebrannte Ziegel zum Bau von Privathäusern zu verwenden, erlaubte der Mangel an Brennholz nicht, da

Bild 86. Ansicht von China von Westen.

es in den turkestanischen Oasen keine Wälder giebt und als Brennmaterial nur Schilf und das Holz der Gartenbäume verwendet werden kann. Der Benützung von Steinen zum Häuserbau standen zwei wichtige Umstände im Wege. Erstens hätten aus unbehauenen Steinen aufgeführte Mauern den Erdbeben viel weniger widerstehen können als Lehmmauern; zweitens giebt es in Lößgegenden überhaupt keine Steine, und dieselben hätten also aus den Gebirgen, Hunderte von Kilometern weit, herbeigeschafft werden müssen, woran bei dem Mangel von Kunststraßen und Brücken gar nicht zu denken war. Daß auch schon zu Alexanders Zeiten die Häuser und Stadtmauern in derselben Weise aufgeführt wurden wie heutzutage, geht aus Alexanders Geschichte deutlich hervor. Arrian erzählt, daß die Stadt= mauern von Gaza (wie ich in meiner Monographie „Alexanders d. Gr. Feldzüge in Turkestan" auseinandergesetzt habe, wahrscheinlich das heutige Nau) aus Erde aufgeführt und nicht hoch waren. Ferner berichtet Arrian, daß Alexander die Stadt Alexandria am Tanais, das heutige Chodschent, mit Stadtmauern und Häusern in 20 Tagen erbaut habe, welche Curtius sogar auf 17 Tage reduziert. Dies war aber nur möglich, wenn Alexander die Stadt in der nämlichen Weise erbaute, wie auch noch das heutige Chodschent und die übrigen turkestanischen Städte erbaut sind.

Daß in Turkestan die Städte auch während der Glanzperioden, unter der Herrschaft der Araber und der Timuriden, in dem gegenwärtig noch gebräuchlichen Stil erbaut wurden, geht daraus hervor, daß sich nirgends Überreste von steinernen oder aus gebrannten Ziegeln aufgeführten Mauer= werken in größerem Umfange erhalten haben. Alle noch vorhandenen Städte= ruinen beweisen, daß überall nur die öffentlichen Gebäude aus gebrannten Ziegeln erbaut waren, und zwar erst seit der Zeit der Araber; von Stein= bauten dagegen findet man, abgesehen von den Tamerlanschen Prachtbauten in Samarkand, in den Ebenen nirgends eine Spur. Man trifft solche nur in Gebirgsgegenden, in Darwas, Badachschan ꝛc., wo auch gegenwärtig noch die Häuser stellenweise aus unbehauenen Steinen aufgeführt werden, aus dem einfachen Grunde, weil es dort keinen Löß giebt und das Klima feuchter ist als im Tieflande.

In der vorhistorischen Zeit müssen die Bewohner Turkestans in künst= lichen unterirdischen Höhlen und Gängen gewohnt haben, die in den Löß= boden eingetrieben wurden; dies beweisen unter anderem die in Samarkand und neuerdings auch bei Karki, am Amu=Darja aufgefundenen Gänge und Höhlen, welche eine sehr große Ausdehnung haben und förmliche unterirdische Städte bilden.

Die innere Einrichtung der Wohnungen ist ebenso einfach wie die Wohngebäude selbst. Öfen giebt es nirgends; dagegen traf ich im afghanischen Turkestan und bei den Tarantschis des Jlithals Kamine, welche ganz den bei uns gebräuchlichen glichen. Eine eigentliche Heizung der Wohnräume wäre übrigens auch bei dem Vorhandensein der Öfen nicht möglich, weil die Thüren nur sehr unvollkommen schließen, bei den Ärmeren wohl ganz fehlen, und weil die Fensteröffnungen, wo welche vorhanden sind, entweder ganz offen oder höchstens mit dünnem Papier verklebt sind. Glasfenster verwenden die Eingeborenen nicht, und auch die Reichsten und selbst die Chane verbringen die kalte Jahreszeit in unge= heizten Gemächern, in denen die Luft freien Zutritt hat. Die Filzjurten der Nomaden bieten im Winter einen viel besseren Schutz gegen die Kälte und die Unbilden der Witterung als die Wohnungen selbst der Reichsten unter der anfässigen Bevölkerung. Die Kirgisen haben deshalb vollkommen recht, daß sie ihre Jurten gemauerten Wohnhäusern vorziehen.

Bild 87. Turkestanisches Kohlenbecken.

Um sich während der grimmigsten Kälte zu er= wärmen, gebrauchen die Eingeborenen Turkestans schmiedeiserne, auf vier Füßen ruhende Kohlen= becken, wie sie im Alter= tum in Griechenland und Rom in Gebrauch waren. Diese Kohlenbecken werden, nachdem sie mit glühenden Kohlen gefüllt worden sind, unter ein rundes oder viereckiges Tischchen von 20—40 cm Höhe gestellt, das dann mit einer großen, abgenähten Baumwolldecke zugedeckt wird. Die Familienglieder setzen sich nun rings um diesen Tisch auf den Boden und strecken Hände und Füße unter die Decke in den durch die Kohlen erwärmten Raum. In Bild 87 ist ein solches nach der Natur gezeichnetes Kohlenbecken nebst zugehöriger Zange und Kohlenschaufel dargestellt.

Den Armen, welche sich den Luxus eines Kohlenbeckens nicht gestatten können, bleibt nichts übrig als zu frieren und nach Umständen zu er= frieren, besonders wenn sie auch keinen hinreichenden Vorrat von warmen Kleidern und Decken besitzen. Jede große Kälte fordert in den turkestanischen Städten zahlreiche Opfer an Menschenleben, und die Eingeborenen beurteilen, in Ermangelung von meteorologischen Instrumenten, den jeweiligen Kälte= grad nach der Zahl der im Lanfe einer Nacht erfrorenen Individuen. Im Jahre 1879, wo in Taschkent die Temperatur einmal auf 27° C unter dem Gefrierpunkte sank, erfroren in dem sartischen Stadtteile von Taschkent in einer Nacht 126 Eingeborene. Hierbei kann man die Hartnäckigkeit bewundern, mit der die Menschen am Althergebrachten hängen. Obwohl die Eingeborenen die russischen Wohnungseinrichtungen vor Augen haben und deren Zweckmäßigkeit anerkennen, fällt es ihnen doch nicht ein, dieselben nachzuahmen, auch wenn ihnen ihre Mittel dies erlaubten.

Die vom Hofe in die Wohnräume führenden T h ü r e n , welche meistens auch zugleich die Stelle der Fenster vertreten und deshalb bei größeren Gemächern in größerer Anzahl vorhanden sind, sind gewöhnlich sehr niedrig, so daß man nur gebückt passieren kann. Die Thüren bestehen stets aus zwei Flügeln, die sich nicht um Thürangeln, sondern um zwei in den Sturz und die Schwelle eingelassene Zapfen bewegen, stets nach innen aufgehen und so schmal sind, daß man jedesmal beide Flügel öffnen muß, um eintreten zu können. Bei den Reichen sind die Thürflügel gewöhnlich mit kunstvollen, vielverschlungenen Arabesken in Schnitzarbeit verziert oder wenigstens mit grellen, roten, grünen oder blauen Farben angestrichen. Da in Turkestan als Bau- und Werkholz fast ausschließlich das wenig solide Pappelholz verwendet wird, welches zudem meistens schon verarbeitet wird, ehe es noch ganz ausgetrocknet ist, so werden die Thürstöcke und Thürflügel beim weiteren Austrocknen immer mehr oder weniger verzogen und schließen deshalb nur sehr mangelhaft oder auch gar nicht. Eigentümlich ist der Verschluß der Thüren; an dem einen Thürflügel ist von außen eine kurze eiserne Kette, an dem andern ein in einen Ring endigender Stift befestigt, an welchen das letzte, mit einem Schlitze versehene Glied der Kette angelegt wird. Soll eine solche Thüre abgesperrt werden, so wird an den erwähnten Ring ein Vorhängeschloß gelegt.

F e n s t e r giebt es nur in den Häusern der Reicheren, während sich die Ärmeren mit dem durch die Thüröffnung einfallenden Lichte begnügen. Die Fensteröffnung, deren horizontaler Durchmesser bei Privatgebäuden stets größer ist als der vertikale, befindet sich jedesmal über der Thüre, und es giebt deshalb in jedem Gemache ebenso viele Fenster als Thüren. Die Fenster-öffnung wird entweder ganz offen gelassen oder mit einem Gitter aus Holz oder Alabaster verschlossen, um das Eindringen von Schwalben und Spatzen, deren es hier ungeheuer viele giebt, sowie anderer Vögel zu verhindern. Die Stäbe, aus welchen sich die Holzgitter zusammensetzen, werden nicht einfach kreuzweise zusammengefügt, sondern in mehr oder minder komplizierter Weise zu Arabesken verschlungen. Eine der einfachsten Formen dieser Fenstergitter ist die auf Bild 88 angedeutete. Die Grundform der aus Alabaster hergestellten Gitter ist häufig den Holzgittern nachgebildet. Während des Winters werden diese Fenstergitter zur Abhaltung des Zugwindes häufig mit weißem Zigaretten-papier oder auch mit ölgetränktem Schreibpapier überklebt. Das Innere der Wohnungen ist wegen der mangelhaften Fenstervorrichtungen und der

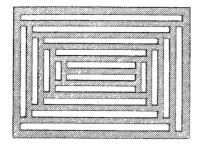

Bild 88. Turkeſtaniſches Fenſtergitter.

breiten Vordächer der Veranden faſt ſtets in Halbdunkel gehüllt, und nur wenn die Thürflügel geöffnet ſind, iſt man im ſtande, in unmittelbarer Nähe der Thüren zu leſen oder feinere Arbeiten zu verrichten (vgl. Bild 72, S. 201, und Bitd 79, S. 223).

Gleich innerhalb des Hauptein= ganges befindet ſich in den Wohnzimmern eine viereckige Vertiefung, welche als Waſch= und Badeplatz, zum Übergießen mit Waſſer und zum Ablegen der Überſchuhe dient.

Der Zimmerboden beſteht vollſtändig aus Lehm und wird ſtets, je nach den Vermögensverhältniſſen des Beſitzers, entweder mit einfachen Schilfmatten oder Filzdecken oder auch mit mehr oder weniger koſtbaren Teppichen belegt.

Zur Ventilation dient eine Öffnung im Dache, in welche ein kurzes cylindriſches Rohr aus gebranntem Thon eingeſetzt iſt. Da durch dieſe Öffnung Regen und Schnee ungehindert eindringen können, ſo werden die Ventilationsöffnungen häufig auch ſeitwärts in den Wänden, gleich unter= halb des Daches, angebracht.

Zimmermöbel giebt es in den Wohnungen der Zentralaſiaten ent= weder gar nicht oder nur in ſehr geringer Zahl. Von Tiſchen, Stühlen, Diwanen und unſern mannigfachen Schränken und Kommoden hat man keine Idee. Statt unſerer Kleider= und Küchenſchränke und Kommoden dienen in Turkeſtan eigene in die Wände eingelaſſene Niſchen, welche in der Regel alle vier Wände der Wohnzimmer einnehmen. Dieſe Niſchen ſind entweder einfache Vertiefungen in den Wänden, ähnlich unſern Blendfenſtern, oder es ſind kunſtvoll aus Alabaſter hergeſtellte Fächer, wie aus Bild 123 zu erſehen iſt. Dieſe Niſchen dienen zum Aufhängen von Kleidern und Wäſche und zur Aufbewahrung von Tafelgeſchirr, Waſchſchüſſeln, Waſſer= und Thee= kannen, Waſſerpfeifen, Kerzenleuchtern, Früchten und Eßwaren, allenfallſigen Büchern u. dgl. Von eigentlichen Möbeln kennen die Eingeborenen Turkeſtans nur Bettſtellen, Kinderwiegen, Koffer und die bereits erwähnten niedrigen Tiſchchen für die Kohlenbecken.

Die ärmere Bevölkerung und auch ein guter Teil der Reichen ſchläft einfach auf dem Boden. Als Unterlage dient eine Filzdecke, über welche eine oder, je nachdem es die Mittel erlauben, auch mehrere abgenähte Baumwolldecken gebreitet werden. Zum Zudecken dient gleichfalls eine ab= genähte Baumwolldecke, aber von feinerem Stoffe als die Unterlage. Auch ſeidene und halbſeidene, wattierte Decken ſind nicht ſelten. Dieſe Decken haben gewöhnlich ca. 2 m im Geviert und erlauben deshalb bei großer

Kälte ein vollständiges Einwickeln. Auf meinen Reisen habe ich unter solchen Decken mitunter bei einer Kälte von 20—30 Graden im Freien kampiert und mich dabei ganz wohl befunden. Von Betttüchern wissen die Eingeborenen nichts; die Bettdecken lassen deshalb, da sie wegen ihrer Wattierung nicht gewaschen werden können, nach längerem Gebrauche in Bezug auf Reinlichkeit viel zu wünschen übrig. Tagsüber werden die Bett= decken zusammengerollt und mit den Kopfkissen an den Wänden aufge= stapelt. Als Kopfkissen benützt man mit Baumwolle ausgestopfte und mit Baumwollstoff oder Seide überzogene Cylinder, ähnlich unsern Fenster= kissen, welche nach meinen Erfahrungen den in Europa gebräuchlichen Feder= kopfkissen entschieden vorzuziehen sind; denn sie sind nicht nur hygienischer, sondern auch bequemer. Den Luxus von Bettstellen erlauben sich nur die Reichsten. Die turkestanischen Bettstellen, deren Einrichtung aus Bild 89 zu ersehen ist, sind trotz ihrer Einfachheit das zweckmäßigste, was ich je gesehen habe, und keine noch so raffinierte Verbesserung unserer Bettstellen kann mit denselben konkurrieren. Sie vereinigen die Vorzüge der gewöhn= lichen Bettstellen mit denen der amerikanischen Hängematten und sind im stande, den Ansprüchen des verwöhntesten Sybariten zu genügen. Ich bin durch langjährigen Gebrauch der turkestanischen Bettstellen so verwöhnt worden, daß ich mich bis jetzt mit den europäischen Betten nicht wieder befreunden konnte. Die turkestanischen Bettstellen bestehen aus einem roh aus etwa 10 cm dicken Balken gezimmerten, auf vier je einen halben Meter hohen gedrechselten Füßen ruhenden Holzrahmen, der mit einem Netz aus dünnen Roßhaarschnüren überspannt ist. Die Länge der Bettstellen beträgt etwas über 2 m, die Breite 1 bis 1,5 m. Wird ein solches Gestell mit einem halben Dutzend weicher, abgenähter Baumwolldecken bedeckt, so bietet es den größten Komfort, den man sich denken kann. Der Körper nimmt, dank der Elastizität des Roßhaarnetzes, die bequemste Stellung an, man kann sich nach allen Seiten ungehindert ausstrecken, und nirgends spürt man auch nur den leisesten Druck. Begnügt man sich während der heißen Jahreszeit mit einer einzigen Decke als Unterlage, so ist man kühl gebettet und hat nicht unter der unerträglichen und ungesunden Hitze zu leiden, welche die europäischen Federbetten verursachen.

Die Wiegen sind transportable, mit einem Fliegennetz aus durch= sichtigem Gazestoff überspannte Gestelle, welche sowohl zum Schaukeln wie zum Tragen der Säuglinge dienen. Die Einrichtung derselben erinnert einigermaßen an einen Vogelkäfig oder auch an die in München zum Tragen einer größeren Anzahl von Bierkrügen dienenden Gestelle (Bild 90; vgl. auch Bild 157). Das Kopf= und Fußende dieser Wiegen wird gebildet durch zwei halbkreisförmig gebogene Holzreifen, die untereinander durch eine Anzahl horizontaler, gewöhnlich gedrechselter und bunt bemalter Holzleisten verbunden find. Der Boden und die niedrigen Seitenwände werden aus dünnen Brettchen oder Holzspänen hergestellt. Die Mütter tragen ihre Säuglinge nicht wie bei uns in Windeln gewickelt auf den Armen, sondern in den erwähnten Tragwiegen, was nicht nur für die Mütter bequemer, sondern auch für die Entwicklung der Kleinen entschieden vorteilhafter ist als unsere Methode. Zum Schaukeln werden die Wiegen mittels eines in der Mitte der oberen Querleiste be=

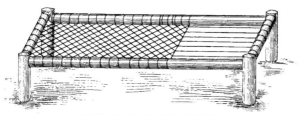

Bild 89. Turkestanische Bettstelle.

festigten Strickes im Freien an einen Baumast, im Zim= mer oder auf der Veranda aber an einem Deckbalken aufgehängt. In die= ser Wiege, welche bei allen Zentralasiaten im Gebrauche ist, liegen die Kinder beständig auf dem Rücken, was zur Folge hat, daß sich der Hinterkopf derselben mit der Zeit stark abplattet. Auf diesen Umstand ist die ausgesprochene Kurzköpfigkeit aller Zentralasiaten, Kirgisen, Usbeken, Sarten, Tadschiken, Galtschas 2c. zurückzuführen. Der Schädelindex bildet also nicht, wie die Anthropologen an= nehmen, ein anthropologisches, sondern lediglich ein ethnographisches Kriterium.

Zur Aufbewahrung ihrer Kostbarkeiten benützen die Stadtbewohner Turkestans dieselben aus Rußland importierten hölzernen, mit Eisenblech beschlagenen und grün oder rot bemalten Koffer wie die Nomaden, und diese Koffer bilden stets einen Hauptschmuck der Wohn= zimmer.

Von sonstigen Einrichtungsgegenstän= den, welche man außer den bereits erwähnten noch in den Wohnungen der ansässigen Be= völkerung Turkestans antrifft, sind nur noch ihre eigentümlichen Theekannen und Tassen,

Bild 90. Turkestanische Kinderwiege.

Waschschüsseln, Messingteller, Wasserpfeifen und Vogelkäfige zu erwähnen.

Die Theekannen (Bild 91, S. 242) sind entweder aus Messing oder aus verzinntem Kupfer angefertigt, sind stets mehr oder weniger kunstvoll ziseliert und haben dieselbe Form wie die Wasser= und Weinkannen, welche in den katholischen Kirchen bei der Messe verwendet werden. Diese Theekannen werden mit Wasser gefüllt ans Feuer gestellt, und nachdem das Wasser zum Kochen gebracht ist, wird ein entsprechendes Quantum Thee eingeworfen. Die Theetassen sind entweder aus Thon und dann einheimisches Fabrikat, oder aus chinesischem echten oder imitierten Porzellan (Bild 123).

Bild 91. Theekannen.

Eigentümlich ist die Form der einheimischen Waschschüsseln, welche vor und nach jeder Mahl= zeit und auch sonst tags= über häufig gebraucht wer= den und in der Regel von guter und zierlicher Arbeit sind. Dieselben werden ebenfalls aus Messing oder verzinntem Kupfer her= gestellt und bestehen aus einer flachen Schüssel mit siebartig durchlöchertem Boden, an welche sich unten ein nachttopfartiges Gefäß anschließt, das zum Auffangen des schmutzigen Waschwassers bestimmt ist. Zum Aufgießen des Was=

fers beim Waschen werden Messingkannen mit langem Ausflußrohre benützt. Diese Waschschüsseln nebst zngehörigen Wasserkannen werden, als Repräsen= tationsstücke, mitunter mit großem Luxus hergestellt; in Buchara wurde mir einmal ein Prachtexemplar zum Kaufe angeboten, welches goldplattiert, ausgezeichnet ziseliert und mit einer Menge von Halbedelsteinen besetzt war und für welches der Verfertiger 300 Mart verlangte (Bild 92).

Porzellanteller sind in Turkestan erst in der letzten Zeit durch die Ruffen in Aufnahme gekommen. Bis dahin hatten die Eingeborenen nur ganz flache, mit einem schmalen, fast senkrechten Rande versehene runde Teller von verschiedener Größe, ähnlich unsern Serviertellern. Dieselben werden aus Messing oder verzinntem Kupfer hergestellt, haben mitunter einen Durchmesser von nahezu einem Meter und werden nur zum Servieren von Früchten, Süßigkeiten und den unzähligen Tassen und Schüsseln benützt, welche zur Bewirtung von vornehmen Gästen alle auf einmal aufgetragen werben.

Die Wasserpfeifen, bei den Sarten und Usbeken Tschilim, bei den Tadschiken Kaljan genannt, welche in Turkestan in keinem Haushalte fehlen dürfen, sind von den türkischen Wasserpfeifen verschieden. Sie bestehen aus einem ausgehöhlten Mantelsack=Kürbis, in welchen von oben und von der Seite je ein Schilfrohr gesteckt wird. Das seitliche Rohr dient als Mundstück, das vertikale Rohr dagegen zum Aufsetzen des Pfeifenkopfes,

der aus gebranntem, unglasiertem oder auch blau oder grün glasiertem Thone be=
steht. Seitwärts wird im oberen Teil der Wasserpfeife ein kleines Loch gebohrt,
das zum Ausblasen des Rauches beim Anfachen der auf den Tabak gelegten
Kohlen dient und beim Rauchen selbst mit dem Finger zngehalten werden
muß. Die Armen gebrauchen die Wasserpfeife in dieser einfachsten Form;
die Reicheren dagegen beschlagen den braun gebeizten Körper der Pfeife mit
Messing und verzieren die Beschläge mit Ziselierungen und eingesetzten Türkisen;
ferner versehen sie die Schilfrohre mit eingebrannten Zieraten und behängen
den Pfeifenkopf mit Schnüren von Glasperlen und Halbedelsteinen, so daß
ein solcher Apparat schließlich ein sehr gefälliges Aussehen erhält. In seltenen
Fällen wird der Körper der Wasserpfeife auch ganz aus Messing hergestellt;
aber auch in diesen Fällen wird dem Gefäße stets die Form eines Mantelsak=
Kürbis gegeben (vgl. Bild
106, 118 u. 123).

Ein nur in wenigen
Haushaltungen fehlender
Einrichtungsgegenstand
sind endlich noch die Vo=
gelbauer, da die Ein=
geborenen große Freunde
von Vögeln sind. Die
Vogelbauer werden auf
ebenso kunstlose Weise her=
gestellt wie fast alle Pro=
dukte der einheimischen
Industrie. Sie bestehen
aus einer einfachen runden
Holz= oder Kartonschachtel
ohne Deckel (häufig werden
ausrangierte russische Hnt=
schachteln dazu verwendet),
an welche oben ein zipfel=
haubenförmiges Netz aus
buntfarbigem Baumwoll=
garn befestigt wird, das
beim Aufhängen an der
Zimmer= oder Veranda=
decke oder an einem Baum=
aste durch die Schwere
der Schachtel gespannt ge=
halten wird.

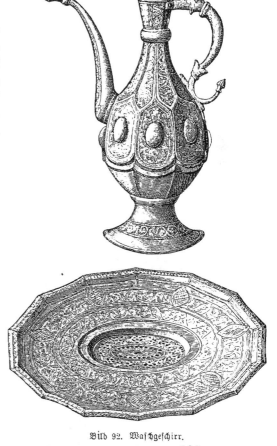

Bild 92. Waschgeschirr.

Fügen wir zu dem bereits Erwähnten noch eine Anzahl Tamburine und diverse Saiteninstrumente, so haben wir so ziemlich alles aufgezählt, was an Einrichtungsgegenständen in der Wohnung eines wohlhabenden Eingeborenen zu finden ist. In den Wohnungen der Armen fehlen die meisten der erwähnten Gegenstände, und das ganze Ameublement reduziert sich bei ihnen auf eine Wasserkanne, eine Wasserpfeife der einfachsten Art, einige irdene Schüsseln und Schilfmatten und einige vielfach durchlöcherte, reichlich geflickte und von Schmutz glänzende Bettdecken.

Diese verhältnismäßig einfache Einrichtung und Ausstattung der Wohnungen ist hauptsächlich dadurch bedingt, daß dieselben nur während des kurzen Winters zum Aufenthalte für die Bewohner bestimmt sind, sonst aber nur als Aufbewahrungsort für das bewegliche Eigentum des Besitzers zu dienen haben, da den größten Teil des Jahres über alles auf den Höfen oder in den Gärten wohnt und auch im Freien schläft. Viel wichtiger als das Wohnzimmer ist für den Zentralasiaten die Veranda, auf der er im Winter und Sommer seinen häuslichen Arbeiten obliegt, wenn er welche hat, sich mit seinen Nachbarn und Bekannten unterhält, seine Mahlzeiten einnimmt u. dgl. Die Veranda darf deshalb auch in der Wohnung des Ärmsten nicht fehlen. Dieselbe ist ein mehr oder weniger über das Niveau des Hofes erhobener, an die Wohngebäude anstoßender, gedeckter Säulengang (Bild 93). Das Dach der Veranda bildet die Fortsetzung des Daches des Wohngebäudes und wird auf der Außenseite durch eine Reihe von hölzernen Säulen gestützt, die entweder aus ganz rohen und unbehauenen Balken bestehen oder auch mehr oder weniger kunstvoll geschnitzt sind. Bei den Reicheren wird der Boden dieser Säulengänge mit Filzdecken oder Teppichen, bei den Ärmeren mit Schilfmatten bedeckt (vgl. auch Bild 57, S. 165, und Bild 85, S. 233).

Eigentliche Küchen giebt es in den Häusern der Eingeborenen nicht. Der Feuerherd wird im Sommer einfach auf dem Hofe, im Winter aber mitten im Wohnzimmer aufgeschlagen. Das einzige Kochgeschirr, in dem fast alle einheimischen Gerichte bereitet werden, besteht wie bei den Nomaden in einem größeren oder kleineren, aus Rußland importierten, gußeisernen Kessel, wie sie von unsern Wäscherinnen gebraucht werden. Dieser Kessel wird entweder über einer in die Erde gegrabenen Grube oder auf einer aus Lehm aufgeführten halbkreisförmigen Erhöhung aufgestellt. Zum Braten von kleinen Fleischstücken, Schaschlyk genannt, bedient man sich eines hölzernen Bratspießes, der mit freier Hand über das auf der Erde angefachte Feuer gehalten wird. Weitere Küchenrequisiten giebt es in einem turkestanischen Haushalte nicht.

Zum Brotbacken bedient man sich eines eigenen Backofens aus gebranntem Thone. Derselbe hat die Form einer großen, umgestürzten Wassertonne ohne Boden und mit einer Seitenöffnung. Diese Öfen, welche aus einem Stücke bestehen und fertig auf dem Bazare verkauft werden, werden

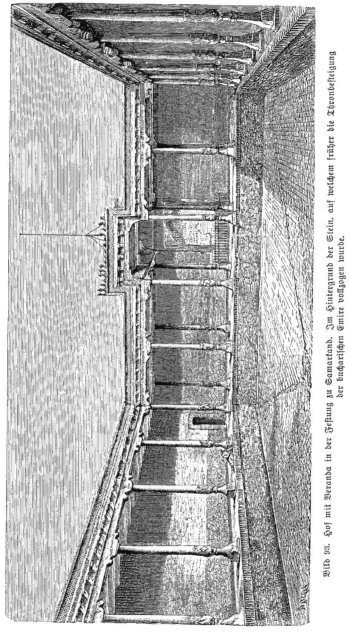

Bild 93. Hof mit Beranda in der Festung zu Samarkand. Im Hintergrund der Stein, auf welchem früher die Thronbesteigung der bucharischen Emire vollzogen wurde.

entweder unterirdisch eingegraben oder an die Hofmauer angemauert und mit einer dicken Lehmschichte umgeben in der Weise, daß die beiden Öff=

nungen oben und an der Seite frei bleiben. Soll in einem solchen Ofen Brot gebacken werden, so wird in demselben ein starkes Feuer angefacht; nachdem dasselbe ausgegangen ist, werden Kohlen und Asche entfernt und

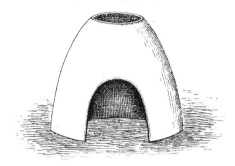

dann von oben her die dünnen Brotfladen an die erhitzten Innen= wände des Ofens geklebt. An manchen Orten, besonders in den kälteren Gebirgsgegenden wie Badachschan, werden diese Back= öfen mitten in den Wohnzim= mern in den Fußboden vergraben und dienen dann zugleich zur Erwärmung der Wohnräume (Bild 94).

Bild 94. Turkestanischer Backofen.

Sehr zweckmäßig und den örtlichen Verhältnissen angemessen sind in den Wohnungen der Eingeborenen die Aborte eingerichtet. An einer ab= gelegenen Stelle des Hofes ist ein abgesondertes, geräumiges Gemach erbaut. Mitten in diesem Raume befindet sich eine etwa 8 m tiefe Grube von ca. 3 m Durchmesser, die mit starken, gut schließenden hölzernen Bohlen überdeckt ist. In den erwähnten Planken ist ein schmaler, bambusförmiger Spalt aus= geschnitten. Sitzbretter sind natürlich nicht vorhanden, da ja die Eingeborenen ans Sitzen auf Stühlen nicht gewohnt sind. Im Dache ist gerade über dem erwähnten Spalte eine Öffnung gelassen, in die eine kurze Röhre aus ge= branntem Thon eingesetzt ist. Durch die unverschlossene Thüröffnung und diese Dachöffnung wird eine so gute Ventilation hergestellt, daß von einem üblen Geruche nichts zu merken ist. Wird die Versenkgrube im Laufe vieler Jahre endlich einmal nahezu voll, so wird sie mit Erde aufgefüllt und der Abort an eine andere Stelle verlegt. Fast stets ist Sorge getragen, daß ein Kanal vorbeifließt, in dem die Bewohner die vom Koran vorgeschriebenen Waschungen vornehmen können.

Da in Turkestan jeder Hausbesitzer zugleich auch Pferdebesitzer ist, so spielen die Stallungen in den Wohnungen der Eingeborenen eine hervor= ragende Rolle. Die Ställe sind stets an die Hofmauer angebaut und nehmen gewöhnlich die den Wohngebäuden gegenüberliegende Seite des Hofmauer= vierecks, mitunter aber auch drei Seiten desselben ein. Diese Ställe sind weiter nichts als Schirmdächer, deren Tragbalken auf einer Seite in die Hofmauer eingelassen sind, auf der andern aber durch hölzerne Pfosten gestützt werden, wie aus Bild 82, S. 229 zu ersehen ist. Die Ställe sind nach dem Hofe zu vollständig offen wie die Veranden und gewähren deshalb nur Schutz gegen Regen und Schnee, während die Tiere der Kälte des Winters schutzlos preisgegeben sind. An den Wänden der Ställe laufen aus Lehm aufgeführte Futtertröge entlang, deren Ränder aus Balken bestehen, um das Abbröckeln zu verhindern.

Diese Ställe dienen nicht nur zur Unterbringung der Pferde, Esel und Rinder des Besitzers, sondern auch der Reit= und Lasttiere der Besucher und Gäste, und sind deshalb immer in einem viel größeren Maßstabe angelegt, als es für die Bedürfnisse des Besitzers allein nötig wäre. Außerdem werden die Ställe auch noch als Speicherräume zur Unterbringung von Luzerne, Stroh c. und als Nachtlager für die Knechte und Steuer während der Regenzeit benützt. Die Wintervorräte an getrockneter Luzerne werden auf dem Dache der Stallungen aufgeschichtet und entweder ganz schutzlos dem Regen und Schnee preisgegeben oder im besten Falle von oben mit Schilfmatten bedeckt.

Das ausgedroschene Getreide wird in ebensolchen unterirdischen Gruben aufbewahrt wie bei den Nomaden. Schon die Geschichtschreiber Alexan= ders d. Gr. erwähnen diese unterirdischen Getreidespeicher, die sie Seiren oder Siren nennen, als eine Eigentümlichkeit der damaligen Bewohner Turkestans, der Baktrier und Sogdianer [1].

In der Mitte des Hofes befindet sich ein kleinerer oder größerer Teich, deffen stagnierendes und meistens unglaublich schmutziges Wasser nicht nur zum Tränken des Viehes, sondern auch als Trinkwasser für die Menschen und zur Bereitung von Thee und Speisen und zwischenhinein auch zum Reinigen der Wäsche benützt wird.

Vom Hofe aus gelangt man durch eine schmale, niedrige Thür in den anstoßenden Garten, der während der warmen Jahreszeit die eigentliche Wohnstätte der vermöglicheren Zentralasiaten bildet. Die Gärten sind in der Regel sehr dicht mit Bäumen bepflanzt, um einen möglichst intensiven Schatten gewähren zu können, und werden von einer Unmasse kleiner Kanäle durchschnitten, die zur Bewässerung dieser Bäume dienen, da ohne künstliche Bewässerung natürlich nichts wächst. Das, was in diesen sonst prächtigen Gärten den Europäer unangenehm berührt, ist das gänzliche Fehlen von Rasen, was darin seinen Grund hat, daß die nur zum Bewässern der Bäume dienenden Kanäle alle tief eingeschnitten sind und deshalb zur Be= wässerung der Oberfläche nicht verwendet werden können. Der Erdboden hat daher in den Gärten dieselbe eintönige, gelblichgraue Färbung wie die Höfe, Straßen und Gartenmauern und ist im besten Falle nur mit trockenem, strohgelbem, noch aus der vorausgegangenen Regenzeit stammendem Stech= gras und sonstigem Unkraut bewachsen.

---

[1] Curtius z. B. schreibt im 17. Kap. des VII. Buches über das Vorkommen unterirdischer Getreidespeicher in Baktrien, dem heutigen afghanischen Turkestan: Siros vocabant barbari scrobes, quos ita sollerter abscondunt, ut, nisi qui de= foderunt, invenire non possint: in his conditae fruges erant.

Etwa in der Mitte des Gartens ist ein Teich eingegraben, an deffen Rand eine quadratische, je nach Umständen 1 bis 2 m hohe Terraffe aus Lehm aufgeführt ist, die zum Aufenthalte während der warmen Jahreszeit dient. Diefe Terraffen, denen man in den Höfen und Gärten der Eingeborenen und auch auf den freien Plätzen der Städte und Dörfer auf Tritt und Schritt begegnet, sind notwendig, um der Feuchtigkeit und den auf der Erde lagernden Ausdünstungen und Fiebermiasmen zu entgehen, die fich, besonders nach Sonnenuntergang, schon durch den eigentümlichen Geruch ankündigen.

Auf diesen wo möglich von hohen Bäumen beschatteten Terraffen wohnen die Eingeborenen entweder ganz unter freiem Himmel, oder sie stellen auf

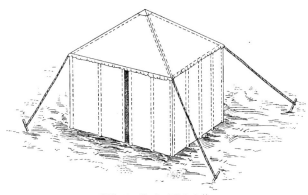

denselben, wenn es ihre Mittel erlauben, fogen. bucharifche Zelte auf. Diefe Zelte, welche wegen ihrer zweckmäßigen Einrichtung auch von den Ruffen auf Reisen und in Gärten mit Vorliebe verwendet werden, haben die

Bild 95. Bucharifches Zelt.

Form eines Kubus, der mit einem pyramidenförmigen Dache bedeckt ist. Sie sind fehr leicht und äußerst bequem zu transportieren, und ihre Aufstellung erfordert immer nur wenige Minuten.

Die bucharifchen Zelte bestehen aus drei Teilen: aus zwei spanifchen Wänden und dem regenfchirmartig zusammenlegbaren Dache. Die je 2 m hohen und 6 m breiten spanifchen Wände bestehen aus starkem, doppeltem Baumwollstoffe von hellgrüner Farbe, in den in gleichen Abständen neun vertikale, mäßig dicke Holzstangen eingenäht sind. Diefe Wände werden fo aufgestellt, daß die britte und fiebente Vertikalstange an den Ecken, die äußersten Stangen aber in der Mitte der zwei entgegengesetzten Seiten des Zeltes zu stehen kommen (Bild 95). Das pyramidenförmige Dach, deffen vier Kanten ebenfalls durch eingenähte Holzstangen gebildet werden, wird einfach mittels eigener an diefe Stangen befestigter Schlingen aus Baumwollfchnüren auf die Spitzen der vertikalen Eckstangen der spanifchen Wände aufgesetzt. Außerdem ist rings an die Ränder des Daches eine Anzahl kleiner hölzerner Pflöcke befestigt, an welche korrespondierende, an die oberen Ränder der spanifchen Wände angenähte Schlingen gelegt werden, um einen besseren Verschluß zwischen Dach und Wänden herzustellen. Um dem Zelte die nötige Stabilität zu geben und dasselbe gegen das Umwerfen durch Windstöße zu schützen, werden an die oberen Enden der vier Eck= stangen weiße Baumwollstricke befestigt, deren Enden möglichst straff an vier in die Erde geschlagene Holzpflöcke oder auch an die umstehenden Bäume festgebunden werden. Das Dach ist ringsum mit einem handbreiten Saume versehen, der außen über die Seitenwände herabhängt und so das Eindringen des Regenwassers verhindert. Im Innern sind die Zeltwände mit geschmack= voll ausgeschnittenen Streifen von Seide und Halbseide ausgefüttert, welche in ihrer Gesamtheit eine gefällige Zeichnung bilden und nebenbei die Dichtig= keit der Wände erhöhen. Um das schnelle Abnützen zu verhindern, sind die Enden der eingenähten Holzstangen sowie die Spitze des Daches mit starkem gelben Leder überzogen. Ein solches Zelt hat eine Gesamthöhe von 3 m, umspannt einen Flächenraum von etwa 9 qm und wiegt dabei nur 36 kg. Die bucharischen Zelte gewähren vollständigen Schutz gegen Regen und Wind; zur Zeit großer Hitze aber braucht man nur die hintere und vordere Wand, da wo die zwei spanischen Wände zusammenstoßen, zu öffnen, um eine angenehme Zugluft herzustellen.

Die soeben beschriebene Form des bucharischen Zeltes ist die gewöhnliche. Es giebt jedoch außerdem auch noch Zelte von viel größeren Dimensionen, aber sonst gleicher Einrichtung, welche, besonders in Buchara, von hoch= stehenden Persönlichkeiten als Staatszimmer und zur Aufnahme vornehmer Gäste benützt werden.

Das bisher über die Wohnungseinrichtungen der Eingeborenen Tur= kestans Gesagte bezog sich zunächst auf die für die Männer bestimmte Ab= teilung. Die Frauenabteilung unterscheidet sich von der Männerabteilung hauptsächlich dadurch, daß in derselben natürlich die Stallungen in Wegfall kommen, und daß sie deshalb einen bedeutend kleineren Raum einnehmen kann als die Männerabteilung. Im übrigen ist auch in den Frauen= abteilungen die Einteilung in Wohngebäude, Hofräume und Gärten ein= gehalten, und auch die Wohnräume und deren Einrichtung unterscheiden sich nicht wesentlich von denen der Männerabteilung.

Eine wahre Geißel, welche das Leben in den zentralasiatischen Städten besonders für Neulinge am meisten verbittert, sind die Unmassen von Un= geziefer, welche Gärten, Höfe und Wohnräume unsicher machen. Dieses Ungeziefer rekrutiert sich nicht etwa bloß aus unsern unschuldigen Wanzen, Schaben, Flöhen und sogen. „Russen" (Blatta germanica Fab.), die in Rußland zur Revanche den Namen „Preußen" führen, sondern außerdem auch noch aus viel sicherheitsgefährlicheren Elementen. Das unappetitlichste, zugleich aber auch im großen und ganzen unschuldigste Ungeziefer sind die Schlangen, deren es eine ziemlich große Anzahl von Arten giebt, von denen aber nur zwei Arten giftig sind. Die eine von diesen ist nur etwa 15 cm lang, von schwarzer Farbe und verhältnismäßig selten; die andere ist die auch in Europa verbreitete Viper. In den Steppen und Sandwüsten giebt es auch eine Abart der Boa, die Boa tatarica, welche eine Länge von 4 bis 5 m erreichen soll. Die Schlangen machen alle Kanäle und Badeplätze unsicher, schleichen sich ungeniert in die Wohnungen ein, und es kann einem leicht passieren, daß man beim Aufwachen am Morgen unter dem Kopfkissen statt der Taschenuhr eine Schlange hervorzieht. Im Garten der Taschkenter Sternwarte und in dessen nächster Umgebung habe ich im Laufe der ersten drei Jahre, wo ich mich aus Langeweile auf die Ausrottung von Schlangen verlegte, wenigstens tausend Stück eigenhändig erschossen. Die Eingeborenen zeigen wenig Furcht vor den Schlangen. Beim Reinigen der Kanäle und Teiche im Frühjahr kann man häufig beobachten, daß bald dieser bald jener von den Arbeitern plötzlich aufschreit, wenn sie von den im Schlamme versteckten Schlangen in die nackten Beine gebissen werden; sie lassen sich aber durch diese Intermezzos nicht im geringsten in ihrer Arbeit stören.

Noch unendlich zahlreicher als die Schlangen sind in den turkestanischen Städten die Frösche, welche die zahllosen Kanäle und Teiche bewohnen und hauptsächlich nur durch den heillosen Lärm unangenehm werden, den sie, besonders im Frühjahr, Nacht für Nacht verursachen; freilich gehört es auch nicht gerade zu den Annehmlichkeiten, wenn man, wie es mir auf der Reise wiederholt passiert ist, am Morgen beim Aufwachen den einen oder andern Frosch im Bett findet, den man nachts im Schlaf erdrückt hat. Die in den turkestanischen Städten und Dörfern ansässigen Frösche sind offenbar Stammverwandte derjenigen Frösche, welche nach Aristophanes in der Unterwelt hausen, wie aus deren Sprache hervorgeht, die hauptsächlich aus den Ausdrücken „krekeke kekeke, krekeke kekeke, toax, loax, koax" zusammengesetzt ist. Zoologen werden die Stammesangehörigkeit der turkestanischen Frösche nach dieser ihrer Sprache leicht bestimmen können.

Zu den schlimmsten Repräsentanten der turkestanischen Ungezieferfauna gehören die Skorpione und Phalangen, deren eigentliches Verbreitungsgebiet die sogen. Hungersteppen bilden, in denen stellenweise von Phalangen und Skorpionen alles wimmelt. Aber auch in den Städten ist ihre Anzahl Legion. Ich konnte mir lange Zeit nicht erklären, auf welche Weise diese Tiere in den wasserlosen Steppen ihr Fortkommen finden, wo oft sechs Monate hintereinander kein Tropfen Regen fällt, bis ich einen Versuch über die Lebensfähigkeit derselben anstellte. Ich hatte einmal einen Skorpion lebend eingefangen und in ein Medizinglas eingesperrt, um zu sehen, wie lange derselbe ohne Wasser und Nahrung leben könnte. Sechs Monate hatte ich den Versuch bereits fortgesetzt, ohne daß in dem Aussehen des Skorpions irgendwelche Veränderung zu bemerken gewesen wäre, als das

Glas von meinem Diener beim Aufräumen zerschlagen und der Skorpion in Freiheit gesetzt wurde.

Der Lieblingsaufenthalt der Skorpione sind die aus Reisig oder Schilf hergestellten Zimmerdecken in den Wohnungen der Eingeborenen, weil sie warme und dunkle Orte vorziehen. Die Skorpione verletzen nur, wenn sie gereizt und angegriffen werden, gehen aber sonst dem Menschen möglichst aus dem Wege. Nur wenn man sie unversehens quetscht, was meistens im Schlafe geschieht, stechen sie. Ich bin in 15 Jahren nur einmal von einem Skorpion gestochen worden, und zwar an meinem Zeigefinger. An der Verwundungsstelle war weiter nichts zu sehen als ein kleiner dunkler Punkt, aus dem zwei Wochen lang sich unter Druck eine braune Flüssigkeit absonderte. Schmerz verspürte ich die ganze Zeit fast gar nicht, dagegen ein höchst unangenehmes Jucken. Gleichzeitig mit mir war mein im selben Zimmer übernachtender Freund, General Matwejew, in der Nähe des Auges gestochen worden, infolgedessen sein Gesicht so anschwoll, daß die Augen kaum mehr zu sehen waren. Besonders gefährlich sind die Skorpione im Frühjahr, weil sie dann am bösartigsten sind und auch ihr Gift stärker wirkt als zu andern Zeiten. Die Eingeborenen haben vor den Skorpionen wenig Respekt. Während meiner ersten Reise nach Hissar im Jahre 1875 mußte ich in Derbent infolge schlechten Wetters in der Hütte eines Eingeborenen, des Bürgermeisters von Derbent, übernachten. Ich konnte die ganze Nacht nicht einschlafen, weil mir alle Augenblicke etwas Krabbeliges, dessen Natur ich nicht bestimmen konnte, bald auf den Kopf bald auf Gesicht und Hände fiel. Als ich endlich den Hausherrn rufen ließ, um ihn in betreff dieser nächtlichen Ruhestörer zu interpellieren, gab mir derselbe die beruhigende Versicherung, daß die Sache nichts zu bedeuten habe, denn es seien nur von der Decke gefallene Skorpione. Da ich damals eben frisch aus Europa gekommen war, fühlte ich mich natürlich durch diese Aufklärung nur sehr wenig beruhigt. Wie zahlreich die Skorpione in den Städten Turkestans sind, kann man nach folgendem Falle beurteilen. Ein russischer Offizier meiner Bekanntschaft hatte in Taschkent einem Sarten den Auftrag gegeben, ihm einige Exemplare von Skorpionen zu verschaffen, da er solche noch nie gesehen hatte. Am nächsten Morgen brachte ihm der Sarte eine ganze Champagnerflasche voll. Der betreffende Offizier stellte die Flasche samt ihrem gefährlichen Inhalt aufs Fensterbrett; in der folgenden Nacht kam eine Katze darüber, warf die Flasche um, und die Skorpione verkrochen sich im ganzen Haus und konnten nicht wieder eingefangen werden. Die turkestanischen Skorpione sind mit der transkaukasischen Art identisch, die den wenig vertrauenerweckenden wissenschaftlichen Namen Androctonus Caucasicus (kaukasischer Menschenmörder) führt.

Schlimmer als die Skorpione sind die Phalangen (Solpugo araneoides sive intrepida). Es sind dies Spinnen von wachsgelber Farbe, mit einem länglichen, über 5 cm langen Körper und fingerlangen, mit langen gelben Haaren bedeckten Füßen. Sie haben die Größe einer starken ausgebreiteten Manneshand und machen vermöge dieser ihrer Größe und ihrer Gestalt einen ganz unheimlichen Eindruck. Eigentümlich ist das Gebiß der Phalangen; dasselbe besteht aus vier konzentrisch schließenden Kiefern, die alle in feine, dem Stachel des Skorpions in Färbung und Gestalt ganz ähnliche Spitzen auslaufen und beim Biß eine aus vier Punkten bestehende Wunde verursachen. Der Biß der Phalangen ist sehr gefürchtet und soll unter Umständen tödlich sein, obwohl mir unter der russischen Bevölkerung Turkestans kein solcher Fall bekannt geworden ist. Unter andern wurde einmal ein mir bekannter russischer Oberst von einer Phalange am Oberarm gebissen. Die Folge waren heftige Schmerzen, starke Fiebererscheinungen und ein derartiges Anschwellen des Armes, daß die Uniform aufgetrennt werden mußte. Unter den russischen Kosaken sollen häufig Fälle von Verletzungen durch Phalangen vorkommen. Diese Tiere halten sich hauptsächlich in dem trockenen Steppengrase der Hungersteppen und Gärten auf, mit dessen Farbe die Farbe der Phalangen so sehr übereinstimmt, daß man sie in ruhendem Zustande selbst in nächster Nähe vom Grase nicht zu unterscheiden vermag. Mitunter verirren sie sich aber auch in die Wohnungen, wie ich denn unter anderem einmal auf einer Poststation beim Ankleiden in einem meiner Reitstiefel eine ganze sechsköpfige Phalangenfamilie antraf. Am reichsten an Phalangen ist die Hungersteppe zwischen Syr-Darja und Dschisak und in noch höherem Grade das wüste Steppengebirge im Süden von Gusar; an letzterem Orte habe ich im Jahre 1886 in meinem Zelte im Verlauf von anderthalb Stunden über 50 Stück mit der Reitpeitsche erschlagen, die, während ich der Mittagsruhe pflegen wollte, unablässig auf mir und meinem Bette herumkrabbelten und nicht die geringste Scheu vor Menschen zeigten.

Taranteln giebt es in Turkestan ebenfalls; man hört aber von denselben nur wenig; entweder weil ihre Anzahl geringer oder weil ihr Biß weniger gefährlich ist als der Biß der Phalangen und Skorpione. Manche behaupten zwar, daß der Biß der turkestanischen Tarantel tödlich sei, mir ist aber kein solcher Fall bekannt geworden.

Außer den erwähnten giebt es in Turkestan noch eine andere, viel kleinere Art von Spinnen, welche von den Kirgisen, die hauptsächlich von ihnen zu leiden haben, Karakurt oder Schwarzwurm genannt wird, in der Wissenschaft aber die Bezeichnung Latrodectus lugubris erhalten hat. Diese Spinne soll noch viel giftiger sein als die Skorpione und Phalangen, und ihr Biß soll für Menschen und Tiere tödlich sein. Die Karakurts, welche nicht größer sind als ein Fingernagel, halten sich in Erdlöchern unter dem Steppengras auf und kommen hauptsächlich in Semiretschie und im Ilithal vor. Die dortigen Kirgisen behaupten, daß ihrem Viehstande von denselben viel Schaden zugefügt wird; sie vermeiden deshalb auch nach Möglichkeit diejenigen Gegenden, wo die Karakurts zahlreich vertreten sind.

Im Jahre 1880, während des Feldzuges nach Kuldscha, hielt ich mich eine Zeitlang beim Chef der russischen Kavallerie, General Matwejew, auf, der mit mehreren Kosakenregimentern in der Gegend Tschischgan-Tugai, im grasreichen Thale des Kaschflusses, gelagert war. Hier fiel jeden Tag eine Anzahl von Pferden, wie die tierärztliche Untersuchung ergab, infolge des Bisses irgend eines giftigen Tieres; dieses Tier war nach der Ansicht der Eingeborenen kein anderes als der Karakurt. Die Verluste an Pferden wurden schließlich so groß, daß sich General Matwejew gezwungen sah, sein Lager anderswohin zu verlegen.

Bei den Eingeborenen Turkestans herrscht der Glaube, daß Skorpione, Phalangen, Taranteln, Karakurts und Schlangen sich auf Filzdecken nicht fortbewegen können, und daß man also beim Schlafen auf Filzdecken gegen deren Angriffe gesichert sei. Inwieweit diese Ansicht begründet ist, kann ich nicht mit Sicherheit bestimmen; ich weiß nur soviel, daß ich selbst auf meinen Reisen, wo ich in der Regel Filzdecken als Unterlage für mein einfach auf dem Boden und im Freien aufgeschlagenes Bett gebrauchte, nie von Skorpionen, Phalangen, Karakurts, Taranteln oder Schlangen verletzt worden bin, selbst in Gegenden, wo von diesem Geschmeiß alles wimmelte.

Die bisher aufgezählten Arten bilden sozusagen die Aristokratie unter dem turkestanischen Ungeziefer, und man sollte meinen, dieselben hätten vollständig ausgereicht, um den Menschen das Leben hinlänglich sauer zu machen. Es giebt aber außer denselben noch eine ungleich größere Menge von gemeinem Ungezieferpöbel, wie Fliegen, Schnaken, Mücken, Stechfliegen, Moskitos, Ameisen, Wespen, Hornissen u. s. w., welche einem während der warmen Jahreszeit das Leben wirklich zur Hölle machen können. Von der Menge der Fliegen kann man sich schwerlich einen rechten Begriff machen; alle Früchte und Speisen sind von denselben förmlich bedeckt, und es ist keine bloße Zeremonie, wenn die Eingeborenen jedem angesehenen Gaste beim Essen einen Diener zur Seite stellen, der die Aufgabe hat, mit einem aus Schilf geflochtenen Fächer die gleich Bienenschwärmen über die aufgetragenen Speisen und die Essenden herfallenden Fliegen zu verscheuchen. Haben sich die Fliegen mit einbrechender Dunkelheit zur Ruhe begeben und beginnt man endlich nach der Hitze des Tages aufzuatmen, so beginnen sofort die Schnaken, Moskitos und das sonstige Nachtgesindel ihre noch unvergleichlich schlimmeren Quälereien, so daß man am Morgen, wenn es einem überhaupt gelungen ist, auf ein paar Stunden einzuschlafen, beim Erwachen sich wie gerädert fühlt und Gesicht und Hände mit unausstehlich brennenden und juckenden Geschwülsten bedeckt sind. Besonders auf der Reise können einen diese Quälgeister wirklich zur Verzweiflung bringen, wenn man sich, von den An-

strengungen des Marsches erschöpft, abends zur Ruhe legt und die ganze
Nacht ihretwegen kein Auge zuthun kann. Zumal in den Niederungen der
Flüsse ist die Menge der Schnaken und Moskitos unglaublich groß. Am
Amu-Darja sind die Anwohner gezwungen, im Sommer die ganze Nacht
über vor ihren Zelten Rauchfeuer zu unterhalten, wozu sie feuchte und mög=
lichst viel Rauch entwickelnde Wurzeln verwenden, um die erwähnten Plage=
geister einigermaßen fernzuhalten. Zur Erfindung von Moskitonetzen haben
sich aber die Bewohner Turkestans trotz allem nicht aufgeschwungen, und
solche sind weder bei den Eingeborenen noch bei den Russen im Gebrauche.

Verhältnismäßig unschuldig sind die in ungeheuern Mengen vorkommen=
den kleinen schwarzen Ameisen, welche wenigstens die Menschen selbst in
Ruhe lassen und es nur auf ihre Vorräte abgesehen haben. Hat man
irgendwo Früchte, Zucker oder sonstige Süßigkeiten im Haus, die nicht ge=
hörig verwahrt sind, so kann man sicher sein, daß sie über kurz oder lang
von einem unternehmenden Ameisen=Kolumbus entdeckt werden, worauf dann
sofort nach diesem Eldorado eine Völkerwanderung ins Werk gesetzt wird,
im Vergleich mit welcher die Einfälle der Hunnen und Mongolen nur ein
schwacher Schein waren. In Taschkent wohnte ich mehrere Jahre in einem
alten Hause, dessen Garten von schwarzen Ameisen förmlich unterminiert
war. Hatte mein Zimmermädchen am Abend den Zucker, Kuchen oder
angeschnittene Melonen nicht hermetisch genug verschlossen, so konnte man
schon am nächsten Morgen eine wohl 100 m lange und 15 cm breite
Armee zwischen meinem Quartier und irgend einem entfernten Winkel des
Gartens hin und her marschieren sehen, und obwohl ich oft fürchterlich
Strafgericht hielt und ganze Milliarden zerstampfte oder mit kochendem
Wasser vernichtete, so wurde ihre Zahl doch nicht merklich geringer, so
daß ich mich schließlich gezwungen sah, mit ihnen ebenso zu verfahren,
wie die Abderiten mit ihren Fröschen, d. h. das Feld zu räumen und ein
anderes Quartier zu mieten. Die erwähnten schwarzen Ameisen halten sich
große Herden von Blattläusen als Milchkühe, die hauptsächlich auf den
Stämmen und unter der Rinde alter Weidenbäume leben und von den
Ameisen ganz regelrecht gemolken werden. Die Ameisen streicheln dabei ab=
wechselnd mit ihren beiden Vorderfüßen das spitze Hinterteil der Blattläuse,
ganz in derselben Weise, wie dies beim Melken der Kühe geschieht, bis die=
selben einen Tropfen wasserheller Flüssigkeit absondern, der von den Ameisen
verschlungen wird. Ein Hauptnahrungsmittel dieser Ameisen bilden Fliegen
und Wespen, die sie lebendig einfangen. Sie überfallen dieselben mit der
größten Unverfrorenheit, hängen sich zu Dutzenden an ihre Füße und
Flügel und halten sie, mögen sie sich auch noch so ungebärdig benehmen, so
lange fest, bis einer ihrer Vorarbeiter erscheint und das Opfer kunstgerecht
trotz einem Fleischer zerlegt. Es sind dies bedeutend größere, wenig zahl=

reiche und mit einem starken scherenähnlichen Gebiß versehene Ameisen, die mit den kleinen Ameisen zusammenleben und bei ihnen als Metzger fungieren. Erblickt eine solche Ameise auf ihrem Dienstgang einen Haufen kleiner Ameisen, die eine Wespe festhalten, so eilt sie sofort zur Stelle, schneidet ohne langes Besinnen und ungeachtet der heftigen Gegenwehr mit der größten Gewandt= heit dem Opfer zuerst der Reihe nach die Beine, Flügel, dann den Kopf ab und trennt schließlich auch noch den Brustteil vom Rumpfe — alles das Werk weniger Augenblicke. Ist dieses geschehen, so eilt sie sofort zur Ausübung ihrer Obliegenheiten nach einer andern Stelle, wo bereits eine andere Arbeiterschar ein neues Opfer bereit hält, während die kleinen Ameisen die einzelnen Teile der zerstückelten Wespe nach ihren unterirdischen Höhlen tragen oder schleifen.

Aus dem vorstehenden wird der Leser wohl entnommen haben, daß das Leben in Turkestan, wenn man nicht durch jahrelange Übung abgehärtet ist, in vielen Beziehungen gerade nicht zu den Annehmlichkeiten gehört. Erst in solchen Gegenden lernt man die Vorzüge der Kultur und eines gemäßigten Klimas gehörig würdigen, und ich kann deshalb allen Naturschwärmern und allen Reichs= und sonstigen Nörglern nur aufs eindringlichste empfehlen, ihren Wohnsitze auf ein oder zwei Jahre irgendwo in Buchara oder sonst einer der besonders gesegneten Gegenden aufzuschlagen, und sie werden voll= ständig kuriert wieder in ihr Vaterland zurückkehren.

11. **Kleidung.** Die Kleidung der ansässigen Bevölkerung, sowohl die der Männer wie die der Frauen, ist durch ganz Turkestan mit nur wenigen Ausnahmen dieselbe. Die Tarantschis des Ilithales, die Sarten von Taschkent, die Usbeken von Chiwa, Buchara, Nordafghanistan und Samarkand, die Kaschgaren, die Tadschiken von Fergana, Ostbuchara und Badachschan und auch die Galtschas in den abgelegensten Winkeln der zentralasiatischen Hochgebirge kleiden sich alle, abgesehen von kleinen lokalen Abweichungen in der Fußbekleidung und in der Kopfbedeckung der Frauen, bis ins einzelnste ganz auf gleiche Weise: ein Beweis dafür, daß die ein= gewanderten Mongolenstämme beim Übergange vom Nomadentum zum an= sässigen Leben und bei der Verschmelzung mit den indogermanischen Ur= bewohnern Turkestans die Tracht der letzteren angenommen haben. Dies konnte übrigens auch gar nicht anders sein, weil die eingewanderten Nomaden ihren Kleiderbedarf von den Städtebewohnern zu beziehen gezwungen waren. Aus diesem Grunde haben auch heutzutage die Kirgisen und übrigen Nomaden= völker Turkestans vieles mit der ansässigen Bevölkerung gemein, und die Reicheren unter ihnen kleiden sich auch wohl ganz wie Sarten.

Die Kleider sind bei dem Zentralasiaten fast das einzige, worin er einen Luxus entfaltet. Während die Wohnungen der meisten derart sind, daß sich ein europäischer Gutsbesitzer ein Gewissen daraus machen würde, seine

Pferde und sein Rindvieh in derartigen Spelunken unterzubringen, erscheinen alle diejenigen, denen es ihre Mittel nur einigermaßen erlauben, in der Öffentlichkeit in seidenen, samtenen, goldgestickten und goldgewirkten Kleidern, die unter einer tropischen Sonne in den prächtigsten Farben schimmern, so daß sich in einer Versammlung von turkestanischen Honoratioren selbst die gold- und silbergestickten und mit Ordensbändern bedeckten Uniformen der russischen Beamten und Offiziere bescheiden ausnehmen. Abgesehen von der Kostbarkeit des Materials und der Farbenpracht der Kleider zeigt der Zentralasiate seinen Luxus auch noch in der Menge derselben, die er, auch bei der größten Hitze, auf sich häuft. Außer seinen Unterkleidern trägt ein Mann von höherem Range bei feierlichen Gelegenheiten, selbst bei 48° C im Schatten, noch bis zu einem halben Dutzend Oberkleider von allen möglichen Farben übereinander, und man kann die gesellschaftliche Stellung und das Vermögen des Betreffenden bis zu einem gewissen Grade schon nach seinem Umfange bemessen. Abweichend von unsern Sitten zeichnen sich in Turkestan nur die Männer durch Prunkliebe in ihrer Kleidertracht aus, während die Frauen auf der Straße in einem mehr als bescheidenen Aufzug erscheinen. Dies hat seinen Grund in der Ausschließung der Frauen vom öffentlichen und gesellschaftlichen Leben und in dem Umstande, daß die Frauen stets tief verschleiert erscheinen müssen, so daß, wenn sie sich auch noch so prächtig kleiden und herausstaffieren würden, doch alle Liebesmühe vergeblich wäre, da ja niemand wissen würde, wer unter der prächtigen Hülle versteckt ist. Diesem Umstande ist es wohl zuzuschreiben, daß es bei den Zentralasiaten keine Mode giebt, da in der Kleiderfrage nur die Männer interessiert sind, die in solchen Dingen viel konservativer sind als die Frauen und gar nichts Schreckliches darin finden, wenn sie dieselben Oberkleider und Turbane tragen, die sie schon vor zwanzig oder dreißig Jahren getragen haben und die schon zur Zeit ihrer Väter und entferntesten Vorfahren Mode waren. Daß in Turkestan die Kleidertracht sich seit den ältesten Zeiten nicht geändert hat, geht daraus hervor, daß die Galtschas und Tadschiken in den entlegensten und unzugänglichsten Gebirgsthälern, welche mit den Sarten, Usbeken, Tarantschis ꝛc. sehr wenig oder auch gar nicht verkehren, sich ebenso kleiden wie diese.

Die Tracht der Sarten und übrigen ansässigen Bewohner Turkestans ist nach meinem Dafürhalten viel bequemer und hygienischer als unsere europäischen Zwangsjacken. Während bei uns die Männerwelt in so engen Stiefeln, Beinkleidern, Westen und Röcken steckt, daß man kein Glied ganz frei bewegen kann und selbst das Atmen mehr oder weniger erschwert wird; die Damenwelt aber, einem verdorbenen Geschmack zuliebe, durch Korsette, zu enge Schuhe und Handschuhe, Strumpfbänder ꝛc. wahre Folterqualen aussteht, die nicht selten zu Ohnmachtsanfällen, ja selbst zu ernstlichen Krankheiten führen: sehen die Sarten vor allem darauf, daß die Kleider alle möglichst weit und bequem sind und den Körper nirgends beengen. Sie machen deshalb alle ihre Kleidungsstücke stets viel weiter, als unbedingt nötig wäre, und kennen bei ihrer Garderobe weder Knöpfe noch Haften. Alle Wäsche- und Kleidungsstücke werden mittels angenähter Bänder zusammengehalten und können daher jederzeit nach Wunsch reguliert werden. Hemdkragen und Halstücher oder Halsbinden sind bei ihnen gleichfalls unbekannt; der Hals wird jederzeit frei und offen getragen, und sie leiden deshalb fast nie an Erkältungen des Halses und der Atmungsorgane, die bei uns eine so große Rolle spielen. Dabei kann man nicht sagen, daß das Kostüm eines Sarten weniger hübsch und weniger ästhetisch wäre als unsere europäischen Trachten, die auf jeden, der an den Anblick der ehrwürdigen Gestalten der Zentralasiaten, in ihren weiten, die ganze Figur verhüllenden Kleidern gewöhnt ist, einen gigerlhaften Eindruck machen. Die Asiaten halten auch unsere eng anliegenden Kostüme, sowohl die der Männer wie die der Frauen, geradezu für obscön.

Die Oberkleider der Sarten, der Reichen sowohl wie der Armen, werden alle nach einem Schnitt und nach einer Schablone angefertigt, ohne Rücksicht auf die Figur und Größe desjenigen, für den die Kleider bestimmt sind. Denn dieselben werden nicht auf Bestellung gemacht, sondern jederzeit fertig auf dem Bazare verkauft. Während daher einem hochgewachsenen Individuum das Oberkleid nur bis etwas unter die Knie reicht, schleppt ein Mann von kleiner Statur dasselbe beinahe auf dem Boden und ist bei schlechter Witterung gezwungen, seine Kleider aufzuschürzen wie unsere Bauernweiber. Nur bei Herstellung der Wäsche und der Kleider für Kinder, welche gewöhnlich von den Hausfrauen selbst angefertigt werden, wird einigermaßen auf den Wuchs Rücksicht genommen.

Eine weitere Eigentümlichkeit in dem Kostüm der Sarten besteht darin, daß sie von unsern Hosen-, Westen- und Rocktaschen keine Idee haben; alles, was wir in unsern Taschen unterzubringen pflegen, wird von den Sarten in und an dem Gürtel und in eigenen am Gürtel aufgehängten Ledertäschchen getragen.

Kleidung der Männer. Die Leibwäsche eines Sarten besteht nur aus zwei Stücken, aus Unterhosen und Hemd; Strümpfe oder Socken kennen sie nicht. Hosen und Hemd werden stets aus weißem, je nach den Vermögensverhältnissen feinerem oder gröberem Baumwollstoff angefertigt. Seide wird von Männern nie auf dem bloßen Leibe getragen, angeblich auf Grund eigener Religionsvorschriften. Die Unterhosen, welche, abweichend von unsern Bräuchen, aber übereinstimmend mit dem Brauche der russischen Bauern, stets unter dem Hemde getragen werden, sind ungeheuer weit, allseitig geschlossen, reichen nicht ganz bis auf die Knöchel und werden mittels eines mit Quasten versehenen Hosenbundes um die Hüften befestigt, aber so lose, daß sie vorne über den Unterleib herabhängen und nur durch die Hüften festgehalten werden. Arbeiter tragen ganz kurze Hosen, die nur bis unter die Knie reichen. Über die Hosen wird ein weites, bis unter die Knie reichendes, mit langen weiten Ärmeln versehenes Hemd ohne Kragen angezogen, welches vorne bis auf den Gürtel aufgeschnitten ist und auf der Brust mittels zweier angenähter Bänder geschlossen wird, wobei der Hals und der obere Teil der Brust frei bleibt. Um die Hüften wird das Hemd durch eine Binde oder durch ein Taschentuch zusammengehalten. Der Brauch, das Hemd über den Hosen zu tragen, ist meines Erachtens entschieden praktischer und hygienischer als unsere Methode, wovon man sich besonders in heißen Klimaten leicht überzeugen kann.

Taschentücher sind bei den Sarten ein unentbehrliches Requisit, obwohl man dieselben nicht eigentlich Taschentücher nennen kann, da die Sarten ja gar keine Taschen haben und die erwähnten Tücher entweder am Gürtel tragen oder statt eines Gürtels um den Leib binden. Auch Schnupftücher kann man dieselben nicht nennen, weil die Sarten nicht schnupfen. Am passendsten sind diese Tücher wohl als Schweiß- oder Handtücher zu bezeichnen, weil sie hauptsächlich zum Abwischen des Schweißes und zum Abtrocknen nach dem Waschen verwendet werden. Diese Schweißtücher haben die Form und Größe unserer Taschentücher und sind entweder aus farbigem oder aus weißem Baumwollstoff und dann mit einfachen Stickereien aus buntfarbigem Garne verziert.

Als Oberkleider tragen die Sarten mehrere Tschapans, welche von den Russen ihres schlafrockähnlichen Schnittes wegen Chalate (Schlafröcke) genannt werden. Die Tschapans, die den Sarten unsere Röcke und Überzieher ersetzen, unterscheiden sich von unsern Schlafröcken dadurch, daß sie keinen Kragen, keine Taschen und keine Schnüre zum Festbinden, dagegen sehr lange und weite Ärmel haben und nahezu doppelt so weit sind wie unsere Schlafröcke. Die Ärmel der Tschapans sind oben sehr weit, verengen sich aber nach unten und sind etwa um die Hälfte länger als die Arme, so daß sie unsere Handschuhe entbehrlich machen. Als bequemes Hauskleid sind diese Chalate unsern Schlafröcken weit vorzuziehen, und ich habe mich 18 Jahre lang derselben statt eines Schlafrockes bedient; dagegen ist aber das Arbeiten in solchen Kleidern erschwert, weil einem die langen Ärmel fortwährend über die Hände herabfallen. Zum Arbeiten sind die Chalate aber auch gar nicht bestimmt, sondern sie werden, wie seiner Zeit die Toga bei den Römern, in der Regel nur zum Ausgehen und zum öffentlichen Auftreten angezogen. Die Chalate werden aus allen möglichen Stoffen aller möglichen Farben hergestellt: aus Baumwollstoff, Zitz, Kamelhaarstoff, Halbseide, Seide, Atlas, europäischem und einheimischem Tuch, Samt, Goldbrokat und Kaschmirstoff. Über die Wäsche wird zunächst ein kurzer, im

Winter wattierter Chalat aus Baumwollstoff, mit kurzen, weiten Ärmeln, gezogen, der im Winter das gewöhnliche Hauskleid und den Arbeitskittel des Arbeiters und Landmannes bildet. Über diesen ersten Chalat werden, je nach den Umständen und Vermögensverhältnissen, ein, zwei und mehrere Chalate aus besserem Stoff angezogen, welche durch ihre Anzahl und vor allem durch das verwendete Material den Rang des Betreffenden anzeigen. Im Winter richtet sich die Anzahl der Chalate vorzugsweise nach der jeweiligen Temperatur, und die Eingeborenen taxieren den Kältegrad nach der Anzahl der erforderlichen Chalate, so daß es eine „Kälte von zwei,

Bild 96. Sarten aus Taschkent.

drei, vier und mehr Chalaten" giebt. Die kostbareren Chalate werden natürlich immer über die weniger kostbaren gezogen.

Den ersten Rang nehmen die aus Kaschmirwollstoff gefertigten Chalate ein, welche dieselben Farben und Zeichnungen aufweisen wie die Kaschmirshawls; von diesen giebt es verschiedene Sorten, deren Preis zwischen 60 und 600 Mark variiert. In den unabhängigen Chanaten werden diese Kaschmirchalate nur von den höchsten Würdenträgern, den Chanen, Prinzen und Beks getragen. Die aus rotem, seltener grünem Goldbrokat hergestellten Chalate, welche den Meßgewändern der katholischen und orthodoxen Geistlichen gleichen, werden von den Prinzen und den dienstthuenden Hofbeamten getragen. Chalate aus rotem, grünem, blauem und mitunter goldgesticktem Samt sowie aus

17*

Bild 97. Gürtel mit mafsiv filbernen Schnallen und Buckeln.

gewöhnlichem blauen Tuch tragen die Beamten, Atfakals, Kafis 2c. Atlaschalate tragen die niedern Hofbeamten sowie die Beamten an den Hofhaltungen der Beks. Die Staatsklei= dung für gewöhnliche Sterbliche sind die in allen Farben schillern= den seidenen Chalate,

welche für die Höherstehenden die Alltagskleidung bilden. Den früheren Emir Mossaffar Eddin von Buchara, der sich in seinem Äußern großer Einfachheit befliß, habe ich bei Audienzen nie anders als mit einem schlichten seidenen Chalate bekleidet gesehen, während seine zahllosen Höflinge in den prächtigsten Kostümen paradierten. Halbseidene Chalate tragen für gewöhnlich die Kauf= leute, niedern Beamten sowie die Gigerl aus dem gemeinen Volke. Die ge= wöhnliche Kleidung der Bauern, Handwerker, Kleinkaufleute, Bürger und Mullas sind einfache blaue Baumwollchalate. Bei der Arbeit kleiden sich die Bauern, Fuhrknechte und Taglöhner gewöhnlich in grobe, aus brauner Drillich=Sackleinwand angefertigte Chalate, welche auch von den übrigen Be= wohnern häufig als Staub= und Regenmäntel auf der Reise verwendet

Bild 98. Massiv filberne Gürtelschnalle.

werden (Bild 96, S. 259; vgl. auch Bild 3, S. 11; Bild 8, S. 21; Bild 63, S. 179 und Bild 118). Von der arbeitenden Klasse wird der Chalat vielfach zum Tragen von Lasten verwendet. Die Schöße der Chalate werden zu dem Ende hinten aufgehoben, die beiden Zipfel über die Schultern gelegt und mit beiden Händen festgehalten. In diesen so improvisierten Tragkörben schleppen sie die mannigfachsten Dinge und die schwersten Lasten: Ziegelsteine, die zum Häuserbau verwendeten Lehmkugeln, Getreide, große Wassertonnen, Holz, ja selbst Dünger. Bei Regenwetter hat der Chalat auch statt eines Regenschirmes zu dienen, indem die Schöße über den Kopf gestülpt werden, ganz in derselben Weise, wie man dies bei unsern Bauernweibern beobachten kann. Regen-

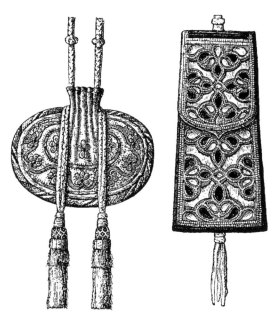

Bild 99. Gürteltaschen.

schirme kennen die Eingeborenen Turkestans ebensowenig wie Sonnenschirme.

Im Winter wird von den Reicheren über die gewöhnlichen Chalate noch ein mit Pelzwerk, gewöhnlich mit Fuchsfellen, gefütterter und auch noch ringsum mit Pelzwerk verbrämter Chalat gezogen (Bild 1, S. 6). Sonst besteht das Unterfutter der Chalate bei gewöhnlichen Sorten aus grobem Baumwollstoffe, bei besseren Sorten aber aus Halbseide oder auch aus reiner Seide. Die besseren Chalate werden stets ringsum und auch an den Ärmeln mit fingerbreiten, aus buntfarbigem Baumwoll- oder Seidengarn gehäkelten Bändern eingefaßt.

In den russischen Besitzungen, wo sich niemand um die Einhaltung von Standesunterschieden in Bezug auf die Kleidung kümmert, kleidet sich jeder nach Belieben und wie es ihm seine Mittel erlauben.

Um die Hüften werden die Unterchalate stets, auf Reisen und beim Reiten gewöhnlich auch der Oberchalat, durch Gürtel zusammengehalten, von denen es verschiedene Arten giebt. Die einfachste und gewöhnlichste Form besteht aus einem 3—6 m langen Stück weißen oder buntfarbigen Baumwollstoffes, ähnlich den Tüchern, aus denen die Turbane gewunden werden, das in vielen Windungen über die Chalate um den Leib geschlungen wird. Diese Tücher werden oft ohne weiteres das eine Mal als Turban, das andere Mal als Gürtel verwendet. Der Gürtel umfaßt in der Regel nur die Unterchalate, der Oberchalat wird offen gelassen und dient als Überwurf, entsprechend unsern Paletots und Mänteln. Die Reichen und Vornehmen tragen handbreite Gürtel aus Leder, Seidenstickereien oder Samt, die vorn durch schwere, massiv silberne, mitunter goldplattierte und mit Halbedelsteinen verzierte Schnallen geschlossen werden. Diese Gürtel sind oft ringsum in Intervallen mit fast handgroßen, sternartigen Platten aus getriebenem Silber besetzt, die häufig mit Türkisen inkrustiert sind. Letztere Prachtgürtel, die meistens von den Chanen verliehen werden, werden immer über die Ober= chalate getragen (Bild 97 u. 98, S. 260; vgl. auch Bild 3, S. 11, Bild 8, S. 21, und Bild 63, S. 179).

Am Gürtel trägt der Sarte alles, was wir in unsern diversen Hosen=, Westen= und Rocktaschen unterzubringen pflegen, zu welchem Zwecke am Gürtel verschiedene kleine lederne oder seidengestickte Täschchen befestigt werden (Bild 99, S. 261). In solchen Täschchen führt er sein im Griff feststehendes Messer, den dazu gehörigen Wetzstein, sowie Ahlen, Kämme, Bartscheren, Feuerzeug 2c. mit sich. Fast immer trägt der Sarte am Gürtel einen in feine Riemen geschnittenen Streifen weißen Leders, um jederzeit die nötigen Reparaturen an seiner Reitpeitsche, seinem Pferdegeschirre, seinem Sattel, seiner Fußbekleidung u. dgl. vornehmen zu können. Geldtaschen sind bei den Sarten nicht im Gebrauche. Sie wickeln das Geld entweder in das Gürteltuch oder in das Schweißtuch, und führen Geld überhaupt nur dann bei sich, wenn sie eine bestimmte Zahlung zu machen haben. Alles, was nicht in den erwähnten kleinen Gürteltäschchen untergebracht werden kann, steckt der Sarte in die Falten seines Gürtels. Hier verwahrt er seine Kautabaksbüchse, seine Reitpeitsche, sein Pennal, wenn er Schrift= kundiger ist, seinen Koran, in Kriegszeiten seine Pistolen, seinen Dolch und Säbel und auf der Reise seinen aus Brot, trockenen Früchten und grünem Thee bestehenden Mundvorrat. Bei der Rückkehr vom Bazar trägt er alle seine kleineren Einkäufe, zu denen unter anderem auch Stiefel und Schüsseln gehören, im oder am Gürtel.

In den von den Russen besetzten Teilen Turkestans, in denen sich viele aus Rußland eingewanderte Tataren aufhalten, die sich, als schon seit langem zum russischen Reiche gehörend und als Vermittler zwischen den Eingeborenen und den der einheimischen Sprachen unkundigen Russen, den Eingeborenen gegenüber eine dominierende Stellung anmaßen, tragen seit neuester Zeit diejenigen von den Sarten und Tadschiken, die als etwas Besseres erscheinen wollen, als Ober= oder Unterkleider die tatarischen Beschmete, welche auch von den turkestanischen Jubieren mit Vorliebe getragen werden. Auch die Russen gebrauchen die Beschmete wegen ihrer Bequemlichkeit häufig als Haus= kleidung und auf der Reise. Die Beschmete sind lange, bis unter die Knie reichende, vorn offene und um die Taille eng anliegende Kaftane aus Tuch, Seide, Halbseide oder Kaliko von schwarzer, weißer oder auch grüner, blauer, brauner oder bunter Farbe. Im Winter werden die Beschmete meistens mit Fuchs- oder Schaffellen gefüttert und mit Otter- und Biberfellen verbrämt. Um den Hals schließen sich die Beschmete enge an und werden auf der Brust zugeknöpft wie unsere Röcke. Knopflöcher sind aber bei denselben nicht im Gebrauche; statt der Knopflöcher dienen Schlingen aus Seiden- oder Baumwollschnüren, welche an die rechte Borte genäht sind und um die gewöhnlich kugel- oder walzenförmigen, an Kettchen befestigten und aus Stein, Glas oder Porzellan hergestellten Knöpfe der linken Borte geschlungen werden. Diese Beschmete sind an der Vorderseite mit mehreren Außentaschen versehen, ähnlich den Taschen unserer Joppen. Die Öffnungen der Brusttaschen sind horizontal ausgeschnitten, die der Seitentaschen aber schief oder vertikal wie unsere Hosentaschen. Brust- wie Seitentaschen können zugeknöpft werden (vgl. Bild 7, S. 20 und Bild 21, S. 41).

Außer den bisher erwähnten Kleidungsstücken gebrauchen die Sarten noch eine eigene Art von Reithosen, welche sie offenbar von den Kirgisen entlehnt haben. Diese Reithosen, welche wie die Unterhosen mittels eines Hosenbundes um die Hüften befestigt werden und gleichfalls keinen Schlitz haben, sind ungeheuer weit und werden über die Stiefel und die diversen Chalate angezogen, deren wattierte, bis auf die Erde reichende Schöße alle miteinander in die Hosen gesteckt werden, so daß ein solcher Reiter mit seinem kugelförmigen Hinterteile ein äußerst unästhetisches Aussehen erhält, wenn er nicht noch, wie dies die Vornehmeren thun, einen eigenen Chalat über die Hosen anzieht. Die Reithosen werden gewöhnlich aus gelbem Schafleder angefertigt und über und über mit buntfarbigen, gehäkelten Seidenschnüren bedeckt, so daß vom Leder fast nichts mehr zu sehen ist. Oft sind die Reithosen unten noch mit Fransen besetzt. Die Ärmeren begnügen sich mit Reithosen aus schwarzbrauner, grober Sackleinwand oder aus äußerst grobem, lodenartigem Tuche. Die Reithosen werden nur auf Reisen und auf größeren Ausflügen verwendet (vgl. Bild 3, S. 11; Bild 8, S. 21; Bild 63, S. 179, und Bild 67, S. 189).

Was die Fußbekleidung der Sarten anbelangt, so kennen sie, wie bereits erwähnt, weder Strümpfe noch Socken, und das Stricken ist ihnen gänzlich unbekannt. Die gewöhnliche Fußbekleidung bilden die sogen. Itschigi, bis an die Knie reichende Stiefel aus weichem, schwarzem Pferdeleder, ohne Absätze und ohne harte Sohlen; die Itschigi werden über die Unterhosen angezogen und vertreten die Stelle unserer Strümpfe. Über die Itschigi werden jederzeit Galoschen aus grünem Chagrinleder getragen, welche den Itschigen genau angepaßt sind und gewöhnlich schon mit denselben zusammen verkauft werden. Diese Galoschen haben häufig aufwärts gebogene Spitzen, die in einem etwa 3 cm langen, spitz zulaufenden Riemen endigen, gleichen aber im übrigen unsern Pantoffeln oder Hausschuhen; sie haben einen weiten Ausschnitt und breite, starke, mit runden, großköpfigen

Messingnägeln über und über beschlagene Sohlen. Die Galoschen werden jederzeit beim Eintritte in eine Wohnung, beim Betreten eines Teppichs sowie beim Gebete abgelegt (vgl. Bild 13, S. 28; Bild 96, S. 259; Bild 101, S. 266, und Bild 156).

Beim Reiten, besonders auf Reisen, trägt man statt der Itschigi und Galoschen lange Reitstiefel, die von der arbeitenden Klasse, besonders von den Fuhrknechten, den ganzen Winter, von den einheimischen Gigerln aber das ganze Jahr über getragen werden. Diese Reitstiefel werden aus starkem, gelbem, seltener schwarzem Leder hergestellt, reichen wie die Itschigi bis ans Knie, haben gleichfalls oft aufwärts gebogene Spitzen und nahezu finger= lange und nur fingerdicke Absätze. Diese hohen, spitzen Absätze erschweren natürlich das Gehen, sind aber im Winter sehr praktisch, weil sie in dem zähen und schlüpfrigen Straßenlehm einen festen Halt gewähren, wogegen die Europäer mit ihren modernen Stiefeln und Galoschen während der Regenzeit nicht selten mit dem nicht vorhandenen Pflaster Bekanntschaft machen und noch öfter ihre Galoschen rettungslos in dem unergründlichen Straßenschlamme zurücklassen müssen. Die erwähnten Stiefelabsätze werden auf folgende Weise hergestellt. An dem Stiefelleder wird da, wo der Absatz angesetzt werden soll, eine vorspringende Zunge gelassen, welche durch einen mehrere Centimeter langen, fingerdicken Eisencylinder gezogen wird. Der so gebildete Absatz wird dann noch zur Zierde mit einer Messingsaite um= wickelt (Bild 42, S. 121). Die Reitstiefel, welche am Fuße meistens viel weiter sind, als eigentlich nötig wäre, werden entweder auf dem bloßen Fuße getragen oder die Füße werden mit Lappen umwickelt, wie dies auch bei den gemeinen Russen und den russischen Soldaten Brauch ist. Diejenigen, welche viel zu Fuß zu gehen haben, wie Arbeiter und Fuhrknechte, tragen im Winter auch Stiefel mit niedrigen und breiten Absätzen, welche sich, abgesehen von ihrer meistens übernatürlichen Größe, von unsern Stiefeln nur wenig unterscheiden.

Am meisten Sorgfalt verwenden die Sarten wie alle Mohammedaner auf ihre Kopfbedeckung. Da sie nach den Satzungen ihrer Religion den Kopf rasieren müssen, so tragen sie zum Schutze gegen Kälte und Sonnenstrahlen beständig kleine, runde Mützen, ähnlich unsern Hauskäppchen, wie sie auch bei den Kirgisen in Gebrauch sind. Dieselben werden aus vier Kreissegmenten zusammengesetzt und aus Seiden= oder Halbseidenstoff oder auch aus Samt angefertigt. Diese Mützen, Kalapusch oder Tübe, von den Russen Tübeteika (Bild 100) genannt, werden bei den Reicheren mit Seidenstickereien, mitunter auch mit Perlen=, Gold= und Silberstickereien bedeckt, ähnlich den Cerevismützen unserer Korps= studenten. Über die Tübeteika windet der Sarte,

Bild 100. Tübeteika.

wenn er in der Öffentlichkeit zu erscheinen hat, seinen Turban, der in Turkestan den Namen Tschalma führt. Die Tschalma besteht aus einem langen Stücke Zeug, dessen Länge, Material und Anordnung der gesellschaftlichen Stellung des Trägers entspricht. Der Turban gilt als Wahrzeichen eines rechtgläubigen Mohammedaners, weshalb auch in den unabhängigen Chanaten das Tragen von Tschalmas allen Ungläubigen, besonders aber den Juden, strengstens untersagt ist. Die Tschalma spielt bei den Zentralasiaten ungefähr dieselbe Rolle wie bei uns der Frack und der schwarze Gesellschaftsrock. Als die vornehmste gilt die aus Kaschmirstoff gewundene, mit Goldstickereien besetzte Tschalma, welche nur von den Chanen und den höchsten Würdenträgern, und auch von diesen nur bei feierlichen Gelegenheiten getragen wird (Bild 3, S. 11, u. Bild 8, S. 21). Die Prinzen tragen mitunter auch Turbane aus Goldbrokat. Nach diesen kommt die blendend weiße, aus feinem indischen oder englischen Gazestoffe hergestellte Tschalma der Beks, Imams, Kasis, Chodschas, Mullas, Medresse-Studenten, mit einem Wort, der Aristokratie unter der mohammedanischen Bevölkerung. Die Kaufleute, Handwerker und sonstigen Bürger tragen gewöhnlich blau oder rot gestreifte Tschalmas aus gröberem oder feinerem Baumwollstoffe. Abgesehen von der Farbe und dem billigeren oder kostbareren Materiale hängt auch noch der Umfang der Tschalmas von dem gesellschaftlichen Range des Trägers ab. Während sich gewöhnliche Sterbliche mit einigen Metern begnügen, messen die Tschalmas der Vornehmen, besonders der berühmten Schriftgelehrten, in aufgerolltem Zustande 20—30 m, so daß unter einer solchen Kopfbedeckung das Gesicht des Inhabers beinahe verschwindet und derselbe einem wandelnden Kürbis nicht unähnlich sieht. Den türkischen Sultan, als das Haupt aller Rechtgläubigen, können sich die Zentralasiaten nicht· anders vorstellen als mit einem Turbane von wenigstens 50 m Länge, und sie machten stets sehr ungläubige Mienen, wenn ich ihnen versicherte, daß der Sultan überhaupt keine Tschalma, sondern nur eine Tübeteika (Fes) trage; denn in Turkestan thun dies nur die ärmsten Bettler oder Baiguschi, die keine Mittel zur Anschaffung eines wenn auch noch so bescheidenen Turbans besitzen. Beim Aufbau des Turbans entfalten die Mohammedaner eine große Kunstfertigkeit. Das Tuch wird zuerst leicht gedreht und dann in vielfachen Windungen so um den mit der Tübeteika bedeckten Kopf geschlungen, daß die Tübeteika den Boden des Turbans bildet und oben noch etwas über dessen Windungen hervorragt. Die Windungen hängen untereinander und mit der Tübeteika so fest zusammen, daß der Turban samt dieser beliebig abgenommen und wieder aufgesetzt werden kann, ohne auseinanderzufallen. Die Vornehmeren verstecken das freie Ende des Turbantuches in den Windungen; das gemeine Volk aber läßt dasselbe frei neben dem linken Ohre herabhängen. Die Tschalmas sind ein ausgezeichnetes

Mittel gegen Sonnenstich, da sie nicht nur den Kopf, sondern auch Gesicht und Nacken vollständig gegen die Einwirkung der biretten Sonnenstrahlen schützen, und sind deßhalb in heißen Gegenden unsern Hüten und besonders unsern Mützen weit vorzuziehen, um so mehr, als sie auch die Ausdünstung weniger hemmen als unsere Kopfbedeckungen.

Pelzmützen werden von den Sarten nur selten getragen, und zwar nur von der ärmeren Bevölkerung im Winter und auf Reisen. Es sind dies dieselben halbrunden, außen mit Tuch überzogenen, innen mit Schaf= fellen gefütterten und mit Otter= oder Fuchsfellen verbrämten Mützen, welche von den Kirgisen im Winter und Sommer getragen werden.

Bild 101. Sartischer Tanz in der Frauenabteilung.

Zu Hause, besonders bei der Arbeit, trägt der gemeine Sarte während der warmen Jahreszeit nur Unterhosen und Hemd und seine unvermeidliche Tübeteika, die er auch im Bette nicht ablegt. Alle, auch die Vornehmsten, gehen zu Hause bloßfüßig und ziehen auf dem Hofe und im Garten höchstens Pantoffeln an. Die Feldarbeiter sind bei der größten Sonnenhitze nur mit Tübeteika und Unterhosen bekleidet, welche letztere sie gewöhnlich nach oben um den Hosenbund zusammenrollen, so daß dieselben dann die Form unserer Schwimmhosen annehmen.

Kleidung der Frauen. Die Hauskleidung der Sartenfrauen (Bild 101) unterscheidet sich verhältnismäßig nur wenig von der der

Männer. Sie tragen wie diese auf dem bloßen Leibe sehr weite, allseitig geschlossene und mittels eines Hosenbundes lose um die Hüften befestigte Hosen, die aber bei den Franen bis auf die Knöchel reichen und um die Knöchel durch eingezogene Schnüre enge zusammengehalten werden wie bei den Türkinnen. Die Beinkleider der Frauen werden in der Regel aus einheimischer Seide angefertigt; nur die Ärmeren tragen solche aus Baumwollstoff. Während die Männer nur weiße Beinkleider tragen, werden zu den Frauenhosen stets farbige Stoffe verwendet. Über die Hosen ziehen die Frauen ein sehr weites und bis auf die Knöchel reichendes Hemd aus buntfarbiger Seide oder Baumwolle oder auch aus weißem Musselin. Diese Hemden haben sehr lange und sehr weite Ärmel, sind bei verheirateten Frauen auf der Brust bis auf den Gürtel ausgeschnitten und werden nur am Halse durch angenähte Bänder zusammengehalten.

Während der warmen Jahreszeit bilden Hosen und Hemd den gewöhn= lichen Hausanzug der Frauen, und sie behalten diese auch im Bette an. Während der kalten Jahreszeit tragen sie darüber entweder ein Beschmet, welche besonders bei den Reicheren beliebt sind und sich in Schnitt und Material nicht von den Beschmeten der Männer unterscheiden, oder sie kleiden sich in dieselben Chalate wie die Männer, wobei sie nur, wenn es ihre Mittel erlauben, Atlas= und Seidenchalate vorziehen. Mitunter tragen die Frauen auch Beschmete mit nur bis auf die Ellbogen reichenden Ärmeln oder auch ganz ohne Ärmel.

Als Gürtel verwenden die Frauen ausschließlich lange buntfarbige Baumwolltücher wie die Männer; Leder= und Samtgürtel mit silbernen Schnallen dagegen sind bei den Frauen nicht im Gebrauche; diese bilden ein Vorrecht der Männer.

Beim Erscheinen auf der Straße tragen die Sartinnen eine eigene Uniform, die bei allen den Kinderschuhen entwachsenen Frauen, mögen die= selben jung oder alt, verheiratet oder unverheiratet, arm oder reich sein, ganz gleich ist. Es ist dies die sogen. Parandscha, welche aus einem etwas modifizierten Chalate besteht. Die Parandscha wird entweder aus Seide oder Halbseide oder auch aus einfachem Baumwollstoffe angefertigt, hat aber unabänderlich stets dieselbe Farbe: graublau und schwarz gestreift. Sie wird nicht wie ein gewöhnlicher Chalat über die Schultern, sondern über den Kopf gelegt und ist so lang, daß sie bis auf den Boden reicht und die ganze Figur einhüllt (vgl. Bild 102, S. 268). Die Ärmel sind so lang, daß sie häufig auf der Erde nachgezogen werden; dieselben sind nicht zum Anziehen bestimmt, sondern hängen, sich nach unten immer mehr verjüngend, hinten über den Rücken hinab. Unten sind die Enden der Ärmel nebeneinander gelegt und am Saume der Parandscha ein für

allemal festgenäht. Vorne bleibt das Kleidungsstück offen und wird auf
der Brust mit den Händen zusammengehalten. Zu dem Ende sind die
beiden Ränder der Parandscha in Brusthöhe mit zwei vertikalen Schlitzen
zum Einlegen der Hände versehen, ähnlich wie bei unsern Havelocks. An
derjenigen Stelle der Parandscha, welche auf den Kopf zu liegen kommt,
ist innen an dem Saume ein schwarzes Roßhaarnetz angenäht, welches, über
das Gesicht herabgelassen, bis auf den Gürtel reicht und so dicht ist, daß
die Umrisse des Gesichtes absolut nicht zu erkennen sind. Heiratsfähige

Bild 102. Straßenkostüm der Sartinnen.

Jungfrauen tragen statt des schwarzen Roßhaarnetzes einen weißen, halbdurchsichtigen Gazeschleier, heiratsfähige Witwen einen roten Schleier. Etwas
Unförmlicheres als eine in einen derartigen Überwurf eingehüllte Frau kann
man sich nicht leicht vorstellen; dieselben erinnerten mich jedesmal an Lots
neugierige, in eine Salzsäule verwandelte Ehehälfte. Die Parandscha in
Verbindung mit dem dichten und beinahe undurchsichtigen Roßhaarnetze ist
auch ein wahres Marterinstrument für die Frauen selbst, besonders bei der
drückenden Hitze des Sommers. Die Frauen schlagen deshalb, wenn auf
der Straße gerade kein männliches Wesen zu sehen ist, den Schleier über

Bild 103. Silberne Armbänder.

den Kopf zurück, laſſen denſelben aber
ſofort herab, wenn ein Mann in Sicht
kommt. Nur wenn man beim Umbiegen
um eine Straßenecke den Frauen unver=
mutet begegnet, hat man hie und da Ge=
legenheit, auf einen Moment ihre Geſichts=
züge zu ſehen, ehe es ihnen gelingt, ſich
abzuwenden oder den Schleier zu ſenken.

Die Fußbekleidung iſt bei den
Frauen genau dieſelbe wie bei den Män=
nern; wie dieſe gehen ſie zu Hauſe bar=
fuß oder tragen auf den bloßen Füßen
Lederpantoffel; beim Ausgehen tragen ſie Itſchigi und Galoſchen von dem=
ſelben Schnitte und aus demſelben Material wie die der Männer, und beim
Reiten dieſelben Reitſtiefel wie dieſe. Strümpfe ſind bei den Frauen eben=
ſowenig bekanut wie bei den Männern.

Die Kopfbedeckung der Frauen iſt
viel mannigfaltiger als die der Männer. Am
häufigſten binden ſie ein dreieckig zuſammen=
gelegtes, weißes oder farbiges Baumwoll= oder
Seidentuch ſo um den Kopf, daß die Zipfel
hinten herabhängen; ganz wie bei den nieder=
bayriſchen Bauersfrauen. Mitunter wird in
dieſes Tuch ein Streifen Papier oder ſonſt etwas
Steifes eingelegt, damit es an der Stirne
diademartig emporſteht; das Kopftuch hat dann
Ähnlichkeit mit dem ſogen. Kokoſchnik oder
Diadem der Ruſſinnen; nur tragen die Sar=
tinnen ihre Kopftücher um die Stirne gebunden,
während die Ruſſinnen ihren Kokoſchnik weiter
gegen den Scheitel zurückſetzen, ganz ſo, wie
wir dieſes bei antiken Götterbildern, z. B. bei
der Diana von Versailles und der Juno Ludoviſi,
wahrnehmen (vgl. Brockhaus' Konverſations=
lexikon, 13. Aufl. III, Tafel: Bildnerei III,
Fig. 2 u. 12). Außer den Kopftüchern tragen
die Sartinnen auch runde Pelzmützen und dem
Kalapuſch der Männer ähnliche Seiden= oder
Samtmützen, die gewöhnlich reich mit Stickereien,
Glasperlen, kleinen Muſcheln und verſchiedenen
Metallverzierungen bedeckt ſind. Mitunter ver=

Bild 104. Ohrgehänge aus
Silber oder Kupfer.

zichten sie auf jegliche Kopfbedeckung, besonders wenn sie noch jung sind und schönes, üppiges Haar haben.

Eine eigentümliche Frauenkopfbedeckung erwarb ich in Schachrisabs. Dieselbe erinnert an einen mit Halsbergen versehenen Ritterhelm und besteht aus einer runden Mütze mit senkrechten Rändern und ebenem Boden, an die sich ein viereckiges Nackenstück anschließt, welches Hinterkopf und Nacken bedeckt. Diese Kopfbedeckung besteht durchaus aus bunten Seidenstickereien mit eigentümlichen, gefälligen Mustern.

Die Sartinnen müßten keine Frauen sein, wenn sie nicht auf Schmuck= sachen einen ebensolchen Wert legten wie unsere Damen, obgleich sie mit ihrem Schmucke nur innerhalb ihrer vier Wände und nur vor ihren Männern und allenfalls noch vor ihren Freundinnen paradieren können. Der Schmuck der Sartinnen besteht aus Armbändern, Fußringen, Finger= und Nasen= ringen, Ohrgehängen, Halsketten und verschiedenen Zopfanhängseln, welch letztere eine hervorragende Rolle spielen.

Die Schmucksachen der Sartinnen bestehen fast ausschließlich aus reinem Silber und sind nur in seltenen Fällen goldplattiert. Dies hat seinen Grund wohl hauptsächlich in dem Mangel an Kunstfertigkeit bei den ein= heimischen Gold= oder vielmehr Silberschmieden, welche sich auf das Ver= golden und die kunstgerechte Verarbeitung des Goldes wenig verstehen. Alle Schmucksachen werden, wo es nur immer angeht, mit Steinen überladen, unter denen man aber nur höchst selten wirkliche Edelsteine antrifft; fast ausschließlich werden Halbedelsteine, besonders Türkise, und falsche Steine aus Glas verwendet.

Die Armspangen (Bild 103, S. 269) und die selteneren Fußringe sind gewöhnlich einfache Silberreifen mit grob eingelegtem Email. Die Fingerringe sind meistens aus Zinn, seltener aus Silber; sie werden in der Regel mit großen, falschen Steinen besetzt und haben im allgemeinen dieselben Formen wie die bei uns gebräuchlichen Ringe. Die Nasenringe werden nicht durch den Nasenflügel gesteckt, wie verschiedene flüchtige Besucher Turkestans be= richten, sondern an einer Stelle entzweigeschnitten und auf den rechten Nasenflügel geklemmt. Ich habe nie ein Frauenzimmer mit durchstochenem Nasenflügel gesehen. Als Nasenringe werden gewöhnliche Fingerringe ge= tragen, die abwechselnd bald an die Nase, bald an den Finger gesteckt werden. Daß durch die Nasenringe die Schönheit erhöht würde, kann ich nicht be= haupten, obwohl sie auch nicht gerade abstoßend wirken, wie man vielleicht glauben möchte. Wie unsere Damen tragen die Sartinnen auch Ohrringe von allen möglichen Arten und Größen. An die Ohrringe befestigen sie ver= schiedene Ohrgehänge, die oft bis auf die Schultern hängen und aus einer Reihe silberner Kettchen (Bild 104, S. 269) oder nach unten sich veräftelnden Seidenschnüren bestehen, die mit silbernen Glöckchen, Hohlkugeln, Glasperlen,

Halbedelsteinen, Korallen u. s. w. behangen sind. Die Halsketten bestehen gewöhnlich aus einer großen Anzahl von Glasperlen=, Bernstein= oder Korallen= schnüren, an welche bisweilen eine Anzahl Gold= oder Silbermünzen befestigt

Bild 105. Frau eines vornehmen Bucharen mit ihren Kindern.
(Nach einer Aufnahme von G. Merzbacher.)

wird. Die Halsketten, welche nebst ihren zahlreichen Anhängseln oft 1—2 Pfund schwer sind, werden in der Regel auch über Nacht nicht abgelegt (Bild 105).

Die frei herabhängenden zwei Zöpfe der Sartinnen, die gewöhnlich durch eingeflochtene Roßhaare und schwarze Seidenschnüre verlängert werden,

find in der Regel ein förmliches Arfenal von Schmuckgegenftänden aller
möglichen Arten (Bild 106). An die Zopfenden wird gewöhnlich alles
gehängt, was eine Sartin außer den an den Armen, Füßen, Ohren, am
Halfe und an der Nafe untergebrachten Pretiofen überhaupt an Koftbarkeiten
befißt: Münzen, Amulette, Ringe, Armfpangen u. dgl. Die reichen Sartinnen
tragen mitunter auch filberne, goldplattierte oder goldgeftickte Stirnbinden,
ähnlich den Stirnbinden der Könige des Altertums, an welche gleichfalls
Gold= oder Silbermünzen, filberne Kettchen, Glöckchen, Kügelchen, Quaften
nebft allem möglichen fonftigen Firlefanz gehängt werden, der über die Stirne
und Schläfen herabbaumelt.

Kleidung der Kinder. Bei den Sarten werden die Knaben und
Mädchen bis etwa zum 10. Lebensjahre faft ganz gleich gekleidet, fo daß
man, da fich ihre Phyfiognomien gar nicht unterfcheiden und auch die
Knaben häufig Zöpfe tragen, oft nicht weiß, ob man einen Knaben oder
ein Mädchen vor fich hat. Knaben und Mädchen tragen diefelben feidenen
oder baumwollenen, buntfarbigen Beinkleider und Hemden wie die Frauen.
Nur find bei Kindern die Hemden nicht auf der Bruft aufgefchnitten, fondern
fie haben einen weiten Ausfchnitt rings um den Hals, ähnlich den Hemden
unferer Damen, fo daß den Kindern das Hemd häufig über die eine oder
andere Schulter herabfällt. Zu Haufe find die Kinder während der warmen
Jahreszeit meiftens entweder nur mit einem Hemd oder, und zwar häufiger,
nur mit einer Hofe bekleidet, wobei dann der Oberkörper und Unterleib
bloß bleibt. Auf dem Kopfe tragen Mädchen und Knaben diefelbe Tübe=
teika wie die Männer. Während der kalten Jahreszeit kleidet man die
Kinder in diefelben Befchmete, Chalate, Gürtel, Itfchigi und Galofchen
wie die Erwachfenen. Turbane tragen nur größere Knaben, an denen die
Befchneidung bereits vollzogen ift, und zwar nur bei feierlichen Gelegenheiten.
Die größeren Mädchen dagegen tragen im Winter rote oder weiße Kopf=
tücher oder runde Pelzmützen, ähnlich denen der Kirgifenmädchen (vgl. Bild 19,
S. 38, und Bild 105, S. 271).

12. Nahrung. Diefelbe Gleichheit, welche unter allen ansäffigen Be=
wohnern Turkeftans in Bezug auf ihre Kleidung herrfcht, finden wir auch
in Bezug auf ihre Nahrung. Die Sarten haben ihre wenigen Nationalgerichte
mit den Usbeken, Tadfchiken und Galtfchas gemein: ein Beweis, daß diefelben
aus dem graueften Altertume ftammen. Die Zentralafiaten find wie alle
Südländer in Bezug auf Speife und Trank ungemein mäßig, und ein armer
Sarte beftreitet alle feine Ausgaben für Nahrung, Kleidung und Wohnung mit
5--6 Mark monatlich. Die Nahrung der Armen und der Arbeiter befteht faft
ausfchließlich aus Brot, Früchten und dem fchmutzigen Waffer der Kanäle.

Das Brot der Zentralafiaten befteht aus dünnen Fladen von ver=
fchiedenem Durchmeffer, von der Größe einer gewöhnlichen Semmel bis zur

Größe eines riesigen Brotlaibes. Die größte Sorte dieser Fladen, welche in der Mitte so dünn sind wie Karton, wird beim Essen statt der nicht gebräuchlichen Teller verwendet und nach beendigtem Mahle gleichfalls verspeist, wie dies Virgil auch von Äneas und dessen Begleitern erzählt (Äneide, 7. Gesang, Vers 107—119). Diese von den Russen Lepjoschti genannten Brotfladen haben

die Form unserer Osterfladen, und diese letzteren sind, ebenso wie unsere roten Ostereier, offenbar noch eine Reminiscenz an die zentralasiatische Urheimat unserer Vorfahren. Die Lepjoschti werden aus ungesäuertem Teig, aus Weizen- oder Gerstenmehl hergestellt und in den oben beschriebenen thönernen Backöfen gebacken. Roggenmehl war in Turkestan bis zur Ankunft der Russen unbekannt. Rührend ist die Verehrung, welche die Eingeborenen dem Brote erweisen, und die Sorgfalt, mit der sie auch

Bild 106. Frau aus Chotan mit reichem Schmuck.

die geringsten Abfälle vom Boden auflesen. Ich erinnere mich an einen charakteristischen Vorfall, der sich während meiner ersten Reise nach Buchara im Jahre 1875 ereignete. Als unsere Gesandtschaft unter ungeheurem Pompe und unter Vortritt einer ganzen Legion von Hofmarschällen und sonstigen Hofbeamten nach dem Palaste des bucharischen Emirs zur Audienz ritt, stieg plötzlich der an unserer Spitze reitende, mit wahrhaft königlicher Pracht gekleidete Höchstkommandierende der bucharischen Truppen vom Pferde, ohne Rücksicht darauf, daß er dadurch den ganzen Triumphzug zum Stehen brachte, nur um eine im Straßenkote liegende Brotkrume aufzuheben und in seinem von Gold und Edelsteinen strotzenden Gewande zu verbergen. Aus dem angegebenen Grunde halten es die Eingeborenen Turkestans auch für eine Sünde, das Vieh mit Brot zu füttern, wovon ich mich unter anderem bei folgender Gelegenheit überzeugte. Im Jahre 1886 war ich zur Ausführung astronomischer Beobachtungen zwei Tage am Südfuße des 4425 m hohen Karakasykpasses gelagert. Da es hier absolut kein Futter für die Pferde gab, so hatte ich befohlen, die Pferde mit Brot zu füttern, von dem ich für meine Gebirgstour einen großen Vorrat aus Karategin mitgenommen hatte. Beim Aufstiege auf den Paß bemerkte ich aber, daß die Pferde vollständig ausgehungert waren, und erfuhr nun, daß meine Leute meinen Befehl nicht ausgeführt und die Pferde zwei Tage ohne Nahrung gelassen hatten, weil sie es für sündhaft hielten, den Pferden das nur für Menschen bestimmte Brot vorzuwerfen.

Das wichtigste Nahrungsmittel der Armen sowohl wie der Reichen bilden nächst Brot F r ü c h t e, die im Sommer frisch, im Winter aber getrocknet gegessen werden. Kein Land der Erde dürfte wohl so reich an Früchten aller Art sein wie Turkestan. Die beliebtesten Früchte sind Melonen, Arbusen (Wassermelonen) und Weintrauben, sowie Aprikosen, Pfirsiche, Mandeln, Aprikosenkerne, Granaten, Kirschen und Pistazien. Das gewöhnliche Mittagsmahl eines Bau- oder Feldarbeiters besteht in einem Brotfladen und einer Weintraube oder einem Stück Melone und kostet 2—3 Pfennige.

Das Getränk der Sarten besteht entweder aus Wasser oder aus grünem indischen T h e e, der gewöhnlich ohne Zucker getrunken wird. Der schwarze, chinesische Thee kam erst durch die Russen in Aufnahme. Der grüne Thee, der, nebenbei bemerkt, teurer ist als der schwarze, schmeckt anfangs, wenn man nicht daran gewöhnt ist, unangenehm, ist aber ein ausgezeichnetes durststillendes Mittel, ganz auders als der schwarze Thee, der, mit Zucker getrunken, den Durst eher noch befördert. Hat man sich aber einmal an grünen Thee gewöhnt, so findet man am schwarzen keinen Geschmack mehr. Während meiner Reise durch Buchara, im Jahre 1886, war mir mein Vorrat an schwarzem Thee ausgegangen, und ich war gezwungen, ausschließlich den in Buchara allein gebräuchlichen grünen zu gebrauchen. Nach meiner Rückkehr nach Taschkent hatte ich darauf mehrere Monate einen Widerwillen gegen schwarzen Thee, der mir gerade so schmeckte wie ein Aufguß auf Heu.

Der Genuß von Spirituosen, wie Wein, Schnaps, Bier ꝛc., ist den Sarten als Mohammedanern durch ihre Religionsgesetze verboten. In der letzten Zeit sind aber in den russischen Besitzungen unter den Eingeborenen verschiedene Freigeister aufgetaucht, die sich, von dem Beispiele der Russen angesteckt, um das Weinverbot Mohammeds entweder gar nicht kümmern, oder wenigstens den Genuß von Schnaps und Bier für erlaubt halten, da ja

Mohammed von diesen Getränken im Koran nichts erwähnt habe. Die Ent=
haltung von Wein und überhaupt von Spirituosen ist für die Gesundheit
der Eingeborenen natürlich nur vorteilhaft. Denn ebenso nützlich und un=
entbehrlich, wie der Genuß von Alkohol im kalten Norden ist, ebenso verderblich
wirkt derselbe in heißen Gegenden, und diejenigen von den Europäern, welche
in Turkestan den im Norden Rußlands gewohnten reichlichen Wein= und
Schnapskonsum unentwegt fortsetzen, gehen meistens in kurzer Zeit physisch
und moralisch zu Grunde und verfallen im besten Mannesalter in voll=
ständigen Marasmus.

Im Altertume war in Turkestan die Weinproduktion allgemein verbreitet
gewesen, wie aus Arrians „Anabasis Alexanders" hervorgeht. Arrian erzählt
nämlich im 21. Kapitel des IV. Buches, daß Chorienes, der Gouverneur
des heutigen Hissar, nach der Übergabe seiner uneinnehmbaren Position am
Wachschfluß, in der Nähe der heutigen Festung Naraf, das ganze aus=
gehungerte Heer Alexanders mit Wein versorgt habe. Der Untergang der
Weinproduktion in Turkestan ist offenbar dem Einflusse des Mohammedanis=
mus zuzuschreiben.

Den Genuß von Fleisch erlauben sich für gewöhnlich nur die Be=
mittelteren, die Armen aber nur an hohen Festen. Die ansässige Bevölkerung
Turkestans genießt nur Schaf= und Hühnerfleisch, selten Rindfleisch. Das
Schweinefleisch ist den Mohammedanern bekanntlich durch religiöse Satzungen
verboten, ebenso wie den Juden. Außerdem essen sie auch kein Pferde=
oder Kamelfleisch, wie dies die Kirgisen thun. Auffallend ist, daß die
Sarten und Tadschiken auch kein Wildpret und keine Fische essen, obwohl
dieselben im Überflusse vorhanden sind und ihr Genuß durch den Koran
nicht untersagt ist. Dieser Umstand ist besonders deshalb bemerkenswert,
weil durch die Sprach= und Altertumsforschung nachgewiesen ist, daß auch
schon die Ur=Indogermanen sich der Fische enthielten. Die Rinder werden
nur der Milch wegen gehalten und erst dann geschlachtet, wenn sie alt sind
und keine Milch mehr geben. Das Rindfleisch ist deshalb und wegen des
schlechten Futters äußerst zähe und unschmackhaft und auch bedeutend
billiger als Schaffleisch. Vor der Ankunft der Russen kostete ein Pfund
Rindfleisch nur 3—4 Pfennig, ein Pfund Schaffleisch aber fünfmal mehr.
Die Hühner werden stets gekocht, und es wird daraus eine kräftige und
äußerst schmackhafte Suppe bereitet. Das beliebteste Fleisch ist das Schaffleisch,
welches weicher, saftiger und schmackhafter ist als das Fleisch europäischer
Schafe. Dasselbe wird entweder gekocht oder, und zwar am häufigsten,
zu den turkestanischen Nationalgerichten: Plow, Pelmene, Kabardak und
Schaschlyk, verarbeitet. Bei besonders festlichen Gelegenheiten, sowie beim
Empfange von vornehmen Gästen, werden mitunter ganze Schafe gebraten,
was auf folgende Weise geschieht. Es wird eine Grube von entsprechenden

Dimensionen ausgegraben und in derselben ein Holzstoß angezündet. Nach=
dem das Holz herausgebrannt ist und nur noch glimmende Kohlen zurück=
geblieben sind, wird ein ganzes, ausgeweidetes Schaf in die Grube gehängt
und darauf die Grube zugedeckt und mittels aufgeschütteter Erbe hermetisch
verschlossen. Also zubereitetes Schaffleisch schmeckt ganz unvergleichlich. Die
aus Schaffleisch ohne irgend welche andere Zuthaten als Zwiebelscheiben
und gelbe Rüben und allenfalls noch Erbsen oder Bohnen bereitete Fleisch=
suppe ist ziemlich geschmacklos; dagegen verdienen die beiden beliebtesten
Nationalspeisen der Sarten, Plow und Pelmene, alle Hochachtung, und ich
sehne mich ihretwegen noch oft nach den „Fleischtöpfen" Turkestans zurück.

Der Plow oder Pilaw gilt als spezifisch mohammedanisches Gericht,
und die Bucharen waren deshalb anfangs lange unschlüssig, ob sie die
russischen Gesandten als Kafiren mit dieser heiligen Speise bewirten sollten
oder nicht. Schließlich trug aber die Gastlichkeit und die Politik über den
Fanatismus den Sieg davon. Der Plow, eines der schmackhaftesten, nahr=
haftesten und leichtest verdaulichen unter allen Gerichten, die ich kenne, wird
aus Schaffleisch, Schaffett, Reis, gelben Rüben, Rosinen, mitunter auch
unter Zuthat von Hühnerfleisch, auf folgende Weise bereitet. Zuerst werden
in einem gewöhnlichen gußeisernen Kessel Stücke von dem Fettschwanz eines
Schafes, je nachdem, 5—10 Pfund, zum Schmelzen gebracht, und nach=
dem alles Fett ausgeschmolzen ist, die nicht schmelzbaren Rückstände ent=
fernt. Sodann wird in das schmorende Fett zunächst in walnußgroße
Stücke zerschnittenes mageres Schaffleisch, hierauf in dünne Stäbchen ge=
schnittene gelbe Rüben und schließlich eine entsprechende Portion sorgfältig
ausgewaschenen und mit Rosinen und rotem Pfeffer vermengten Reises ge=
schüttet, das Ganze mit einer passenden, großen irdenen Schüssel zugedeckt
und etwa eine Stunde lang, ohne Umrühren, bei langsamem Feuer ge=
dämpft, wobei von Zeit zu Zeit die Schüssel abgehoben und der Reis mittels
eines Schöpflöffels mit dem im Kessel brodelnden Fett übergossen wird.
Dem Schaffleisch, welches beim Plow stets die conditio sine qua non
bildet, werden von den Reicheren mitunter auch Hühner und Kapaune, von
den Ärmeren Stücke Rindfleisch beigefügt. Die Bereitung des Plow, auf
die sich jeder Eingeborene vom Höchsten bis zum Niedrigsten versteht, scheint
ein Amtsgeheimnis der Eingeborenen zu sein. Denn unsere europäischen
Köche erhielten, wenn sie auch dutzendmal bei der Plowbereitung zugesehen
hatten, bei ihren diesbezüglichen Versuchen jedesmal Reisbrei, aber keinen
Plow als Resultat ihrer Kochkunst.

Der Plow, von dem man ungeheure Quantitäten vertilgen kann, ohne
irgend welche schlimme Folgen gewärtigen zu müssen, und den man, wie das
Brot, nie leid wird, wenn man ihn auch mehrmals jeden Tag vorgesetzt
bekommt, bildet bei der Bewirtung von Gästen stets das Hauptgericht, das

nie fehlen darf. Vornehmen Gästen wird immer eine eigene, für etwa zwanzig Mann reichende Schüffel, besonders Hochstehenden, wie Gefandten u. dgl., fogar deren zwei auf einmal vorgefetzt, während die weniger Angefehenen sich mit einer gemeinfamen Schüffel begnügen müffen. Da das Menu stets dasfelbe ist, so sucht man eben den Gaft nicht durch die Koftbarkeit, sondern durch die Menge der Speisen zu ehren.

Die Pelmene sind kleine Pasteten, welche aus klein gehacktem, mit viel Zwiebeln und Pfeffer verfetztem Schafffleisch und einer Teigumhüllung bestehen. Sie werden in hermetisch schließenden Sieben, ähnlich den Getreidesieben unserer Bauern, über kochendem Waffer aufgestellt und durch die auffteigenden Wafferdämpfe gar gekocht. Die Pelmene, welche gewöhnlich in Effig gegeffen werden, sind wo möglich noch schmackhafter als der Plow; sie erfordern aber zur Verdauung einen sehr gefunden Magen, weil die großen Mengen von Zwiebeln und Pfeffer einen heftigen Durchfall hervorrufen können, besonders wenn man, wozu man sich durch ihre Schmackhaftigkeit nur zu leicht verführen läßt, größere Quantitäten genießt. Außer den erwähnten giebt es noch eine zweite kleinere Art von Pelmenen, die ohne Zuthat von Zwiebeln hergestellt und in Waffer gekocht werden und deshalb auch weniger schmackhaft sind als erstere.

Kabardak wird viel seltener gegeffen als die beiden vorgenannten, die alltägliche Nahrung der Vermöglicheren bildenden Gerichte. Es ist dies eine Art Ragout, das aus Schafffleisch, Schafffett, Brotfladen, Zwiebeln und ganzen gelben Rüben bereitet wird, die zusammen im Keffel geschmort werden. Dieses Gericht hat viel Ähnlichkeit mit dem bayrischen Pickelsteinerfleisch, schmeckt aber beffer als diefes.

Schaschlyk besteht aus kleinen Stücken Schafffleisch und Schafffett, die am Spieße geröstet werden. Die etwa walnußgroßen, gefalzenen und gepfefferten Fleisch= und Fettftücke werden so auf einen hölzernen Stab gesteckt, daß sich zwischen je zwei Fleischftücken immer ein Stück Fett befindet, und dann das Ganze mit freier Hand über ein auf dem Boden angerichtetes Kohlenfeuer gehalten. Diesem Gerichte habe ich nie befondern Geschmack abgewinnen können; es hat aber den Vorzug, daß es überall, zu jeder Zeit und ohne irgendwelche Küchengeräte hergestellt werden kann, was besonders auf Reisen in menschenleeren Gegenden sehr wichtig ist.

Die erwähnten vier Gerichte, besonders die beiden erften, bilden die gewöhnliche Nahrung der reicheren Sarten, die fie täglich einmal, wenn es die Mittel erlauben, wohl auch zwei= und dreimal zu sich nehmen. Alle diese Lebensmittel sind sehr billig. Für 40 Pfennig Plow oder Pelmene ist nicht leicht jemand im stande auf einem Sitz aufzuzehren.

Mehlspeifen kennen die Sarten nicht. Statt derselben bereiten fie einen Brei aus Reis und Milch, ganz ähnlich unserem Reisbrei, der sehr stark gezuckert und, mit einer mehrere Millimeter tiefen Schicht von geschmolzenem Schaffett übergossen, auf flachen Schüsseln serviert wird.

Die Milch wird entweder roh getrunken oder zur Bereitung des erwähnten Reisgerichtes verwendet. Butter wird nicht gebraucht, und die Käsebereitung ist gänzlich unbekannt. Die Verhältnisse sind also in dieser Beziehung seit den ältesten Zeiten dieselben geblieben; denn auch die Urbewohner Turkestans, die Ur-Arier, waren, wie die Sprachforschung gezeigt hat, mit der Bereitung und dem Gebrauche von Käse und Butter unbekannt.

Ein wichtiges Nahrungsmittel bilden bei den Eingeborenen Turkestans auch die Hühnereier, die sehr billig sind, weil die Unterhaltung der Hühner in den zahlreichen Gärten absolut nichts kostet. Die Eier werden hart gekocht und gewöhnlich rot oder blau, seltener gelb gefärbt. Unsere gefärbten Ostereier sind offenbar, wie die Osterfladen, noch ein Überrest aus unserer zentralasiatischen Urheimat. Auch bei den gleichfalls aus Turkestan eingewanderten Chinesen hat sich die Sitte der Ostereier bis jetzt erhalten. Die Sarten bereiten aus den Eiern auch einen Eierschmarren, ganz so wie in Süddeutschland, der in Schaffett geschmort und mit viel Zucker bestreut wird.

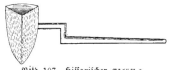

Bild 107. Hissarischer Eßlöffel.

Tischzeug, wie Messer, Löffel[1], Gabeln und Teller, kennen die Sarten ebensowenig wie die Kirgisen. Flüssige Kost, wie z. B. Suppe, wird aus Tassen getrunken; alles übrige, wie Plow, Pelmene, Kabardak, Reisbrei, wird mit den Fingern aus der gemeinschaftlichen Schüssel zum Munde geführt, wie dies auch schon bei den Homerischen Königen Brauch war. Die Hände müssen deshalb jedesmal vor und nach dem Essen gewaschen werden, zu welchem Ende immer, wenn die Gäste bereits um den Tisch oder vielmehr um das auf dem Boden ausgebreitete Tischtuch versammelt sind, ein Diener mit Waschschüssel und Wasserkanne erscheint und den Gästen der Reihe nach Wasser auf die Hände gießt.

Die Sarten sind infolge ihres kindlich unverdorbenen Geschmackes große Liebhaber von Süßigkeiten, und besonders bei der Bewirtung von Gästen spielen diese eine große Rolle. Von importierten Süßigkeiten ist bei ihnen besonders eine Art Karamelkonfekte russischer Provenienz sehr beliebt, die bei keinem Dostarchan fehlen. Außerdem giebt es bei ihnen eine große Menge von Zuckergebäcken eigener Erfindung, von denen die aus Pistazien bereiteten sich des größten Zuspruches erfreuen. Die Pistazien werden entweder kandiert oder mit Syrupteigen zu verschiedenen Arten von Kuchen verarbeitet, die alle

---

[1] Nur bei den Bewohnern von Ostbuchara habe ich Eßlöffel vorgefunden, welche aus Holz geschnitzt waren und die in Bild 107 angedeutete Form hatten.

unserem Geschmack nur wenig oder auch gar nicht entsprechen. Bei den Kindern der russischen Bevölkerung Zentralasiens hat von den sartischen Zuckerbäckerwaren am meisten ein aus Traubensyrup hergestelltes Präparat Anklang gefunden, welches jetzt auch in Deutschland auf den Jahrmärkten als „Türkischer Honig" verkauft wird. Dieser sogen. Türkische Honig wird in Turkestan auf folgende Weise hergestellt. Der Syrup wird in einem gewöhnlichen gußeisernen Kessel mit der gelben, schleimigen Wurzel einer in Turkestan wild wachsenden, distelartigen Pflanze so lange zusammengekocht, bis die Masse ein weißes, schaumiges Aussehen erhält. Dann werden große Mengen Pistazienkerne, Mohnsamen und Erbsen hinzugegeben und das Ganze schließlich in große cylindrische Körbe ausgegossen. Häufig läßt man auch die durch Abkochen des Syrups mit der erwähnten Wurzel entstandene Masse für sich allein erkalten und ißt dieselbe, so wie sie ist, oder bäckt daraus, in Verbindung mit Mehl, Kuchen, welche bei jedem Dostarchan serviert werden, aber, für uns wenigstens, ganz geschmacklos sind.

Der Syrup, der im Haushalte der Zentralasiaten eine sehr große Rolle spielt, wird aus Trauben und sonstigen zuckerhaltigen Früchten auf folgende Weise hergestellt. Die Trauben werden in einem großen, aus Lehm aufgebauten und mit Gips ausgekleideten Behälter mit den Füßen zertreten. Der ausgepreßte Saft fließt durch eine seitliche Öffnung in einen gußeisernen Kessel und wird in demselben mit Lehm und Kalk zusammen gekocht. Nachdem sich sodann im Verlaufe einiger Tage der Lehm mit den sonstigen Unreinigkeiten am Boden des Kessels niedergeschlagen hat, wird der durch Zuckergärung entstandene Syrup abgeschöpft. Dieser Syrup ist ungemein billig und wird deshalb in der Regel statt des teuren Zuckers und des in Turkestan fehlenden Honigs zum Versüßen des Thees und Trinkwassers und der Speisen und zur Herstellung alles einheimischen Naschwerks verwendet. Auch Manna wird von den Eingeborenen Turkestans zur Syrupbereitung verwendet. Das Manna findet sich immer am Morgen in Gestalt eines weißen Staubes auf einer einheimischen Pflanze, welche in den turkestanischen Steppen und Wüsten in großen Mengen vorkommt und von den Eingeborenen Tikan genannt wird. Das Manna wird in der Weise gesammelt, daß man unter die betreffenden Pflanzen Tücher breitet und sie dann schüttelt.

An heißen Sommertagen werden von den Sarten große Quantitäten Gefrorenes verzehrt, welches auf den Bazaren angefertigt und feilgehalten wird. Die Herstellung des Gefrorenen ist bei den Zentralasiaten viel einfacher als bei uns. Der betreffende Restaurateur ist in einer sehr primitiven Bude, ähnlich unsern Jahrmarktbuden der einfachsten Sorte, oder auch auf dem bloßen Boden unter einem Schirme von Schilfmatten etabliert und hat vor sich in einer großen irdenen Schüssel ein mächtiges Stück Eis von sehr zweifelhafter Reinheit. Da das Eis im Winter aus den schmutzigen Kanälen und Teichen gewonnen wird, so enthält es zahlreiche Inkrustationen von Baumblättern, Schlamm, Pferdedünger; Insekten und allem möglichen Gewürm. Von diesem Eise wird nun mit einem eigenen langen Messer eine entsprechende Quantität auf einen kleinen irdenen Teller geschabt, ein Theelöffel voll Syrup darüber gegossen, und das Gefrorene ist fertig. Dieses kann natürlich in Bezug auf Schmackhaftigkeit mit unserem Gefrorenen nicht konkurrieren, erreicht aber seinen Zweck ebensogut und hat dabei den Vorzug größerer Billigkeit, da eine Portion, aus der man in unsern Kaffeehäusern leicht zwei und drei machen würde, nur 1 Pul oder $^3/_5$ Pfennig kostet.

13. Sitten und Gebräuche. In Bezug auf Sitten und Gebräuche unterscheiden sich die Sarten im allgemeinen ebensowenig von den übrigen ansässigen Bewohnern Turkestans, den Usbeken, Tadschiken und Galtschas, wie ich dies bereits früher in Bezug auf Wohnung, Kleidung und Nahrung hervorgehoben habe. Bei allen finden wir dasselbe abgemessene und würdevolle Benehmen, dieselbe Sorgfalt für Reinlichkeit und Pflege des Körpers, so ziemlich dieselben Volksbelustigungen und Bräuche bei Eheschließung und Begräbnis und dieselbe ausgesuchte Höflichkeit und Gastfreundschaft.

Körperpflege. Was die Kirgisen in Bezug auf Körperpflege versäumen, leisten die Sarten zu viel, und wohl zwanzigmal des Tages waschen sie sich an heißen Sommertagen Mund, Gesicht, Hände und andere Körperteile, und ich kann mir einen Sarten nur in der Positur eines ruhenden Adlers an irgend einem Kanal oder Teiche hockend und mit seinen Waschungen beschäftigt vorstellen. Diese Eigentümlichkeit der Sarten ist teils durch die Religionsvorschriften teils durch das Klima bedingt, weil bei der großen Hitze des Sommers Gesicht, Hände und überhaupt der ganze Körper fortwährend mit klebrigem Schweiße bedeckt sind, der ein äußerst unbehagliches Gefühl verursacht. Bei den Kirgisen ist dies weniger der Fall, weil bei ihnen die Ausdünstung und Schweißabsonderung geringer ist als bei den Völkern arischer Abstammung. Dadurch ist wohl auch die größere Wasserscheu der Kirgisen bedingt, die keineswegs ganz unbegründet ist, wenn man die vielfachen Erkrankungen bedenkt, denen die Sarten infolge häufigen Gebrauches des unreinen Kanalwassers ausgesetzt sind.

Das Baden in offenen Flüssen und Kanälen ist bei den Sarten verhältnismäßig wenig in Gebrauch, wohl hauptsächlich aus Rücksichten der Decenz; denn die Gassenjungen kann man den ganzen Tag im Wasser herumplätschern sehen. Während die Russen, sowohl Männer als Frauen, sich ganz ungeniert und ganz nackt in offenen Flüssen baden, beim gemeinen Volke wohl auch Männer und Frauen zusammen, habe ich nie einen Sarten anders als in Beinkleidern baden sehen, Frauen natürlich schon gar nicht. Dagegen erfreuen sich die in keiner Stadt fehlenden Badehäuser überall eines regen Zuspruches. Die Badehäuser sind öffentliche Anstalten, welche gewöhnlich aus den Einkünften von eigenen Wakuf=Stiftungen unterhalten werden, ähnlich wie die höheren Lehranstalten. Dieselben sind überall nach ein und demselben Stil aus gebrannten Ziegeln erbaut und bestehen aus wenigstens drei gesonderten Räumen. Der erste Raum, den man von der Straße aus betritt, ist eine hohe, geräumige Halle, an deren Wänden eine breite, 1—2 m hohe, aus Lehm aufgeführte und mit Teppichen, Decken oder wenigstens mit Schilfmatten bedeckte Plattform entlang läuft, auf der sich die Besucher auskleiden. Aus dieser Halle gelangt man zuerst in einen halbdunkeln, nur durch ein kleines Kuppelfenster erleuchteten und mäßig er= wärmten Kuppelsaal, an deffen Wänden ringsum kleine Nischen angebracht sind, in welchen sich die Besucher zunächst niederlassen, um sich an die erhöhte Temperatur zu gewöhnen. Ist dies geschehen, so begiebt man sich in die dritte Abteilung, deren Temperatur nur für diejenigen erträglich ist, die an die ruffischen Dampfbäder gewöhnt sind. Diese Abteilung ist der vorher= gehenden ähnlich und besteht gleichfalls aus einem schwach erleuchteten Kuppelsaale mit Nischen an den Wänden. Diese Räume werden nicht, wie die ruffischen Dampfbäder, durch an Ort und Stelle angebrachte Öfen geheizt, sondern im Souterrain wird ein Feuer unterhalten, durch welches der aus gebrannten Ziegelsteinen bestehende Fußboden erwärmt wird. In der erwähnten dritten Abteilung wird jeder Badegast von einem nur mit einer kurzen, weiten Unterhose bekleideten Badediener in Empfang genommen, der dann das übrige besorgt. Derselbe legt seinen gewissenhaft mit einem Lendentuch umhüllten Klienten zunächst in einer der erwähnten Nischen auf den bloßen Boden mit dem Gesichte nach abwärts und bearbeitet ihn mit Waffer und einem rauhen Lappen, aber ohne Anwendung von Seife, in einer wahrhaft barbarischen Weise. Ist dies geschehen, so steigt der Bade= diener mit Händen und Füßen auf den Rücken seines Opfers und zertritt ·ihm mit seinen Füßen die Schultern, den Rücken und die Füße, so daß man sich eher in einer Folterkammer als in einem Bade zu befinden glaubt. Hierauf wird der Gast auf den Rücken gelegt und dieselbe Prozedur an der Vorderseite seines Körpers vorgenommen; dabei wird der Brustkasten mit derselben Rücksichtslosigkeit behandelt wie vorher der Rücken, so daß einem alle Rippen krachen. Zum Schlusse werden, um das Maß voll zu machen, noch die Arme, Beine, Finger und Zehen verrenkt, die Knie und der Kopf gleichzeitig mit aller Gewalt gegen die Brust gepreßt, als wenn man aus unserem Körper einen Bogen machen wollte, und mit genauester Kenntnis der Anatomie alle einzelnen Muskeln der Reihe nach gezerrt, gekniffen und geklopft, mit einem Worte, eine regelrechte und gründliche Maffage aller einzelnen Körperteile vorgenommen. Nach Beendigung dieser Tortur kehrt man in den zweiten Raum zurück, um sich in einer der dortigen

Nischen mit lauwarmem Wasser zu übergießen und wieder etwas abzukühlen, ehe man in das Ankleidezimmer zurückkehrt. Bei der Ankunft in letzterem werden die Badegäste mit einem großen, trockenen, die ganze Figur ein= hüllenden Baumwolltuche zugedeckt, und während sie auf der Plattform das Bad verschwitzen, mit Früchten und grünem Thee regaliert. Nach einem solchen Bade fühlt man sich wie neu geboren, und man ist für die aus= gestandene Qual hinreichend belohnt. Eintrittsgeld wird in diesen Bad= anstalten nicht erhoben; man bezahlt nur nach Gutdünken einige Pfennige für die Bewirtung und als Trinkgeld für die Badediener; wer 20—30 Pfennig spendiert, wird schon für einen Krösus angesehen und mit den tiefsten Bücklingen begleitet.

Haar= und Bartpflege. Auf die Pflege von Haar und Bart verwenden die Sarten gleichfalls große Sorgfalt. Zum Rasieren des Kopfes bedienen sie sich eines eigentümlichen Rasiermessers mit kurzer und sehr breiter Klinge und hölzernem, federhalterdickem Hefte, beides von äußerst roher Arbeit. Ich habe zwei derartige Rasiermesser im Besitze, die ich seiner Zeit für je 4 Pfennig auf dem Bazar eingekauft habe. Wie die einheimischen Barbiere mit solchen unbeholfenen Instrumenten zurechtkommen, war mir von jeher ein Rätsel, um so mehr, als sie beim Rasieren die Haare nicht einseifen, sondern nur mit Wasser befeuchten. Ich habe aber trotzdem nie gesehen, daß ein Barbier seinen Kunden geschnitten hätte. Eigentümlich ist bei den turkestanischen Barbieren, daß sie nach Beendigung ihrer Arbeit ihren Kunden jedesmal auch die Arme und Finger verrenken und den Kopf und Oberkörper in ähnlicher Weise massieren, wie dies in den Badestuben Brauch ist, freilich nur in einer ziemlich oberflächlichen Weise. Die Geschäftsutensilien der meistens am= bulanten Barbiere sind sehr einfach; dieselben bestehen außer den erwähnten Rasiermessern noch aus einem Handtuche, einer messingenen Wasserkanne und einem hölzernen Schemel, den sie irgendwo auf dem Bazar oder an der nächstbesten Straßenecke unter freiem Himmel aufstellen (Bild 108).

Der Bart gilt bei den Mohammedanern für heilig und wird deshalb nie von einem Schermesser berührt. Nur der Schnurrbart wird um den Mund herum etwas ausrasiert, offenbar aus Reinlichkeitsrücksichten, da bei ihnen der Gebrauch von Servietten beim Essen unbekannt ist. Der Bart wird fleißig gekämmt, wozu sie sich kleiner Kämme bedienen, die sie in ihren Gürteltäschchen bei sich führen. Die Kämme werden gewöhnlich aus einfachem oder schwarz gebeiztem Maulbeerholze, seltener aus Horn oder Knochen angefertigt.

Den Knaben wird gleichfalls, schon von frühester Jugend an, der Kopf geschoren, wobei nur am Nacken ein Büschel Haare stehen gelassen und in einen Zopf geflochten wird. Dieser Zopf wird erst später, oft erst mit Eintritt der jugendlichen Reife, abgeschnitten, und dieses wichtige Er=

cigniß, welches eine Art Mündigkeitserklärung darstellt, mit einem solennen Familienfeste gefeiert.

Was die Frauen betrifft, so entfernen dieselben alle Haare mit Aus= nahme der Kopfhaare. Die von Männern und Frauen angewandten Ent= haarungsmittel sind ziemlich barbarisch. Entweder werden die zu entfernenden Haare mittels eigener Zangen ausgerissen, oder man bearbeitet die betreffende Hautstelle mit Harzkugeln, an welchen anklebend die Haare beim Hin= und Herwälzen der Kugeln ausgerissen werden. Zur Vornahme dieser Operationen bei den Frauen giebt es eigene weibliche Barbiere.

Bild 108. Sartischer Barbier. (Nach einer Aufnahme von G. Merzbacher.)

Auf die Pflege der Kopfhaare verwenden die Sartinnen kaum weniger Sorgfalt als unsere Damen. Zur Entfernung der Schuppen und zur Beförderung des Haarwuchses benützen sie saure Milch; sie kochen diese und waschen dann damit den Kopf. Dieses einfache Mittel scheint wirklich den gewünschten Zweck zu erreichen, denn nirgends habe ich so schönes und üppiges Haar gesehen wie bei den Sartinnen. Auch die russischen Damen, welche in dem heißen Klima Turkestans häufig an Haarschwund leiden, nehmen oft zu diesem Mittel ihre Zuflucht, und soviel ich erfahren habe, immer mit gutem Erfolge. Ich kann deshalb dasselbe unsern Damen nur bestens empfehlen. Die Haarfrisur der Frauen ist in ganz Turkestan dieselbe. Die Haare werden symmetrisch gescheitelt und von den verheirateten

Frauen in zwei, von Mädchen aber in fünf Zöpfe geflochten, welche jederzeit frei auf den Rücken hinabfallen, und zwar auch dann, wenn darüber ein Kopftuch getragen wird. Daß die turkestanischen Frauen auch mit den sogen. Schmachtlocken um Stirn und Schläfen nicht unbekannt sind, kann man aus Bild 2, S. 7 ersehen.

Kosmetische Mittel. Auf Kunstmalerei oder die künstliche Er= höhung ihrer Reize durch Auftragen von Farben verwenden die Sartinnen eine ebenso große, ja noch viel größere Sorgfalt als unsere Damen. Üb= rigens ist dies bei den Sartinnen eher Anstreicherei als Malerei zu nennen, weil von Kunst dabei keine Rede sein kann. Ihre primitive Kunstfertigkeit erstreckt sich auf das Schminken der Wangen, das Bemalen der Augen= branen und Wimpern und das Färben der Finger= und Zehennägel, sowie der Handflächen und Fußsohlen. Die Sartinnen gehen bei ihren Ver= schönerungskünsten viel ehrlicher zu Werte als unsere europäischen Schönheiten und haben es dabei keineswegs auf Betrug abgesehen. Denn erstens schminken sie sich nur für ihre Männer, welchen die Vorzüge und Defekte ihrer Frauen jedenfalls nur zu gut bekannt sind, als daß sie sich täuschen ließen; zweitens sind ihre Malereien so roh und unnatürlich ausgeführt, daß man schon auf zwanzig Schritte Natur und Kunst unterscheiden kann.

Das Schminken der Wangen besteht bei den Sartinnen darin, daß sie sich ohne irgendwelche Schattierung und Nuancierung zwei runde karmin= rote Flecken auf das Gesicht malen, welche sich auf ihrer weißen Haut ebenso grell ausnehmen wie ein roter Fleck auf einem hellfarbigen Kleid, und lebhaft an unsere bemalten Puppen erinnern. Die zum Schminken verwendete rote Farbe wird durch Abkochen einer einheimischen Pflanze aus der Gattung der Lauche gewonnen. Auch aus Rußland importierte Schminke kommt mitunter zur Verwendung. Bei den Sartinnen gelten stark entwickelte und wo möglich auf der Stirne zusammenstoßende Augenbrauen als größte Schön= heit, und ein Frauenzimmer, welches von der Natur mit solchen Augenbrauen ausgestattet ist, kann nach der Ansicht der Sarten nicht mit Gold auf= gewogen werden. Die Frauen ersetzen deßhalb ihre vermeintlichen Mängel in dieser Beziehung dadurch, daß sie sich an den Augenbrauen entlang einen nahezu fingerbreiten, schwarzen Strich über die Stirne malen, der ununter= brochen und in durchaus gleicher Dicke die ganze Stirne durchquert und beiderseitig noch ein gutes Stück auf die Schläfen übergreift. Sie ver= wenden dazu das Pulver der Blätter einer einheimischen Gartenpflanze. Mit der nämlichen Farbe bemalen sie sich auch noch die Augenwimpern. Auch die gewöhnliche Schreibtusche wird zum Schwärzen der Brauen und Wimpern verwendet.

Zum Färben der Hände und Füße verwenden die Sartinnen Henna, welches bekanntlich auch schon bei den alten Juden zu gleichem Zwecke in

Gebrauch war. Die Ärmeren verwenden statt der Henna die Blätter und Blüten der gemeinen Gartenbalsamine, welche zerrieben, mit etwas Alaun versetzt und über Nacht auf die Finger= und Zehennägel und auf die Hand= teller und Fußsohlen gebunden werden. Dadurch erhalten diese eine rötlich= gelbe Färbung, welche eher alles andere als schön zu nennen ist.

Daß die Sarten ein derartig bemaltes Frauenzimmer hübsch finden, beweist, daß ihre Ansichten über weibliche Schönheit bedeutend von unsern Ansichten abweichen; denn auf einen Europäer wirken alle diese Verschönerungen abstoßend, wenn nicht geradezu ekeleregend, besonders die krankhafte rötlich= gelbe Färbung der Hände und Füße.

Der Gebrauch von Parfümerien ist den Sartinnen gleichfalls nicht unbekannt und bei der starken und wenigstens für Europäer unangenehmen Ausdünstung derselben keineswegs überflüssig. Hauptsächlich wird Rosenöl und Rosenwasser verwendet. Sehr beliebt ist bei den Sarten, besonders bei den Frauen und Kindern, das Kauen von Mastix. Es ist dies das hellgelbe, durchscheinende, in der Hitze wohlriechende Harz des Mastixbaumes (Pistacia Lentiscus L.), welches beim Kauen erweicht. Das Mastixkauen dient in erster Linie als Zeitvertreib; es hat aber nebenbei den Nutzen, daß es das Zahnfleisch stärkt, den Atem frisch erhält und den Zähnen eine blendende Weiße verleiht. Ich habe in der That nirgends schönere und besser gepflegte Zähne gesehen als bei den Sarten.

Narkotika. Wie alle Asiaten sind die Sarten große Liebhaber von Narkoticis, von denen sie vorzugsweise Tabak, seltener Opium und Haschisch gebrauchen. Der Tabak kommt sowohl als Rauch= wie als Kautabak zur Verwendung. Die Sarten rauchen den Tabak nur aus Wasserpfeifen, deren eigentümliche Einrichtung bereits früher beschrieben worden ist. Tabat= pfeifen, Zigarren und Zigaretten sind unbekannt. Zum Rauchen werden die gelben, einfach an der Sonne getrockneten Blätter des einheimischen Tabats verwendet. Die Wasserpfeife wird nicht von einer Person geraucht, sondern immer von einer größeren Gesellschaft. Der mit der Besorgung der Wasserpfeife betraute Diener setzt die Pfeife in stand, indem er den irdenen Pfeifenkopf mit Tabakblättern vollstopft, einige glühende Kohlen darauf legt und durch wiederholtes Einziehen des Rauches und Ausstoßen desselben durch die seitwärts im Gefäße der Wasserpfeife angebrachte Öffnung den Tabak zum Glimmen bringt. Hierauf wird die Pfeife dem Vornehmsten aus der Gesellschaft gereicht, der einige Ztige daraus thut und sie dann im Kreise herumgehen läßt. Die Wasserpfeife wird von jedermann geraucht, und zwar nicht bloß von den Männern, sondern auch von den Frauen. Die Vorliebe für diesen Genuß ist bei den Eingeborenen Turkestans so groß, daß fast bei jeder Karawane und bei jeder Reisegesellschaft sich ein Tschilimträger befindet, der die Reisegesellschaft auf dem Marsche von Zeit

zu Zett zu regalieren hat. Selten passiert ein Reiter an einer Theebude
vorüber, ohne vom Pferde aus ein paar Züge aus der stets glimmenden
und jederzeit bereitwilligst und gratis verabfolgten Wasserpfeife zu machen.
Daß bei keinem Dostarchan und bei keinem Schmause die Wasserpfeife fehlen
darf, ist selbstverständlich. Bei den Chanen gehört die Würde eines Tschilim-
trägers zu den ständigen Hofämtern, und dieselben erfreuen sich in der
Regel eines großen Einflusses, da sie beständig um die Person des Herrschers
sind und zur rechten Zeit ein gutes Wort für ihre Freunde und gegen ihre
Feinde anbringen können. Eine ebenso wichtige Rolle spielen die Tschilimträger auch bei den Beks.

Das Tabakschnupfen ist bei den Sarten unbekannt; dagegen ist der
Gebrauch von Kautabak ebenso stark verbreitet, wie in Süddeutschland der
Gebrauch des Schnupftabaks. Als Kautabak verwenden sie dunkelgrünen,
eigentümlich und sehr stark riechenden und unter Zusatz von Sesamöl zu
einem feinen Pulver verriebenen Tabak, ähnlich dem Schmalzler der niederbayrischen Bauern. Dieses Tabakspulver (Noß genannt) wird unter die
Zunge gelegt, dann gekaut und schließlich ausgespuckt. Den Kautabak führen
die Sarten in kleinen, nur etwa 10 cm langen, gewöhnlich schwarz oder
braun gebeizten Mantelsack-Kürbissen bei sich, die wie unsere Tabakgläser mit
einem hölzernen Stöpsel verschlossen werden. Die Reicheren gebrauchen
mitunter auch Tabakgefäße aus Nephrit oder nephritähnlichen Steinen, wie
ich deren eines in Besitz habe, die in ihrer Form ganz mit unsern Brasiltabak-
gläsern übereinstimmen.

Opium, welches nicht im Lande gewonnen, sondern aus Indien ein-
geschmuggelt wird, wird von den Sarten selten gebraucht und wird dann
entweder dem gewöhnlichen Tabak beigefügt oder auch gegessen. Häufiger
ist der Gebrauch von Nascha oder Haschisch, besonders bei den bereits früher
rühmend erwähnten Duwanas. Haschisch wird in zweierlei Form gebraucht:
zum Rauchen wird der sogen. Beng verwendet, das sind die getrockneten und
von den Stengeln befreiten Blütenäste des indischen Hanfes[1]. Außerdem
werden aus Haschisch und zwar aus einem Dekolt von Hanfblättern in
Verbindung mit Zucker, Schaffett und andern Ingredienzien, kleine Kuchen
gebacken, welche besonders bei den Frauen beliebt sind, weil sie dieselben
Hallucinationen hervorrufen, wie das Haschischrauchen. Manche gebrauchen
statt Opium und Haschisch ein einfaches Dekokt von zerstoßenen Mohnköpfen

---

[1] Die im Handel vorkommende Nascha ist eine Art trockenen Teiges von grün-
licher Farbe. Dieselbe wird auf die Weise hergestellt, daß die trockenen Hanfblätter
pulverisiert und mit etwas Sesamöl versetzt werden; oder es werden die Blätter und
Blüten des Hanfes einfach in Wasser abgekocht und dann mit den Händen zu Teig
geknetet. Die Nascha wird mit Tabak vermischt und so in den gewöhnlichen Wasserpfeifen geraucht.

in Waſſer, welches eine ähnliche Wirkung hervorbringt wie der Genuß von
Opium. In den ruſſiſchen Beſitzungen iſt der öffentliche Verkauf von
Opium und Haſchiſch behördlicherſeits unterſagt, was aber die Eingeborenen
nicht hindert, ſich dieſe Genußmittel insgeheim zu verſchaffen. Auch die
Unterdrückung der Kugnarchanes oder Spelunken, in denen Opium und
Haſchiſch geraucht wurde, durch die Ruſſen hat ihren Zweck nur ſehr un-
vollſtändig erreicht, indem ſeitdem faſt unter den Augen der Behörden
Opium und Haſchiſch in den gewöhnlichen Theebuden geraucht wird, und
zwar in ſo unmäßiger Weiſe, daß plötzliche Todesfälle infolge von Opium-
und Haſchiſchgenuß in den turkeſtaniſchen Städten gar nicht zu den Seltenheiten gehören.

Anſtandsregeln. Der mohammedaniſche Fatalismus und das heiße
Klima bringen es mit ſich, daß die Zentralaſiaten ſich allgemein zu dem
löblichen Grundſatze bekennen, daß Stehen beſſer als Gehen, Sitzen beſſer
als Stehen, Liegen beſſer als Sitzen, Schlafen beſſer als Wachen, der Tod
aber beſſer als alles ſei. Der Sarte iſt im ſtande, wenn es ihm ſonſt ſeine
Verhältniſſe erlauben, ſtundenlang regungslos, und ohne eine Miene zu verziehen, auf einer Stelle zu ſitzen und ſich dem Vollgenuſſe des dolce far
niente hinzugeben. Keinen Schritt macht er umſonſt. In allen ſeinen
Bewegungen iſt er äußerſt gemeſſen, und dies um ſo mehr, je höher ſeine
geſellſchaftliche Stellung iſt. Dieſe Gemeſſenheit zeigt ſich ſchon im Benehmen der Kinder, beſonders der Kinder der Vornehmen. Während bei
uns die Knaben nicht wiſſen, was ſie vor Übermut anfangen ſollen, und
durch Schreien, Krakehl und allen möglichen Unfug ihre Lebensfreudigkeit
zum Ausdrucke zu bringen ſuchen, gehen in Turkeſtan zehnjährige Knaben
bereits mit dem größten Anſtand einher und ſtreichen zur Begrüßung Höher-
ſtehender ihre nicht vorhandenen Bärte mit einer Würde, die einem grau-
bärtigen Philoſophen Ehre machen würde. Zu Fuß geht ein vornehmer
Zentralaſiate überhaupt nicht; hat er nur einige hundert Schritte zurückzulegen, ſo ſteigt er unfehlbar zu Pferde. Beim Reiten richtet ſich die
Schnelligkeit der Fortbewegung ſtreng nach dem Range des Reiters. Nie
ſieht man einen Hochgeſtellten im Trabe oder gar in Karriere reiten; dies
iſt nur den Dſchigiten und dem gemeinen Pöbel erlaubt. Auf der Reiſe
erfordert die Etikette, daß die tägliche Marſchroute deſto kürzer iſt, einen je
höheren Rang der Reiſende einnimmt. Der Emir von Buchara, als das
höchſte geiſtliche und weltliche Oberhaupt der zentralaſiatiſchen Mohammedaner,
legte deshalb bei ſeinen alljährlichen Wanderungen von Buchara nach Samar-
kanh und Schachriſabs ſelten mehr als einen Taſch oder ungefähr 8 km
täglich zurück. Bei Vornehmen iſt es Sitte, beim Ausreiten das Reitpferd
von einem oder nach Umſtänden auch von zwei Läufern, die rechts und
links neben dem Pferde einhertraben, am Zügel führen zu laſſen. Dieſelbe

Langsamkeit und Gemessenheit wie in allen seinen Bewegungen zeigt der vornehme Sarte auch in seiner Sprache, während das gemeine Volk un= ungemein schnell und fließend spricht. Lachen sieht man einen Vornehmen nie, höchstens spielt um seinen Mund ein kaum wahrnehmbares Lächeln. Auch beim gewöhnlichen Volke kann man kein so unbändiges Lachen beobachten, wie es bei uns gäng und gäbe ist, und bei Gelegenheiten, bei denen ein Europäer vor Lachen bersten möchte, verziehen sie höchstens ihr Gesicht zu einem Lächeln oder Grinsen. Neugierde, Ungeduld, Angst oder sonst eine Gemütsbewegung zu verraten, ist gleichfalls eines gebildeten und vornehmen Zentralasiaten unwürdig. Im Jahre 1876 wurde in Taschkent wegen Aufreizung des Volkes zum Aufstande ein 70jähriger Sarte zum Tode durch den Strang verurteilt. Derselbe bewies bei der Verkündigung des Todes= urteils und bei der Hinrichtung einen Gleichmut, um den ihn jeder Stoiker hätte beneiden können, und bewahrte seine Würde bis zum letzten Augen= blick. Als ihm der Strick um den Hals gelegt wurde, verzog er auch nicht eine Miene, und selbst im Tode noch zeigte sein Gesicht denselben ruhigen Ausdruck wie im Leben.

Das Sitzen auf Stühlen mit herabhängenden Beinen ist bei den Zentral= asiaten nicht in Brauch. Sie sitzen jederzeit auf dem Boden auf unter= gebreiteten Teppichen oder Schilfmatten. Es giebt bei ihnen zwei Arten zu sitzen: bei feierlichen Gelegenheiten, in der Moschee und beim Gebete, bei Audienzen, in Gegenwart von Höhergestellten, beim Schreiben rc. knieen sie einfach auf den Boden und lassen sich dann auf ihre flach ausgestreckten Füße nieder. Diese Art zu sitzen ist für Europäer sehr beschwerlich, besonders wenn man, wie ich bei meiner ersten Audienz beim Emir von Buchara, im schwarzen Frack und engen Beinkleidern steckt. Sonst setzen sich die Zentral= asiaten auf den Boden und schlagen ihre Beine mit nach auswärts gestreckten Knieen und nach einwärts gekehrten Sohlen kreuzweise übereinander, ganz wie die Türken und unsere Schneider.

Von Begrüßungsarten sind bei den Sarten folgende im Gebrauche. Begegnet ein Niedriger einem Hochgestellten, so steigt er vom Pferde, legt seine Hände kreuzweise über dem Gürtel zusammen und neigt den Ober= körper nach vorn, ganz wie wenn er an Leibschmerzen litte. Treffen zwei Bekannte zusammen, so faßt jeder mit seiner rechten Hand die Rechte des andern, während er gleichzeitig seine Linke auf den Rücken der Rechten des andern legt. Wollen sie recht intim sein, so drückt jeder die Rechte des andern an seine Brust. Der Handdruck ist aber nicht wie bei uns nur zwischen Gleichgestellten in Gebrauch; auch die Chane reichen bei Audienzen selbst dem geringsten ihrer Unterthanen die Hand, die der also Beglückte andächtig an seine Stirne drückt. Nachdem die Zeremonie des Händedrückens beendigt ist, faßt jeder mit beiden Händen seinen Bart und streicht denselben von oben nach unten. Das Streichen des Bartes spielt bei ihnen dieselbe Rolle wie bei uns das Abnehmen der Kopfbedeckung. Besonders possierlich nimmt es sich aus, wenn kleine Knaben und selbst Frauen und Mädchen zur Begrüßung oder zur Bezeigung des Dankes ebenfalls ihre imaginären Bärte streichen.

In einer Beziehung weichen die Anschauungen der Zentralasiaten bedeutend von unsern Ansichten über Sitte und Anstand ab. Es ist nämlich bei ihnen Brauch, daß bei Getagen die Gäste nach eingenommenem Mahle möglichst häufig und möglichst energisch rülpsen, um dadurch dem Gastgeber den Beweis zu liefern, daß die genossenen Speisen wohl bekommen und bereits in bester Verdauung begriffen sind. Durch langjährige Übung haben sie darin eine solche Virtuosität erlangt, daß sie im stande sind, nach Belieben zu rülpsen und mit einem für Europäer ganz unerreichbaren Nachdrucke. Für Europäer ist diese Sitte natürlich höchst belästigend, und ich war oft in Gefahr, das Genossene vor Ekel wieder von mir zu geben, wenn bei Bewirtungen meine eingeborenen Tischgenossen ihr unappetitliches Rülpskonzert anstimmten.

Volksbelustigungen. Da die Mehrzahl der Sarten das ganze Jahr über nur wenig oder auch gar nichts zu thun hat, so sind sie große Liebhaber von Schaustellungen und öffentlichen Lustbarkeiten. Die beliebtesten Unterhaltungen sind bei ihnen Baiga, Falkenjagd, Musikproduktionen und besonders öffentliche Tänze.

Die Baiga haben die Sarten wahrscheinlich von den mongolischen Nomaden übernommen, denn dieselbe scheint ein spezifisch mongolisches Gesellschaftsspiel zu sein. Sie wird bei den Sarten in derselben Weise abgehalten wie bei den Kirgisen, nur weniger halsbrecherisch, dafür aber viel häufiger als bei letzteren, weil in den Städten immer leichter die nötige Anzahl von Teilnehmern zusammenzubringen ist als unter den weit zerstreuten Kirgisen. Außerhalb der Ringmauer der Taschkenter Sternwarte liegt ein kleiner, öder Hügel, auf dem ich, ehe der Platz verbaut wurde, fast jede Woche dieses aufregende Spiel von meiner Wohnung aus beobachten konnte. Da bei der Baiga alles auf Schnelligkeit, Gewandtheit und Körperkraft ankommt, deren Entfaltung dem Charakter und den Anschauungen der Sarten widerspricht, so beteiligen sich an solchen Spielen bei den Sarten nur Leute aus dem gemeinen Volke, und die Vornehmeren nehmen höchstens als bloße Zuschauer teil.

Die Falkenjagd ist in Turkestan uralt und stammt offenbar noch aus den Zeiten der Ur-Arier. Denn auch die alten Gallier und Germanen waren große Liebhaber der Falkenjagd gewesen, welche sich bei der deutschen Ritterschaft noch bis ins Mittelalter hinein erhielt. Bei den heutigen Sarten wird die Falkenjagd nicht etwa des Resultates wegen gepflegt, da ja Wildpret nicht ästimiert wird, sondern nur zum Zeitvertreibe als Tamascha, genau so wie bei unsern Sonntagsjägern. Die Falkenjagd, die immer in großer Gesellschaft unternommen wird, bildet einen edeln Sport, dem in der Regel nur die Vornehmen, die Chane und Beks mit ihrem Gefolge ob= liegen. In den zentralasiatischen Chanaten ist bis auf den heutigen Tag die Würde des Kusch=Begi oder „Falkenmeisters" das oberste Hofamt, und der Kusch=Begi ist nicht nur der oberste Minister, sondern auch der Stell= vertreter seines Chans im Falle der Abwesenheit oder Minderjährigkeit des= selben[1]. Bekanntlich gehörten auch bei den europäischen Fürsten des Mittel= alters die Falkenmeister zu den ständigen Hofbeamten.

Außer der Falkenjagd befassen sich die Sarten nur noch mit der Jagd auf Zimmervögel, von denen sie große Liebhaber sind. Zu dieser Jagd, die hauptsächlich den Sport der Gassenjungen bildet, benützen sie dünne, hölzerne, über 2 m lange Blasrohre wie die amerikanischen Indianer. Als Projektile dienen kleine Kügelchen aus feuchtem Lehm, mit denen sie die Vögel mit selten versagender Sicherheit von den höchsten Bäumen herunter= schießen. Die getroffenen Vögel fallen vom Stoße betäubt auf die Erde, wo sie vom Jäger aufgelesen werden. Die beliebtesten Zimmervögel sind Wachteln, Steppenhühner, Stare, Rosenstare, Elstern, Lerchen, Nachtigallen und Distelfinken. Kanarienvögel sind unbekannt. Den größten Wert haben die Wachteln, weil diese zu Zweikämpfen verwendet werden wie anderwärts die Kampfhähne. Die Sarten sind so leidenschaftliche Liebhaber von Wachtel= kämpfen, daß der Besitzer einer berühmten Kampfwachtel ein gemachter Mann ist und sich seinen Lebensunterhalt reichlich durch Wetten auf seine Wachtel verdienen kann. Die Kampfwachteln werden gewöhnlich in kleine Baumwollsäckchen eingeschlossen und vom Besitzer im Busen ·seines Chalats herumgetragen; durch diese barbarische Behandlung soll die Kampflust und die Bösartigkeit der Wachteln vermehrt werden, was ihnen auch gar nicht zu verdenken wäre. Bekanntlich wurden die Wachteln auch schon im alten Griechenland zu Wettkämpfen abgerichtet.

Musik und Gesang der Sarten haben mit unserer Musik und mit unserem Gesange nur eine sehr entfernte Ähnlichkeit und gleichen eher einer solennen Katzenmusik. Ihre musikalischen Produktionen gewähren daher

---

[1] Welcher Beliebtheit sich die Falkenjagd von jeher bei den Zentralasiaten er= freute, kann man unter anderem daraus ersehen, daß der Sultan Baber von dem gleichzeitigen Beherrscher von Buchara, Baki=Tarchan, erzählt, derselbe habe an die 700 abgerichtete Jagdfalken besessen. Vom Emir Mohamed=Berenduk=Berlas erzählt Baber, derselbe habe, wenn ihm ein Falke einging oder durchbrannte, ausgerufen: „Möchte doch lieber mein Sohn den Hals gebrochen haben; was wäre das im Vergleich mit dem Verlust dieses Falken!" Marco Polo erzählt von einem Chan von Chiwa, der 10 000 Falkoniere und Vogelsteller auf die Jagd mitzunehmen pflegte.

einem Europäer keinen Kunstgenuß, sondern das Gegenteil. Zur Charakterisierung der sartischen Musik mag folgender Fall dienen. In den siebziger Jahren kam nach Petersburg eine bucharische Gesandtschaft, welche dort unter anderem auch in die kaiserliche Oper geführt wurde, an der damals die Patti engagiert war. Obwohl diese berühmte Sängerin durch ihre Erscheinung auf die Bucharen einen solchen Eindruck machte, daß der Chef der Gesandtschaft mit dem russischen Ministerium in Verhandlung trat, um die Sängerin für seinen Harem zu erwerben, fand doch ihr Gesang und unsere ganze moderne Musik nicht den Beifall der exotischen Gäste. Als sie gefragt wurden, welche Partien ihnen in der Oper am besten gefallen hätten, bezeichneten sie diejenigen als die schönsten Stellen, wo während der Pausen die Streichinstrumente gestimmt worden waren. In der That hat der beim Stimmen der verschiedenen Saiteninstrumente eines großen Orchesters verursachte Lärm am meisten Ähnlichkeit mit der sartischen Musik.

Der Gesang der Sarten ist geradezu scheußlich. Als der beste Sänger gilt derjenige, der am lautesten und in den höchsten Fisteltönen zu singen oder vielmehr zu heulen versteht. Ganz unausstehlich für ein europäisches Ohr wird ihr Gesang aber dadurch, daß sie fortwährend Notenintervalle gebrauchen, welche unserer Musik fremd sind und auch durch unser Notensystem nicht ausgedrückt werden können. Ihr ganzer Gesang scheint für uns aus lauter falschen Tönen zusammengesetzt zu sein. Wer mit einem feinen Gehöre begabt ist, kann durch einen solchen Gesang in Raserei versetzt werden, und ich habe mich oft persönlich an derartigen Sängern vergriffen, wenn sie an mohammedanischen Feiertagen haufenweise das russische Taschkent durchzogen und in polizeiwidriger Weise die Ohren der russischen Bewohner maltraitierten. Der Inhalt der sartischen Lieder ist meistens erotischen und oft unglaublich obscönen Charakters, und sie können in dieser Beziehung wohl mit den Knittelversen der oberbayrischen Haberfeldtreiber konkurrieren [1].

Vom Gesange der Sarten ist der Gesang der Galtschas in den Gebirgstäudern im Quellgebiete des Amu-Darja vollständig verschieden. Die wenigen Lieder, welche ich in Darwas und Karategin zu hören Gelegenheit hatte,

---

[1] Auch Sultan Baber, der in Turkestan unter Sarten geboren und aufgewachsen war, hatte keine hohe Meinung von dem Gesange derselben. Auf Seite 240 seiner Memoiren findet sich darüber folgende Stelle: „Dschihangir-Mirsa hatte einen Musiker Namens Mir-Dschan, gebürtig aus Samarkand, der mit lauter Stimme, hart und holperig sang. Dieser Prinz befahl, vom Weine erhitzt, dem erwähnten Sänger, zu singen, was derselbe in möglichst hohem Tone, hart und ohne irgend welche Anmut ausführte. Die Eingeborenen von Chorassan sind an eine sehr feine Lebensart gewöhnt; als sie daher einen solchen Gesang hörten, verstopften sich die einen die Ohren, die andern schnitten Grimassen; keiner aber erlaubte sich, den Sänger anzuhalten, aus Respekt vor dem Mirsa."

waren sehr melodisch und erinnerten mich an die Volkslieder unserer Gebirgs=
bewohner [1].

Die Musikinstrumente (Bild 109—116) der Sarten sind sehr
mannigfaltig; dieselben bestehen in Querpfeifen, Klarinetten, Trompeten,
diversen Saiteninstrumenten, Tamburinen, Pauken, Trommeln und Triangeln.
Die Querpfeifen (Nai, Bild 109), welche besonders bei der Tanz=
und Militärmusik eine hervorragende Rolle spielen, sind von Messing,
haben ungefähr die Form und Einrichtung unserer Flöten, von denen sie
sich hauptsächlich durch das Fehlen von Klappen unterscheiden, und geben
einen gellenden, dem Flötentone am nächsten verwandten Laut. Die Kla=
rinetten (Surnai, Bild 110) sind aus Holz gedrechselt und von sehr
einfacher Form. Die Trompeten oder Kornais (Bild 111) sind gerade,
etwa 2,5 m lange Messingrohre, welche sich nach unten allmählich er=
weitern und in weite Schalltrichter endigen, also so ziemlich die Form
von Sprachrohren haben. Diese Trompeten, welche nur bei den größten
Orchestern verwendet werden, geben einen dem Gebrülle eines Stieres ähn=
lichen Ton, und zwar von einer Gewalt, daß man es meilenweit hören
kann. Es werden stets zwei solche Trompeten gleichzeitig verwendet. Diese
Kornais sind nicht dazu bestimmt, die übrigen Instrumente des Orchesters
zu begleiten, sondern sie handeln ganz unabhängig und selbständig. Während
das Orchester eine beliebige Melodie spielt, fallen von Zeit zu Zeit die
zwei Kornaibläser ein und lassen, ganz unbekümmert um das, was gerade
gespielt wird, abwechselnd eine Reihe von Tönen erschallen, die immer aus
vier kurzen und einer langen Endnote bestehen. Nachdem sie dieses einförmige,
sich immer gleich bleibende Motiv ein halbes Dutzendmal wiederholt haben,
ruhen sie von ihren Anstrengungen aus, um nach einiger Zeit wieder nach
eigenem Gutdünken einzufallen.

Die Saiteninstrumente der Sarten sind ziemlich mannigfaltig;
neben dem auch bei ihnen gebräuchlichen Tschermek der Kirgisen sind folgende
die wichtigsten und verbreitetsten.

---

[1] Der französische Forschungsreisende Capus charakterisiert in seiner Monographie
„La Musique chez les Khirghizes et les Sartes" die Musik der verschiedenen tur=
kestanischen Völkerschaften auf folgende Weise: „Im ganzen finden wir, daß jede der
Völkerschaften, von welchen wir eben gesprochen haben: Kirgisen, Sarten, Turkmenen,
Kaschgarier, Badachschauer, eine durch eigentümliche Merkmale gekennzeichnete Musik
besitzt. Man erkennt leicht, daß bei den drei ersten, bei denen diese Merkmale sehr
in die Augen springen, die Melodie sozusagen das Gepräge ihrer Sitten, ihrer Be=
strebungen und der Umgebung trägt, in der sie leben. Einfach und lieblich bei
den Kirgisen, wird die Melodie zügellos und lärmend bei den Sarten, kriegerisch
und heftig bei den Turkmenen. Diese Kunst enthüllt somit die einfache, aufrichtige,
ehrliche und zarte Natur der Kirgisen, die Sittenlosigkeit und moralische Inferiorität
der Sarten und endlich den stolzen und unbändigen Charakter der Turkmenen.

1) Zitar oder Tambur (Bild 112). Dieses Instrument, das am weitesten verbreitete von allen, hat ein übermäßig langes Griffbrett und einen unverhältnismäßig kleinen, mit symmetrisch verteilten kleinen Löchern versehenen Resonanzkasten aus dünnem Holze. Die Form des Resonanzbrettes ist entweder oval oder dreieckig. Die Gesamtlänge des Instrumentes beträgt 1,1 m. Es ist mit drei oder vier sehr dünnen Metallsaiten bespannt. Der Hals des Zitar ist mit 18 Ringen aus Darmsaiten umwunden, durch welche das Griffbrett in 18 ungleiche Intervalle geteilt wird. Dieses Instru-

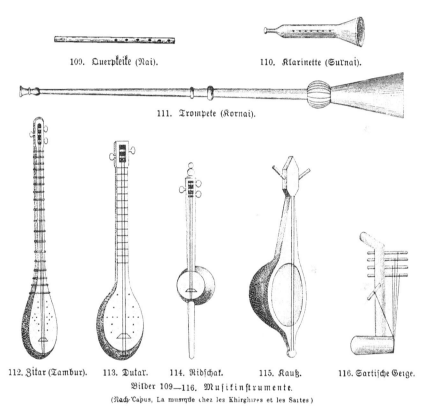

109. Querpfeife (Nai).   110. Klarinette (Surnai).

111. Trompete (Kornai).

112. Zitar (Tambur).   113. Dutar.   114. Ribschaf.   115. Kauß.   116. Sartische Geige.
Bilder 109—116. Musikinstrumente.
(Nach Capus, La musique chez les Khirghizes et les Sartes.)

ment wird entweder wie unsere Guitarre oder Mandoline gespielt oder, aber seltener, mit einem Roßhaarbogen gestrichen.

2) Dutar (Bild 113). Dieses Instrument, welches hauptsächlich als Begleitinstrument dient, während das vorgenannte mehr für Solovorträge bestimmt ist, hat gewöhnlich eine Gesamtlänge von 1,14 m. Bei ihm ist der gleichfalls mit symmetrisch verteilten kleinen Löchern versehene Resonanzkasten größer, der Hals aber kürzer und dünner als beim Zitar. Das Griffbrett ist in 14 Intervalle geteilt. Der Dutar ist nur mit zwei feinen Metallsaiten bespannt und wird nach Art der Guitarre oder Mandoline gespielt.

3) Der Ridschak (Bild 114, S. 293), welcher bei den Sarten die Stelle unserer Violoncellos vertritt, hat eine Länge von 85 cm. Der Resonanzkasten besteht aus einer gestutzten, am Boden mit brei Löchern versehenen Kokosnuß, über deren vordere Öffnung eine Fischblase gespannt ist. Der Hals des Instrumentes besteht aus Aprikosenholz, der zum Aufsetzen des Instrumentes beim Spielen auf dem Boben bestimmte Fuß aber aus Eisen. Der Ridschak ist mit zwei Darmsaiten und einer Metallsaite bespannt und wird stets mit dem Bogen gestrichen.

4) Der Kauß (Bild 115, S. 293), ein einem großen Schöpflöffel ähnliches Instrument, besteht ganz aus Holz, ist mit zwei sehr dicken Pferde= haarsträhnen bespannt und wird ebenso gespielt wie unser Violoncello. Der Kauß wird hauptsächlich von den eingeborenen Rhapsoden zur Begleitung ihrer öffentlichen Gesangsvorträge auf den Bazaren und in den Theebuden verwendet.

5) Das in Bild 116, S. 293 dargestellte Instrument vertritt bei den Sarten unsere Violine. Es besteht aus einem Holzzapfen, der in einem cylindrischen Resonanzkasten aus Eisenblech befestigt ist, wird mit fünf Metall= oder Darmsaiten von verschiedener Länge bespannt und mit einem Roßhaar= bogen gestrichen.

Das wichtigste musikalische Instrument ist bei den Sarten das Tam= burin (Tschilmandi), welches in den verschiedensten Größen gebraucht wird, sich aber sonst in seiner Einrichtung von den in Europa gebräuchlichen Tamburinen nicht unterscheidet. Dasselbe dient nicht nur zur Begleitung der Instrumentalmusik, sondern merkwürdigerweise auch des Gesanges, und die Tanzmusik besteht oft ausschließlich aus einer Anzahl Tamburine. Der Spielende hält das Tamburin mit beiden Händen und schlägt den Takt mit den Fingern beider Hände, wobei das Instrument, besonders wenn der Spielende in Ekstase gerät, lebhaft auf und nieder bewegt, wohl auch gar in die Luft geworfen und wieder aufgefangen wird. Daß die Sarten in ihrer Weise sehr musikalisch sind, beweist der Umstand, daß sie auf die richtige Stimmung der Tamburine große Sorgfalt verwenden. Da im Winter und zur Nachtzeit sich die Trommelfelle infolge der Kälte zusammen= ziehen, wodurch natürlich der Ton etwas verändert wird, so wärmen sie die Tamburine von Zeit zu Zeit über Kohlenbecken, die eigens zu diesem Zwecke vor den Tamburinschlägern aufgestellt werden. Jeder Sarte ist leidenschaftlicher Tamburinspieler; kein Aufwärter ist im stande, eine leere Schüssel oder leeren Messingteller über den Hof zu tragen, ohne dieselben in der Art eines Tamburins in den Händen zu halten und darauf mit den Fingern irgend ein Tanzmotiv abzutrommeln. — Außer dem Tamburin werden auch Pauken gebraucht, welche Nagara heißen. Diese werden höchst einfach dadurch hergestellt, daß über die Öffnung eines gewöhnlichen

Topfes von entsprechender Größe oder eines entzweigeschnittenen großen Kürbisses ein Fell gespannt und mittels eines Netzwerkes aus Stricken festgebunden wird. Es werden stets zwei Pauken von etwas verschiedener Größe gebraucht, die genau gegeneinander abgestimmt sind und mit den nächstbesten Holzstäben geschlagen werden. Bei der einheimischen Militärmusik werden statt der nicht transportabeln Pauken große Trommeln verwendet, welche sich von den bei unsern Militärkapellen gebräuchlichen sogen. türkischen Trommeln nur dadurch unterscheiden, daß ihr Längsdurchmesser fast doppelt so groß ist wie bei letzteren. Außerdem sind bei der turkestanischen Militärmusik noch Querpfeifen, Klarinetten, Tamtams, sowie eiserne Triangel von verschiedener Form und Größe und zwar in großer Anzahl im Gebrauche. Die einheimischen Militärkapellen marschieren bei Parademärschen nicht wie bei uns in Reih und Glied, sondern im Gänsemarsche, was, wenn die Kapelle, wie z. B. beim Emir von Buchara, etliche hundert Mann stark ist, äußerst komisch aussieht, um so mehr, als sie in einem lächerlich langsamen Tempo marschieren, ähnlich unsern Stechschritt übenden Rekruten. Die Kapellmeister dieser Militärkapellen verfahren bei den Proben mit ihren Musikern in ähnlicher Weise wie die Lehrer der Elementarschulen mit ihren Schülern. Sie sind mit einem etwa 3 m langen Stocke bewaffnet, mit dem sie jedem, der falsch spielt oder unrichtig marschiert, sofort einige derbe Hiebe auf Kopf und Schultern applizieren.

Die beliebteste Volksbelustigung, welche sich diejenigen, denen es ihre Mittel erlauben, wo möglich jeden Abend verschaffen, bilden bei den Eingeborenen Turkestans Tanzunterhaltungen, die deshalb bei keiner öffentlichen oder Privatfestlichkeit und bei keiner Bewirtung von vornehmen Gästen fehlen dürfen. Die Anschauungen in betreff des Tanzvergnügens sind aber bei den Zentralasiaten von den unserigen himmelweit verschieden. Während bei uns das Vergnügen in der aktiven Teilnahme am Tanze besteht, und diejenigen, welche durch Mangel an Kunstfertigkeit, durch Altersschwäche, Korpulenz oder sonst einen Defekt am Tanzen verhindert werden, lediglich als gelangweilte Zuschauer herumstehen, findet der Asiate sein Vergnügen gerade am Zuschauen bei Tänzen, welche von bezahlten Tänzern aufgeführt werden. Der Gesandte des früheren Chans von Kokan war während seines Aufenthaltes in Petersburg einmal von einem höheren Beamten zu einem Familienabend eingeladen worden, wo die zahlreichen tanzenden Paare dessen lebhaftestes Interesse erregten. Als er aber bemerkte, daß der Hausherr sich in eigener Person unter die Tanzenden mischte, ging er auf ihn zu, faßte ihn beim Rockzipfel und erklärte, er werde unter keiner Bedingung zngeben, daß derselbe am Tanzen teilnehme. Er fühle sich ungemein geschmeichelt, daß der Gastgeber ihm zu Ehren so viele und so prächtig gekleidete Tänzer gemietet habe; daß er aber die Gastfreiheit so weit treiben und ihm in eigener

Person etwas vortanzen wolle, könne er um keinen Preis der Welt zugeben. Der gute Mann glaubte, daß die Tanzenden nur dazu da wären, um ihm eine Freude zu machen.

Da bei den Mohammedanern das öffentliche Auftreten von Frauen durch die Religionsgesetze verpönt ist, so vertreten deren Stelle bei den öffentlichen Tänzen die sogen. Batschas, Knaben, welche in ähnlicher Weise ausgebildet werden wie unsere Ballett-Tänzerinnen. Frauen tanzen nur, wenn sie unter sich sind oder im Familienkreise vor ihren Ehemännern; außerdem aber nur in öffentlichen Häusern zur Anlockung von Gästen. Die Batschas nehmen in der Gesellschaft eine sehr zweideutige Stellung ein, indem sie vielfach zu unnatürlichen Lastern mißbraucht werden. Für ihren Tänzerberuf werden sie von ihrer frühesten Jugend an von eigenen Impresarios ausgebildet, von diesen vollständig verpflegt und dann an Private und Behörden für einzelne Abende vermietet. Diese Impresarios rekrutieren sich selbst alle aus ehemaligen Tanzknaben. Sie wohnen in der Regel mit ihren Schülern zusammen, begleiten dieselben wie Gouvernanten auf Tritt und Schritt und helfen ihnen während der Vorstellungen beim An- und Auskleiden. Nach ihren Produktionen zu urteilen muß die Ausbildung eines Batscha nicht viel weniger Zeit und Mühe kosten als die Ausbildung einer Ballett-Tänzerin. Sie betreiben ihr Gewerbe in der Regel so lange, bis ihnen der Bart zu wachsen anfängt, worauf ihnen dann ihre Verehrer ein Handelsgeschäft oder sonst ein anständiges Unterkommen verschaffen.

Der Tanz der Batschas ist für einen Europäer mit unverdorbenem Geschmacke das Albernste, was man sich denken kann. Auf die Eingeborenen dagegen machen die Batschatänze einen gewaltigen Eindruck, und man kann bei solchen Gelegenheiten die indolentesten und phlegmatischesten Graubärte in eine Aufregung und Ekstase geraten sehen, deren man sie gar nicht für fähig gehalten hätte. Der Emir von Buchara hält sich eine eigene Truppe von Batschas, welche einen ständigen Sold erhalten, unter einem eigenen Ballettmeister stehen und in Bezug auf Kunstfertigkeit alle Privat-Batschas weit übertreffen.

Die Produktionen der Batschas finden gewöhnlich am Abend statt. Als Scene dienen die auf allen Höfen außen an den Häusern angebrachten Terrassen oder Veranden, welche zu diesem Zwecke mit Teppichen belegt werden. Die Beleuchtung läßt dabei viel zu wünschen übrig. Es werden riesige messingene oder auch hölzerne Kerzenleuchter mit Unschlittkerzen oder auch irdene Öltannen und Öllampen, in welche Baumwolle getaucht ist, auf dem Boden herumgestellt, und der abscheuliche Qualm und Gestank, welchen letztere aussenden, trägt keineswegs zur Erhöhung des an und für sich schon nicht großen Genusses bei.

Das Tanzkostüm der Batschas besteht in der Regel aus den gewöhnlichen weiten, bis auf die Knöchel reichenden buntfarbigen Hosen und den

darübergeworfenen, gleichfalls bis fast auf den Boden reichenden weiten
Hemden, welche die gewöhnliche Hauskleidung der Knaben und Frauen
bilden. Die Füße bleiben jederzeit, auch im Winter, vollständig nackt.
Auf dem Kopfe tragen die Batschas die gewöhnliche Tübeteika, unter der
an den Schläfen zwei lange Haarlocken herabfallen, durch die angedeutet
werden soll, daß die Tänzer Frauenzimmer vorstellen. Diese Haarlocken
tragen sie für gewöhnlich unter der Mütze verborgen und lassen sie erst
herab, wenn sie sich zum Tanzen anschicken. Mitunter tragen die Batschas
zur Erhöhung der Illusion auch falsche Zöpfe, Ohrgehänge, Halsketten,
Armreife und Fußringe, sowie Kopftücher und Kopfschleier, und sie sind dann

Bild 117. Batschas.

wirklich nicht von Frauen zu unterscheiden. Derartig kostümierte Batschas
habe ich aber nur am Hofe des bucharischen Emirs gesehen (Bild 117).
Den Tanz beginnen die Batschas stets mit langsamen, von entsprechen=
den rhythmischen Armbewegungen begleiteten Tanzschritten nach dem Takte
der Tamburine und unter einem einförmigen, schreienden Gesange der Tam=
burinschläger, an dem sich die tanzenden Batschas gleichfalls ab und zu
beteiligen. Mitunter schlagen die Batschas dabei Kastagnetten, die aus je
zwei länglichen Schiefersteinen bestehen. Der Talt der Tamburine und
damit auch die Bewegungen der Tänzer werden allmählich immer schneller,
und zuletzt artet der Tanz in rasende Kreiselbewegungen aus, welche von
Zeit zu Zeit von Salto mortales, Radlaufen, Tanzen auf den Knien
und andern gymnastischen Extravaganzen unterbrochen werden. Die von

den Batschas bei diesen Tänzen und Sprüngen entwickelte gymnastische
Gewandtheit und Ausdauer verdient die höchste Anerkennung, wenn auch
von einem eigentlichen Kunstgenusse keine Rede sein kann, schon wegen der
unförmlichen weiten und langen Hemden, welche die ganze Figur einhüllen
und bei den rasenden Bewegungen im Winde flattern. Da bei der schlechten
Beleuchtung das Gesicht der Tanzenden fast gar nicht zu sehen ist, so springt
während der ganzen Produktion auf der Bühne selbst hinter jedem Batscha
oder wenigstens hinter dem schönsten und gewandtesten von ihnen ein eigener
Fackelträger einher, der bei allen Bewegungen des Knaben die Fackel so zu
halten sucht, daß dessen Gesicht aus nächster Nähe beleuchtet wird, oft mit
augenscheinlicher Gefahr für Gesicht und Kleider des Tanzenden. Diese
Fackelträger spielen gewöhnlich zugleich auch die Rolle von Clowns, indem
sie durch rußgeschwärzte oder mehlbestäubte Gesichter, durch alberne Liebes=
erklärungen an die Batschas und durch möglichst plumpe und ungeschickte
Kopierung der Bewegungen der Tänzer die Heiterkeit der Zuschauer zu er=
regen suchen.

Haben die Batschas ihre Tänze bis zur Erschöpfung fortgesetzt, so
tritt eine Ruhepause ein, während welcher sie mit Thee und der unvermeid=
lichen Wasserpfeife regaliert werden, die auch den Zuschauern während der
ganzen Vorstellung unablässig herumgereicht werden. Dabei gilt es für
eine große Ehre, wenn ein Batscha einem der Anwesenden seine zur Hälfte
geteerte Theeschale überreicht, wofür der also Ausgezeichnete gewöhnlich ein
kleines Geldgeschenk in die Schale wirft, ehe er sie, nachdem er daraus ge=
trunken, dem Batscha zurückgiebt.

Nach Beendigung der Zwischenpause beginnt eine neue Vorstellung.
Diesmal sitzen die Batschas anfangs auf dem Boden, mit dem Gesichte
gegen die Tamburinschläger gewendet, und bewegen rhythmisch nach dem Takte
der Tamburine Arme, Schultern und Hüften unter einem eigentümlichen
Mienenspiele. Diese Bewegungen werden allmählich immer heftiger und
gehen schließlich in eine Art nervöser Zuckungen über. Den Schluß bilden
wie bei der ersten Abteilung rasende Kreisbewegungen, Salto mortales u. dgl.
Die Batschas setzen, ohne Rücksicht auf Ermüdung, ihre Produktionen so lange
fort, bis entweder der Gastgeber oder der vornehmste unter den Gästen das
Zeichen zum Aufhören giebt, worauf dann die ganze Gesellschaft, mit Einschluß
der Batschas, mit Thee, Früchten, Konfekt, Plow u. dgl. bewirtet wird.

Da die Produktionen der einzelnen Batschas voneinander ganz un=
abhängig sind, so ist deren Anzahl unbeschränkt, und ich habe verschiedentlich
einen, zwei, drei und bis zu zehn Batschas auf einmal auftreten sehen, je
nach den Vermögensverhältnissen des Gastgebers und dem Range der Gäste.

Mit den Produktionen der Batschas werden häufig Vorstellungen von
Komödianten verbunden, welche mit den Produktionen unserer Zirkus=

Clowns viel Ähnlichkeit haben. Besonders die Hofkomödianten des bucharischen Emirs leisten in ihrer Art wirtlich Großartiges. Die Komödianten treten immer paarweise auf und stellen komische Scenen aus dem alltäglichen Leben dar: wie einen affektierten Mulla, der einen ungelehrigen Schüler unter= richtet; einen beschränkten Kasi, der einen durchtriebenen Gauner aburteilen soll; einen Arzt, der à la Doktor Eisenbart operiert u. s. f. Hierbei be= fleißigen sie sich eines Realismus, der zu unsern Begriffen von Sitte und Anstand im denkbar schroffsten Gegensatz steht.

Wenn man bedenkt, daß derartige Vorstellungen vor der heiligen Person des Emirs und in Gegenwart fremder Gesandten aufgeführt werden, die man dadurch ehren will, so kann man sich eine ungefähre Vorstellung machen, welche Ansichten über öffentlichen Anstand bei den Zentralasiaten herrschen. Das Ganze erklärt sich dadurch, daß die Männer in der Öffentlichkeit immer unter sich und durch keinerlei Rücksichten auf das weibliche Geschlecht ge= bunden sind.

Noch viel skandalöser sind im allgemeinen die Vorstellungen der ein= heimischen Puppentheater, deren Einrichtung unsern Kasperltheatern einigermaßen ähnlich ist. Es giebt zwei Arten derselben. Die einfachsten, die hauptsächlich für Kinder bestimmt sind, haben ganz die Form unserer Kasperl= theater, sind aber so diminutiv, daß der Spielende die ganze Vorrichtung, mittels eines Gurtes um den Leib befestigt, auf sich trägt. Sein Oberkörper befindet sich mit Kopf und Armen im Raume des Theaters, sein Gesicht wird aber durch einen halbdurchsichtigen Vorhang verhüllt, der den Hintergrund der Scene bildet. Die Figuren werden mit beiden Händen in Bewegung gesetzt, ganz wie bei uns. Die zweite, vollkommenere Art besteht aus einem eigent= lichen transportabeln Marionettentheater, dessen Figuren durch Schnüre bewegt werden. Die technische Einrichtung und die Gewandtheit in der Handhabung der Figuren ist größer, als man dies bei dem sonstigen Kulturgrade der Eingeborenen erwarten möchte. Eigentümlich ist bei diesen Theatern, daß man die Sprache der handelnden Personen der Größe der Figuren an= zupassen sucht. Die Spielenden sprechen deshalb die Dialoge mit möglichst hoher Fistelstimme durch eigene, mit vibrierenden Metallplättchen versehene Röhren, wodurch die Stimme quiekend und ebenso diminutiv wird wie die Figuren selbst. In diesen Marionettentheatern werden Scenen aus dem häuslichen und öffentlichen Leben dargestellt: Batschatänze, feierliche Aufzüge, exerzierende und musizierende Soldaten, Exekutionen, Hochzeiten u. s. w. Diese Marionettentheater, deren Darstellungen meistens so hochgradig unan= ständig sind, daß eine eingehendere Schilderung nicht möglich ist, sind natürlich nicht für Kinder, sondern nur für Erwachsene bestimmt. Sonderbar bleibt nur, wie so ernste, ehrwürdige und bigotte Männer wie die Sarten und Usbeken an diesen abgeschmackten Darbietungen Geschmack finden können.

Ich muß übrigens gestehen, daß ich und meine russischen Begleiter uns oft halb trank gelacht haben, wenn wir während unseres Aufenthaltes am Hof= lager des bucharischen Emirs auf dessen Befehl mit solchen Possen regaliert wurden. Wie die zentralasiatischen Mohammedaner die Puppentheater mit ihren religiösen Anschauungen in Einklang bringen können, da doch der Koran alle bildlichen und plastischen Darstellungen von lebenden Wesen strenge verbietet, ist mir stets ein Rätsel geblieben.

Die Klasse der Taschenspieler ist in Turkestan verhältnismäßig zahlreich vertreten. Dieselben wandern von Haus zu Haus, um ihre Kunst zu zeigen, und produzieren sich auf allen Märkten und Bazaren. Ihre höchst einfachen und wenig zahlreichen Utensilien, zu denen stets auch lebende Schlangen gehören, tragen sie in kleinen Säcken bei sich. Ihre Kunststücke sind im allgemeinen dieselben wie die der europäischen Taschenspieler. Ihre Kunstfertigkeit ist aber um so mehr zu bewundern, als sie ihre Vorstellungen am hellen Tage geben und dabei mitten unter den Zuschauern auf dem Boden sitzen. Die turkestanischen Taschenspieler begleiten stets alle ihre Produktionen mit einem ununterbrochenen Gesange und vollführen alle Manipulationen nach dem Takte des Gesanges.

Eine nie versiegende Quelle der Unterhaltung bilden für den zentral= asiatischen Stadtbewohner die Tschaichanes oder Theebuden, gewöhnlich einfache, nach der Straße offene Säulenhallen, in denen die Gäste auf dem Boden oder auf den oben erwähnten Plattformen sitzend ganze Tage ver= bringen. In den Tschaichanes wird an die Besucher nicht fertiger Thee verabfolgt, sondern nur heißes Wasser, welches in den charakteristischen ein= heimischen Kunganen oder Theekannen an einem offenen Herdfeuer zum Kochen gebracht wird. Den Thee und Zucker bringen die Gäste selbst mit. Seit neuester Zeit werden in manchen Tschaichanes auch russische Thee= maschinen von riesigen Dimensionen gebraucht, die an die 50 Liter Wasser zu fassen vermögen. Aber auch diese Theemaschinen werden nicht zur Thee= bereitung, sondern nur zum Kochen des Wassers benützt, das aus der Maschine in die Kungane der einzelnen Gäste verteilt wird. In den Tschaichanes findet der Zentralasiate alles, was zu seiner Glückseligkeit nötig ist. Als Aufwärter fungieren hübsche und gut gekleidete Knaben; stets findet sich unter dem Publikum oder den Aufwärtern der eine oder der andere Sänger und Musikant; die beliebte Wasserpfeife geht nie aus (Bild 118); den ganzen Tag strömt am Tschaichane das Bazarpublikum vorüber, dem der Besucher durch sein Nichtsthun und seine reiche Kleidung imponieren kann; von Zeit zu Zeit erscheint ein Taschenspieler, ein Märchenerzähler, ein Affen= oder Bärenführer oder auch ein wandernder Duwana, der den Gästen sein Kauderwelsch vorpredigt. Hat der Besucher Appetit, so läßt er sich aus einem benachbarten Laden Obst, Plow, Pelmene oder sonst ein Leibgericht holen. Dabei unterhält er sich mit seinen Nachbarn über Politik und über die Stadtneuigkeiten, die hier stets aus erster Quelle zu haben sind; oder er vertreibt sich die Zeit mit Schach=, Damen=, Karten= und Würfelspiel. Die Regeln des Schachspieles sind bei den Zentralasiaten dieselben wie bei uns, und ich habe unter den Sarten, Usbeken und Tad= schiken Spieler ersten Ranges gefunden. Besonders ein Neffe des früheren Chans von Kaschgar, der öfter den in Taschkent von russischen Beamten und Offizieren gegründeten Schachklub besuchte, war allen unsern Schach= spielern weit überlegen, obwohl sich darunter einige hervorragende Meister

Bild 118. Theehaus=Scene in Taschkent.

befanden. Zum Kartenspiele werden die in Rußland gebräuchlichen und von dort importierten französischen Karten verwendet.

Manche europäische Reisende haben von turkestanischen Kaffeehäusern zu erzählen gewußt; dies beruht aber auf einem Mißverständnisse, denn der Gebrauch des Kaffees ist den Eingeborenen Turkestans gänzlich unbekannt.

Nicht die letzte Stelle unter den Volksbelustigungen nehmen in Tur= kestan die Bazartage ein, welche in jeder Stadt ein= oder auch zweimal wöchentlich abgehalten werden. In Taschkent sind die Sonntage und Mitt= woche Bazartage. An diesen Tagen strömt aus den umgebenden Ortschaften alles herbei, was nur irgendwie Zeit dazu hat, ganz gleich, ob sie etwas zu kaufen oder verkaufen haben oder nicht. Die Nomaden treiben aus den

entlegensten Gegenden ihre Herden herbei, um einen Teil derselben los=
zuschlagen und dafür ihren Bedarf an Kleidern und Einrichtungsgegenständen
einzukaufen. An solchen Tagen sind innerhalb und außerhalb der Städte
alle Straßen mit Karawanen, Wagen und mit Hunderttausenden von Pferden,
Kamelen, Eseln, Rindern und Schafen so überfüllt, daß nur schwer durch=
zukommen ist und oft stundenlange Verkehrsstörungen eintreten. Wegen
des Zusammenströmens von Menschen aus den entlegensten Gegenden spielen
die Bazare auch eine wichtige politische Rolle, weil sie in Ermangelung von
Zeitungen das einzige Mittel sind zur schnellen Verbreitung von Nachrichten
nach allen Himmelsgegenden. Die russischen Behörden und Zeitungen sind
hauptsächlich auf die Bazargerüchte angewiesen, die sich von den durch unsere
Zeitungen und Telegraphenagenturen verbreiteten Nachrichten dadurch unter=
scheiden, daß sie fast immer richtig sind. Auf dem Taschkenter Bazare war
z. B. seiner Zeit der bevorstehende Ausbruch des kokanischen Aufstandes (1876)
schon einige Tage vorher bekannt gewesen, während die russischen Behörden
erst dann davon erfuhren, als die Feinde bereits vor Taschkent standen.
Die Bazarnachrichten erstrecken sich nicht etwa bloß auf die nächste Umgebung,
sondern umfassen ganz Zentralasien. Über das, was in Kuldscha, Kaschgar,
Buchara, Chiwa, in den Turkmenen= und Kirgisensteppen, sowie in Af=
ghanistan, in Persien und dem fernen Indien vor sich geht, sind die Ein=
geborenen von Taschkent meistens viel besser unterrichtet als die russischen
Verwaltungsorgane.

Zu den Tamaschas sind in Turkestan schließlich auch noch die Sonnen=
und Mondfinsternisse zu zählen. Die Eingeborenen glauben nämlich,
daß diese kosmischen Ereignisse dadurch herbeigeführt werden, daß ein un=
geheurer schwarzer Drache die Sonne oder den Mond zu verschlingen suche.
Um nun ein derartiges Unheil abzuwenden und dem gefräßigen Drachen
Furcht einzujagen, begiebt sich beim Eintritte einer Finsternis die ganze
Stadt auf die Hausdächer und verursacht durch Geschrei und Geheul, durch
das Schlagen von Tamtams, Trommeln, Pauken, Tamburinen, Messing=
tellern u. dgl., sowie durch das Blasen der schauerlichen Kornais einen
solchen Höllenspektakel, daß es in einer mit Sturm genommenen Stadt auch
nicht ärger zugehen kann. Ich war deshalb vom Generalgouverneur beauftragt
worden, den Eingeborenen den Eintritt von Finsternissen immer rechtzeitig
vorherzusagen und sie über das Wesen derselben aufzuklären, um ihnen ihre
unbegründete Furcht zu benehmen. Es fanden sich aber nur wenige Frei=
geister, welche den Ergebnissen unserer Wissenschaft Vertrauen schenkten.
Das gemeine Volk ist nach wie vor fest überzeugt, daß Sonne und Mond
ihre Fortexistenz nur seiner Dazwischenkunft zu verdanken haben, und leistet
denselben daher bei jeder neuen Finsternis nach besten Kräften Hilfe und
Beistand.

Schließlich möchte ich noch einige Worte über die bei den Kindern der Eingeborenen am meisten beliebten Spiele und Spielzeuge anreihen. Das wichtigste Spielzeug sind Papierdrachen, die gewöhnlich aus stärkerem Zigarettenpapier und gespaltenen Schilfrohren angefertigt werden. Dieselben unterscheiden sich dadurch von den bei uns gebräuchlichen Drachen, daß sie die Form von Rauten haben, an deren vier Ecken die Schnur befestigt wird; diese Drachen bedürfen deshalb keines Schweifes und sind trotzdem stabiler als die unserigen. Auch länglich viereckige, leicht cylindrisch nach auswärts gebogene Drachen, ähnlich den Schilden der römischen Legionssoldaten, sind in Gebrauch. Nach den Drachen kommt der Kreisel, der aus einem meistens von den Kindern selbst roh aus Holz geschnitzten Konus besteht, in den unten ein eiserner Nagel eingeschlagen wird; derselbe wird mittels einer Peitsche in Bewegung gesetzt. Außerdem giebt es noch allerlei diminutive Pferde, Esel, Kamele, Schafe, Elefanten, Hirsche, Reiter 2c., gewöhnlich aus gebranntem, unglasiertem Thone, selten aus Holz. Auch Nachbildungen der einheimischen zweiräderigen Wagen fehlen nicht. Das beliebteste Gesellschafts= spiel ist das Knöchelspiel; die spielenden Kinder stellen eine Anzahl gleich= großer Knöchel von den Füßen der Schafe in einer geraden Linie auf und werfen dann aus einer bestimmten Entfernung mit einem ebensolchen Knöchel danach. Jeder Knöchel, der von einem Mitspielenden aus der Reihe heraus= geworfen wird, geht in den Besitz desselben über.

Beschneidung. Erst mit der Beschneidung tritt der Knabe in die Reihe der Rechtgläubigen ein, und erst von da an ist er berechtigt, das Symbol der Rechtgläubigkeit, den Turban, zu tragen. Die Beschneidung wird in Turkestan gewöhnlich im Alter von 8—10 Jahren vollzogen. Dieselbe wird jedesmal, soweit es die Mittel erlauben, mit einer solennen Festivität, mit Baiga, Batschatänzen, Musik und Schmausereien gefeiert, wozu alle Verwandten und die Bewohner des ganzen zuständigen Stadt= viertels eingeladen werden. Da ein derartiges Fest natürlich große Auslagen verursacht, so vereinigen sich oft mehrere Familienväter und feiern die Be= schneidung ihrer Söhne auf einmal und auf gemeinschaftliche Kosten.

Eheschließung und Ehescheidung. Die Ehen werden bei den Zentralasiaten nicht wie bei uns durch einen Geistlichen oder Standesbeamten, sondern vom Manne selbst aus eigener Machtvollkommenheit rechtskräftig geschlossen, wobei der Mulla oder Kasi nur in der Eigenschaft eines Zeugen oder Notars den gesetzlichen Abschluß des Ehebündnisses zur Kenntnis nimmt. Eigentliche gesetzliche Bestimmungen über das zur Eingehung einer Ehe er= forderliche Minimalalter existieren nicht. Die diesbezüglichen Bestimmungen des russischen Gesetzbuches finden auf die mohammedanische Bevölkerung der russischen Besitzungen keine Anwendung. Es werden aber selten Ehen vor dem zwölften Lebensjahre geschlossen.

Will sich ein Mann verheiraten, so wendet er sich an eine alte Frau aus seiner Verwandtschaft, oder in deren Ermanglung an eine gewerbs= mäßige Heiratsvermittlerin, und erteilt ihr den Auftrag, ihm ein passendes Mädchen ausfindig zu machen. Da der Heiratskandidat seine Braut bis nach Beendigung der Hochzeitsfeierlichkeit nicht sehen darf, so muß er sich lediglich auf die Berichte seiner Unterhändlerin in betreff der Schönheit und der sonstigen Vorzüge seiner Zukünftigen verlassen. Es giebt aber bisweilen ungläubige Thomasse, welche sich den Lobsprüchen der Brautwerberinnen gegenüber skeptisch verhalten und darauf bestehen, sich von der Schönheit der ihnen vorgeschlagenen Braut durch Autopsie zu über= zeugen. Die gewissenlosen Heiratsvermittlerinnen arrangieren dann für Geld und gute Worte die Sache in der Weise, daß sie die Braut zu sich einladen und dem hinter der Thüre oder Hofmauer versteckten Bräutigam Gelegenheit verschaffen, seine Zukünftige in koranwidriger Weise durch eine Thür= oder Mauerspalte zu sehen. Hat der Betreffende dann auf die an= gegebene Weise eine passende Braut ausfindig gemacht, so wendet er sich an den Vater derselben und vereinbart mit ihm, im Falle demselben die gesellschaftliche Stellung des Bewerbers konveniert, den für die Braut zu entrichtenden Kalym. Der Kalym ist bei den Sarten geringer als bei den Kirgisen und beträgt in der Regel nicht über 500 Mark. Die Braut selbst wird bei dem ganzen Handel weder um ihre Meinung noch um ihre Ein= willigung gefragt. Ist man handelseinig geworden, so wird der Tag der Hochzeit festgesetzt und dazu die ganze Verwandtschaft und alle Bekannten ein= geladen. Ist der Bräutigam noch nicht volljährig, so besorgen ihm seine Eltern eine Braut nach ihrem Gutdünken. Oft werden von den Eltern ihre Kinder schon im frühesten Alter, ja selbst schon bei der Geburt miteinander verlobt.

Die Hochzeit wird stets im Hause der Brauteltern gefeiert. Die anwesenden Männer versammeln sich mit dem Bräutigam auf der Männer= abteilung, die Frauen mit der Braut auf der Frauenabteilung des Hauses. Der Bräutigam tritt in Begleitung eines Mulla vor die Zwischenthür zwischen der Männer= und Frauenabteilung, hinter welcher sich die Braut in Festkleidern und umgeben von ihren weiblichen Verwandten und Gästen aufgestellt hat. Nachdem sodann der Mulla ein Gebet gesprochen und Bräutigam und Braut pro forma um ihre Einwilligung gefragt hat, reicht er dem Bräutigam eine Schale mit Wasser, aus welcher dieser zu trinken hat. Hierauf wird die halbgeleerte Schale durch die halbgeöffnete Thür zu gleichem Zwecke der Braut gereicht. Schließlich verzehren Braut und Bräu= tigam noch einen in zwei gleiche Teile geteilten Brotfladen, und damit ist die Trauungszeremonie zu Ende.

Man vergleiche damit, was Q. Curtius im 16. Kapitel des VIII. Buches von der Trauung Alexanders d. Gr. mit der schönen Sogdianerin Roxane erzählt, die bei der Einnahme einer Bergfeste in der Nähe des heutigen Derbent in seine Hände gefallen war: „Et rex in medio cupiditatis ardore iussit adferri patrio more panem — hoc erat apud Macedonas sanctissimum coeuntium pignus — quem divisum gladio uterque libabat." Alexander vollzog also seine Trauung mit Roxane ganz auf dieselbe Weise wie die heutigen Zentralasiaten, indem er mit ihr gemeinschaftlich ein Brot verzehrte. Curtius hält dies für eine alte Sitte der Makedonier; es ist aber klar, daß es eine Sitte der damaligen Sogbianer war, welche sich bei den Eingeborenen Turkestans, trotz ihrer nachträglichen Vermischung mit mongolischen Völkerschaften und ihrer Bekehrung zum Islam, bis auf den heutigen Tag unverändert erhalten hat.

Nachdem die Trauung auf die angegebene Weise vollzogen ist, wird der Bräutigam von den älteren weiblichen Verwandten der Braut zu dieser geführt, indes die versammelten Hochzeitsgäste, Männer und Frauen auf ihren respektiven Abteilungen, reichlich bewirtet und, je nach dem Vermögen des Gastgebers, beschenkt werden. Erlauben es die Mittel des Brautvaters und Bräutigams, so wird jedem Hochzeitsgaste ein Ehrenchalat angezogen, ganz so wie in der Bibel in der Parabel von der Hochzeit und den hochzeitlichen Kleidern. Der Neuvermählte bleibt drei Tage bei seiner jungen Frau im Hause der Schwiegereltern, worauf er mit ihr nach seiner eigenen Wohnung übersiedelt.

Wie die Ehe vom Manne selbst geschlossen wird, so kann auch die Ehescheidung nur vom Manne selbst ausgesprochen werden. Selbst wenn eine Frau gesetzlich das Recht hat, wegen schlechter Behandlung oder aus sonst einem Grunde die Scheidung von ihrem Manne zu verlangen, kann nicht der Richter die Ehe trennen, sondern er kann nur den Mann verurteilen, die Trennung der Ehe aussprechen zu müssen. Die Scheidung wird durch eine einfache Erklärung des Mannes in Gegenwart von Zeugen vollzogen. Nach der Scheidung kann sich der Mann, wenn er will, immer wieder mit derselben Frau aufs neue vermählen. Dieser Umstand kann zu vielen Verwicklungen bei allenfallsigen Erbschaftsstreitigkeiten führen. Sehr charakteristisch ist in dieser Beziehung folgender Fall. Ein reicher Kaufmann, der mit einem sehr heftigen Temperament begabt war, hatte häufig, wenn er mit seiner Frau zankte, die Scheidung ausgesprochen, nachträglich aber, wenn ihm der Zorn vergangen war, die Sache natürlich auf sich beruhen lassen und mit seiner Frau ruhig weitergelebt. Nach seinem Tode erschien der Bruder des Verstorbenen und beanspruchte die Hinterlassenschaft für sich, da ja die Frau schon längst von ihrem Manne geschieden und folglich nicht erbberechtigt sei. Er bewies vor Gericht, daß sein Bruder dreimal in Gegenwart von Zeugen die Scheidung von seiner Frau ausgesprochen hatte. Die Frau bewies hingegen durch notarielle Urkunden, daß sich ihr Mann jedesmal nachher wieder formell mit ihr vermählt hatte. Schließlich aber wurde konstatiert, daß der Mann zuletzt in einem bestimmten Falle nochmals die Scheidung ausgesprochen und, offenbar wegen der häufigen Wiederholung, vergessen hatte, sich nochmals notariell zu vermählen, und die Erbschaft wurde deshalb dem Bruder des Verstorbenen zugesprochen.

In Anbetracht der Leichtigkeit, mit welcher sich die Männer von ihren Frauen scheiden können, wird gewöhnlich schon beim Abschlusse der Ehe zwischen Bräutigam und Brautvater die Höhe der Entschädigung stipuliert,

Bild 119. Friedhof in Buchara. (Nach einer Aufnahme von G. Merzbacher.)

welche der Mann im Falle der Scheidung an die Familie seiner Frau zu leisten hat. Im großen und ganzen scheinen aber trotz alledem Scheidungen nicht so häufig vorzukommen, wie man unter den obwaltenden Umständen wohl erwarten möchte. Ist die Ehe mit Kindern gesegnet, so dürfte eine Trennung wohl schwerlich stattfinden.

Begräbnisse. Die Sarten wie auch die übrigen Eingeborenen Turkestans begraben ihre Toten ohne Särge. Der Verstorbene wird gleich nach seinem Ableben gewaschen, in weiße Tücher gehüllt und auf einer Bahre nach dem Begräbnisplatze getragen. Die alten Weiber, welche die Waschung

der Leiche vorgenommen haben, fungieren zugleich auch als bezahlte Klage=
weiber. Auf dem Wege nach dem Friedhofe begleiten die Leiche nur Männer,
die den ganzen Weg feierliches Stillschweigen beobachten. Das Begräbnis
findet wegen der außerordentlich schnellen Verwesung meistens schon am
Todestage selbst statt. Nach der Rückkehr vom Begräbnisse werden die Ver=
wandten und sonstigen Teilnehmer jedesmal von den Angehörigen des Toten
bewirtet. Das gleiche geschieht am siebenten, vierzigsten, halbjährigen und
jährlichen Gedächtnistage, an welchen Tagen sich die weiblichen Verwandten

Bild 120. Grabmal bei Aulie=Ata.

oder gemietete Klageweiber nach dem Grabe des Verstorbenen begeben und
dessen Andenken durch Geschrei und Geheul feiern.

Die Gräber haben nur eine Tiefe von ungefähr 1 m, was in hygienischer
Beziehung sehr bedenklich ist. Denn da die Leichen ohne Särge bestattet
werden und schnell verwesen, so sinken die Gräber schon nach kurzer Zeit
ein, und es entstehen Risse, welche den Miasmen freien Ausgang gewähren.
Zudem werden die Friedhöfe mitten in der Stadt und an den verschiedensten
Orten angelegt, wo sich gerade ein passender Platz findet. Es werden
dazu immer öde Stellen ausgewählt, welche wegen ihrer erhöhten Lage nicht
bewässert werden können. Die Gräber der Armen werden nur mit kleinen

Erdhügeln bezeichnet, welche genau die Form und Größe der auf unsern Friedhöfen gebräuchlichen Grabhügel haben. Reichere errichten kleine Grab= mäler aus gebrannten oder ungebrannten Ziegeln und erbauen wohl auch moscheeartige, mit Stukkatur überkleidete Kuppelgebäude. Oft werden auf die Gräber verschiedene Gegenstände aus dem Besitze des Verstorbenen gelegt; so kann man besonders häufig auf den Gräbern von Kindern ihre kleinen Tragwiegen aufgestellt sehen. Auf den Gräbern hervorragender Persönlich= keiten werden wie bei den Kirgisen lange Stangen mit Roßschweifen oder verschiedenfarbigen Tüchern aufgestellt. Auch die Widderköpfe fehlen auf solchen Gräbern nicht. Die Friedhöfe der Eingeborenen gewähren stets einen traurigen Anblick. Die Gräber sind gänzlich verwahrlost und zum großen Teile halb oder ganz verfallen. Der Platz ist von keiner Mauer oder sonstigen Umzäunung umgeben, und nirgends sieht man etwas Grünes, höchstens hie und da vertrocknetes Steppengras und Disteln (Bild 119, S. 306; Bild 120, S. 307; Bild 121 und 122).

Gastfreiheit. Die höchste Tugend der Sarten und übrigen an= sässigen Bewohner Turkestans, welche mit ihren Lastern wieder einigermaßen aussöhnt, ist ihre aufopfernde Gastfreiheit; sie dürften in dieser Beziehung wohl unter allen Völkern der Erde den ersten Rang einnehmen, da sie hierin selbst noch die durch ihre Gastlichkeit rühmlichst bekannten Russen übertreffen. Der Zentralasiate überläßt nicht nur seinem Gaste für die Dauer seines Aufenthaltes sein ganzes Haus und bringt seine Familie inzwischen anderswo notdürftig unter, sondern leistet seinem Gaste auch in eigener Person Knechts= dienste, hält sich beständig in dessen Nähe auf, um allen seinen Wünschen zuvor= zukommen, und liegt nachts vor der Schwelle seines Gastes auf dem Boden, um für dessen Sicherheit zu sorgen. So war ich z. B. im Jahre 1886 während meines dreiwöchentlichen Aufenthaltes in Baisun Gast des dortigen bucharischen Gouverneurs, der mir als seinen Stellvertreter seinen Diwan= Begi zur Verfügung stellte. Dieser hielt sich nicht nur die ganze Zeit über beständig auf meinem Hofe auf, sondern bereitete auch, ungeachtet seiner an= gesehenen Stellung, in eigener Person für mich und meine Leute das Mittag= und Abendmahl, und fand es nicht unter seiner Würde, selbst das Brenn= holz dazu eigenhändig herbeizuschleppen und zu spalten.

Der größere oder geringere Pomp, mit dem ein Gast empfangen wird, richtet sich einerseits nach dem Range und Vermögen des Wirtes, andererseits nach der Stellung des Gastes. Zum Empfange eines vornehmen Gastes versammelt der Wirt sein ganzes Dienstpersonal, seine erwachsenen Söhne und alle seine männlichen Verwandten und Bekannten. Der Gast wird von denselben vom Pferde gehoben und nach dem ersten Austausche von Höflichkeitsbezeigungen in ein festlich geschmücktes Gemach oder auf eine mit Teppichen, weichen Kissen und Decken belegte Veranda geleitet, wo für

Bild 121. Grabmal Jar-Majar.

ihn schon der unvermeidliche Dostarchan bereit steht. Das Wort Dostarchan bedeutet eigentlich „Tischtuch" und bezeichnet den Inbegriff derjenigen kalten Speisen, Früchte, Konfekte und sonstigen Leckerbissen, welche zur vorläufigen Bewirtung des Gastes auf einem langen, halbseidenen Tischtuche auf dem Boden ausgebreitet sind (Bild 123, S. 311). Je höher der Rang des Wirtes und Gastes ist, desto mannigfaltiger und reicher ist auch der Dostarchan. Während meiner Reisen in Buchara bestand derselbe mitunter aus 50—100 Schüsseln. Zum Dostarchan gehört erstens eine Anzahl Brotfladen aller möglichen Sorten und Größen, von den kleinsten bis zu den größten; ferner eine Schüssel mit hart gesottenen und rot und blau gefärbten Eiern; alle möglichen Sorten von frischen und getrockneten Früchten, wie Melonen, Weintrauben, Pfirsiche, Aprikosen, Rosinen, Pistazien, Mandeln, ausgeschälte welsche Nüsse u. dgl.; sodann einige Kisten mit russischem Kandiszucker, einige Zuckerhüte, einige Pakete grünen Thees und eine Schüssel russischer, in Papier gewickelter Karamels; dazu kommt dann noch eine zahllose Menge von allen möglichen Kompotten und Konfekten eigenen Fabrikats. Der Dostarchan bleibt während der ganzen Dauer des

Bild 122. Modernes Grabmal in Margelan.

Aufenthaltes in dem vom Gaste bewohnten Zimmer oder Zelt aufgestellt und wird bei deffen Abreise von der Dienerschaft des Gastes in Beschlag genommen, die die Überreste entweder auf die Weiterreise mitnimmt, wenn menschenleere Gegenden zu passieren sind, oder in Bausch und Bogen an einheimische Händler verkauft. Hat sich der Gast an den aufgestellten Leckerbissen gütlich gethan, so wird, ohne Rücksicht auf die Tageszeit, das eigentliche Mahl aufgetragen, das aus den einheimischen Nationalgerichten: Plow, Pelmenen, Kabardak, Reisbrei, Eierschmarren, gekochten Hühnern, Kapaunen und Schaffleisch und aus Hühner= und Schaffleischsuppe besteht. Diese Gerichte, besonders aber Plow, werden gleichfalls nicht nach den wirklichen Bedürfnissen des Gastes aufgetragen, sondern in einer zehn=, zwanzig= und dreißigmal größeren Quantität, und dienen deshalb eigentlich mehr als Schaugerichte. Alle erwähnten Gerichte werden nicht nacheinander aufgetragen, sondern alle auf einmal und zwar jede einzelne Schüffel von einem eigenen Aufwärter. Da die Anzahl der Schüsseln gewöhnlich sehr groß ist und die Aufwärter unter Vortritt des das Tischtuch tragenden Küchenchefs immer im Gänse= marsch anrücken, so gewährt ein solcher Aufwärterzug einen imposanten Anblick. Während meiner ersten Reise nach Hiffar im Jahre 1875 in Begleitung von zwei russischen Offizieren, wo wir als die ersten Russen, welche jemals in diese Gegenden gekommen sind, von den bucharischen Beamten mit besonderer Pracht fetiert wurden, bestand z. B. in der kleinen Stadt Jurtschi die erwähnte Aufwärterkolonne aus nicht weniger als 86 Mann. Dabei wurde mir und jedem von meinen Begleitern außer unzähligen andern Gerichten je ein ganzes gekochtes Schaf vorgesetzt. An dem dem Gaste vor= gesetzten Mahle nimmt der Wirt selbst nicht teil; er hilft entweder den Gast bedienen, oder wenn er dazu zu vornehm ist, kauert er in anständiger Ent= fernung auf dem Boden und freut sich, wenn der Gast seiner Küche Ehre anthut und von den aufgetischten Speisen möglichst viel zu sich nimmt. Je mehr man zu essen im stande ist, desto mehr Ehre erweist man dem Gastgeber. Nachdem der Gast von den vorgesetzten Speisen nach Menschenmöglichkeit gegessen hat, werden dieselben abgetragen und der Dienerschaft des Gastes und den übrigen Anwesenden überliefert.

Mit der angegebenen lukullischen Bewirtung sind aber die Freund= schaftsbezeigungen des Wirtes gegen seinen Gast noch keineswegs erschöpft. Während der Gast noch mit der Vertilgung von Plow 2c. beschäftigt ist, erscheint ein neuer Dienertroß, der die für den Gast bestimmten Gastgeschenke trägt, ganz wie zu Homers Zeiten. Diese Geschenke bestehen aus einer größeren oder geringeren Anzahl von Chalaten verschiedener Qualität, von denen der beste dem Gaste sofort angezogen wird, aus einem mit Türkisen besetzten Gürtel, einer Anzahl unverarbeiteter Seidenstoffe und einer bestimmten Summe Geldes in Silbermünzen. Zu gleicher Zeit wird dem Gaste draußen

auf dem Hofe ein prächtig aufgezäumtes Pferd oder nach Umständen auch
zwei vorgeführt, die mit silberbeschlagenen und mit Türkisen und andern
Halbedelsteinen eingelegten Zügeln und mit gold= und silbergestickten Samt=
schabraken geschmückt sind, gleichfalls ein Geschenk des liberalen Wirtes.
Der Wert und die Zahl der Geschenke richtet sich genau nach dem Range
des Gebers und Empfängers. Als der turkestanische Generalgouverneur
v. Rosenbach zur Eröffnung der transkaspischen Eisenbahn nach Tschardschui
reiste, erhielt er vom bucharischen Emir als Gastgeschenk 300 aufs prächtigste
aufgezäumte Pferde und eine fabelhafte Menge von Chalaten und Kost=

Bild 123. Bewirtung von Gästen bei den Sarten.

barkeiten. In Buchara haben nur der Emir und die Prinzen das Recht,
Goldbrokat=Chalate zu verleihen, während die Beks als besten Chalat nur
Kaschmir=Chalate minderer Qualität verschenken. Außer demjenigen Chalate,
der dem Gaste sofort umgehängt wird, ähnlich wie die Feierkleider in der
Bibel, wird zu dessen Füßen noch ein Pack mit Chalaten minderer Qualität
deponiert, von denen je eine bestimmte Anzahl aus Samt, Tuch, Seide,
Atlas und Halbseide zu bestehen hat. Der Anstand erfordert, daß man
alle diese Geschenke als etwas Selbstverständliches mit der gleichgültigsten
Miene von der Welt empfängt und dieselben kaum eines Blickes würdigt.
Da ein vornehmer Reisender in jeder Stadt, durch die er kommt, auf die
angegebene Weise bewirtet und beschenkt wird, so ist er natürlich nicht im

stande, alle seine Geschenke und Pferde mit sich zu schleppen, und es ist deshalb Brauch, den größten Teil der erhaltenen Geschenke sofort wieder unter der Hand zu verkaufen, wobei der Wirt oft durch Mittelspersonen seine eigenen Geschenke wieder zurückkauft.

Sitte und Anstand erfordern, daß auch der Gast dem Wirte entsprechende Geschenke macht, deren Wert aber in der Regel nur einen Bruchteil des Wertes der erhaltenen Geschenke ausmacht, und daß er vor der Abreise das Dienstpersonal und besonders den Hauptkoch des Wirtes mit halbseidenen Chalaten beschenkt.

Beim Abschiede wird wieder ein ähnliches Zeremoniell beobachtet wie beim Empfange. Der Wirt versammelt wieder möglichst viele von seinen Dienern, Verwandten und Bekannten, der Gast wird in den Sattel gehoben und vom Wirte und deffen Suite noch eine Strecke Weges, wenigstens bis ans Ende der Stadt, begleitet. Wo dies nötig erscheint, giebt der Wirt dem scheidenden Gaste noch einige Begleiter mit, die ihm bis zur nächsten Stadt als Wegweiser zu dienen und ihn rechtzeitig anzumelden haben, damit er dort mit den ihm gebührenden Ehren empfangen wird.

Das bisher Gesagte gilt für den Fall, daß ein reicher und hochgestellter Manu einen Gast von Rang empfängt. Ist der Wirt ein armer Mann oder der Gast ein gewöhnlicher Sterblicher, so reduziert sich die Bewirtung auf ein viel bescheideneres Maß, und die Gastgeschenke bestehen dann in einem einfachen Chalate oder auch nur in einem Zuckerhute, einem Pakete Thee und einer Kiste Kandiszucker.

Münzen, Maße und Gewichte. Die Eingeborenen Turkestans gebrauchen Münzen aus Gold, Silber und Messing. Seit neuerer Zeit haben auch die russischen Banknoten und Münzen Eingang gefunden. Als Münzeinheit gilt die Silbertenga, gewöhnlich Kokan genannt, im Werte von etwa 40 Pfennig. Das Wort „Tenga" ist offenbar mit dem russischen Worte dengi = Geld verwandt. Diese Münze besteht aus fast reinem Silber und wird deshalb schnell abgenützt, so daß man das Gepräge nur auf ganz neuen Münzen erkennen kann. Führt man solches Geld auf der Reise mit sich, so bildet sich im Geldbeutel sehr schnell eine große Menge schwarzen Silberstaubes. Die russische Regierung hat deshalb in ihren zentralasiatischen Besitzungen alle kursierenden Kokanen eingezogen und umgeschmolzen. Die Goldmünzen, Tilla genannt, haben einen innerhalb enger Grenzen, nach dem jeweiligen Kurse, wechselnden Wert. Die Messingmünzen, welche Tscheka oder Pul heißen, haben dieselbe Form und Größe wie die Kokanen; sie sind wie diese rund, ungeändert und unverhältnismäßig dick.

Der Wert der einheimischen Gold-, Silber- und Messingmünzen ist je nach der Herkunft derselben verschieden, da jeder Staat sein eigenes Münzſyſtem hat. Nachſtehende Tabelle giebt die gegenſeitigen Wertverhältniſſe dieſer Münzen an, wobei ich den Kurs des ruſſiſchen Papierrubels zu zwei Mark angenommen habe. In den ruſſiſchen Beſitzungen iſt der Wert einer kokaniſchen Tenga geſetzlich dem fünften Teile eines Papierrubels gleichgeſtellt.

Benennung der Münzſorte.	Kokan.	Buchara.	Kaſchgar.
Tilla	7 Mark 60 Pfennig.	8 Mark.	5 Mark 70 Pfennig.
Kokan oder Tenga . .	40 Pfennig.	40 Pfennig.	30 Pfennig.
Pul oder Tſcheka . .	0,67 Pfennig.	0,62 Pfennig.	

Im Gebiete von Kuldſcha und Kaſchgar ſind außer den angegebenen Münzſorten noch die chineſiſchen Jamben im Gebrauche. Es ſind dies Stücke reinen, ungeprägten Silbers in Geſtalt eines Nachens, im Gewichte von 1,887 kg. Von dieſen Jamben wird je nach Bedürfnis ein ent= ſprechendes Stück abgeſchnitten und auf einer eigenen Miniaturwage gewogen, die jeder Chineſe in einem Futteral bei ſich trägt.

Was die einheimiſchen Maße und Gewichte betrifft, ſo iſt zu bemerken, daß Hohlmaße unbekannt ſind. Alles wird nach dem Gewichte verkauft. Die Gewichtseinheit bildet der Batman, der in kleinere Unterabteilungen eingeteilt wird, die, wie nachſtehende Tabelle zeigt, an verſchiedenen Orten verſchieden ſind.

Taſchkent.		Kokan.		Buchara.	
	kg		kg		kg
Bür=tüe (Kamellaſt) .	262,1	Bür=tüe	262,1	Batman . .	131,0
Batman (für Waren) .	131,0	Batman	131,0	Dakir . . .	32,8
Batman (für Getreide)	180,2	Tſchairek (für Waren)	2,66	Paiſir . . .	16,4
Tſchairek (für Waren)	2,66	Tſchairek (für Getreide)	2,05	Dunimſir .	8,2
Tſchairek (für Getreide)	2,05	Tſchakſa (für Waren)	4,1	Nimſir . .	4,1
Niſchtſcha (für Waren)	0,66	Tſchakſa (für Getreide)	5,1	Tſchairek . .	2,0
Niſchtſcha (für Getreide)	0,51	Jultſcha	1,3	Jultſcha . .	0,5
Kadak	0,41	Nimtſchi	0,6	Nim=nimtſcha	0,26
Myskal	0,004555	Paiſa	0,0256		
		Kadak	0,41		
		Myskal	0,004555		

Die Gewichte ſind bei den Eingeborenen ſelten aus Metall hergeſtellt; gewöhnlich verwenden ſie als Gewichte Kieſelſteine von entſprechender Größe, und da dieſe nicht geeicht ſind, ſo iſt dem Betruge Thür und Thor geöffnet. In den unabhängigen Staaten iſt die Aufſicht über die Verkäufer und die Kontrollierung ihrer Maße und Gewichte den Reis übertragen; in den ruſſiſchen Beſitzungen dagegen kümmert ſich die Polizei nur wenig um ſolche Kleinigkeiten und überläßt es dem Publikum, ſich ſelbſt gegen Betrug und Übervorteilung zu ſchützen, ſo gut es geht.

In dem ruſſiſchen Teile Turkeſtans iſt gegenwärtig die ruſſiſche Gewichts= einheit, das Pud = 40 ruſſiſche Pfund oder 16,38 kg, eingeführt; die russischen Gewichte kommen aber hauptsächlich nur im Verkehre mit den Russen zur Anwendung.

Als Einheit zur Messung von Entfernungen dient der Tasch, zu deutsch „Stein"; der Tasch beträgt 12000 Schritte oder 8 russische Werst (8,528 km). Diese Maßeinheit soll auf folgende Weise in Gebrauch gekommen sein. Nach der einheimischen Etilette darf ein Chan oder Emir, in Anbetracht seines hohen Ranges, bei seinen Reisen nur 12000 Schritte täglich zurücklegen. Die Läufer, welche nach dem Hofzeremoniell das Reitpferd des Chans die ganze Zeit am Zügel zu führen haben, sind deshalb verpflichtet, ihre Schritte zu zählen, und wenn sie 12000 Schritte zurückgelegt haben, das Pferd anzuhalten und an der betreffenden Stelle einen Stein niederzulegen. An dieser Stelle wird dann schnell ein kleiner Erdhügel aufgeworfen und darauf das Zelt des Chans für das Nachtlager aufgeschlagen. Diese charakteristischen Hügel bilden dann für die Zukunft eine Art Meilenzeiger.

Als Feld= und Handelsmaße sind folgende in Gebrauch:

Kokan.		Buchara.	
	m		m
Gas=Kulatsch	2,13	Kulatsch	1,77
Kol=Kulatsch	1,77	Gas	0,76
Gas	0,70	Karysch	0,22
Karysch	0,22	Kiim	14,23
Süem	0,18	Kary	3,57
Kiim	14,23		
Kary	3,57		

Die Einheit des Flächenmaßes bildet der Tanap, der in Kokan 1821, in Buchara 2058 qm enthält.

14. Feld= und Gartenbau. Fast alles, was die ansässige Bevölkerung Turkestans zum Leben braucht, wird im Lande selbst produziert. Der Importhandel ist unbedeutend und beschränkt sich, soweit die eingeborene Bevölkerung in Betracht kommt, hauptsächlich auf Zucker, Thee, gußeiserne Kessel, Roheisen, hölzerne Koffer und die feineren Tuch=, Seiden= und Baumwollstoffe. Der Feld= und Gartenbau spielt deshalb bei der ansässigen Bevölkerung Turkestans die wichtigste Rolle und bildet die Hauptbeschäftigung der Gesamtbevölkerung.

a) Bodenbeschaffenheit. Turkestan ist, wie ein bloßer Blick auf die Karte zeigt, ein abflußloses Gebiet, d. h. alle Feuchtigkeit, welche im Laufe des Jahres in Gestalt von Regen oder Schnee niedergeschlagen wird, verdunstet, so daß keiner der turkestanischen Flüsse das offene Meer erreicht. Die meisten Flüsse versiegen im Sande, und nur die größeren, wie der Syr= und Amu=Darja, der Ili, Tschu und Tarym, ergießen sich in größere Binnenseen, deren Ufer von Jahr zu Jahr immer mehr zurückweichen, wie

ich im Kapitel über das Klima Turkestans des näheren auseinandergesetzt
habe. Der Umstand, daß in Turkestan die Verdunstung größer ist als die
Niederschläge und daß die Niederschläge hauptsächlich nur während der kalten
Jahreszeit erfolgen, hat zwei sehr wichtige Folgen, welche den Wüsten=
charakter des Landes bedingen. Fürs erste bleiben alle Salze, welche bei
der Verwitterung und Zersetzung der Gesteinsformationen gelöst werden, im
Boden zurück, und nur in den höheren Gebirgsregionen, wo die Menge der
Niederschläge größer ist, und an denjenigen Stellen, welche durch die Flüsse
bewässert werden, wird der Boden so weit ausgelangt, daß er zum Feldbau
geeignet wird. Die zweite Folge ist die, daß, mit Ausnahme der höheren
Gebirgsregionen, nur an denjenigen Stellen Feldbau möglich ist, die während
der warmen, regenlosen Zeit durch Flüsse und künstliche Kanäle ausreichend
bewässert werden können. Alles andere ist Steppe oder Wüste und zum
Feldbau absolut untauglich.

Der Boden Turkestans zerfällt in sieben verschiedene Kategorien: 1. Sand=
wüsten, 2. Kieswüsten, 3. Salzsteppen, 4. Hungersteppen, 5. Lößlandschaften,
6. Dammerde, 7. Felsengebirge.

Von diesen nehmen weitaus den größten Teil die Sandwüsten ein,
die teils aus Barchanen oder Sandhügeln, teils aus feinem Flugsande, in
der Nähe der Seen aber aus Dünensand bestehen. Die vom Flugsande
bedeckten Gegenden sind meistens ganz vegetationslos, während die Barchane
wenigstens hie und da mit einzelstehenden, traurigen Saxaulsträuchern und
sonstigem Gesträppe bewachsen sind. Die hervorragendsten Sandwüsten sind:
die Wüste Kysyl=Kum („Rotsand"), zwischen Syr=Darja und Amu=Darja; Ak=
Kum („Weißsand"), zwischen dem Tschu und dem Karataugebirge, und Kara=
Kum („Schwarzsand"), im Nordosten vom Aralsee. Ebenso besteht auch
das ausgedehnte, von den Turkmenen eingenommene Gebiet im Süden des
Amu=Darja zum größten Teile aus Sand. Schließlich ist noch die endlose
Wüste Gobi zu erwähnen, welche sich an Ost=Turkestan anschließt. Die
Sandwüsten sind natürlich unbewohnt, da in denselben sogar die in ihren
Ansprüchen so bescheidenen Nomaden keinen Unterhalt finden können.

Die Kieswüsten, welche gleichfalls oft große Strecken einnehmen,
befinden sich meistens in der Nachbarschaft der Gebirge und der flachen
Gebirgsausläufer und bilden den Übergang von den Sandwüsten zu den
Steppen. Die Kieswüsten sind mit einer äußerst spärlichen Vegetation von
Gräsern und Salzkräutern, von Heidekraut und Wermut bedeckt. Die Kies=
wüsten werden von den Nomaden auf ihrer Wanderung von den Winter=
nach den Sommerweiden und auch sonst in Ermanglung eines Besseren
vorübergehend als Weideplätze benützt.

An die Kieswüsten schließen sich die Salzsteppen an, deren Boden
aus Lehm und Sand besteht und so sehr mit Salzen imprägniert ist, daß

sich dieselben an der Oberfläche wie Reif niederschlagen. Am häufigsten finden sich in den Salzsteppen schwefelsaure Salze. Diese Steppen sind stets mit einer mehr oder weniger spärlichen Vegetation von Salzkräutern bedeckt. Der Boden ist häufig eisenhaltig, infolgedessen derselbe in feuchtem Zustande eine fuchsbraune Farbe annimmt. Die Salzsteppen werden von den Nomaden mit Vorliebe als Weiden für ihre zahlreichen Schafherden benützt, denen der Salzgehalt der Kräuter außerordentlich zusagt.

Die Hungersteppen, welche sich während der Herbst= und Frühlings=regen stets mit einem mehr oder weniger üppigen Grün und mit Milliarden von Feldblumen, besonders mit wilden Tulpen bedecken, bestehen aus mit viel Sand vermischtem Lößboden, der durch die in den Gebirgen und in deren Nähe erfolgenden häufigeren Niederschläge an der Oberfläche so weit ausgelangt ist, daß er zum Feldbau geeignet sein würde, wenn er während der regenlosen Sommermonate bewässert werden könnte. Diese Hungersteppen, welche hauptsächlich mit Stechkraut (Xanthium spinosum) und in den trockeneren Gegenden mit Kamelkraut (Alhagi camelorum) bewachsen sind, bilden die eigentlichen Viehweiden der Nomaden. Die Hungersteppen heißen bei den Eingeborenen Kir, und dieser Name hat offenbar Veranlassung zur Entstehung des Namens Kirgis gegeben, der also soviel bedeutet als „Leute, die auf den Kirs oder Hungersteppen herumwandern".

Für den Feld= und Gartenbau kommen in Turkestan hauptsächlich nur jene Gegenden in Betracht, deren Boden aus Löß besteht, der durch die atmosphärischen Niederschläge oder durch künstliche Bewässerung hinlänglich ausgelangt ist und das ganze Jahr über bewässert wird. Der Löß hat in Turkestan eine sehr weite Verbreitung und bildet, abgesehen von einzelnen Gebirgsregionen, die Unterlage aller Kulturoasen. Er umrandet sowohl im Gebiete des Amu=Darja wie des Syr=Darja und der Flüsse Tschu, Ili, Tarym 2c. die Niederungen gegen die Gebirge hin. Besonders liegt Taschkent auf einer mächtigen Lößschichte, die, am Nordwestende des Karatau be=ginnend, sich am Südwestfuße dieses Gebirges entlang über die Städte Turkestan und Tschimkent bis südöstlich von Taschkent erstreckt. Große Aus=dehnung erreicht der Löß auch im Ferganathale, im Thale des Sarawschan, des Kaschka=Darja, Ili und Amu=Darja. Der Löß ist aber nicht bloß auf die Tiefländer beschränkt, sondern kommt auch in den höchsten Gebirgs=thälern vor, wie denn z. B. das 3000 m hoch gelegene Alaithal aus=gedehnte Lößschichten aufweist. Der Löß wurde früher ausschließlich für eine Ablagerung der Flüsse und der ausgetrockneten Binnenseen gehalten; es sprechen aber gegen diese Ansicht folgende Umstände. Erstens ist der Löß nicht immer horizontal gelagert, sondern folgt den Hebungen und Senkungen der unten liegenden Bodenformationen. Zweitens ist der Löß nicht auf die Thalmulden beschränkt, sondern zieht sich in unveränderter

Mächtigkeit an den höchsten Bergabhängen hin. Endlich fehlt im Löß jede Spur von Schichtung, und es finden sich in demselben, abgesehen natürlich von dem wirklich durch See= oder Flußablagerungen gebildeten, nur Über= reste von Landschnecken, aber nicht von Wasserschnecken.

Der turkestanische Löß ist offenbar auf folgende Weise entstanden. Turkestan ist in früheren Zeiten unzweifelhaft keine solche trostlose Wüste gewesen wie heutzutage, sondern ein fruchtbares und dicht bevölkertes Land. Dafür spricht erstens der Umstand, daß sich aus Turkestan im Altertum fortwährend unermeßliche Völkerströme nach dem Abendlande, nach Vorder= asien und nach Indien ergossen haben. Dafür sprechen ferner die zahlreichen, über ganz Turkestan und selbst über die gegenwärtig ganz unbewohnten und unbewohnbaren Sandwüsten verbreiteten Ruinen von Städten und von ausgedehnten Wasserleitungen, welche bei dem heutigen niedrigen Wasser= stande der Flüsse von diesen nicht mehr gespeist werden können. Als im Laufe der Zeiten infolge der kontinentalen Lage das Klima immer trockener und die Niederschläge immer geringer wurden, verwandelte sich allmählich eine Strecke Landes nach der andern in eine vegetationsarme Steppe. So= lange der Boden noch von einer schützenden Pflanzendecke bedeckt wurde, war derselbe gegen die zerstörenden atmosphärischen Einflüsse gesichert. Als aber die Pflanzendecke verschwand, wurde der bloßgelegte Boden durch Sonnenwärme, Regen= und Schneewasser gelockert und die losgelösten Teile vom Winde aufgewühlt. Die schwereren Bestandteile, der Kies, blieben an Ort und Stelle liegen; die Quarzkörner wurden vom Winde auf dem Boden fortgerollt; die feinen Lehmteile aber wurden als atmosphärischer Staub auf weite Strecken fortgeführt. Fiel dieser Staub in vegetations= losen Gegenden nieder, so wurde er vom nächsten Windstoße aufs neue aufgewirbelt und weiter getragen oder auch vom Regen fortgespült. War der Staub aber auf Grasflächen niedergefallen, so war er fortan durch die Pflanzendecke geschützt und wurde durch den nächsten Regen an den Boden befestigt. Durch die fortwährende Einwirkung des Windes wurde auf diese Weise der rückständige Kies und Sand immer mehr und mehr von allen Lehmteilen gereinigt und diese letzteren teils in die Flüsse und Seen, zum größten Teile aber auf die mit Pflanzenwuchs bedeckten Steppen und Ge= birgsabhänge niedergeschlagen, deren Niveau durch diese fortwährenden Staub= ablagerungen im Laufe von Jahrhunderten und Jahrtausenden immer mehr und mehr erhöht wurde. Auf die angegebene Weise haben sich durch atmosphärische Einflüsse und die Thätigkeit des Windes aus dem früher fruchtbaren Boden mit der Zeit einerseits die unabsehbaren Sand= und Kieswüsten, anderseits die mächtigen Lößlager gebildet, welche das heutige Turkestan bedecken.

Die Anhäufung von Hunderte von Metern mächtigen Lößschichten auf die eben beschriebene Weise kann nur derjenige für unwahrscheinlich halten, der sich selbst nie in Lößgegenden aufgehalten hat. In Turkestan ist während der regenlosen Sommermonate die Luft beständig mit feinem Staube geschwängert; nach stärkeren Sandstürmen aber enthält dieselbe so viel Staub und feinen Sand, daß oft längere Zeit die Sonne kaum zu sehen ist und man, wie in einen dichten Nebel eingehüllt, die nächsten Gegenstände kaum unterscheiden kann. Dabei ist zu bedenken, daß der erwähnte Scheidungsprozeß gegenwärtig im großen und ganzen bereits beendigt ist; in früheren Zeiten, als derselbe eben vor sich ging, müssen die Staubablagerungen natürlich noch unvergleichlich größer gewesen sein, als dies in der Gegenwart der Fall ist.

Der turkestanische Löß ist ein Lehmmergel, der aus äußerst feinerdigem Thone, aus fast ebenso feinerdigem Kalk und feinem Sande besteht. Derselbe ist schwach eisenhaltig, wodurch seine eigentümliche braungelbe Färbung bedingt ist. In Taschkent, wo man beim Brunnengraben erst in einer Tiefe von 18—20 m auf Lößmännchen und Geröll trifft, zeigt der Löß nach Petzholdts Untersuchungen folgende Zusammensetzung:

In Salzsäure unlösliche Stoffe (Thon u. feiner Sand)	63,86 %	Eisenoxyd, Manganoxyd, Thonerde	9,17 %
Lösliche Kieselsäure	6,94 „	Kalkerde	10,82 „
Chlor	0,13 „	Magnesia	1,20 „
		Kali	0,51 „
Schwefelsäure	0,06 „	Natrum	0,48 „
Phosphorsäure	0,06 „	Kohlensäure	6,77 „

Der Löß, welcher mit Wasser befeuchtet so weich wird, daß er wie gewöhnlicher Thon verarbeitet werden kann, ist in trockenem Zustande so hart, daß jede Gewehrkugel daran abprallt. Besonders der anstehende Löß zeichnet sich durch ungemeine Härte aus. Als ich bei der Taschkenter Sternwarte einen Pavillon zur Ausführung erdmagnetischer Beobachtungen herstellen ließ, der zum Teil in einen Bergabhang eingegraben wurde, war es unmöglich, die Erde mit den einheimischen schweren Hauen auszuheben; dieselbe mußte mit Beilen bearbeitet werden. Die im Lößboden ausgegrabenen Brunnen bedürfen deshalb selbst bei bedeutender Tiefe keiner Ausmauerung. Der Löß ist im allgemeinen nur wenig salzhaltig; dagegen ist das unter dem Löß angesammelte Grundwasser überall mehr oder weniger salzig und kann deshalb nur in den seltensten Fällen als Trinkwasser benützt werden; dabei wird der Salzgehalt des Grundwassers desto größer, je tiefer man gräbt. Bei der mitten in der Hungersteppe von Dschisak liegenden Poststation Mursa-Rabat war ein Brunnen ausgegraben worden, dessen durch ein kolossales Windrad gehobenes Wasser zur Bewässerung einer bei der Station angelegten Baumpflanzung benützt wurde. Als man diese Pflan

Bild 124. Gebirgslandschaft zwischen Buchara und Karki. (Nach einer Aufnahme von G. Merzbacher.)

zung nachträglich vergrößern wollte und deshalb zur Vermehrung des Wasser=
vorrates den Brunnen tiefer graben ließ, wurde das Wasser so salzig,
daß die ganze Pflanzung nach mehrjährigem Bestande wieder zu Grunde
ging. Infolge seiner großen Härte und seines bedeutenden Thongehaltes
ist der Löß für Wasser nur schwer durchdringlich. An den künstlichen
Kanälen kann man beobachten, daß die Feuchtigkeit nur bis 2 Decimeter
tief nach innen dringt. Dieser Umstand macht es notwendig, in den Gärten
jeden einzelnen Baum durch einen eigenen Kanal aus nächster Nähe zu
bewässern; derselbe Umstand erhöht aber anderseits den Wert des Löß als
Baumaterial bei der Errichtung von Mauern und Häusern sowohl wie bei
der Anlage von Kanälen.

Dammerde ist in den Niederungen Turkestans gänzlich unbekannt.
Solche findet sich ausschließlich und stets nur in verhältnismäßig geringer Aus=
dehnung in denjenigen Gebirgsthälern, welche durch hohe Gebirgswände und
große Entfernung von Wüstengegenden gegen das Einbringen von atmosphä=
rischem Staube geschützt sind und zugleich eine häufigere Niederschläge bedingende
Lage haben. Dammerde kommt deshalb in größter Ausdehnung in den nach
Südwest geöffneten Gebirgsthälern von Badachschan, Darwas, Schugnan ꝛc.,
sowie in den Thälern der Nebenflüsse des Ili vor. In den Thälern des
Kasch und der Zanma, zweier Nebenflüsse des Ili, fand ich mächtige Lager
von Schwarzerde, welche mit einer undurchdringlichen, mannshohen Gras=
vegetation bedeckt waren. Einmal ritt ich daselbst durch einen mehrere
Kilometer langen Wald von Sauerampfer, dessen Stengel eine Höhe von
4—5 m erreichten.

Die turkestanischen Gebirge sind, soweit sie nicht mit ewigem Schnee
bedeckt sind, in der Regel ganz kahl und bestehen entweder aus mehr oder
weniger verwitterten Gesteinsmassen oder weisen an ihren Abhängen den
Charakter von Kieswüsten, Steppen oder Lößablagerungen auf. Aus=
gedehntere Wälder giebt es nur auf den Nordabhängen des transilischen
Alatau; sonst kommen nur hie und da kleinere Haine und vereinzelte Bäume
in den Gebirgsschluchten und an den Ufern der Gebirgsflüsse vor (Bild 124,
S. 319; Bild 125 u. Bild 126, S. 323).

b) Dichte Bevölkerung der Oasen. Gewöhnlich rechnet man
Turkestan zu den am dünnsten bevölkerten Gegenden der Erde, weil, alles
in allem gerechnet, weniger als 2 Menschen auf den Quadratkilometer
kommen und nur 2 Prozent der ungeheuren Länderstrecken angebaut werden.
Man schreibt diesen geringen Bevölkerungsstand und die Verminderung der
kulturfähigen Gebiete gewöhnlich den fortwährenden Unruhen und unauf=
hörlichen Kriegen zu, sowie den ewigen Verschiebungen der Völker Turkestans,
die seit den ältesten Zeiten bis jetzt nicht zur Ruhe gekommen sind. Ich
habe aber im Kapitel über das Klima Turkestans auseinandergesetzt, daß

Bild 125. Kugi-Lach-Thal in Darwas. (Nach einer Aufnahme von Willy R. Rickmers.)

diese Ansicht irrig ist, und daß sich das Areal des kulturfähigen Bodens infolge der Verschlechterung des Klimas, die Bevölkerungszahl aber deshalb vermindert hat, weil das von Jahr zu Jahr sich verringernde Kulturgebiet nicht mehr ausreichte, um eine gleiche Menge zu ernähren wie früher; daß also die unaufhörlichen Kämpfe umgekehrt nur eine Folge der naturgemäßen Verwüstung des Landes waren. In Wirklichkeit ist in Turkestan jede Hand= breit kulturfähigen Bodens mit größter Gewissenhaftigkeit angebaut, und die turkestanischen Kulturoasen gehören gerade zu den weitaus am dichtesten bevölkerten Gegenden der Erde. In Belgien, welches unter allen Staaten Europas die dichteste Bevölkerung aufweist, treffen im Mittel 188 Bewohner auf den Quadratkilometer. Das sartische Taschkent aber, dessen Areal mit Feldern und Gärten etwa 85 qkm umfaßt, ernährt eine Bevölkerung von ungefähr 125 000 Menschen. Es treffen also in der Taschkenter Oase circa 1500 Menschen auf den Quadratkilometer, d. h. achtmal so viel wie in dem dicht bevölkerten Belgien. Eine so unglaublich dichte Bevölkerung kann sich nur deshalb auf einem so engen Raume ernähren, weil dieselbe äußerst genügsam, und der Lößboden, wenn er nur genügend bewässert wird, bei der hohen Sonnenwärme und dem beständig heitern Himmel ungemein fruchtbar ist. Weizen giebt z. B. den 40fachen, Reis den 100—200fachen, Hirse sogar unter Umständen einen 400fachen Ertrag der Aussaat. Ein Grundbesitzer, der zwei Hektar Land sein eigen nennt, gehört deshalb in Zentralasien schon zu den Wohlhabenderen. Daß es in Turkestan im all= gemeinen keine brachliegenden kulturfähigen Ländereien giebt, geht, abgesehen von der Dichtigkeit der Bevölkerung, schon aus dem Preise des Bodens hervor. Während brachliegender Boden außerhalb der Städte gar nichts kostet und jedermann zur freien Verfügung steht, wird z. B. in Taschkent die Desfätine (= 1,09 ha) Garten= oder Ackerland mit 2500 Mark bezahlt: ein für die örtlichen Verhältnisse geradezu horrender Preis, da ein Eingeborener mit 5 Mark monatlich zu leben im stande ist. Aber nicht etwa bloß in den Tief= ländern wird jeder verfügbare Fußbreit kulturfähigen Bodens benützt, auch auf den Gebirgen, ja selbst auf dem Pamir wird noch Ackerbau getrieben, wie denn z. B. noch in Sarykol, auf 3000 m Meereshöhe, Gerste angebaut wird.

c) Besitzrechte. Da in Turkestan Überfluß an Land, dagegen Mangel an Wasser ist, so liegt der Wert des Grundbesitzes nicht im Boden, sondern in dem verfügbaren Wasserzuflusse. Unbewässertes Land ist herren= loses Gut, und dessen Nutznießung steht jedermann offen. Jeder, der will, kann auf solchem Boden sein Vieh weiden, Brennholz einsammeln, Ziegeleien errichten u. dgl. Als oberstes Gesetz in Bezug auf die Erwerbung von Grundeigentum gilt in Turkestan der Grundsatz, daß derjenige, der Ödland bewässert, mit einer Lehmmauer umgiebt und ununterbrochen bebaut, Eigen= tümer des so gewonnenen Kulturlandes ist. Da aber die Bewässerung in

Bild 126. Konglomeratberge in der Hazret-Ischan-Gruppe, Ost-Buchara. (Nach einer Aufnahme von Willy R. Rickmers.)

der Regel umfangreiche Kanalbauten erfordert, die nicht von einem einzelnen, sondern nur von einer ganzen Gemeinde oder vom Staate selbst ausgeführt werden können, so ist der eigentliche Besitzer des Kulturbodens in Turkestan die Gemeinde oder der Staat. Bei der Verteilung des durch Neubewässerung gewonnenen Landes unter die einzelnen Gemeinde= oder Staatsangehörigen wird auf die von den einzelnen bei der Ausführung der Kanalbauten ge= leistete Arbeit Rücksicht genommen. Dabei gilt als Einheit der Karakosch, d. h. ein aus zwei Ochsen und einem Arbeiter bestehendes Gespann. Jeder, der ein solches Gespann zur Arbeit gestellt hat, erhält bei der Landesver= teilung ein Ackerlos oder einen Kosch. Wer mehr gestellt hat, erhält entsprechend mehr Land. Die Ärmeren, welche nicht im stande sind, einen ganzen Kosch aufzustellen, stellen einen solchen auf gemeinsame Kosten und erhalten dann auch gemeinsam ein Ackerlos, das sie weiter unter sich verteilen. Statt der Ochsen können auch Pferde, Kamele, Kühe und Esel verwendet werden. Gemischte Gespanne, bestehend aus Pferd und Esel, Kuh und Ochse u. dgl., gelten aber nur als halber Kosch, weil mit denselben nur die halbe Arbeit geleistet werden kann. Bei den zur Unterhaltung und jährlichen Reinigung der Kanäle nötigen Arbeiten haben die Besitzer gleichfalls einen ihrem Land= anteile entsprechenden Teil an der Arbeit zu leisten, d. h. eine entsprechende Anzahl Arbeiter zu stellen. Da die bei der Anlage von neuen Kanälen erforderliche Arbeit je nach den Terrainverhältnissen sehr verschieden ist, so fallen natürlich die Ackerlose an verschiedenen Orten gleichfalls sehr ver= schieden aus, weil das gewonnene Kulturland entsprechend der Zahl der Arbeitteilnehmer zu verteilen ist.

Man vergleiche mit dem Gesagten dasjenige, was uns über die ent= sprechenden Einrichtungen bei den alten Germanen überliefert ist. Was heutzutage in Turkestan Kosch genannt wird, hieß bei den Germanen Hufe (althochdeutsch huoba). Wie der Kosch in Turkestan bezeichnete bei den Deutschen die Hufe den Inbegriff von Hof, Ackerlos und Nutzung an dem uneingeteilt gelassenen, allen einzelnen Markgenossen gemeinschaftlich ver= bliebenen Teil der Mark, wie Wald, Weiden, Wiesen, Wasser und Umland, und bildete somit die Grundlage sowohl für die wirtschaftlichen wie die rechtlichen Verhältnisse der Grundbesitzer. Ein Ackerlos umfaßte bei den alten Deutschen eine solche Fläche Landes, welche mit einem Pfluge und Ochsen= gespanne bearbeitet werden konnte. Da eine derartige Einrichtung wohl in Turkestan, nicht aber in Deutschland durch die örtlichen Verhältnisse bedingt ist, so ist klar, daß die alten Germanen ihre diesbezüglichen Einrichtungen aus ihrer zentralasiatischen Urheimat importiert haben.

Das Besitzrecht auf das bei der Verteilung erhaltene Land ist aber in Turkestan ein bedingtes und besteht nur so lange, als das Land vom Besitzer bebaut wird. Läßt er es drei Jahre hintereinander brach liegen, so verliert er sein Eigentumsrecht ohne irgend welchen Anspruch auf Entschädigung, und dasselbe wird als faktisch ödliegendes Land vom Staate oder der Gemeinde an einen andern vergeben, der sich anheischig macht, das Land zu bebauen und die entsprechenden Steuern dafür zu entrichten. Solange aber das Land vom Eigentümer kultiviert wird, bleibt es in dessen unbestrittenem Besitze, und er kann es nach Belieben verpachten, verkaufen, auf seine Söhne vererben oder auch an Wakuf-Stiftungen verschenken. Eine Einschränkung erleidet das freie Besitzrecht nur insofern, als der Staat verlangen kann, daß der Besitzer, je nach den Bedürfnissen des Staates, der Natur des Bodens und dem verfügbaren größeren oder geringeren Wasservorrat, eine bestimmte Getreideart auf seinem Felde kultiviere, die unter den gegebenen Verhältnissen den reichsten Ertrag verspricht.

d) Steuererhebung. Alles Kulturland zerfällt in Turkestan in zwei Kategorien: in Wakuf-Ländereien und Privat-Ländereien.

Die Wakuf-Ländereien, welche Eigentum der verschiedenen frommen Stiftungen sind, sind vollständig steuerfrei; dieselben werden von den Mutewals jährlich verpachtet, und die Pächter haben lediglich ihren Pachtschilling an die betreffenden Stiftungen zu entrichten. Aus diesem Grunde verschenken viele Besitzer ihre Ländereien noch bei Lebzeiten an Wakuf-Stiftungen und nehmen sie von diesen wieder für sich und ihre Nachkommen in Pacht, um sich dadurch gegen willkürliche Besteuerung durch die Beks sowie gegen allenfallsige Konfiskationen sicherzustellen. Dieser Umstand, in Verbindung mit der Bigotterie der Eingeborenen, hat schließlich dahin geführt, daß gegenwärtig etwa der dritte Teil alles kulturfähigen Bodens Wakuf-Land ist.

Von allen in Privatbesitz befindlichen Ländereien werden Steuern erhoben, die in einem bestimmten Teile des Ernte-Ertrages bestehen. Die Eintreibung der Steuern liegt eigenen Beamten, den Serlers oder Amljakdars ob, die sich eines ähnlichen Renommees erfreuen wie die Zöllner in der Bibel. Dieselben unterhalten einen zahlreichen Stab von Gehilfen und Schreibern, durch welche sie, um Unterschleife nach Möglichkeit hintanzuhalten, die bebauten Felder den ganzen Sommer über unter Aufsicht halten und einen Voranschlag über den voraussichtlichen Ertrag der Ernte aufstellen lassen. Zur Erntezeit erscheinen die Steuereinnehmer persönlich auf den Dreschplätzen, um den Anteil des Staates in Empfang zu nehmen. Von der Ernte werden folgende Abgaben erhoben:

1. der Anteil des Imams der zuständigen Moschee;

2. der Anteil des Staates, der in verschiedenen Staaten und für verschiedene Ländereien verschieden ist und zwischen dem zehnten Teile und der Hälfte des ganzen Ertrages variiert;

3. der Anteil des Steuereinnehmers, der gewöhnlich den zehnten Teil der Staatssteuer beträgt oder vielmehr betragen sollte.

Die Steuereinnehmer begnügen sich nämlich nicht mit dem, was ihnen nach Recht und Gesetz zukommt, sondern suchen sich außerdem noch durch Übervorteilung der Bauern und des Staates auf jede mögliche Weise zu bereichern. Abgesehen davon, daß nach einem alten Herkommen von den zahlreichen Gehilfen der Einnehmer sich schon vor der Verteilung jeder einen bestimmten Anteil an jedem der Besteuerung unterliegenden Getreidehaufen aneignet, betrügen die Einnehmer den Staat auch noch dadurch, daß sie entweder einen großen Teil der unter Kultur befindlichen Ländereien in ihren Verzeichnissen gar nicht aufführen und die von denselben erhobenen Steuern für sich einkassieren, oder sie besteuern die Grundbesitzer gegen ein entsprechendes Honorar zu gering, so daß schließlich der Chan oder Bek oft nur den fünften Teil des wirklichen Steuerertrages erhält, während anderseits den Bauern mitunter nur der vierte, ja selbst nur der zehnte Teil ihrer Ernte verbleibt. Die Bauern sind deshalb, um sich vor gänzlichem Ruine zu schützen, gezwungen, auch ihrerseits wieder zum Betruge ihre Zuflucht zu nehmen und schon vor der Steuererhebung so viel Getreide als möglich heimlich beiseite zu schaffen und, wenn möglich, die bereits für den Staat abgeteilten Getreidehaufen zu plündern.

Die Russen haben in ihren zentralasiatischen Besitzungen dieses himmelschreiende und antediluvianische Steuersystem abgeschafft und die Erhebung der Steuern den vom Volke selbst gewählten Ältesten, den Aksakals, übertragen. Der Staat erhebt jetzt lediglich den zehnten Teil des ein für allemal festgesetzten mittleren Ernte-Ertrages, der in Geld zu erlegen ist. Zu diesem Zwecke ist alles unter Kultur befindliche Land von russischen Geometern vermessen und dessen mittlere Ertragsfähigkeit durch eigene sogen. Organisationskommissionen festgestellt worden. Die jeweilige Verteilung der Steuern auf die einzelnen Grundbesitzer ist den Gemeinden überlassen. Da bei dieser von den Eingeborenen selbst unter Aufsicht der russischen Behörden ausgeführten Steuererhebung Mißbräuche nach Möglichkeit ausgeschlossen sind, so haben die unter russischer Herrschaft stehenden Eingeborenen gegenwärtig kaum den fünften Teil von dem zu zahlen, was früher, unter der Herrschaft ihrer eigenen Chane, von ihnen erpreßt worden war. Daraus erklärt sich die Zufriedenheit der Eingeborenen mit dem russischen Regime wohl zur Genüge, ganz abgesehen davon, daß jetzt ihr Leben und ihr Besitzstand vollkommen gesichert ist, während sie früher jeden Augenblick gewärtigen mußten, das eine oder andere zu verlieren. Freilich hat diese durch eine Unge Politik diktierte Liberalität der russischen Regierung gegenüber der Bevölkerung Turkestans alljährlich ein bedeutendes Defizit zur Folge, für das dann die armen Bauern des europäischen Rußlands aufzukommen haben, die überdies auch noch das Militär für Turkestan stellen müssen, da die Eingeborenen, wie bereits erwähnt, von allen Militärpflichten befreit

find. Nach offiziellen Berichten hat Rußland die Verwaltung von Tur=
kestan vom Jahre 1869 bis zum Jahre 1897 nicht weniger als 290 Mil=
lionen Rubel gekostet, während die Gesamteinkünfte für dieselbe Zeit nur
158 Millionen betrugen, was ein Defizit von 132 Millionen ergiebt.

e) Feldarbeiter. In Turkestan bearbeiten nur die ärmsten Grund=
besitzer ihre Felder selbst; die übrigen halten dazu Taglöhner, die zur Zeit
der Aussaat und Ernte Tag für Tag gemietet werden. Ständige Acker=
knechte giebt es seit der Aufhebung der Sklaverei durch die Russen nicht.
Es giebt zwei Klassen von Arbeitern: Mardiker und Arbakesche. Die
Mardikere werden zum Umgraben der Felder, zum Säen und Ernten
des Getreides, zum Aufführen von Garten= und Häusermauern, zum Aus=
heben von Brunnen und Teichen, zum Reinigen der Kanäle und dergleichen
Arbeiten verwendet. Ihre ganze Ausrüstung besteht in der schweren ein=
heimischen Haue, dem Ketmen, mit dem jeder Mardiker auf dem Arbeits=
platze erscheint, ebenso wie der russische Arbeiter mit seinem Beil, und der
oft den ganzen Besitzstand eines solchen Arbeiters repräsentiert. Die Arba=
kesche sind mit einem Pferde und dem einheimischen zweiräderigen Wagen,
der Arba, und gleichfalls mit einem Ketmen ausgerüstet und werden zum
Ausführen des Düngers, zum Einführen von Getreide und Viehfutter, zum
Transport von Steinen, Lehm, Sand, Holz, Schilf, Möbeln, sowie von
Reisenden und Waren und zu hundert andern Verrichtungen verwendet.
Arbakesche und Mardiker werden immer nur für den laufenden Tag ge=
mietet und jeden Abend entlohnt. Dieselben versammeln sich deshalb jeden
Morgen, die Mardikere mit ihrem Ketmen, die Arbakesche mit Wagen,
Pferd und Ketmen ausgerüstet, auf dem Bazarplatze und warten, bis jemand
erscheint und sie mietet; genau so wie in der Bibel in der Parabel vom
Hausvater, der Arbeiter für seinen Weinberg anwirbt. Die Arbeitszeit
dauert bis Sonnenuntergang. Der Taglohn ist verhältnismäßig gering.
Vor der Ankunft der Russen betrug der Taglohn eines Mardikers 20 Pfennig,
der eines Arbakesch 80 Pfennig und zwar bei eigener Verköstigung. Zur
Winterszeit, wo Mangel an Arbeit war, verdienten sich die zum Baumwoll=
reinigen gemieteten Arbeiter gar nur 4 Pfennig täglich. Die Russen, welche
überhaupt schlechte Haushälter sind und in der ersten Zeit ihres Auftretens
in Turkestan nicht wußten, was sie mit ihrem Gelde anfangen sollten, haben
die Preise bedeutend in die Höhe getrieben, und gegenwärtig verdienen in
Taschkent Mardikere bis zu einer Mark und Arbakesche 2—4 Mark täglich.

f) Bodenbearbeitung. Die gewöhnliche Art, den Boden zu
bearbeiten, ist das Umgraben desselben mit dem Ketmen; bei kleinen Grund=
besitzern ist dies die ausschließliche Art der Bodenbearbeitung. Nur auf
größeren Feldern und auf solchen Ländereien, wo der Ertrag der Felder
nicht ausgiebig genug ist, um die kostspielige und beschwerliche Ketmen=

arbeit bezahlt zu machen, werden die Felber gepflügt. Das Pflügen wird, um den Mangel an Dünger zu erfetzen, sehr gründlich ausgeführt und oft wiederholt, wobei abwechselnd kreuz und quer geackert wird, um den Boden gehörig zu lockern und aufzuwühlen. Je nach der Sorte des auszusäenden Getreides wird der Boden bis zu zehn=, ja bis zu fünfzehnmal hintereinander gepflügt. Besonders geschieht dies auf denjenigen Feldern, welche zum An= bau von Dschugara und Tabak bestimmt sind. Das Düngen der Felder spielt bei den Eingeborenen Turkestans eine ganz untergeordnete Rolle. Denn der Lößboden ist auch ungedüngt von faft unerschöpflicher Ertrags= fähigkeit, und außerdem fehlt es auch am nötigen Dünger. Die anfässige Bevölkerung beschäftigt sich hauptsächlich nur mit Pferdezucht, mit Rindvieh= zucht aber nur wenig, und der Rindermift wird gewöhnlich getrocknet und als Brennmaterial verwendet. Die menschlichen Abfälle aber kommen gar nicht zur Verwendung, da dieselben in tiefen Gruben angesammelt und mit Erde zugeschüttet werden. Statt die Felder zu düngen, wird auf dieselben, wenn nötig, aus den benachbarten Lößsteppen neue Erde zugeführt; auch eingefallene Häuser= und Gartenmauern werden zu diesem Zwecke verwendet.

g) Landwirtschaftliche Geräte. Die landwirtschaftlichen Geräte der Eingeborenen Turkestans sind wenig zahlreich und von außerordentlicher Einfachheit. Es sind dies der bereits erwähnte Ketmen, der Pflug, eine primitive Egge, die Arba, ein Gebirgsschlitten, eine eigentümliche Dresch= vorrichtung, Walz= und Stampfmühlen, Ölpressen und eine Maschine zum Reinigen der Baumwolle.

Der Ketmen hat die in Bild 127 angegebene Gestalt. Er ist aus Eisen geschmiedet, hat eine Höhe von etwa 30 cm und eine Breite von un= gefähr 25 cm und wiegt 10 Pfund und darüber. Diese unverhältnis= mäßige Schwere des Ketmen ist dadurch bedingt, daß man in dem steinharten Lößboden mit leichteren Werkzeugen nichts ausrichten würde. Deshalb sind auch Spaten in Turkestan gänzlich unbekannt.

Der Ketmen ist für den Zentralasiaten ein wahres Universalinstrument, mit dem er die verschiedenartigsten Arbeiten verrichtet. Mit dem Ketmen werden die Felder umgegraben, werden Brunnen, Teiche und Kanäle aus= gehoben und gereinigt; mit dem Ketmen bereitet der Sarte den Lehm für seine Häuser und Gartenmauern, und er führt auch das Mauerwerk selbst damit auf; die fertigen Häuser und Gartenmauern glättet er nachträglich mit demselben Ketmen; der Ketmen wird ferner zum Auf= und Abladen des Düngers und zum Ausbreiten desselben auf den Feldern, zum Öffnen und Verschließen der Kanäle und zu hundert andern Verrichtungen verwendet, zu denen man bei uns ein ganzes Arsenal von verschiedenen Instrumenten nötig hat. Ja selbst als Trinkschale wird der Ketmen verwendet, indem der Arbeiter denselben in den nächftbesten Kanal senkt und in dessen flacher

Höhlung Wasser zum Munde führt. Der Ketmen ist ein so brauchbares und im Lößboden unentbehrliches Werkzeug, daß auch die Russen denselben bei ihren turkestanischen Sappeur=Abteilungen eingeführt haben.

Der turkestanische Pflug ist nebst Zubehör in Bild 128 dargestellt. Derselbe besteht aus drei Hauptbestandteilen: der Deichsel, dem Haken und

der Pflugschar. Die ca. 3 m lange Deichsel ist mit dem Haken fest ver= bunden und so in denselben verkeilt, daß eine Lockerung ausgeschlossen ist.

Bild 127. Ketmen.

Zu größerer Sicherheit und Festigkeit ist in dem Winkel zwischen Haken und Deichsel noch ein starker Holzpflock eingespreizt. Die Deichsel ist an ihrem vorderen Ende mit drei oder vier Löchern versehen, durch welche der zum Festbinden des Joches dienende Strick gezogen wird. Soll möglichst tief gepflügt werden, so wird das Joch an das vorderste Loch befestigt, sonst aber je nach Bedürfnis weiter zurückgesetzt. Der massive, aus einem Stück bestehende Haken wird gewöhnlich aus natürlich gekrümmtem Aprikosen= holz hergestellt. Derselbe hat in der Regel eine Höhe von etwas über 1 m, während die Länge der Pflugsohle etwa 70 cm beträgt. An der Hinterseite des Hakens ist oben eine kleine Handhabe angebracht, mittels deren der Pflug

vom Arbeiter gelenkt wird. Auf die Spitze des Pflughakens wird einfach und ohne weitere Be= festigung eine gußeiserne Pflug= schar aufgesteckt, welche die in Bild 128 angedeutete lanzen= förmige Gestalt hat. Dieselbe wird nur beim Pflügen aufgesetzt, nach geschehener Arbeit aber jedes= mal abgenommen und in den Händen nach Hause getragen. Die Pflugschar hat eine Länge von etwa 30 cm und eine Breite von 25 cm. Sie ist am ganzen

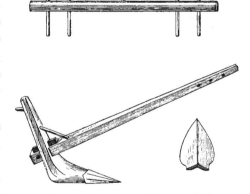

Bild 128. Turkestanischer Pflug nebst Joch.

Pfluge der einzige Metallteil. Alles andere besteht aus Holz, und nicht einmal eiserne Nägel kommen zur Verwendung. Da der Pflug keine Räder hat, so wird er in der Weise transportiert, daß er nach Abnahme der Pflugschar mit dem Haken nach vorn über den Jochbalken gelegt wird, wobei die Spitze des Hakens vorn über jenen herabhängt, während die Deichsel hinten auf dem Boden nachschleift. Der eben beschriebene Pflug, der ein Pflügen bis zu einer Tiefe von 50 cm ermöglicht, ist nicht nur bei der ansässigen Bevölkerung Turkestans, sondern auch bei den ackerbautreibenden Nomaden in Gebrauch. Der turkestanische Hakenpflug wird stets von zwei im Joche gehenden Zugtieren, gewöhnlich Ochsen, außerdem aber auch von Kühen, Kamelen und Pferden gezogen. Das Joch besteht aus einem nahezu 3 m langen runden hölzernen Ballen, in den parallel zu einander vier nach abwärts gerichtete Holzstäbe befestigt sind, zwischen welche der Hals

Bild 129. Pflügende Tekke-Turkmenen. (Nach einer Aufnahme von G. Merzbacher.)

der Zugtiere eingezwängt wird. Die Tiere ziehen also mit ihren Schultern, was ihnen jedenfalls große Schmerzen verursachen muß. Kamele protestieren deshalb auch, wenn sie zum Pflügen verwendet werden, während der ganzen Arbeit unablässig durch ein herzzerreißendes Geschrei gegen eine derartige barbarische Behandlung (Bild 129). Der kurze Stift in der Mitte des Jochbalkens dient zum Anlegen des Strickes, mittels dessen das Joch an die Deichsel festgebunden wird. Der Abstand zwischen den beiden Zugtieren beträgt ungefähr 2 m. Diese Einrichtung ist wohl deshalb getroffen, um eine Verletzung der Tiere durch die Pflugschar und allenfallsige Streitigkeiten zwischen den Tieren selbst hintanzuhalten. Der Lenker der Zugtiere geht nicht wie bei uns vor oder neben den Tieren, sondern zwischen ihnen, links neben der Deichsel. Er hält sich dabei mit den Händen an dem Jochbalken oder der Deichsel fest und dirigiert die Tiere nicht durch Zurufen, sondern dadurch, daß er, je nach Bedürfnis, bald sich mit seiner ganzen Schwere gegen die Deichsel stemmt, bald dieselbe nach seiner Seite zu ziehen sucht, wodurch die Tiere gezwungen werden, in dem einen Falle nach rechts, im andern nach links zu leuken. Nur Kamele werden beim Pflügen an der Halfter geführt.

Die Eggen bestehen gewöhnlich aus schweren, breiten Brettern, in welchen einige Reihen starker eiserner Stifte befestigt sind. Oft werden statt der Eggen auch aus Strauchwerk geflochtene Faschinen verwendet, oder man schleift noch einfacher den auf die Seite gelegten Pflug über die Felder.

Die einheimischen zweiräderigen Wagen oder Arben, deren Einrichtung aus Bild 130 zu ersehen ist, finden eine ebenso vielfache Verwendung 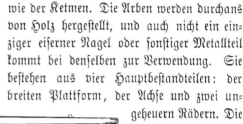 wie der Ketmen. Die Arben werden durchaus von Holz hergestellt, und auch nicht ein einziger eiserner Nagel oder sonstiger Metallteil kommt bei denselben zur Verwendung. Sie bestehen aus vier Hauptbestandteilen: der breiten Plattform, der Achse und zwei ungeheuern Rädern. Die Plattform besteht aus zwei massiven, beinahe 5 m langen, von hinten nach vorn sich verjüngenden Balken, die leiterartig durch eine Reihe von starken

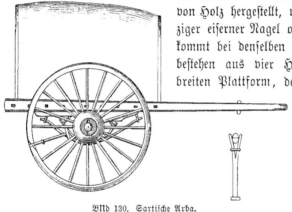

Bild 130. Sartische Arba.

Querhölzern miteinander verbunden sind, und deren vordere Enden zugleich die Gabel bilden, in welche das Wagenpferd gespannt wird. Die erwähnten Querhölzer werden entweder mit starken Weidenruten korbartig durchflochten oder mit einem Bretterboden bedeckt. Diese Plattform hat an ihrem hinteren Ende eine Breite von circa 2 m, verengert sich aber nach vorn. Von unten sind an die Gabelbalken zwei starke hölzerne Latten befestigt, die mit Ausschnitten versehen sind, in welche die massive hölzerne Achse zu liegen kommt. Die Achse wird an die Plattform nicht festgenagelt, sondern an derselben durch zwei elastische Stangen festgehalten, welche, wie unser Bild zeigt, unter der Achse durchgehen und beiderseits durch Stricke an die Plattform befestigt sind. Die Räder haben einen Durchmesser von 2 bis 2,5 m. Der Kranz der Räder ist nicht wie bei uns aus Felgen zusammengesetzt, sondern wird wie bei den russischen Bauernwagen aus einem einzigen, kreisförmig gebogenen Baumstamme hergestellt. Gewöhnlich werden dazu junge Ulmenstämme verwendet. Der frisch gefällte Baum wird mit seinem dicken Ende zwischen zwei dicht nebeneinander stehende Bäume eingezwängt und dann durch die vereinten Kräfte von einem halben Dutzend Männern um einen weiter abstehenden Baum so weit krumm gebogen, als es fürs erste möglich ist, und in dieser gebogenen Stellung festgebunden. Hat der Stamm nach einiger Zeit diese Krümmung angenommen, so wird er aufs neue noch stärker gebogen, und so fährt man fort, bis derselbe einen vollen und regelrechten Kreis bildet, worauf er dann bis zu entsprechender Dicke zugehauen wird. An der Stelle, wo die zwei keilartig zugespitzten Enden des Radkranzes zusammenstoßen, wird auf den Kranz eine hölzerne Gabel gesteckt, um das Auseinandergehen der nicht weiter untereinander verbundenen Enden zu verhindern. Diese Gabel, welche sich mit ihrem unteren Ende gegen ein zwischen zwei benachbarten Speichen eingeklemmtes Querholz

Bild 131. Arbakesch.

stemmt, wird, damit sie sich nicht weiter spalten kann, durch einen aus einer Weidenrute geflochtenen Ring zusammengehalten. Ist der verwendete Baumstamm zu kurz, um einen vollen Kreis zu bilden, so wird ein entsprechendes Stück eingesetzt, und die zwei Verbindungsstellen, wo die Enden des Einsatzes mit den Enden des Stammes keilartig zusammenstoßen, werden ganz auf dieselbe Weise durch je eine Gabel befestigt. Die Naben werden aus hartem Holze und ungeheuer massiv hergestellt, um ein Zersplittern derselben zu verhindern, da sie durch keine Metallreifen zusammengehalten werden. Die Räder werden nicht beschlagen, was allerdings in Lößgegenden angeht; in Gebirgsgegenden aber, wo übrigens Wagen auch nicht in Gebrauch sind, nützen sich die Räder sehr schnell ab, wie ich auf einer Gebirgstour von Kuldscha nach Wernoe im Jahre 1880 zu meinem Schaden erfuhr.

Sollen diese Arben als Reisewagen oder zum Transporte von Waren verwendet werden, so wird auf denselben zum Schutze gegen Regen und Sonnenstrahlen ein Dach angebracht, das aus einer Anzahl starker Holzreifen besteht, über welche entweder Leinwand oder Filz oder auch Schilfmatten gespannt werden. An manchen Orten, besonders in den von Tadschiken bewohnten Gebieten, wird auf die Plattform der Arben statt eines Schutzdaches ein aus Weidenruten geflochtener, ringsum geschlossener, aber oben offener Korb aufgesetzt, ganz ähnlich wie auf den ältesten Münzen die alt= arischen Wagen dargestellt werden, die ebenfalls zweiräderig waren.

In die Arben können nur Pferde gespannt werden. Den Wagen= pferden wird ein eigentümliches, aus einem dicken, mit Stroh oder Schilf ausgestopften, ledernen Wulst bestehendes Kummet um den Hals gelegt, das beiderseitig durch Riemen möglichst straff an die beiden Gabelstangen der Arbe festgebunden wird. Außerdem werden die Gabelstangen noch durch einen breiten Riemen miteinander verbunden, der dem Pferde über den

Bild 132. Arba des bucharischen Emirs.

Rücken gelegt wird, so daß dasselbe die Schwere der Gabel nicht auf dem Halse, sondern auf dem Rücken zu tragen hat. Die Wagenpferde werden deshalb ebenso gesattelt wie die Reitpferde, und der erwähnte Tragriemen kommt quer über den Sattel zu liegen. Der Fuhrmann sitzt nicht auf dem Wagen, sondern im Sattel und lenkt das Pferd mit einem gewöhnlichen Zügel wie ein Reitpferd; seine Füße setzt er aber nicht in die Steigbügel, sondern auf die Gabelstangen, um deren Gewicht und damit die Zugkraft des Pferdes zu vermehren (Bild 131 u. 132). Führt der Weg bergan, so steht der Fuhrmann auf und drückt mit seiner ganzen Schwere auf die Gabel, um das Überkippen des Wagens nach hinten zu verhindern. Die Last wird auf den Arben immer so verteilt, daß bei horizontaler Lage die vordere

Hälfte ein kleines Übergewicht hat. Soll abgeladen werden, so spannt der Fuhrmann das Pferd aus, was im Nu geschieht, und kippt den Wagen nach hinten über, infolgedessen die Ladung von selbst auf den Boden rollt. Die Achsen der Arben werden nicht geschmiert; da bei dem bedeutenden Umfange der hölzernen Achsen die Reibung zwischen diesen und den gleichfalls hölzernen Naben sehr stark ist, so verursachen die Arben beim Fahren ein eigentümliches, rhythmisches und weithin vernehmliches Knarren. Besonders wenn die Anzahl der Arben groß ist, kann man ihr sich in den höchsten Tönen bewegendes Geknarre mehrere Kilometer weit hören.

Die Arben sind in Anbetracht der lokalen Verhältnisse jedenfalls das Beste, was man hätte erfinnen können, und sie machen dem Erfindungsgeiste der Eingeborenen alle Ehre. Bei den Arben wird die Kraft des Pferdes aufs äußerste ausgenützt, wodurch es möglich wird, daß ein ganz unansehnliches Pferd außer der Last des ungeheuern Wagens und des Reiters noch ein Gewicht von 10—14 Zentnern zu ziehen im stande ist, und zwar nicht etwa bloß auf ebenem Terrain, sondern auch in ganz unwegsamen und hügeligen Gegenden. Die gewaltigen Räder vermindern den Reibungswiderstand und die Stöße auf unebenem und lehmigem Boden, infolgedessen sich die Arben ohne Schwierigkeit auch noch da bewegen können, wo unsere Wagen in den Vertiefungen des ausgefahrenen Weges einfach stecken bleiben oder in dem bodenlosen Schlamme bis über die Achsen versinken. Eine Arbe legt täglich im Durchschnitte 50—60 km zurück; ich habe sogar mitunter 100 km gemacht, ohne die Pferde zu wechseln, selbst in gebirgigem Terrain. Dank der großen, über 2 m betragenden Spurweite sind die Arben auch auf unebenem Boden gegen Umwerfen gesichert. Ganz unbezahlbar aber sind dieselben, wenn es gilt, über einen angeschwollenen Fluß zu setzen, und ohne Arben würde in Turkestan zur Zeit der Schneeschmelze die Postverbindung oft monatelang unterbrochen sein. Auf ihren hohen Rädern gehen diese Wagen mit der größten Sicherheit selbst durch 1,5 m tiefe Flüsse, ohne daß die Ladung benetzt wird, und die Eingeborenen setzen mit unbeladenen Arben ohne Anstand selbst über die größten Flüsse, wie den Syr-Darja und Amu-Darja. Da die Arben vollständig aus Holz bestehen und so breit und massiv sind, daß sie von der Strömung nicht umgeworfen werden können, so ist man auf denselben ebenso sicher geborgen wie in einem Kahne, und die Pferde, welche an und für sich schon gute Schwimmer sind und ohne Anstand über den 2—3 km breiten Amu-Darja setzen, werden durch die massive Plattform beim Schwimmen noch wesentlich erleichtert. Während eines Krieges mit Chiwa setzte einmal der bucharische Emir seine ganze Armee auf Arben über den Amu-Darja. Auch zum schnellen Brückenschlagen sind dieselben geeignet, und die Russen haben auf ihren turkestanischen Feldzügen wiederholt Flüsse auf Brücken überschritten, die aus aneinandergereihten Arben improvisiert wurden. Im Kriegswesen der Zentralasiaten haben die Arben von jeher eine sehr wichtige Rolle gespielt, indem sie zur Errichtung von Wagenburgen verwendet wurden, zum Schutze der Kriegslager gegen plötzliche feindliche Überfälle oder zur Befestigung der Schlachtreihe gegen einen numerisch überlegenen Feind. Sultan Baber be= nützte in allen seinen großen Schlachten, wenn er einem vielfach überlegenen Gegner gegenüberstand, Wagenburgen, die aus einer Reihe von durch Ketten miteinander verbundenen Arben bestanden und beim Angriffe vor der vor= rückenden Schlachtreihe hergeschoben wurden. Bei den Zentralasiaten ist der Gebrauch von Wagenburgen so allgemein verbreitet, daß auch in Friedens= zeiten die Reisenden und Kaufleute nachts immer ihre Arben rings um ihr Lager her aufstellen zum Schutze gegen wilde Tiere und gegen räuberische Überfälle. Die Russen haben bei ihren Feldzügen in Turkestan nach dem Vorgange der Eingeborenen von Wagenburgen ebenfalls einen vielfachen und sehr zweckmäßigen Gebrauch gemacht. Aus den alten Schriftstellern wissen wir, daß auch bei den Kämpfen der alten Germanen die Wagenburgen eine große Rolle spielten. Daß die Arben mitunter selbst bei Hinrichtungen, zum Auf= hängen und Pfählen verwendet wurden, habe ich bereits früher erwähnt.

Bei den Russen haben die Arben wegen ihrer Zweckmäßigkeit eine vielfache Verwendung gefunden, und bei allen in Turkestan stationierten Truppenteilen sind sie als ständige Transport= und Krankenwagen eingeführt. Nur haben die Russen einige Verbesserungen vorgenommen. Fürs erste werden die Räder beschlagen, um deren Dauerhaftigkeit zu erhöhen; dann hat man Vorrichtung getroffen, daß je nach Bedürfnis noch ein oder zwei Seiten= pferde angespannt werden können; bei den Krankenwagen wird auf der Plattform ein hölzerner, mit Leinwand überspannter Rahmen angebracht, auf welchem die Kranken weich und elastisch gebettet werden können. Auf den Postwegen sind die Arben wahre Nothelfer. Ist ein ausgetretener Fluß zu passieren, so werden die Reisenden und deren Effekten auf eine Arbe verpackt, der Postwagen oder Schlitten auf eine zweite und gefahrlos über den Strom befördert, während der Postillon mit den Postpferden über den Fluß schwimmt. Zur Zeit des Hochwassers sind die Bezirkschefs ver= pflichtet, auf den Postwegen an allen Furten eigene Arben aufzustellen, um den Reisenden das Übersetzen zu erleichtern. Bricht einem auf der Reise einmal der Wagen zusammen, was auf den schauerlichen oder auch gar nicht vorhandenen Wegen nur zu häufig geschieht, so schickt man gleichfalls nach ein paar Arben und läßt sich und sein Gepäck und den zerbrochenen Wagen nach der nächsten Poststation transportieren.

Bei den Eingeborenen Turkestans ist es, wie seiner Zeit auch bei den alten Skythen, nur für Frauen und Kinder Sitte, auf Wagen zu fahren; Männer dagegen, wenn sie auch noch so alt und gebrechlich sind, halten es für schimpflich, anders als zu Pferd zu reisen. Als der frühere bucharische Emir Moffaffar=Eddin im Jahre 1865 die russische Gesandtschaft gefangen setzte, soll er hauptsächlich deshalb auf die Russen erbost gewesen sein, weil der Chef der Gesandtschaft, Oberst Gluchowskoi, im Wagen angefahren kam, was der Emir für einen ihm absichtlich zugefügten Schimpf hielt. Gluchowskoi fuhr aber nicht etwa auf einer einheimischen Arbe, sondern in einem Staatswagen, den er sich mit großen Kosten eigens aus Europa verschrieben hatte, um den Bucharen zu imponieren. Gegenwärtig haben sich infolge des russischen Ein= flusses die Ansichten der Eingeborenen in dieser Beziehung bedeutend geändert, und der Emir fährt jetzt selbst in einem Staatswagen, den er vom Kaiser von Rußland zum Geschenke erhalten hatte. Nur sitzen bei ihm die Kutscher nicht auf dem Bocke, sondern auf den Pferden, weil die einheimische Etikette nicht erlaubt, daß der Knecht einen höheren Sitz einnimmt als der Herr.

In eigentlichen Gebirgsgegenden sind die Arben natürlich nicht zu ge= brauchen; sie sind deshalb im östlichen Buchara und in Karategin sowie in den Galtscha= ländern Badach= schan, Dar= was rc. gänzlich unbekannt. Man gebraucht dort zum Einführen von Getreide und zum Transporte solcher Lasten,

Bild 133. Turkestanischer Gebirgsschlitten.

welche nicht auf Saumpferde verladen werden können, im Winter und Sommer äußerst roh gezimmerte Schlitten, deren Einrichtung aus Bild 133 zu ersehen ist. Diese Schlitten bestehen aus kurzen, massiven, vorn leicht gekrümmten, unbeschlagenen Kufen, die durch starke Querhölzer miteinander verbunden sind. In das vorderste Querholz ist eine fest= stehende Deichsel eingekeilt, an welche das Joch festgebunden wird; dieses letztere hat dieselbe Form und dieselben Dimensionen wie die bei dem Pflügen gebräuchlichen Joche. Diese Gebirgschlitten werden ausschließlich mit Ochsen bespannt. Auch bei den Schlitten geht der Lenker zwischen den Ochsen gleich hinter dem Joche, und er dirigiert das Gespann, genau ebenso, wie dies beim Pflügen geschieht, nicht durch Zuruf, sondern durch persönliches Eingreifen. Zum Einführen von Getreide, Luzerne, Baumstämmen u. dgl. werden die Schlitten so gebraucht, wie sie sind. Sollen dagegen heterogene Gegenstände, wie Melonen und sonstige Früchte, transportiert werden, so wird, wie unser Bild zeigt, auf die Kufen ein aus Holzstäben und Weiden= ruten geflochtener Korb aufgesetzt. In den Flachländern Turkestans sind

Bild 134. Turkestanische Mühle. (Nach einer Aufnahme von G. Merzbacher.)

Schlitten unbekannt. Die Taschkenter Sarten haben dafür auch gar keine Bezeichnung, und als sie die Russen zum erstenmal in Schlitten fahren sahen, nannten sie die Schlitten „Arben ohne Räder".

Viele Dinge, welche man bei uns auf Wagen oder Schlitten transportiert, befördern die Eingeborenen Turkestans, besonders die Gebirgsbewohner, auf Pferden oder Eseln, wie z. B. Luzerne, Getreidesäcke, Brennholz, Schilf, Baumstämme u. dgl. Die bis zu 200 kg schweren Getreidesäcke werden quer über den Rücken der Tiere gelegt; der Reiter aber setzt sich hoch oben auf den Sack, um das Gleichgewicht zu halten, wozu allerdings eine große Kunstfertigkeit im Reiten gehört. Beim Transport von Luzerne werden die Lasttiere mit einem ganzen Berge von Luzernebündeln beladen, so daß von ihnen nichts als der untere Teil der Füße zu sehen ist und sie einem wandelnden Heuschober ähnlich sehen. Baumstämme werden paarweise, mit dem dicken Ende nach vorn, zu beiden Seiten des Sattels festgebunden und die dünnen Enden auf dem Boden nachgeschleift. Im Gebirge kann man oft aus Hunderten von Pferden oder Eseln bestehenden Karawanen begegnen, welche auf die angegebene Weise aus weiter Ferne Bau- oder Brennholz nach den Städten schleppen. Ganz ähnlich wie die Baumstämme werden auch die 4—6 m langen Schilfbündel verladen und transportiert.

Zum Einernten aller Arten von Getreide und auch der Luzerne gebrauchen die Eingeborenen Sicheln; Sensen sind dagegen gänzlich unbekannt.

Die Art des Dreschens ist in Turkestan noch immer dieselbe, welche bereits in der mosaischen Gesetzgebung und an andern Stellen der Bibel erwähnt wird und welche offenbar in Turkestan schon zu den Zeiten der Ur-Arier in Gebrauch gewesen ist. Das Getreide wird unter freiem Himmel auf einem ebenen, grasfreien Platze, auf dem Felde selbst, ausgebreitet und darauf ein halbes Dutzend Ochsen im Kreise herumgeführt. Die Ochsen gehen dabei, dicht aneinander gedrängt, in Phalanxordnung, wobei der innerste Ochse sich nur im Kreise zu drehen hat, da der Durchmesser des von dem äußersten Ochsen beschriebenen Kreises nur etwa 7—8 m beträgt. Um die Ochsen beim Dreschen daran zu verhindern, sich einen Teil des Getreides ungesetzlicherweise anzueignen, wird denselben das Maul so fest zugebunden, daß sie nur mit Mühe atmen können: eine Tierquälerei, die bekanntlich in der mosaischen Gesetzgebung ausdrücklich verpönt wird. Das Stroh wird durch die angegebene Prozedur kurz und klein getreten und in Häcksel verwandelt, die zu nichts weiter zu gebrauchen sind als zum Anmachen des Lehms zum Häuserbau. Außer dieser primitiven Dreschmethode giebt es noch eine zweite, welche darin besteht, daß eine dreieckige, circa 3 m lange, etwa 1 m dicke und einige Zentner schwere, aus Strauchwerk geflochtene Faschine, auf der einige Arbeiter Platz nehmen, von einem Paar Ochsen auf dem Getreide im Kreise herumgeschleift wird. Dieselben Faschinen werden bei der Bestellung der Felder, wie bereits erwähnt, auch als Eggen benützt. Im Gebiete von Kuldscha gebrauchen die Einwohner statt der Faschinen achteckige, fußdicke und etwa 1,5 m lange Steinwalzen, die gleich=falls von Ochsen über das auszudreschende Getreide gezogen werden.

Um das ausgedroschene Korn von dem Häckſel zu scheiden, wird dasselbe bei leichtem Winde mittels hölzerner Wurfschaufeln in die Höhe geworfen, wobei Spreu und Häckſel vom Winde entführt werden, das Getreide aber zu Boden fällt. Diese Prozedur muß natürlich mehrmals wiederholt werden.

Bild 135. Getreidemühle mit Pferdebetrieb.

Die turkestanischen Mühlen (Bild 134, S. 337) sind ebenso einfach wie alle übrigen Einrichtungen. Der Mühlstein ist an einer vertikalen Welle befestigt, an deren unterem Ende ein kleines horizontales Flügelrad angebracht ist. Dieses Rad wird durch einen starken Wasserstrahl, der in einer gegen den Horizont sehr stark geneigten hölzernen Röhre gegen die Schaufeln des Rades dirigiert wird, in schnelle Rotation versetzt. Die Nabe des erwähnten Mühlsteins, der sich über einem gleichgroßen, unbeweglichen Steine dreht, ist mit einem Loche versehen, durch welches das Getreide aus einer hölzernen Rinne zwischen die beiden Steine eingeführt wird. Das auf diese Weise erzeugte Mehl ist grob und mit der Kleie vermischt. Der Müller erhält für das Mahlen circa 25 Pfennig für den Batman, ent=weder in Geld oder in Mehl. Solcher Mühlen giebt es in Taschkent 111.

An ſolchen Orten, wo keine geeignete Waſſerkraft zur Verfügung ſteht, giebt es auch Mühlen mit Pferdebetrieb (Bild 135, S. 339).

Außer dieſen Mühlen ſind auch noch Stampfmühlen in Gebrauch, welche gleichfalls durch Waſſerkraft getrieben werden und hauptſächlich zum Enthülſen der Reiskörner benützt werden. Die primitive Einrichtung dieſer Stampfmühlen iſt aus Bild 136 zu erſehen. Das Waſſer wird in einem mit hölzernen Planken ansgelegten Kanal mit ſtarkem Gefälle zugeleitet. Das unterſchlächtige Rad wird ſehr einfach dadurch hergeſtellt, daß vier ſtarke hölzerne Bohlen in der durch die Abbildung angedeuteten Anordnung an eine horizontale Welle befeſtigt werden. Der Pochſtempel beſteht aus einem hölzernen, mit einem Steine beſchwerten und unten mit Eiſen beſchlagenen Hammer, der ſich um eine hölzerne Achſe dreht und durch einen Pflock gehoben wird, der ſo durch die Radwelle ge=ſteckt iſt, daß deſ=ſen Enden bei=derſeitig hervor=ſtehen. Die Ach=ſenlager des Stempels wer=den einfach aus Lehm hergeſtellt. Stets werden zwei Stempel gebraucht, die nebeneinander angebracht und

Bild 136. Turkeſtaniſche Stampfmühle.

durch ein und dieſelbe Welle abwechſelnd gehoben und geſenkt werden. In der Zeichnung iſt der größeren Einfachheit wegen der zweite Stempel weg=gelaſſen worden. Das Getreide wird in eine Vertiefung geſchüttet, welche ringsum mit rohen Flußſteinen eingefaßt iſt. Die beſchriebene Vorrichtung befindet ſich entweder ganz unter freiem Himmel, oder es wird, wenn dieſelbe auch während der Regenzeit benützt werden ſoll, über der Getreidegrube eine Schilf= oder Lehmhütte errichtet. In Taſchkent giebt es 74 ſolcher Stampfmühlen.

In den Ölpreſſen wird das Öl durch einen vertikal in einem Lehmmörſer ſtehenden Mühlſtein ausgepreßt, der mittels eines durch den Stein geſteckten Balkens von einem an das freie Ende des Balkens geſpannten Pferde im Kreiſe herumgeführt wird. Dem Pferde werden dabei, um es vor Schwindel zu bewahren, die Augen verbunden. Eine ſolche von einem Arbeiter und einem Pferde bediente Preſſe kann im Tage höchſtens 12 Pfund Öl liefern; es giebt deshalb ſehr viele Ölpreſſen, und Taſchkent allein zählt deren über hundert.

Da die turkeſtaniſche Baumwolle kurzfaſerig und deßhalb die Trennung der Faſer von den Samen ſchwierig iſt, ſo werden die reifen Kapſeln auf den Feldern abgeſchnitten, getrocknet und die Baumwollfaſer erſt nachträglich aus den Kapſeln genommen und von den Samen getrennt. Dazu braucht man eigene Maſchinen, die Tſchigir heißen und die in Bild 137 angegebene Einrichtung haben. Das Weſentlichſte dieſer Maſchinen beſteht in zwei hölzernen, 25 mm dicken, rauhen Walzen, deren dicke, mit ſchraubenartigen Ein= ſchnitten verſehene Enden ſo gegeneinander ge= preßt werden, daß, wenn die untere mit einer Kurbel verſehene Walze gedreht wird, ſich auch die obere Walze, aber in entgegengeſetzter Richtung drehen muß. Im mittleren Teile iſt zwiſchen den beiden Walzen ein kleiner Zwiſchen= raum gelaſſen, welcher zwar die Faſer, nicht aber die Samen durchläßt. Bringt man die aus den Kapſeln gezupfte Baumwolle an dieſe

Bild 137. Maſchine zum Reinigen der Baumwolle.

beiden Walzen und ſetzt letztere durch Drehen der Kurbel in Bewegung, ſo wird die Wolle erfaßt und zwiſchen den Walzen durchgezogen, während die Samen zurückbleiben. Die mit dem Auszupfen der Baumwolle und dem Reinigen derſelben beſchäftigten Arbeiter können ſich im beſten Falle täglich nur 10 Pfennig verdienen, da man mit der eben beſchriebenen Maſchine nur 12 Pfund Baumwolle täglich zu reinigen im ſtande iſt. Den Arbeitern wird überdies ihr Lohn nicht in Geld ausbezahlt, ſondern ſie erhalten die Hälfte der ausgelöſten Samen, die zum Ölpreſſen verwendet werden.

h) Kanaliſation. Da in den Flachländern Turkeſtans in der Regel den ganzen Sommer über kein Regen fällt, ſo beruht, abgeſehen von vereinzelten Gebirgsgegenden, der ganze Feld= und Gartenbau auf künſtlicher Bewäſſerung, und die allenfalls während des Sommers erfolgenden atmo= ſphäriſchen Niederſchläge ſpielen in den Ebenen für den Feldbau gar keine Rolle [1]. Die turkeſtaniſchen Kanaliſationswerke gehören entſchieden zu den

---

[1] Es war daher ein ſtarker Anachronismus, wenn der frühere Chef des Kurama= bezirks, Oberſt Kaljakow, unter ſeinen amtlichen Ausgaben einen Poſten von 30 000 Rubeln verzeichnete, die er, auf Rechnung der mohammedaniſchen Eingeborenen, angeblich an die ruſſiſchen Popen bezahlt hatte für die Veranſtaltung von Regen= bittgängen. Denn wenn ſich ſelbſt Gott hätte bereit finden laſſen, den Popen zu Gefallen die klimatiſchen Verhältniſſe abzuändern und einmal ausnahmsweiſe im Sommer Regen zu ſchicken, ſo wäre damit den Landbauern ſehr ſchlecht gedient geweſen, da ſie für ihre Feldfrüchte im Sommer Sonnenſchein, aber keinen Regen brauchen; denn für die Bewäſſerung ſorgen ſie ſchon ſelbſt. Zudem würden ſich die mohammedaniſchen Einwohner im Notfalle doch wohl lieber an ihre eigenen

großartigsten Leistungen der Menschheit. Dieselben erscheinen um so be-
wunderungswürdiger, wenn man bedenkt, daß sie von einem in Bezug auf
technische Kenntnisse auf einer sehr niedrigen Stufe stehenden Volke, und
ohne Karten, ohne Pläne, ohne Vermessungen und selbst ohne irgend welche
Nivellierinstrumente ausgeführt sind. Wiederholte Versuche haben bewiesen,
daß die Eingeborenen in Bezug auf Kanalisationsarbeiten den russischen
Fachingenieuren, denen doch alle Hilfsmittel der neueren Wissenschaft zu
Gebote stehen, entschieden überlegen sind. So hat sich unter anderen der
ehemalige Ingenieur=Hauptmann und jetzige Bankier Jantschewsky, nicht etwa
ein Russe, sondern ein Pole von Geburt, ein dauerndes, aber wenig ehrenvolles Monument gesetzt mit dem von ihm auf Staatskosten in Taschkent
angelegten Kanale, der zur Bewässerung der russischen Stadt bestimmt war,
in Wirklichkeit aber nie einen Tropfen Wasser gesehen hat, und der bis auf
den heutigen Tag als eine zweite Teufelsmauer mitten durch die Stadt
streicht und die Entwicklung des europäischen Stadtteils wesentlich beeinträchtigt.
Dieses Fiasko war um so unverzeihlicher, als in Taschkent die Kanalisation
weniger Schwierigkeiten bietet als irgendwo, weil der Ort über einen solchen
Überfluß an Wasser verfügt, wie kaum eine andere Stadt in ganz Turkestan.
Ein zweiter von den Russen aus dem Syr=Darja unterhalb Chodschent ab-
geleiteter Kanal, der zur Bewässerung der Hungersteppe zwischen Syr=Darja
und Dschisak bestimmt und gegenwärtig noch in der Ausführung begriffen ist,
liefert einen weiteren Beweis für die Inferiorität der russischen Ingenieure in
Kanalisationssachen. Denn dieses Unternehmen, welches bereits vor 10 Jahren
an die 20 Millionen verschlungen hatte, kann ebenfalls nur mit einem Fiasko
enden, da schwerlich ein Tropfen Wasser auf die Steppe gelangen wird.
Diese kolossale Arbeit wurde in der leichtsinnigsten Weise und ohne eingehende vorläufige Nivellierungen unternommen, indem man sich lediglich
darauf stützte, daß die Steppe auch früher aus dem Syr=Darja bewässert
worden sei. Man übersah aber dabei ganz die veränderten klimatischen
Verhältnisse und den Umstand, daß das Niveau des Syr=Darja heutzutage
niedriger liegt als dazumal. Aber selbst wenn es gelänge, wirklich einen
Teil des Syr=Darja auf die Hungersteppe zu leiten, wäre damit nichts
gewonnen, weil dann infolge der weiteren Erniedrigung des Wasserspiegels
des Syr=Darja die Ansiedlungen am Unterlaufe dieses Flusses trocken gelegt
und die Austrocknung des Aralsees noch mehr beschleunigt werden würde.

Mullas gewendet haben, die überdies die Sache wohl auch billiger gemacht haben
würden. Der damalige Militärgouverneur Golowatschow, der die Rechnungen des ihm
untergebenen Bezirkschefs zu prüfen hatte, fand zwar den erwähnten Posten „etwas hoch",
beanstandete ihn aber doch nicht weiter. Daß von den fraglichen 30 000 Rubeln die Popen
nichts zu sehen bekommen hatten, sondern daß sie spurlos in den Taschen des Bezirkschefs selbst verschwunden waren, brauche ich wohl nicht erst ausdrücklich zu erwähnen.

Die Kanalisation ist in Turkestan offenbar ebenso alt wie der Ackerbau selbst, weil ohne eine solche unter den obwaltenden Verhältnissen ein Feldbau gar nicht denkbar ist. Wie zahlreiche Ruinen und Spuren beweisen, waren in früheren Zeiten die Kanalsysteme viel umfangreicher und großartiger als heut= zutage und erstreckten sich oft auf Hunderte von Kilometern, wie denn selbst Buchara früher außer dem Sarawschan auch noch durch drei aus dem Syr= Darja durch die ganze Wüste Kysyl=Kum geleitete Kanäle bewässert worden sein soll. Der Syr=Darja, welcher heutzutage für die Bodenbewässerung nur in ganz untergeordneter Weise in Betracht kommt, spielte nach allen Anzeichen früher, als sein Niveau noch höher war, eine ebenso wichtige Rolle, wie der Saraw= schan noch gegenwärtig. Am ganzen rechten Ufer des Unterlaufes des Syr= Darja entlang finden sich noch zahlreiche Spuren von ehemaligen großartigen Bewässerungswerken, und das früher bei Perowsk beginnende Delta dieses Flusses bildete ohne Zweifel in alten Zeiten eine ausgedehnte Kulturoase, welche die heutige Kulturoase von Chiwa im Delta des Amu=Darja an Aus= dehnung noch bedeutend übertraf.

Der turkestanische Lößboden ist für den Kanalbau wie geschaffen. Der Umstand, daß der Löß mit Wasser befeuchtet sich in eine leicht zu bearbeitende weiche Masse verwandelt, erleichtert alle Erdarbeiten außerordentlich. Seine große Härte in trockenem Zustand und seine relative Undurchdringlichkeit gegen Wasser macht es anderseits möglich, 6 und mehr Meter breite, bis an den Rand gefüllte Kanäle auf hohen Erdwällen durch tiefe Thaleinschnitte und an steilen Bergabhängen hinzuführen, wobei die Seitenwände der Kanäle nur 1 m dick zu sein brauchen, ohne daß man einen Durchbruch zu befürchten hätte [1].

Bei der Anlage von Kanälen verfahren die Eingeborenen in Ermang= lung von Nivellierinstrumenten einfach empirisch und verlassen sich lediglich auf ihr Augenmaß. Ist es in einem gegebenen Falle zweifelhaft, ob nach einer bestimmten Stelle noch Wasser geleitet werden kann oder nicht, so ent= scheiden sie die Sache auf folgende Weise. Der Betreffende legt sich an der Stelle, nach welcher Wasser geleitet werden soll, rückwärts auf den Boden und sieht mit möglichst zurückgebeugtem Kopf über die Stirn hinweg nach der Ausgangsstelle. Kann er bei dieser Kopflage die fragliche Stelle noch sehen, so gilt dies als Beweis, daß die Zuleitung von Wasser möglich ist.

---

[1] Die erwähnte Eigenschaft des Löß machten sich einmal zwei Verbrecher zu nutze, die in dem sehr solide aus ungebrannten Ziegeln erbauten Taschkenter Staats= gefängnis inhaftiert waren. Dieselben hatten in das Fensterbrett ihrer Zelle mit einem Nagel ein Loch gebohrt und gossen nun mehrere Tage hintereinander alle Flüssigkeit, welche ihnen in Gestalt von Thee, Trink= oder Waschwasser verabreicht wurde, in dieses Loch. Nachdem sie auf diese Weise den unter dem Fensterbrett be= findlichen Teil der Mauer gehörig durchweicht hatten, drückten sie einfach die Wand durch und entkamen ohne Schwierigkeit.

Taschkent liegt an keinem natürlichen Flußbett, sondern wird durch eine Anzahl Kanäle bewässert, die aus dem in einer Entfernung von 10 km vorbeifließenden wasserreichen Tschirtschik abgeleitet sind. Der Tschirtschik entspringt auf der Südseite des Urtak-Tau und wird durch die Vereinigung der zwei Quellflüsse Tschatkal und Pskem gebildet. Er fließt nach seinem Austritt aus dem Gebirge, in der Nähe des Dorfes Sailik, in einer sehr breiten, links durch die sich vom Urtak-Tau abzweigende Namangankette begrenzten Thalebene in südwestlicher Richtung und ergießt sich in der Nähe von Tschinas in den Syr-Darja. Aus dem Tschirtschik sind drei größere Kanäle abgezweigt, links der Kara-Su, rechts der Sach-Aryk und Boß-Su. Keiner dieser drei Kanäle vereinigt sich wieder mit dem Tschirtschik. Der Kara-Su ergießt sich in den Nachbarfluß Angreen, der Sach-Aryk in den Keles, während der Boß-Su direkt in den Syr-Darja mündet. Der Umstand, daß sowohl der Tschirtschik wie die aus demselben abgeleiteten Kanäle zu allen Jahreszeiten mittelbar oder unmittelbar den Syr-Darja erreichen und nicht, wie der Sarawschan und viele andere turkestanische Flüsse, unterwegs versiegen, beweist, daß das vom Tschirtschik bewässerte Gebiet das ganze Jahr hindurch Überfluß an Wasser hat.

Der Boß-Su-Kanal nimmt seinen Ursprung 30 km oberhalb Taschkent bei dem Fort Niasbek; hier sind zur Regulierung des Wasserzuflusses große Wehre angelegt, zu deren Schutz das erwähnte Fort errichtet worden war. Der Boß-Su teilt sich in drei Arme: den eigentlichen Boß-Su, den wasserreichsten von ihnen, durch den das sartische Taschkent bewässert wird; den Salar, der die östlich vom Boß-Su gelegenen Felder und Gärten sowie die russische Stadt bewässert; und den Kara-Su, der die südöstlich von Taschkent gelegenen Felder mit Wasser versorgt. Der Boß-Su-Kanal ist sehr tief eingeschnitten und stellenweise von 30—50 m hohen Ufern begleitet. Oberhalb der Stadt bildet derselbe einen ziemlich hohen Wasserfall. Die Anlage dieses Kanals, der die im Wege liegende Hügellandschaft quer durchschneidet, muß ungeheure Arbeit gekostet haben. Der mittlere Arm, der Salar, folgt mehr den natürlichen Vertiefungen der Landschaft und hat ganz das Aussehen eines wirklichen Flußbettes, mit mannigfachen Krümmungen und ziemlich flachen Ufern. Derselbe war aber unzweifelhaft ursprünglich gleichfalls künstlich angelegt worden, hat jedoch infolge von Erosion im Laufe der Zeit sein Bett und seinen Lauf allmählich etwas modifiziert. Der Kara-Su-Kanal fließt bei Taschkent durch ganz ebenes und stellenweise sumpfiges Terrain. Aus dem Boß-Su, Salar und Kara-Su ist eine große Anzahl von Kanälen zweiter Ordnung abgezweigt, welche oft in weitem Bogen auf die einzelnen Felder und die verschiedenen Höfe und Gärten geleitet werden. Wunderbar ist, wie die Taschkenter bei ihren umfassenden und komplizierten Kanalbauten sich dem hügeligen und äußerst koupierten Terrain anzupassen verstanden haben. Die unzähligen Kanäle sind so vielfach verschlungen und mit solchem Sachverständnis geordnet, daß selbst den abgelegensten und hochgelegensten Stellen noch Wasser zugeführt wird, wobei Tiefe und Weite jedes einzelnen Kanals genau so berechnet ist, daß er gerade die zur Be= wässerung der auf ihn angewiesenen Felder und Gärten erforderliche Wasser= menge zu liefern im stande ist. Dabei hat immer der höher gelegene Kanal die Felder zu bewässern, ein tiefer gelegener Sammelkanal dagegen, um einer Versumpfung des Bodens vorzubeugen, das Abflußwasser wieder aufzunehmen und, je nach Bedürfnis, entweder in den Hauptkanal zurückzuführen oder

Bild 138. Zwei sich kreuzende Kanäle.

auf noch tiefer gelegene Felder weiter zu verbreiten. Alles Abflußwasser sammelt sich schließlich wieder im Hauptkanale, der stets die tiefsten Stellen der durch ihn bewässerten Landschaft durchfließt, wie ich in der schematischen Zeichnung Bild 49, S. 154 angedeutet habe. Wegen des hügeligen Charak= ters der Landschaft liegen in Taschkent die verschiedenen Kanalsysteme in mehreren Etagen übereinander und kreuzen sich vielfach. In den Fällen, wo ein höher gelegener Kanal sich mit einem unter ihm liegenden kreuzt, wird über den unteren Kanal ein Holzgerüst gespannt und auf demselben das Wasser des höheren Kanals in offenen hölzernen Rinnen aufs andere Ufer hinübergeleitet (Bild 138). Gelingt es bei allem Scharfsinn nicht mehr, Wasser auf eine hochgelegene Stelle zu leiten, so werden eigentümliche

Schöpfräder verwendet, welche den Namen Tschigir tragen. Es sind dies roh aus Holzstäben zusammengeflickte Schaufelräder, welche durch die Strömung des Kanalwassers in Bewegung gesetzt werden. An die Peri-pherie dieser Räder sind gewöhnliche irdene Töpfe festgebunden, welche beim Umdrehen der Räder im Kanal Wasser schöpfen und dasselbe in eine seitwärts aufgestellte hölzerne Rinne entleeren. Neben dem Garten der Taschkenter Sternwarte hatte einmal ein Sarte ein solches Schöpfrad eingerichtet, welches einen Durchmesser von etwa 6 m hatte und eine kleine Baumwollpflanzung bewässerte. Wegen der häufigen Reparaturbedürftigkeit dieser Räder kommen dieselben in Taschkent, wo ohnedies an Wasser kein Mangel ist, nur selten in Verwendung. Bei den ackerbautreibenden Kir-gisen, welche Überfluß an Zugvieh haben, kommen auch von Ochsen getriebene Schöpfräder zur Verwendung. Die in Zentralasien gebräuchlichen Schöpf-räder stimmen mit den ägyptischen vollkommen überein: ein Beweis, daß die Zentralasiaten dieselben von den Ägyptern entlehnt haben. Kann ein Stück Land weder direkt noch mit Zuhilfenahme von Schöpfrädern bewässert werden, so scheuen manche selbst nicht die ungeheure Mühe, das ganze Terrain tiefer zu legen. Der Boden wird auf der ganzen Strecke abge-graben und die überflüssige Erde weggeführt, bis das Niveau so tief gelegt ist, daß das betreffende Grundstück aus dem nächsten Kanale noch bewässert werden kann.

Bei der Bewässerung ihrer Felder verfahren die Eingeborenen auf zweierlei Weise. Sind die Felder in ihrer ganzen Ausdehnung zu bewässern, wie z. B. die Reis-, Getreide- und Luzernefelder, so werden dieselben in größere oder kleinere Quadrate eingeteilt, die durch etwa 15 cm hohe Lehmwände von-einander geschieden werden. Das Wasser wird aus dem Kanale zunächst in das höchstgelegene von diesen Quadraten geleitet. Ist dasselbe bis zur richtigen Höhe mit Wasser gefüllt, so fließt der Überschuß durch eine in der Seitenwand gelassene Vertiefung in das nächst niedere Viereck, aus diesem in ein noch niedrigeres, und so wird schließlich nach und nach das ganze Feld unter Wasser gesetzt. Auf denjenigen Feldern, welche mit Melonen, Baumwollstauden, Tabakpflanzen u. dgl. bebaut sind, die eine allgemeine Überschwemmung nicht vertragen würden, ist das Erdreich, ähnlich wie auf unsern Kartoffel- und Krautäckern, in Reihen geschichtet, und das Wasser wird in die zwischen den Reihen hinlaufenden Gräben geleitet. Dabei ist die Sache so eingerichtet, daß das aus dem Kanal zugeleitete Wasser zuerst außen an der höchstgelegenen Reihe entlang läuft und sich von da im Zickzack durch das ganze Feld schlängelt, so zwar, daß jede einzelne Reihe von beiden Seiten gleichmäßig bespült wird. Ganz ähnlich ist auch die Anordnung der Kanäle, welche zur Bewässerung von Baumpflanzungen dienen. Bild 139 veranschaulicht diese beiden verschiedenen Bewässerungssysteme. In dem erften Felde links, welches meinetwegen mit Reis bebaut ift, tritt das Waffer aus dem Kanal unter der Gartenmauer hindurch bei a ein und, nachdem alle Quadrate mit Waffer gefüllt find, bei b wieder aus. Ebenfo bezeichnet in dem nächften, beifpielsweife mit Baumwolle bebauten Feld a die Stelle, wo das Waffer in das Feld eintritt, und b die Stelle des Aus= tritts aus demfelben.

Merkwürdig ift, daß die Zentralafiaten, ungeachtet des hohen Alters und der hohen Ausbildung ihres Kanalifationswefens, bis jetzt nicht auf den Gebrauch von Schleufen verfallen find. Soll aus einem größeren Kanale Waffer in einen Nebenkanal abgegeben werden, fo wird einfach im Rande des Hauptkanals ein entsprechendes Loch aufgegraben und diefes, wenn der Wafferzufluß abgestellt werden foll, wieder mit Erde zugefcharrt, wobei fie

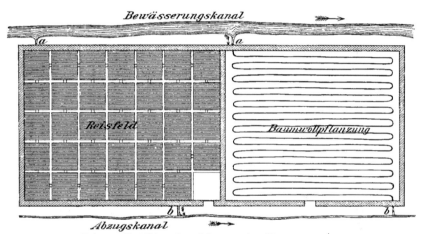

Bild 139. Verfchiedene Kanalfyfteme zur Bewäfferung der Felder.

fich lediglich ihres Univerfalinftrumentes, des Ketmen, bedienen. Sobiel ich weiß, kennen auch die Ägypter, offenbar die Lehrmeifter der Zentral= afiaten im Kanalbau, bis auf den heutigen Tag den Gebrauch der Schleufen nicht.

Da in Lößgegenden das Waffer beftändig große Mengen Schlamm mit fich führt und beim Paffieren der vielen Kanäle, Teiche, Felder, Höfe und Gärten noch außerdem ftark durch organifche Subftanzen verunreinigt wird, fo ift es notwendig, jedes Frühjahr vor Eröffnung der Feldarbeiten alle Kanäle gründlich zu reinigen und den das ganze Jahr über auf dem Boden abgelagerten Schlamm und Schmutz zu entfernen. Der ansgehobene Schlamm wird einfach an den Ufern der Kanäle aufgehäuft, wodurch die Ufer von Jahr zu Jahr erhöht und die Kanäle fcheinbar tiefer gelegt werden. Bei diefen Reinigungsarbeiten kann man fich überzeugen, welche Mengen von Unrat der ekelhafteften Sorte in Turkeftan die Stadtbewohner tagtäglich mit ihrem Trinkwasser zu sich nehmen [1]. Der aus den Kanälen und Teichen entfernte, meist bis zu 1 m tiefe Schlamm ist von grünlich-schwarzer Farbe und verbreitet, ehe er eintrocknet, einen solchen pestilenzialischen Gestank, daß man sich beim Vorübergehen die Nase zuhalten muß. Die russische Bevölkerung Taschkents ist in Bezug auf den Gebrauch des ekelhaften und gesundheitsschädlichen Kanalwassers ebenso sorglos wie die Eingeborenen und gebraucht es, so wie es ist. Freilich verwenden die Russen das Wasser in der Regel nur zur Theebereitung und zum Kochen, so daß wenigstens die schädlichsten Stoffe unschädlich gemacht werden. Ein echter Russe trinkt überhaupt selten frisches Wasser, sondern hält sich lieber an Thee und gebrannte Wasser. Da ich aber als geborener Bergbewohner von Jugend auf an den Genuß frischen Wassers gewohnt bin, so konstruierte ich mir in Taschkent zur Reinigung des Wassers einen Filter eigener Erfindung, der wegen seiner Billigkeit und Zweckmäßigkeit später auch von andern nachgemacht wurde. Ich stellte denselben aus einer einheimischen, 1,2 m hohen irdenen Wassertonne her, die ich zum dritten Teil mit klein gestoßenen Holzkohlen und darüber mit einem gleichen Quantum ausgewaschenen Sandes füllte. In der Nähe des Bodens hatte ich vorher die Seitenwand der Tonne durchbohrt und in die Öffnung ein durch einen lockern Baumwollpfropf verstopftes Schilfrohr gesteckt. Als Auffanggefäß benützte ich eine zweite irdene Tonne mit hölzernem Deckel. Dieser Filter, dessen Herstellungskosten sich auf etwa 2 Mark beliefen, lieferte, wenn nur Sand und Kohlen allmonatlich erneuert wurden, vollständig geruchloses und kristallhelles Wasser, und ich schreibe es zum guten Teil dem Gebrauche dieses Apparates zu, daß ich während meines langjährigen Aufenthaltes in Taschkent von sartischer Krankheit, von Unterleibsleiden und allen sonstigen Folgen des Genusses schlechten Wassers verschont geblieben bin, obwohl ich, zum Schrecken aller meiner Bekannten, tagtäglich große Mengen ungekochten Wassers konsumierte.

Alle mit der Kanalisation zusammenhängenden Arbeiten, wie Anlegung neuer Kanäle, Ausbesserung und Instandhaltung der alten, jährliche Reinigung derselben, Beaufsichtigung und Regulierung der verschiedenen Zuleitungswehre, stehen unter der Leitung und Aufsicht von eigenen Gemeindebeamten, die von allen an dem betreffenden Kanalsysteme beteiligten Grundbesitzern gewählt werden und den Titel „Aryk-Aksakale" [2] (Kanal-Graubärte) führen. Die Aryk-Aksakale haben auch für die gerechte und billige Verteilung des

---

[1] Wie appetitlich das Trinkwasser in den turkestanischen Städten und selbst im russischen Taschkent ist, kann man daraus ersehen, daß einmal ein Taschkenter Pharmazent bei der chemischen Analyse einer Trinkwasserprobe in derselben ein 45 cm langes Stück von einem Bandwurme vorfand.

[2] In den von Tadschiken bewohnten Gegenden heißen die mit der Aufsicht über die Kanäle betrauten Beamten Mirab, von Mir = Herr und ab = Wasser.

Wassers auf die verschiedenen Anwesen zu sorgen und alle auf Wasserfragen bezüglichen Streitigkeiten zwischen Gutsnachbarn zu schlichten. Da in Tur=kestan bei der versengenden Hitze des Sommers oft die ganze Ernte von einem geringen Mehr oder Weniger an Wasser abhängt, so giebt es natürlich viele solche Streitigkeiten, und das Amt eines Aryk=Aksakal ist deshalb keine Sinekure, besonders da, wo das Wasser knapp ist. Namentlich am Unter=laufe des Sarawschan, um Buchara herum, haben die Aryk=Aksakale eine schwere Aufgabe, weil dort gerade während der wichtigsten Jahreszeit das Wasser gewöhnlich so knapp wird, daß die Besitzer nur alle 14 Tage der Reihe nach auf ein paar Stunden Wasser erhalten und sich in der Zwischen=zeit zum Trinken, zum Tränken ihres Viehes und zum Begießen der Felder mit dem in ihren Teichen angesammelten stehenden und faulenden Wasser begnügen müssen. Wenn in Turkestan von den Eingeborenen Mord und Totschlag verübt wird, so sind in neun von zehn Fällen Wasserstreitigkeiten die Veranlassung. Um die Aryk=Aksakale zur gewissenhaften Ausübung ihres Amtes anzuspornen, giebt man ihnen keinen bestimmten Gehalt, sondern statt dessen einen gewissen Anteil an dem Ertrage der Ernte, der natürlich desto besser ausfällt, je sorgfältiger sie ihres Amtes walten, da in den tur=kestanischen Oasen die Ernte fast lediglich von dem hinreichenden und genau geregelten Wasserzufluß abhängt. Besondere technische Kenntnisse besitzen die Aryk=Aksakale nicht. Sie üben ihr Amt einfach nach der tausendjährigen Tradition aus, was, wie die verunglückten Neuerungsversuche der Russen gezeigt haben, jedenfalls auch das Vernünftigste und Zweckmäßigste ist.

Da im russischen Teil Turkestans jetzt auch russische Grundbesitzer bei der Kanalisation interessiert sind und einerseits die Einsetzung russischer Aryk=Aksakale wegen mangelnder Kenntnis des einheimischen Bewässerungswesens unthunlich erschien, anderseits aber die Russen sich nicht unter die Botmäßig=keit der eingeborenen Aryk=Aksakale stellen wollten, so wurde der Ausweg getroffen, daß die einheimischen Aryk=Aksakale zwar beibehalten, aber zu fest=besoldeten Beamten gemacht und sogenannten Irrigatoren untergeordnet wurden, die aus der Zahl der russischen Beamten und Offiziere ernannt werden und mit der obersten Leitung des gesamten Kanalwesens eines größeren Bezirks betraut sind. Der Natur der Sache nach kann die Aufgabe dieser Irrigatoren lediglich in der Sanktionierung der von den Aryk=Aksakalen vorgeschlagenen Anordnungen und allenfalls noch in der topographischen Aufnahme der Kanalsysteme bestehen, weil jedes selbständige Vorgehen nur Schaden anrichten könnte [1].

---

[1] Es ist überhaupt eine Eigentümlichkeit der russischen Beamtenhierarchie, daß bei den meisten Ämtern alle wichtigen Arbeiten von Subalternen ausgeführt werden, während die betreffenden Chefs sich lediglich auf die Unterfertigung der auslaufenden Papiere beschränken, von deren Inhalt sie oft nicht das Mindeste verstehen. Von

i) Feldfrüchte. Feldbau, Gartenbau und Obstbaumzucht sind in Turkestan vereinigt. Die zum Anbau von Getreide und sonstigen Feldfrüchten bestimmten Flächen sind wie die eigentlichen Gärten ringsum von Lehmmauern umgeben und mit Reihen von Obstbäumen eingefaßt. Folgende Sorten von Getreide und sonstigen Feld= und Gartenfrüchten werden gegenwärtig von den Eingeborenen Turkestans kultiviert oder wachsen wild in den Steppen:

1. Halmgetreide: Reis, Weizen, Gerste, Sorghum, Hirse, Mais, Roggen und Hafer.

2. Hülsenfrüchte: Erbsen, Bohnen und Sojabohnen.

3. Ölgewächse: Sesam, Lein, Hanf, Sonnenblumen und Mohn.

4. Farbpflanzen: Krapp.

5. Gewürzpflanzen: Roter Pfeffer, Rhabarber, Zwiebeln, Kümmel, Asa foetida und Kapern.

6. Wurzel= und Kohlgewächse: Möhren, weiße Rüben, Kartoffel, Rettig, Kopfkohl und Blumenkohl.

7. Futterpflanzen: Luzerne.

8. Gespinstpflanzen: Baumwolle.

9. Gurkenartige Früchte: Melonen, Arbusen (Wassermelonen), Kürbisse, Gurken und Koloquinten.

10. Gewerbepflanzen: Tabak.

Reis. Der Reis gehört bei der ansässigen Bevölkerung Turkestans zu den Hauptnahrungsmitteln und wird deshalb überall kultiviert, wo hin=

---

einem ehemaligen turkestanischen Würdenträger wurde erzählt, daß er jedesmal, wenn ihm von seinen Untergebenen ein amtliches Schreiben vorgelegt wurde, bloß fragte: „Schreiben das Wir, oder schreibt man das Uns?" und daß er dann im ersten Fall das Schreiben ohne Weiteres unterschrieb, im andern Fall aber unabänderlich mit dem Vermerk „Zur Ausführung" versah, ohne vom Inhalte weiter Notiz zu nehmen. Auf diese Weise wird es möglich, daß vollständig unfähige Leute die wichtigsten Stellen einnehmen und einfache Armeegenerale ohne höhere Bildung als hohe Verwaltungsbeamte, als Direktoren von Lehranstalten, ja sogar als Kuratoren von Lehrbezirken fungieren können. Mir sind Fälle bekannt geworden, daß die Vorsteher der höchsten und wichtigsten Verwaltungsstellen jahrelang verrückt waren, aber trotzdem ihre Ämter unbeanstandet weiter verwalteten, solange sie nur noch im stande waren, ihren Namen zu schreiben. Von dem als Humorist und Verteidiger Sewastopols bekannten Fürsten Menschikow wird erzählt, daß er, als einmal in seiner Gegenwart die Frage ventiliert wurde, wer wohl zum Nachfolger des soeben verstorbenen Marineministers ernannt werden würde, seine Meinung dahin aussprach, daß unfehlbar er selbst mit der Leitung des Marineministeriums betraut werden würde, aus dem einfachen Grunde, weil er als Armeeoffizier unter allen am wenigsten von Marineangelegenheiten verstände. Denn er sei von jeher stets gerade zu solchen Ämtern bestimmt worden, zu denen er am wenigsten befähigt gewesen sei. Der Hauptwitz bei dieser Sache war der, daß Menschikows natürlich ironisch gemeinte Voraussage im gegebenen Fall wirklich in Erfüllung ging.

reichend Waſſer vorhanden iſt. Der Reisbau war hier ſchon von jeher heimiſch und wurde bereits von den Begleitern Alexanders d. Gr. vor= gefunden[1]. Es giebt verſchiedene Sorten von Reis; beſonders geſchätzt iſt eine durch außerordentlich lange Körner ausgezeichnete Art, welche viel teurer iſt als der gewöhnliche Reis, die ich aber nur im afghaniſchen Turkeſtan angetroffen habe. Die Reisfelder werden einen großen Teil des Sommers über beſtändig unter Waſſer gehalten und ſind deshalb wahre Brutſtätten von Sumpffiebern (Bild 140). In Taſchkent iſt darum durch die ruſſiſche Adminiſtration die Anlage von Reisfeldern in der Nähe der Stadt ver= boten, und es ſind dieſelben nach den Thälern des Tſchirtſchik und Angreen verwieſen worden. Der Reisbau liefert einen unglaublich reichen Ertrag.

Bild 140. Reisfelder unter Waſſer.

Da aber zum Gedeihen der Reispflanzen viel Waſſer und große Wärme nötig iſt, und der Reis erſt im September zur Reife gelangt, ſo iſt der Reisbau nur auf die Tiefländer und zwar auf die ſüdlich vom Karatau gelegenen Gebiete beſchränkt. Nur das Gebiet von Kuldſcha bildet eine Ausnahme, indem dort die geſchützte Lage gleichfalls noch den Reisbau geſtattet. Die ausgedehnteſten Reisfelder fand ich im Sarawſchanthale, in der ſumpfigen Umgebung von Schachriſabs und im Thale des Surchan, in Oſt=Buchara.

---

[1] Strabo ſchreibt XV, 1, 18: „Der Reis, ſagt Ariſtobulus, ſtehe in verſchließ= barem Waſſer, und es ſeien Beete angelegt, die ihn enthalten. Die Pflanze habe eine Höhe von 4 Ellen, viele Ähren und Körner; ſie wachſe aber auch in Baktrien, Ba= bylonien und Suſis."

Weizen. Die zweite Stelle nimmt unter den turkestanischen Getreide=
arten der Weizen ein, der hauptsächlich zum Brotbacken verwendet wird.
Es giebt sowohl Sommer= als Winterweizen. Der meiste Weizen wird in
denjenigen Gegenden gebaut, wo infolge reichlicherer Niederschläge der Feld=
bau nicht ausschließlich auf künstliche Bewässerung angewiesen ist. Die aus=
gedehntesten Weizenkulturen fand ich in der gebirgigen Umgebung der bu=
charischen Stadt Gusar, sowie auf den Bergabhängen des östlichen Buchara.

Gerste. Die Gerste, sowohl Sommer= wie Wintergerste, wird in
Turkestan teils zum Brotbacken, teils, und zwar vorzugsweise, als Pferde=
futter verwendet, statt des Hafers, der südlich vom Tjanschan nicht mehr
gedeiht. Da die Gerste nur geringer Bewässerung bedarf, so wird sie wie
der Weizen mit Vorliebe auf den regenreicheren Abhängen der Vorberge
gebaut.

Sorghum (Sorghum cernuum), von den Eingeborenen Dschugara
genannt, kommt in Taschkent nicht mehr fort, ist dagegen im Ferganathale
sehr verbreitet. Die Dschugara, von der es verschiedene Arten giebt, scheint
erst spät in Turkestan eingeführt worden zu sein, wurde aber bereits im
16. Jahrhundert von Jenkinson in Chiwa vorgefunden. Die circa 3 cm
dicken, schwach zuckerhaltigen Stengel der Dschugara erreichen eine Höhe
von 2,5—3 m. Die Samenkörner sind doppelt so groß wie die ge=
wöhnlichen Hirsekörner. Die Dschugara findet bei den Eingeborenen eine
vielfache Verwendung. Die Samenkörner werden von der ärmeren Be=
völkerung als Nahrungsmittel, sonst aber als Pferdefutter verwendet, ebenso
wie die Blätter; die holzigen Stengel dagegen dienen als Brennmaterial.
Unter allen in Turkestan kultivierten Getreidearten liefert die Dschugara
den reichsten Ertrag. Die undurchdringlichen Dschugarapflanzungen erwiesen
sich während des kokanischen Feldzuges im Jahre 1876 für die Russen
als sehr verhängnisvoll: sie wurden nämlich von den Eingeborenen als
sichere Verstecke benützt, von denen aus sie unbestraft die auf den schmalen
Wegen vorbeidefilierenden russischen Truppen aus nächster Nähe beschießen
konnten. In den letzten Jahren haben die Russen Versuche gemacht, die
Dschugara zur Zuckergewinnung zu verwenden, angeblich mit günstigem Erfolge.

Hirse. Während die Hirse bei den Nomaden, besonders bei den
Kirgisen, als Nahrungsmittel eine wichtige Rolle spielt, wird sie von der
ansässigen Bevölkerung nur verhältnismäßig wenig kultiviert. Es giebt
zwei Arten: Panicum miliaceum und Panicum italicum. Da die Hirse
nur kurze Zeit zur Reife braucht, so wird sie meistens in den Vorbergen
und in den höheren Gebirgsthälern gebaut, wo der Anbau der Dschugara
nicht mehr möglich ist. In den Städten wird die Hirse hauptsächlich zur
Bereitung des bereits früher erwähnten berauschenden Getränkes, der Busa,
verwendet.

Mais. Diese Pflanze stammt bekanntlich aus Amerika und ist in Vorder=
asien von den Venetianern eingeführt worden. In Turkestan ist der Mais=
bau im ganzen wenig verbreitet. Der Mais wird hier nicht vermahlen,
sondern in Kesseln geröstet, und die aufgesprungenen und aufgequollenen
Körner werden als Leckerbissen verkauft. In Taschkent kann man häufig
mit ungeheuern Säcken beladene Hausierer durch die Straßen ziehen und
an die Kinder der russischen Ansiedler solche geröstete Maiskörner verkaufen
sehen. Manche essen die Körner auch ganz roh.

Roggen. Der Roggen war den Eingeborenen Turkestans bis zur
Ankunft der Russen unbekannt und wird auch gegenwärtig noch von den=
selben nicht kultiviert. Roggen wird nur im nördlichen Teile Turkestans,
auf den Nordabhängen des Tjanschan, im Ilithale und in der Gegend von
Kasalinsk und Aulie=Ata angebaut, und zwar nur von den aus Rußland
eingewanderten Ansiedlern. Weiter südlich scheint für den Roggen das Klima
zu heiß und zu trocken zu sein.

Hafer. Das Gleiche gilt auch vom Hafer, der nur von den Kosaken
von Semiretschie als Pferdefutter kultiviert wird.

Obwohl die heutigen Zentralasiaten sich nicht mit dem Anbau von
Hafer und Roggen befassen, kann doch kein Zweifel sein, daß Turkestan
die Urheimat dieser beiden Getreidearten gewesen ist, denn sowohl Roggen
wie Hafer wachsen auch gegenwärtig in den turkestanischen Gebirgen noch
wild, und selbst noch auf dem Pamir sind die Bergabhänge mit ausgedehnten
Wiesen von wildem Roggen und Hafer bedeckt.

Sesam (Sesamum indicum), von den Eingeborenen Kunschut genannt,
giebt ein vorzügliches Speiseöl, von dem die Samen bis zu 75 Prozent ent=
halten. Dieses wohlschmeckende und billige Öl ist besonders bei der russischen
Bevölkerung beliebt, welche während der langen Fastenzeit zur Bereitung der
Speisen keine Butter verwenden darf und deshalb lediglich auf Pflanzenöle
angewiesen ist. In Taschkent hat das Kunschutöl das bei den Russen früher
gebräuchliche Provenceröl fast vollständig verdrängt.

Die Ölfabrikation aus Sesam war in Turkestan schon zu Alexanders
Zeiten bekannt, wie aus dem 17. Kapitel des VII. Buches des Curtius
hervorgeht, wo es heißt: „Alexander Caucasum quidem, ut supra
dictum est, transierat, sed inopia frumenti prope ad famem ven-
tum erat. Suco ex sesama expresso haud secus quam oleo artus
perunguebant. Sed huius suci ducenis quadragenis denariis am-
phorae singulae aestimabantur."

Lein. Der Flachs, der hauptsächlich auf den Abhängen der Vor=
berge und in den höheren Gebirgsthälern gebaut wird, wird in Turkestan
nur des Samens wegen kultiviert, der zur Ölfabrikation verwendet wird.
Als Gespinstpflanze kommt derselbe nicht in Betracht, da die Eingeborenen

ihre Wäsche und Kleider nur aus Baumwolle, Wolle und Seide herstellen und die Flachsstengel bloß als Viehfutter verwenden.

Hanf. Auch der Hanf wird nicht als Gespinstpflanze kultiviert, sondern seines Öles und seiner narkotischen Eigenschaften wegen. In dieser Eigenschaft war der Hanf nach Herodots Angaben schon bei den alten Skythen in Gebrauch, die bei ihren Totenfeiern Hanfsamen auf erhitzte Steine warfen und sich durch den aufsteigenden Qualm berauschten. Gegenwärtig wird in Turkestan aus dem Hanfe Haschisch bereitet. Zur Zeit der einheimischen Chane waren auf den Verkauf von Haschisch schwere Strafen gesetzt, natürlich nur mit negativem Erfolge.

Sonnenblumen. Die Sonnenblumen werden nur ihres Samens wegen kultiviert; derselbe wird zur Ölfabrikation verwendet und bildet außerdem ein beliebtes Mittel zum Zeitvertreibe, indem die Eingeborenen sowohl wie die gemeinen Russen, besonders Frauen und Kinder, sich stundenlang damit unterhalten können, an Sonnenblumenkernen zu knuspern. Von einem Genusse kann dabei keine Rede sein, weil die Körner ganz geschmacklos sind. Die Sonnenblumen sollen übrigens ein antifebrisches Mittel sein und, wenn sie in feuchten und sumpfigen Gegenden angebaut werden, die Fiebermiasmen ebenso vernichten wie die Eukalyptuspflanzen. Auch der Aufguß von heißem Thee auf die klein geschnittenen Stengel der Sonnenblume wird angeblich mit Erfolg gegen Sumpffieber gebraucht.

Mohn wird gegenwärtig nur in den chinesischen Teilen Turkestans in ausgedehnterem Maßstabe kultiviert und zur Gewinnung von Opium verwendet. Früher war der Anbau des Mohns auch im ganzen übrigen Turkestan verbreitet, und bis zur Einführung der russischen Herrschaft soll es in allen größeren Städten sogen. Kugnar-Chanas gegeben haben, d. h. Theehäuser, in denen Opium, Mohn und Haschisch verabreicht wurden. Seitdem aber die Administration des Zarenreiches diese Häuser unterdrückt hat, hat der Mohnbau in den russischen Besitzungen gänzlich aufgehört. Gegenwärtig wird Mohn außer den chinesischen Besitzungen meines Wissens nur noch in Buchara kultiviert, aber hier nicht zur Opiumgewinnung, sondern zur Bereitung eines berauschenden Aufgusses auf die reifen Mohnsamen verwendet, der Kugnar heißt. Außerdem werden die Mohnsamen auch noch mit Traubensyrup zu Konfekten verarbeitet.

Rhabarber. Zentralasien ist bekanntlich das Stammland des Rhabarbers. Derselbe ist bei den Eingeborenen sehr beliebt und wird roh und ohne alle weiteren Zuthaten verzehrt. In der Jahreszeit, wo frischer Rhabarber zu haben ist, fehlt derselbe bei keinem Dostarchan und bei keinem größeren Schmause.

Zwiebeln. Bei den Zentralasiaten sind Zwiebeln ebenso beliebt wie bei den Juden; sie bilden einen integrierenden Bestandteil der beliebten

Pelmene. Die Pflanze wird nicht nur in den Gärten gezogen, sondern kommt in den Gebirgen auch wild vor. So fand ich z. B. im Jahre 1878 den 3650 m hohen, aus dem Alaithal nach Kaschgar führenden Ton-Murun=Paß mit kilometerlangen Zwiebelfeldern bedeckt. Diese wilden Zwiebeln, welche damals von den russischen Truppen zur Menage verwendet wurden, unterschieden sich in nichts von der gewöhnlichen Gartenzwiebel.

Kümmel, Kapern und Asa foetida-Pflanzen werden nicht in Gärten gezogen, sondern wachsen wild in den Steppen.

Asa foetida. Die zur Familie der Umbelliferen gehörende Asa foetida-Pflanze, von welcher bekanntlich der Teufelsdreck gewonnen wird, findet sich fast auf allen jenen turkestanischen Steppen, im Flachlande sowohl wie auf den Gebirgsabhängen, die sich nur während der Regenzeit mit Pflanzenwuchs bedecken, den ganzen Sommer über aber trocken stehen. Sie bildet das charakteristische Merkmal der sogen. Hungersteppen, denen sie sogar ihren eigentümlichen Geruch mitteilt. Besonders ist die Hungersteppe von Dschisak reichlich mit Asa foetida-Pflanzen bewachsen. Dieses Gewächs war nach der Erzählung Arrians, der dasselbe sylphium nennt, zur Zeit Alexanders d. Gr. bei den Eingeborenen Turkestans sehr beliebt, und seine Makedonier nährten sich bei ihrem Übergange über den Hindukusch im Frühjahre 329 infolge eingetretener Hungersnot von jungen Asa foetida-Pflauzen. Die Asa foetida ist keine perennierende Pflanze. Sie erscheint im Frühjahre sofort nach der Schneeschmelze und entwickelt sich bis in den Sommer hinein, ohne von der großen Hitze und der Trockenheit des Bodens affiziert zu werden. Erst Mitte Sommer trocknet sie aus und bleibt in diesem Zustande so lange stehen, bis sie vom Winde umgerissen wird. Die ausgewachsene Pflanze erreicht eine Höhe von 1,5 m und am Boden eine Dicke von 7—8 cm. Die geraden Stengel bestehen aus einer schwammigen Masse und können deshalb, trotz ihres holzigen Aussehens, nicht als Brenn=material benützt werden. Beim Verbrennen entwickelt das Gewächs einen starken Knoblauchgeruch. Da die Asa foetida-Pflanzen nur in Wüsten=gegenden und fern von den Ansiedlungen vorkommen, so spielen sie im Haushalte der ansässigen Bevölkerung des Flachlandes keine Rolle. Nur die Kirgisen verzehren mitunter die jungen Pflanzen und gebrauchen im Winter die trockenen Stengel zur Einzäunung ihrer Schafhürden. Besser verstehen, wie auch schon zu Alexanders Zeiten, die Bewohner der Gebirgs=thäler des Hindukusch die Asa foetida-Pflanze zu fruktifizieren. Wood schreibt darüber in seinem Reisewerk A personal narrative of a journey to the source of the river Oxus folgendes: „Sykan liegt in einem fruchtbaren Thale; die Berge bringen große Mengen Asa foetida hervor, und die Gebiete, wo diese Pflanze wächst, sind ebenso genau unter die Be=völkerung verteilt, wie in den Ebenen die Getreidefelder, und die Eigentums=

23*

rechte werden ebenso strikte beobachtet. Der Ertrag der Pflanze wird ge=
wöhnlich von den Häuptlingen aufgekauft und zu Monopolpreisen an die
durchziehenden Karawanen weiter verkauft."

Möhren. Die gelben Rüben sind bei der ansässigen Bevölkerung
Turkestans ein sehr beliebtes Nahrungsmittel; sie bilden, fein geschnitten,
einen integrierenden Bestandteil der wichtigsten Nationalspeise, des Plow,
und werden in ganzen Stücken mit Schaffleisch zusammen gesotten, um der
Fleischsuppe ihren spezifischen Geschmack mitzuteilen. Die Möhren werden
sogar mit Syrup zu Kompotten eingekocht, die merkwürdigerweise gar nicht
schlecht munden. Die hervorragende Rolle, welche die Möhre in der Speisekarte
der Zentralasiaten spielt, im Zusammenhang mit der Thatsache, daß auch
schon die alten Griechen und Römer die Möhre in ihren Gärten gezogen
haben, dürfte wohl ein Beweis dafür sein, daß diese Pflanze schon bei den
Urindogermanen als Gemüsepflanze verwendet worden ist.

Weiße Rüben habe ich nur im afghanischen Turkestan angetroffen,
wo sie, ähnlich zubereitet wie die sogen. bayrischen Rüben, mit Schaffleisch
serviert werden.

Kartoffel, Rettig, Kopf= und Blumenkohl sind erst von
den Russen eingeführt worden und werden auch hauptsächlich von diesen,
von den Eingeborenen aber sehr wenig und dann ausschließlich für den
Verkauf an die russische Bevölkerung gezogen. In dem äußerst konservativen
Haushalte der Eingeborenen finden diese Feldfrüchte keinerlei Verwendung.

Luzerne. Da es in den zentralasiatischen Oasen keine Wiesen und
folglich auch kein Heu giebt, so wird als Futter für Pferde, Esel und Rinder
ausschließlich Luzerne (Medicago sativa) verwendet, mit welcher deshalb
in allen Oasen große Flächen bebaut sind. Die Russen benennen die Lu=
zerne mit demselben Namen wie den Klee (Klewer), wodurch die irrtümliche
Meinung entstanden ist, als ob es in Turkestan Klee gäbe. Die Luzerne=
kultur, die wegen des Pferdereichtums der Eingeborenen von jeher eine
große Rolle spielte, hat in der letzten Zeit namentlich in Taschkent einen
großen Aufschwung genommen, weil die zahlreichen Wagen= und Reitpferde
der russischen Bevölkerung, besonders der Kosakenregimenter, Artilleriebrigaden
und Poststationen, große Mengen Futter konsumieren. Die Luzerne braucht
bloß alle 10 Jahre einmal angebaut zu werden, da sie ununterbrochen
10 Jahre lang viermal im Sommer geschnitten werden kann und dabei
jährlich einen Durchschnittsertrag von 120, in günstigen Fällen selbst bis
zu 500 Zentnern auf den Hektar liefert. Den reichsten Ertrag giebt die
Luzerne im dritten Jahre nach der Aussaat und nimmt von da an all=
mählich ab.

Baumwolle. Großen Aufschwung hat in den letzten Jahren infolge
des Eingreifens der Russen die Baumwollkultur erfahren. Die turkestanische

Baumwolle soll aus Indien eingeführt worden sein, wo die Baumwoll=
staude schon von Alexanders d. Gr. Begleitern vorgefunden wurde[1]; sie hat
viel kürzere Fasern als die amerikanische Baumwolle. Zur Zeit der Reife
springt die vierteilige, dunkelbraune Kapsel auf, die schneeweiße Baumwolle

bringt hervor und die Frucht
hat dann das in Bild 141
angedeutete Aussehen. Die
Baumwollernte wird nicht auf
einmal vollzogen, sondern es
werden von Zeit zu Zeit die
reifen Kapseln abgeschnitten.
Wie bereits erwähnt, wird
die Baumwolle nicht auf dem
Felde aus den Kapseln ge=

Bild 141. Frucht der turkestanischen Baumwolle.

nommen, sondern erst nachträglich, nachdem die Kapseln vollständig aus=
getrocknet sind. Infolgedessen geraten beim Auszupfen eine Menge Splitter
der zerbrochenen Kapseln unter die Baumwolle, welcher Umstand den Handels=
wert derselben bedeutend beeinträchtigt, da die Reinigung sehr schwierig,
wenn nicht unmöglich ist. Da die turkestanische Baumwolle auch sonst der
langfaserigen amerikanischen nachsteht, so gab sich General v. Kauffmann
viele Mühe, die einheimische durch eine der amerikanischen Arten zu ersetzen.
Er sandte deshalb eine eigene Kommission nach Nordamerika mit dem Auf=
trage, die dortige Baumwollkultur an Ort und Stelle zu studieren und die
für die turkestanischen Verhältnisse geeignetste Sorte auszuwählen. Von dieser
Kommission wurde die Sea-Island-Baumwolle gewählt, von der 30 Zentner
Samen nach Turkestan gebracht und unentgeltlich an die einheimischen Pflanzer
verteilt wurden. Gegenwärtig hat diese Sorte bereits eine große Verbreitung
in Turkestan gefunden und gedeiht auf dem neuen Boden ausgezeichnet. Noch
besser gelangen die Versuche mit der amerikanischen Upland=Baumwolle, die
anfangs der achtziger Jahre in Turkestan eingeführt wurde. Schon im Jahre
1887 konnte für 3 Millionen Mark amerikanische Baumwolle aus Turkestan
ausgeführt werden (Bild 142, S. 359); die Kultur derselben hat aber gerade
in den letzten Jahren noch bedeutend zugenommen, weil sich einige Groß=
kapitalisten und Aktiengesellschaften mit der Sache zu befassen anfingen,
während die einheimischen Grundbesitzer nach wie vor die Baumwollkultur nur

---

[1] Bei Strabo XV, 1, 20 findet sich darüber folgende Stelle: „Deshalb, sagt
Eratosthenes, seien (in Indien) auch die Baumzweige, aus denen man Wagenräder
mache, so biegsam, und aus demselben Grunde sprieße aus einigen auch Wolle hervor.
Aus dieser werden nach Nearchus die feinen Byssusgewänder gewebt; die Make=
donier aber bedienen sich ihrer zum Polstern der Kissen und zum Ausstopfen der
Sättel."

nebenbei und in beschränktem Umfange betreiben [1]. Taschkent liegt bereits in
der Nähe der nördlichen Verbreitungsgrenze der Baumwolle, weshalb auch
hier die Baumwollkultur ein riskantes Unternehmen ist. Häufig geht die
Hälfte der Ernte zu Grunde infolge des Umstandes, daß frühe Herbstfröste
einfallen, ehe die Baumwolle ganz abgeerntet ist. Noch schlimmer ist es,
wenn im Frühjahre gleich nach der Aussaat noch Regen fällt, weil sich
dann an der Oberfläche des Lößbodens eine harte Lehmkruste bildet, welche
die Keime nicht zu durchbrechen vermögen. In diesem Falle bleibt nichts
übrig, als das Feld umzuackern und nochmals zu bebauen. Wenn aber
dann wieder ein günstiges Jahr einfällt, beträgt der Reinertrag 100 Prozent
der Auslagen und mehr. Der nördlichste Punkt, an dem im mittleren
Teile Turkeftans noch Baumwollpflanzungen vorkommen, ist die Stadt
Tschimkent. Im östlichen Teile Turkeftans dagegen erhebt sich die Baum=
wollgrenze bis ins Gebiet von Kuldscha, dank dem Umstande, daß das
Ilithal durch die nördlich vorliegenden Gebirgszüge gegen die rauhen Nordost=
winde geschützt ist.

Melonen. In Turkeftan giebt es zwei Hauptgruppen von Melonen:
die stark zuckerhaltigen kleinen, kugelrunden sogen. bucharischen Melonen,
welche ein gelbliches, äußerst saftiges, weiches und aromatisches Fleisch haben
und schon im Mai reifen, und die großen länglichen Melonen mit weißem,
härterem, weniger saftigem und weniger aromatischem Fleische und be=
deutend geringerem Zuckergehalte, die erst im Laufe des August zur Reife
gelangen, sich aber sehr lange konservieren lassen. Jede von diesen beiden
Hauptgruppen zerfällt in eine große Mengen von Sorten, von denen jede
ihren eigenen Namen hat. Die Melonen sind eine höchst dankbare Frucht,
da man auf einem Hektar bis zu 9000 Stück ernten kann. Der Preis
der Melonen ist daher auch ein sehr geringer, und sie bilden in Verbindung
mit Brot die Hauptnahrung der ärmeren Bevölkerung während der Sommer=
und Herbstmonate. Mit den turkeftanischen Melonen passierte mir etwas
ganz Eigentümliches. Ich konnte anfangs den spezifischen Geruch derselben
nicht ertragen und mußte jedesmal das Zimmer verlassen, wenn in meiner
Gegenwart jemand Melonen aß. Nachdem ich aber einmal, infolge einer
Wette gezwungen, ein Stück Melone gegessen hatte, wurde ich einer der
eifrigsten Verehrer derselben und habe seitdem, solange sie zu haben waren,
jeden Tag einige Exemplare verzehrt. Nach dem Urteile von Kennern dürfen
sich mit den turkeftanischen Melonen in Bezug auf Aroma und Schmack=
haftigkeit weder die indischen noch die persischen messen.

---

[1] Für das Jahr 1890 wurde die Baumwollausfuhr aus Zentralasien nach
Rußland auf 1 000 000 Zentner geschätzt. Im Jahre 1893 befanden sich im ruf=
fischen Turkeftan und in Buchara 375 000 Deßjatinen unter Baumwollkulturen, welche
2 800 000 Zentner gereinigter Baumwollfasern lieferten.

Arbusen. Von Arbusen oder Wassermelonen (Cucumis Citrullus Sering.) giebt es in Turkestan drei Sorten: die gewöhnliche mit rotem Fleische und schwarzen Körnern, eine zweite mit weißlichem Fleische und braunroten Körnern und eine dritte mit gelbem Fleische und weißen, schwarz geränderten Körnern.

Kürbisse. Von Kürbissen werden von den Eingeborenen hauptsächlich Mantelsack=Kürbisse kultiviert, welche in der Mitte dünn, an den beiden Enden aber kugelförmig aufgetrieben sind, wobei die vom Stiele entferntere Kugel einen größeren Durchmesser hat. Diese Kürbisse, welche im getrockneten Zustande eine hellgelbe Farbe annehmen, werden ausgehöhlt und in der mannigfaltigsten Weise und in allen möglichen Größen im Haushalte verwendet. Sie werden als Milch= und Wasserkübel, Wasserpfeifen, Kautabak=büchsen, Medizinflaschen, als Sammelbüchsen für die Duwanas u. dgl. benützt. Hat jemand Prätensionen auf Eleganz, so läßt er die aus Kürbissen hergestellten Gefäße braun beizen, wohl auch gar mit Messing oder Silber beschlagen und mit Türkisen verzieren, wodurch dieselben ein so feines Aus=sehen erhalten, daß man ihren gemeinen Ursprung gar nicht erraten würde.

Außer den Mantelsack=Kürbissen werden noch verschiedene andere Arten von Kürbissen gezogen; so eine sehr große Art mit sehr langem und schmalem Halse, die ganz die Form einer Retorte hat und hauptsächlich zur Auf=bewahrung von Flüssigkeiten, wie Öl, Essig, Syrup und Busa, verwendet wird, und eine kleine birnförmige Art, welche man zu Kautabakbüchsen ver=arbeitet. Außerdem werden noch verschiedene Arten von eßbaren Kürbissen kultiviert, die gekocht oder gebraten der ärmeren Bevölkerung, besonders den Landleuten, zur Nahrung dienen.

Tabak. In Turkestan ist der Tabak offenbar schon seit langem im Gebrauche. Gegenwärtig werden drei Arten kultiviert: einheimischer Tabak, dessen Blätter entweder zu grünem Kautabakpulver verrieben oder getrocknet und ohne weitere Vorbereitung in den Wasserpfeifen geraucht werden; ferner türkischer und amerikanischer Tabak, welche Sorten erst von den Russen ein=geführt wurden und von russischen Fabrikanten zu Zigarren und Zigaretten verarbeitet werden.

k) Obstkultur. Da die Mehrzahl der ansässigen Bevölkerung Tur=kestans aus mehr oder weniger unfreiwilligen Vegetariern besteht, so bildet die Obstkultur eine ebenso wichtige Rolle wie der Feldbau, und in manchen Oasen nehmen die Obstgärten und Weinberge einen beträchtlich größeren Flächenraum ein als die Getreidefelder. Die Obstbäume werden überall untergebracht, wo sich nur eine irgendwie passende Stelle dafür findet. In den Stadtgärten der Reicheren bilden dieselben zusammenhängende, äußerst dicht bestandene Haine; fast auf allen Höfen findet man vereinzelte Obst=bäume, und alle Felder sind mit Reihen von Obstbäumen eingefaßt. Da zur Obstbaumzucht schwerer, mergelhaltiger, tiefgründiger und gleichartiger Boden ein Haupterfordernis ist, so kann man sich keinen besseren Boden deulen als die mächtigen Lößablagerungen der turkestanischen Oasen. Die Fruchtbarkeit der Obstbäume ist deshalb auch in Turkestan eine geradezu fabelhafte, und ein kleines Gärtchen ist hier im stande, eine ganze Familie zu ernähren.

Mit der Pracht der turkestanischen Gärten läßt sich nichts vergleichen, besonders im Frühjahre, wenn alle Bäume mit Blüten übersät und die Lüfte mit tausend Wohlgerüchen geschwängert sind. Die Pracht der Gärten wird noch erhöht durch den Kontrast mit den umgebenden dürren Steppen und Sandwüsten. Wenn man nach langem beschwerlichen Ritte durch die ein= förmig gelbbraunen Hungersteppen unter der versengenden Hitze einer tropischen Sonne und verschmachtend vor Durst sich endlich den schattigen und im herrlichsten Grün prangenden Obstbaumwäldern der Oasen nähert, so glaubt man sich wirklich ins Paradies versetzt, und die überschwenglichen Lob= preisungen des Sarawschan= und Ferganathales bei den alten persischen und arabischen Dichtern, die diese Thäler geradezu als irdische Paradiese schildern, werden dann leicht begreiflich.

In den Gärten der Eingeborenen Turkestans werden hauptsächlich fol= gende Obstsorten kultiviert:

Beerenobst.	Schalenobst.	Steinobst.	Kernobst.
Weintrauben,	Walnüsse,	Pfirsiche,	Feigen,
Maulbeeren.	Dschida (wilde	Aprikosen,	Quitten,
	Oliven),	Kirschen,	Granaten,
	Mandeln,	Pflaumen.	Äpfel,
	Pistazien.		Birnen.

Weintrauben. Die Kultur der Weintrauben ist in Turkestan uralt, und bereits die Geschichtschreiber Alexanders d. Gr. erwähnen den Wein= bau bei den damaligen Bewohnern Turkestans. So erzählt, wie bereits erwähnt, Arrian im 21. Kapitel des IV. Buches, daß Chorienes, der Gouverneur des heutigen Hissar, nach der Übergabe seiner Feste am Wachsch= flusse das ganze Heer Alexanders mit Wein versorgt habe. Die Einführung des Mohammedanismus in Zentralasien hat später den Untergang der Wein= produktion herbeigeführt, und die Russen fanden bei ihrem Vordringen nach Turkestan dort keinen Wein vor[1]. In Buchara war auf den Genuß von

---

[1] Der Untergang der Weinproduktion in Turkestan datiert aber nicht etwa aus der Zeit der arabischen Herrschaft, sondern erst aus der Zeit der Herrschaft der fanatischen Usbeken, welche in dieser wie in vielen andern Beziehungen päpstlicher waren und noch sind als der Papst. Aus Sultan Babers Memoiren ersehen wir, daß zu seiner Zeit (1483—1530) die Weinproduktion und das Weintrinken unter der mohammedanischen Bevölkerung Turkestans noch weit verbreitet war, und Baber

Wein sogar Todesstrafe gesetzt. Nur die bucharischen Juden stellten, haupt=
sächlich für den eigenen Gebrauch, eine Art Wein her, der trüb und wenig
dauerhaft und von widerlichem Geschmacke war, trotzdem aber von manchen
eingeborenen Mohammedanern für teures Geld gekauft wurde, wahrscheinlich
nur deshalb, weil der Verkauf und Genuß von Wein strengstens verboten
war. Es giebt in Turkestan viele Sorten von Weintrauben von grüner,
weißer, blauer und roter Farbe. Alle Arten sind stark zuckerhaltig, besonders
eine Sorte mit kleinen kernlosen Beeren und eine zweite Sorte mit läng=
lichen Beeren, welch letztere sich noch bis in den Winter hinein und selbst
bis zum nächsten Frühjahre frisch konservieren läßt. Die turkestanischen
Rosinen enthalten bis zu 22 Prozent reinen Zucker, und sie werden deshalb
gewöhnlich beim Theetrinken statt des Zuckers verwendet. Die Trauben
werden sehr groß, und ich habe solche mit einem Gewichte von 5 kg ge=
sehen. Auch giebt es Trauben, deren Beeren die Größe von Walnüssen
erreichen. Um die Trauben gegen die exzessive direkte Sonnenwärme zu
schützen, werden die Weinstöcke zu fortlaufenden, bogenförmig gewölbten
Lauben von etwa 2 m Höhe und 3 m Breite vereinigt, welche durch ein
Gerüst von Holzlatten gestützt werden. Diese schattigen Laubengänge bilden
häufig die Sommerwohnungen der Besitzer und ihrer Familien.

Von den Russen wird gegenwärtig die Weinfabrikation in großartigem
Maßstabe betrieben. Besonders die drei großen Firmen Perwuschin, Philatow
und Iwanow haben sich erhebliche Verdienste um die Hebung des Weinbaues
erworben und Trauben aus dem Kaukasus, der Krim, sowie aus Italien
und Frankreich eingeführt, denen der turkestanische Boden und das dortige
Klima außerordentlich zusagt. Iwanow produziert unter Assistenz aus
Frankreich verschriebener Spezialisten alle europäischen Weinsorten, inklusive
Champagner, und die meisten derselben geben den französischen Weinen nichts
nach. Iwanows Weine haben trotz der bedeutenden Transportkosten bereits
in Petersburg Eingang gefunden und sind auf der Pariser Weltausstellung
vom Jahre 1889 prämiiert worden.

Die turkestanischen Weine sind im allgemeinen stärker und zuckerhaltiger
als die europäischen, und ich würde dieselben jedem europäischen Weine vor=
ziehen, schon deshalb, weil man wenigstens weiß, daß sie echt sind. Dabei
sind die Preise wegen der Billigkeit der Weintrauben sehr niedrig, und man
konnte in der letzten Zeit die Flasche einfachen Weißweines, für den man hier
gerne 3 Mark zahlen würde, für 50 Pfennig bekommen. Manche von den
russischen Beamten und Offizieren fabrizieren sich ihren Weinvorrat selbst.

---

selbst war, obwohl anfangs ein strenger Temperenzler, in der späteren Zeit seines Lebens
ein nicht geringerer Verehrer des Weines als Alexander d. Gr., und er erzählt getreulich,
wieviel Trinkgelage er abgehalten und wie oft er sich bis zur Bewußtlosigkeit betrunken
habe. Als der stärkste und beste Wein galt zu Babers Zeiten der Wein von Buchara.

Maulbeerbäume. Die Maulbeerbäume, von denen es weiß= und schwarzbeerige giebt, werden hauptsächlich als Futter für die Seidenraupen verwendet. Die Früchte, welche in frischem Zustand einen eigentümlichen, fad süßlichen Geschmack haben, werden gewöhnlich getrocknet, zu Mehl verrieben und dann mit Weizenmehl zu Kuchen gebacken. In den Galtschaländern im Quellgebiete des Amu=Darja bildet Brot aus getrockneten Maulbeeren oft die einzige Nahrung der armen Bevölkerung während der Wintermonate. Mitunter wird aus der Frucht der Maulbeerbäume auch Syrup und Brannt= wein bereitet. Die Maulbeerbäume werden gewöhnlich als Alleebäume und zur Einfassung der Felder verwendet.

Walnüsse. Walnußbäume werden nicht nur in den Gärten kulti= viert, sondern wachsen auch wild im Gebirge. Am reichsten an wild wachsenden Walnußbäumen ist unter allen von mir besuchten Läubern Darwas, wo ich in den Gebirgsschluchten ganze Nußwälder antraf, die ein wunderbares Aroma verbreiteten.

Dschida. Die schwammige, mehlige, dattelförmige Frucht der Dschida oder wilden Olive ist ganz geschmacklos, wird aber trotzdem von den Ein= geborenen gegessen. Mit Wasser angekocht soll die Frucht ein gutes Mittel gegen Durchfall sein. Die Dschidabäume werden hauptsächlich als Brenn= holz verwendet.

Pistazien. Die Früchte der Pistazien oder grünen Mandeln, welche im Gebirge auch wild wachsen, sind bei den Eingeborenen Turkestans un= gemein beliebt und werden teils roh gegessen, teils kandiert und mit Syrup oder Syrupteig zu allen möglichen Konfekten und Kuchen verarbeitet. Der größte Teil der beim Dostarchan servierten Leckerbissen ist aus Pistazien her= gestellt, und nie fehlt eine Schüssel mit ausgelösten Pistazienkernen.

Steinobst. Das Steinobst wird nicht nur in frischem Zustande ge= essen, sondern auch auf den ebenen Hausdächern an der Sonne für den Winter getrocknet. Besonders beliebt sind die Aprikosen= und Pfirsichkerne, welche statt der Mandeln gegessen und in den Läden der Spezereiwaren= händler schon ausgelöst verkauft werden. Auch die Walnüsse werden von den Händlern schon ausgelöst und fein säuberlich geschält nach dem Gewichte verkauft, da der Zentralasiate vor allem auf Komfort sieht und ihn das müh= same Öffnen, Ausnehmen und Schälen der Nüsse viel zu viel Anstrengung kosten würde.

Feigen. Die Feigenbäume, welche eine Höhe von etwa 5 m und einen Durchmesser von 50 cm erreichen, müssen in Turkestan mit großer Sorgfalt gepflegt werden, weil die dortige Winterkälte für dieselben bereits zu groß ist. Die Bäume werden deshalb im Herbst jedesmal niedergebogen und mit Schilf und Erde bedeckt. Die Früchte reifen Anfang August. Es giebt zwei Arten von Feigen, eine gelbe und eine rotblaue, welche beide

ungemein süß sind. In Turkestan werden die Feigen gewöhnlich nicht ge=
trocknet, sondern frisch verkauft.

Q u i t t e n. Die Quitten, von denen es zwei Sorten giebt, die sich
voneinander durch die Größe der Frucht unterscheiden, werden nicht roh
gegessen, sondern zu Suppen und Kompotten eingekocht. Die Samen werden
zu Arzneizwecken verwendet.

G r a n a t e n. Die Granatbäume sind gewöhnlich strauchartig und er=
reichen nur in seltenen Fällen eine Höhe von 5 m. Die Frucht, welche
ungemein sauer ist, erreicht die Größe eines Kinderkopfes. Die Granaten sind
bei der russischen Bevölkerung sehr beliebt als Zusatz zum Thee, weil die
Granatsäure ein ausgezeichnetes durststillendes Mittel ist. Die Eingeborenen
essen die Granatäpfel so wie sie sind und verwenden außerdem die Rinde
der Frucht zum Gelbfärben und den Saft zum Rotfärben der ledernen Reit=
hosen und der Schafpelze.

In den Gärten der russischen Ansiedler findet man außer den von den
Eingeborenen kultivierten Obstsorten und Gartenfrüchten auch alle jene Früchte,
welche in europäischen Gärten und Treibhäusern gezogen werden, die erst
von den Russen eingeführt worden sind. Besonders der als Botaniker be=
kannte Generalmajor Korolkow, der jetzige Militärgouverneur der Syr=Darja=
Provinz, hat sich in dieser Beziehung große Verdienste erworben. Der von
ihm in Taschkent angelegte Garten diente für alle andern russischen Haus=
und Gartenbesitzer als Muster und hat viel zur Veredlung der turkestanischen
Obstbaumzucht und Gartenkultur beigetragen.

l) V ö g e l = u n d H e u s c h r e c k e n p l a g e. Da es bekanntlich auf der
Welt nichts Vollkommenes giebt, so ist auch in Turkestan dafür gesorgt, daß
die Grundbesitzer infolge des Jahr für Jahr von der Natur in ihren Schoß
geschütteten reichlichen und fast unfehlbaren Erntesegens nicht zu üppig werden.
Die Funktion, die Menschen von Zeit zu Zeit an die Hinfälligkeit alles
Irdischen zu erinnern, ist dort den Wanderheuschrecken und diversem Vogel=
gesindel übertragen, welche die Felder und Gärten unsicher machen und als
echte Anarchisten da ernten, wo sie nicht gesät haben.

Von diesen bringen den Oasenbewohnern die W a n d e r h e u s c h r e c k e n
verhältnismäßig am wenigsten Schaden, weil sie sich meistens in den Hunger=
steppen herumtreiben und sich nur selten in die fruchtbaren Felber der Oasen
verirren. Dieses hat wohl seinen Grund in der großen Ausdehnung der
Wüstenlandschaften, in denen die Heuschrecken während der trockenen Jahres=
zeit umkommen, ehe sie Kulturland erreichen. In den Oasen aber können
sie sich nicht fortpflanzen, weil in dem häufig überschwemmten Boden ihre
Eier zu Grunde gehen. Auch bilden die unzähligen Kanäle und Wasser=
gräben, von denen die Oasen durchschnitten sind, für die auf der Wande=
rung begriffenen Heuschrecken ein unübersteigliches Verkehrshindernis. Die

Eingeborenen verhielten sich früher gegenüber der Heuschreckenplage als einer von Gott gesandten Strafe passiv. Die russischen Behörden dagegen ergreifen, wenn sich irgendwo in der Nähe der Ansiedlungen Heuschrecken blicken lassen, energische Maßregeln. Die Heuschreckenzüge werden durch aufgebotene Arbeiter mit Gräben umzogen und die auf dem Marsche in die Gräben gefallenen Insekten mit Erde überschüttet oder durch angezündetes Steppengras vernichtet. In den letzten Jahren wurde die Umgebung von Taschkent wiederholt durch größere Heuschreckenzüge bedroht.

Viel schlimmer als die Wanderheuschrecken sind in Turkestan die Vögel, unter denen natürlich, wie überall, die Spatzen den Ton angeben und in den Getreidefeldern, besonders aber in den Weinbergen, große Verheerungen anrichten. Die Spatzen treten hier nicht mehr bloß scharenweise auf, sondern bilden, besonders zur Erntezeit, förmliche Wolken, welche den Himmel ver= finstern. Wenn sich eine solche Wolke auf ein Weizenfeld oder in einen Weinberg niederläßt, so ist immer ein großer Teil der Ernte verloren. Die Eingeborenen suchen ihre Felder und Gärten gegen diese Überfälle dadurch zu schützen, daß sie inmitten eines jeden Feldes eine etwa 2 m hohe Lehm= pyramide errichten, auf welcher Knaben postiert werden, die hier, meistens halb oder auch ganz nackt, den ganzen Tag in der brennenden Sonnenhitze zuzubringen und die Vögel durch Geschrei, Schlagen von Tamtams und alten Serviertellern sowie durch Schleudern von Lehmklumpen zu verscheuchen haben. Da diese lebendigen Vogelscheuchen zur Sommerszeit in jedem Feld und jedem Garten und oft zu zwei und drei aufgestellt sind und jeder die andern zu übertrumpfen sucht, so herrscht von Morgen bis Abend ein solcher Höllenlärm, daß man darüber rasend werden könnte. Das Resultat ist aber trotzdem im ganzen Null, wie es auch nicht anders sein kann. Denn wenn die Vögel, die sich an den Spektakel längst gewöhnt haben und sich deshalb gegen denselben ziemlich skeptisch verhalten, auch durch einige wohlgezielte Schleuderwürfe aus einem Felde vertrieben werden, so fliegen sie sofort auf ein anderes und fressen schließlich trotz aller aufgewendeten Mühe soviel als sie brauchen. Daß es das beste wäre, sich von diesen Plagegeistern mit vereinten Kräften durch einen systematischen Massenmord zu befreien, scheint den Eingeborenen noch nicht in den Sinn gekommen zu sein; vielleicht halten sie auch in Anbetracht der ungeheuern Menge der Vögel die Ausrottung derselben für ein hoffnungsloses Unternehmen.

m) Nutzhölzer. In den zentralasiatischen Oasen giebt es selbstver= ständlich keine natürlichen Wälder, weil jeder Fußbreit kulturfähigen Bodens von Feldern und Gärten eingenommen ist. Ebensowenig kann es Wälder in den dürren Sandwüsten und Hungersteppen geben, welche oft acht Monate hintereinander keinen Tropfen Regen zu sehen bekommen. Wälder kommen deshalb in der Regel nur in den Gebirgsschluchten vor, während die Kämme

und Abhänge der Gebirge gleichfalls gewöhnlich kahl und baumlos sind. Aus=
gedehntere Wälder giebt es südlich von Tjanschan überhaupt nicht. Der
Untergang der turkestanischen Wälder, welche früher sicherlich vorhanden ge=
wesen sind, wie unter anderem auch durch die Traditionen der Eingeborenen
bezeugt wird, ist, abgesehen von der fortschreitenden Verschlechterung des
Klimas, nicht zum geringsten Teil auf das Konto der Nomaden zu setzen.
Dieselben brauchen schon zur Herstellung ihrer Jurtengerüste so viele junge
Schößlinge, daß für einen größeren Aul fast ein kleiner Forst erforderlich ist.
Außerdem fressen auch ihre Herden die jungen Triebe weg und verhindern
so das Emporkommen von Wäldern. Zur Heizung ihrer Jurten und zur
Bereitung der Speisen brauchen sie ebenfalls unverhältnismäßig viel Brenn=
material, noch mehr aber zum Kohlenbrennen, da sie alle Nachbarstädte und
Dörfer mit Kohlen versorgen. Das schlimmste aber für den Waldbestand
ist das bereits früher erwähnte, bei den Nomaden gebräuchliche Abbrennen
der Steppen im Frühjahr zur Beförderung des Graswuchses, weil dabei oft
ganze Wälder in Brand geraten, worum sich die Nomaden dann weiter nicht
kümmern. So stand z. B. während meiner Reise im Thale der Baratala
im Jahre 1880 ein großer Wald auf dem Südabhange des dschungarischen
Ala=Tau in Brand, der von den dortigen Kirgisen verursacht worden war.
Daß sich die Kirgisen um die Wiederaufforstung der von ihnen vernichteten
Waldungen nicht kümmern, ist bei ihrem Wanderleben und ihrem sorglosen
Charakter selbstverständlich.

Der General v. Kauffmann hat in ganz Turkestan Versuche mit der
Wiederaufforstung anstellen lassen, die von Erfolg begleitet waren, und es
sind jetzt in Turkestan eigene Forstbeamte angestellt, deren Aufgabe darin
besteht, für die Erhaltung der wenigen noch vorhandenen Wälder zu sorgen
und neue Wälder anzulegen. In Samarkand, Margelan und Wernoe sind
staatliche Baumschulen errichtet worden, in denen zur Beforstung der un=
bewässerten Bergabhänge geeignete Baumsorten kultiviert werden.

Da, wie erwähnt, Naturwälder heutzutage nur in den entlegensten
Gebirgsschluchten vorkommen und deshalb wegen der großen Entfernung und
des schwierigen Transportes von den Oasenbewohnern in der Regel nicht
benützt werden können, so sind diese darauf angewiesen, ihren Bedarf an
Bau= und Brennholz in ihren Gärten zu ziehen. Sie verwenden als Nutz=
holz alle im obigen aufgezählten Obstbäume und pflanzen außerdem noch
Pappeln, Weiden, Karagatschbäume und Platanen. Von den Waldbäumen
werden da, wo sie der ansässigen Bevölkerung zugänglich sind, hauptsächlich
Tannen, Artscha und Saxaul, seltener Birken als Brenn= und Werkholz
verwendet. Palmen giebt es in Turkestan nicht, was in Anbetracht der
hohen mittleren Jahreswärme manchen Reisenden aufgefallen ist. Wenn
man aber bedenkt, daß in Turkestan im Winter die Kälte 20—30 Grad

erreicht, so kann man in dem Fehlen der Palmen nichts Auffallendes finden. Ebenso giebt es keine Eichen; wenigstens erinnere ich mich nicht, solche auf meinen Reisen gesehen zu haben. Die Russen haben zwar in Taschkent für Artilleriezwecke Eichen gepflanzt, dieselben gedeihen aber nicht sonderlich; vielleicht deshalb, weil die Eichen überhaupt sehr langsam wachsen, während man in Turkestan gewohnt ist, daß ein als Schößling gepflanzter Baum schon in drei bis vier Jahren Bauholz liefern soll.

Pappeln. Unter allen einheimischen Holzarten finden in Turkestan die Pappeln, besonders Silberpappeln, die ausgedehnteste Verwendung. Dieselben werden fast ausschließlich als Dachbalken, zur Herstellung der Thürpfosten und Thürflügel, der Verandasäulen u. dgl. verwendet und bilden bei den Eingeborenen auch das gewöhnliche Brennholz. Eigentümlich ist bei den Zentralasiaten die Methode des Fällens der Bäume. Da die Bäume in der Regel sehr dicht gepflanzt sind und sich auch meist in der Nähe von Häusern und Gartenmauern befinden, die beim Umhauen der Bäume beschädigt werden würden, so werden die Bäume stehend zerkleinert. Der Arbeiter klettert auf den zu fällenden Baum und hackt mit einem Dexel, von unten angefangen, einen Ast nach dem andern ab. Sind alle Äste entfernt, so hackt er weiter den Gipfel ab, dann entsprechende weitere Stücke, die nicht einfach herabgeworfen, sondern an Stricken herabgelassen werden, bis zuletzt nur noch ein Stumpf übrig bleibt, der entweder mit der Säge durchgeschnitten oder gleichfalls mit dem Dexel umgehauen wird. Schließlich werden dann auch noch jedesmal die Wurzeln ausgegraben. Die Pappeln werden in den turkestanischen Gärten gewöhnlich so dicht nebeneinander gepflanzt, daß man zwischen den Bäumen kaum durchkommen kann. Trotzdem wachsen sie aber so schnell, daß sie schon nach wenigen Jahren geerntet, d. h. als Brenn= und Werkholz verwendet werden können.

Weiden. Die Weiden, welche in den turkestanischen Oasen noch zahlreicher sind als die Pappeln, finden sich am häufigsten an den Straßen, Teichen und Kanälen. Häufig werden aus ihnen auch Stakete hergestellt; die in meterlange Prügel zerschnittenen Weidenäste werden unten zugespitzt und kreuzweise zu einander schräg in den Boden getrieben; schon nach kurzer Zeit treiben diese Prügel Schößlinge und wachsen sich nach einigen Jahren zu einem äußerst soliden und undurchdringlichen lebendigen Zaune aus. Das Holz der Weiden, welche eine bedeutende Höhe erreichen, wird mit Vorliebe zu Schnitzarbeiten verwendet.

Karagatsch ("Schwarzholz"). Die Karagatschbäume, welche ihren Namen von ihrer dunkelgrünen, ballonförmigen und äußerst dichten Blättertrone erhalten haben, sind eine Ulmenart. Dieselben werden ihrer gefälligen Figur und ihres dichten Schattens wegen mit Vorliebe auf öffentlichen Plätzen, an Teichen und in der Nähe von Terrassen gepflanzt. Sie erreichen eine

Höhe von 20 bis 25 m und einen Umfang von mehr als 2 m. Das Holz der Karagatschbäume wird gewöhnlich zu geschnitzten Veranda= und Moschee= pfeilern verwendet und bildet überhaupt das gesuchteste Werkholz, da es sehr schwer und solid ist und eine schöne und dauerhafte Politur annimmt.

Platanen. Die Platanen werden gleichfalls mit Vorliebe auf öffent= lichen Plätzen und auf den Höfen der Moscheen gepflanzt. Es ist dies der schönste und großartigste Baum von Zentralasien. An manchen Orten giebt es tausendjährige Platanen von riesigem Umfang und kolossaler Höhe. Die= selben werden für heilig gehalten und sollen jede von irgend einem berühmten Heiligen gepflanzt sein. Die größten Platanen fand ich in dem ostbuchari= schen Gebirgsdorfe Sairab neben einer heiligen warmen Quelle; der hohle und ausgemauerte Stamm der einen von diesen Platanen war als Schul= haus eingerichtet und diente dem betreffenden Mulla zugleich auch als Woh= nung. Besonders zahlreich sind die Platanen in Darwas, wo sie wild wachsen. In Chowaling, östlich von Baldschuan, lagerte ich im Jahre 1886 zwei Tage in einem wunderbaren, aus lauter Riesenbäumen bestehenden Platanenwäldchen.

Tannen. Südlich vom Tjanschan kommen in Turkestan meines Wissens nirgends mehr Tannen vor. Ich fand solche, vermischt mit Fichten, nur auf dem Nordabhange des transilischen Ala=Tau, auf dem Südabhange des dschungarischen Ala=Tau und in den Thälern der Nebenflüsse des Ili. Die Tannenwälder auf dem transilischen Ala=Tau, im Süden von Wernoe, bieten einen eigentümlichen Anblick. Sie ziehen sich als ein ununterbrochener, durchaus gleich breiter und sich stets auf derselben Höhe haltender dunkelgrüner Streifen von Osten nach Westen an dem ganzen Gebirgszuge hin, und die untere und obere Baumgrenze ist auf der ganzen Strecke so scharf markiert wie auf den Profilkarten in unsern Schulatlanten. Die Tannenwälder be= finden sich hier an denjenigen Stellen der Gebirgsabhänge, welche durch das aus den darüber liegenden Schneefeldern abschmelzende Wasser den größten Teil des Sommers über feucht erhalten werden; oberhalb dieser Stellen (über 2700 m Meereshöhe) ist der Baumwuchs durch den Schnee und die große Winterkälte, unterhalb aber (von 1500 m Meereshöhe abwärts) durch die Trockenheit des Bodens während der Sommermonate unmöglich gemacht.

Weißbirken. Es giebt in Turkestan nur wenige Birken; dieselben kommen nur in den höher gelegenen Gebirgsschluchten vor. Die von einigen russischen Gartenbesitzern in Taschkent gepflanzten Birken gedeihen nicht be= sonders, sei es infolge des trockenen heißen Klimas oder der Beschaffenheit des Lößbodens.

Artscha. Die Artscha, eine Wacholderart mit geradem Stamme, kommt in ganz Turkestan, aber nur auf Höhen von 1500—3600 m vor. Besonders reich an Artscha sind die Schluchten auf den Nordabhängen des

Alaigebirges, des turkestanischen und des Hissargebirges. Auf der Nordseite des Karakasykpasses tritt die Artscha in ganzen Wäldern auf. Sie sieht der Tanne entfernt ähnlich, erreicht aber keine solche Höhe und kommt in der Nähe der oberen Baumgrenze nur mehr in Gestalt von kurzen Stümpfen und von verkrüppelten Sträuchern vor. Am besten entwickelt ist die Artscha auf Höhen von 2100—2700 m, wo sie eine Höhe von 18 m und einen Durchmesser von ca. 1 m erreicht. Das Holz der Artscha ist wegen seiner Härte und Dauerhaftigkeit als Bauholz gesucht, liefert aber nur kurze Stämme, die wegen ihrer knorrigen Struktur schwer zu bearbeiten sind; zu Brettern werden deshalb die Artschastämme niemals verarbeitet.

Saxaul. Die merkwürdigste und charakteristischeste von allen turkesta= nischen Baumarten ist entschieden der Saxaul (Haloxylon Ammodendron), der zur Klasse der Chenopodiaceen und zwar zur Abteilung der Salsoleen gehört. Derselbe kommt ausschließlich in den salzhaltigen Steppen und Sand= wüsten vor und tritt am rechten Ufer des Syr=Darja, zwischen Turkestan und Kasalinsk, sowie am Amu=Darja und Tschu in ausgedehnten Wäldern auf. Der Saxaul paßt ausgezeichnet zum Wüstencharakter der Landschaft, denn er zeigt zu jeder Jahreszeit dasselbe dürre Aussehen und eine gleich= mäßig aschgraue Färbung, als wäre er vollständig ausgetrocknet. Die Blätter der Saxaulbäume sind nämlich so klein, daß man sie mit freiem Auge kaum unterscheiden kann. Dieselben sitzen, sehr spärlich verteilt und platt angedrückt, an ganz dünnen und verhältnismäßig langen Zweigen, die an den Enden der Äste zu Büscheln vereinigt sind und eine blaßgrünliche Färbung zeigen. Stamm und Äste sind außerordentlich verkrüppelt, so daß das Saxaulholz nur als Brennholz zu verwenden ist. Dasselbe ist ungemein hart und spröde wie Glas, zeigt an den Bruchstellen eine hornige Struktur und läßt sich nicht spalten. Das spezifische Gewicht des vollkommen trockenen Holzes ist $= 1,064$; dasselbe sinkt deshalb im Wasser unter, auch wenn es völlig ausgetrocknet ist. Das Saxaulholz verbrennt sehr langsam, entwickelt dabei wenig Rauch, aber eine sehr starke Hitze und einen penetranten angenehmen Geruch und hinterläßt 2,15 Prozent blendend weißer Asche. Zwei Zentner Saxaulholz liefern beim Verbrennen ebensoviel Wärme wie ein Zentner der besten Steinkohlen. Dasselbe wird deshalb von den russischen Dampfern auf dem Syr=Darja und Amu=Darja statt der Steinkohlen verwendet. Nach den Untersuchungen von Petzholdt enthält die Saxaulasche folgende Be= standteile:

Kieselsäure	0,5 %	Kalkerde	28,4 %
Chlor	11,5 „	Magnesia	7,6 „
Schwefelsäure	6,7 „	Kali	11,9 „
Phosphorsäure	4,1 „	Natrum	6,0 „
Eisenoxyd	3,1 „	Kohlensäure	20,2 „

Die Saxaulbäume erreichen eine Höhe von etwa 6 m und einen Durch=
messer von 30—60 cm, wachsen aber sehr langsam und brauchen nach den
Angaben der Eingeborenen zu ihrer vollen Entwicklung über hundert Jahre.

Süßholz. Die Süßholzsträucher wachsen in Turkestan wild; sie
kommen in den Dschungeln des Amu=Darja und der Nebenflüsse desselben
in ungeheuern Mengen vor, werden aber meines Wissens von den Ein=
geborenen nicht geschätzt und höchstens als Brennholz verwendet.

15. Viehzucht. Die Viehzucht spielt natürlich bei der ansässigen Be=
völkerung Turkestans eine viel untergeordnetere Rolle als bei den Nomaden,
und zwar aus verschiedenen Gründen. Erstens giebt es in den Oasen keine
Wiesenflächen und keine Viehweiden, und das Viehfutter muß deshalb auf
den Feldern kultiviert werden, welche dadurch der Kultur der zur Ernährung
der Bevölkerung selbst nötigen Feldfrüchte entzogen werden. Zweitens sind
die Ansässigen hauptsächlich Vegetarianer, und der Feld= und Gartenbau
gewährt denselben auf kleinem Raume ein reichlicheres und sichereres Aus=
kommen als die vielen Wechselfällen unterworfene Viehzucht. Das zu ihrer
Ernährung nötige Schaffleisch aber können sich die Oasenbewohner unter
viel vorteilhafteren Bedingungen von den Nomaden einhandeln, als wenn
sie sich auf ihren Ländereien selbst mit Schafzucht befaßten. Von den Be=
wohnern der zentralasiatischen Städte und Dörfer werden folgende Haustiere
gehalten: Pferde, Esel, Maultiere, Maulesel, Rinder, Hühner, Hunde, Katzen.
Kamele, Schafe und Ziegen werden von der ansässigen Bevölkerung nicht ge=
züchtet. Kamele können, wie die unglücklichen diesbezüglichen Versuche während
der russischen Feldzüge gezeigt haben, bei ausschließlicher Luzernefütterung
nicht bestehen und gehen in kurzer Zeit ein. Sie brauchen zu ihrem Gedeihen
unbedingt das sogen. Kamelkraut und die salzigen Kräuter der Hungersteppen
und Wüsten, und können deshalb nur von den in den Wüsten und Steppen
herumwandernden Nomaden gehalten werden. Außerdem haben die Oasen=
bewohner auch keine Verwendung für Kamele, da ihre Arben dieselben ent=
behrlich machen. Das Gleiche gilt auch von den Schafen, die ebenfalls nur
in den Salzsteppen gedeihen. Aber auch abgesehen davon wären die Ansässigen
nicht im stande, bei Luzernefütterung die Schafe zu einem so niedrigen Preise
zu liefern wie die Nomaden, denen das Futter nichts kostet. Die Oasen=
bewohner halten deshalb keine Schafe, obgleich ihre Fleischnahrung fast aus=
schließlich aus Schaffleisch besteht. Für Ziegen haben die Ansässigen gar keine
Verwendung, weil bei ihnen Ziegenfleisch ebenso verachtet ist wie Ziegenmilch.

Die Oasenbewohner halten ihr Vieh im Winter und Sommer in Ställen
oder vielmehr unter Schutzdächern, unter denen dasselbe zwar gegen die
Sonnenstrahlen sowie gegen Regen und Schnee, nicht aber gegen die Kälte
geschützt ist. Das Bestreuen der Ställe mit Laub oder Stroh ist nicht in
Brauch, und das Vieh liegt zu jeder Jahreszeit auf der bloßen Erde.

Den Sommer über wird das Vieh mit frisch geschnittener, während der Wintermonate aber mit trockener Luzerne gefüttert, welche nicht klein geschnitten, sondern den Tieren in ganzen Bündeln vorgeworfen wird. Stroh= fütterung habe ich nur in Badachschan und im afghanischen Turkestan vor= gefunden; im ganzen übrigen Turkestan wird das Stroh nur zum Häuser= bau verwendet. Die Viehzucht ist bei der ansässigen Bevölkerung weniger Wechselfällen unterworfen als bei den Nomaden, bei denen oft während eines einzigen kalten und schneereichen Winters der ganze Viehstand in Frage gestellt ist, weil in den Oasen eine Mißernte von Gerste oder Luzerne unter normalen Verhältnissen ausgeschlossen ist. Die Futterpreise sind aber trotzdem schwankend und erreichen in den Jahren, in welchen bei den Nomaden Futtermangel herrscht, mitunter eine fabelhafte Höhe. Denn die Nomaden sind dann, um wenigstens einen Teil ihrer Herden zu er= halten, gezwungen, Futter in den Oasen einzukaufen. Die ansässige Be= völkerung findet es in solchen Fällen vorteilhafter, ihr eigenes Vieh zu schlachten und das Futter an die Nomaden zu verkaufen. Im Winter 1879—1880 z. B. kosteten in Taschkent 100 Bündel Luzerne, welche für den Unterhalt einer Kuh im Lanse eines Monats nötig sind, zweimal so viel wie die beste Milchkuh, während die im Laufe eines Monats von einer Kuh gelieferte Milch nur einen Wert von etwa 12 Mark repräsentierte.

Pferde. Unter den von der ansässigen Bevölkerung gehaltenen Haus= tieren spielen die wichtigste Rolle die Pferde, beren Zahl außerordentlich groß ist. Jeder halbwegs anständige Mann hält sich wenigstens ein, wo nicht mehrere Pferde, und man kann die Vermögensverhältnisse eines Mannes mit ziemlicher Sicherheit nach der Zahl und Vorzüglichkeit seiner Pferde bemessen. In Turkestan sind häufig selbst die Bettler im Besitze von Pferden, und man findet gar nichts Auffallendes daran, wenn man auf der Straße von einem zwar in Lumpen gehüllten, aber berittenen Individuum an= gebettelt wird. Bei uns würde sich dies allerdings höchst sonderbar aus= nehmen. Keine Pferde besitzen in Turkestan nur die Stromer, die deshalb auch Baiguschis genannt werben. Als Baigusch bezeichnet man einen Menschen, der infolge von Arbeitsunfähigkeit oder Arbeitsscheu weder Unter= kunft noch Subsistenzmittel, ja nicht einmal ein Reittier besitzt und deshalb gezwungen ist, zu Fuß zu gehen. Als die Russen im Jahre 1871 aus Semiretschie gegen Kuldscha vorrückten, um diese Stadt zu besetzen, schickte der dortige Chan Spione aus, um auszukundschaften, welcher Art die Leute seien, welche ihn mit Krieg überziehen wollten. Als die Kundschafter zurückmeldeten, daß die anrückenden Feinde fast aus lauter Baiguschis, d. h. Fußgängern, beständen, war der Chan vollkommen beruhigt, da er von der gänzlichen Ungefährlichkeit seiner Gegner überzeugt war. Um so mehr war er überrascht, als die russischen Baiguschis schon nach einigen

Tagen vor seinen Thoren standen und seine wohlberittenen Helden wie eine Herde Schafe vor sich her trieben.

Von der ansässigen Bevölkerung werden die Pferde nur als Reit=, Last= und Zugtiere benützt; das Fleisch und die Milch der Pferde findet dagegen keinerlei Verwendung. In Turkestan reiten häufig zwei und selbst mehr Individuen auf einem Pferde. Mann und Frau reiten sogar in der Regel auf einem Pferde, wobei der Mann im Sattel, die Frau aber ritt= lings hinter ihrem Manne auf dem bloßen Rücken des Pferdes sitzt und sich mit beiden Händen an den Hüften ihres Mannes festhält. Aus Cer= vantes' Don Quichotte und andern Quellen wissen wir, daß früher auch in Europa die Frauen und selbst die höchstgestellten Damen mit einem Vorreiter auszureiten pflegten, der vor ihnen im Sattel saß.

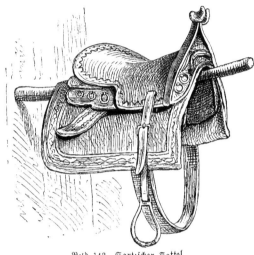

Bild 143. Sartischer Sattel.

Von den im Kapitel über die Viehzucht der Kirgis=Ka= saken aufgeführten Pferde= rassen halten die ansässigen Bewohner Turkestans Arga= make, Karabaire, Kirgisen= pferde und eine aus allen andern Rassen entstandene Mischrasse. Die wenig zahlreichen Argamake sowie die Karabaire bilden die Reitpferde der Reichen; die übrigen dienen als Wagenpferde, Saumpferde und als Reittiere für das gemeine Volk.

Die Pferde werden mit Gerste oder Dschugara und mit Luzerne ge= füttert. Gerste erhalten aber für gewöhnlich nur die Reitpferde. Die Saum= und Wagenpferde und die Pferde der Ärmeren überhaupt werden meistens nur mit Luzerne gefüttert, infolgedessen dieselben gewöhnlich einen unförmlich großen Bauch und überhaupt ein unansehnliches Äußeres erhalten.

Zaum, Sattel (Bild 143) und Nagaika sind bei der ansässigen Be= völkerung dieselben wie bei den Kirgisen, die ihr Reitzeug eben gewöhnlich in den Städten einkaufen. Ebensowenig wie jene Nomaden kennen die Stadtbewohner den Gebrauch von Sporen. Zum Unterschiede von den Kirgisen bedecken die Städter ihre Sättel mit weichen Decken oder Polstern (Bild 144) und bei feierlichen Gelegenheiten mit prächtigen, goldgestickten oder goldgewirkten Schabracken, welche die ganze Figur des Pferdes bis unter die Knie einhüllen (Bild 145, S. 374). Bei den Reichen bestehen diese Schabracken aus Goldbrokat oder aus rotem oder grünem Samt oder Tuch und sind in letzterem Falle mit den herrlichsten Gold= und Silber= stickereien vollständig bedeckt. Diese goldgestickten Schabracken gehören zu dem Prächtigsten, was ich jemals gesehen habe. Besonders unter den Strahlen der turkestanischen Sonne macht eine Reihe also aufgeputzter Pferde einen geradezu überwältigenden Eindruck. In Bezug auf effektvolle Ar= rangierung von Farben und kostbaren Stoffen sind die Zentralasiaten über= haupt den europäischen, an einen bleifarbenen Himmel gewöhnten Künstlern überlegen. Das Pferdegeschirr wird bei feierlichen Gelegenheiten mit Halb=

Bild 144. Gesatteltes Pferd. (Nach einer Aufnahme von G. Merzbacher.)

edelsteinen, mit Silberbeschlägen und mit Inkrustationen von Türkisen bedeckt, und den Hals des Pferdes verhüllen Reihen von lang herabfallenden Leder= streifen, die gleichfalls auf der Außenseite mit Türkis=Inkrustationen oder mit vergoldeten Silberpatten vollständig bedeckt sind.

Die Packsättel für Saumpferde werden sehr roh aus Schilf hergestellt. Ein etwa 2 m langes und 15—20 cm dickes Schilfbündel wird in grobe Sackleinwand eingenäht und dann in der Mitte Uförmig zusammengebogen, worauf die beiden Hälften aneinander genäht werden. Diese Sättel werden so auf den mit einer Filzdecke bedeckten Rücken des Pferdes gelegt, daß die breite Bugstelle auf den Nacken, die beiden Wülste aber zu beiden Seiten des Rückgrats zu liegen kommen. Das Rückgrat wird zwar auf diese Weise ge=

schont, dagegen wird der Nacken stark angegriffen, und es bilden sich meistens schon nach kurzer Zeit an der gedrückten Stelle Geschwülste und in der Folge offene Wunden, auf die aber die Eingeborenen wenig Rücksicht zu nehmen pflegen.

Die Stadtbewohner beschlagen ihre Pferde fast immer, gewöhnlich aber nur die Vorderfüße, welche das Hauptgewicht zu tragen haben. Die einheimischen Hufeisen sind breit, platt und dünn wie Pappdeckel und haben keine Stollen. Dieselben werden immer kalt aufgeschlagen, weil sie auch in kaltem Zustande biegsam sind. Da infolge des Mangels der Stollen sich die Köpfe der zum Beschlagen verwendeten Hufnägel bei der beständigen Berührung mit dem Boden schnell abnützen würden, so kommen dieselben in eine seichte, auf der unteren Fläche der Hufeisen verlaufende Rinne zu liegen; die Hufnägel selbst sind platt und haben die Form eines T; sie sind dadurch geeignet, sich genau in die erwähnten Rinnen einzufügen, und bleiben mithin, da sie über die untere Fläche des Eisens nicht hervorragen, vor Abnützung geschützt[1]. Die turkestanischen Huf-

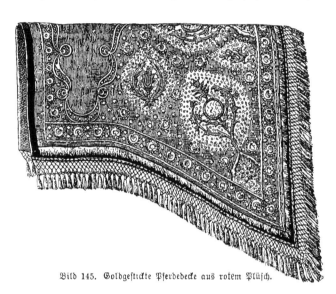

Bild 145. Goldgestickte Pferdedecke aus rotem Plüsch.

eisen sind, besonders in steinigen und gebirgigen Gegenden, wenig dauerhaft. Während meiner dreimonatlichen Reise durch Buchara, Hissar, Darwas und Karategin im Jahre 1886 verbrauchte ich für jedes meiner Pferde im Durchschnitte 40 Stück Hufeisen, obwohl die Pferde unmittelbar vor der Abreise

---

[1] Genau ebensolche Hufeisen wie die heutigen Zentralasiaten gebrauchten auch die alten Gallier. Napoleon erzählt nämlich in seiner Geschichte Julius Cäsars, daß an der Stelle, an welcher Vercingetorix vor seinem Rückzuge nach Alesia von Cäsar in einem größeren Reitertreffen geschlagen worden war, viele Hufeisen aufgefunden worden seien, welche aller Wahrscheinlichkeit nach von den in jener Schlacht gefallenen Pferden herrühren. Die betreffende Stelle lautet: „Dazu kommt, daß die Einwohner von Montsaugeon, Ismes und Cusey beim Ackerbau seit mehreren Jahren, wenn sie Bewässerungsgräben anlegen, 1 oder 2 Fuß tief im Boden steckende Hufeisen finden. Im Jahre 1860 hat man bei der Reinigung der Vingeanne aus dem Kiese des Flusses, 2 oder 3 Fuß tief, Hufeisen von einem ausgezeichneten Metall zu

aus Samarkand alle frisch beschlagen worden waren. Die Eingeborenen ge=
brauchen beim Beschlagen der Pferde keinerlei Zwangsvorrichtungen in der
Art unserer Notställe, die in den turkestanischen Städten erst von den Russen
eingeführt worden sind. Benimmt sich ein Pferd beim Beschlagen so un=
gebärdig, daß Gefahr für den Hufschmied vorhanden ist, so wird dem Pferde
eine aus einer Reitpeitsche gebildete Schlinge um die Oberlippe gelegt und
durch Drehen des Peitschenstiels so fest angezogen, daß das Tier große
Schmerzen erleidet; es wagt sich dann nicht zu rühren und läßt alles ge=
duldig über sich ergehen, wenn es auch vorher noch so exzessiv gewesen war.

Bild 146. Dschigiten.

Zur Wartung der Pferde halten sich in Turkestan reichere Leute eigene
Reitknechte, welche als Dschigiten bezeichnet werden (Bild 146) und
eine ähnliche Rolle spielen wie die Knappen bei den Rittern des Mittel=
alters. Die Dschigiten sind eine Art Faktotum ihres Herrn und werden
zu allen möglichen Dienstleistungen verwendet. Sie haben nicht nur die

Hunderten nach Angabe der Einwohner hervorgezogen. Sie sind durchgehends klein
und tragen auf ihrem ganzen Umfange eine Fuge, in die sich der Kopf des Nagels
einlegt. Eine große Zahl Hufeisen haben ihre Nägel noch, welche platt sind, einen
Kopf in Form von T haben und noch mit der Riete versehen sind, d. h. mit der
Spitze, welche man auf das Horn des Hufes umschlägt; daraus geht hervor, daß es
nicht verlorene Eisen sind, sondern vielmehr Eisen verendeter Tiere, deren Fuß in
der Erde oder im Flußkiese verfault ist."

Pferde zu füttern, zu reinigen und zu satteln, sondern auch ihren Herrn beim Ausreiten zu begleiten, beim Absteigen dessen Pferd zu halten, auf Reisen für ihn das Mahl zu kochen, für Unterkunft zu sorgen, die nötigen Einkäufe zu machen und als Boten zu dienen. Besonders bei den russischen Beamten und Offizieren spielen die Dschigiten eine wichtige Rolle und dienen denselben als Dolmetscher und zur Besorgung aller möglichen, selbst der diskretesten Aufträge. Die Dschigiten sind stets ausgezeichnete und unermüdliche Reiter und äußerst gewandte und durchtriebene Kerle, die zwar jeden Auftrag pünktlich und zur vollsten Zufriedenheit ihres Herrn ausführen, dabei aber keine Gelegenheit unbenützt lassen, sich auf jede mögliche Weise zu bereichern. Sie hintergehen dabei ebensowohl ihren Auftraggeber wie diejenigen, mit denen sie im Auftrage ihres Herrn Geschäfte abzumachen haben. Als während des kokanischen Feldzugs der General v. Kauffmann einmal durch ein ferganisches Dorf ritt, hörte er aus einem am Wege liegenden Gehöfte ein schreckliches Geschrei und Wehklagen. Als er sich bei einem Offizier seiner Suite erkundigte, was dieser Spektakel zu bedeuten habe, antwortete ihm dieser, die Sache hätte nichts auf sich; wahrscheinlich seien die Dschigiten des Generals mit dem Ankaufe von Pferden beschäftigt. Dieses „Kaufen" der Pferde bestand bei den Dschigiten darin, daß sie jedes Pferd, welches ihnen gefiel, ohne weiteres annektierten und dafür nach eigenem Gutdünken den zehnten oder zwanzigsten Teil des wirklichen Preises bezahlten, angeblich im Auftrage ihres Herrn, des Generals v. Kauffmann. Alle höheren Beamten der russischen Administration, wie Militärgouverneure, Bezirkschefs, Polizeichefs 2c., haben jeder eine bestimmte Anzahl von Dschigiten zur Verfügung, welche von Staats wegen besoldet werden und als Leibwächter, Amtsdiener und Kuriere zu dienen haben. Bei den Eingeborenen erhalten die Dschigiten keinen bestimmten Gehalt; sie werden nur samt ihren Pferden verpflegt und bekommen, je nachdem ihr Herr mit ihnen zufrieden ist, von Zeit zu Zeit Geschenke. Führen sie dagegen einen Auftrag schlecht oder nicht schnell genug aus, so werden sie dadurch bestraft, daß ihnen ihr Pferd abgenommen und sie auf einem Esel zurückgeschickt werden, die höchste Beschimpfung, die einem Dschigiten widerfahren kann. Die Dschigiten sind schon durch ihre Kleidung als solche kenntlich. Sie tragen entweder Turbane oder und zwar gewöhnlich große Pelzmützen, ähnlich den Papachen der russischen Kosaken; ferner seidene Chalate und darüber die bereits früher erwähnten weiten, gelben und mit Seidenschnüren bedeckten Lederhosen; um die Hüften schlingen sie einen buntfarbigen Gürtel aus Seiden- oder Baumwollstoff und befestigen daran einen schweren Säbel einheimischen Fabrikats, der ein unfehlbares Attribut jedes Dschigiten ist.

Esel. Die Zahl der Esel ist in den turkestanischen Oasen fast ebenso groß wie die Zahl der Pferde. Der Preis derselben ist sehr gering und die Unterhaltungskosten verschwindend klein, weil sie nur mit Luzerne oder auch nur mit dem überall wachsenden Steppengrase gefüttert werden. Der turkestanische Esel ist sehr klein, mitunter nicht größer als ein großer Hund, dabei aber trotzdem sehr kräftig (vgl. Bild 44, S. 129). Als Lasttiere werden die Esel so schwer mit Holz, Schilfrohr oder Säcken bepackt, daß man vom ganzen Tier manchmal nichts mehr wahrnimmt als den Kopf. Oft sieht man eine ganze Familie, bestehend aus Mann, Frau und ein paar kleinen Kindern, auf einem Esel reiten, der so klein ist, daß die Füße der Reiter den Boden berühren. Um den Tieren das Atmen zu erleichtern, werden ihnen die Nüstern aufgeschlitzt. Die Farbe der turkestanischen Esel ist sehr mannigfaltig: weiß, schwarz, braun, grau, graublau 2c. Da die Leistungsfähigkeit der Esel trotz ihres unansehnlichen Wuchses der der Saumpferde nur wenig nachgiebt, so werden sie, wenn es sich um keine größeren Reisen handelt, mit Vorliebe zum Tragen von Lasten verwendet. Von der ärmeren Be= völkerung werden sie außerdem auch als Reittiere benützt, obwohl das Reiten auf Eseln für Männer als wenig ehrenvoll gilt. Dagegen bedienen sich Frauen und Kinder mit Vorliebe der Esel zum Reiten, und selbst die Frauen der höchsten Würdenträger und der Chane machen kleinere Ex= kursionen auf Eseln. Die Frauen sitzen, mögen sie nun auf Pferden oder Eseln reiten, ganz in derselben Weise im Sattel wie die Männer. Zum Anspornen der Reitesel bedient man sich entweder der gewöhnlichen Nagaika oder eines kurzen, zugespitzten Stockes, mit dem sie in den Hals oder in das Hinterteil gestupft werden. Die Reitesel werden entweder mit den ge= wöhnlichen Pferdesätteln oder mit Saumsätteln aus Schilf gesattelt, welche sich von den Saumsätteln der Pferde nur durch ihre kleineren Dimensionen unterscheiden. Daß die Esel mit Unrecht in den Ruf hervorragender Dumm= heit gekommen sind, kann man auch an den turkestanischen Eseln wahr= nehmen, die viel intelligenter sind als z. B. die Pferde. Beim Bau der Festung von Samarkand wurden etliche hundert Esel als Ziegelträger ver= wendet. Sie kamen ohne irgendwelche Beaufsichtigung jedesmal von selbst nach den Ziegeleien, wurden dort beladen und eilten dann im Lauf= schritte nach dem mehrere Kilometer entfernten Bauplatze, ohne sich in den Straßen zu verirren, durchzubrennen oder sonstwie Allotria zu treiben. Diese selbständige Beschäftigung machte ihnen offenbar großen Spaß, wie man aus ihren Bocksprüngen ersehen konnte, wenn sie, nachdem ihnen ihre Ladung abgenommen war, mit leeren Tragkörben nach der Ziegelei zurückkehrten.

Maultiere und Maulesel sind in Turkestan nicht sehr zahlreich. Sie nehmen in Bezug auf Größe, Figur und Farbe alle möglichen Zwischen= stufen zwischen Pferd und Esel ein und werden sowohl als Reittiere wie als Lasttiere verwendet.

Rinder. Die Rindviehzucht ist bei der ansässigen Bevölkerung Tur=
kestans viel weniger entwickelt als die Pferdezucht. Dies hat seinen Grund
darin, daß das Rindfleisch, und zwar mit Recht, nicht geachtet ist, und daß
auch die Milch nur eine untergeordnete Rolle im Haushalte der Ansässigen
spielt. Die Rinder werden hauptsächlich als Arbeitstiere beim Feldbaue
verwendet. Die Rinder der Oasenbewohner sind in der Regel klein und
unansehnlich, besonders die Kühe, und sind offenbar gleicher Rasse mit den
Rindern der umwohnenden Kirgisen und sonstigen Nomaden. Das Rindvieh
wird mit Luzerne und ab und zu auch mit Kleie, Spreu, Ölkuchen, Melonen=
schalen und dergleichen Abfällen gefüttert. Während der Sommermonate
werden sie täglich in großen Herden in die umgebenden Steppen auf die
Weide getrieben, kehren aber jeden Abend in ihre Ställe zurück. Das
Futter ist auf diesen Steppen äußerst spärlich und besteht nur aus trockenem
und staubbedecktem Steppengrase, weshalb auch die Rinder jedesmal nach
der Rückkehr von der Weide erst eigentlich gefüttert werden müssen. Außer=
dem haben sie auf solchen Weiden, besonders aber auf dem Hin= und Rück=
wege, von Hitze, Durst und Staub zu leiden, so daß man meinen möchte,
das Weiden müßte unter so bewandten Umständen für das Vieh höchst
nachteilig sein. Ich habe mich aber durch eigene Erfahrung überzeugt, daß
das Weiden und das Zusammensein in Herden in Gesellschaft von Stieren
für die einheimischen Rinder unentbehrlich ist. Wenn ich in Taschkent meine
Milchkühe längere Zeit nicht auf die Weide schickte, so fingen sie, trotz der
besten Stallfütterung, an, zu verfallen und gaben fast gar keine Milch mehr.
Es steckt offenbar noch immer ein gutes Stück Nomadentum in ihnen. Die
Milch der Kühe wird gewöhnlich ungekocht getrunken; die bei den Kirgisen
so beliebte saure Milch findet bei den Ansässigen wenig Beifall. Die Milch
der turkestanischen Kühe ist gewöhnlich schlecht und wird überdies noch von
den Verkäufern durch Beisatz von Wasser und Mehl verfälscht, so daß sie
meistens kaum zu genießen ist. Die Butter= respektive Schmalzbereitung ist
zwar den Sarten bekannt, wenigstens seit der Invasion der Russen; Butter
wird aber gar nicht, Schmalz nur ausnahmsweise zur Bereitung von Speisen
verwendet und gewöhnlich durch das viel billigere Schaffett ersetzt. Die
Käsebereitung ist, wie bereits erwähnt, bei der ansässigen Bevölkerung Tur=
kestans ganz unbekannt. Der Rindermist wird gewöhnlich nicht als Dünger
verwendet, sondern wie bei den Kirgisen zu Fladen geformt, die zum
Trocknen an die Hauswände geklebt und dann als Brennmaterial benützt
werden. Diese getrockneten Kuhfladen werden sackweise auf den Bazaren
sowie von eigenen Hausierern verkauft.

Geflügel. Von Geflügel halten die ansässigen Bewohner Turkestans
nur Hühner, deren Fleisch ebenso beliebt ist wie die Eier. Wie groß die
Zahl der Hühner in Turkestan ist, kann man daraus ersehen, daß selbst

in Taschkent, wo doch die Lebensmittelpreise infolge der russischen Invasion stark in die Höhe getrieben worden sind, ein Huhn nur 10—20 Pfennig und ein Hundert Eier nur eine Mark kostet. In Kuldscha konnte man noch in der ersten Zeit der russischen Okkupation für 10 Pfennig 100 Eier und für 30 Pfennig ein Dutzend Hühner kaufen. Dies ist auch gar nicht zu verwundern, weil die Unterhaltung der Hühner nichts kostet und man sich um dieselben auch gar nicht zu kümmern braucht. Die Nächte verbringen sie auf den Bäumen, tagsüber aber treiben sie sich auf den Höfen und in den Gärten herum, wo sie in dem überall verstreuten Pferdemist reichliche Nahrung finden. Enten, Gänse und Truthühner waren den Eingeborenen früher unbekannt und sind erst von den Russen eingeführt worden.

In Turkestan giebt es eine eigene Taubenart von einer eigentümlichen schokoladebraunen Farbe. Diese Tauben, welche etwa um die Hälfte kleiner sind als unsere Tauben, kommen in den Oasen in großen Mengen vor, werden aber nicht gezüchtet, sondern leben in wildem Zustande und bilden, da sie sich mit Vorliebe unter den Veranda- und Stalldächern einnisten, eine Landplage. Obwohl das Fleisch dieser Tauben äußerst zart und schmackhaft ist, werden sie doch von den Eingeborenen ebensowenig gegessen wie von den Russen, bei denen es als Sünde betrachtet wird, eine Taube zu schlachten, aus dem gewichtigen Grunde, daß nach der Bibel der Heilige Geist wiederholt in Taubengestalt erschienen ist.

Hunde. Von Hunden giebt es in den turkestanischen Städten, besonders aber in Taschkent, eine Unmasse; davon gehört aber nur ein Teil bestimmten Besitzern an; ein großer Teil der Hunde ist herrenlos und treibt sich beständig auf den Straßen und Bazaren herum. Die Hunde werden von ihren Besitzern ziemlich rücksichtslos behandelt; als unreine Tiere dürfen sie keine Wohnung betreten und werden entweder gar nicht oder nur sehr ungenügend gefüttert. Sie müssen sich deshalb, ebenso wie die herrenlosen Hunde, ihren Lebensunterhalt unter den Straßen- und Bazarabfällen aufsuchen, wobei sie selbst Früchte nicht verschmähen. Eine auffallende Vorliebe haben die zentralasiatischen Hunde für menschliche Exkremente, und zwar nicht etwa bloß die halbverhungerten herrenlosen Hunde, sondern auch diejenigen, welche, wie die Hunde der Russen, von ihren Herren reichlich verpflegt werden. Ich habe mich von dieser Geschmacksverirrung bei meinen eigenen Hunden und den Hunden meiner Bekannten vielfach zu überzeugen Gelegenheit gehabt. Infolge der erwähnten Vernachlässigung von seiten ihrer Herren gewöhnen sich die Hunde allmählich so sehr daran, die Straße als ihre eigentliche Heimat anzusehen, daß viele schließlich gar nicht mehr zu ihren Besitzern zurückkehren und sich ganz als vagierende Hunde etablieren. Die Zahl der herrenlosen Hunde wird außerdem noch beständig durch Renegaten aus der Zahl der Kirgisenhunde vermehrt, die beim Durch-

paffieren der Nomaden in den Städten zurückbleiben, weil fie hier leichter
Unterhalt finden als in den Kirgifen-Auls. Merkwürdig ist der unter diefen
herrenlofen Hunden herrschende Korpsgeist. Alle Hunde einer Straße oder
eines Stadtviertels halten fich für folidarisch; jeder fremde Köter wird mit
größter Wut angefallen und mit vereinten Kräften als unbefugter Kon=
kurrent hinausgebiffen. Sie fallen, befonders zur Nachtzeit, auch Menschen
und felbst Reiter in ganzen Rudeln an, fo daß es nicht geraten ist, ohne
Bewaffnung oder wenigstens einen tüchtigen Stock durch die Straßen zu
gehen. Abgefehen von ihrer großen Anzahl werden die herrenlofen Hunde
auch noch dadurch unbequem, daß fie häufig räudig werden und dann
auch die Haushunde anstecken, oder daß unter ihnen die Wut ausbricht.
In Taschkent kommen häufig Fälle von Hundswut vor, und ich habe felbst
auf diefe Weise drei wertvolle Hunde verloren. Die ruffische Polizei in
Taschkent giebt fich viele Mühe, diefe Landplage einzudämmen, und läßt
mehrmals im Jahre, mitunter felbst alle Monate, alle frei laufenden Hunde
mit Strychnin vergiften; eine Abnahme ist aber troßdem nicht zu bemerken,
weil die vergifteten Hunde fofort wieder durch neu zugelaufenes Gefindel
erfeßt werden. Merkwürdig ist der Inftinkt der Hunde in Bezug auf ihre
räudig gewordenen Genoffen; läßt fich ein folches unglückliches Tier, dem die
Haare büfchelweise abfallen, in den Straßen blicken, fo wird es fofort von
allen andern Hunden attakiert und, wenn es fich nicht fchleunigst in Sicher=
heit bringt, unbarmherzig totgebiffen. Die Hunde ertragen unter allen
Tieren das heiße turkestanische Klima am fchwersten. Wenn fie fich im
Sande lagern wollen, fo fcharren fie immer vorerst die erhißte oberste Schichte
weg, bis fie auf weniger heißen Grund kommen, und an heißen Sommertagen
kann man die Hunde stundenlang mit heraushängenden Zungen bis an den
Hals in Waffergräben hocken fehen, um der unerträglichen Hiße zu entgehen,
während doch bekanntlich die Hunde fonst keine Freunde von Bädern find.

Katzen. Im Gegenfaße zu den Hunden werden die Katzen von den
Stadtbewohnern Turkestans ebenfo liebevoll behandelt wie von unfern alten
Jungfern. Außer der gemeinen Hauskaße giebt es in Turkestan noch eine
eigentümliche Art, welche als bucharifche Kaße bezeichnet wird und an
Schönheit alle mir bekannten Kaßenarten übertrifft. Diefelbe hat fehr
lange, feidenartige Haare, bufchigen Schweif und ein rotgelb, weiß und
fchwarz getigertes Fell. Befonders junge bucharifche Käßchen find wirklich
allerliebst. Es giebt auch vereinzelte wilde Kaßen, die wahrscheinlich von
der gemeinen Hauskaße abstammen und erst infolge ihrer Lebensweise und
ihres beständigen Aufenthaltes im Freien ihre langen, struppigen Haare und
ihr wildes Wefen angenommen haben.

16. Einheimifche Induftrie. Wie die Bewohner der zentral=
afiatifchen Städte fich in Bezug auf Lebensmittel mit dem begnügen, was

das Land ſelbſt hervorbringt, ſo verfertigen ſie auch, mit den wenigen bereits früher erwähnten Ausnahmen, alles, was ſie zur Bekleidung, zur Einrichtung ihrer Wohnungen und zur Ausübung ihres Berufes nötig haben, ſelbſt. Alle Induſtriezweige werden in Turkeſtan im beſcheidenſten Umfange immer nur von einigen wenigen Arbeitern und mit den denkbar einfachſten Hilfs= mitteln und Werkzeugen betrieben; von Fabrikanlagen und von Produktion im großen iſt bei den Eingeborenen nirgends eine Spur zu finden. Die meiſten Gewerbe werden auf den Bazaren in den gewöhnlichen offenen Läden betrieben, welche ſich von den Verkaufsläden nur wenig oder auch gar nicht unterſcheiden, und die Gewerbetreibenden halten ihre Erzeugniſſe gleich auch an Ort und Stelle feil. Nur diejenigen Handwerker, welche zur Aus= übung ihres Gewerbes eines größeren Raumes oder beſonderer Vorrich= tungen bedürfen, welche in den beſchränkten Bazarbuden nicht untergebracht werden können, wie die Wagenbauer, Töpfer, Weber, Gerber, Brettſchneider, Eiſengießer ꝛc., ſchlagen ihre Werkſtätten gewöhnlich in ihren Wohnungen oder auch einfach auf der Straße und auf öffentlichen Plätzen auf. Alle Induſtriezweige verarbeiten, mit alleiniger Ausnahme der Metallarbeiter, nur die einheimiſchen Rohprodukte und tragen nur dem Bedarfe der einheimiſchen Bevölkerung Rechnung; für den Export wird nichts fabriziert. Da die Zahl der gelernten Handwerker verhältnismäßig nicht groß iſt, ſo erfreuen ſich dieſelben den Ackerbauern gegenüber einer bevorzugten Stellung, und ſie werden ihrer Unentbehrlichkeit wegen in den unabhängigen Staaten auch von oben rückſichtsvoller behandelt als das übrige Volk.

Die wichtigſten der gegenwärtig von der einheimiſchen Stadtbevölkerung betriebenen Gewerbe ſind folgende:

a) Seidenindustrie: Seidenzucht, Seidenſpinnerei, Seidenfärberei, Seidenſtickerei, Bortenwirkerei, Seidenweberei.

b) Baumwollinduſtrie: Baumwollſpinnerei, Baumwollweberei, Baumwollfärberei.

c) Pelz= und Wollinduſtrie: Kürſchnerei, Teppichwirkerei, Filz= macherei, Tuchwirkerei, Seilerei.

d) Bekleidungsinduſtrie: Chalatmacherei, Pelzſchneiderei, Weiß= näherei, Deckenmacherei, Kappenmacherei.

e) Lederinduſtrie: Gerberei, Schlauchmacherei, Schuhmacherei, Satt= lerei, Lederhoſenmacherei.

f) Metallinduſtrie: Hufſchmiede, Schloſſerei, Spenglerei, Meſſer= ſchmiede, Schwertfegerei, Scherenſchleiferei, Eiſengießerei, Gelbgießerei, Kano= nengießerei, Kupferſchmiede, Büchſenmacherei, Gold= und Silberarbeiter, Gold= ſtickerei, Münzprägerei, Drahtflechterei, Hafenbinderei.

g) Montaninduſtrie: Gewinnung von Steinſalz, Kohlen, Eiſen, Gold, Blei, Kupfer, Naphtha und Edelſteinen.

h) Holzindustrie: Wagenbauerei, Pflugmacherei, Zimmerarbeiten, Tischlerei, Brettschneiderei, Drechslerei, Sattelmacherei, Kammmacherei, Laternenmacherei, Musikinstrumentenmacherei, Korbflechterei.

i) Sonstige Gewerbe: Schilfarbeiten, Töpferei, Ziegelfabrikation, Gipsformation, Zimmermalerei, Müllerei, Bäckerei, Metzgerei, Branntweinbrennerei, Ölproduktion, Seifensiederei, Kerzengießerei, Leimsiederei, Papierfabrikation, Pulverfabrikation, Steinmetzarbeiten.

Seidenindustrie. Seidenzucht. Unter allen Industriezweigen nimmt in Turkestan die Seidenzucht die erste Stelle ein, da sich mit derselben der größte Teil der gesamten ansässigen Bevölkerung beschäftigt. Die Seidenindustrie ist deshalb auch besser entwickelt als irgend ein anderer Industriezweig. Das turkestanische Klima ist aber auch für die Seidenkultur wie geschaffen, weil im Flachlande den ganzen Sommer über eine gleichmäßig hohe Temperatur herrscht, Regen, Gewitter und Stürme aber zur Sommerzeit gar nicht vorkommen, wodurch alle künstlichen Wärmevorrichtungen entbehrlich gemacht werden. Dazu kommt noch der Überfluß an Maulbeerbäumen, die gleichfalls nirgends besser fortkommen als gerade in Turkestan. Mit der Pflege der Seidenraupen beschäftigen sich ausschließlich die Frauen. Den Winter über werden die Raupeneier in kleinen Baumwollsäckchen aufbewahrt, die an der Zimmerdecke aufgehangen werden. Anfangs April beginnt man eine künstliche Ausbrütung der Eier, indem die Frauen dieselben in kleinen Säckchen unter den Armen oder um die Hüften gebunden auf dem bloßen Leibe tragen. Schon nach Verlauf einer Woche kommen die Räupchen eines nach dem andern zum Vorschein. Jeden Tag werden die ausgekrochenen Raupen ausgelesen und auf einem mit einem reinen Tuche bedeckten Servierteller an einen sonnigen Ort gestellt, wobei sie jedoch durch leichte Gazestoffe gegen die direkten Sonnenstrahlen geschützt werden. Nach einiger Zeit werden sie in eigene breite, offene Holzkasten von ca. 50 cm Höhe versetzt, welche auf vier rings von Wasser umgebenen Füßen ruhen, um die Raupen gegen die Angriffe von Ameisen und sonstigen Insekten zu schützen. Hier werden nun die Raupen täglich dreimal mit den Blättern und Zweigen des Maulbeerbaumes gefüttert, bis sie sich einspinnen, was verschiedentlich zwischen dem 40. und 70. Tag nach dem Ausschlüpfen aus dem Ei erfolgt. Um den Raupen das Einspinnen zu erleichtern, werden in den Boden des Kastens Pappelzweige gesteckt, an denen sie emporkriechen. Die fertigen Kokons werden von den Zweigen abgenommen, die besseren und größeren für die Nachzucht ausgewählt und die übrigen zur Seidengewinnung verwendet. Aus den für die Züchtung aufbewahrten Kokons kriechen die Schmetterlinge am vierten Tage aus und legen sofort 400—500 Eier, leben aber im ganzen nur anderthalb Tage. Die zur Seidengewinnung bestimmten Kokons werden mehrere Tage hintereinander auf Schilfmatten den Sonnenstrahlen ausgesetzt, um die Puppen zu töten.

Die turkestanische Seide hat gewöhnlich eine schöne hochgelbe Farbe; es kommen aber auch milchweiße, graue und rosafarbige Sorten vor. In Bezug auf Qualität soll die turkestanische Seide die japanische übertreffen; dieselbe verliert aber dadurch bedeutend an Kaufwert, daß die Eingeborenen alle Arten von Seide, selbst ohne Rücksicht auf die verschiedene Färbung, durcheinandermischen und auch auf die Reinheit der Zucht der Seidenwürmer gar keine Rücksicht nehmen.

Die Seidenzucht wird in Turkestan schon seit dem 2. Jahrhundert n. Chr. betrieben; sie war von den Chinesen eingeführt worden, welche damals fast ganz Zentralasien eroberten. Gegenwärtig ist die Seidenzucht in ganz Turkestan, besonders aber in Buchara und Samarkand verbreitet, wo die meiste und die beste Seide produziert wird. Als die minderwertigste Seide gilt die von Taschkent. Der jährliche Ertrag der turkestanischen Seidenzucht ist auch nicht annähernd bekannt und wird deshalb sehr verschieden angegeben. Man schätzt die Gesamtproduktion von ganz Turkestan auf 20 bis 30 Millionen Mark. Acht Pfund trockener Kokons liefern ein Pfund Rohseide im Werte von ungefähr 6 Mark. Wie vorteilhaft die Seidenzucht ist, kann man aus folgender Berechnung ersehen. Zwei Solotnik (8,5 g) Eier im Werte von 1,20 Mark ergeben ein Pud (16,4 kg) ungetrockneter Kokons im Werte von 24 Mark. Zur Ernährung der betreffenden Seidenraupen während der ganzen Zeit ihrer Entwicklung sind die Blätter von sieben Maulbeerbäumen erforderlich.

Nach der Erschließung Turkestans für die Europäer warfen sich sofort ausländische Spekulanten auf die Ausbeutung der dortigen Seidenzucht, und allein im Jahre 1870 wurden 4000 Pfund Seidenraupeneier aus Turkestan ins Ausland exportiert. Da ein derartiges Vorgehen offenbar in kurzer Zeit den völligen Untergang der einheimischen Seidenzucht herbeigeführt haben würde, so wurde im Jahre 1871 auf General v. Kauffmanns Vorstellung hin durch ein kaiserliches Edikt die Ausfuhr von Seidenraupeneiern aus Turkestan gänzlich untersagt. Zugleich wurde von Kauffmann in Taschkent eine eigene Anstalt errichtet, deren Aufgabe in dem Studium der Seidenzucht und der Ausfindigmachung der geeignetsten Mittel zur Veredlung der einheimischen Arten und zur Hintanhaltung der unter den Raupen vorkommenden Krankheiten bestand. Diese Anstalt wurde nach Kauffmanns Tod nebst vielen andern von ihm ins Leben gerufenen nützlichen Institutionen von seinem Nachfolger Tschernajew sofort aufgehoben, aus dem einzigen Grunde, weil sie ein Werk Kauffmanns war. ·

Abwickeln der Seide. Das Abwickeln der Seide von den Kokons wird auf folgende Weise ausgeführt. Die getrockneten Kokons werden in kochendes Wasser geworfen und so lange mit Reisigbesen umgerührt, bis sich die Enden der Kokonfäden loslösen. Diese werden dann mittels hölzerner

Stäbchen aufgefischt und an eigene Seidenhaspel befestigt, auf welche gleich=
zeitig eine größere Anzahl Kokons abgewickelt wird. Diese Seidenhaspel
haben dieselbe Einrichtung wie unsere gewöhnlichen Garnhaspel, aber einen
Durchmesser von 3,5 bis 4 m, was deshalb notwendig ist, weil die Einge=
borenen die Übertragung durch Kammräder nicht kennen und daher nur
durch Vergrößerung des Durchmessers des Haspels die nötige Geschwindigkeit
zu erreichen vermögen. Jeder solche Haspel wird von zwei Männern be=
dient, von denen der eine ihn treibt, während der andere mit einer Hand
die Fäden auf den Haspel legt und mit der andern die in einer offenen,

Bild 147. Sartische Seidensticker in Taschkent.

mit heißem Wasser gefüllten Schüssel liegenden Kokons umrührt, um den
Abwicklungsprozeß zu erleichtern. Die Seidenhaspel werden entweder auf den
Höfen oder, wenn nötig, auch auf öffentlichen Straßen und Plätzen aufgestellt.
Färben der Seide. Die abgewickelte Seide wird von den einzelnen
Produzenten an die Seidenfärber verkauft, welche dieselbe gewöhnlich rot,
blau oder hochgelb färben. Mit dem Färben der Seide beschäftigen sich
vorzugsweise die bucharischen Juden, denen man ihren Beruf schon an den
beständig blauen Händen absehen kann. Die Eingeborenen Turkestans ge=
brauchen hauptsächlich folgende Farbstoffe: Indigo, welcher aus Indien im=
portiert wird; Krapp, der nicht nur in Gärten gezogen wird, sondern auch
wild wächst; Delphinium sulphureum, eine schwefelgelbe Rittersportart,

die in großen Mengen in den Steppen vorkommt; auch die Blumen der Sophora Japonica werden zum Gelbfärben gebraucht. Zum Schwarzfärben verwendet man die Schalen der Granatäpfel und die Galläpfel der Piſtazien= bäume. Zum Rotfärben wird gewöhnlich Cochenille benützt, die aus Ruß= land eingeführt wird, obwohl die Cochenilleſchildläuſe auch in Turkeſtan ſelbſt in Menge vorkommen. In letzter Zeit wird der Cochenille Fuchſin vor= gezogen, das gleichfalls aus Rußland bezogen wird.

Seidenſtickerei. Die Seidenfärber verkaufen die gefärbte Seide wieder an die Seidenſticker, Bortenwirker und Seidenweber, und auf den Bazaren ſind ganze Reihen von Buden von den Verkäufern ge= färbter Flockſeide beſetzt. Mit der Seidenſtickerei beſchäftigen ſich nicht nur die Frauen, ſondern auch, und zwar vorzugsweiſe, die Männer. Die Seidenſtickerei iſt ſehr verbreitet, weil die Einge= borenen überall, wo es nur irgend möglich iſt, Stickereien an= bringen; Kap=

Bild 148. Seidenſtickerei auf Tuch.

pen, Gürtel, Gürteltaſchen, Taſchen= und Handtücher, Turbane, Frauenkopf= tücher, Tiſchtücher, Lederhoſen, Schabracken, Satteldecken, kurz alles wird mit Seidenſtickereien und aufgenähten Seidenbändern ſo überladen, daß vom Grundmaterial oft kaum mehr etwas zu ſehen iſt. Der Stoff, welcher mit Stickereien verſehen werden ſoll, wird auf einen einfachen hölzernen Reifen als Stickrahmen geſpannt und darauf mit Kreide die anzubringenden Ver= zierungen roh vorgezeichnet (Bild 147). Die Stickereien beſtehen gewöhnlich aus Roſetten und Arabesken, die oft eine ſehr gefällige und geſchmackvolle Anordnung zeigen. Die Seidenſtickerei hat im ruſſiſchen Turkeſtan in der letzten Zeit einen erhöhten Aufſchwung genommen, weil die einheimiſchen Stickereien bei der ruſſiſchen Bevölkerung Turkeſtans großen Abſatz finden.

Die Eingeborenen verfertigen speziell für das russische Publikum vorzugsweise mit Seide ausgenähte Tischtücher aus schwarzem, rotem oder grünem Tuch (Bild 148, S. 385) und Kopfkissen sowie Hausschuhe aus schwarzem, weichem Leder. Alle diese Arbeiten sind sehr billig, werden aber allen Neuankommenden, welche mit den örtlichen Verhältnissen noch nicht bekannt sind, von Hausierern gewöhnlich sehr teuer aufgehängt.

Bild 149. Posamentierarbeit auf Seide.

Bortenwirkerei. Mit der Anfertigung von Posamentierarbeiten, wie Bändern, Schnüren, Quasten, seidenen Ohrgehängen u. dgl., sind ebenfalls viele Hände beschäftigt. Die Posamentierarbeiten finden ihre Verwendung hauptsächlich zur Einfassung von Chalaten, Pelzen, Schabracken und Unterkleidern. Schmale gehäkelte Seidenborten werden auch häufig statt der Stickereien verwendet, indem sie in Form von Arabesken und Rosetten auf die zu verzierenden Stoffe aufgenäht werden (Bild 149 u. 150).

Seidenweberei. Die Seidenweberei wird ausschließlich als Hausindustrie betrieben. Die Seidenwebstühle der Eingeborenen sind Handwebstühle von äußerst primitiver Konstruktion. Der Weber sitzt einfach auf dem Fußboden und streckt seine Füße in eine unter dem Webstuhle im Zimmerboden ausgehobene Vertiefung. Auf diesen Webstühlen können nur 20—25 cm breite Stoffe angefertigt werden. Außerdem sind die einzelnen Stücke auch verhältnismäßig kurz, so daß man zur Herstellung eines Chalates gerade zwei Stücke Zeug braucht. Die zu Chalaten verwendeten Seidenstoffe sind sehr stark und dauerhaft, besonders die in Hissar gewobenen Stoffe, deren Fäden ebenso stark sind wie bei gewöhnlicher Hausleinwand. Einen solchen hissarischen Chalat habe ich über

Bild 150. Posamentierarbeit auf Tuch.

sechs Jahre lang als Schlafrock getragen, und dann war nur das Unter=
futter defekt geworden, während die hier in München gekauften Schlafröcke
immer schon nach zwei, drei Monaten an den Ellenbogen verschlissen waren.
Außer den Chalatstoffen und den zu Frauenhemden und Frauenbeinkleidern
bestimmten Seidenstoffen, welche feiner und und weicher sind als erstere,
werden noch äußerst feine halbdurchsichtige Seidentücher hergestellt, welche

Bild 151. Turkestanischer Garnhaspel.

von den eingeborenen Frauen als Kopftücher getragen werden und auch
bei den russischen Damen beliebt sind.

Die Farben der einheimischen Seidenstoffe sind gewöhnlich schillernd, und
ihre Anordnung ist eine ganz eigentümliche. Die verschiedenen Farben, unter
denen Gelb, Rot und Blau vorherrschen, bilden entweder kreisrunde oder
ganz unregelmäßige Flecken oder Flammen und gehen allmählich ineinander
über (vgl. Bild 2, S. 7; Bild 13, S. 28, und Bild 101, S. 266).
Nur die hissarischen Seidenstoffe sind breit gestreift. Für die russische Be=

völkerung werden jetzt von den Eingeborenen auch einfarbige, besonders silbergraue, und grau und schwarz karrierte Seidenstoffe sowie solche mit europäischen Mustern hergestellt.

Baumwollindustrie. Das Nähere über die Reinigung der Baumwolle und die dabei verwendeten Maschinen ist bereits früher mitgeteilt worden. Die gereinigte Baumwolle wird teils nach Rußland ausgeführt, teils im Inlande verwendet und zu Garn, Stricken und Baumwollstoffen verarbeitet oder zur Wattierung von Decken, Winterchalaten und Kopfkissen benützt. Zu Garn wird die Baumwolle mittels einfacher Spindeln gesponnen. Zur Herstellung der verschiedenen Baumwollstoffe werden ganz ähnliche Webstühle benützt wie von den Seidenwebern. Die Fäden werden irgendwo auf der Straße zwischen Querhölzern ausgespannt, zu je fünf geordnet und die aus je fünf Fäden bestehenden Fadenbündel sodann in große Knäuel gewickelt. Der Webstuhl ist an einer Wand des Wohnzimmers angebracht, und die Langfäden werden vom Webstuhle bis an die gegenüberliegende Zimmerwand ausgespannt und auf achtkantige Walzen gewickelt. Durch zwei Trittbretter werden die durch Schilfrohre voneinander gesonderten Fäden abwechselnd gehoben und gesenkt. Die zuerst zu je fünf und dann zu je hundert geordneten Langfäden sind voneinander durch hölzerne Kämme getrennt. Die Weberschiffchen sind zierlich aus Horn geschnitzt. Auf einem solchen Webstuhle kann ein fleißiger Arbeiter, obwohl die Baumwollstoffe ebenso schmal sind wie die Seidenstoffe, im besten Falle ein Stück von 2 m Länge täglich herstellen und sich dabei etwa 40 Pfennig verdienen. Alle einheimischen Baumwollstoffe sind von mehr oder weniger grober Textur. Es werden drei verschiedene Sorten von Baumwollstoffen angefertigt, die als Bus, Daka und Alatscha bezeichnet werden. Bus ist ein grober Stoff aus ungefärbter und ungebleichter Baumwolle, der so wie er ist zu Männerhemden und Unterhosen verwendet wird und bei den Russen unter dem Namen Mata bekannt ist. Derselbe wird zum Teil nachträglich mittels hölzerner Handstempel bunt gefärbt und dann zur Herstellung von wattierten Bettdecken und von Pferdedecken verwendet. Die Farben und Zeichnungen sind auf diesen gefärbten Stoffen fast dieselben wie auf den einheimischen Teppichen. Mit Daka bezeichnet man einen leichteren, musselinartigen weißen Stoff, dessen gröbere Sorten als Chalatunterfutter verwendet werden, während die feineren Sorten von den Frauen als Kopftücher und Schleier und von den Männern als Turbane getragen werden. Alatscha ist ein leinwandartiger, schwarz und blau gestreifter oder auch einfach blauer Stoff, der aus gefärbtem Baumwollgarne hergestellt und zu Hemden, Hosen und Parandschas für die Frauen der ärmeren Bevölkerung und der Nomaden und zu Chalaten für die Gelehrten, Handwerker und Ackerbauer und sonstigen ärmeren Bewohner verarbeitet wird.

Häufig wird die Baumwolle mit Seide zufammen verwoben. Die zur Hälfte aus Seide und zur Hälfte aus Baumwolle hergeftellten Stoffe, welche als A b r a s bezeichnet werden, werden ftets mit Eiweiß imprägniert, um ihnen ein glänzendes feidenähnliches Anfehen zu geben; man verwendet fie hauptfächlich zu Tifchtüchern, Chalaten, Kappen und als Unterfutter für die befferen Chalate.

Pelz= und Wollinduftrie. Kürfchner. Von den einheimifchen Kürfchnern werden vorzugsweife Schaf= und Fuchsfelle verarbeitet, die ziemlich roh gegerbt werden. Die Schaffelle dienen zur Herftellung von Pelzmützen und von Winterpelzen für das gemeine Volk. Diefe Pelze haben die Form der Chalate, bleiben aber ftets unbedeckt; die Haare find nach innen gerichtet, die Außenfeite bleibt entweder fo wie fie ift oder fie wird gelb gefärbt. Die Felle der einheimifchen grauen Füchfe, welche fehr dicht find und ungemein warm halten, werden gewöhnlich als Unterfutter für die befferen Chalate und für die von den Tataren adoptierten Befchmete verwendet. Dabei werden die Rückenftücke, Bauch= und Fußftücke, welche verfchieden gefärbt find, von-einander getrennt und für einen und denfelben Chalat entweder nur Rücken= ftücke oder nur Bauchftücke oder auch nur die parallel aneinandergenähten Fußftücke verwendet. Die koftbarften find die erfteren und die billigften die letzteren. Auch die aufrecht ftehenden Krempen der Pelzmützen werden faft immer mit Fuchsfellen befetzt. Außer den Schaf= und Fuchsfellen kommen, wenn auch viel feltener, noch die Felle der übrigen einheimifchen Tierwelt zur Verwendung; befonders gefchätzt find Pelzmützen und Chalatverbrämungen aus den Fellen der Fifchottern.

Teppichwirker. Die Teppichfabrikation fpielt in Turkeftan eine viel wichtigere Rolle als anderswo, weil die Teppiche im Haushalte der Ein= geborenen geradezu unentbehrlich find. Zur Herftellung der Teppiche wird die Wolle der Schafe und Kamele verwendet. Es giebt drei Arten von Teppichen. Die niedrigfte Sorte find die fogenannten Palaze, welche aus aneinandergenähten fchmalen Streifen beftehen und entweder einfach geftreift find oder mehr oder weniger komplizierte Zeichnungen aufweifen, die fich auf jedem Streifen wiederholen. Diefe Teppiche find fehr billig, aber auch wenig dauerhaft und werden hauptfächlich auf Reifen und beim Aufenthalte im Freien gebraucht. Die zweite Sorte bilden die fogenannten buchari fchen Teppiche, die dauerhafteften von allen, die hauptfächlich in Buchara und Karfchi hergeftellt werden. Diefe Teppiche find fehr lang und breit, find kammgarnartig aus einem Stücke gewebt und ftets weiß, krapprot, gelb und blau geftreift. In den Häufern der Reichen find gewöhnlich alle Zimmer= böden und Terraffen mit folchen Teppichen belegt. Die gefchätzteften und teuerften find die fogenannten turkmenifchen Teppiche, welche, wie fchon der Name befagt, hauptfächlich und in größter Vollkommenheit von

den Turkmenen, außerdem aber auch in Buchara und in andern turkestani=
schen Städten verfertigt werden. Diese Teppiche sind plüschartig gewirkt
und gewöhnlich 2—3 m lang und 1—1,2 m breit. Sie werden aus
rotem, gelbem und blauem Wollgarne hergestellt, wobei Rot die Grundfarbe
bildet. Die Bordüre ist sehr breit; das Mittelfeld bildet ein oblonges Rechteck,
dessen Zeichnung von der Zeichnung der Bordüre verschieden ist. Die Muster
sind sehr mannigfaltig und sehr kompliziert und bestehen aus symmetrisch
geordneten, kaleidoskopartig stilisierten Blumen und Arabesken. Die Zeich=
nung scheint für jeden einzelnen Teppich eigens erfunden zu werden. Die
turkmenischen Teppiche haben in Bezug auf Gewebe, Farbe und Zeichnung
viel Ähnlichkeit mit den jetzt auch in Europa Mode gewordenen persischen
Teppichen. Mit der Teppichfabrikation ist auch die Herstellung langer, hand=
breiter, teppichartiger Bänder verbunden, welche von den Nomaden zur Be=
festigung der Filzdecken ihrer Jurten, zu Halftern für ihre Kamele und zu
manchen anderen Zwecken verwendet werden. Endlich sind noch die eigen=
tümlichen einheimischen Reisetaschen oder Kurschumen zu erwähnen, welche
zum Verladen von Reisegepäck sowie von Waren auf Saumpferde bestimmt
sind. Die Kurschumen, welche aus zwei durch ein breites Mittelstück mit=
einander verbundenen Taschen bestehen, werden so aufgelegt, daß das Mittel=
stück auf den Sattel zu liegen kommt und die Taschen rechts und links
herabhängen. Die Rückseiten der Taschen sowie das Verbindungsstück be=
stehen aus starkem, ungefärbtem Wollstoffe, die Vorderseiten aber aus ver=
schiedenfarbigem Teppichstoffe. Zum Verschließen dieser Taschen dienen je
zwei korrespondierende Reihen von an die Ränder der Taschen angenähten
Schlingen aus Roßhaarschnüren; die Schlingen werden der Reihe nach eine
durch die andere gesteckt und an die letzte, frei bleibende Schlinge ein Vor=
hängeschloß gelegt. Die Kurschumen werden in allen möglichen Größen an=
gefertigt, sowohl für Esel wie für Pferde. Auch die Bettler bedienen sich
kleiner Kurschumen, die sie über die Achsel hängen, so daß eine Tasche auf
die Brust, die andere auf den Rücken herabhängt.

Filzmacher. Die Filzfabrikation wird von den Stadtbewohnern nur
verhältnismäßig wenig betrieben, und ihre Produkte können mit den Erzeug=
nissen der kirgisischen Filzindustrie nicht konkurrieren. Die in den Städten
angefertigten Filzdecken sind zwar billiger und dabei viel schöner, weicher und
glatter als der unscheinbare kirgisische Filz, sind aber viel weniger solid und
dauerhaft als dieser. Kirgisischer Filz hält zehnmal mehr aus als sartischer.

Tuchwirker. Das von den einheimischen Tuchwirkern hergestellte
Tuch ist ziemlich grob und wird zu Reithosen, Winterchalaten und zu Kaf=
tanen für die eingeborenen Soldaten (Sorbasen) verwendet.

Seiler. Die Zunft der Seiler findet in Turkestan reichliche Beschäfti=
gung, da Stricke und Seile eine vielfache Verwendung finden, zum Befestigen

der Zelte und Jurten, zum Verpacken und Verladen der Waren und der Effekten auf Reisen, zu Pferdehalftern u. dgl. Die einheimischen Seiler verwenden zur Herstellung von Schnüren, Stricken und Seilen nur Baumwolle, die Wolle der Kamele und Schafe und die Haare der Pferde; Flachs und Hanf kommen nicht zur Verwendung. Die Erzeugnisse der einheimischen Seilerei sind deshalb wenig dauerhaft und können sich mit Flachs- und Hanfstricken auch nicht entfernt messen. Die bei der Verfertigung von Schnüren und Stricken angewandte Methode ist so ziemlich dieselbe wie bei unsern Seilern. Die turkestanischen Seiler üben ihr Handwerk einfach auf der nächstbesten Straße oder auf irgend einem freien Platze aus.

Bekleidungsindustrie. Die ärmere Bevölkerung verfertigt sich ihre Wäsche und ihre Alltagskleidung selbst, und zwar ist die Herstellung derselben Sache der Frauen. Alle besseren Kleidungsstücke werden dagegen von eigenen Schneidern, ausschließlich Männern, gefertigt. Das Kleidermachen erfordert in Turkestan viel weniger Kunstfertigkeit und Scharfsinn als bei uns, wo bei jedem Kleidungsstücke genau die Individualität des Trägers und überdies auch noch die jeweilige Mode berücksichtigt werden muß. Die einheimischen Kleider werden nicht nach Maß, sondern alle nach einer Schablone gemacht, ganz gleich, ob sie für ein dickes oder dünnes, langes oder kurzes, gerades oder krummes Individuum bestimmt sind. Sämtliche Kleidungsstücke werden deshalb nicht auf Bestellung gemacht, sondern fertig auf den Bazaren verkauft. Eine Mode aber giebt es, wie bereits früher erwähnt, in Turkestan überhaupt nicht. Außerdem erleichtern sich die einheimischen Kleiderkünstler ihre Arbeit auch noch dadurch, daß jeder Fabrikant sich nur mit der Anfertigung eines ganz bestimmten Kleidungsstückes befaßt: der eine verfertigt nur kurze Arbeitschalate, der andere nur Prachtchalate, der dritte nur Beschmete u. s. f. Ebenso werden Hemden und Unterhosen, Kappen, Parandschas für die Frauen, abgenähte Decken rc. alle von eigenen Fachmännern verfertigt.

Lederindustrie. Gerber. Von den einheimischen Gerbern werden vorzugsweise Schaf- und Ziegenfelle sowie Pferde-, Esel- und Rindshäute zu Leder verarbeitet. Ihre Vorrichtungen sind ungeheuer einfach. Zum Einweichen und Beizen der Häute bedienen sie sich bloßer Lehmgruben. Beim Gerben werden verschiedene Methoden angewendet, je nach der Art des herzustellenden Leders. Die Häute werden zuerst in einem Gemisch von Alaun und Soda eingeweicht, sodann gut ausgewaschen und von den Haaren gereinigt; hierauf werden sie mit Gerstenmehl bestreut, getrocknet und schließlich mit Talg eingerieben. Schaf-, Ziegen- und Kalbsleder wird nicht mit Talg eingerieben, sondern mit Sumachrinde gegerbt und mittels eines Gemisches von Pistaziengalläpfeln und Eisenvitriol schwarz gefärbt. Das zur Herstellung der roten russischen Soldatenhosen dienende Schaf- und Ziegenleder wird mit Krapp oder dem Safte der Granatäpfel rot gefärbt. Zum Gelbfärben der einheimischen ledernen Reithosen wird ein Pilz verwendet, der auf den Maulbeerbäumen wächst und Pugak heißt. Das sogen. Saura= leder, aus welchem Galoschen, Stiefel, Messer= und Säbelscheiden u. dgl. gefertigt werden, ist eine Art Chagrinleder, welches aus Pferde= und Esel= häuten gegerbt und mit Eisenvitriol grün gefärbt wird. Die eigentümlichen Vertiefungen und Erhöhungen dieses Leders werden auf folgende Weise her= gestellt. Nachdem die Häute mehrere Tage in Wasser eingeweicht worden, werden dieselben mit Hirsekörnern bestreut und die Körner durch Hammer= schläge in die Häute eingetrieben. Hierauf läßt man die Häute vollständig austrocknen und glättet dann deren Oberfläche mittels eigener Schabeisen. Beim nachfolgenden Färben schwellen die Stellen, welche durch die Körner zusammengepreßt worden waren, wieder auf und bilden so die charakteristischen Narben des Chagrinleders. Das fertige Leder wird dann noch mit Schaf= fett eingerieben.

Schlauchmacher. Ein wichtiger Industriezweig ist in Turkestan die Herstellung von Wasserschläuchen aus Schaf= und Ziegenfellen, da die Schläuche auch bei der ansässigen Bevölkerung eine ungemein vielseitige Ver= wendung finden. Diese Wasserschläuche, welche bei den türkischen Stämmen Tursuk, bei den Eingeborenen arischer Abstammung aber Hupsar heißen, werden zum Wasserholen, zum Besprengen der Straßen und Höfe, zum Transporte von Wasser auf der Reise benützt und sind außerdem an vielen Orten das einzige Mittel zum Übersetzen über breite und angeschwollene Flüsse. Schon Alexander d. Gr. hat nach Curtius und Arrian sein Heer auf Schläuchen über den Amu=Darja und Syr=Darja gesetzt. Den beiden größten Welteroberern neben Alexander, Tamerlan und Dschingis=Chan, ist es nur dadurch möglich geworden, ihre unglaublichen Märsche in gänzlich wasserlosen Gegenden auszuführen, daß in ihren Heeren jeder Reiter mit zwei Schläuchen versehen war. Hatte das Heer über einen Fluß zu setzen, so wurden die Schläuche mit Luft aufgeblasen und dienten so den Übersetzen= den als Schwimmblasen, in denen dieselben zugleich auch ihre Kleider und sonstigen Effekten trocken übertransportieren konnten. Am andern Ufer wurden dann die Schläuche wieder mit Wasser gefüllt, und das Heer war so mit Wasser für Leute und Pferde versehen, bis sie an den nächsten Fluß gelangten. Die zur Herstellung der Schläuche bestimmten Felle werden nicht aufgeschnitten, sondern, angefangen vom Hinterteile, ganz abgezogen, weil ein genähter Schlauch nicht hinreichend wasserdicht sein würde. Die von Hals und Füßen übrigbleibenden Ansätze des Felles werden, solange das Fell noch weich ist, möglichst fest mit dünnen Riemen zugeschnürt, so daß ein solcher Schlauch keine einzige Naht aufweist und absolut wasser= dicht ist.

Sᴄʜᴜʜᴍᴀᴄʜᴇʀ. Ebenſo wie die Kleidermacher beſchäftigen ſich auch die Schuhmacher jeder nur mit einer beſtimmten Branche. Der eine fertigt nur Reitſtiefel, der andere nur Itſchigi, der dritte nur Galoſchen. Dabei beſchäftigt ſich wieder ein Teil nur mit dem Zuſchneiden des Leders, der andere Teil mit dem Zuſammennähen der fertig zugeſchnittenen Stücke. Ganze Reihen von Schuhmachern ſind auf den Bazaren ausſchließlich mit dem Flicken von Stiefeln und ſonſtigem Schuhwerke beſchäftigt, und dieſe Flickſchuſter bilden, wie auch anderwärts, die Proletarier der Schuhmacher= zunft. Wie die Kleider werden auch die Schuhe nicht nach Maß und auf Be= ſtellung, ſondern ſehr ſummariſch angefertigt und ſind deshalb meiſtens viel größer, als gerade nötig wäre. Dafür haben aber die Eingeborenen auch keine Idee von Hühneraugen oder ſonſtigen geheimen Fußleiden, die unſern Modegecken und beſonders unſern Damen ſo viele ſchwere Stunden ver= urſachen. Seit neueſter Zeit machen in Taſchkent die einheimiſchen Schuh= macher auch den ruſſiſchen Schuhmachern Konkurrenz und verfertigen für die ruſſiſche Bevölkerung alle Arten von modernem europäiſchen Schuhwerke. Ich habe ſelbſt jahrelang für mich und meine Familie Stiefel und Schuhe von Sarten arbeiten laſſen und bin ſtets gut bedient worden. Die von Sarten angefertigten Stiefel habe ich nie weniger als 2 Jahre getragen, und zwar ohne irgend welche Reparatur, während ich in München noch keine Stiefel gefunden habe, die auch nur 6 Monate ausgehalten hätten. Die größere Solidität und Dauerhaftigkeit des turkeſtaniſchen und auch des ruſ= ſiſchen Leders iſt, abgeſehen von der verſchiedenen Zubereitung, wohl auch dem Umſtande zuzuſchreiben, daß das Vieh der Zentralaſiaten, beſonders der Nomaden, den Winter und Sommer im Freien zubringt und deshalb ein ſtärkeres und ſolideres Fell haben muß als das verzärtelte europäiſche Stallvieh.

Sᴀᴛᴛʟᴇʀ. Die Verfertiger von Pferdegeſchirr, Reitzeug und ein= ſchlägigen Artikeln kann man in Turkeſtan nicht eigentlich Sattler nennen, da ſie ſich gerade mit der Herſtellung von Sätteln, die eine Branche der Holzwareninduſtrie bildet, nicht befaſſen. Die einheimiſchen Sattler ver= fertigen aus gelbbraunem oder ſchwarzem Leder Pferdezäume, Zügel und Kopfgeſtelle, Bruſt= und Schweifriemen, Steigbügelhalter, Sattelgurten, Reit= peitſchen, Kummete für die Wagenpferde und außerdem auch noch Ledergürtel, ſowie die mannigfaltigen zum Anhängen an den Gürtel beſtimmten Leder= täſchchen, Meſſerſcheiden u. dgl. Auch die einheimiſchen, aus Holz und Leder beſtehenden Packkoffer für die Saumpferde werden von den Sattlern angefertigt. Wie überall herrſcht auch bei den Sattlern eine weitgehende Arbeitsteilung, indem ſich jeder in der Regel nur mit der Anfertigung eines beſtimmten Gegenſtandes befaßt.

Mᴇᴛᴀʟʟɪɴᴅᴜſᴛʀɪᴇ. Hᴜſſᴄʜᴍɪᴇᴅᴇ. Unter allen Metallarbeitern ſind die Hufſchmiede am zahlreichſten vertreten. Dieſelben beſchäftigen ſich ausschließlich mit dem Beschlagen der Pferde und mit der Herstellung von Hufeisen und Hufnägeln, von denen sie stets einen größeren Vorrat auf Lager haben. Die Werkstätten der Hufschmiede befinden sich jederzeit in der Nähe der Bazarplätze und bestehen aus kleinen, nach der Straße zu offenen Baracken, welche nur den Arbeitern Raum gewähren, so daß die Pferde auf der Straße beschlagen werden müssen. Das Handwerkszeug eines Hufschmieds besteht in einem eisernen transportablen Amboß, einigen Zangen und Hämmern, einem primitiven Messer zum Beschneiden der Hufe und einem aus einem gewöhnlichen Lederschlauche improvisierten Blasbalge, den der Arbeiter mit der linken Hand abwechselnd auszieht und zusammenpreßt, während er gleichzeitig mit der rechten Hand das Eisen ins Feuer hält. Die Arbeiter tragen bei der Arbeit jederzeit den rechten Arm und die rechte Schulter bloß, selbst bei der strengsten Winterkälte. Gewöhnlich sind in einer Schmiede zwei Arbeiter beschäftigt. Am Abend werden von den Arbeitern jedesmal ihre sämtlichen Werkzeuge inklusive Amboß und Blasbalg, sowie der gesamte Hufeisenvorrat mit nach Hause genommen.

Schlosser. Ebenso einfach wie die Werkstätten und Handwerkszeuge der Hufschmiede sind auch die betreffenden Einrichtungen bei den Schlossern, die sich mit der Herstellung von Kohlenbecken, Vorhangschlössern, Thürketten, Riegeln, Nägeln, Sicheln, Dexeln, Sägen, Scheren, Hämmern u. dgl. beschäftigen.

Messerschmiede. Die Messerschmiede sind in Turkestan die einzigen, welche sich in Bezug auf Kunstfertigkeit mit ihren europäischen Kollegen messen können, da die einheimischen Messer auch den besten europäischen Fabrikaten nichts nachgeben. Als die vorzüglichsten gelten die in der ostbucha= rischen Stadt Karatag angefertigten Messer, die nicht ihresgleichen haben. Ein solches von mir in Karatag gekauftes Messer brauchte ich jahrelang nicht schleifen zu lassen, und ich konnte damit Blech schneiden und gleich darauf wieder Bleistifte spitzen. Die Herstellungsart der karatagischen Messer ist Geschäftsgeheimnis der betreffenden wenigen Fabrikanten. Die turkestanischen Messer, mit denen jeder männliche Erwachsene ausgerüstet ist, haben alle dieselbe Form wie die bei unsern Bauern gebräuchlichen grifffesten Messer. Das Heft wird entweder aus hartem Holze oder aus Horn und Knochen hergestellt.

Schwertfeger. Die turkestanischen Säbel sind sehr massiv, breit und lang, leicht gekrümmt und einschneidig und haben Hefte aus Holz, Knochen oder Horn von derselben Form wie die der einheimischen Messer. Ihrer Gestalt nach sind die Säbel nichts weiter als vergrößerte Messer (Bild 152). Die Scheide besteht aus Holz und ist gewöhnlich mit schwarzem, chagrin= artigem Papier überklebt. Bei reichen und vornehmen Leuten ist das obere und untere Ende der Scheide mit getriebenem Silber beschlagen;

außerdem werden auf die Scheide in gleichen Abständen voneinander drei silberne Spangen aufgesteckt, welche auf der Vorderseite breite silberne Rosetten tragen, ähnlich den Gürtelrosetten. Der Säbel wird stets am Gürtel getragen und in der Weise befestigt, daß das Gürteltuch einigemal um das obere Ende der Scheide geschlungen wird. Die turkestanischen Säbel sind wegen ihres Gewichtes und ihrer unhandlichen Hefte schwer zu handhaben und erfordern große Muskelkraft; sie erwiesen sich aber in den Kämpfen mit den Russen den Solinger Klingen der russischen Offiziere überlegen, indem beim Zusammentreffen von Solinger Klingen mit einheimischen Säbeln die ersteren immer in Stücke gingen. Die turkestanischen Säbel bestehen aus biegsamem Eisen, die Schneide ist aber trotzdem ziemlich gut. Die

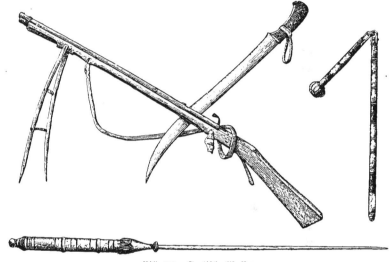

Bild 152. Sartische Waffen.

besten sind die karatagischen Klingen, welche ebenso berühmt sind wie die karatagischen Messer, aber wie diese nur von einigen wenigen Adepten hergestellt werden. Der Preis echter karatagischer Klingen ist sehr hoch und beträgt 50—60 Mark, während gewöhnliche Klingen zehnmal weniger kosten. Ein karatagischer Schwertfeger, bei dem ich eine Klinge dortiger Herkunft einkaufte, erklärte mir, daß der Preis deshalb so hoch sei, weil die Zubereitung des Eisens sehr viel Zeit erfordere, so daß er im Monat nur eine Klinge herzustellen im stande sei. Die Werkstätten, Werkzeuge und Blasbälge der Schwertfeger sind ebenso primitiv wie die der Hufschmiede, so daß es schwer verständlich ist, wie sie mit so unbeholfenen Vorrichtungen größere Eisenstücke zu bearbeiten vermögen.

Scherenschleifer. Das Schleifen der Messer, Scheren und Säbel wird von eigenen ambulanten Scherenschleifern besorgt, deren Schleifapparat

sich vor den betreffenden Vorrichtungen unserer Scherenschleifer durch große Ein=
fachheit auszeichnet und so kompendiös ist, daß er bequem von einem Knaben
unterm Arme getragen werden kann. Derselbe besteht aus einer hölzernen,
von einem Lederriemen umspannten Scheibe, welche durch einen Treibriemen
abwechselnd vorwärts und rückwärts in Rotation versetzt wird (Bild 153).

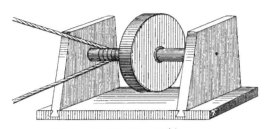

Bild 153. Turkestanischer Schleifapparat.

Zum Schleifen sind zwei
Arbeiter erforderlich, welche
beide auf der Erde Platz
nehmen. Der eine hält mit
beiden Händen die Enden
des mehrmals um die Achse
des Rades gewickelten Treib=
riemens fest und setzt, indem
er sich mit den Füßen gegen
die Unterlage des Schleifapparates stemmt, das Rad in Bewegung, während
der andere den zu schleifenden Gegenstand an den mit Schmirgelpulver
bestreuten Lederriemen auf der Peripherie des Rades hält.

Eisengießer. Eisengießereien giebt es in Turkestan sehr wenig, und
diese befassen sich nur mit der Herstellung von kleineren Gegenständen, wie
Pflugscharen und Öllampen, welch letztere mit den Öllampen der alten
Römer große Ähnlichkeit haben. Die gußeisernen Kessel werden alle aus
Rußland importiert. Alle einheimischen Eisengießereien haben einen sehr be=
scheidenen Umfang. Beim Gießen wird folgendes primitive Verfahren ein=
geschlagen. Diverse Eisenstücke werden zusammen mit Holzkohlen in einen
mit Lehm ausgestrichenen eisernen Topf oder Kessel geworfen und mittels
der gewöhnlichen Handblasbälge zum Schmelzen gebracht. Ist das Eisen
hinreichend flüssig, so wird der Kessel abgehoben und dessen Inhalt in die
Formen ausgegossen. Sollen kleinere Gegenstände gegossen werden, so wird
das geschmolzene Eisen mit gewöhnlichen eisernen Schöpflöffeln in die ver=
schiedenen Formen verteilt. Da auf die angegebene Weise nur eine ganz
unvollkommene Verflüssigung des Metalls zu erreichen ist, so ist die Ober=
fläche aller von den Eingeborenen gegossenen Gegenstände äußerst grob und
uneben. Eine in größerem Maßstabe angelegte Eisengießerei, in der aus=
schließlich Pflugscharen hergestellt werden, ist auf Bild 154 dargestellt.

Gelbgießer. Die Gelbgießerei hat in Turkestan erst in der letzten
Zeit einen größeren Aufschwung genommen, seitdem die russischen Fabri=
kanten angefangen haben, die einheimischen Gelbgießer zur Herstellung
von Maschinenteilen und sonstigen Gegenständen heranzuziehen. Der Me=
chaniker der Taschkenter Sternwarte ließ alle Bestandteile der von ihm
angefertigten astronomischen, geodätischen und sonstigen Apparate von Ein=
geborenen gießen.

Kanonengießerei. Mit der Einrichtung der Kanonengießereien, welche in Buchara noch gegenwärtig bestehen und früher auch in Kotan bestanden haben, bin ich zwar nicht aus eigener Anschauung bekannt, aber nach den Kanonen zu urteilen, welche in diesen Anstalten hergestellt wurden, müssen dieselben verhältnismäßig hoch entwickelt gewesen sein. Unter den 1876 in Machram erbeuteten und gegenwärtig rings um die russische Kirche in Taschkent aufgepflanzten kokanischen Kanonen befanden sich Vorder= und Hinterlader mit glatten und gezogenen Läufen, und eine Anzahl davon waren schwere Festungsgeschütze. Besonders die Inschriften und Arabesken,

Bild 154. Sartische Eisengießerei in Taschkent.

mit denen viele von diesen Kanonen verziert waren, zeugten von großer Kunst=fertigkeit und von der Vorliebe der Eingeborenen, überall, wo es nur irgend möglich ist, Verzierungen anzubringen.

Kupferschmiede. Fast ebenso zahlreich wie die Hufschmiede sind in Turkestan die Kupferschmiede, weil fast alle metallenen Einrichtungsgegen=stände aus Kupfer oder Messing hergestellt werden. Die einheimischen Kupfer=schmiede verfertigen teils aus Messing, teils aus Kupfer Kungane, Wasch=schüsseln, runde Servierteller, Kerzenleuchter, Öllampen, Wasserpfeifen, Schalen, Kamelglocken ꝛc. und beschäftigen sich auch mit der Ausbesserung und dem Verzinnen der russischen Samoware. Mit der Neuherstellung von solchen aber befassen sie sich nicht. Eigentümlich ist, daß den kupfernen Gefäßen nie ihre natürliche Farbe gelassen wird, indem alle aus Kupfer angefertigten Gegenstände von innen und außen verzinnt werden. Messingene Gegenstände dagegen werden nie verzinnt. Eine große Vorliebe haben die Eingeborenen für Ziselierungen, und man begegnet deshalb selten einem aus Kupfer oder Messing hergestellten Gegenstande, der nicht mehr oder weniger kunstvoll ziseliert wäre. Eine besondere Sorgfalt wird auf die Ziselierung von Knn= ganen, Waschbecken und Wasserpfeifen verwendet, deren Zeichnungen ge= wöhnlich in arabischem Stile gehalten sind. Kupfergefäße werden erst ziseliert, nachdem sie bereits verzinnt sind, so daß die Zeichnung sich durch ihre rote Kupferfarbe von dem grauen Hintergrunde abhebt. Bei Messing= gefäßen dagegen werden die Ziselierungen, um sie besser hervorzuheben, gewöhnlich mit roter, schwarzer, seltener blauer Lackfarbe eingerieben, die beim Abschleifen der Gefäße in den Vertiefungen haften bleibt. Mitunter werden die Messinggefäße auch durch eingelegte dünne Silberplättchen verziert. Die Kupferschmiede, welche auf den Bazaren stets eine große Anzahl von Läden einnehmen und durch ihr unaufhörliches Klopfen und Hämmern einen betäubenden Lärm verursachen, arbeiten meistens allein oder höchstens mit einem Lehrjungen. Ihre Warenvorräte, die sie in ihren Werkstätten gleich auch selbst feilhalten, sind deshalb sehr gering und bestehen meistens nur aus einigen wenigen Exemplaren. Auch bei ihnen befaßt sich jeder Meister in der Regel nur mit der Herstellung eines ganz bestimmten Gegen= standes.

Spengler. Die einheimischen Spengler fertigen aus Weißblech kleinere Gegenstände, wie Kerzenleuchter, Kindertrompeten und Klappern ꝛc., und seit neuester Zeit auch Zugrohre für die russischen Samoware und blecherne Feldflaschen, Menageschüsseln und Theekessel für die russischen Truppen.

Büchsenmacher. Die turkestanischen Büchsenmacher verarbeiten meistens aus Indien, Persien und Rußland importierte Gewehrläufe aller möglichen Formen und Kaliber. In Privatgebrauch habe ich nur schwer= fällige Gabelgewehre gesehen, deren Schäfte ziemlich roh gearbeitet waren. Die meisten waren Flinten= oder Luntengewehre (vgl. Bild 152, S. 395). Die regulären kokanischen und bucharischen Truppen, die Sorbasen, waren fast durchgängig mit ausrangierten russischen Gewehren aus der ersten Hälfte dieses Jahrhunderts bewaffnet. In der Gewehrfabrik des Chans von Kokan wurden nach einigen aus dem russischen Turkestan eingeschmuggelten Mustern sogar Berdangewehre angefertigt. Die Gewissenhaftigkeit der eingeborenen Büchsenmacher bei der Herstellung der Kopien war so groß, daß sie auch die Fabrikzeichen und russischen Inschriften getreulich kopierten, offenbar in der Meinung, daß diese für sie unverständlichen Zeichen wohl auch irgend eine wichtige Rolle spielen müßten. Die Vorrichtungen, deren sich die eingeborenen Büchsenmacher beim Bohren der neu herzustellenden Gewehrläufe bedienten, waren höchst einfach. Der Lauf wurde in einen Holzklotz eingekeilt und der Bohrer im Zentrum eines gewöhnlichen Mühlsteins befestigt, der von einigen Arbeitern gedreht wurde.

Gold= und Silberarbeiter. Eigentliche Goldarbeiter giebt es in Turkestan nicht, denn die kunstgerechte Behandlung des Goldes ist den Eingeborenen unbekannt, weshalb auch die Schmuckgegenstände fast ausschließlich aus Silber angefertigt werden. Gold kommt nur sehr selten und dann immer in Verbindung mit Silber zur Verwendung. Es wird in dünne Plättchen ausgeschlagen und in Formen gepreßt. Diese getriebenen Goldplättchen werden dann zu Einlagen in Silberarbeiten und zur Überkleidung von solchen verwendet. Ich habe in Turkestan nur einen einzigen von einem Eingeborenen aus massivem Golde gefertigten Gegenstand gesehen, den Stern des vom Emir Mossafar Eddin gestifteten bucharischen Ordens der aufgehenden Sonne.

Bild 155. Koranbehälter aus Silber.

Derselbe wog über ein Pfund und war offenbar von einem einfachen Kupferschmied gearbeitet worden, wie die deutlichen Spuren der Hammerschläge bewiesen. Die Verarbeitung des Silbers dagegen hat in Turkestan einen hohen Grad von Vollkommenheit erreicht (Bild 155), und besonders die Filigranarbeiten können sich mit den feinsten Arbeiten europäischer Meister vergleichen. Die eingeborenen Silberarbeiter machen einen ausgedehnten Gebrauch von farbigen Steinen, von denen aber nur die wenigsten echt sind. Von echten Steinen kommt fast nur der Türkis, der Lieblingsstein der Zentralasiaten, zur Verwendung. Außerdem werden auch noch Karneole und Achatsteine verwendet, welche hauptsächlich zur Verzierung der silberbeschlagenen Pferdegeschirre dienen. Alle übrigen farbigen Steine bestehen fast ausschließlich aus böhmischem Glase oder noch einfacher aus farblosen Fensterglasplättchen, denen buntfarbiges Papier untergelegt ist. Sehr beliebt sind in Turkestan Inkrustationen aus Türkisen, mit denen hauptsächlich Gürtelschnallen und Rosetten, Säbelgriffe und die Kopfgestelle der Reitpferde bedeckt werden. Auf der Vorderseite des zu verzierenden Gegenstandes wird aus senkrecht aufgelöteten schmalen Silberstreifen ein Netz hergestellt, in deren bienenzellenartige Vertiefungen mit Wachs oder Harz kleine Türkisstückchen eingekittet werden. Das Ganze wird sodann abgeschliffen, so daß die Türkise und die die Zwischenräume zwischen denselben ausfüllenden Silberstreifen eine glatte, mosaikartige Fläche bilden. Auf der Taschkenter

Industrieausstellung hatte ein eingeborener Silberschmied einen Schmuckkasten und einen Spazierstock ausgestellt, deren ganze Oberfläche aus solchen Türkis= inkrustationen auf Silbergrund bestand und die durch ihre kunstvolle Aus= führung die Bewunderung aller Ausstellungsbesucher erregten. Eigentümlich ist ferner den einheimischen Silberarbeitern die Herstellung von silbernen Schmucksachen, bei denen die Zeichnung durch eine oxydierte Silberschichte auf weißem Grunde gebildet wird. Derartige Silberarbeiten sind besonders bei der russischen Bevölkerung beliebt, und die in Turkestan lebenden Russen ge= brauchen mit Vorliebe silberne Zigarrenspitzen, Stockgriffe, Hemdknöpfe, Säbel= griffe, Peitschenbeschläge u. dgl., die auf die angegebene Weise verziert sind; auch die Metallbeschläge der Wehrgehänge, Säbelscheiden und des Reitzeugs lassen die russischen Offiziere häufig aus solchem oxydierten Silber anfertigen. Silber wird endlich in Turkestan auch vielfach in Verbindung mit Eisen gebraucht. Gewehrläufe, Steigbügel und sonstige Eisenteile des Reitzeuges werden gewöhnlich mit Silberplättchen inkrustiert oder auch ganz mit auf= gelöteten Silberplättchen bedeckt.

Münzpräger. Die einheimischen Münzen werden aus fast reinem Golde oder Silber und aus Messing hergestellt. Alle Münzen sind un= gerändert, von ungefähr gleicher Größe und haben eine unregelmäßig runde Gestalt. Die ziemlich rohe Prägung, welche selten genau in der Mitte an= gebracht ist, giebt auf der einen Seite gewöhnlich den Ort und das Jahr der Prägung, auf der andern den Namen und Titel des Herrschers an.

Drahtarbeiter. Draht, gewöhnlich aus Rußland importierter Messingdraht, wird zu Saiten, zur Verzierung von Stiefelabsätzen und Peitschenstielen und zur Herstellung von Sieben verwendet, mit deren An= fertigung sich vornehmlich die Zigeuner beschäftigen.

Hafenbinder. Da in Turkestan alle Glas= und Porzellanwaren aus weiter Ferne importiert sind und deshalb zu den Raritäten gehören, so werden dort die Hafenbinder viel mehr in Anspruch genommen als bei uns, wo man zerbrochene Gläser und Porzellanschalen einfach wegwirft. In Turkestan werden selbst in viele Stücke zerschlagene Glas= und Porzellan= gefäße wieder aufs gewissenhafteste zusammengeflickt, und im Haushalte der meisten Eingeborenen findet man nur selten Schalen und Gläser, die nicht ihre Fortexistenz dem Eingreifen der Hafenbinder verdanken. Die einheimischen Hafenbinder besitzen eine große Kunstfertigkeit, und die von ihnen zusammen= geflickten Gefäße sind vollständig wasserdicht und genau ebenso dauerhaft wie neue. Sie gebrauchen dazu keinen Kitt, sondern verbinden die zer= brochenen Teile mittels kleiner Klammern aus Messingdraht. An der Bruch= stelle entlang werden auf der Außenseite des Gefäßes mittels eines durch einen Bogen in Bewegung gesetzten Stahlbohrers zwei korrespondierende Reihen von nicht ganz durchgehenden Löchern gebohrt und in je zwei ein=

ander gegenüberstehende Löcher eine die beiden Bruchteile verbindende Klammer gesteckt. Diese Klammern werden dann mit einem Hammer vorsichtig breit geschlagen, wobei sich die in die Löcher eingetriebenen Enden der Klammern verdicken und umbiegen, so daß sie nicht mehr herausfallen können. Der Preis dieser Flickarbeiten wird nach der Zahl der eingesetzten Klammern berechnet.

Montanindustrie. Die Gewinnung von Salz, Steinkohlen, Eisen, Gold, Kupfer, Blei, Edelsteinen und Naphtha ist in Turkestan schon uralt, der Bergwerksbetrieb steht aber trotzdem noch immer auf der denkbar primi= tivsten Stufe. Von einem eigentlichen Bergbau kann bei den Eingeborenen eigentlich gar nicht die Rede sein, da sie sich nur auf den Zufall verlassen und nur das nehmen, was an der Erdoberfläche zu Tage liegt. Auch die Russen haben bislang in dieser Beziehung noch sehr wenig gethan. Dem Generalgouverneur von Turkestan ist zwar ein ständiger Bergingenieur zu= geteilt, der mit dem Studium des einheimischen Mineralreichtums und mit der Aufsuchung der Mittel zur Fruktifizierung desselben betraut ist; die Resultate der Amtsthätigkeit dieser Bergingenieure, wenigstens des ersten der= selben, des Staatsrates Gilow, sind aber so ziemlich gleich Null geblieben, und die Initiative ist fast ausschließlich Privatleuten überlassen. Dies ist um so unverantwortlicher, als die turkestanischen Gebirge nach allen Anzeichen große Schätze an Metallen, Steinkohlen und Steinsalz in sich bergen.

Die wichtigste Rolle spielte bei den Eingeborenen Turkestans bisher die Gewinnung von Steinsalz, an welchem besonders das zwischen Gusar und Kilif gelegene Gebirge außerordentlich reich ist. Auf meiner Reise im Jahre 1886 fand ich daselbst unter anderem einen kleinen Fluß, dessen Wasser aus einer konzentrierten Salzlösung bestand, so daß Ufer und Bett mit dicken Salzkrusten bedeckt waren. Von hier aus wird fast ganz Buchara, das nördliche Afghanistan und Samarkand mit Salz versorgt. Dasselbe hat, wie fast überall in Turkestan, eine rötliche Färbung infolge Bei= mischung von rotem Lehm. Im östlichen Buchara fand ich im Jahre 1878 auf dem nördlichen Ufer des Amu=Darja eine hohe Terrasse, deren senkrechte Wände aus reinem Steinsalze bestanden. Auch an vielen andern Orien Turkestans tritt das Steinsalz in mächtigen Schichten zu Tage. Das Salz ist deshalb überall sehr billig, und der Preis desselben reduziert sich lediglich auf die Transportkosten. Ein russischer Beamter fand ein reiches Salzlager bei Pskent, östlich von Taschkent, welches durchsichtiges und gänzlich farb= loses Steinsalz enthält, das in Taschkent für einen Pfennig das Pfund ver= kauft wurde. Im russischen Teile Turkestans beschäftigen sich mit der Gewinnung des Steinsalzes vornehmlich die Kirgisen, die bei ihrem Wander= leben am ersten in der Lage sind, die Salzlager aufzufinden, und die zugleich auch in ihren Herden über die meisten und billigsten Transportmittel verfügen.

Was die Gewinnung von Steinkohlen und Eisenerz betrifft, so finden sich die reichsten bekannten Kohlen- und Eisenerzlager auf dem Nordufer des Jli, zwischen den Städten Kuldscha und Tschintschachodsi. Es giebt aber auch noch an andern Punkten Turkestans Eisen- und Kohlenlager, wie z. B. in Darwas und Badachschan. Die zahlreichen Kohlen- und Eisenlager bei Kuldscha waren offenbar schon im grauen Altertum ausgebeutet worden, und ich fand bei meinem Aufenthalte daselbst im Jahre 1880 vor den dortigen Eisenminen ganze Berge von verwittertem Eisenerz aufgehäuft. Die zur Zeit meines Besuches brachliegenden Eisen- und Kohlenbergwerke waren ungeheuer primitiv angelegt. Die von mir besuchte Kohlenmine bestand in einem niedrigen, schrägen Gang, in dem man nicht aufrecht stehen konnte und der dadurch entstanden war, daß die zwischen zwei Felsschichten schief eingelagerte, etwa 1,2 m mächtige Kohlenschichte einfach herausgenommen war. Von kunstgerechtem Eintreiben von Stollen in die Felsarten war nirgends eine Spur zu finden. Ans den hiesigen Bergwerken dürften wohl unsere Vorfahren, die bekanntlich bei ihrer Einwanderung nach Deutschland bereits mit eisernen Waffen versehen waren, ihr Eisen gewonnen haben. Von den heutigen Eingeborenen Turkestans beschäftigen sich meines Wissens nur die Galtschas von Darwas und Badachschan und die Tadschiken der ostbucharischen Stadt Baisun in ganz bescheidenem Umfange mit der Gewinnung von Eisen aus Eisenerzen. Alle übrigen verwenden ausschließlich aus Rußland importiertes Stabeisen.

Von den Russen ist zur Hebung der Eisenproduktion in Turkestan noch so gut wie gar nichts unternommen worden. Der Ingenieur Paklewsky hatte zwar im Jahre 1880 in Kuldscha einen Schmelzofen in Verbindung mit einer Eisengießerei angelegt und sich dazu deutsche Werkführer verschrieben; das ganze Unternehmen fiel aber wieder ins Wasser infolge des Umstandes, daß schon ein Jahr später Kuldscha an die Chinesen abgetreten wurde und alle Russen das Land verlassen mußten. Wenn man bedenkt, daß fast alles in Turkestan verarbeitete Roheisen über Orenburg bezogen wird und 2000 km weit auf Kamelen transportiert werden muß, so kann man leicht ausrechnen, um wie vieles die Eisenwaren in Turkestan billiger werden müßten, wenn man das einheimische Eisenerz heranziehen würde, und welcher Gewinn sich dabei für die Unternehmer erzielen ließe, um so mehr, als das Eisenerz überall in Verbindung mit Steinkohlen auftritt.

In der letzten Zeit haben sich mehrere russische Spekulanten mit der Ausbeutung der Steinkohlenlager zu befassen angefangen, und bei den verschiedenen russischen Truppenteilen und auch in vielen russischen Privathäusern ist bereits die Steinkohlenheizung eingeführt worden. Einer ausgedehnteren Verwendung der Steinkohlen steht aber die Schwierigkeit und Kostspieligkeit des Transportes entgegen, da, abgesehen von einigen bescheidenen Anfängen, auch im russischen Turkestan regelrechte Kommunikationswege noch immer zu den frommen Wünschen gehören. Im Jahre 1890 betrug die Kohlen= produktion im russischen Turkestan 120 400 Zentner.

Was die Goldgewinnung betrifft, so spielt dieselbe eine ganz unter= geordnete Rolle. Gold wird nur aus Flußsand gewaschen, und zwar vorzugs= weise am Sarawschan, Amu=Darja und an verschiedenen Nebenflüssen des letzteren. Die Ausbeute ist aber im allgemeinen so gering, daß sich die Goldwäscher auch im besten Falle nicht mehr verdienen als gewöhnliche Handwerker. Die Goldwäscher bedienen sich eines entweder mit einem Schaf= fell überzogenen oder mit seichten Rinnen versehenen Brettes, in dessen Haaren oder Furchen die schwereren Goldflimmer zurückbleiben, während der leichtere Sand durch aufgegossenes Wasser fortgespült wird. Die tur= kestanischen Hochgebirge müssen ungemein reich an Goldadern sein, denn die meisten Flüsse führen Goldsand mit sich. Es sind aber noch keine ernst= lichen Versuche gemacht worden, sich dieser verborgenen Schätze zu bemächtigen, obwohl schon Peter d. Gr. gerade durch die übertriebenen Berichte über den Goldreichtum Turkestans veranlaßt worden war, vom Kaspischen Meere aus einen Vorstoß gegen Chiwa zu versuchen.

Mit der Bleigewinnung beschäftigten sich die Eingeborenen vor der russischen Invasion nur wenig. Die bedeutendsten der bis jetzt bekannten Bleifelder befinden sich in der Nähe der Stadt Turkestan und des Dorfes Chodschakent, im Osten von Taschkent. Die Bleierze der ersteren Fundstelle, welche früher von den Kirgisen ausgebeutet wurde, enthalten bis zu 52 Prozent Blei und eine schwache Beimischung von Silber. Gegenwärtig werden alle russischen Arsenale in Turkestan mit einheimischem Blei versorgt, dessen Preis, seitdem die Ausbeutung russische Firmen übernommen haben, gegen früher um das Dreifache gesunken ist.

Kupfer kommt in großen Mengen an den kleineren Gebirgsflüssen vor, und in den Gebirgen ist man an verschiedenen Stellen auf Kupfer= adern gestoßen. Vor mehreren Jahren fand der General Baranow am Tschatkal Proben von Malachit, welche ganz dem sibirischen Malachit ähnlich waren.

Asphalt und Naphtha finden sich in einigen Gegenden des Ferganar= thales; besonders ist die Umgebung von Namangan reich an Naphthaquellen. Der Asphalt wurde von den Eingeborenen von jeher als Schusterpech ver= wendet; die Russen gebrauchen denselben zur Herstellung von Trottoiren und von Fußböden auf den Veranden ihrer Wohnungen. Aus Naphtha wird von den Russen Petroleum gewonnen.

Was die Edelsteine betrifft, so ist Turkestan besonders reich an Türkisen und in zweiter Linie an Lasursteinen. Von diesen werden nur die Lasursteine, die in der afghanischen Provinz Badachschan gefunden werden,

26 *

durch Bergwerksbetrieb gewonnen. Der Lasurstein ist nestartig in Kalkstein eingeschlossen. In der Mitte eines jeden Nestes ist der Stein am reinsten und hat hier eine tief himmelblaue Farbe. Gegen den Rand zu wird derselbe immer mehr und mehr mit dem umgebenden Kalkstein gemischt, wird deshalb je weiter desto mißfarbiger und geht schließlich in reinen Kalkstein über. Den höchsten Wert haben natürlich die Bruchstücke aus der Mitte des Nestes. Als der kostbarste gilt in Turkestan derjenige Lasurstein, der mit goldig glänzenden Eisenkiesflimmern gesprenkelt ist. Der Verkauf des Lasursteins ist ein

Bild 156. Sartische Zimmerleute in Taschkent.

Monopol der afghanischen Regierung und ist Privaten bei schwerer Strafe verboten. Die afghanische Regierung verhandelt den ganzen, übrigens geringfügigen Ertrag der badachschanischen Lasurgruben nach Indien, weshalb man bei den Eingeborenen Turkestans fast gar keine Schmucksachen aus Lasurstein antrifft. Ein unternehmender Jude hatte einmal, um ein gutes Geschäft zu machen, in Afghanistan unter Lebensgefahr und für einen hohen Preis unter der Hand eine große Quantität Lasursteine aufgekauft und reiste damit selbst nach Paris, fand aber dort zu seinem Entsetzen, daß der Pariser Marktpreis nur die Hälfte dessen betrug, was er selbst in Afghanistan bezahlt hatte. Die Türkise, deren es in Turkestan eine große Menge giebt, sind gewöhnlich klein, blaßblau oder auch grünlich gefärbt und in der Regel von geringem Werte. Große, tiefblaue Exemplare kommen verhältnismäßig selten vor und stehen deshalb ziemlich hoch im Preise. Türkisgruben giebt es an vielen Orten, so unter anderem im Nuratau, im Bukangebirge und in der Nähe des Brunnens Jus-Kuduk. Außer Türkisen und Lasursteinen kommt in Turkestan auch noch Bergkrystall in größeren Mengen vor. Auf dem Taschkenter Bazar habe ich Krystalle gesehen, die ein Gewicht von 10—15 kg erreichten. Von den Eingeborenen wird wasserheller Bergkrystall nicht geschätzt, da sie nur an farbigen Steinen Gefallen finden. In früheren Zeiten waren die Rubinminen Badachschans berühmt. Die Ausbeute war aber in der letzten Zeit so gering, daß die Minen, soviel ich weiß, gegenwärtig nicht mehr bearbeitet werden. Der von den Asiaten hochgeschätzte Nephrit wird in Ostturkestan, besonders in der Gegend von Chotan, gefunden.

Schließlich sind noch Graphit, Alaun, Salmiak, Eisen- und Kupfer- vitriol und Schwefel zu erwähnen, die an verschiedenen Orten Turkestans und, nach den niedrigen Marktpreisen zu urteilen, in verhältnismäßig großen Mengen gefunden werden.

Holzwarenindustrie. Die bei den verschiedenen Branchen der einheimischen Holzwarenindustrie verwendeten Werkzeuge sind wenig zahl- reich und höchst einfach. Wagenbauer, Pflugmacher, Zimmerleute, Tischler und Sattelmacher benützen bei ihren Arbeiten folgende Werkzeuge: Baum- sägen, Handsägen, Dexel verschiedener Größe, Stemmeisen, hölzerne Schlägel, zwei- und vierhändige Hobel und leicht gekrümmte Ziehklingen (Bild 156 u. Bild 157, S. 406). Beile kennen die Eingeborenen merkwürdigerweise nicht. Statt derselben verwenden sie langstielige Dexel, welche mit dem Ketmen der Feldarbeiter in Bezug auf Form und Handhabung viel Ähnlichkeit haben. Soll ein Balken zugehauen werden, so halten sie denselben mit dem rechten Fuße fest und behauen ihn unter augenscheinlicher Gefahr für ihre Zehen ganz in derselben Weise, wie mit dem Ketmen die Erde umgegraben wird. Auch die Holzarbeiter haben zum Fällen von Bäumen und zum Holzspalten kein anderes Werkzeug als Baumsägen und kurzstielige Dexel.

Eine der schwierigsten und aufreibendsten Arbeiten ist in Turkestan das Bretterschneiden. Da es nämlich in Turkestan keine durch Wasserkraft getriebene Schneidsägen giebt, so muß das Zersägen der Baumstämme zu Brettern von Menschenhänden ausgeführt werden. Zu dem Ende werden die Baumstämme auf zwei etwa 2,5 m hohen Schragen aufgestellt und es wird auf denselben von unten und oben die Dicke der Bretter mit Rötel vorge- zeichnet. Ein Arbeiter nimmt mit weitgespreizten Beinen auf zwei neben dem Baumstamme auf die Schragen gelegten Brettern Platz, während ein zweiter Arbeiter sich unter den Baumstamm stellt. In dieser Stellung schneiden sie nun mit einer gewöhnlichen Baumsäge den Baumstamm seiner ganzen Länge nach durch), wobei jeder Arbeiter darauf zu achten hat, daß die Säge auf seiner Seite genau dem auf dem Blocke vorgezeichneten roten Striche folgt. Es ist schwer zu sagen, welcher von diesen beiden Arbeitern am schlimmsten daran ist. Der Obenstehende hat eine viel größere Arbeit zu leisten, weil er die schwere Säge von unten nach oben zu ziehen und beständig in einer halbgebückten Stellung mit weitgespreizten Beinen zu verharren hat. Dem Untenstehenden aber, der seine Augen fortwährend nach oben zu richten hat, fallen beständig die Sägespäne ins Gesicht und bringen ihm in Augen, Mund und Nase. Sie binden sich deshalb stets ihr Taschentuch vor das Gesicht, so daß nur die Augen frei bleiben. Daß bei einer solch primitiven

Bild 157. Sartische Tischlerwerkstätte.

Herstellungsart die Bretter nicht billig sein können, liegt auf der Hand. Es ist ein starker Beweis von der Indolenz des russischen Volkscharakters, daß sich unter den vielen in Taschkent angesiedelten Russen noch niemand gefunden hat, der eine regelrechte Schneidsäge mit Wasserbetrieb eingerichtet hätte, obwohl doch Taschkent in dem nahen Tschirtschik eine kolossale Wasserkraft zur Verfügung hätte.

Die Drehbänke der einheimischen Drechsler sind wohl das Primitivste, was man sich denken kann. Dieselben sind ähnlich eingerichtet wie die bereits erwähnten Schleifräder der Scherenschleifer (Bild 153, S. 396), und der abzudrehende Gegenstand wird von einem Hilfsarbeiter durch einen mit beiden Händen vorwärts und rückwärts bewegten Treibriemen, der einigemal um das

Bild 158. Töpferbazar in Taschkent.

Holzstück geschlungen ist, in abwechselnd rechtläufige und rückläufige Rotation versetzt. Auf solchen unbeholfenen Drehbänken verfertigen die eingeborenen Drechsler hölzerne Schüsseln und Trinkschalen, Apothekerbüchsen, Zündhölzchen= büchsen, Peitschenstiele, Haspeln, Handhaben zu Rasiermessern und allen möglichen sonstigen Werkzeugen, Taschenspiegelrahmen, Kinderwiegen, Bettfüße u. dgl. Ihre Dreheisen sind so ziemlich dieselben wie bei unsern Drechslern.

Die von den Eingeborenen angefertigten Laternen haben genau die Form und Größe unserer hölzernen Stalllaternen. Statt der Glasscheiben werden aber in Turkestan die Laternen mit leichten weißen Gazestoffen über= zogen, welche zwar den Wind ebensogut abhalten wie Glas, aber nur eine sehr zweifelhafte Helligkeit gewähren. Auf meinen Reisen mußte ich mich öfters bei meinen astronomischen Beobachtungen mit solchen Laternen behelfen, wenn meine eigenen Beobachtungslampen defekt geworden waren.

Schilfindustrie. Das Schilfrohr spielt im Haushalte der ansässigen Bevölkerung Turkestans eine Rolle, von der man sich außerhalb Turkestans schwerlich einen rechten Begriff machen kann. In Taschkent sowie in allen andern größeren turkestanischen Städten giebt es eigene Schilfbazare, auf denen ausschließlich Rohschilf, Schilfmatten, Schilfwände und sonstige aus Schilf gefertigte Gegenstände verkauft werden. Das Schilf ist in Turkestan ein äußerst brauchbares Naturprodukt, da es in allen Flußniederungen in ungeheuern Mengen vorkommt, eine Dicke von nahezu 3 cm und eine Höhe von 5—9 m erreicht. Was der Filz für den Nomaden, ist das Schilf für die Stadtbewohner, und es wäre schwer zu sagen, wozu Schilf nicht verwendet wird. Schilf wird als Brennmaterial benützt, aus Schilf werden alle Hausdächer hergestellt, aus Schilf und Lehm führt man die Wände der Bazarbuden, Pferdeställe, Sommerbaracken und oft auch der oberen Stock= werke der Häuser auf; aus Schilf fertigt man geflochtene Matten, die zum Bedecken der Bazarstraßen, der Wagen, der Zimmer= und Verandaböden und als Unterlage für die Teppiche verwendet werden; die aus Schilf hergestellten spanischen Wände dienen zum Abgrenzen der verschiedenen Hofräume, der Ställe während der kalten Jahreszeit, zum Verschließen der Bazarbuden zur Nachtzeit u. s. f.; Schilf wird ferner zur Herstellung der einheimischen fahnen= förmigen Fliegenfächer, der Pfeifenrohre, Webstühle, Sonnenschirme, ver= schiedener Kinderspielzeuge und unzähliger anderer Gegenstände verwendet. Endlich gebrauchen die Eingeborenen auch Schilfbündel zum Übersetzen über die Flüsse und stellen ganze Flöße zur Flußschiffahrt aus Schilfbündeln zu= sammen. Mit der Lieferung des gesamten in den Städten verbrauchten Schilfvorrates befassen sich ausschließlich die Nomaden, welche besonders zur Winterszeit Tag für Tag endlose Schilfkarawanen nach den Städten eskortieren.

Töpferei. Die Töpferei ist in Turkestan sehr hoch entwickelt und wird in großem Maßstabe betrieben, was in Anbetracht des Umstandes, daß die zum Betriebe dieses Handwerkes nötigen Materialien überall zur Hand sind, auch nicht wundernehmen kann. Die einheimischen Hafner verfertigen auf gewöhnlichen Töpferscheiben Schüsseln, Teller, Tassen, weite kurze Wasser= rohre zur Unterführung von Straßen und von Fußwegen in den Gärten, sowie zur Auskleidung der Rauchlöcher in den Wohnungen, große 50 bis 100 Liter haltende Wassertonnen, Backöfen zum Brotbacken und zweihenkelige Milch= und Wasserkrüge aller möglichen Größen u. dgl. (Bild 158, S. 407). Die turkestanischen Thongefäße zeigen alle dieselben Formen wie die in den Pfahlbauten und vorhistorischen Gräbern Europas aufgefundenen Thon= geschirre. Die zweihenkeligen Krüge werden von den Eingeborenen mittels eines Strickes nach Art der Tornister auf dem Rücken getragen. Fast alle Thonwaren werden glasiert in den auch bei uns gebräuchlichen weißen, gelben, grünen, braunen, dunkelroten und himmelblauen Farben. Das Schönste sind die grün oder dunkelblau glasierten Trinkschalen, welche an Feinheit und Solidität der Glasur alle unsere Töpferwaren übertreffen dürften. Auch die meistens in arabischem Stile gehaltenen Zeichnungen verdienen alle An=

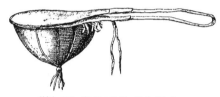

Bild 159. Futteral für Trinkschalen.

erkennung. Die Wassertonnen und Wasserkrüge werden entweder gar nicht oder nur auf der Innenseite unvollkommen glasiert, damit in= folge des Durchsickerns und Ver= dunstens des Wassers auf der Außenseite der Inhalt während der heißen Jahreszeit beständig kühl erhalten wird. Besondere Sorgfalt wird auf die Herstellung der kleinen halbkugelförmigen Trinkschalen verwendet, welche, wie schon bei den alten Skythen, ein unentbehrliches Requisit jedes Reisenden bilden und von den Eingeborenen und nach deren Beispiele auch von den russischen Soldaten und Kosaken gewöhnlich in eigenen Lederfutteralen (Bild 159) am Gürtel oder Sattelknopf getragen werden. Reiche Leute gebrauchen statt der einheimischen Fabrikate aus China importierte Trink= schalen aus echtem oder imitiertem Porzellan, welche ziemlich teuer sind und bis zu 25 Mark das Stück kosten. Aus diesen Preisen kann man ersehen, welche Wichtigkeit die Eingeborenen ihren Trinkschalen beimessen. Seit neuester Zeit werden die teuern chinesischen Trinkschalen immer mehr durch billigere aus Rußland importierte Porzellanschalen verdrängt. In früheren Zeiten stand in Turkestan die Töpferei auf einer viel höheren Stufe als gegenwärtig, wie durch die noch vorhandenen Überreste der Tamerlan= schen Bauten bewiesen wird. In den Ruinen von Samarkand ist die Glasur der Ziegel heute noch so frisch und gut erhalten, als wären sie erst vor kurzem gebrannt worden, und die 500jährige Einwirkung von Hitze und Frost, von Regen und Schnee ist nicht im stande gewesen, die prächtige Glasur anzugreifen (Bild 160 und 161). Der letzte Chan von Kokan, Chudojar, hat den Versuch gemacht, die Tamerlanschen Bauten nachzumachen; der von ihm in Kokan erbaute Palast (Bild 162, S. 412), der in Tamerlans Manier aus glasierten Ziegeln aufgeführt war, war aber nur eine Karikatur der Tamerlanschen Meisterwerke, und die Glasur der Ziegel wurde schon nach wenigen Jahren schadhaft.

In Turkestan ist mit der Töpferei auch die Spielwarenfabrikation verbunden, da die gewöhnlichsten Spielzeuge wie diminutive Pferde, Esel, Rinder, Kamele, Schafe, Hirsche, Elefanten, Reiter 2c. nicht wie bei uns aus Holz, sondern aus gebranntem aber unglasiertem Thon bestehen.

Bild 160. Turkestanische Emailziegel von Samarkander Moscheen.

Ziegelfabrikation. Da die Eingeborenen ihre Häuser in der Regel nicht aus Ziegeln, sondern einfach aus Lehm erbauen und nur für öffentliche Gebäude gebrannte Ziegel verwenden, so giebt es bei den Eingeborenen

keine eigentlichen ſtändigen Ziegeleien. Soll ein Gebäude aus Ziegeln auf=
geführt werden, ſo wird womöglich in nächſter Nähe des Bauplaßes ober,
wenn die Ortsverhältniſſe dies nicht geſtatten, an der nächſtbeſten Stelle
außerhalb der Stadt aus der überall vorhandenen Lößerde die nötige Anzahl
Ziegel geſchlagen und an Ort und Stelle gebrannt. Dabei bedient man
ſich gewöhnlich keiner eigenen Ziegelöfen, ſondern die Ziegel werden in der=
ſelben Grube, die durch das Ausheben des Ziegelmaterials entſtanden iſt,
in entſprechender Weiſe aufeinander geſchichtet und von oben mit Erde zu=
geſchüttet, ſo daß
nur einige Öff=
nungen für den
Rauch übrig blei=
ben; dann wird
unter den Ziegeln
aus Schilf Feuer
angemacht. In
Taſchkent, wo beim
Bau der ruſſiſchen
Stadt häufiger ge=
brannte Ziegel zur
Verwendung kom=
men, ſind von ruſ=
ſiſchen und ſpäter
auch von einigen
ſartiſchen Unter=
nehmern eigene
Ziegelöfen in euro=
päiſcher Manier
errichtet worden.
Zum Ziegelſchla=
gen bedienen ſich
die Eingeborenen

Bild 161. Emailziegel von der Hasret=Moſchee zu Turkeſtan.

ebenſolcher hölzerner Handformen wie ſie bei uns gebräuchlich ſind. Sie ver=
fertigen ſowohl gewöhnliche längliche Bauziegel, welche in Form und Größe
genau mit unſern Ziegeln übereinſtimmen, wie auch quadratiſche, breite und
dünne Trottoirſteine, welche zum Pflaſtern der Moſcheen und Medreſſes ſowie
der Höfe bei denſelben verwendet werden.

Gipsarbeiten. Gips wird in Turkeſtan aus Alabaſter gewonnen,
der in den Bergen in großen Mengen vorkommt und in eigenen Gipsbren=
nereien außerhalb der Städte gebrannt wird. Derſelbe wird von eigenen
Gipsformatoren zur Herſtellung von Fenſtergittern und allen möglichen

Stuccaturarbeiten verwendet. Da bei den Eingeborenen das Weißen und Tapezieren der Zimmerwände nicht gebräuchlich ist, so lassen die Reicheren statt dessen ihre Wohnungen mit Stuccaturarbeiten überkleiden und an den Wänden der Wohnzimmer Nischen, Gesimse und Etageren aus Gips herstellen. Auch die Grabmäler der Reichen werden gewöhnlich mit Gips=

Bild 162. Palast des Chans von Kokan.

stuccatur überkleidet (Bild 163). Seitdem die einheimischen Gipsarbeiter von den russischen Architekten zur Ausschmückung russischer Bauwerke herangezogen werden, hat dieser Industriezweig einen großen Aufschwung erfahren. Die Stuccaturarbeiten in dem von eingeborenen Maurern unter Leitung des deutschen Architekten Heinzelmann ausgeführten Taschkenter Dome sind ausschließlich von sartischen Gipsformatoren hergestellt und zeigen eine Feinheit, Korrektheit und Eleganz der Ausführung, daß man auch in Europa schwerlich etwas Besseres finden dürfte. Auf der Taschkenter Industrieausstellung hatte ein Sarte, unter gänzlicher Mißachtung der Vorschriften des Koran, eine aus Gips in etwa zweidrittel Lebensgröße gegossene Reiterstatue ausgestellt, die zwar einige Unkenntnis der Zoologie verriet, aber in Bezug auf die Ausführung des Details nichts zu wünschen übrig ließ.

Zimmermalerei. Von einer eigentlichen Malerei als Kunst kann in Turkestan natürlich keine Rede sein, weil die mohammedanischen Religions- vorschriften, welche die Darstellung von lebenden Wesen verbieten, eine solche nicht aufkommen lassen. Die einheimische Malerei beschränkt sich lediglich auf die Verzierung der Wände und Decken der Wohnzimmer. Die Wand- malereien auf Gipsgrund sind sehr roh und werden auch nur selten an- gewendet. Gewöhnlich werden stilisierte Granatbäume, Basilienkräuter und Schwertlilien dargestellt und zwar ohne irgend welche Rücksicht auf Perspektive oder Schattierung. Dagegen sind die Deckenmalereien in der Regel sehr kunstvoll ausgeführt. Die geschnitzten Deckbalken werden mit äußerst feinen und komplizierten Arabesken in Blau, Grün, Rot und Gold bedeckt und die Zwischenbretter mit buntfarbigen Teppichmustern bemalt. Die Malereien auf den flachen hölzernen Zimmerdecken in den Palästen des bucharischen Emirs sind oft geradezu Kunstwerke in ihrer Art. Bei allen Deckenmalereien ist Lasurblau, welches aus pulverisiertem Lasurstein hergestellt wird, die vor- herrschende Farbe, und die Zeichnungen sind stets Nachbildungen von turk- menischen Teppichmustern.

Bäcker. Das Brot backen sich die meisten Familien selbst in den bereits früher erwähnten, fast in keinem Haushalte fehlenden irdenen Back- öfen. Es giebt aber auch eigene Bäcker, welche hauptsächlich das Bazar- publikum mit Brot versorgen und das Brotbacken in größerem Maßstabe betreiben. Die Backöfen dieser Bäcker sind viel größer als die gewöhnlichen Familienbacköfen; sie sind aus Ziegeln erbaut und befinden sich alle in eigenen Buden auf dem Bazar. Die Backöfen werden gewöhnlich nicht mit Holz, sondern mit Schilf oder mit einem eigenen holzigen Steppengrase geheizt, welches in den Wüsten und Steppen Turkestans in ungeheuern Mengen vorkommt und von den Russen Burjan genannt wird. In den holzarmen Gegenden bildet dieses Steppengras, welches auf den Bazaren bündelweise verkauft wird, oft das einzige Brennmaterial der ansässigen Bevölkerung, besonders der Armen.

Branntweinbrennerei. Die Herstellung des einheimischen Brannt- weins, der Busa, aus Hirse, Dschugara oder Reis oder auch aus Rosinen wird nicht fabrikmäßig, sondern in ganz bescheidenem Umfange und mehr für den Hausbedarf betrieben. Die Busabereitung scheint in Turkestan schon sehr alt zu sein; wenigstens findet sich dasselbe Getränk unter demselben Namen auch bei den Arabern. Die zum Destillieren der Bufa verwendeten Apparate sind höchst einfach. Die eingemaischten Hirse=, Dschugara= oder

Bild 163. Grabmal Chodscha=Magis in Margelan.

Reiskörner werden in einen gewöhnlichen gußeisernen Kessel geschüttet; dieser wird mit einem gut schließenden hölzernen Deckel bedeckt, durch welchen eine gekrümmte hölzerne oder blecherne Röhre gesteckt wird. Um das Ganze luft= dicht zu machen, werden alle Fugen und Spalten sorgfältig mit Lehm ver=

strichen. Zum Auffangen des Destillates dient ein gewöhnlicher Wasserkrug, der in ein mit kaltem Wasser gefülltes Gefäß gestellt wird. Die Bosa ent= hält oft bis zu 60 Prozent Alkohol und sehr viel Fuselöl; sie schmeckt und riecht deshalb abscheulich.

Eine andere viel weniger berauschende Art von Bosa wird auf folgende Weise bereitet. Etwa ein Pfund Hirse wird in lauwarmes Wasser gelegt, bis die Körner aufschwellen, und dann in einem Leinwandbeutel in feuchtem Sande vergraben. Wenn nach etwa 5 Tagen die Körner zu keimen be= ginnen, werden dieselben zerrieben, mit zerstampftem Reis vermischt und ge= kocht. Nachdem sodann die Mischung einige Tage an einem warmen Orte aufbewahrt worden ist, wird die in Gärung befindliche Masse in einem Tuche ausgepreßt, wobei man auf das Tuch beständig heißes Wasser auf= gießt. Die so erhaltene Flüssigkeit ist die fertige Busa.

Ölproduktion. Das aus den Samen des Sesam, des Leins, des Hanfes, der Sonnenblumen und der Baumwollstauden gewonnene Öl wird von den Eingeborenen hauptsächlich als Brennöl, seltener als Speiseöl ver= wendet und in verhältnismäßig großen Mengen produziert. Zum Auspressen des Öls aus den Samen werden eigene Ölpressen verwendet, deren Ein= richtung ich bereits früher auseinandergesetzt habe.

Seifensiederei. Der Gebrauch der Seife ist bei den Eingeborenen Turkestans verhältnismäßig wenig entwickelt. Sie stellen ihre Seife aus Schaffett und einem Alkali her, das aus einer Mischung von Soda und Kalk gewonnen wird. Zur Sodabereitung verwenden sie eine einheimische Steppenpflanze, Kyrk=bugun genannt, welche jedesmal im Herbst gesammelt und in großen Haufen verbrannt wird. Diese ungereinigte Soda wird so wie sie ist nicht nur von den Seifensiedern, sondern auch von den Gerbern, Töpfern und Färbern verwendet. Die Eingeborenen produzieren nur eine Art Seife, welche eine weißgraue Farbe hat, sich durch einen höchst un= angenehmen Geruch auszeichnet und gewöhnlich nur zum Reinigen der Wäsche benützt wird [1].

Kerzengießerei. Mit der Herstellung von Unschlittkerzen aus den Fettschwänzen der Kirgisenschafe beschäftigen sich eigene Fabrikanten, deren primitive Werkstätten sich auf den Bazaren befinden. Der Talg wird in gewöhnlichen gußeisernen Kesseln geschmolzen und mit Schöpflöffeln in die blechernen Formen gegossen.

Leimsiederei. Der von den eingeborenen Leimfabrikanten hergestellte Leim ist von schwarzer Farbe und sehr billig, verbreitet aber beim Kochen

---

[1] Die von den Eingeborenen Turkestans bereitete Seife dürfte wohl mit der von den alten Galliern und Germanen gebrauchten identisch sein. Nach Plinius be= reiteten die Gallier feste und flüssige Seife aus Ziegentalg und Buchenasche. Galenus spricht von der deutschen Seife, welche als Reinigungsmittel benutzt werde.

einen so scheußlichen Gestank, daß man, wie die Russen zu sagen pflegen, „die Heiligenbilder aus dem Zimmer tragen sollte".

Papierfabrikation. Die Eingeborenen Turkestans produzieren drei Sorten von Papier: geleimtes Packpapier, Ölpapier zum Verkleben der Fensteröffnungen und steifes, auf der Vorderseite mit Firnis überzogenes Schreibpapier, welches nur auf der gefirnißten Seite beschrieben wird, sich aber sonst von unserem Schreibpapier wenig unterscheidet. Die größte Papier=fabrik Turkestans, welche den größten Teil des Landes mit einheimischem Papier versorgt, befindet sich in der Stadt Kokan. Die Herstellung des Papieres ist bei den Zentralasiaten eine ziemlich umständliche Sache. Das Schreibpapier wird auf folgende Weise angefertigt. Die Lumpen werden so lange eingeweicht und zerstampft, bis sie sich in einen gleichmäßigen dicken Brei verwandeln. Von dieser Masse wird dann eine entsprechende Portion in ein Gefäß mit Wasser gebracht und das Ganze ordentlich durchgerührt. Der Arbeiter schöpft dann jedesmal mit einem länglich viereckigen, aus dünnem Grase geflochtenen Siebe ein entsprechendes Quantum dieser Flüssigkeit und neigt und schüttelt das Sieb so lange, bis sich die Papiermasse möglichst gleichmäßig auf demselben ausbreitet. Die fertigen Bogen werden dann zwischen Lagen von Filz gebracht und einem starken Drucke ausgesetzt. Ein Arbeiter kann auf diese Weise täglich etwa 300 Bogen herstellen. Zum nachträglichen Leimen des Papieres wird eine Art Stärkegummi verwendet, der in den Wurzeln einer einheimischen Pflanze aus der Familie der Liliaceen enthalten ist. Schließlich wird das Papier noch mittels glatter Steine poliert. Dieses Papier ist solider als unsere gewöhnlichen Sorten, dafür aber auch beträchtlich teurer. Die Farbe des Schreibpapieres ist entweder grau, leicht rosafarben oder bläulich. Die einzelnen Bogen werden, wie bei uns, einmal zusammengelegt und haben genau die Größe unseres gewöhnlichen Schreib=papieres.

Es dürfte nicht allgemein bekannt sein, daß die Herstellung des Papieres aus Lumpen eine turkestanische Erfindung ist, indem das erste Lumpenpapier um das Jahr 751 n. Chr. in Samarkand hergestellt worden ist. Von hier verbreitete sich die Papierfabrikation sofort nach Vorderasien und von da allmählich über Nordafrika nach Spanien. In Deutschland finden sich die ersten Spuren der Papiermacherei erst gegen Ende des 12. Jahrhunderts.

Pulverfabrikation. Einheimische Pulverfabriken giebt es gegen=wärtig nur noch in Buchara, Chiwa und in Kaschgar; früher bestanden solche aber auch in Kokan; dieselben wurden auf Rechnung der Chane betrieben.

Steinmetzarbeiten. Da die Eingeborenen zu ihren öffentlichen und Privatbauten keine Steine verwenden, so ist die Thätigkeit der ein=heimischen Steinmetzen lediglich auf die Herstellung von Mühlsteinen und von Steinen für die Ölpressen beschränkt. Mit dem Aushauen derselben befassen sich in der Regel die Bewohner von solchen Gebirgsdörfern, in deren Nähe sich leicht zugängliche Steinbrüche befinden. Die fertigen Mühl=steine werden auf Gebirgswegen in der Weise transportiert, daß sie auf lange starke Balken gesteckt und in aufrechter Stellung fortgerollt werden; auf den Fahrwegen aber werden sie auf die gewöhnlichen Arben verladen. Ein Haupthindernis für einen größeren Aufschwung dieses Industriezweiges bilden die Transportschwierigkeiten, weshalb auch die Russen bisher von einer Verwendung des vorhandenen Reichtums an Marmor und sonstigen dekorativen Gesteinsarten Abstand genommen haben[1]. Tamerlan verstand bei seinen Bauten einen besseren Gebrauch von den einheimischen Marmor=arten zu machen, wie die Ruinen von Samarkand beweisen. Der bereits erwähnte Ingenieur Paklewsky hat Ende der siebziger Jahre in der Nähe von Wernoe eine Marmorsäge angelegt und bei einigen von ihm in Wernoe aufgeführten Bauten Marmor verwendet; die russischen Architekten aber, welche das gesamte Bauwesen in Händen hatten, verschworen sich aus Geschäftsneid gegen Paklewsky als einen Eindringling und weigerten sich, bei ihren Bauten Paklewskys Marmor zu verwenden, obwohl dieser sich erbot, Marmorböden zu demselben Preise zu liefern, der für gewöhnliche Holzböden bezahlt wurde, und dadurch kam die ganze Sache wieder in Ver=fall. Zur Zeit meiner letzten Anwesenheit in Wernoe, im Jahre 1880, war in der von Paklewsky eingerichteten Anstalt nur noch ein einziger Arbeiter thätig, der sich mit der Herstellung von Vasen, Tintenzeugen, Kerzenleuchtern und verschiedenen Nippsachen aus Marmor und Kolybtasch befaßte, einem rötlichbraun marmorierten Steine, der frisch gebrochen so weich ist, daß er mit dem Messer bearbeitet werden kann, und erst nach=träglich an der Luft erhärtet.

Außer den hier aufgezählten Industriezweigen waren früher in Turkestan auch noch die Weinkelterei und Glasfabrikation verbreitet, welche den jetzigen Bewohnern gänzlich fremd sind. Wein fand, wie bereits erwähnt, schon Alexander d. Gr. in Turkestan vor, die Weinproduktion ist aber später infolge der Einführung des Mohammedanismus untergegangen. Daß auch die Glasfabrikation früher in Turkestan bekannt war, geht erstens daraus hervor, daß bei den Ausgrabungen in Samarkand viele Überreste von Glas=gefäßen aufgefunden worden sind, und wird zweitens direkt durch den Bericht des chinesischen Gesandten Lui-Yu bestätigt, der im Jahre 1259 an Hulagu abgesandt worden war; derselbe teilt nämlich mit, daß zu seiner Zeit in

---

[1] Nur an der transkaspischen Eisenbahn haben die Russen angefangen, beim Häuserbau die Gesteinsarten der benachbarten Gebirge zu verwenden und einen Teil der dortigen Stationsgebäude nebst Dependenzen aus Stein aufgeführt.

Samarkand Thüren und Fenster mit Glasscheiben versehen gewesen seien. Die Russen fanden bei ihrem Vordringen nach Zentralasien daselbst keine Spur von Fensterglas, und die Eingeborenen gebrauchten nur hie und da Trinkgläser, welche durch tatarische Händler aus Rußland eingeführt worden waren. Erst der russische Kommerzienrat Iwanow hat in Turkestan die Glasfabrikation wieder ins Leben gerufen durch Errichtung einer Glashütte in der Nähe von Chodschent. Was den Untergang dieses Industriezweiges in Turkestan herbeigeführt hat, dürfte schwer zu sagen sein, da die zu seinem Betriebe nötigen Rohmaterialien nirgends so reichlich vorhanden sind, wie gerade in Turkestan.

17. Verkehr und Handel. Verkehrsverhältnisse. Es dürfte wohl auf der Erde nur noch wenige Gegenden geben, wo die Verkehrsver= hältnisse so schwierige sind wie in Turkestan. Endlose Steppen, wasser= und vegetationslose Sandwüsten einerseits, unübersteigliche, mit ewigem Schnee bedeckte Gebirgszüge anderseits trennen die Bewohner der ver= schiedenen Oasen voneinander, und die wenigen vorhandenen Flüsse dienen nicht wie anderswo zur Erleichterung des Verkehrs, sondern bilden im Gegen= teil nur neue und sehr ernstliche Verkehrshindernisse. Während in andern Ländern die Flüsse die natürlichsten und bequemsten Verkehrsadern bilden, an deren Ufern die volkreichsten und betriebsamsten Handelsstädte liegen, sind in Turkestan die Ufer der größeren Flüsse sowie der Binnenseen in der Regel ganz unbewohnt, und es giebt deshalb nirgends eine eigentliche Fluß= schiffahrt. Dies hat seinen Grund darin, daß die nächste Umgebung der Flüsse wegen der periodischen Überschwemmungen zur Anlage von Städten nicht geeignet, die weitere, von den Überschwemmungen nicht mehr erreichte Umgebung aber infolge der Trockenheit des Klimas wüstes Land ist. Die Veränderlichkeit des Wasserspiegels war zugleich für die Eingeborenen ein unübersteigliches Hindernis bei der Anlage von Brücken, weshalb auch bis zur Ankunft der Russen keiner der größeren Flüsse, wie Amu=Darja, Syr= Darja, Tschu, Ili, Sarawschan, Brücken aufzuweisen hatte. Selbst Alexander der Große erkannte nach Curtius und Arrian den Bau von Brücken über den Syr=Darja und Amu=Darja als unmöglich und überschritt diese Flüsse mit seinem Heere in derselben Weise, wie dies die Eingeborenen heute noch thun. Auch die Russen haben bis in die letzte Zeit nur vier Brücken zu stande gebracht, die mehr als einmal zur Zeit des Hochwassers von den Fluten fort= gerissen worden sind. Es sind dies die Eisenbahnschiffbrücke bei Tschardschui, die Syr=Darjabrücke bei Chodschent, die Brücke über den Ili im Norden von Wernoe und die unglückselige Tschirtschikbrücke bei Taschkent auf dem Post= wege von Taschkent nach Chodschent, in betreff deren ich mich nicht erinnern kann, daß sie während meines 15jährigen Aufenthaltes in Taschkent auch nur einmal nicht in Reparatur gewesen wäre; während sie an einem Ende

ausgebessert wurde, brach sie immer schon wieder am andern Ende zusammen. Erst in allerjüngster Zeit haben die Russen eine steinerne Eisenbahnbrücke über den Syr-Darja bei Tschinas erbaut, die eine Länge von 341 m hat; es ist aber fraglich, ob diese Brücke den häufigen Erdbeben auf die Dauer stand halten wird. Im vorigen Jahre ist endlich noch mit dem Bau einer zweiten großen Eisenbahnbrücke begonnen worden, welche die lebensgefährliche Schiff=brücke bei Tschardschui ersetzen und ganz aus Eisen hergestellt werden soll. Für die Eingeborenen gab es kein anderes Mittel, als die Flüsse mit großem Zeitverluste und nicht ohne beständige Lebensgefahr auf ihren primitiven, von schwimmenden Pferden gezogenen Kajuks oder noch einfacher auf Lederschläuchen (Bild 164) oder Schilfbündeln zu überschreiten. Zur Zeit des Frühjahrs=

Bild 164. Turkmene, über den Amu=Darja schwimmend.

hochwassers und des Eisgangs im Winter war oft monatelang jeglicher Verkehr abgeschnitten. Zu diesen durch die Natur des Landes bedingten Verkehrsschwierigkeiten gesellte sich noch der Mißstand, daß die Eingeborenen von Turkestan keine einzige der Einrichtungen kannten, welche bei uns zur Erleichterung des Reisens und des öffentlichen Verkehrs dienen, wie Posten[1], Omnibusverbindungen, Telegraphen oder auch nur Gasthäuser. Hatte jemand einem Bekannten oder Geschäftsfreunde in einer entfernten Stadt eine wichtige

---

[1] Zu Tamerlans Zeiten hatte es in Turkestan Poststationen gegeben, welche nicht nur die Korrespondenz des Herrschers und seiner Beamten, sondern auch Reisende zu befördern hatten. Der spanische Gesandte Clavigo erzählt in seinem Reisebericht, daß zu seiner Zeit (1404) auf der ganzen Strecke von Tauris bis Samarkand Post=stationen eingerichtet waren, auf denen 50 bis 200 Pferde zur Beförderung der Reisenden bereit standen.

Mitteilung zu machen, so mußte er einen eigenen berittenen Boten dahin schicken. Der Kaufmann war genötigt, seine Ware in eigener Person auf Karawanen an ihren Bestimmungsort zu befördern und zum Schutze derselben Führer und zahlreiche bewaffnete Begleiter zu mieten, was alles großen Zeitverlust und noch größere Auslagen verursachte. Da unterwegs keine Gasthäuser und oft wochenlang überhaupt keine Ansiedlungen anzutreffen waren, so mußte jeder Reisende nicht nur Lebensmittel und nach Umständen auch Wasser für sich und seine Lasttiere, sondern auch alles sonst zum Leben Nötige, wie Zelte, Betten, Teppiche, Kochgeschirr u. dgl. mit sich führen, wodurch die Fahrt ungemein erschwert und verteuert wurde. In Turkestan gehört deshalb das Reisen nicht zu den Annehmlichkeiten, und man entschließt sich nur dann eine Reise zu unternehmen, wenn es unabweislich notwendig ist. Nur in den Städten giebt es unsern Gasthöfen analoge Einrichtungen, nämlich die Karawansarais und die sogen. Gesandtschaftshäuser. Die Einrichtung der Karawansarais, in denen die Reisenden nichts finden als Unterkunft für sich und ihre Lasttiere und allenfalls noch Futter für die letzteren, habe ich bereits früher auseinandergesetzt. Die Gesandtschaftshäuser, unter denen man sich ja nicht Einrichtungen in der Art unserer Gesandtschaftshotels vorstellen muß, sind auf öffentliche Kosten unterhaltene Häuser von gewöhnlich ziemlich bescheidener Einrichtung und Bauart, in denen vornehme Reisende, wie höhere Beamte des eigenen Staates und Gesandte fremder Staaten, auf Kosten der betreffenden Stadt für die ganze Dauer ihres Aufenthaltes samt Dienern und Pferden vollständig verpflegt werden. Gesandtschaften werden zwischen den einheimischen Staaten sehr oft hin und her geschickt, da das Institut ständiger, bei fremden Höfen akkreditierter Gesandter in Turkestan unbekannt ist und deshalb alle Verhandlungen zwischen zwei Nachbarländern, selbst oft über die geringfügigsten Dinge, durch eigene jedesmal ad hoc ernannte Delegierte geführt werden müssen. Selbst zur Überreichung eines einfachen Briefes von einem Chane an einen andern ist jedesmal ein eigener von einem entsprechenden Gefolge begleiteter Gesandter erforderlich. Die ständigen Ausgaben für die Bewirtung dieser Gesandten sind deshalb ziemlich bedeutend, weil die einheimische Etikette erfordert, daß jeder fremde Gesandte, solange er sich auf dem Territorium des Fürsten befindet, an den er abgeschickt ist, nicht nur samt seiner Suite vollständig freigehalten und noch obendrein überall reichlich beschenkt wird, sondern daß er auch die ganze Zeit von einem seinem Range und dem seines Auftraggebers angemessenen Konvoi begleitet wird, was auch schon deshalb notwendig ist, weil es auf andere Weise nicht möglich wäre, für die Unverletzlichkeit fremder Gesandtschaften zu bürgen.

Was die Kommunikationswege anbelangt, so giebt es eigentliche Straßen oder Chausseen, mit nur einigen wenigen verschwindenden Ausnahmen, in Turkestan überhaupt nicht. Außerhalb der Städte und Dörfer fährt und reitet jeder, wo es ihm beliebt. Um aber den Weg nicht zu verfehlen und

Bild 165. Russische Poststation und Tarantasse (Reisewagen).

nicht allenfalls unterwegs auf irgend ein unübersteigliches Hindernis in Gestalt von Kanälen, Schluchten u. dgl. zu stoßen, folgt natürlich jeder Reisende am liebsten den Spuren seiner Vorgänger, und auf diese Weise hat sich mit der

Zeit stellenweise etwas einem Wege Ähnliches herausgebildet. In den Städten und Oasen ist zwischen den einzelnen Häuserreihen und den verschiedenen Feldern und Gärten einfach je ein schmaler Streifen freigelassen, auf dem Wagen und Reiter verkehren können. Es geschieht aber gar nichts, um diese Wege in eigentliche Straßen zu verwandeln, und die zahlreichen Be= wässerungskanäle sind gewöhnlich ohne weiteres über die Wege geleitet. Nur sehr tiefe und dabei schmale Kanäle, die man außers mit Wagen nicht forcieren könnte, sind mit einigen Balken überbrückt, die mit Reisig und Lehm überdeckt werden und so eine Art Brücke darstellen sollen. Das Passieren dieser Brücken ist aber häufig nicht ganz ungefährlich, weil sie meistens so defekt sind, daß die Pferde stellenweise durchbrechen [1].

Das bequemste Transportmittel sind in Turkestan die Arben. Arben werden aber zum Reisen und zum Transporte von Waren nur im Flachlande und zwar nur in denjenigen Gegenden benützt, wo man auf dem Wege Luzerne für die Pferde finden kann, d. h. innerhalb der An= siedlungen und im Verkehre zwischen benachbarten Oasen. In allen Gebirgs= gegenden sowie in den Wüsten werden zum Warentransporte ausschließlich Kamel= oder Pferdekarawanen verwendet. In den Sandwüsten sind die Arben deshalb nicht zu gebrauchen, weil es dort kein Futter für die Pferde giebt und außerdem auch die Wagen im Sand versinken würden.

Seit der Einführung der russischen Herrschaft haben sich die Verkehrs= verhältnisse, freilich zunächst nur in den von den Russen besetzten Teilen Turkestans, bedeutend gebessert. Schon im Jahre 1865, sofort nach der Einnahme von Taschkent, war eine Postverbindung zwischen dieser Stadt und Wernoe hergestellt worden, welches schon seit seinem Bestehen an die sibirische Postlinie angeschlossen war. Und bei jedem weiteren Schritte, den die Russen in Turkestan vorwärts machten, wurde immer auch sofort das Netz der russischen Poststationen weiter ausgedehnt, trotz der ungeheuern Schwierigkeiten, welche die unendlichen wasser= und vegetationslosen und menschenleeren Sandwüsten und Hungersteppen der Anlage von Stationen entgegenstellten. Gegenwärtig sind alle wichtigeren Punkte des russischen Turkestan durch ein ausgedehntes und ununterbrochenes Netz von Poststationen (Bild 165, S. 421) untereinander und mit Rußland verbunden. Die rus= sischen Posteinrichtungen gehören unstreitig zu dem Besten, was die Russen

---

[1] Auf meiner letzten Reise in Buchara, im Jahre 1886, hatte ich ein Reitpferd, welches ich von dem Chef des in Samarkand stationierten uralischen Kosakenregimentes, Oberst Prinz, angekauft hatte und welches mich durch seine außerordentliche Klugheit in Erstaunen setzte. Es war nämlich auf keine Weise, weder in Gutem noch in Bösem, dahinzubringen, über eine Brücke zu gehen, solange ich im Sattel saß. Erst wenn ich abstieg und vor dem Pferd herging, ging es ohne Anstand über jede noch so gefährliche Brücke, gerade als wenn es die Geschichte von den sieben Schwaben gelannt hätte.

in Turkestan für die Wohlfahrt des Landes geleistet haben. Obgleich die Wege auch jetzt noch im großen und ganzen in demselben Zustande sind wie unter der Herrschaft der einheimischen Chane, und Brücken noch immer zu den Raritäten gehören, ist man im stande, mit Postpferden bis zu 300 km täglich zurückzulegen und die 2000 km lange Strecke von Taschkent bis Oren= burg in einer Woche zu absolvieren. Dabei ist der Fahrpreis ein unglaublich geringer, wenn man bedenkt, daß man stets mit Extrapost fahren muß, da regelmäßiger Verkehr nur für die Brief= und Paketpost besteht, welche sich mit Personenbeförderung nicht befaßt.

Man darf es der russischen Administration nicht etwa zum Vorwurfe anrechnen, daß sie nicht wenigstens auf den Postrouten Chausseen angelegt, sondern mit einzelnen Ausnahmen die Wege in dem Zustande gelassen hat,

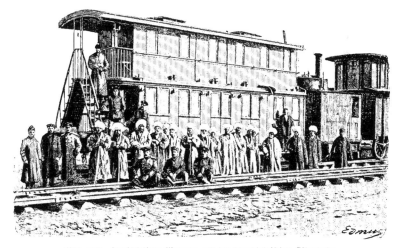

Bild 166. Zweistöckiger Waggon auf der transkaspischen Eisenbahn.

in dem sie von ihr vorgefunden wurden. Erstens würde bei den ungeheuern Entfernungen und dem Mangel an Steinen in den Steppen die Anlage von regelrechten Straßen so große Auslagen verursachen, daß bei der ge= ringen Bevölkerungsdichtigkeit an eine Rentabilität gar nicht zu denken wäre. Zweitens würden die Straßen fortwährend kostspielige Reparaturen erfordern, weil in den Sandwüsten der Straßenkörper immer in kurzer Zeit verschüttet werden, im Lößboden aber, der zur Regenzeit jedesmal vollständig aufweicht, Jahr für Jahr versinken würde, wie man dies z. B. in Taschkent beobachten kann, wo die Straßen der russischen Stadt fast jedes Jahr erneuert werden müssen. Das wichtigste, was die russische Administration für die Ver= besserung der Postwege gethan hat, bestand darin, daß sie an denjenigen Stellen, wo die Postroute über unabsehbare Sandwüsten und Hungersteppen führt, in denen man sich sonst im Winter und zur Nachtzeit nicht zurecht finden würde, den Weg durch fortlaufende Reihen von kleinen, nur etwa meterhohen Lehmhaufen markiert hat.

Einen ungeheuern Fortschritt bezeichnete die Mitte der achtziger Jahre erfolgte Anlage der vom Kaspischen Meere zum Amu=Darja führenden transkaspischen Eisenbahn (Bild 166, S. 423), die bereits Ende der achtziger Jahre bis Samarkand fortgeführt war und später, ungeachtet der großen zu überwindenden Terrainschwierigkeiten, bis Taschkent einerseits und Andischan in Fergana anderseits ausgedehnt worden ist. Der Bau dieser Eisenbahn, die fast ihrer ganzen Länge nach vollständig wüstes Gebiet durchschneidet und sich zwischen unabsehbaren Reihen von Sandhügeln hindurch= windet, ist jedenfalls eine der kühnsten Unternehmungen der Neuzeit, an deren Ausführbarkeit selbst noch zu der Zeit, als die Arbeiten bereits weit vor= geschritten waren, noch sehr viele zweifelten. Besonders hat der General Tschernajew glorreichen Andenkens die Unmöglichkeit und Unsinnigkeit des ganzen Unternehmens noch in letzter Stunde auf Grund eigener „Forschungen" aufs glänzendste bewiesen. Rentieren kann sich natürlich die transkaspische Eisenbahn, wenigstens vorläufig, nicht, weil der Passagier= und Warenverkehr nur ein verhältnismäßig geringer ist. (Im Jahre 1889 gingen regelmäßig nur je zwei Züge in der Woche von den beiden Endpunkten Usun=ada und Samarkand ab.) Die Bahn hat aber eine außerordentliche Wichtigkeit in militärischer Beziehung zum schnellen Transporte von Truppen und Kriegs= vorräten und folglich zur Befestigung der russischen Herrschaft in Zentral= asien. Erst seit der Errichtung der transkaspischen Eisenbahn und besonders mit Fertigstellung der rein strategischen Zweiglinie Merw-Kuschka, die bis in die Nähe von Herat, dem „Schlüssel Indiens", führt, sind die Russen wirklich für die angloindische Herrschaft gefährlich geworden, und deren Zusammenbruch dürfte, wenn sonst die Russen ihre wirkliche Stärke auf asiatischem Boden einsehen, nur noch eine Frage der Zeit, vielleicht nur noch weniger Jahre sein [1].

---

[1] Augenblicklich besteht das turkestanische Eisenbahnnetz, welches unlängst die offizielle Benennung „Zentralasiatische Eisenbahn" erhalten hat, aus folgenden Linien: 1. Hauptlinie Krassnowodsk-Aschabad-Merw-Amu=Darja-Buchara-Samarkand-Dschisak-Tschernaewo-Taschkent; 2. Zweiglinie Tschernaewo-Chodschent-Kokan-Mar-gelan-Andischan; 3. Zweiglinie Merw-Kuschka.

Die Gesamtlänge des turkestanischen Eisenbahnnetzes beträgt 2358 Werst oder 2514 km.

Es besteht die Absicht, die zentralasiatische Bahn mit der großen sibirischen Eisenbahn zu verbinden, und es werden gegenwärtig bereits im Auftrage der russischen Regierung Voruntersuchungen in dieser Beziehung ausgeführt. In Aussicht genommen ist die Route Taschkent-Tschimkent-Aulie=Ata-Pischpek-Tokmak-Wernoe-Kapal-Sergiopol-Semipalatinsk. Mit dem Bau der Strecke Taschkent-Tschimkent soll neuesten Nach= richten zufolge schon im laufenden Jahre begonnen werden. Daß die zentralasiatische

Die Einrichtung von Dampferverbindungen auf dem Syr-Darja und seit neuester Zeit auf dem Amu-Darja hat die darauf gesetzten Hoffnungen nicht erfüllt, was hauptsächlich zwei Umständen zuzuschreiben ist: der Veränderlichkeit des Wasserstandes und der Flußbette und der Abwesenheit von größeren Ansiedlungen in der Nähe dieser Flüsse. Da beide Ströme viel Schlamm mit sich führen, so bilden sich fortwährend Sandbänke und Untiefen, so daß die Schiffskapitäne bei ihren Fahrten nur empirisch verfahren können und trotz aller aufgewendeten Vorsicht alle Augenblicke aufsitzen. Der Kapitän des früher regelmäßig zwischen Perowsk und Tschinas verkehrenden Staatsdampfers, Kapitänlieutenant v. Löwenhagen, der nachmalige Chef der Amu-Darja-Flottille, erzählte mir, daß selten ein Tag verging, ohne daß er wenigstens einigemal festfuhr, obgleich sich der Dampfer so langsam bewegte, daß er die 600 km lange Strecke Perowsk-Tschinas erst in 14 Tagen zurücklegte. Der Umstand, daß die Ufer des Syr-Darja und Amu-Darja fast ganz unbewohnt sind, hat zur Folge, daß die Dampfer zur Versendung von Waren und zum Transporte von Passagieren nicht benützt werden und lediglich zur Beförderung von Truppenteilen und Artillerieparks dienen können. Die Syr-Darja-Flottille wurde wegen ihrer geringen Rentabilität vor mehreren Jahren aufgelöst und dafür eine Flottille auf dem Amu-Darja eingerichtet. Hier sind aber die Schwierigkeiten der Schiffahrt noch bedeutend größer als auf dem Syr-Darja. Denn hier ist die Veränderlichkeit des Flußbettes noch viel bedeutender, und außerdem wird auf dem Amu-Darja die Schiffahrt noch durch die starken Veränderungen des Niveaus zur Zeit des Hochwassers und niedrigsten Wasserstandes, durch die reißende Strömung und durch zahllose Inseln und gefährliche Stromschnellen erschwert, welche eine regelmäßige Dampferverbindung fast unmöglich machen. Die Stromschnelle bei Kilif kann zur Zeit des Hochwassers überhaupt von keinem auch noch so leichten Schiffe passiert werden. Bei der Probefahrt von Tschardschui bis Karki, welche Strecke selbst ein Sonntagsreiter mit Leichtigkeit an einem Tage zurücklegt, brauchte der betreffende Staatsdampfer über zwei Wochen und schwebte beständig in der größten Gefahr. Das ganze Unternehmen ist deshalb als verfehlt anzusehen, um so mehr, als das Kaliber der für den Amu-Darja angeschafften Dampfer für die Verhältnisse viel zu groß ist.

Mit dem Postdienste ist in Turkestan seit neuester Zeit auch der Telegraphendienst vereinigt, der früher ein selbständiges Institut gebildet

---

Bahn durch den Anschluß an die sibirische Bahn sowohl in ökonomischer als in strategischer Beziehung ungeheuer an Wert gewinnen würde, ist klar, weil erst dann ein direkter Bahnverkehr mit Rußland möglich sein wird, da gegenwärtig das zentralasiatische Netz durch das Kaspische Meer vom europäischen Eisenbahnnetz abgeschnitten ist.

hatte. Das ganze russische Turkestan ist gegenwärtig von Telegraphenlinien überspannt, als deren Zentrum Taschkent zu betrachten ist. Von Taschkent gehen vier Haupttelegraphenlinien aus: Die erste Linie geht von Taschkent über Wernoe nach Westsibirien und weiterhin nach Orenburg; die zweite über Perowsk nach Kasalinsk; eine dritte Linie ist von Taschkent über Chodschent und Kokan nach Gultscha und eine vierte von Taschkent über Dschisak nach Samarkand und weiterhin an der transkaspischen Eisenbahn entlang über Buchara, Merw, Aschabad bis Krassnowodsk geführt, welches durch Kabel mit Baku verbunden ist. Von diesen Hauptlinien sind einige kleine Nebenlinien abgezweigt, durch welche einzelne seitwärts liegende Ort= schaften an das große Telegraphennetz angeschlossen werden.

Handel. Außenhandel. Im Altertum war der Handel Tur= kestans viel wichtiger und ausgedehnter als in der Neuzeit, und Zentralasien vermittelte damals den Austausch zwischen dem fernen China und Indien und dem Abendlande. Damals war Turkestan noch bedeutend stärker be= völkert als heutzutage, und es wurde noch hauptsächlich von Völkern indo= germanischer Abkunft bewohnt, die auf einer höheren Kulturstufe standen als die heutigen Nachkommen der Mischlinge, welche durch Verschmelzung der indogermanischen Urbewohner des Landes mit den verschiedenen aus Ostasien eingedrungenen mongolischen Horden entstanden waren. Turkestan ist des= halb auch im Altertum den Völkern des Abendlandes besser bekannt gewesen als dies bis auf die neueste Zeit der Fall war. Die Gründe, welche einen bedeutenderen Handel in der neueren Zeit, bis zum Auftreten der Russen, in Turkestan nicht aufkommen ließen, waren hauptsächlich folgende. Erstens war der chinesische und indische Transithandel seit der Eröffnung des See= weges nach Indien und Ostasien von Turkestan abgelenkt worden, und die Eingeborenen bezogen seitdem aus China, Indien und dem Abendlande nur das, was sie für ihre eigenen Bedürfnisse nötig hatten. Diese waren aber sehr gering, weil die Eingeborenen arm und bedürfnislos und bei der Fruchtbarkeit ihres Bodens in der Lage waren, sich mit den Erzeugnissen ihres eigenen Landes zu begnügen. Dazu kam die Schwierigkeit des Trans= portes auf Saumtieren und die ungeheuern Entfernungen, welche alle importierten Artikel ungemein verteuern mußten. Selbst noch zur Zeit der russischen Herrschaft mußte bis zur Eröffnung der transkaspischen Eisen= bahn für manche Erzeugnisse der europäischen Industrie in Taschkent das vier= und fünffache des europäischen Marktpreises bezahlt werden; eine einzige Zitrone kostete damals 2 Mark. Überdies mußten die Karawanen beim Durchgange durch die verschiedenen unabhängigen und fast stets gegen= einander feindseligen Chanate unerschwingliche Transitzölle bezahlen, welche mitunter schon eher Brandschatzungen gleich sahen. Das schlimmste aber waren die unsichern Verhältnisse, da sich die einheimischen Staaten und

Städtchen fast beständig auf dem Kriegspfade befanden und die fremden Handelskarawanen häufig ohne weiteres als willkommene Kriegsbeute betrachtet wurden. Jedes Handelsunternehmen war deshalb stets ein sehr gewagtes Unternehmen, bei dem nicht nur das Vermögen, sondern auch das Leben der Teilnehmer auf dem Spiele stand. Außerdem kannte man in Turkestan weder Banken noch das Institut von Wechseln, und alle Handelsgeschäfte mußten daher in bar abgeschlossen werden. Die Menge des kursierenden Bargeldes war aber sehr beschränkt, da es kein Papiergeld gab. Der Abschluß von größeren Geschäften und das Handeln auf Kredit waren unter solchen Verhältnissen natürlich ausgeschlossen.

Die Handelsgeschäfte, sowohl Außenhandel wie Detailhandel, waren in Turkestan bis zur Einführung der russischen Herrschaft größtenteils in den Händen der eingeborenen Mohammedaner, der Sarten und Usbeten, und in zweiter Linie von Tadschiken und Afghanen. Die zentralasiatischen Juden und die russischen Händler konnten mit den genannten nicht konkurrieren, weil in den unabhängigen Chanaten alle Nichtmohammedaner doppelt so viel Abgaben zu zahlen hatten wie die Mohammedaner. Von allen eingeführten Waren wurde ein Zoll, Sjaket, erhoben, der für Mohammedaner 2,5 Prozent, für alle Nichtmohammedaner aber 5 Prozent des Wertes der Waren betrug.

Exporthandel. Der Exporthandel Turkestans war früher ziemlich unbedeutend. Turkestan liefert nach Rußland einerseits und nach Indien anderseits vorzugsweise Rohseide, Schaf- und Fuchsfelle, Wolle und Baumwolle. Die Ausfuhr an getrockneten Früchten ist wegen des kostspieligen Transportes ganz verschwindend. In den letzten Jahren hat der Exporthandel nach Rußland infolge der gesicherten Verhältnisse und der leichteren Kommunikation, besonders seit der Eröffnung der transkaspischen Eisenbahn, bedeutend zugenommen. Während z. B. die jährliche Ausfuhr Bucharas nach Rußland in den sechziger Jahren nur etwa 6 Millionen Mark betragen hatte, war dieselbe im Jahre 1887 bereits auf 30 Millionen gestiegen, ist aber gerade in den letzten paar Jahren noch viel stärker angewachsen. Den Hauptausfuhrartikel bildet gegenwärtig die Baumwolle. Als ich im Winter 1889—1890 auf Nimmerwiedersehen aus Taschkent abreiste, war der ganze Postweg nach Samarkand mit Baumwollkarawanen bedeckt, so daß ich oft stundenlang nicht vom Flecke kommen konnte, und das Dampfschiff, auf welchem ich die Überfahrt über das Kaspische Meer machte, war ganz mit Baumwollballen vollgepfropft. Die turkestanischen Waren gingen früher über Orenburg nach Nischnij-Nowgorod. Gegenwärtig wird der größte Teil der Waren auf der transkaspischen Eisenbahn nach Krassnowodsk versandt, von wo sie dann per Dampfer entweder nach der Wolgamündung oder nach Baku befördert werden, um zunächst mit der Eisenbahn nach Batum und von dort zu Schiff nach den verschiedenen Häfen des Schwarzen Meeres geschafft zu werden. Ein guter Teil der Waren geht aber auch jetzt noch immer auf dem alten Karawanenwege über Orenburg, weil dieser Weg sicherer und merkwürdigerweise auch billiger ist als der Eisenbahntransport[1]. Früher wurde fast aller Handel zwischen Rußland und Turkestan durch Sarten und Usbeken vermittelt, die auf den russischen Märkten unter dem Namen von Bucharen bekannt waren. Auch gegenwärtig ist der Exporthandel nach Rußland hauptsächlich noch in den Händen der Eingeborenen, wenn auch jetzt die früheren Bestimmungen über die ungleiche Abgabenerhebung von Mohammedanern und Christen selbstverständlich aufgehoben sind. Dagegen ist der Importhandel aus Rußland zum großen Teil in die Hände russischer Kaufleute übergegangen, zu deren Schutz in Buchara, Kaschgar und Kuldscha ständige Berufskonsulate errichtet sind.

Importhandel. Die Einfuhr aus den chinesischen, afghanischen und persischen Gebieten nach Turkestan ist ganz unbedeutend; wichtiger ist dagegen die Einfuhr aus Indien und Rußland. Aus Indien bezieht Turkestan in erster Linie den indischen grünen Thee, von den Eingeborenen Ak-Tschai („weißer Thee") genannt, der von der einheimischen Bevölkerung ausschließlich gebraucht wird, während der über Kjachta importierte schwarze chinesische Thee nur von der russischen Bevölkerung Turkestans konsumiert wird. Aus Indien erhält Turkestan ferner Indigo und andere Farbstoffe, Arzneipflanzen, Spezereiwaren, feine Gazestoffe, Goldbrokate, Kaschmirstoffe zu Turbanen, Gürteln und Chalaten, sowie verschiedene Erzeugnisse der englischen Baumwoll-, Seiden- und Metallindustrie. Rußland liefert den Zentralasiaten folgende Waren: hölzerne, eisenbeschlagene Koffer, gußeiserne Kessel und Dreifüße, blecherne Wassereimer, Stabeisen, eiserne Werkzeuge, Messingdraht, Zinn, Kupfer, Messing, Samoware, Vorhängschlösser, Taschenuhren, Spiegel, Zuckerhüte und Kandiszucker, Wachs, Honig, Karamelkonfekte, Gewürznelken, Cochenille, Sandelholz, Porzellantassen und Theekannen, Trinkgläser, Glasperlen, Korallen- und Bernsteinhalsketten, Brillen, Spielkarten, hölzerne Löffel und Schüsseln, verschiedene gefärbte und ungefärbte Baumwollstoffe, Samt, Tuch und Atlas zu Chalaten, Leder, Zwirn, Nadeln, Zündhölzchen u. dgl. In früheren Zeiten war die Einfuhr aus Indien viel bedeutender als aus Rußland, weil die Verkehrsverhältnisse auf der indischen Seite, durch Afghanistan, sich doch im ganzen noch immer in einem besseren Zustande befanden, als auf der russischen, wo infolge der jahrhundertelang in der Kirgisensteppe herrschenden Gärungen fast jede Kommunikation unmöglich war und die räuberischen Kirgis-

---

[1] Der Transport einer Kamelladung von Taschkent nach Orenburg kostet 30 bis 40 Mark.

Kaisaken jede russische oder zentralasiatische Karawane als willkommene
Bente betrachteten. Gegenwärtig hat sich aber das Verhältnis umgekehrt,
und die englischen Manufakturwaren sind heutzutage fast vollständig durch
russische Fabrikate verdrängt worden. Dies hat seinen Grund erstens in
dem erleichterten Verkehre seit der vollständigen Pazifizierung der Kirgisen=
steppe und der Chanate selbst und der Einrichtung der russischen Postver=
bindungen; ferner in den geringeren Abgaben und endlich auch noch in
dem Umstande, daß die russischen Kaufleute und Fabrikanten sich besser
dem Geschmacke und den eigenartigen Bedürfnissen der Eingeborenen zu akko=
modieren verstehen, als die Engländer. Zur Illustrierung des letzteren
Punktes will ich folgende zwei Beispiele anführen. Nach Buchara wurde
einmal aus Indien ein großer Posten Turbanstoffe gebracht, die in Glasgow
hergestellt und von ausgezeichneter Qualität waren. Zu gleicher Zeit brachten
russische Kaufleute eben dahin Turbanstoffe russischen Fabrikats, die sich mit
den englischen auch nicht entfernt vergleichen ließen. Aber trotzdem gingen
die russischen Turbane reißend ab, während von den englischen auch nicht
einer verkauft wurde, und zwar aus dem einfachen Grunde, weil in den
Stickereien der englischen Turbane Vögel dargestellt waren, da doch den
Mohammedanern bekanntlich alle Darstellungen aus dem Tierreich durch
den Koran verboten sind. Wenn daher ein Mohammedaner beim Gebete
mit einem mit Vogelgestalten verzierten Turbane erschiene, wäre dies ein
noch ärgerer Verstoß gegen die Religion, als wenn z. B. bei uns ein
Geistlicher den Gottesdienst in einem statt mit Kreuzen mit Halbmonden
oder mit Teufelsfiguren verzierten Gewande halten wollte. Der zweite
Fall beweist, wie genau die russischen Fabrikanten den Sitten und Ge=
bräuchen der Eingeborenen Rechnung tragen. In Turkestan ist es, wie
bereits früher auseinandergesetzt wurde, Sitte, daß bei dem einem Gaste
dargebrachten Dostarchan sich immer ein oder nach Umständen auch mehrere
ganze Zuckerhüte befinden müssen. Da bei der Kostspieligkeit des Zuckers
in Turkestan die Beschenkung der Gäste mit Zuckerhüten von der gewöhnlichen
Größe zu große Auslagen verursacht, so verfielen die russischen Zuckerfabrikanten
auf die glückliche Idee, speziell für die Eingeborenen Turkestans Zuckerhüte
im Gewichte von nur 5 Pfund herzustellen, und die Eingeborenen fanden
diese neue Einrichtung für so praktisch, daß man heutzutage in ganz Tur=
kestan bei der einheimischen Bevölkerung nur mehr solche fünfpfündige russische
Zuckerhüte antrifft. Dank dieser Akkomodationsfähigkeit haben gegenwärtig
auch die russischen Baumwollstoffe nicht nur die englischen Stoffe fast voll=
ständig verdrängt, sondern machen auch den einheimischen Baumwollgeweben
ernstliche Konkurrenz, und die Bessergestellten von den Eingeborenen gebrauchen
zur Herstellung von Wäsche und Bettdecken sowie von Unterchalaten nicht
mehr die groben einheimischen Fabrikate, sondern fast ausschließlich die

billigeren und feineren, ganz in turkestanischem Geschmacke gehaltenen russischen Zitze.

Infolge der angegebenen Verhältnisse hat die russische Gesamteinfuhr in der letzten Zeit bedeutend zugenommen. Während z. B. die russische Einfuhr nach Buchara noch in den sechziger Jahren nur einen Wert von etwa 4 Millionen Mark repräsentiert hatte, wurden schon im Jahre 1887 für 32 Millionen Waren nach Buchara importiert. Die Einfuhr nach dem russischen Teile Turkestans, für den mir keine genaueren Angaben zur Verfügung stehen, ist natürlich seit der Einführung der russischen Herrschaft, schon wegen der zahlreichen russischen Bevölkerung, noch unvergleichlich stärker angewachsen als in dem noch selbständigen und nur von Eingeborenen bewohnten Buchara.

Detailhandel. Der Detailhandel bildet die Lieblingsbeschäftigung der ansässigen Bewohner Turkestans, weil ihnen derselbe erlaubt, das Angenehme mit dem Nützlichen zu verbinden. Der Zentralasiate kennt keine größere Plage als Arbeit und kein größeres Vergnügen als Gelderwerb und das Verweilen auf dem Bazare, und diese Genüsse verschafft ihm die Ausübung des Detailhandels auf dem Bazare. Es ist daher jeder, der über ein auch noch so geringes Barvermögen verfügt, Handelsmann. Die Anzahl dieser Händler ist deshalb ganz unverhältnismäßig groß, der Gewinn aber auch bei der Bedürfnislosigkeit und Armut des Publikums in demselben Verhältnisse unbedeutend. Dies macht aber nichts, weil ein turkestanischer Händler sein Auskommen findet, wenn er auch nur eine halbe Mark täglich verdient. Der Wert der Warenlager ist im allgemeinen ein sehr geringer, und ein Händler, der für 300—400 Mark Waren auf Lager hat, gehört schon zu den Aristokraten unter den Kaufleuten. In den meisten Fällen beziffert sich der Gesamtwert eines Kaufladens auf 30—40 Mark; die Geschäfte gehen gewöhnlich so flau und die Preise sind so niedrig, daß man oft nicht begreift, wie die Händler auch nur 20 Pfennig Profit am Tage herausschlagen können. Daß die eingeborenen Händler zum guten Teil des Vergnügens wegen Handel treiben, geht schon daraus hervor, daß sie oft ihre Waren in größeren Partien teurer abgeben als im einzelnen. Wenn man ihnen darüber Vorhalt macht, so erklären sie, daß sie dies deshalb thäten, weil sie nach Abgabe ihres ganzen Vorrats, mit dem sie unter gewöhnlichen Verhältnissen einen ganzen Monat hätten handeln können, in die unangenehme Lage versetzt wären, neue Vorräte herbeischaffen zu müssen. Da bei dem geringen Warenbestande jeder Händler alle von ihm geführten Artikel auswendig weiß, so führen sie weder Warenverzeichnisse noch Geschäftsbücher, und jeder sucht für seine Waren einfach so viel herauszuschlagen als möglich. Sie fordern, besonders wenn sie mit Russen zu thun haben, immer einen viel zu hohen Preis. So kaufte ich einmal ein Nephritamulett, für das man ursprünglich 200, dann 100 Mark gefordert hatte, schließlich für 10 Mark. Entsprechend ihrem indolenten und gemessenen Charakter vermeiden die eingeborenen Händler jedwede Reklame und alles markt= schreierische Wesen. Sie warten ruhig, bis man in ihren Laden kommt, und wenn man nicht handelseinig wird und sich deshalb zu einem benach= barten Händler wendet, so verziehen sie keine Miene und machen nicht den geringsten Versuch, den Käufer festzuhalten, ein Benehmen, das auch unsern Kaufleuten sehr zu empfehlen wäre. Mit dem Detailhandel beschäftigen sich hauptsächlich die Sarten und ansässigen Usbeken, während die Tadschiken mehr Neigung zum Feld= und Gartenbau bekunden, zum Teil wohl deshalb, weil sie bei ihrem ehrlicheren Charakter mit den geriebenen Sarten und Usbeken nicht konkurrieren können. Fast alle Händler sind Mohammedaner, offenbar wegen der doppelten Besteuerung aller Ungläubigen. Von den Juden und Indern werden vorzugsweise solche Artikel feil gehalten, welche von den mohammedanischen Händlern nicht bezogen werden können, wie denn z. B. die bucharischen Juden den Handel mit gefärbter Rohseide gewissermaßen monopolisiert haben. In den russischen Besitzungen, wo alle Eingeborenen ohne Unterschied der Religion und Nationalität einander gleichgestellt sind, haben sich diese Verhältnisse natürlich in letzter Zeit einigermaßen geändert.

Aller Detailhandel geht in den turkestanischen Städten auf den Bazaren vor sich, deren Ausdehnung deshalb überall der Einwohnerzahl der be= treffenden Ortschaft entspricht. In größeren Städten, wie z. B. in Tasch= kent, giebt es außer dem großen Hauptbazar, zur größeren Bequemlichkeit des Publikums, noch eine Anzahl kleinerer Bazare in den entlegeneren Stadtteilen, besonders in der Nähe der Stadtthore, auf denen hauptsächlich Lebensmittel und andere zum alltäglichen Leben nötige Gegenstände verkauft werden. Auf diesen Bazarfilialen sind deshalb besonders die Metzger, Obst= händler und die Hufschmiede vertreten. In denjenigen Ortschaften, in welchen sich wegen ihrer geringen Einwohnerzahl ein ständiger Markt nicht rentieren würde, sind gleichwohl um den Bazarplatz herum ständige Buden errichtet, welche für gewöhnlich leer stehen, an den wöchentlichen Bazar= tagen aber von fliegenden Händlern besetzt werden. Die Verkaufsläden auf den ständigen Bazaren sind das ganze Jahr über jeden Tag geöffnet, müssen aber nach Sonnenuntergang, nach dem Ausrufen der Gebetsstunde, jederzeit geschlossen werden. Die Hauptgeschäfte werden aber immer an den gewöhnlich einmal in der Woche abgehaltenen Bazartagen abgemacht, an welchen die Bewohner der Nachbarortschaften und die umwohnenden Nomaden herbeiströmen, um an die Stadtbewohner und die städtischen Händler die Erzeugnisse ihrer Landwirtschaft, Viehzucht und Hausindustrie abzusetzen und sich dafür das für ihren Haushalt Nötige einzukaufen. Die Handels= geschäfte werden an den Bazartagen immer schon in den Vormittagsstunden abgeschlossen. Der größte Umsatz erfolgt an den Markttagen in der Regel in Schafen und Pferden, sowie in Getreide und Obst, und in zweiter Linie in Baumwollstoffen und Bekleidungsartikeln.

Zur Zeit der einheimischen Chane war die Marktpolizei den Reis übertragen, wie dies in den unabhängigen Gebieten auch gegenwärtig noch der Fall ist, und diese Reis scheinen ihres Amtes mit großer Strenge zu walten. Die Russen haben in ihren Besitzungen die Reis abgeschafft und die Aufsicht über die Bazare der gewöhnlichen Polizei übertragen, aber nicht zum Vorteile des kaufenden Publikums. Während man z. B. auf den bucharischen Bazaren sicher sein kann, daß man von den mohammedanischen Kaufleuten gut bedient wird, wird man auf den Bazaren des russischen Turkestan auf jegliche Weise übervorteilt und betrogen. Entweder ist der Preis um ein vielfaches zu hoch, oder die Waren sind gefälscht, oder man wird wenigstens durch falsche Gewichte benachteiligt. Oft werden sogar alle drei Methoden vereinigt, ohne daß sich die russische Polizei darum kümmert. Wenn man z. B. nachträglich findet, daß die auf dem Bazare gekaufte Milch 70 Prozent Wasser und Mehl enthält, oder daß die Butter zu drei Vierteilen aus Schaffett besteht, so bleibt dem Konsumenten nichts übrig, als den Betrüger, wenn er überhaupt aufzufinden ist, beim Friedens= richter zu verklagen. Dies ist aber eine umständliche Geschichte und führt in 99 Fällen von 100 zu nichts, weil nach russischem Rechte jedes Vergehen durch zwei unbeteiligte Zeugen bewiesen werden muß und man füglich doch nicht zu jedem Einkaufe auf dem Bazare zwei Zeugen mitbringen kann. Als ich einmal einen Taschkenter Polizeioffizier in betreff dieser Mißstände interpellierte, bemerkte derselbe, jeder müsse sich selbst vorsehen, daß er nicht betrogen werde; die Polizei könne sich mit derartigen Kleinig= keiten nicht befassen, da sie viel Wichtigeres zu thun habe. Die Sarten können deshalb nach Belieben die russische und eingeborene Bevölkerung mit gefälschten oder verdorbenen Nahrungsmitteln vergiften, da sich doch nicht jedermann zur Prüfung der auf dem Bazare eingekauften Lebensmittel einen eigenen Privatchemiker halten kann.

Merkwürdig ist, daß die Eingeborenen bis jetzt nicht auf das Institut der Auktionen verfallen sind, welche bei uns und auch bei den in Turkestan lebenden Russen eine so hervorragende Rolle spielen. Auch der Hausier= handel war den Zentralasiaten früher unbekannt und ist in Taschkent erst von den Russen groß gezogen worden, offenbar deshalb, weil die Wohnungen der Eingeborenen für Fremde unzugänglich und dadurch gegen die Zu= dringlichkeit der Hausierer geschützt sind.

18. Sartische Sprichwörter. Die Sprichwörter sind anerkannter= maßen von großer Bedeutung für die Kenntnis des Kulturzustandes und der Geistesrichtung eines Volkes. Ich will deshalb im Anschlusse an das

Vorausgehende noch eine Anzahl von sartischen Sprichwörtern mitteilen, die ich aus der von dem Taschkenter Gymnasialdirektor Ostroumow zusammengestellten und von Vambéry in seinem Aufsatze „Die Sarten und ihre Sprache" veröffentlichten Sprichwörtersammlung ausgewählt habe.

1. Ein Mann mit kupfernem Kopfe ist besser als ein Weib mit goldenem Kopfe.

2. Sind viele Männer im Hause, giebt es kein Holz; sind viele Weiber im Hause, giebt es kein Wasser.

3. Wenn zwei Frauen zusammenkommen, ist der Bazar fertig.

4. Die Frauen haben lange Haare und kurzen Verstand.

5. Nur ein Verrückter tritt zwischen zankende Ehegatten.

6. Geselle dich nicht zu einem Thoren, vertraue deiner Frau kein Geheimnis an.

7. Wer auf einem Esel reitet, dem ruhen die Füße nicht; wer zwei Frauen heiratet, dem ruhen die Ohren nicht.

8. Zwei Füße haben nicht Raum in e i n e m Stiefel, zwei Geliebte nicht in e i n e m Herzen.

9. Ist dein Weib dumm, so sei deine Nagaika dick.

10. Ein gefräßiges Pferd ist eine Gabe Gottes, ein gefräßiges Weib ist der Fluch Gottes.

11. Es ist besser, zu Fuß zu gehen, als auf einem schlechten Pferde zu reiten; es ist besser, ledig zu bleiben, als ein schlechtes Weib zu nehmen.

12. Dem Weber gebührt ein ganzes, dem Kaufmann ein halbes, dem Soldaten gar kein Weib.

13. Ein Haus mit Kindern ist ein Bazar, ein Haus ohne Kinder ein Friedhof.

14. Der Sohn des Armen gelangt erst im 30. Jahre zu Ansehen, der Sohn des Reichen wird schon im 14. Jahre Herr.

15. Die Verschlagenheit einer einzigen Frau macht 40 Eselladungen aus.

16. Das Kind, welches nicht weint, bekommt keine Muttermilch.

17. Erziehe dein Kind in der Jugend, dein Weib am Anfange der Ehe.

18. Was du mit der Muttermilch nicht einnimmst, das kommt dir mit der Kuhmilch nie ein.

19. Einen krumm gewachsenen Baum wirst du mit tausend Kräften nicht gerad machen.

20. Der Junge kommt zur Arbeit, der Alte erst zum Essen.

21. Die Braut verbirgt sich, doch ihr Ruf geht über die Berge.

22. Wer einen Chan zum Beschützer hat, kann auf trockenem Lande segeln.

23. Beißest du einen der fünf Finger, so thun dir alle weh.

24. Der Sohn, der einen Vater hat, ist ein Sklave, der einen Herrn hat.

25. Der Großköpfige wird Bek, der Großfüßige Sklave.

26. Der Freund sieht auf den Kopf, der Feind auf den Fuß.

27. Besser ein kluger Feind als ein dummer Freund.

28. Aus alter Baumwolle wird keine Leinwand, aus einem alten Feinde wird kein Freund.

29. Beim Handel giebt es keine Freundschaft.

30. Der Böse wird nie gut; du kannst einen Mohren waschen, er wird nie weiß.

31. Besser der Stock als ein schlechter Reisegefährte.

32. Es ist besser, der Schlechte bei den Guten, als der Gute bei den Schlechten zu sein.

33. Nur der Vogel versteht die Sprache des Vogels.

34. Dem Klugen ein Wink, dem Dummen ein Stock.

35. Der Karge wird nie satt, der Dieb wird nie reich.

36. Säest du Gerste, wirst du Gerste ernten; säest du Weizen, wirst du Weizen ernten.

37. In einem Hause ohne Dach ist nicht gut sein; in einem Lande ohne Richter ist nicht gut wohnen.

38. Wenn zwei Kamele sich schlagen, stirbt die dazwischen befind- liche Fliege.

39. Der Chan hat den Verstand von 40 Menschen.

40. Fällt der Padischah vom Throne, wird sein Vezier zum Bettler.

41. Dem Fürsten zeigt man die Faust hinter dem Rücken.

42. Es ist besser, Hirte im eigenen Lande, als König in fremdem Lande zu sein.

43. Zwei Mullas machen einen Mann, ein Mulla nur eine Frau aus.

44. Der Imam säet nicht und erntet nicht und dennoch ist er auf der Tenne zu finden.

45. Wird der Sarte reich, so baut er ein Haus; wird der Kirgise reich, so nimmt er eine Frau.

46. Der Schlechte unter den Kirgisen wird zum Sarten, der Schlechte unter den Sarten wird Kirgise.

47. Aus einem gemeinen Hunde wird kein Windspiel, aus einem Kirgisen wird kein Kasi.

48. Sitzt der Tadschike auf dem Pferde, so kennt er seinen Herrgott nicht.

49. Des Türken Verstand kommt erst nachmittags.

50. Wenn du den Türken nicht anstößest, versteht er nicht.

51. Aus den Eingeweiden des Ochsen wird kein Fleisch, aus dem Afghanen wird kein Freund.

52. Wer nichts zu thun hat, betet; wer nichts zu essen hat, fastet.

53. Wer das Wasser bringt, den verachtet man, wer den Krug zerbricht, den ehrt man.

54. Wenn einem das Wasser über den Kopf geht, ist es gleichgültig, ob es 1 oder 1000 Klafter tief ist.

55. Schmiegt sich die Zeit dir nicht an, so schmiege du dich der Zeit an.

56. Tropfen auf Tropfen giebt einen See; tropft es aber gar nicht, entsteht eine Wüste.

57. Wer wenig ißt, kann jeden Tag essen.

58. Wen man nicht kennt, den liebt man nicht.

59. Eilen ist des Satans Werk.

60. Die Mauer hat Augen und der Zann hat Ohren.

61. Dem Betrunkenen weicht selbst der Fürst aus.

62. Dem Spender sieh nicht in das Gesicht.

63. Wo viele Schäfer sind, gehen viele Schafe zu Grunde.

64. Den Unglücklichen beißt der Hund, auch wenn er auf einem Kamele sitzt.

65. Ein schlechter Ochse macht den ganzen Stall wirr.

66. Mit einer Pappel läßt sich nicht ringen, mit einem Reichen nicht streiten.

67. Dem Ange des Vogels mit gebrochenen Fittichen dünkt die Scholle ein Berg.

68. Sagt man die Wahrheit, wird man geschlagen, schmeichelt man, wird man geliebt.

69. Werde lieber Kot als ein Armer.

70. Bewirft man dich mit einem Steine, so wirf mit Brot zurück.

71. Verbrenne nicht die Bettdecke, weil du auf den Floh zürnst.

72. Wenn zwei Falken raufen, kommt eine Krähe zu Fraß.

73. Sei nicht Bürge, sonst bleibst du ohne Leichentuch.

74. Neige dein Haupt zur Erde vor dem, der sich vor dir neigt; erhebe den Kopf zum Himmel vor dem, der sich vor dir reckt.

75. Sind die Hunde des Dorfes gleich uneinig, wenn der Wolf kommt, vereinigen sie sich.

76. Der Sorglose wird von bloßem Wasser fett.

77. Den Erfahrenen täuscht oft der Unerfahrene.

78. Besser im Unglücke als vor dem Unglücke zu sein.

79. Fliehst du nicht, so flieht der Feind.

80. Es stirbt der Mutige und auch der Feige.

81. Der Mann ist nur da geehrt, wohin man ihn ruft.

82. Für das Gute ist es nie zu spät.

83. Der von selbst gekommene Gast ist Gottes Segen, der auf Einladung gekommene ist Gottes Fluch.

84. Den Ort, den das Pferd einmal betreten hat, betritt es tausendmal.

85. Besser die verborgene Sünde als die offene Frömmigkeit.

86. Der Scharfsinn ist halbe Wunderkraft.

87. Wer viel geht, verirrt sich; wer viel spricht, verwirrt sich.

88. Überlaß nicht dem Hungrigen das Kochen und dem Frierenden das Feuern.

89. Wer sich an zwei Schiffe anklammert, ertrinkt im Meere.

90. Es ist besser, tötendes Gift zu essen als Honig mit einem nichts= würdigen Menschen.

91. Es ist besser, bei einem Russen Gefangener, als bei einem Sarten Gast zu sein.

92. Wird der Zigeuner Soldat, überfällt er sein eigenes Volk.

93. Der Frosch hat keinen Schweif, das Weib keinen Verstand.

94. Der Hund kennt keine Untreue, das Weib keine Treue.

95. Wenn das Haus nicht aufgeräumt ist, kommt ein Gast.

96. Reich ist das Volk, welches Land besitzt.

97. Geschenkter Essig ist süßer als Honig.

98. Der Himmel ist weit und die Erde ist hart.

99. Wenn der Esel auch nach Mekka geht, bleibt er doch unrein.

100. Die Wahrheit kann man biegen, aber nicht brechen.

Bemerkungen über die Tarantschis, Galtschas und bucharischen Juden.

Die im Vorausgehenden gegebene Schilderung der Lebensweise, Sitten und Gebräuche der ansässigen Bevölkerung Turkestans bezog sich zunächst auf die Sarten und die in dieser Beziehung mit den Sarten vollkommen übereinstimmenden Tadschiken und ansässigen Usbeken. Im Nachstehenden werde ich der Vollständigkeit wegen noch einige Bemerkungen über diejenigen turkestanischen Völkerschaften anreihen, welche zwar ebenfalls ansässig sind, sich aber in Bezug auf Lebensweise, Sitten und Gebräuche von den Sarten, Tadschiken und Usbeken in manchen Punkten unterscheiden.

Was zuerst die in Turkestan angesiedelten russischen Bauern, Kosaken und deutschen Mennoniten betrifft, so führen diese in ihrem neuen Vaterland genau dasselbe Leben wie früher in ihrer europäischen Heimat und kleiden sich auch noch immer in der Weise ihrer Väter. Die Dunganen unterscheiden sich, obwohl sie Mohammedaner und türkischer Abstammung sind, in ihrem Äußern, ihrer Kleidung und ihrer Lebensweise so wenig von den eigentlichen Chinesen, daß sie von manchen Reisenden für wirkliche Chinesen gehalten worden sind. Die Lebensweise der in Turkestan angesiedelten Araber und Perser sowie der Kuramas und ansässigen Zigeuner ist dieselbe wie die der Sarten und Usbeken. Dagegen weisen die Tarantschis, Galtschas und bucha=

rischen Juden mancherlei Abweichungen auf, die ich im Folgenden kurz auseinandersetzen will.

Tarantschis und Kaschgarer. Die Tarantschis, welche ich während
meiner zweimaligen Reise nach Kuldscha in den Jahren 1879 und 1880
näher kennen lernte, sind, wie ich bereits früher auseinandergesetzt habe,
gleicher Abstammung mit den Sarten, mit denen sie auch die Sprache und
Religion gemein haben. Die Männer kleiden sich ganz in derselben Weise
wie die Sarten, dagegen ist die Kleidung der Frauen von der Kleidung
der Sartinnen etwas verschieden. Sie verhüllen in Gegenwart fremder
Männer und beim Erscheinen auf der Straße ihr Gesicht nicht und tragen
deshalb auch beim Ausgehen keine Parandscha. Auf dem Kopfe haben sie
im Winter runde Pelzmützen wie die Männer, im Sommer aber eine eigentümliche steife Mütze in der Art einer Krone, die entweder mit Goldpapier
oder mit buntfarbigem Seidenstoffe oder Goldbrokat überklebt ist. Kopftücher
tragen sie nicht, auch habe ich nie eine Tarantschifrau oder ein Mädchen
ohne Kopfbedeckung gesehen. Schuhzeug, Hemden und Beinkleider sind bei
den Tarantschifrauen genau dieselben wie bei den Sartinnen, ihre Chalate
sind aber kürzer als bei diesen. Da bei den Tarantschis die Frauen von
der Männerwelt nicht abgeschlossen sind, so fällt auch die bei den übrigen
Mohammedanern gebräuchliche Zweiteilung der Wohnungen in Männer- und
Frauenabteilung fort. Die Frauen leben mit den Männern in einem und
demselben Gemache zusammen und empfangen auch männliche Gäste, selbst
in Abwesenheit ihrer Männer. Die Tarantschis sind meistens nur mit einer
Frau verheiratet, und nur die Reichsten haben mehrere. Die innere Einrichtung der Wohnungen ist bei den Tarantschis im allgemeinen besser als
bei den Sarten, und in allen Wohnungen findet man Kamine, durch welche
die Wohnräume freilich nur so lange warm gehalten werden, als das Feuer
brennt. Um diese Kamine sammelt sich an kalten Wintertagen die ganze
Familie, um sich zu wärmen; sie hocken im Halbkreise auf dem Boden vor
dem Kamine. Die Wohnzimmer haben keine Fenster, sondern nur eine
Öffnung im Dache über dem Fußboden, welche im Winter zur Nachtzeit
mit einem Deckel verschlossen wird. Der Kochkessel ist in einer Ecke des
Wohnzimmers eingemauert. Die Feuerstelle unter dem Kessel ist mit einem
Rauchfang verbunden, der, um den Wohnraum zu erwärmen, unter dem
Fußboden hinweg nach dem Kamine geführt ist. Auf diese Weise werden
die Wohnungen, solange gekocht wird, ganz angenehm erwärmt. Als Brennmaterial verwendeten die Tarantschis in Kuldscha Steinkohlen und Torf.
Die Wohnungen der Tarantschis bestehen in der Regel aus einem einzigen
großen Zimmer, welches der ganzen Familie des Tages über zum Aufenthalte und zur Nachtzeit auch als Schlafzimmer dient und in welchem auch
fremde Gäste zusammen mit der Familie einquartiert werden. Mehrere

Zimmer enthalten nur die Häuser der Reicheren. Die Tarantschis schlafen alle auf dem mit einer Filzdecke bedeckten Boden in der Mitte des Wohn= zimmers. Die Hausherrschaft placiert sich in der Nähe der hintersten Zimmer= wand, weiterhin deren Kinder, an welche sich die verschiedenen weiblichen und männlichen Verwandten anschließen. Am äußersten Ende gegen die Thüre zu nehmen allenfallsige fremde Gäste Platz. Alle liegen dabei in Reih und Glied. Sie kleiden sich selbst bei der größten Winterkälte zum Schlafen vollständig aus und decken sich mit ihren abgelegten Kleidungsstücken, Hemd, Unterhosen und Chalaten, zu; nur ihre Pelzmützen behalten sie im Winter auch im Schlafe auf. Bettdecken habe ich in den Häusern, in denen ich einquartiert war, nicht bemerkt, selbst nicht beim Aksakal von Jamatu, bei dem ich im Winter 1879—1880 einigemal übernachtete. Die Säuglinge werden bei den Tarantschis sehr warm eingewickelt; im Winter werden ihre Füße noch eigens in lange Pelzstrümpfe gesteckt; der glattgeschorene Kopf der Kinder wird aber vollständig frei gelassen und die Kinder mit bloßem Kopfe selbst bei einer Kälte von 30 Grad im Freien herumgetragen, offenbar der Abhärtung wegen.

Mit den Tarantschis stimmen in Bezug auf Lebensweise, Sitten und Gebräuche auch die Bewohner von Kaschgarien überein, aus denen, wie bereits früher erwähnt worden ist, die Tarantschis hervorgegangen sind.

Galtschas. Als ich das erste Mal in Gegenden kam, welche von Galtschas bewohnt waren, war ich überrascht durch die Ähnlichkeit der Galtscha= dörfer mit den Bauerndörfern meiner Heimat im Bayrischen Walde, so zwar, daß ich von einem bis dahin nie gekannten Heimweh überwältigt wurde. Dabei muß ich bemerken, daß ich damals, da ich mich vorher noch nie mit ethnologischen Studien beschäftigt hatte, von der Verwandtschaft der Galtschas mit den Völkern Europas nicht die leiseste Ahnung hatte, und daß mir der Zusammenhang erst nachträglich beim Studium der einschlägigen Litteratur klar geworden ist. Ich stand daher diesem Volksstamme damals vollkommen vorurteilsfrei gegenüber. Die Häuser der Galtschas sind von denen der übrigen Zentralasiaten vollständig verschieden. Sie werden aus unbehauenen Steinen und Balken erbaut, und zwar besteht gewöhnlich das obere Stockwerk aus Holz und das untere aus Bruchsteinen, die statt mit Mörtel mit Lehm ver= bunden und innen und außen mit Lehm beworfen werden. Die Häuser sind nicht mit ebenen Lehmdächern, sondern mit Giebeldächern versehen, die mit Stroh oder Reisig gedeckt sind. In den Wohnzimmern laufen an den Wänden Ruhebänke aus Lehm entlang, was bei keinem andern zentralasiati= schen Volksstamme anzutreffen ist. Auch dadurch unterscheiden sich die Woh= nungen der Galtschas von denen der übrigen Eingeborenen Turkestans, daß in denselben regelrechte Öfen eingerichtet sind, die gewöhnlich eine ganze Seite der Wohnung einnehmen und ganz den Öfen der russischen Bauern=

häuser gleichen. Auffallend sind in den Häusern der Galtschas die Un=
massen von Schwalbennestern; die Schwalben befestigen ihre Nester an den
Deckbalken der Wohnstuben selbst und werden von den Bewohnern, die diese
Vögel für heilig halten und glauben, daß dieselben dem Hause Glück
bringen, in keinerlei Weise molestiert. Nur bringt man, um den aus den
Nestern fallenden Unrat aufzufangen, unter denselben Leinwandschirme an,
die an der Zimmerdecke aufgehängt werden. Ich habe in manchen Wohn=
stuben bis zu 20 Schwalbennester gezählt, von denen jedes mit einem
eigenen Schirme versehen war. Bekanntlich herrscht auch bei unsern Bauern
in Bezug auf die Schwalben dasselbe Vorurteil, wahrscheinlich noch ein
Erbstück aus der Zeit unserer Urväter. Zur Beleuchtung ihrer Wohnungen
gebrauchen die ärmeren Galtschas ebensolche Holzspäne, wie sie auch bei uns
in manchen Gebirgsgegenden noch in Gebrauch sind; die besser situierten
gebrauchen messingene, eiserne oder steinerne Öllampen.

Alle Häuser sind bei den Galtschas von netten Obstgärten mit grünen
Rasenflächen umgeben, in denen die langweiligen Wassergräben der sartischen
Gärten fehlen. Die Gärten sind nicht mit Lehmmauern, sondern mit hölzernen
oder aus Reisig geflochtenen Zäunen umgeben oder liegen auch ganz offen,
ganz wie bei uns. Die Ähnlichkeit mit deutschen Bauerndörfern wird noch
dadurch erhöht, daß die Felder nicht mit Mauern umgeben sind und nicht
künstlich bewässert werden und daß die zwischen den verschiedenen Feldern
hinlaufenden Raine mit Obstbäumen bepflanzt sind.

Während meines Aufenthaltes in Darwas im Jahre 1886 fand ich,
daß daselbst die Festungsmauern heutzutage noch genau in derselben Weise
aus Steinen und Balken erbaut werden, wie dies zu Cäsars Zeit in Gallien
der Brauch war. Den näheren Nachweis hierfür habe ich in meinem Werke
„Sintflut und Völkerwanderungen" geliefert. Aus diesem auffallenden Zu=
sammentreffen geht klar und deutlich hervor, daß der Volksstamm, welcher
zu Cäsars Zeit die herrschende Bevölkerung von Gallien bildete, aus der
Gegend des heutigen Darwas eingewandert sein muß. Ich glaube deshalb,
daß die Benennung „Galater", welche von den Griechen den Kelten beigelegt
wurde, und welche von den Römern in „Gallier" verwandelt wurde, nichts
weiter war als das gräzisierte „Galtscha", mit welchem Namen sich die un=
vermischten arischen Ureinwohner Turkestans heute noch benennen.

Am meisten frappierten mich die Holzschuhe der Galtschas, da dieselben
so genau den von den Bauern des Bayrischen Waldes getragenen Holzschuhen
gleichen, als wären sie direkt aus dem Bayrischen Walde importiert worden.
Nur lassen die Galtschas gewöhnlich auf den Sohlen der Holzschuhe drei
konische Absätze stehen, in welche von unten je ein eiserner Nagel eingeschlagen
wird, um in dem gebirgigen Terrain das Ausgleiten auf Glatteis zu ver=
hindern. Außer den Holzschuhen, welche vorzugsweise von der ärmeren Be=

völkerung getragen werden, tragen die Galtschas auch weiche Schuhe aus Pferdehäuten, welche mit Riemen oder Stricken am Fuße festgeschnürt werden, genau so, wie dies auch die alten Germanen und Slaven thaten und die russischen Bauern und italienischen Banditen auch heute noch thun. Ferner tragen die Galtschas im Winter lange, sehr dicke, aus verschiedenfarbiger Wolle gestrickte Wadenstrümpfe, welche über die Hosen angezogen werden und lebhaft an die Wadenstrümpfe der bayrischen Oberländer erinnern. Auch die circa 2 m langen, mit eisernen Spitzen versehenen Stöcke, ohne welche die Galtschas keine Fußtour unternehmen, gleichen vollkommen den Bergstöcken unserer Gebirgler und Bergfexen. Die übrige Kleidung ist bei den Galtschas ähnlich wie bei den Sarten. Die Kopfhaare rasieren sie nicht, sondern tragen sie nur gewöhnlich kurz geschoren.

Die Frauen gehen, obwohl sie Mohammedanerinnen sind, unverschleiert, und es giebt deshalb bei ihnen auch keine Parandscha. Sie werden nicht wie bei den andern zentralasiatischen Völkern durch Kauf erworben, sondern verheiraten sich nach eigener freier Entschließung. Auch leben die Galtschas in Monogamie. Sie heiraten nur Frauen ihres eigenen Stammes, infolge= dessen sich auch ihre Rasse und ihre Sprache bis jetzt vollkommen rein erhalten hat. Das Verhältnis zwischen Mann und Frau ist bei den Galtschas ein ganz anderes als bei den übrigen Mohammedanern; die Frauen sind vollständig gleichberechtigt, und es soll bei ihnen, wie auch bei uns, häufig genug vorkommen, daß der Mann unter dem Pantoffel steht.

Daß die Volksmelodien der Galtschas sich von dem abscheulichen Gesange der Sarten und Usbeken sehr vorteilhaft unterscheiden und viel Ähnlichkeit mit den Melodien unserer Gebirgsbewohner haben, habe ich bereits früher erwähnt.

Die Galtschas sind alle Ackerbauer. Pferde halten sie sehr wenige, und in manchen Orten giebt es solche überhaupt nicht. Sie verlegen sich fast nur auf die Rindviehzucht, und ihr ausschließliches Gespann ist das Ochsen= gespann. Im Gegensatze zu den Sarten, Tadschiken und Usbeken füttern die Galtschas ihr Vieh auch mit Stroh. Sie kennen kein anderes Fuhrwerk als Ochsenschlitten, die im Winter und Sommer zum Holzfahren und zum Einführen von Getreide gebraucht werden. Sie haben kein eigenes Geld und treiben, soweit sie sich überhaupt auf Handelsgeschäfte verlegen, Tausch= handel. Ihre Industrie steht auf einer sehr niedrigen Stufe; sie befassen sich aber schon seit den ältesten Zeiten mit der Gewinnung von Eisen und mit der Verarbeitung desselben zu Waffen und den einfachsten Werk= zeugen. Bis in die letzte Zeit wurden die Galtschas von einheimischen Fürsten beherrscht, die den Titel Schah führten und alle von Alexander dem Großen abzustammen behaupteten. Diese Behauptung ist natürlich unhistorisch; da= gegen ist es in Anbetracht der Verhältnisse sehr leicht möglich, daß die Schahs der Galtſchas Nachkommen der von Diodotus gegründeten griechiſch-baktriſchen Dynaſtie ſind. Gegenwärtig ſteht der Volksſtamm teils unter ruſſiſcher teils unter chineſiſcher, buchariſcher und afghaniſcher Botmäßigkeit.

Intereſſant iſt, daß ſich bei den Galtſchas, obwohl ſie ſeit langem Mohammedaner ſind, noch manche Gebräuche aus ihrem früheren urariſchen Sonnenkultus erhalten haben, die auch bei unſerem gemeinen Volke, trotz der tauſendjährigen Einwirkung des Chriſtentums, ſich ganz in derſelben Weiſe bis auf den heutigen Tag fortgepflanzt haben. Dahin iſt vor allem die Feier des Sonnwendfeſtes zu rechnen, die bei den Galtſchas genau ebenſo begangen wird wie bei uns. Nach Sonnenuntergang werden Scheiterhaufen errichtet und angezündet, und das Volk ſpringt über dieſelben, ganz ſo wie es noch in meiner Knabenzeit in meiner Heimat (im Bayriſchen Walde), trotz aller Gegenmaßregeln von ſeiten einer hohen Obrigkeit, getrieben wurde. Auch bei den Galtſchas haben ſich die mohammedaniſchen Mullas bis jetzt vergeblich bemüht, dieſen altertümlichen „heidniſchen" Brauch auszurotten. Bei den Galtſchas iſt das Springen über angezündete Holzſtöße nicht wie bei uns ein einfacher bedeutungsloſer Volksbrauch, dem nur noch hauptſächlich des damit verbundenen Ulkes wegen gehuldigt wird, ſondern es wird dem Fener eine reinigende und heilende Kraft zugeſchrieben; das Springen über brennendes Holz oder Reiſig wird deshalb, wie ich mich mehrfach über-zeugen konnte, auch zu jeder andern Zeit als Univerſalmittel gegen alle möglichen Krankheiten angewendet. Der Kranke zündet irgendwo außerhalb des Dorfes einen Haufen Reiſig an, geht zuerſt dreimal um das Fener herum und ſpringt dann dreimal darüber. Bei Erkrankung von kleinen Kindern vollziehen die erwähnte Zeremonie deren Mütter, wobei ſie die kleinen Patienten auf den Armen tragen. Denſelben Brauch habe ich auch bei den Tadſchiken des Hiſſargebietes gefunden. Überhaupt gilt den Galtſchas das Fener als etwas Heiliges, und ſie halten es deshalb für Sünde, ein Licht auszublaſen, weil dasſelbe durch den Atem entheiligt werden würde.

Bucharische Juden. Die Rolle, welche die eingeborenen oder ſo-genannten bucharischen Juden in Turkeſtan ſpielen, iſt eine von der Rolle ihrer europäiſchen Verwandten ganz verſchiedene. Da in Turkeſtan die Wucher-geſchäfte faſt ausſchließlich in den Händen der Indier liegen, die in dieſer Beziehung den Juden weit überlegen ſind, ſo verlegen ſich die bucharischen Juden auf den Handel und auf den Betrieb von ſolchen Handwerken, welche mit keiner großen körperlichen Anſtrengung verbunden ſind. Faſt alle Färber, beſonders Seidenfärber, ſind Juden, ebenſo wie die meiſten einheimiſchen Apotheker und Ärzte. Auch in Bezug auf den Handel ſpielen die buchari-ſchen Juden eine verhältnismäßig untergeordnete Rolle, erſtens wegen der erhöhten Abgaben gegenüber den Mohammedanern in den unabhängigen Staaten, zweitens, weil ihnen die Sarten, Usbeken und Perſer an Gewandt-

heit und Verschlagenheit überlegen sind, und drittens, weil die Mohamme=
daner das, was sie bei einem mohammedanischen Kaufmanne einkaufen
können, nicht von Juden beziehen. Die zentralasiatischen Mohammedaner
sind also in dieser Beziehung den europäischen Antisemiten bereits weit voraus.
Außer dem von ihnen gewissermaßen monopolisierten Handel mit gefärbter
Rohseide befassen sich die bucharischen Juden vorzugsweise mit auswärtigem
Handel, was ihnen durch ihre Verbindungen mit ihren Stammesgenossen in
Europa, Persien und Indien erleichtert wird.

Was den Volkscharakter der bucharischen Juden anbelangt, so zeichnen sie
sich in dieser Beziehung vor vielen ihrer europäischen Stammesgenossen ebenso
vorteilhaft aus wie durch ihren physischen Typus, was sich schon in ihren
edleren und intelligenteren Gesichtszügen ausdrückt. Von der Arroganz, Un=
verschämtheit, Verschmitztheit und Zudringlichkeit und dem fabelhaften Schmutze
der polnischen Juden ist bei den bucharischen Juden keine Spur zu finden.
Sie sind ebenso reinlich wie die Sarten, dabei ausnehmend bescheiden und
höflich und machen im ganzen einen sympathischeren Eindruck als die Sarten
und Usbeken. Dies ist, abgesehen von dem Einflusse der Unterdrückung,
unter welcher die zentralasiatischen Juden von jeher zu leiden gehabt haben,
zuerst unter persischer, dann unter arabischer und schließlich unter usbekischer
Herrschaft, wohl auch dem Umstande zuzuschreiben, daß sie sich durch ehrliche
Arbeit fortbringen und nicht, wie ein Teil der europäischen Juden, die
Ausbeutung und Übervorteilung ihrer Nebenmenschen zur Hauptaufgabe ihres
Lebens gemacht haben. Auch der Umstand, daß sich die zentralasiatischen
Juden von aller Vermischung mit fremden Elementen rein erhalten haben,
dürfte dabei nicht ohne Einfluß geblieben sein, da alle Mischvölker, wenn
nicht körperlich, so doch wenigstens moralisch degenerieren, wie man am
besten an den Sarten ersehen kann.

In welcher Weise die bucharischen Juden früher in allen zentralasia=
tischen Chanaten behandelt wurden und in den unabhängigen Staaten zum
Teile auch heute noch werden, spottet jeder Beschreibung, und hier waren
selbst die kühnsten Erwartungen unserer Antisemiten übertroffen. Der Jude
gilt jedem Zentralasiaten ebenso für unrein, wie der Hund und das Schwein.
Eine Wohnung, welche ein Jude betreten hat, wird gleichfalls für unrein
angesehen und für ungeeignet zum Aufenthalte für einen anständigen Menschen
und strengen Mohammedaner. Während einer meiner Reisen durch Buchara
war mir einmal ein Kosak erkrankt; da ich keine Medikamente bei mir hatte,
so wandte ich mich an die bucharischen Behörden, worauf ich die Mitteilung
erhielt, daß die betreffende Arznei nur bei einem ortsangesessenen Juden zu
haben sei. Auf meinen Wunsch wurde derselbe zwar geholt, er durfte aber
meine Wohnung nicht betreten, sondern ich mußte zu ihm auf die Straße
kommen, weil sonst das Haus entweiht worden wäre. Die Juden müssen

deshalb auch in eigenen Stadtvierteln wohnen, ebenso wie die Aussätzigen. In Buchara darf kein Jude einen Turban oder Gürtel tragen; sie müssen sich statt eines Gürtels mit einem Stricke umgürten und Pelzmützen tragen, deren Form ihnen genau vorgeschrieben ist. Auch die Verwendung von Seide zu ihren Kleidern ist ihnen verboten. Ebenso ist ihnen das Reiten auf Pferden untersagt und nur der Gebrauch von Eseln gestattet; sie müssen aber vor jedem ihnen begegnenden Mohammedaner absteigen und sich vor ihm verbeugen. Fällt es einem Mohammedaner ein, einen Juden zu prügeln, so darf sich derselbe nicht etwa verteidigen, sondern er muß die Arme auf der Brust kreuzen, die Augen zu Boden schlagen und alles geduldig über sich ergehen lassen. Daß eine gerichtliche Klage gegen einen Mohammedaner von seiten eines Juden zu nichts führen kann, ist unter den obwaltenden Umständen selbstverständlich. Die Verachtung der Juden geht so weit, daß sie seinerzeit nicht einmal für würdig erachtet wurden, als Sklaven zu dienen, und die Juden waren deshalb die einzigen Ungläubigen, die von den Turkmenen auf ihren Raubzügen verschont wurden, weil sich niemand gefunden hätte, der ihnen gefangene Juden abgekauft hätte. Selbstverständlich erstreckte sich die Verachtung der Juden nicht auf deren Eigentum, welches ebenso gewissenhaft geplündert wurde wie das Eigentum der übrigen „Ungläubigen". Die Juden dürfen in den unabhängigen Chanaten keinen Grundbesitz erwerben und müssen jedesmal, wenn sie von einem Mohammedaner ein Haus kaufen wollen, die spezielle Erlaubnis des betreffenden Chans nachsuchen. Das in den Chanaten bestehende Verbot der Eheschließung zwischen Juden und Mohammedanern war eigentlich ziemlich überflüssig, weil unter den obwaltenden Verhältnissen an eine eheliche Verbindung zwischen Juden und andern Stämmen ohnedies kaum zu denken war. Merkwürdig ist, daß trotz aller sonstigen Unterdrückung den Juden vollständige Religionsfreiheit gewährt war.

In Anbetracht der erwähnten von den zentralasiatischen Mohammedanern gegen die Juden ergriffenen Oppressivmaßregeln habe ich mir oftmals die Frage vorgelegt, was wohl die zentralasiatischen Herrscher zu allen Zeiten zu einem derartig strengen Vorgehen gegen die jüdische Bevölkerung veranlaßt haben mag. Daß dies keine rein religiösen Gründe gewesen sein können, geht, abgesehen von der den Juden gewährten Religionsfreiheit, auch daraus hervor, daß in Turkestan noch viele andere ‚Ungläubige" leben, wie z. B. die schiitischen Perser, die von den sunnitischen Mohammedanern noch viel mehr gehaßt werden als alle andern Ungläubigen, und die trotzdem unbehelligt bleiben und sogar bei Hofe die höchsten Ehrenstellen bekleiden können, wie denn selbst der höchste bucharische Beamte und Stellvertreter des Emirs, der Kuschbegi, ein Perser ist. Ebensowenig konnten dabei staatsökonomische Rücksichten maßgebend sein, da sich die bucharischen Juden weder durch aufdringliches Wesen noch durch Ausbeutung des Volkes bemerklich machen und die wirklich blutsaugenden und dabei gleichfalls ungläubigen Indier in keiner Weise wegen ihres Gewerbes oder ihrer Religion behelligt werden. Ich bin deshalb geneigt, die Abneigung, welche alle Völker Zentralasiens, mögen diese nun mongolischer oder arischer Abstammung sein, gegen die Juden bekunden, zum guten Teile dem Umstande zuzuschreiben, daß die Juden einen eigentümlichen, für alle Nichtjuden höchst unangenehmen spezifischen Geruch haben. Diese Ansicht mag denen, die nie aus Europa hinausgekommen sind, sonderbar vorkommen; wer aber einmal längere Zeit in einem so heißen und trockenen Klima, wie das turkestanische, gelebt hat, wo die Ausdünstung eine unglaublich starke ist, so daß einem die eigene Ausdünstung zum Ekel wird, der weiß, daß der spezifische Geruch, den die Ausdünstung eines Individuums verbreitet, großen Einfluß auf persönliche Zuneigung oder Abneigung ausübt. Ähnliche Erscheinungen kann man auch in der Tierwelt beobachten. In Turkestan ist z. B. jedermann bekannt, daß Pferde und Kamele einen großen Abscheu voreinander haben, was von den Eingeborenen ganz richtig dem völlig verschiedenen und auch für Menschen ganz unausstehlichen Geruche dieser beiden Tiergattungen zugeschrieben wird. Unter den turkestanischen Völkerschaften unterscheiden sich die verschiedenen Rassen angehörigen Individuen durch ihren spezifischen Geruch streng voneinander. Während die Völker mongolischer Abkunft, wie z. B. die Kirgisen, fast gar keinen Geruch haben, ist derselbe bei den Völkern von mehr oder weniger arischer Abstammung, wie bei den Sarten, Tadschiken und Europäern, schon sehr prononziert und alles eher als angenehm, wenn auch immer noch erträglicher als der Geruch der Juden.

Die bucharischen Juden kleiden sich, soweit dies die beschränkenden obrigkeitlichen Verfügungen zulassen, genau so wie die Sarten, Usbeken und Tadschiken; sie tragen dieselben Stiefel, Itschigi und Galoschen, dieselbe Leibwäsche und dieselben Chalate, letztere aber nur aus Baumwolle oder Tuch, weil sie keine Seidenchalate tragen dürfen. Auch den Kopf rasieren sie sich wie die Mohammedaner, lassen aber dabei an den Schläfen zwei lange Locken stehen, ähnlich den Peisißis der polnischen Juden. Die Frauen der Juden kleiden sich genau wie die Sartinnen und verhüllen auch wie diese beim Erscheinen auf der Straße ihr Gesicht. Dazu sind sie in den mohammedanischen Staaten durch die gesetzlichen Vorschriften gezwungen, welche den Frauen verbieten, unverschleiert auf der Straße zu erscheinen; in den russischen Besitzungen aber sind sie dazu durch den Umstand veranlaßt, daß von den Eingeborenen nur öffentliche Frauenzimmer unverschleiert gehen und deshalb die Jüdinnen gleichfalls für öffentliche Dirnen gehalten werden würden, wenn sie ohne Schleier und Parandscha auf der Straße erschienen. Zu Hause gehen aber die Jüdinnen unverschleiert und sind von der Männerweil nicht abgeschlossen. Auch die Wohnungen und Wohnungseinrichtungen sowie die Lebensweise sind bei den bucharischen Juden, soweit die verschiedenen Religionsgesetze dies zulassen, genau dieselben wie bei den Sarten. Die bucharischen Juden leben in Monogamie, und ihre Familien sind, wie überhaupt bei allen Juden, durch großen Kinderreichtum ausgezeichnet.

Trotz aller Unterdrückung sind die bucharischen Juden im allgemeinen wohlhabend, und manche der im europäischen Stile erbauten Häuser der russischen Stadt von Taschkent sind bereits in den Besitz bucharischer Juden übergegangen, wie ich denn selbst in Taschkent längere Zeit im Hause eines solchen gewohnt habe.

In den russischen Besitzungen in Zentralasien genießen die bucharischen Juden gleichfalls volle Religionsfreiheit und sind in politischer und gesellschaftlicher Beziehung vollständig den übrigen Eingeborenen gleichgestellt, was freilich den Russen von den bisher dominierenden Mohammedanern arg verübelt wird. Die bucharischen Juden betrachten deshalb die Russen überall als Retter und Befreier und leisten den Fortschritten derselben bei jeder sich bietenden Gelegenheit nach besten Kräften Vorschub.

3. Beschreibung des russischen Taschkent.

· Das im Obigen entworfene Bild von dem Leben und Treiben der heutigen Bevölkerung von Turkestan würde nicht vollständig sein, wenn ich die gegenwärtig herrschende Bevölkerung, die Russen, mit Stillschweigen übergehen würde. Ich werde deshalb im Anschlusse an die vorstehende Beschreibung des sartischen Taschkent und der Lebensweise der Bewohner desselben im Nachstehenden noch in möglichster Kürze eine Schilderung des russischen Taschkent und der Lebensweise der in demselben ganz oder vorübergehend angesiedelten russischen Beamten, Offiziere, Soldaten, Kaufleute, Handwerker ꝛc. zu geben versuchen. Die russischen Kolonien, welche in letzter Zeit außer Taschkent auch in allen übrigen größeren Städten des russischen Turkestan, wie in Samarkand, Margelan, Kokan, Chodschent, Dschisak, Buchara, Aschabad ꝛc., entstanden sind, stellen, mit Ausnahme der Städte von Semiretschie, alle getreue Kopien des russischen Taschkent dar und unterscheiden sich von letzterem nur durch ihre geringere Ausdehnung und Einwohnerzahl, sowie durch ihr kleinstädtisches Wesen, während Taschkent recht eigentlich eine Großstadt ist. Wernoe, die Hauptstadt der Provinz Semiretschie, sowie die gleich Wernoe ausschließlich von russischen Ansiedlern bewohnten kleineren Städte und Dörfer dieser Provinz sind ganz in russischem Stile erbaut und unterscheiden sich mit ihren größtenteils hölzernen, echt russischen Häusern nicht im geringsten von den Provinzialstädten und Dörfern des europäischen Rußland.

1. **Plan des russischen Taschkent.** Der Kontrast zwischen dem sartischen und dem russischen Taschkent könnte größer gar nicht gedacht werden, als er wirklich ist. Während in ersterem die Straßen eng und gewunden, ohne Schatten, nur von langweiligen, gelbbraunen Lehmmauern begrenzt und im Sommer mit tiefem Staube, im Winter aber mit knietiefem Schmutze bedeckt sind, sind in der russischen Stadt die Straßen breit, wie in wenigen europäischen Städten, kerzengerade, makadamisiert und von vier- bis achtfachen Baumreihen beschattet (Bild 167). Zur Verhinderung der Staubbildung und zur Milderung der Hitze werden während der trockenen Jahreszeit tagsüber unablässig alle Straßen und Trottoire begossen. Die Häuser der Russen befinden sich nicht wie bei den Eingeborenen auf den Höfen, sondern sind mit ihrer Fronte gegen die Straße gelehrt und machen mit ihren rosafarben oder hellblau angestrichenen, zwischen dunkelgrünem Laubwerke versteckten Fassaden einen äußerst angenehmen Eindruck. Zu beiden Seiten der Straßen laufen erhöhte Bürgersteige hin, die seit neuester Zeit auf Verfügung des Militärgouverneurs mit gebrannten Ziegeln gepflastert sein müssen. Alle Straßen und Plätze der Russenstadt werden nachts durch Petroleumlampen erleuchtet. Der General v. Kauffmann hatte bereits die nötigen Einrichtungen zur Anlage einer Gasanstalt angeschafft, um Taschkent mit Gasbeleuchtung zu versehen; die Ausführung dieses Projektes wurde aber durch seinen Tod verhindert.

Die Russenstadt ist im Westen durch den tief eingeschnittenen Boß-Su-Kanal von der Sartenstadt getrennt, im Osten und Süden aber durch den Salar begrenzt. Die Nordgrenze zwischen den Vorstadtgärten der Sarten und der Russenstadt bildet ungefähr die von West nach Ost laufende Niasbekstraße, in deren Nähe rechts das Staatsgefängnis, links die Sternwarte liegt. Das Terrain, auf dem die Russenstadt erbaut ist, ist leicht wellenförmig. Vom hohen Ufer des Boß-Su-Kanals an senkt sich die Gegend allmählich gegen den von Nord nach Süd fließenden Tschauli-Kanal, der die tiefste Stelle der Stadt einnimmt und alle Abflußwasser aus den rechts und links gelegenen Gärten und Höfen in sich aufnimmt. Vom Tschauli steigt das Terrain gegen Osten zu wieder etwas an, um sich dann gegen den Salar hin abermals zu senken. Diese Hebungen und Senkungen sind im Norden am stärksten und verflachen sich gegen Süden immer mehr.

Zwischen dem Boß-Su und Tschauli liegt der älteste Stadtteil, der schon bald nach der Einnahme von Taschkent entstanden war und deshalb auch engere Straßen sowie beschränktere Gärten und Hofräume aufweist als die später östlich vom Tschauli entstandenen Stadtviertel, in denen die Häuser alle von ausgedehnten Gärten umgeben und die Hauptstraßen nirgends schmäler sind als die Ludwigsstraße in München. Die Hauptstraßen der Altstadt sind der nach General v. Kauffmann benannte Konstantinprospekt und der

Bild 167. Straße in russischen Dorfstent. (Nach einer Aufnahme von G. Merzbacher.)

zu diesem senkrecht verlaufende und ihn kreuzende Kirchenprospekt. Der Konstantinprospekt beginnt bei dem am Ufer des Boß=Su erbauten Palais des Generalgouverneurs und führt in ungefähr östlicher Richtung nach dem im Zentrum der Stadt liegenden Stadtparke, auf welchem sich das aus eroberten Kanonen, Kanonenkugeln, Bäumen und Rosenbeeten bestehende provisorische Grabmal Kauffmanns befindet. An dieser Straße liegt das Palais des Militärgouverneurs der Syr=Darja=Provinz, das Haus des Großfürsten Nikolaus Konstantinowitsch, der neue Dom, die alte Militärkirche, die beiden Gymnasien und die hervorragendsten Kaufhäuser. Der Kirchenprospekt be= ginnt bei dem unglücklichen Jantschewsky=Aryk oder, wie ihn die Sarten nennen, Jaman=Aryk ("schlechter Aryk"), führt in ungefähr südlicher Richtung nach der außerhalb der Stadt gelegenen Sommerresidenz des Generalgouver= neurs und geht weiterhin in die Samarkander Poststraße über. An dieser Straße liegen die Gebäude der Kanzlei des Generalgouverneurs, der Provinzial= verwaltung, des Kontrollamtes, die Staatsbibliothek mit Museum, die be= reits erwähnte Militärkirche, weiterhin gegen Süden der große Bazar, der offiziell den Titel Sonntagsbazar, beim Publikum aber den Titel Pjannii Bazar ("Besoffener Bazar") führt, und endlich die ausgedehnten Artillerie= kasernen. Es ist zu bemerken, daß alle russischen Kaufläden an diesen beiden Hauptstraßen liegen. Alle übrigen Straßen der Altstadt verlaufen parallel zu den erwähnten zwei Straßen. Die drei Hauptstraßen des neuen östlichen Stadt= teils, von denen die nördlichste nach Niasbek, die mittlere nach dem Militärlager und dem Friedhofe, die südlichste nach dem Dorfe Kuiluk und weiterhin nach Chodschent führt, beginnen an dem bereits erwähnten, im Zentrum der Stadt gelegenen Stadtpark und gehen nach Osten zu radial auseinander. Die mittlere bildet die gerade Fortsetzung des Konstantinprospekts. Die Nebenstraßen ver= laufen teils parallel teils senkrecht zu diesen drei Hauptstraßen.

Die Russenstadt ist vollständig offen. Nur im Norden befindet sich auf dem Tschimkenter Postwege eine Art Thor, welches von den meisten Reisenden für ein wirkliches Stadtthor angesehen worden ist, in Wirklichkeit aber nichts weiter ist als die Unterführung des Jantschewsky=Aryks. Zum Schutze der Russenstadt und zur Niederhaltung allenfalsiger Aufstände von setten der Sarten dient die zwischen der Russen= und Sartenstadt erbaute russische Festung, welche einen bedeutenden Umfang hat, von einem hohen und breiten Lehmwalle nebst tiefem Graben umgeben ist und sowohl die russische wie die sartische Stadt beherrscht. Infolge des guten, bis jetzt un= getrübten Einvernehmens zwischen Herrschern und Beherrschten haben sich die Russen bisher noch nie veranlaßt gesehen, ihre Zuflucht zu dieser Festung zu nehmen. Nur während des kokanischen Aufstandes, im Jahre 1875, haben vereinzelte Hasenfüße, nach dem guten Beispiele des damaligen stell= vertretenden Generalstabschefs Obersten Sctschetinin, die überflüssige Vorsicht gebraucht, ihre werten Perſonen dahin in Sicherheit zu bringen, während die weniger furchtſame Mehrzahl der Taſchkenter ruhig und ungefährdet ihren Geſchäften nachging.

Zur größeren Bequemlichkeit der Bewohner der Ruſſenſtadt ſind an verſchiedenen Stellen der Stadt Bazare errichtet, auf welchen die Ein= geborenen die Erzeugniſſe ihres Feld= und Gartenbaues und ihrer Induſtrie feilhalten. Unter dieſen Bazaren nimmt der bereits erwähnte Sonntagsbazar die erſte Stelle ein. Derſelbe iſt in der Art der Goſtiny Dwors oder Kaufhöfe des europäiſchen Rußland erbaut und bildet ein großes, vier Stadtviertel umfaſſendes Quadrat, welches von fortlaufenden Budenreihen eingeſchloſſen iſt. Dieſe Buden, von denen ein Teil auch von ruſſiſchen Firmen beſetzt iſt, ſind aus ungebrannten Ziegeln aufgeführt und mit Blechdächern gedeckt. Sowohl an der Außen= wie Innenſeite der Ladenreihen laufen erhöhte ge= deckte Säulengänge hin. Auf dem freien Platze im Innern des Quadrats ſind einige abgeſonderte Markthallen ſpeziell für die Obſt= und Gemüſe= verkäufer errichtet. An Sonntagen wird auf dieſem freien Platze jedesmal ein Jahr= und Tandelmarkt abgehalten, woher der Bazar auch ſeinen Namen erhalten hat. Außer dieſem großen Hauptbazare giebt es in den entlegeneren Stadtteilen noch etwa ein Dutzend kleinerer Bazare, wo die ſartiſchen Händler in den gewöhnlichen einheimiſchen Lehm= und Schilfbaracken untergebracht ſind. Für den Brennholz= und Schilfhandel giebt es drei eigene Bazare, von denen der größte, auf dem ganze Berge von Schilf aufgeſtapelt ſind, ſich ſüdlich vom Stadtparke befindet. Der Bazar für Bau= und Werkholz befindet ſich im Süden der Stadt, in der Nähe des Salar; derſelbe iſt ſo ausgedehnt, daß er einen eigenen Stadtteil für ſich bildet. Der mit großen Koſten im Südoſten und Süden der Stadt in großartigem Maßſtabe an= gelegte Jahrmarkt, der eine Kopie des Jahrmarktes von Niſchnij=Nowgorod ſein ſollte und dazu beſtimmt war, den Handel von ganz Zentralaſien hier zu konzentrieren, ſteht infolge der Bockbeinigkeit und des unüberwindlichen Konſervatismus der Eingeborenen für gewöhnlich leer, und nur an Sonn= tagen und Mittwochen wird hier ein großer Viehmarkt und in Verbindung damit ein Wochenbazar für die Nomaden abgehalten.

Im Oſten der Stadt iſt auf dem linken Ufer des Salar ein ge= räumiges Standlager errichtet, in dem die Taſchkenter Garniſon während der warmen Jahreszeit in Lehm= und Holzbaracken untergebracht wird, während dieſelbe im Winter in eigenen Kaſernen am Südende der Stadt wohnt. An das Lager ſchließt ſich im Südoſten der auf einer Anhöhe angelegte, parkartig mit Bäumen bepflanzte ruſſiſche Friedhof an, der ſo geräumig iſt, daß er auch für eine zehn= und zwanzigmal größere Stadt ausreichen würde. Auf dieſem Friedhofe habe auch ich ein Familienglied, meine Tochter Wera, begraben.

Die Russenstadt hat eher das Ansehen eines Parkes als einer Stadt. Die nur aus Erdgeschossen bestehenden Häuser verschwinden vollständig in dem üppigen Grün der ausgedehnten Gärten, von denen alle Häuser, besonders im neuen östlichen Stadtteile, umgeben sind, und alle Straßen sind, gemäß ortspolizeilicher Vorschrift, mit wenigstens vier Baumreihen, hauptsächlich Pappeln, Platanen, Ulmen, Eschen, Akazien und Weiden, bepflanzt.

Zur Bewässerung dieser ausgedehnten Baumpflanzungen dient ein äußerst kompliziertes Netz von Kanälen, welches die ganze Stadt überspannt. Nicht nur wird jeder Garten und jeder Hofraum von Kanälen durchflossen wie bei den Eingeborenen, auch an allen Straßen laufen wenigstens je zwei, meistens aber je vier offene Kanäle entlang, deren Wasser nicht nur zur Bewässerung der Alleebäume, sondern auch zum Begießen der Straßen und Bürgersteige dient.

2. Bauart der Häuser. Die Häuser der Russen werden in Turkestan in einem eigentümlichen, halb sartischen, halb europäischen Stile erbaut, der sich unter Berücksichtigung der örtlichen und klimatischen Verhältnisse sehr schnell herausgebildet hat (Bild 169, S. 453). Der Bauplatz nebst zugehörigem Garten wird wie bei den Eingeborenen vor allem mit einer hohen Umfassungsmauer aus Lehm umgeben. Die Wohngebäude werden in die nach der Straße zu gelegene Seite dieses Ringmauervierecks eingeschaltet. Dieselben sind einstöckig und bestehen in der Regel aus zwei durch ein Hoftor voneinander getrennten Flügeln, welche gewöhnlich von je einer Familie bewohnt werden. Das Zusammenleben von mehreren Familien in ein und demselben Wohngebäude ist in Turkestan bei den Russen ebensowenig Brauch wie bei den Eingeborenen. In einiger Entfernung von den Wohngebäuden, gegen die Mitte des Grundstückes zu, wird ein Hintergebäude aufgeführt, welches die Küchen, Wagenremisen und die Wohnungen für das Dienstpersonal enthält. In dem Zwischenraume zwischen den Wohngebäuden und den Hintergebäuden werden zu beiden Seiten an die äußeren Umfassungsmauern Pferdeställe angebaut, die genau ebenso eingerichtet sind wie die Ställe in den Wohnungen der Eingeborenen. Die Pferdeställe fehlen in keinem russischen Hause, und wenn man ein Quartier mietet, so sind die Stallungen für Pferde, Wagenremise und Wohnung für Reitknechte ohne spezielle Vereinbarung schon mit inbegriffen. Der von den Wohngebäuden, Pferdeställen und Hintergebäuden abgeschlossene Raum bildet den eigentlichen Hofraum. Der übrige im Hintergrunde liegende Teil des betreffenden Grundstücks bildet, dicht mit Bäumen bepflanzt, den Garten. Meistens wird aber auch der Hofraum, soweit es die Umstände erlauben, mit Bäumen bepflanzt.

Bei den meisten Häusern befindet sich ein Eiskeller, eine tiefe, mit einem Lehmdache überdeckte Grube, die im Winter mit Eis oder in dessen Er-

Bild 168. Russisches Sommerlager. (Nach einer Aufnahme von G. Weybacher.)

mangelung mit Schnee angefüllt wird. Diese Eiskeller sind fast unentbehr=
lich, weil es ohne dieselben nicht möglich wäre, im Sommer Milch, Bier,
Fleisch u. dgl. auch nur 24 Stunden im Hause zu behalten.

Die Wohngebäude bestehen unabänderlich aus zwei Abteilungen: den
Wohnzimmern und den auf der Hofseite an die Häuser angebauten, bis 2 m
über den Boden erhobenen und mit Vordächern überdeckten Säulengängen
oder Säulenhallen, welche während der warmen Jahreszeit der ganzen
Familie nicht nur als Wohnraum, sondern auch als Schlafgemach dienen.

Zum Bau der Häuser verwenden die Russen ungebrannte Ziegel aus
mit Stroh vermischtem Lehm, zu deren Verbindung nichts weiter benützt
wird als mit Wasser und Stroh angemachter dünnflüssiger Lehm. Ge=
brannte Ziegel werden nur ausnahmsweise zu Fundamenten und Gesimsen,
zum Ausmauern der Thür= und Fensteröffnungen und zur Herstellung der
Pfosten für die Hofthore verwendet. Aus gebrannten Ziegeln werden
nur die Kirchen und die zweistöckigen Häuser aufgeführt, deren Anzahl bis
dato sehr gering ist; in Taschkent sind aus gebrannten Ziegeln nur fol=
gende Gebäude erbaut: die beiden russischen Kirchen, das Offizierskasino,
die Gebäude der beiden Gymnasien, das Theater, das Gebäude der Real=
schule und das Haus des Kaufmanns Sacho, welche sämtlich bei jedem
Erdbeben in größter Gefahr schweben. Sogar das Palais des General=
gouverneurs ist einstöckig aus ungebrannten Ziegeln erbaut. Die Haus=
dächer werden gewöhnlich in ähnlicher Weise hergestellt wie bei den Ein=
geborenen, d. h. aus Schilf und einer dicken, mit Stroh vermischten
Lehmschicht, auf der sich im Frühjahre jedesmal ein üppiger Pflanzen=
wuchs mit Blumenflor entwickelt. Nur sind in den russischen Häusern
die Dächer gewöhnlich nicht eben, sondern nach einer oder auch nach
zwei Seiten leicht geneigt, um das Abfließen des Regen= und Schnee=
wassers zu befördern. Seit neuester Zeit werden die besseren Häuser auch
mit Blech gedeckt. Die Zimmerdecken wurden in der ersten Zeit wie bei
den Eingeborenen aus Balken und Holzstäben zusammengesetzt oder auch
mit Leinwand überzogen, die nachträglich getüncht wurde. Gegenwärtig
findet man solche Zimmerdecken nur mehr in den ältesten Häusern; in allen
in neuerer Zeit entstandenen Häusern werden die Zimmerdecken von den
Dächern getrennt und zuerst mit einer Lage von Schilfmatten überzogen
und dann mit Gipsstuccatur überkleidet. Die Zimmerböden werden meistens
mit gebrannten Trottoirziegeln oder auch mit gewöhnlichen aufrecht gestellten
Bauziegeln gepflastert und müssen deshalb mit Teppichen belegt werden.
Einfache Holzböden aus Pappelholz giebt es nur in den besseren Häusern.
Die Herstellung von Parketböden bietet in Turkestan große Schwierigkeiten,
weil bei der großen Hitze und Trockenheit des Sommers sich das einheimische
wenig solide Holz immer verzieht und fortwährend Spalten und Risse bildet.

Man findet deshalb Parketböden nur in einigen wenigen der vornehmsten Häuser. Die Wände der Wohnzimmer werden fast stets tapeziert, und nur die Küchen und die Wohnungen des Dienstpersonals werden geweißt. Die Außenwände der Häuser werden stuccatiert und entweder hellblau oder blaß= rosafarbig angestrichen, oder auch einfach geweißt; das letztere geschieht aber in der Regel nur bei den Hintergebäuden. Die Umfassungsmauern behalten gewöhnlich ihre natürliche Lehmfarbe; nur in einzelnen seltenen Fällen werden dieselben stuccatiert und gleichfalls hellblau oder rosafarben angestrichen.

In die Häuser tritt man entweder direkt von der Straße aus, oder man gelangt zuerst durch eine Thür in der Umfassungsmauer auf die

Bild 169. Haus des Militärgouverneurs in Samarkand. (Nach einer Aufnahme von G. Merzbacher.)

Veranda und von da in die Wohnung. Für das auf dem Hofe wohnende Dienstpersonal ist im Hofthore ein eigenes kleines Thürchen angebracht, damit sie beim Aus= und Eingehen nicht jedesmal das Thor zu öffnen brauchen. Vor den Hausthüren sind gewöhnlich zu beiden Seiten der Frei= treppe zwei parallele, zur Fassade senkrecht stehende Sitzbänke aus gebrannten oder ungebrannten Ziegeln angebracht, auf denen die Insassen nach Sonnen= untergang Platz nehmen, um sich von der Hitze des Tages zu erholen und das Treiben auf den Straßen beobachten zu können.

Alle russischen Häuser sind mit Glasfenstern versehen. Das Fenster= glas war in Turkestan früher, vor der Errichtung der Glasfabrik in Cho=

dschent, einer der teuersten Artikel, da dasselbe aus Rußland importiert und 2000 km weit auf Kamelen transportiert werden mußte, wobei infolge des ewigen Auf= und Abladens und des häufigen Fallens der Kamele oft genug ein großer Teil in Trümmer ging. Von den beim Bau des Sacho= hauses verwendeten Spiegelscheiben kam jedes Stück samt Transport auf 900 Mark zu stehen. Da die Fenster alle zu ebener Erde sind, so werden dieselben zur Nachtzeit, um Neugierigen den Einblick in die Wohnungen zu verwehren, von außen mit einfachen Fensterläden verschlossen, die aus einem hölzernen Rahmen bestehen, über den entweder Filzdecken oder Schilfmatten gespannt sind. Diese Fensterläden werden jeden Abend aufgestellt und am Morgen wieder entfernt. Da die gewöhnlich aus Pappelholz hergestellten Thüren und Fensterrahmen sich immer mit der Zeit mehr oder weniger verwerfen und deshalb schlecht schließen, so werden für den Winter alle Thüren von außen mit Filz und darüber mit Wachsleinwand überzogen, die

Bild 170. Fassade eines russischen Hauses in Taschkent.

Fensterrahmen aber, gleichfalls von außen, mit einer dicken Lage von Gips verschmiert, um so die Wohnungsräume luftdichter zu machen. Dieselben halten aber trotzdem während großer Kälte die Wärme gewöhnlich nur sehr schlecht, und in ganz Taschkent giebt es nur sehr wenige wirklich warme Wohnungen, ein Mißstand, der sich bekanntlich auch in andern warmen Ländern bemerkbar macht.

Da die russischen Besucher und die Eingeborenen, mit denen man Geschäfte abzumachen hat, fast stets beritten sind, so ist vor jedem Hause oder wenigstens auf dem Hofe eine galgenartige Vorrichtung angebracht zum Anbinden der Reitpferde. Dies geschieht deshalb, weil sonst die Be= sucher gezwungen sein würden, ihre Pferde an die Alleebäume anzubinden, und die Pferde die üble Gewohnheit haben, aus Langweile die Rinde der Bäume abzunuagen (vgl. Bild 170, in dem die Fassade eines russisch=turke= stanischen Hauses der gewöhnlichsten und einfachsten Art dargestellt ist).

Das Schilf spielt im Haushalte der in Turkestan angesiedelten Russen eine ebenso große, wenn nicht noch größere Rolle wie bei den Eingeborenen. Wie diese verwenden die Russen das Schilf zu Dächern und als Brenn= material; mit spanischen Schilfwänden umgeben sie ihre Ställe, Badeplätze

und Veranden; Schilfmatten gebrauchen sie zu Fensterläden und als Unter=
lage für die Teppiche; aus Schilf werden ferner Sommerbaracken erbaut,
Fensterrouleaux und Zigarettenspitzen verfertigt u. a. m.

Die innere Einrichtung der Wohnungen ist ganz europäisch und mit=
unter jehr luxuriös, wie man es auch in europäischen Städten nicht besser
antrifft. Da die Möbel in der ersten Zeit alle aus Europa importiert
wurden, so sind besonders die leichten Wiener Rohrstühle und Rohrdiwane
ihrer leichten Transportierbarkeit wegen sehr zahlreich vertreten. Gegenwärtig
werden in Tajchtent von russischen Soldaten und russischen Tischlern unter
Ajjistenz eingeborener Gehilfen alle, auch die feinsten Tischlerarbeiten aus=
geführt, und man bezieht deshalb jetzt nur mehr die erwähnten Wiener
Stühle von auswärts, während alle andern Möbelstücke an Ort und Stelle
angefertigt werden. Die Preise sind deshalb jetzt ganz unvergleichlich nied=
riger als früher, wo die Möbel nach dem Gewichte verkauft wurden.

3. Bewohner des russischen Tajchtent. Das russische Tajch=
tent ist erst seit dem Jahre 1865 entstanden und ist bis jetzt in beständigem
Anwachsen begriffen. Während meines Aufenthaltes in Tajchtent sind nur
zweimal systematische Volkszählungen veranstaltet worden, nämlich in den
Jahren 1875 und 1883. Im Jahre 1875 bezifferte sich die Bevölkerung
der Russenstadt, mit Ausnahme der Truppen, auf 2982 männliche und
1877 weibliche, im Jahre 1883 aber bereits auf 6770 männliche und
5244 weibliche Individuen. Gegenwärtig dürfte die Bevölkerung wohl
bereits über 40 000 Seelen betragen[1]. Nach der Volkszählung von 1883
bestand die Bevölkerung des russischen Tajchtent, mit Ausschluß der häufig
wechselnden Truppen, aus folgenden Elementen:

Stand.	Männliche Indivi=duen.	Weibliche Indivi=duen.	Summe.
Erbadel	157	169	326
Persönliche Adelige	298	254	552
Geistliche	8	29	37
Erbliche Ehrenbürger	88	46	134
Persönliche Ehrenbürger	109	64	173
Kaufleute	293	227	520
Bürgerliche	3322	2831	6153
Kolonisten	117	195	312
Sarten	1650	916	2566
Kirgisen	309	251	560
Sonstige Asiaten	82	47	129
Polnische Juden	243	203	446
Ausländer	94	12	106
Summe:	6770	5244	12014

[1] Nach der Volkszählung vom Jahre 1897 bezifferte sich die Einwohnerzahl von
ganz Tajchtent auf 156 506 Individuen.

Die beiden ersten Kategorien repräsentieren den Offiziers= und Beamten=
stand. Zu den persönlichen Adeligen sind auch die nichtadeligen Offiziere
und Beamten gerechnet, weil in Rußland alle in einer der 14 Rangklassen
stehenden Offiziere und Beamten die Rechte der persönlichen Adeligen ge=
nießen. Wie man sieht, überwiegt in Turkestan auch bei den Europäern
das männliche Element über das weibliche, was leicht dadurch erklärlich
wird, daß sich verheiratete Leute nicht so leicht zum Dienste in so entfernten
Gegenden entschließen. Noch schlimmer gestaltet sich das Mißverhältnis,
wenn man auch noch die zahlreichen Truppen in Betracht zieht, da nur
verhältnismäßig wenige Soldaten ihre Familien nach Turkestan mitbringen.
Bei den Kosaken, welche immer nur kurze Zeit zu dienen haben, kommt
dies überhaupt kaum vor. Aber obwohl die Anzahl der Frauen bedeutend
geringer ist als die der Männer, giebt es gleichwohl noch viele unverheiratete
Frauen, weil nur die besser gestellten Beamten und Offiziere in der Lage
sind, einen eigenen Hausstand zu gründen, ein Umstand, der natürlich nicht
zur Hebung der Sittlichkeit beiträgt.

Nach der Religion verteilten sich die Bewohner des russischen Taschkent
nach der Volkszählung von 1883 folgendermaßen:

Orthodoxe 6951, Katholiken 334, Armenier 11, Mohammedaner 3631,
Sektierer 11, Protestanten 370, Juden 576, Heiden 13.

Wie man sieht, stimmen die Summen der beiden vorstehenden Tabellen
nicht ganz überein, ein Beweis, daß die Taschkenter Statistiker keine großen
Mathematiker waren.

Die Bevölkerung des russischen Taschkent wechselt im ganzen ziemlich
rasch, da ein großer Teil aus Beamten, Offizieren, Kaufleuten und deren
Bedienten besteht, die häufig versetzt werden oder, nachdem sie ihren Zweck
erreicht haben, das Land verlassen, welches viele als eine Art Verbannungs=
ort zu betrachten pflegen. Die tonangebende Bevölkerung wechselt fast mit
jedem Generalgouverneur, da jeder neue Generalgouverneur seine eigenen
Leute mitbringt, die ihrerseits wieder nach Möglichkeit ihre Bekannten herbei=
ziehen. Besonders nach General v. Kauffmanns Tod verschwand während
der tollen Wirtschaft Tschernajews fast die ganze bisherige Aristokratie, da
Tschernajew es jedem als Verbrechen anrechnete, unter General v. Kauffmann
gedient zu haben. Die regulären Truppen dienen in Turkestan 6 Jahre.
Jedes Frühjahr werden die nach Ablauf ihrer Dienstzeit zur Reserve ent=
lassenen Soldaten samt ihren Familien unter Führung von eigenen Offi=
zieren auf Staatskosten nach ihrer Heimat zurückbefördert, wenn sie nicht
vorziehen, sich in Turkestan anzusiedeln, in welchem Falle ihnen ein be=
stimmter Landanteil in den neugegründeten russischen Kolonien angewiesen
wird. Manche bleiben nach Ablauf ihrer Dienstzeit auch als Kutscher,

Bediente und Handwerker zurück. Die ausgedienten Militärschreiber eta=
blieren sich häufig als Advokaten oder treten als Schreiber in die ver=
schiedenen Staatskanzleien und avancieren später, wenn sie das vorge=
schriebene leichte Examen abzulegen im stande sind, mitunter selbst zu Beamten.
Ein großer Teil der Hausbesitzer des russischen Taschkent besteht aus aus=
gedienten Soldaten. Die Kosaken werden jedesmal schon nach zweijährigem
Dienste in ihre Heimat entlassen, müssen aber nach weiteren zwei Jahren
wieder in Dienst treten und dies so lange, als ihre Militärpflicht dauert.
Sie kommen deshalb nie eigentlich zur Ruhe, da sie alle zwei Jahre den
weiten Weg zwischen Uralgebirge und Taschkent zu Pferd zurückzulegen
haben. Die Infanterie macht den Weg zwischen Orenburg und Taschkent
hin und zurück zu Fuß, und nur zum Transporte der Frauen, Kinder
und ihres Gepäcks wird ihnen, je nach Umständen, eine Anzahl Arben
oder Kamele zur Verfügung gestellt. Seit neuester Zeit werden die aus
dem europäischen Rußland stammenden Soldaten auf der transkaspischen
Eisenbahn befördert.

4. Verwaltungs= und Militärbehörden, Lehranstalten,
wissenschaftliche und gemeinnützige Institute. Als Hauptstadt
des russischen Turkestan, der Syr=Darja=Provinz und des Kuramabezirks ist
Taschkent der Sitz des Generalgouverneurs und Höchstkommandierenden aller
turkestanischen Truppen, des Militärgouverneurs der Syr=Darja=Provinz,
des Bezirkschefs des Kuramabezirks, sowie aller Zentralstellen der Zivil=,
Militär=, Finanz=, Post= und Telegraphenverwaltung, ferner der wichtigsten
Lehranstalten und verschiedener wissenschaftlicher und gemeinnütziger Institute,
welche in nachstehendem Verzeichnis aufgezählt sind.

I. Zivilbehörden. Rat des Generalgouverneurs, Kanzlei des Ge=
neralgouverneurs, Bergwerksverwaltung, Provinzialverwaltung, Vermessungs=
behörde, Bezirksverwaltung, Verwaltung des Stadthauptmanns, Magistrat,
Baukomitee, Polizeiverwaltung, Kreisgericht, Provinzialgericht, Kammer des
Friedensrichters der Stadt Taschkent, Kammer des Friedensrichters des
Kuramabezirks, Organisationskommission, Forstverwaltung.

II. Militärbehörden. Generalstab des turkestanischen Militärbezirks,
Militärtopographische Abteilung, Verwaltung des Generalquartiermeisters,
Verwaltung des Dujourgenerals, Intendanturkreisverwaltung, Korpsstab,
Korps=Intendanturverwaltung, Ingenieurkreisverwaltung, Ingenieurdistanz,
Artilleriekreisverwaltung, Verwaltung der Artilleriebrigade, Verwaltung der
Festungsartillerie, Kreislaboratorium, Kreisarsenal, Ständiges Kreiskriegs=
gericht, Ständiger Kreiskriegsrat, Kreismedizinalverwaltung, Provinzial=
medizinalverwaltung, Verwaltung des Kreisveterinärs, Militärkrankenhaus,
Militärapotheke, Inspektorat der Militärhospitäler, Kommandantur und
Kanzlei des Militärchefs der Syr=Darja=Provinz, Verwaltung der Schützen=

brigade, Verwaltung der Linienbrigade, Verwaltung der Taschkenter Lokal=
brigade, Verwaltung der Kosakenbrigade.

III. Finanzinstitute. Kreisrentei, Rentamt, Kreiskontrollamt,
Oberzollamt, Acciseverwaltung, Filiale der Staatsbank, Filiale der Wolga=
Kamakommerzbank, Zentralasiatische Handelsbank auf Aktien, verschiedene
Versicherungsagenturen ꝛc.

IV. Verkehrsanstalten. Oberste Post= und Telegraphenverwaltung,
Post= und Telegraphenamt, Poststation mit Poststall.

V. Lehranstalten. Kreisschulverwaltung, Provinzialschulinspektorat,
Humanistisches Knabengymnasium, Mädchengymnasium, Realschule, Hand=
werkschule, Lehrerseminar, Stadtschule für Knaben, Stadtschule für Mädchen,
Pfarrschule, Judenschule (privat).

VI. Wissenschaftliche, gemeinnützige und sonstige An=
stalten. Sternwarte nebst Zentralstelle für die turkestanischen meteorologischen
Stationen, Staatsbibliothek, Ethnographisch=mineralogisches Museum, Offiziers=
kasino, Bürgerkasino, Redaktion der offiziellen turkestanischen Zeitung, Che=
misches Laboratorium, Stadtapotheke, Privatapotheke, Waisenhaus für
Knaben, Waisenhaus für Mädchen, Gebärhaus, Staatsgefängnis, Haus
für Obdachlose, Theater.

5. Leben und Treiben der Taschkenter. Allgemeine Be=
merkungen. Turkestan spielte in der ersten Zeit nach der Einnahme von
Taschkent bei den Russen eine ähnliche Rolle wie seinerzeit das neuentdeckte
Amerika. Jeder, der in seiner Existenz Schiffbruch gelitten hatte und sich
vor seinen Gläubigern oder auch vor seiner besseren Hälfte salvieren wollte,
suchte nach dem neueröffneten Eldorado zu entkommen, um daselbst sein
Glück zu suchen und ein neues Leben zu beginnen. Manchen gelang dies
auch in der That. Kaufleute verdienten in Turkestan bei dem in den
ersten Zeiten herrschenden Geldüberflusse und dem Mangel an europäischen
Artikeln große Summen, und mancher, der nur mit einigen hundert Rubeln
in der Tasche nach Taschkent gekommen war, ist jetzt ein angesehener und
reicher Mann. Offiziere verlockte das rasche Avancement, auf welches bei
den unaufhörlichen Kriegen und Unruhen mit Sicherheit zu rechnen war.
Die nachmaligen Militärgouverneure von Samarkand und Fergana, Abra=
mow und Iwanow, avancierten in wenigen Jahren von Subalternoffizieren
zu Generälen. Die schnelle Karriere Skobelews, der sein Emporkommen
gleichfalls Turkestan verdankte, ist genugsam bekannt. Manche kamen nach
Turkestan auch unfreiwillig, indem sie entweder von ihren Vorgesetzten
oder auch auf Veranlassung der Herren Eltern dahin befördert wurden,
nachdem sie sich durch Schuldenmachen, Randalieren oder auf sonst eine
Weise in der Petersburger Gesellschaft unmöglich gemacht hatten. Man
rechnete hierbei darauf, daß sich diese catilinarischen Existenzen unter den

neuen Verhältnissen vielleicht bessern würden; sollte dies aber auch nicht der Fall sein, so machten doch ihre Exzesse unter einer mehr oder weniger gleich= gesinnten Gesellschaft weniger Aufsehen, und man hatte nebenbei noch die geheime Hoffnung, daß sie möglicherweise in den häufigen Rencontres mit dem Feinde einen ehrenvollen Tod fürs Vaterland finden und so auf die beste Weise versorgt werden würden. Unter diesen mehr oder weniger unfreiwillig nach Turkestan Verschlagenen konnte man die Träger der be= rühmtesten Namen antreffen, Fürsten, Grafen und deutsche Barone aus den Ostseeprovinzen; auch ein ehemaliger Gesandter, Fürst T..., der seine eigene illegitime Tochter geheiratet und sich dadurch unmöglich gemacht hatte, und selbst ein Großfürst, der vielfach berühmte Nikolaus Konstantinowitsch, verirrten sich nach Taschkent. Die Taschkenter Gesellschaft wurde zwar in= folge des Zuflusses von derartigen Elementen sehr distinguiert, das Niveau der öffentlichen Moral aber nicht wesentlich gehoben.

Alle diejenigen, welche nach Turkestan nur des Avancements, der schnellen Bereicherung und sonstiger persönlicher Vorteile wegen kommen, betrachten den Dienst daselbst nur als Durchgangsposten und als eine zeitweilige freiwillige Verbannung und suchen deshalb bei der ersten besten Gelegenheit dem Lande wieder den Rücken zu kehren. Wer sich aber einmal akklimati= siert und völlig eingelebt hat, ist nicht leicht wieder fortzubringen. Das originelle, halb europäische, halb asiatische, freie und ungebundene Leben, der fast beständig ungetrübte Himmel und das herrliche Klima, welches den größten Teil des Jahres im Freien zuzubringen erlaubt, die üppige Vege= tation, die dominierende Stellung unter den Eingeborenen, alles dieses wirkt so bestrickend, daß man sich später in den engen europäischen Verhält= nissen und unter einem bleifarbigen nordischen Himmel, wo man die Sonne nur alle heiligen Zeiten einmal zu Gesicht bekommt, nicht mehr zurecht finden kann. Einem alten Turkestaner wird es schwer, sich den in den europäischen Städten herrschenden Verkehrsverhältnissen anzubequemen, wo er jedem Begegnenden ausweichen muß, wenn er nicht angerempelt werden will, während er in Turkestan gewohnt gewesen war, daß ihm beim Erscheinen auf der Straße nicht bloß alle Fußgänger, sondern selbst Reiter und Last= fuhrwerke Platz machen mußten. Der frühere Militärgouverneur von Taschkent, General Golowatschow, ein Lebemann erster Klasse, hatte einmal auf vier Monate Urlaub genommen zu dem ausgesprochenen Zwecke, sich in Petersburg einmal gründlich zu amüsieren, da ihm seine Mittel solches erlaubten. Er verließ aber die nordische Hauptstadt schon wieder nach einigen Tagen und kehrte schleunigst nach Taschkent zurück, weil er sonst, wie er später erklärte, vor Langeweile gestorben wäre. Ebenso erging es meinem Gevatter, dem General von Hornburg, der von Taschkent nach einer Stadt Südrußlands als Gouvernementsmilitärchef versetzt worden war. Derselbe fand den Auf=

enthalt in einer europäischen Stadt so unausstehlich, daß er sofort nach der
Ankunft an seinem neuen Bestimmungsorte seinen Abschied einreichte und
wieder nach Taschkent zurückkehrte, obwohl er nur 90 Mark monatlich Pension
zu gewärtigen hatte und nur noch anderthalb Jahre zu bienen gebraucht
hätte, um volle Pension zu erhalten. Auch mir ist der Abschied von Turke=
stan, welches ich 15 Jahre nicht verlassen hatte, sehr schwer geworden, und
ich kann nicht verhehlen, daß mich noch jetzt, nach zehnjährigem Aufenthalte
in meiner Heimat, häufig ein unüberwindliches Heimweh nach Taschkent und
den turkestanischen Gebirgen überfällt.

Der Typus der russisch=turkestanischen Bevölkerung ist ein ganz eigen=
tümlicher und hat viele Ähnlichkeit mit dem Typus der Nordamerikaner.
Der Umstand, daß jeder, wenn er auch sonst noch nichts durchgemacht hat,
wenigstens die langwierige, beschwerliche und mit mancherlei Gefahren, Stra=
pazen und Entbehrungen verknüpfte Reise nach Turkestan hinter sich hat und
daß in Turkestan jeder volens nolens zum Reiter wird, hat in Verbindung
mit der isolierten und dominierenden Stellung den Asiaten gegenüber ein
Geschlecht gezeitigt, das sich durch außerordentliche Emanzipiertheit, Entschlossen=
heit und Abhärtung, aber auch durch äußerste Rücksichtslosigkeit, Selbstsucht
und Brutalität auszeichnet. Die Fahrt von Taschkent nach Orenburg, mitten
durch die Kirgisensteppe, machen nicht nur einzelne Damen allein und ohne
alle Begleitung, selbst Knaben im Alter von 12 Jahren machen diese Tour
auf ihren Ferienreisen, und die zwei Kinder des russischen Konsuls Petrowsky,
ein Knabe und ein Mädchen von 16 bezw. 18 Jahren, ritten während der
Ferien von Taschkent zu ihren Eltern nach dem auf chinesischem Gebiete
gelegenen Kaschgar, wo seinerzeit der bayrische Forschungsreisende Schlagint=
weit erschlagen worden war, und zwar ohne Bedienung und ohne irgend
welches Geleit, obwohl sie dabei ganz unbewohnte Gegenden und Gebirge
zu passieren hatten, die von Räubern unsicher gemacht wurden. Eine junge
russische Hebamme wurde einmal zur Nachtzeit nach einer in der Wüste ge=
legenen Poststation gerufen. Da sie ganz allein war, suchte der Postillon,
ein Kirgise, ihr unterwegs Gewalt anzuthun. Sie zog aber ihren Revolver,
schoß den Attentäter kaltblütig nieder, packte die Leiche in den Wagen, setzte
sich selbst auf den Bock und kutschierte das Dreigespann in stockfinsterer Nacht
mitten durch die Wüste nach der nächsten Poststation. Ich muß überhaupt
bemerken, daß die russischen Frauen, besonders die Frauen der höheren Stände,
an Entschlossenheit, Unerschrockenheit und Todesverachtung nicht nur die Frauen
aller übrigen Völker, sondern vielfach selbst die Männer übertreffen, was
auch durch die hervorragende Rolle, welche die russischen Frauen in der
Nihilistenbewegung spielen, genugsam bewiesen wird. Es ist dies offenbar
noch ein Überbleibsel aus der Zeit der alten Skythen, der Vorfahren der
heutigen Slaven, bei denen bekanntlich die Frauen eine hervorragende Rolle

im Kriegsweſen ſpielten, infolgedeſſen ſich bei den alten Griechen die be=
kannte Sage von den Amazonen ausgebildet hatte.

Entfernungen und die mit dem Reiſen in Aſien verbundenen Beſchwerden,
Strapazen und Entbehrungen werden von den Ruſſen für gar nichts ge=
achtet. Wochenlang leben ſie auf der Reiſe nur von Thee, Schnaps und
Schiffszwieback und ſind im ſtande, die Fahrt auf den ſchauerlichen Poſt=
wegen und noch ſchauerlicheren Poſtwagen, in denen man glaubt, die Seele
würde einem aus dem Leibe geſchüttelt, trotz Sturm, Regen und Schnee
ununterbrochen Tag und Nacht fortzuſetzen, weil ſie ſelbſt beim ärgſten
Rütteln des Wagens zu ſchlafen vermögen. Die in Turkeſtan lebenden
Ruſſen entſchließen ſich ebenſo leicht zu einer Spritztour nach Moskau oder
Petersburg, wie allenfalls ein Münchner zu einer Fahrt nach Augsburg oder
Regensburg.

Merkwürdig iſt bei den Ruſſen ihre außerordentliche Geſchmeidigkeit und
Akkomodationsfähigkeit und die Gewandtheit, mit der ſie ſich ſofort in fremde
Verhältniſſe zu finden wiſſen; ein Umſtand, der die unglaublich ſchnelle Aus=
breitung des ruſſiſchen Volksſtammes nicht nur über das ganze europäiſche
Rußland, ſondern auch über alle Teile des aſiatiſchen Rußland zur Folge gehabt
hat. Der Franzoſe, Engländer und zum teil auch der Deutſche bleibt überall,
wohin er kommt, ein Franzoſe, Engländer und Deutſcher. Die deutſchen
Koloniſten, welche unter Peter dem Großen und Katharina II. nach Rußland
eingewandert waren, ſind heutzutage in Kleidung, Sprache und Lebensweiſe
noch genau ebenſolche Deutſche, wie ihre in Deutſchland zurückgebliebenen
Landsleute und haben ſich von aller Vermiſchung mit den Ruſſen rein er=
halten. Die ruſſiſchen Koſaken dagegen, welche von der Regierung zum
Zwecke der Ruſſifizierung der Eingeborenen an verſchiedenen Stellen Aſiens
angeſiedelt wurden, verwandelten ſich in kurzer Zeit ſelbſt in halbe Aſiaten
und nahmen zum guten Teile Sprache, Kleidung und Lebensweiſe der Ein=
geborenen an. Während meines Aufenthaltes in Kuljab in den Jahren
1875 und 1878 fielen mir unter der dortigen Bevölkerung die zahlreichen
echt ruſſiſchen Phyſiognomien und roten Bärte auf. Auf Befragen erfuhr
ich, daß die Bewohner von Kuljab Nachkommen ruſſiſcher Auswanderer ſind,
welche im Anfang dieſes Jahrhunderts nach Zentralaſien ausgewandert waren,
um den Verfolgungen zu entgehen, denen ſie als Sektierer in ihrer Heimat
ausgeſetzt geweſen waren. Dieſe von ruſſiſchen Bauern abſtammenden Aus=
wanderer waren, abgeſehen von ihrem phyſiſchen Typus, vollſtändig zu Bu=
charen geworden und unterſchieden ſich von den umwohnenden Tadſchiken
und Usbeken weder in ihrer Kleidung, noch in ihrer Sprache, Religion und
Lebensweiſe. Ich fand bei ihnen nur noch einige ruſſiſche Kupfermünzen,
größtenteils aus der Zeit der Kaiſerin Katharina. Dieſe Kupfermünzen
kurſieren in Kuljab auch gegenwärtig noch; bei einem Einkaufe auf dem

dortigen Bazar erhielt ich als Herausgabe einige russische Kopekenstücke mit der Jahreszahl 1827, ein Beweis, daß die erwähnte Einwanderung erst nach diesem Jahre stattgefunden hat. In der Nähe der bucharischen Stadt Kitab liegt ein Dorf Namens Uruß-Kischlak („Russendorf"), welches gleichfalls von den Nachkommen russischer Auswanderer bewohnt wird; diese haben jede Spur von russischem Wesen vollständig verloren und erinnern sich auch nicht mehr an ihre Herkunft.

Diese erstaunliche Akkomodationsfähigkeit wird durch die ungeheure Ausdehnung des russischen Reiches ungemein gefördert. Indem die Offiziere, Beamten und Soldaten mit ihren Familien fortwährend ohne irgend welche Rücksicht auf die klimatischen Verhältnisse von einem Ende des Reiches nach dem andern, von Archangelsk oder Petersburg nach Taschkent, von Tiflis nach Wladiwostok 2c. versetzt werden und so gezwungen sind, bald unter einem tropischen, bald unter einem arktischen Klima, und bald unter dieser, bald unter jener der zahlreichen im russischen Reiche vereinigten Völkerschaften zu leben, gewöhnen sich dieselben daran, sich schnell in jedes Klima und in alle möglichen Verhältnisse zu finden und sich überall selbst unter den schwierigsten Verhältnissen häuslich und wohnlich und, soweit es die Umstände erlauben, erträglich einzurichten. Diese Eigenschaft des russischen Volkscharakters ist der Hauptgrund der gegenwärtigen Machtstellung des russischen Reiches und verbürgt auch für die Zukunft die stetig fortschreitende Weiterentwicklung derselben, für welche eine Grenze derzeit gar nicht abzusehen ist. Wenn kein unvorhergesehenes Hindernis dazwischen tritt, muß Rußland, und zwar in gar nicht so entfernter Zeit, schließlich den ganzen asiatischen Kontinent verschlingen; und meines Erachtens ist dies für Rußland gar nicht einmal so schwierig, wie man in Europa anzunehmen scheint.

Kleidung. Die großen Temperaturschwankungen zwischen Winter und Sommer, welche in Turkestan 75 Grade und darüber erreichen, erfordern natürlich für die beiden Jahreszeiten eine verschiedene Bekleidung. Im Winter tragen Offiziere und Beamte dieselben Parade- und Interimsuniformen wie im europäischen Rußland, und die Zivilisten kleiden sich in derselben Weise wie in den Städten Europas. Eine Eigentümlichkeit der Russen, in Turkestan sowohl wie in Europa, besteht darin, daß sie, gerade so wie die Sarten, im Winter und auch sonst bei schlechtem Wetter, lederne Überschuhe tragen, die vor dem Eintritte in eine Wohnung jedesmal abgelegt werden. In diesen Überschuhen, die genau nach den Stiefeln abgepaßt und schon mit diesen zusammen verkauft werden, sind im Innern eigene Vertiefungen für die Stiefelabsätze und bei den für Offiziere bestimmten entsprechende vertikale Ausschnitte für die Sporen angebracht. Da in den turkestanischen Städten, selbst wenn die Straßen makadamisiert sind, im Winter der Straßenkot oft eine Tiefe von 15 cm und darüber erreicht, so tragen diejenigen, welche gezwungen sind, zu Fuß zu gehen, eine eigene Art von Leder= oder Gummiüberschuhen mit ungeheuer weiten und 30—40 cm hohen Schäften, welche zwar das gefahrlose Passieren selbst der unergründlichsten Pfützen ermöglichen, dabei aber alles eher als ästhetisch sind.

Beim Reiten und auf Reisen trägt man gewöhnlich lange Reitstiefel und weite Reithosen aus schwarzem oder rotem Schafleder, die äußerst dauer= haft und bequem, im Winter warm und im Sommer kühl und besonders deshalb sehr praktisch sind, weil sie die Füße beim Reiten durch Gestrüpp und durch das hohe stachlige Steppengras sowie gegen Insektenstiche wirksam schützen. In den Urzeiten des russischen Taschkent waren diese Reithosen sogar hoffähig, und man konnte in denselben ungeniert Anstandsbesuche machen. Jetzt ist die Etikette freilich strenger geworden, und die Lederhosen sind aus den Salons verbannt. Die Offiziere tragen aber im Dienste und besonders auf Feldzügen auch jetzt noch immer mit Vorliebe die erwähnten Lederhosen, die bei den Soldaten sogar zur Uniform gehören.

Für die heiße Jahreszeit, während welcher das Tragen der schweren und beengenden europäischen Kleidung unfehlbar Anfälle von Sonnenstich herbeiführen würde, hat sich eine eigene, unabänderlich feststehende Mode herausgebildet, welche den klimatischen Verhältnissen nach Möglichkeit Rech= nung trägt. Zivilisten tragen im Sommer Rock, Weste und Hose nach europäischem Schnitte aus irgend einem leichten weißen Baumwollstoffe oder aus chinesischer Seide. Besonders beliebt ist die leinwandartig aus natürlich gelber Seide gewirkte und sehr dauerhafte chinesische Tscheffuntscha, die in der letzten Zeit große Verbreitung gefunden hat. Um die leicht schmutzenden Sommerkleider vor Staub und dem beim Besprengen der Straßen entstehenden Straßenkote zu schützen, wird über dieselben gewöhnlich noch ein leichter Havelock oder Paletot aus demselben Stoffe angezogen. Hüte werden in Turkestan sehr wenig getragen. Man trägt im Sommer Mützen aus sehr leichtem aber steifem Leder, welche mit einem genau abgepaßten Überzuge aus weißem Baumwollstoffe bedeckt werden, der auch den Schirm der Mütze verhüllt und zum Waschen leicht abgenommen werden kann. Auf der Reise wird an diese Mütze mitunter noch ein Nackenstück angeknöpft zum Schutze des Nackens gegen die biretten Sonnenstrahlen, oder man steckt einfach ein weißes Taschentuch unter die Mütze und läßt es frei über den Nacken herab= hängen. Diese Vorsicht gebrauchen aber nur besonders verzärtelte Individuen. Die Mützenschirme sind in der Regel bedeutend größer als gewöhnlich, um auch die Nase noch vor den Sonnenstrahlen zu schützen, da sich sonst, be= sonders bei Neuangekommenen, die Haut sehr schnell abschält und auf der Nase offene Wunden entstehen. Merkwürdigerweise bringt die Sonne bei abgehärteten Individuen keine derartige Wirkung mehr hervor. Während meiner ganzen ersten Reise in Turkestan heilte meine Nase gar nie zu, während ich mich in späteren Jahren ungefährdet oft stundenlang mit ganz unbedecktem Kopfe bei der größten Hitze den direkten Sonnenstrahlen aus= gesetzt habe.

Offizieren und Militärbeamten ist für die heiße Jahreszeit, deren Be= ginn und Ende alljährlich durch Armeebefehl festgesetzt wird, eine eigene Sommeruniform vorgeschrieben. Diese besteht, außer den auch im Winter gebräuchlichen langen Stiefeln und Tuch= oder Lederhosen, aus den bereits erwähnten weißen Schirmmützen, welche mit einer metallenen Kokarde ver= sehen werden, und aus einer Art Rock, welcher den aus dem Deutschen ent= lehnten Namen „Kittel" trägt. Der Schnitt ist beim Kittel genau derselbe wie beim gewöhnlichen Waffenrocke. Die Kittel werden aus einem eigenen tuchartig gewirkten weißen Baumwollstoffe angefertigt, der von außen glatt, sehr solid und dauerhaft und unter dem Namen Tschortowaja Koscha („Teufels= haut") bekannt ist. Die kupfernen und verzinnten Knöpfe werden nicht an= genäht, sondern deren Ösen durch kleine runde Knopflöcher gesteckt und auf der Rückseite mittels spiralförmig gewundener Messingdrähte festgehalten, damit man sie beim Waschen jedesmal ohne weiteres abnehmen kann. Diese Kittel sind im Sommer äußerst praktisch und dabei sehr kleidsam, und sie bildeten früher auch die Paradeuniform der Offiziere und Militärbeamten (Bild 168, S. 451). Die goldenen oder silbernen Achselklappen und die buntfarbigen Ordensbänder nahmen sich auf den blendendweißen Kitteln viel vorteilhafter aus als auf den gewöhnlichen Tuchparadeuniformen. In den achtziger Jahren wurde aber ein kaiserlicher Befehl erlassen, demgemäß Offiziere, Militärbeamte und Soldaten selbst bei der größten Hitze bei Paraden und sonstigen feier= lichen Gelegenheiten die gewöhnlichen Winteruniformen tragen müssen, was viele Hitzschläge zur Folge hat. Der Generalgouverneur v. Rosenbach fand sich seinerzeit nicht bemüßigt, dem dringenden Ansuchen der verschiedenen Truppenchefs Rechnung zu tragen und beim Kaiser, wie dies General v. Kauffmann sicherlich gethan haben würde, vorstellig zu werden, damit für Turkestan diese ganz unnötige und für die Leute mit unsäglichen Beschwerden und direkter Lebensgefahr verbundene Maßregel wieder aufgehoben würde. Die Bataillonschefs wissen sich deshalb nicht anders zu helfen als dadurch, daß sie z. B. bei Kirchenparaden die Soldaten in Sommeruniform bis zur Kirche marschieren, die Winteruniformen aber auf eigenen Wagen nachfahren und die Leute vor der Kirche coram publico sich umkleiden lassen. Nach beendigter Parade vertauschen die Soldaten dann wieder die Winteruniformen mit den Sommeruniformen und kehren in derselben Ordnung, wie sie ge= kommen, nach dem Lager zurück. Die erwähnte Maßregel ist aber nicht bloß für die Gesundheit der Leute, sondern auch für das Ärar nachteilig, weil in Turkestan der Straßenstaub stark kalkhaltig ist und deshalb eine unverhältnis= mäßig schnelle Abnützung der Tuchuniformen herbeiführt.

Die Sommeruniform der gemeinen Soldaten und Unteroffiziere bis zum Feldwebel inklusive ist für alle Waffengattungen, Infanterie, Artillerie und Kosaken, nahezu dieselbe. Sie besteht aus langen Stiefeln, roten Lederhosen, weißer Baumwollbluse, die durch einen Ledergürtel um die Hüften zusammengehalten wird, und einer weißen Schirmmütze, ähnlich der der Offiziere. Die Kosaken tragen Blusen aus braunem Kamelhaarstoffe, Armjatschina genannt. Sonst unterscheiden sich die verschiedenen Waffengattungen nur durch die schwarzen, blauen oder roten Achselklappen aus Tuch, welche mit Schnüren auf den Blusen befestigt werden. Diese Uniformen sind ungemein praktisch und dabei kleidsamer, als man glauben möchte. Europäer möchten vielleicht an den langen Stiefeln der Infanteristen Anstoß nehmen; die russischen Bauern sind aber von Jugend auf an das Tragen langer Stiefel gewöhnt, und dieselben sind in Turkestan geradezu unentbehrlich zum Schutze gegen das stachlige Steppengras, gegen Schlangen und Insekten im Sommer und gegen den bodenlosen Schmutz im Winter, weshalb auch die Eingeborenen und selbst die Frauen derselben lange Stiefel tragen. Auch die russischen Soldatenfrauen gebrauchen im Winter häufig statt der Schuhe lange Soldatenstiefel. Socken oder Strümpfe sind bei den russischen Soldaten nicht in Brauch, und sie gebrauchen statt derselben, wie die Eingeborenen Turkestans, Fußlappen. Die russischen Soldaten sehen in ihren weiten, bequemen und malerischen Sommeruniformen viel männlicher und kriegerischer aus als z. B. unsere bayrischen Soldaten in ihren enganliegenden Zwangsjacken, die bei jeder Bewegung hinderlich sind und deshalb sowohl beim Exerzieren wie beim Marschieren, besonders im Sommer, eine unverhältnismäßig schnelle Ermüdung der Leute herbeiführen müssen. Ich habe in Turkestan russische Infanteristen in feldmäßiger Ausrüstung bei 48 Grad Wärme im Schatten Märsche von 75 km an einem Tage ausführen sehen, ohne daß, dank der zweckmäßigen Bekleidung, auch nur ein Soldat vom Hitzschlag betroffen worden wäre, während bekanntlich vor zehn Jahren ein bayrisches Regiment [1] während einer bei 30 Grad Wärme ausgeführten Marschübung schon in kurzer Zeit große Verluste erlitt, offenbar nur infolge der engen und für einen Feldzug unpraktischen Kleidung, da doch die Bayern sicherlich nicht schwächlicher sind als die Russen. Daß die

---

[1] Es war dies das 9. Infanterieregiment, welches am 20. August 1890 um 7 Uhr morgens von Würzburg abmarschierte und um 12 Uhr mittags, nachdem es unterwegs Rast gehalten hatte, in dem 24 km von Würzburg entfernten Marktbreit anlangte, aber in einem solchen Zustand, daß die Soldaten vor Erschöpfung auf der Straße umfielen und nicht mehr im stande waren, ihre Quartiere zu erreichen. 400 Mann waren bereits unterwegs gefallen und zwei am Hitzschlag gestorben. Am selben Tage fielen auf Oberwiesenfeld bei München beim bloßen Exerzieren in einem einzigen Regiment 150 Mann vor Hitze um.

russischen Soldaten die Hitze besser ertragen als z. B. die bayrischen, dürfte freilich außer der praktischeren Uniformierung auch noch dem Umstande zu-zuschreiben sein, daß Theetrinker wegen der erhöhten Transpiration gegen Hitze weniger empfindlich sind als Biertrinker, wie ich aus eigener Erfahrung weiß. Die russischen Soldaten tragen in Turkestan keinen Tornister, sondern statt dessen einen Leinwandbrotbeutel, der die wenigen Requisiten der Sol-daten, wie Tabak, Thee, Zucker und Schiffszwieback, enthält und der nebst einer mit Filz überzogenen blechernen Wasserflasche am Gürtel aufgehängt wird. Die Winteruniformen der turkestanischen Truppen sind dieselben wie im europäischen Rußland.

Da in Rußland alles, was nur irgend einen offiziellen Charakter hat, uniformiert ist, so ist auch den Schülern und Schülerinnen der Gymnasien eine eigene Uniform vorgeschrieben. Die Gymnasisten tragen in Turkestan im Winter Hosen und Blusen aus grauem Tuche nebst Ledergürtel und einen gleichfalls aus grauem Tuche angefertigten Paletot von demselben Schnitte wie die Offizierspaletots. Im Sommer aber tragen sie Hosen und Blusen aus grauem Drillich. Die Uniform der Gymnasistinnen besteht in Turkestan aus einem einfachen Kleide und einer Schürze mit Brustlatz. Im Winter sind die Kleider braun und die Schürzen schwarz, im Sommer da-gegen die Schürzen weiß und die Kleider hellblau und weiß gestreift.

Regenschirme werden in Turkestan von Männern nur ausnahmsweise getragen, wahrscheinlich infolge des vorherrschend militärischen Charakters der gesamten Bevölkerung. Jeder, der einen Regen- oder gar Sonnenschirm trägt, wird als Gigerl betrachtet.

Die Taschkenter Damen werden, falls ihnen jemals dieses Buch in die Hände fallen sollte, jedenfalls höchlichst indigniert sein, daß ich dieselben in einer für die Damenwelt so hochwichtigen Frage wie die Bekleidungsfrage bisher mit Stillschweigen übergangen habe. Dies geschah aber nicht etwa aus Animosität gegen die Taschkenter Damen, denen ich, mit wenigen Aus-nahmen, das beste Andenken bewahrt habe, sondern lediglich deshalb, weil über die Kleidertracht derselben nichts weiter zu sagen ist, als daß sie sich stets mit dem möglichst besten Geschmacke und ohne irgend welche Rücksicht auf die Kassen ihrer Ehemänner oder ihrer Eltern nach der neuesten Pariser Mode kleiden, so daß man auf einem Balle im Taschkenter Offizierskasino oder gar beim Generalgouverneur sich in eine der ersten Residenzen Europas versetzt glauben könnte. In Bezug auf die Kunst, sich effekt- und geschmack-voll zu kleiden, dürften sich überhaupt mit den Russinnen der besseren Kreise nur noch die Französinnen vergleichen können.

Bäder. Ich habe in Deutschland vielfach die Ansicht verbreitet ge-funden, daß der gemeine Russe ein Ausbund von Schmutz und Malpropretät sei; man wird deshalb jedenfalls höchlichst verwundert sein, wenn ich der

Wahrheit gemäß behaupte, daß die Russen, sowohl Hohe wie Niedere, in Bezug auf körperliche Reinlichkeit alle europäischen Völker übertreffen und in dieser Beziehung nur noch von den Zentralasiaten erreicht und übertroffen werden. In jedem auch noch so kleinen russischen Bauerndorfe giebt es eine eigene Gemeindebadestube, und Vermöglichere errichten solche auch in ihren Privatwohnungen, und in diesen Badestuben nimmt jedes Individuum, wenn es auch sonst in Bezug auf Kultur noch so weit zurückgeblieben sein mag, wenigstens jeden Sonnabend eine gründliche Reinigung seines Körpers vor. Wöchnerinnen bringen mit ihren Neugeborenen ganze Tage in der Badestube zu. Daß in dieser Beziehung die in Turkestan lebenden Russen hinter ihren Landsleuten in Europa nicht zurückbleiben, dafür ist schon durch die klimatischen Verhältnisse gesorgt. Selbst in den abgelegensten Winkeln Turkestans, wo nur einige Russen angesiedelt sind, und selbst auf isolierten Poststationen giebt es unfehlbar russische Badestuben, deren Einrichtung freilich mitunter sehr primitiv ist. In den gewöhnlichen Badeanstalten, deren es im russischen Taschkent etwa ein halbes Hundert giebt, bestehen die ein= zelnen Badezimmer stets aus zwei gesonderten Räumen, dem Ankleidezimmer und der eigentlichen Badestube. In der letzteren befindet sich ein aus Ziegeln aufgebauter, bis zur Hälfte mit erhitzten Rollsteinen angefüllter russischer Ofen und eine aus einer Anzahl Stufen bestehende Etagere, auf der die Badenden Platz nehmen. Auf der untersten Stufe ist die Temperatur natürlich be= deutend niedriger als auf der höchsten, bis fast an die Decke reichenden Stufe. Außerdem kann man die Temperatur und den Dampfgehalt auch noch durch Aufgießen von Wasser auf die erhitzten Steine im Ofen nach Belieben regulieren. In jeder Badestube stehen zwei riesige irdene Tonnen, die eine mit kaltem, die andere mit heißem Wasser, so daß man sich das Waschwasser in den zahlreich zur Verfügung stehenden messingenen Schüsseln nach Gutdünken mischen kann. Zum Abreiben dienen Knäuel aus Bast. Nach dem Waschen wird der ganze Körper zur Anregung der Hautthätigkeit mit Besen aus Birkenreisern gepeitscht. Zur Abhärtung gegen Verkältungen wird der ganze Körper schließlich noch mit kaltem Wasser übergossen. Besonders Heroische wälzen sich im Winter wohl auch im Schnee, wie ich während meines vier= jährigen Aufenthaltes in Pulkowa bei Petersburg zu beobachten Gelegenheit hatte. Es ist unglaublich, welch hohe Temperaturen die Russen, die von Jugend auf daran gewöhnt sind, in diesen Badstuben aushalten können. Ich bekam anfangs selbst auf der untersten Stufe Schwindelanfälle, während die mit mir badenden Russen sich selbst auf der obersten Stufe noch ganz behaglich fühlten. In Puschkins historischem Roman „Kapitänstochter" führt der Kosak, der den Kronprätendenten Pugatschow in der Badestube bedient hatte, als einen sichern Beweis für die Echtheit des Prätendenten an, daß derselbe eine Hitze ausgehalten habe, welche selbst ihm unerträglich gewesen sei. Bekanntlich waren die Dampfbäder auch schon bei den alten Skythen in Gebrauch. In den russischen Badestuben giebt es keine besondern Badediener; man nimmt dazu immer seine eigenen Bedienten mit, oder es gehen mehrere Bekannte gemeinsam in die Badestube und waschen sich gegenseitig. Man kleidet sich vollständig nackt aus und gebraucht keine Badehosen.

Mit dem allwöchentlichen Besuche der Badestube ist es in Turkestan natürlich noch nicht abgethan, denn die unerträgliche Hitze des Sommers macht es notwendig, täglich wenigstens einmal ein kaltes Bad zu nehmen. Die meisten baden sich täglich mehrmals, mitunter selbst ein halbes dutzendmal. Die durch kalte Bäder gewährte Erfrischung hält nämlich nicht lange an, und schon nach einer halben Stunde fühlt man wieder das Bedürfnis eines erfrischenden Bades. In den Städten badet man in den gewöhnlichen auf den Höfen und in den Gärten ausgegrabenen Teichen, die zu dem Ende mit Schilfwänden umzäunt werden. Das Baden in diesen Lehmgruben gehört aber keineswegs zu den Annehmlichkeiten, weil das Wasser schmutzig und stinkend und von Unmassen von Fröschen, Schlangen und sonstigem Ungeziefer bewohnt ist und auf dem Boden fußtiefer kalter Schlamm der ekelhaftesten Sorte angehäuft liegt. Wenn man aus dem Bade steigt, muß man jedesmal seinen Körper erst einer eingehenden Untersuchung unterziehen, um zu sehen, ob sich nicht der eine oder andere der zahlreich im Wasser vorkommenden Blutegel festgebissen hat. Außerhalb der Städte badet man in den Flüssen und größeren Kanälen und zwar ohne große Rücksichten auf Anstand und gute Sitte.

Wohnungsverhältnisse. Die Wohnungsverhältnisse sind in Taschkent, wie es in derartigen neuen Ansiedlungen auch nicht anders sein kann, für diejenigen, welche kein eigenes Haus besitzen, ziemlich ungünstige. Anfangs, gleich nach der Eroberung der Stadt, gab es überhaupt keine Wohnungen, weil bei den Eingeborenen das Institut von Mietswohnungen unbekannt war und jeder Hausbesitzer sein Haus ausschließlich mit seiner Familie bewohnte. Die Russen wohnten deshalb damals im Sommer in Zelten, im Winter aber in Kirgisenjurten oder auch in offenen Pferdeställen, in denen sie wohl gegen Regen und Schnee, nicht aber vor Kälte geschützt waren, und dabei wurden für diese Ställe Preise bezahlt, für die man in europäischen Städten eine ganz anständige Wohnung mieten könnte. Das Haus des ersten Militärgouverneurs von Taschkent war eine gewöhnliche, von den Häusern der Eingeborenen wenig verschiedene Lehmhütte auf einem baumlosen freien Platze, die als historische Reliquie bis jetzt erhalten worden ist und gegenwärtig als Polizeiwachtlokal benützt wird. Allmählich entwickelte sich dann die russische Stadt; der Zuwachs derselben hielt aber nicht gleichen Schritt mit der Zunahme der russischen Bevölkerung, und die Zahl der Wohnungen war deshalb bis in die letzte Zeit eine verhältnismäßig beschränkte. Im Winter 1884 hatte ich eine sehr kalte Wohnung und war deshalb den ganzen Winter über auf der Suche nach einem andern Quartiere. Ich konnte aber in der ganzen Sadt nicht eine einzige leere Wohnung auftreiben. Die Mietpreise sind deshalb noch immer unverhältnismäßig hoch und betragen ungefähr das Doppelte der Münchner Preise. Kündigung giebt es in Turkestan bei den Wohnungsmieten nicht, und man ist schon kulant, wenn man dem Hausbesitzer den Auszug einen Tag vorher anzeigt und bis zur Stunde des Auszuges die Miete bereinigt. Die Wohnungen stehen deshalb oft monatelang leer, besonders im Sommer. Der Abschluß eines Mietkontrakts auf längere Zeit ist in Taschkent schon deshalb unmöglich, weil die Offiziere, Beamten und Kaufleute oft ganz unverhofft versetzt oder auf Reisen geschickt werden, wenn nicht etwa gar, wie es in früheren Zeiten häufig der Fall war, ein Feldzug unternommen wird, was dann immer einen allgemeinen Exodus des militärischen Elements zur Folge hat.

Die Bewohner des russischen Taschkent sind wie die Eingeborenen zum Teil Halbnomaden, indem jeder, dem es die Umstände erlauben, für den Sommer in die an der Peripherie der Stadt gelegenen Gärten übersiedelt, um daselbst in einfachen Gartenhäusern, Baracken oder auch unter bucharischen Zelten oder Kirgisenjurten zu wohnen. Dies geschieht teils der besseren Luft und des freieren Lebens, teils der Ersparung der teuern Wohnungsmieten wegen, teils auch aus bloßem Nachahmungstriebe, da auch die Stadtwohnungen fast alle von Gärten umgeben sind und man gerade so gut auch in diesen wohnen könnte. Auch der Generalgouverneur hat eine eigene Villa mit großem Garten außerhalb der Stadt, obwohl der Stadtgarten desselben an Umfang und Pracht nichts zu wünschen übrig läßt. Bei den vornehmen Russen ist es nun aber einmal Sitte, im Sommer auf die Datscha, d. h. aufs Land, zu ziehen, und da dies in Taschkent infolge der örtlichen Verhältnisse nicht möglich ist, so zieht man wenigstens aus dem Zentrum der Stadt in die äußeren Stadtteile. Seit neuester Zeit ist es Brauch geworden, den Sommer oder wenigstens einige Wochen in dem östlich von Taschkent im Tschatkalgebirge gelegenen Gebirgsdorfe Tschimgan zu verbringen, wo für fieberkranke Soldaten und Offiziere ein Luftkurort errichtet worden ist. Gewöhnlich leben dort nur die Frauen und Kinder, und die Familienväter kommen dahin von Zeit zu Zeit auf einige Tage zu Besuch oder verbringen daselbst auch ihren Urlaub.

Am schlimmsten sind in Taschkent die Hagestolze und die ärmeren Offiziere und Beamten daran, weil es keine möblierten Zimmer mit Bedienung giebt und man stets ein ganzes Haus mieten, es selbst möblieren und eigene Diener halten muß. Die ärmeren von den Hagestolzen helfen sich auf die Weise, daß mehrere zusammen eine Wohnung mieten und auf gemeinschaftliche Kosten notdürftig möblieren. Die Einrichtung ist in vielen von diesen „Kasernen" höchst einfach wie in einem Feldlager und besteht nur aus einigen sartischen Bettstellen, einigen Schemeln und einem gicht=brüchigen Tische. Ich kannte in Taschkent einen Offizier, der eine Zeitlang gar keine Wohnung hatte. Tagsüber trieb er sich, soweit er nicht dienstlich in Anspruch genommen war, bei seinen Bekannten und im Offizierskasino herum, zum Schlafen aber kam er jedesmal auf die Hauptwache. In den letzten Jahren wurden zwar von einigen Unternehmern möblierte Zimmer eingerichtet; der Aufenthalt darin ist aber trotz der hohen Preise sehr un=gemütlich, weil sich bei denselben keine Gärten und sonstige Bequemlich=keiten befinden und die Insassen lediglich auf ihre Zimmer angewiesen sind. Diese möblierten Zimmer werden deshalb nur von Reisenden benützt, welche keine Bekannte haben, bei denen sie absteigen könnten.

Apathie der Turkestaner. Der hervorstechendste Zug im Cha=rakter aller derjenigen Europäer, welche ununterbrochen längere Zeit in Turkestan gelebt haben, ist die auffallende Apathie, welche sich in ihrem Benehmen und in ihrem ganzen Wesen ausdrückt, ganz wie bei den Ein=geborenen. Die ursprüngliche Frische und Energie, welche die Europäer sonst auszeichnet, geht schon nach wenigen Jahren verloren, man verliert alle Lust zum Arbeiten und zu jeder körperlichen Bewegung und alles In=teresse an dem, was in der Welt vorgeht. Ich habe dies auch an mir selbst erfahren. Während ich früher als Lesewüterich bekannt war und in jüngeren Jahren manches Buch ohne Absatz von Anfang bis zu Ende gelesen habe, habe ich in Taschkent in den letzten Jahren oft wochenlang kein Buch zur Hand genommen und jahrelang keine Zeitung angerührt. Ebenso setzte ich früher, und selbst noch bei meiner Ankunft in Turkestan, alle durch meine Leistungen als Fußgänger in Erstaunen. In Taschkent kam ich aber schon nach wenigen Jahren so weit, daß mich die Bewältigung der 3 km langen Strecke zwischen der Sternwarte und der Stadt große Anstrengungen kostete. Die meisten Taschkenter gehen überhaupt nicht zu Fuß, wenn es ihnen sonst ihre Mittel erlauben. Von körperlichen Übungen, wie Turnen, Fechten oder mit körperlicher Anstrengung verbundenen Gesellschaftsspielen, wie sie bei den Engländern in Judien so beliebt sind, ist bei den in Turkestan lebenden Russen keine Rede.

Diese Apathie und Scheu vor jeder körperlichen oder geistigen An=strengung ist das Resultat vieler zusammenwirkender Ursachen. Die wich=tigste Rolle spielt hierbei natürlich das heiße, entnervende Klima. Während des langen, heißen Sommers ist man selbst bei vollständiger Ruhe beständig in Schweiß gebadet, und jede Bewegung verursacht einem deshalb Beschwerden. Während des kurzen kalten Winters aber wird einem durch die ungewohnte Kälte und den bodenlosen, zähen Straßenschmutz jede Lust benommen, sein warmes Nest zu verlassen, und man sitzt deshalb im Winter, wenn man nicht durch seine dienstlichen Verhältnisse zum Ausgehen gezwungen wird, am liebsten hinterm warmen Ofen. Viel trägt in Turkestan zur Be= förderung der Indolenz der Bewohner auch der Umstand bei, daß es den größten Teil des Jahres über gar kein Wetter giebt, indem während breier Jahreszeiten der Himmel fast beständig in demselben eintönigen, wolkenlosen Blau erscheint und man die Witterung mit derselben mathematischen Gewiß= heit im vorhinein weiß wie den Auf= und Untergang der Gestirne. Wenn es wahr ist, daß für den Menschen nichts schwerer zu ertragen ist als eine ununterbrochene Reihe von glücklichen Tagen, so gilt dies nach meinen Er= fahrungen in einem noch viel höheren Grade von einer ununterbrochenen Reihe von heitern Tagen.

Die auf diese Weise schon durch das Klima bedingte Indolenz und Teilnahmslosigkeit der Turkestaner wird dann zum Überflusse auch noch durch verschiedene äußere Umstände wesentlich gefördert. So erhält man z. B. in Turkestan die europäischen Zeitungen im besten Falle erst nach 3 Wochen, wo die in den Zeitungen mitgeteilten Nachrichten kein Interesse mehr haben, weil sie durch die Ereignisse längst überholt sind. In früheren Zeiten waren die Verhältnisse noch viel schlimmer, weil damals, besonders zur Zeit der Frühjahrshochwasser, der Postverkehr oft mehrere Monate gänzlich unterbrochen war. Die einzige zu meiner Zeit[1] in Turkestan erscheinende Zeitung, die auf Staatskosten herausgegebenen offiziellen „Turkestanischen Nachrichten", bringen nur sehr wenig Mitteilungen über die in Turkestan und in der übrigen Welt vorgefallenen Ereignisse; man findet in denselben hauptsächlich nur die amtlichen Verordnungen und ab und zu Aufsätze über die Geographie und Geschichte Turkestans, das einzige Wertvolle an der ganzen Zeitung. In der letzten Zeit, unter der Verwaltung des Generals v. Rosenbach, wurde zudem die Haltung der Zeitung geradezu ekelhaft durch die beispiel= lose Speichelleckerei, welche der Redakteur, Oberst Majew (ein getaufter Jude), gegenüber dem Generalgouverneur, seinem Auftraggeber und Vorgesetzten, an den Tag legte. Die Zeitung zählt deshalb auch nur einige hundert Abonnenten, fast nur solche, welche ex officio verpflichtet sind, auf dieselbe zu subskribieren. Infolgedessen hat der Staat, obwohl die Zeitung nur einmal wöchentlich erscheint, nur einen kleinen Bogen stark ist, der Abonnements= preis das Doppelte des Abonnementspreises der Münchner „Neuesten Nach= richten" beträgt und für die meisten Beiträge kein Honorar bezahlt wird, jährlich einen Zuschuß von ca. 50 000 Mark zu leisten, d. h. ungefähr 1000 Mark für jede einzelne Nummer, oder, da die Auflage 400 ist,

---

[1] Seit neuester Zeit erscheinen in Turkestan noch einige andere Zeitungen, welche von Privaten herausgegeben werden; so z. B. die Zeitungen „Aschabad" in Aschabad, „Rußkij Turkestan" in Taschkent rc.

2,50 Mark für jedes einzelne gedruckte Exemplar! Infolge der angegebenen
Verhältnisse giebt es in Taschkent so gut wie gar keine Publizität, und man
erfährt von dem, was in Turkestan und selbst in der Stadt Taschkent vor
sich geht, in der Regel weniger als von den Vorgängen in Rußland und
der übrigen Welt. Man ist lediglich auf die in der Stadt umlaufenden
Gerüchte angewiesen, welche in neun Fällen von zehn falsch sind und von
niemand kontrolliert werden können. Man kommt auf diese Weise schließlich
dahin, daß man sich einfach gar nicht mehr darum kümmert, was rings=
umher vorgeht, weil man doch nichts Authentisches erfahren kann. Um dem
angegebenen Mangel abzuhelfen, hatten sich in der letzten Zeit der Ver=
waltung v. Rosenbachs, wo diese Mißstände ihren Höhepunkt erreichten,
einige intelligente Köpfe zusammengethan und in der Art der in den „Tur=
kestanischen Nachrichten" publizierten Telegramme von Zeit zu Zeit fingierte
Telegramme abgefaßt und an die hervorragendsten Bewohner von Taschkent,
sowie an verschiedene Persönlichkeiten aus der Umgebung des Kaisers ver=
sandt, in denen der Generalgouverneur und die höchsten Beamten und Of=
fiziere mit beispielloser Bosheit und Genialität angegriffen und deren
Schwächen unbarmherzig ans Licht gezogen wurden. Die Verfasser dieser
Pasquille, welche nach der Ansicht der Taschkenter schließlich die Abberufung
v. Rosenbachs herbeiführten, blieben zu ihrem Glücke unentdeckt, sonst wäre
ihnen wohl schwerlich ein Spaziergang nach dem äußersten Nordosten Asiens
erspart geblieben.

Auffallend ist bei den Russen, und zwar nicht bloß bei den in Tur=
kestan lebenden, der gänzliche Mangel an Interesse für Politik. Jeder
kümmert sich nur um seine eigenen Angelegenheiten, der Beamte und Offizier
um sein Avancement, der Kaufmann um sein Geschäft u. dgl. Für alles
andere lassen sie, ebenso wie die russischen Bauern, Gott und den Kaiser
sorgen, der nach ihrer Anschauung verpflichtet ist, sich um ihr Wohlergehen
und ihre Zukunft zu kümmern[1]. Wenn der Bauer seinen Hof in Schnaps
vertrunken hat, der leichtsinnige Offizier bis über die Ohren in Schulden
geraten ist, so sieht sie dies wenig an, da ja die Vorgesetzten dafür Sorge
tragen müßten, ihnen wieder herauszuhelfen, und merkwürdigerweise wird
diese naive Zuversicht auch in der Regel belohnt. Ich habe oft mit an=
gesehen, daß solide und tüchtige Beamte und Offiziere übergangen und
dafür liederliche und ganz unbrauchbare Individuen zu einträglichen Stellen
befördert wurden, nur deshalb, weil sie auf andere Weise nicht mehr zu retten
gewesen wären. So wurde z. B. zu meiner Zeit ein einfacher Adjutant

---

[1] In Rußland besteht noch bis zur Stunde ein Gesetz zu Recht, welches in
Gasthäusern, Klublokalen rc. das Besprechen von politischen Angelegenheiten untersagt.
Es ist dies § 103, Anmerkung 1 des Gesetzes betreffend die Verhinderung und Hintan=
haltung von Verbrechen.

des Taschkenter Generalstabs, der vom Schreiber auf gedient hatte, zum Chef
der Intendantur ernannt, die einträglichste Stelle in ganz Turkestan nach
der Stelle des Generalgouverneurs, aus keinem andern Grunde als dem,
daß er dem Staate so viel Geld schuldig war, daß er bei seinem bisherigen
Gehalte nie im stande gewesen sein würde, seine Schuld abzutragen. Als
ich in Dienst trat, riet mir deshalb ein erfahrener höherer Offizier, möglichst
viel durchzubringen und möglichst viel Schulden zu machen, weil man dann
gezwungen sein würde, mir einen höheren Gehalt auszusetzen. Charakteristisch
ist in dieser Beziehung der von Peter d. Gr. für die Behandlung der in
russischen Dienst tretenden Ausländer aufgestellte Grundsatz. Nach seiner
Ansicht sollte man den Engländern möglichst viel Gehalt geben, denn sie verlebten nicht nur ihren ganzen Gehalt, sondern auch noch das Ihrige dazu;
den Italienern dagegen sollte man fo wenig als möglich geben, denn die
Geizhälse verlebten fast gar nichts und schleppten alles aus dem Lande.

Ein öffentliches Leben wie in andern Staaten und ein lebhafteres Interesse für Politik ist in Rußland schon deshalb unmöglich, weil alle politischen
Vereine und Agitationen und alle öffentlichen Versammlungen gesetzlich verboten sind und außer den dazu berufenen Organen niemand auch nur den
geringsten Einfluß auf den Gang der Ereignisse und auf die Politik ausüben kann. In Rußland ist z. B. nicht einmal die Feier des Namens-
und Geburtstages des Kaisers und der Mitglieder der kaiserlichen Familie
der Privatinitiative überlassen. In Taschkent wurde an solchen Tagen jedesmal von der Polizei ein Zirkular erlassen, durch welches alle Hausbesitzer
zur Illuminierung ihrer Häuser aufgefordert wurden unter Androhung einer
Strafe von 50 Mark im Unterlassungsfalle. Daß unter fo bewandten Umständen die Illuminationen meistens nicht besonders pompös ausfielen und
oft nur aus einigen Stümpchen Unschlittkerzen oder aus ein paar Nacht-
lichtern bestanden, konnte man den also vergewaltigten Hausbesitzern wohl
nicht verargen.

Merkwürdig ist bei den in Turkestan lebenden Russen auch das geringe
Interesse für das Land, in dem sie leben, und für das Leben und Treiben
der Eingeborenen. Unter den in Taschkent lebenden Beamten und Offizieren
giebt es viele, welche die asiatische Stadt nie gesehen haben. Sich mit
den Sprachen der Eingeborenen zu befassen, gilt sogar für erniedrigend,
und selbst diejenigen von den Beamten und Offizieren, welche im Laufe
eines langjährigen Aufenthaltes in Turkestan mit der Sprache der Sarten,
Kirgisen und Tadschiken einigermaßen vertraut geworden sind, verkehren
mit den Eingeborenen nur durch Dolmetscher. Der frühere Militärgouverneur
von Semiretschie, General Kolpakowsky, der als geborener Kosak die Sprache
der Kirgisen ebensogut verstand wie seine Muttersprache, gebrauchte zur
Wahrung seiner Würde im Verkehre mit Kirgisen stets Dolmetscher, denen

er jedesmal, wenn sie etwa aus Nachlässigkeit ungenau oder falsch übersetzten, sofort einen gehörigen Rüffel erteilte. Erst in den letzten Jahren ist in dieser Beziehung eine Änderung eingetreten, weil jetzt, gemäß höherer Weisung, bei Besetzung von Administrationsstellen diejenigen bevorzugt werden sollen, welche mit der Sprache der Eingeborenen vertraut sind.

Zur Zeit des Generals v. Kauffmann waren die Verhältnisse in jeder Beziehung viel bessere gewesen als seit seinem Tode. Damals strömte alles nach Turkestan, und die Gesellschaft wurde beständig durch neue Elemente aufgefrischt. Außerdem interessierte sich v. Kauffmann aufs lebhafteste für alles, was auf den von ihm verwalteten Bezirk Bezug hatte; er unterstützte jeden, der sich mit der Erforschung des Landes befaßte, aufs freigebigste, und jeder, der irgend etwas Hervorragendes leistete, war einer entsprechenden Belohnung sicher, weil v. Kauffmann selbst außerordentlich gebildet und viel= seitig war und die Leistungen jedes Einzelnen, ganz gleich auf welchem Ge= biete, nach Gebühr zu würdigen verstand. Es strengte daher damals jeder seine Kräfte aufs äußerste an, und Turkestan gehört deshalb, dank den Be= mühungen v. Kauffmanns, zu den in wissenschaftlicher Beziehung am besten erforschten Gegenden des ganzen russischen Reiches. Gleich nach v. Kauff= manns Tode, während der Verwaltung Tschernajews, ging alles drunter und drüber, und in Taschkent herrschten damals ähnliche Zustände wie in Rom zu den Zeiten eines Claudius und Heliogabalus. Jeder anständige Mensch fürchtete sich damals auf die Straße zu gehen, weil man keinen Augenblick vor einem Rencontre mit den stets mehr oder weniger benebelten Offizieren aus der nächsten Umgebung Tschernajews sicher war und bei jedem solchen Rencontre seine ganze Existenz riskierte. Denn Tschernajew machte in solchen Fällen ohne weiteres von seinem Rechte, jede ihm mißliebige Per= sönlichkeit ohne Angabe der Gründe aus Turkestan abschieben zu dürfen, Gebrauch [1], und dieses Recht maßte sich sogar dessen Generalstabschef, General Nabizky, an, der unter andern einmal seinen Schneider exilieren wollte da= für, daß ein von ihm bestellter Rock nicht zu seiner Zufriedenheit ausgefallen war. Tschernajews Nachfolger, General v. Rosenbach, auf den man anfangs als auf einen Deutschen große Hoffnungen gesetzt hatte, war ein Mann ohne feinere Bildung, weshalb er auch im Publikum nie anders als „Feldwebel" tituliert wurde, kannte zwar als Offizier den Gamaschendienst aus dem ff,

---

[1] Von General Tschernajew wurde in Taschkent erzählt, daß er bald nach der Einnahme von Taschkent die angesehensten Mitglieder der patriotischen Partei unter den Sarten, von denen vorauszusetzen war, daß sie mit der Unterwerfung unter die russische Herrschaft unzufrieden sein würden, zu einem solennen Diner einlud, sie aufs glänzendste bewirtete und ihnen nach aufgehobener Tafel sogar seine eigenen Wagen und Pferde zur Verfügung stellte, sie aber nicht nach ihren Wohnungen, sondern geradeswegs nach Sibirien bringen ließ.

war aber als Adminiſtrator entſchieden nicht an ſeinem Platze und ließ alles
gehen, wie es gehen wollte. Als der Generalſtabschef einmal einen verdienten
Bataillonschef, der ſein Bataillon durch unabläſſige Bemühungen und durch
große finanzielle Opfer aus eigener Taſche zu einer anerkannten Muſter=
truppe gemacht hatte, zu einer entſprechenden Belohnung vorſtellte, erklärte
v. Roſenbach, es ſei die Pflicht des betreffenden Offiziers, ein guter Chef zu
ſein, denn einen ſchlechten Offizier würde er einfach davonjagen. Die Folge
einer ſolchen Methode war die, daß alle guten Beamten und Offiziere nach
Möglichkeit Turkeſtan verließen, wie z. B. der Militärgouverneur von Fer=
gana, General Iwanow, anerkanntermaßen einer der beſten Adminiſtratoren,
die Turkeſtan jemals gehabt hat. Die notgedrungen Zurückbleibenden thaten
nur ſo viel, als unbedingt notwendig war, um nicht mit dem Strafkodex
in Konflikt zu geraten, und auf die ganze Geſellſchaft lagerte ſich eine eiſige
Ruhe, da jeder Stimulus zur Thätigkeit verſchwunden war.

Fuhrwerke und Reitpferde. Die Anzahl der Reit= und Wagen=
pferde iſt bei der ruſſiſchen Bevölkerung von Taſchkent noch beträchtlich größer
als bei der eingeborenen Bevölkerung. Jeder, dem es die Mittel nur irgend=
wie erlauben, hält ſich Equipage oder doch wenigſtens Reitpferde. Außerdem
giebt es im ruſſiſchen Taſchkent noch eine große Menge von Mietdroſchken,
mehr als ſelbſt in München. Der Luxus, den die in Turkeſtan lebenden
Ruſſen mit Pferden und Wagen treiben, wird durch folgende Umſtände be=
günſtigt. Erſtens durch die bereits erwähnte Faulheit und Scheu vor jeder
Bewegung und körperlichen Anſtrengung; zweitens durch die weitſchichtige An=
lage der Stadt und die großen Entfernungen zwiſchen den einzelnen Häuſern
und Stadtteilen; drittens durch die erdrückende Hitze des Sommers und den
unergründlichen Schmutz des Winters, welche das Gehen in der That außer=
ordentlich erſchweren; endlich durch die Billigkeit der Pferde und der Unter=
haltung derſelben. Ein gewöhnliches Reit= oder Wagenpferd kann man ſchon
für 60 bis 80 Mark kaufen, und die Unterhaltung eines Pferdes koſtet
höchſtens zehn Mark monatlich. In Turkeſtan ſind alle Infanterieoffiziere
und ſelbſt die Junker oder adeligen Unteroffiziere beritten, und im Winter
kommen auch die Gymnaſiſten und Schulknaben meiſtens auf Pferden oder
doch wenigſtens auf Eſeln angeritten. Beim Reiten gebrauchen die in Tur=
keſtan lebenden Europäer, Ziviliſten wie Militär, entweder die bei der regu=
lären ruſſiſchen Kavallerie eingeführten Sättel oder Koſakenſättel, ſeltener
engliſche Sättel, welche alle gewöhnlich von der renommierten Petersburger
Firma Walter und Koch bezogen werden. Seit neueſter Zeit verfertigen
auch die eingeborenen Sattler für die Europäer engliſche Sättel, die zwar
ſehr billig, aber wenig dauerhaft ſind. Für größere Reiſen ſind nach meinen
Erfahrungen unter allen Sätteln die Koſakenſättel die beſten nicht nur für
den Reiter, ſondern auch für das Pferd. Anfangs ermüden zwar die Füße,

weil man wegen der dicken Lederkissen, die mittels des Sattelgurts auf dem Sattel befestigt werden, gezwungen ist, die Füße weitgespreizt zu halten und mit kurzen Steigbügeln zu reiten; ist man aber einmal daran gewöhnt, so ermüdet man bei Distanzritten auf Kosakensätteln viel weniger und sitzt viel fester als auf irgend einem andern Sattel, und ein Wundreiten des Pferdes ist bei gehöriger Vorsicht vollständig ausgeschlossen. Ich habe während meines Aufenthaltes in Turkestan wenigstens 35 000 km auf Kosakensätteln zurück= gelegt und trotz meines bedeutenden Gewichtes nie ein Pferd wund geritten, was bei den russischen Kavalleriesätteln sehr häufig geschah. Dabei sind die Kosakensättel auch noch bedeutend billiger und dauerhafter als andere. Der Kosakensattel besteht, ähnlich dem Kirgisensattel, aus einem hölzernen Bock, der mit einem Überzuge aus starkem, schwarzem Leder überkleidet wird. Als Sattelunterlage dient eine Anzahl weicher Filzdecken, von denen die oberste gleichfalls auf der Außenseite mit schwarzem Leder überzogen ist. Zum Schutze der Rippen des Pferdes sind an den Sattel beiderseits mittels

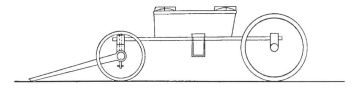

Bild 171. Konstruktion der russischen Teleschki.

lederner Riemen viereckige Stücke dicken steifen Leders gehängt. Wie die Eingeborenen und Kosaken gebrauchen in Turkestan auch die Europäer, Zivilisten sowohl wie Militär, beim Reiten keine Sporen, sondern das turke= stanische Universalinstrument, die Nagaika.

Von Equipagen werden von den in Turkestan lebenden Russen für den Stadtverkehr hauptsächlich zwei Arten gebraucht: gewöhnliche Droschken mit zusammenlegbarem Lederdache, welches während der trockenen Jahreszeit ab= genommen wird, und eine eigentümliche Art leichter, federloser Fuhrwerke, die auf russisch Teleschki genannt werden und nach demselben Prinzipe ge= baut sind wie die russischen Reisewagen oder Tarantassen. (Vgl. Bild 171, in dem dieses Prinzip schematisch angedeutet ist). Bei diesen Fuhrwerken ist das Vordergestell mit dem Hintergestell durch vier oder sechs lange elastische Holzstangen verbunden, auf welchen in der Mitte ein viereckiger, länglicher Korb befestigt wird, der entweder aus Weidengeflecht oder aus einem mit Blech überzogenen Holzgerippe besteht. In diesem Korbe sind gewöhnlich zwei Polstersitze angebracht, der vordere für den Kutscher, der hintere für die Passagiere. Mitunter fehlen aber diese Sitze ganz, und man placiert sich dann einfach auf dem Boden des Korbes auf einer Unterlage von Filz oder trockener Luzerne. Das Vordergestell ruht unmittelbar auf dem hölzernen Achsenlager, mit dem es, um das Umkehren zu ermöglichen, durch einen durchgehenden starken Eisenstift verbunden ist. Diese Teleschti sind zwar wenig repräsentabel, aber für die örtlichen Verhältnisse wie geschaffen, weil sie ebensogut federn wie Federwagen und auf den holperigen Wegen weniger Gefahren ausgesetzt sind als diese. Die Russen gebrauchen bei allen ihren Fuhrwerken Gabeldeichseln, die mittels eisenbeschlagener Ösen beweglich auf die beiden Enden der vorderen Wagenachse gesteckt und durch die Naben der Vorderräder an ihrem Platze festgehalten werden. Wagen mit Glasscheiben giebt es in Taschkent nicht, weil die Fenster auf dem unebenen Pflaster und bei den häufigen Rencontres mit Reitern, Kamelen und fremden Equipagen alle Augenblicke in Stücke gehen würden.

Dienstpersonal. Bei keinem Volke wird wohl im allgemeinen mit dem Dienstpersonale ein solcher Luxus getrieben wie bei den Russen. Dies ist offenbar noch ein Überbleibsel aus der Zeit der Leibeigenschaft und wird durch die Lebensgewohnheiten der Russen und durch die Rolle bedingt, welche die russischen Hausfrauen der privilegierten Stände spielen. Die Russen verstehen sich z. B. nicht anders zu waschen als unter Assistenz eines dienstbaren Geistes, der ihnen Wasser auf die Hände gießt. Ferner haben die Russen noch keine Idee von der Existenz unseres wichtigsten Möbelstückes, nämlich des Stiefelziehers, und ich habe solche im Laufe meines 20jährigen Aufenthaltes in Rußland nie zu Gesicht bekommen. Man bedarf also auch zum Stiefelausziehen immer fremder Hilfe. Was die russischen Hausfrauen der besseren Stände betrifft, so sind dieselben nur zum Repräsentieren da, und sie würden es für eine unverantwortliche Selbsterniedrigung halten, wenn sie im Haushalte selbst mit Hand anlegten. Sie erkennen deshalb auch unsere deutschen Hausfrauen nicht für ebenbürtig an und halten sie für nichts weiter als Hausmägde und Köchinnen, ähnlich den russischen Bauernweibern. Dieser Aristokratendünkel erstreckt sich sogar auf das Dienstpersonal selbst. In Rußland läßt sich z. B. keine Köchin und kein Zimmermädchen herbei, den Zimmerboden zu waschen, und man muß dazu wieder eigene, auf der tiefsten Gesellschaftsstufe stehende Bauersfrauen mieten. In Taschkent sind diese Verhältnisse aus verschiedenen Gründen noch schlimmer, und man ist deshalb gezwungen, eine unverhältnismäßig große Anzahl von Dienstpersonal zu halten. Ich selbst lebte in Taschkent einfacher als viele andere, weil ich bestrebt war, stets mit meinem Dienstgehalt auszukommen; aber trotzdem war ich, solange ich mit Familie lebte, gezwungen, folgende dienstbare Geister zu halten: erstens einen Offiziersburschen, zweitens eine Köchin, drittens eine Kinderfrau, viertens einen Kutscher, fünftens eine Wäscherin. Dies schien aber meiner Frau, einer geborenen Russin, noch lange nicht genug, und sie bestand, wenn auch erfolglos, darauf, daß sie unbedingt noch ein Zimmermädchen und eine zweite Kinderfrau haben müsse, obwohl unsere ganze Familie nur aus vier Köpfen bestand.

Die Dienstbotenfrage ist für die in Taschkent angesiedelten Russen eine ziemlich schwierige; besonders macht sich Mangel an weiblichen Dienstboten fühlbar, weil die Sartinnen dazu nicht zu brauchen sind, einerseits wegen ihrer Religionsvorschriften, anderseits infolge des Umstandes, daß die Sartinnen nicht Russisch und die Russinnen nicht Sartisch verstehen. Nur in vereinzelten Fällen werden von den Russen Kirgisinnen verwendet, die aber meistens nur mit der Wartung der Milchkühe betraut werden. Man ist deshalb lediglich auf die Soldatenfrauen angewiesen, welche ihren militär= pflichtigen Männern nach Turkestan gefolgt sind. In den ersten Jahren war die Anzahl derselben sehr gering; seitdem aber in Rußland bekannt geworden ist, welche gute Geschäfte viele von den Soldatenfrauen in Tasch= kent als Köchinnen, Kinderfrauen, Wäscherinnen u. dgl. machen, nehmen die meisten Rekruten ihre Frauen mit nach Turkestan, und dies um so mehr, als dieselben auf Staatskosten befördert und überdies während der ganzen Dienstzeit ihrer Männer auf Staatskosten auch verpflegt werden. Da aber diese Frauen, wenn sie frisch aus den Dörfern kommen, sich auf keine Arbeit verstehen, so müssen sie immer erst im Kochen, Waschen u. dgl. unterrichtet werden. Außerdem muß man immer auch ihre ganze Familie, Männer wie Kinder, mitfüttern. So hatte ich einmal eine Kinderfrau mit fünf Kindern, die ich alle unterhalten mußte. Leichter sind in Taschkent männ= liche Dienstboten aufzutreiben. Alle Offiziere und ein Teil der Militär= beamten haben Burschen, die ihnen aus der Zahl der aktiven Soldaten zugeteilt werden. Auch ausgediente Soldaten, welche nach Ablauf ihrer sechsjährigen Dienstzeit vorziehen, in Turkestan zu bleiben, vermieten sich vielfach als Kutscher, Köche und Bediente. Außerdem mietet man Sarten oder Tadschiken, von denen gegenwärtig schon viele Russisch zu radebrechen gelernt haben, oder auch Tataren, welche vor den Ebengenannten den Vor= zug voraus haben, daß sie alle des Russischen mächtig sind. Das Halten von wenigstens einigen eingeborenen Bedienten empfiehlt sich schon deshalb, weil man bei ausschließlich russischer Bedienung riskiert, gerade bei den wichtigsten Anlässen ganz ohne Dienstpersonal zu bleiben, da an russischen Festtagen oft das ganze russische Personal Mann für Mann betrunken ist.

Das Anwerben der Dienstboten ist in Taschkent höchst einfach, und man braucht dazu weder Zeitungsannoncen noch Dienstvermittlungsbureaux. Wer irgend einen männlichen oder weiblichen Dienstboten braucht, verfügt sich einfach auf den Bazar, wo alle Dienstsuchenden Tag für Tag herumlungern, und wählt sich auf gut Glück ein anscheinend passendes Individuum aus. Dienstbücher, Atteste, Empfehlungen u. dgl. giebt es in Taschkent nicht, und man muß sich lediglich auf das mehr oder weniger ehrliche Gesicht des

Kandidaten verlassen. Daß man dabei oft und gründlich hereinfallen kann, ist klar, und man entdeckt nicht selten nachträglich mit Schrecken, daß eine als Herrschaftsköchin engagierte Frau nicht einmal die einfachste Suppe kochen kann, daß eine angebliche Feinbüglerin nie in ihrem Leben ein Bügeleisen in der Hand gehalten, und daß der neuangeworbene Kutscher nie mit Pferden zu thun gehabt, oder daß man gar einen renommierten Dieb oder Erzgauner gemietet hat. So hatte ich selbst einmal über ein Jahr lang einen Koch im Dienste, der, wie sich nachträglich herausstellte, mehrere Morde und sonstige Frevelthaten auf dem Gewissen hatte und auch im dringenden Verdachte stand, seine frühere Herrin, die Frau eines russischen Obersten, ermordet zu haben. Die Verabschiedung des Dienstpersonals ist ebenso einfach wie die Anwerbung; man jagt sie, wenn sie nicht konvenieren, einfach davon. Das Dienstpersonal macht aber seinerseits von dem nämlichen Rechte Gebrauch und läuft davon, wenn es ihm gutdünkt, und meistens gerade zu einer Zeit, wo man es am allernotwendigsten braucht.

Die hervorstechendsten Charakterzüge des russischen Dienstpersonals, besonders in Turkestan, sind Trunksucht und außerordentliche Unehrlichkeit. Man darf überzeugt sein, daß man betrogen, bestohlen und übervorteilt wird, wo sich nur eine Gelegenheit dazu findet. Ein recht drastischer Fall wurde von der Frau des Generals v. Kauffmann erzählt. Als dieselbe nach ihrer Rückkehr aus Petersburg der Frau des Generalstabschefs v. Mosel einen Besuch abstattete, sprach sie ihre Verwunderung darüber aus, daß während ihrer Abwesenheit in Taschkent alles viel billiger geworden sei, und führte, als dies mit Recht bestritten wurde, als Beweis an, daß ihr Küchenchef tags vorher Fasanen für 6 Mark das Stück eingekauft habe, während sie früher stets 10—12 Mark dafür bezahlt habe. Man kann sich die Verwunderung der guten Frau ausmalen, als sie erfuhr, daß in Taschkent die Fasanen damals weder 6 noch 12 Mark, sondern ganze 30 Pfennig kosteten, früher aber gar nur 10 Pfennig gekostet hatten. Dem Obersten und jetzigen Generalmajor v. B........, mit dem ich mehrere Jahre zusammen lebte, verrechnete sein Offiziersbursche, der von seinem Herrn überall als Muster von Ehrlichkeit gepriesen wurde, für Zucker allein monatlich 120 Mark, und v. B........ ließ sich dies, obwohl er ein großer Mathematiker war, jahrelang ganz ruhig gefallen, bis ich ihm endlich an den Fingern vorrechnete, daß er als Junggeselle gar nicht im stande sei, ein solches Quantum Zucker (100 kg monatlich oder 3,3 kg täglich) zu konsumieren. Bei all ihrer Unehrlichkeit sind aber die russischen Dienstboten äußerst dienstfertig und lassen sich ohne Widerrede auf jede Weise malträtieren; als wenn es so sein müßte. Es steckt ihnen eben noch immer die Leibeigenschaft im Blute. Die Moralität der weiblichen russischen Dienstboten liegt, besonders in Turkestan, sehr im argen.

Die Sarten sind den russischen Bedienten in Bezug auf Unehrlichkeit noch bedeutend überlegen, weil sie gewandter und intelligenter sind als der gemeine russische Bauer, weil sie überdies mit den örtlichen Verhältnissen besser vertraut sind und nach Verübung eines größeren Betruges oder Diebstahles spurlos verschwinden können, da man bei der primitiven Einrichtung der einheimischen Polizei keine Möglichkeit hat, die Delinquenten ausfindig zu machen. Die Sarten haben aber den Vorzug vor den Russen, daß sie stets nüchtern sind. Viel ehrlicher als Russen und Sarten sind die Tadschiken; diese sind aber in Taschkent nicht leicht zu haben, weil die eingeborene Bevölkerung von Taschkent aus lauter Sarten besteht. Einen Tadschiken aus Chodschent, Namens Scharyp, der bei mir drei Jahre diente, habe ich die ganze Zeit nie auf einer Unredlichkeit ertappt. Ich habe deshalb seitdem immer Tadschiken vorgezogen und bin dabei viel besser gefahren als mit den Russen und Sarten.

Gesellschaftsleben. Das Gesellschaftsleben ist bei den Russen, besonders in den privilegierten Ständen, besser entwickelt als irgendwo, und nirgends kann man, wenn man zu den „Oberen Zehntausend" gehört, die Zeit angenehmer verbringen wie in Rußland. Die Gastfreiheit der Russen ist sprichwörtlich und wird nur noch von der Gastfreiheit der Zentralasiaten erreicht. Der Russe giebt seine letzte Kopeke aus, und hat er nichts mehr, versetzt er, was nur irgend entbehrlich ist, um seinem Gaste mit dem Besten aufwarten zu können. Der russische Bauer trägt im Notfalle seinen letzten Sonntagsrock zum Wucherer, um seinen Besuch wenigstens mit Schnaps bewirten zu können. Während bei uns der Gastgeber bei Tisch den ersten Platz einnimmt, erfordert es die strenge russische Sitte, daß sich der Wirt überhaupt nicht mit zu Tisch setzt, sondern die Gäste bedienen hilft und sich höchstens, nachdem die Gäste versorgt sind, auf einem Seitentischchen an den Überresten gütlich thut. Beim Abschiede bedankt sich nicht der Gast für die erhaltene Bewirtung, sondern der Wirt für die ihm von den Gästen durch die Teilnahme an seinem „bescheidenen Mahle" erwiesene Ehre. Diese übertriebene Gastfreiheit, welche der Ruin vieler Familien ist und hauptsächlich die Verarmung des russischen Adels seit Aufhebung der Leibeigenschaft herbeigeführt hat, ist für Schmarotzer wie geschaffen. Da man zu seinen Bekannten jederzeit zum Frühstücke und Abendbrote, zu guten Bekannten auch unangemeldet und ungeladen zum Mittagessen kommen kann, so kann jeder, der will, ganz gemächlich auf Kosten seiner Bekannten leben, und ich kannte in Taschkent unter den ärmeren unverheirateten Offizieren und Beamten manche, welche sich jahraus jahrein auf Kosten ihrer verheirateten Kollegen verköstigten. Es wird einem von seinen Bekannten sogar übel vermerkt, wenn man nicht wenigstens einmal in der Woche zum Frühstücke, Mittagessen oder Abendbrote vorspricht. Um in einem Hause bekannt zu werden, iſt aber nichts weiter erforderlich, als daß man von einem gemeinſchaftlichen Bekannten vorgeſtellt wird, oder daß man, wenn man als Neuangekommener noch keine Bekannten hat, ohne weiteres einen offiziellen Beſuch macht.

Mit offiziellen Beſuchen wird in ganz Rußland und ſo auch in Taſch= kent ein großer Unfug getrieben. Vor und nach jeder Reiſe muß man allen ſeinen Bekannten Beſuch abſtatten; desgleichen muß man jedem Familien= mitgliede ſeiner Bekannten an Namenstagen perſönlich ſeine Glückwünſche darbringen. Aufs höchſte ſteigt aber die Beſuchswut jedesmal am Neujahrs= tage und am Oſtertage, und wer viele Bekannte hat, muß oft drei Tage hintereinander von Morgen bis Abend wie raſend in der Stadt herum= kutſchieren, um überall perſönlich aufzuwarten oder in den glücklichen Fällen, wo man nicht empfangen wird, wenigſtens ſeine Karte abzugeben. Neujahrs= oder Gratulationskarten per Stadtpoſt zu überſenden, wäre ein ganz un= qualifizierbarer Verſtoß gegen Sitte und Anſtand. Alle dieſe Beſuche müſſen von Offizieren und Beamten in voller Paradeuniform, von Ziviliſten in Frack und Orden, wenn man welche hat, abgeſtattet werden. Dieſe ewigen Beſuche ſind zwar für alle Beteiligten höchſt läſtig, haben aber auch, beſonders die Namenstags= und Oſterbeſuche, ihr Angenehmes. An den Namenstagen werden alle Gratulanten mit einem ſolennen Frühſtücke bewirtet, welches nicht ſelten bis zum Mittageſſen und über dieſes hinaus bis zum Abend= eſſen verlängert wird. Die kurzen Zwiſchenpauſen werden durch Trinken, Kartenſpielen und Tanzen ausgefüllt. Eine ſolche Namenstagsfeier kommt deshalb ſelbſt bei weniger bemittelten Familien ſtets auf verſchiedene hundert Mark zu ſtehen. Noch angenehmer ſind die Oſterbeſuche, weil bei den Ruſſen die Sitte beſteht, daß ſich alle Bekannten beim erſten Zuſammentreffen nach der Auferſtehung, welche bei den Ruſſen um Mitternacht gefeiert wird, ganz gleich, ob zu Hauſe, auf der Straße oder auch in der Kirche, mit drei Küſſen und den Worten „Christos woskres“, d. h. „Chriſtus iſt auferſtanden", begrüßen, was beſonders dann angenehm iſt, wenn die alſo zu Begrüßende eine hübſche, junge Dame iſt. Es giebt deshalb auch unter den Anhängern der andern chriſtlichen Bekenntniſſe, ja ſelbſt unter den Juden und Moham= medanern, nicht wenige, welche dieſes ſchönen Brauches wegen zeitweilig zu Griechen werden und ſich wenigſtens für die Dauer der Oſterfeiertage in dieſem Punkte zur Orthodoxie bekennen. In Bezug auf dieſen Oſter= brauch werden bei den Ruſſen ſogar die ſtrengen Standesunterſchiede beiſeite geſetzt, indem ſich die Offiziere mit den Soldaten [1] und die Herrſchaften

---

[1] Bei einer ſolchen Gelegenheit paſſierte in Taſchtent einmal einem ruſſiſchen Major ein köſtliches Quid pro quo. Derſelbe kam dem Herkommen gemäß am Oſtertag in die Kaſerne, um ſeinem Bataillon zum Oſtertag zu gratulieren. Als er ſich mit dem üblichen Gruß „Christos woskres" an einen von den Soldaten wandte, erhielt

mit dem Dienstpersonal ohne Anstand auf die angegebene Weise begrüßen. Die Osterbesuche beginnen schon während der Nacht, gleich nach Beendigung des Mitternachtgottesdienstes, und werden so lange fortgesetzt, als man im stande ist, sich auf den Beinen zu halten. Da nämlich am Ostertage für die Gratulanten in jedem Hause ein reicher Imbiß mit noch reichlicheren Getränken aufgestellt ist, und man überall wenigstens ein Glas Schnaps oder Wein zu sich nehmen muß, so sind nur die höchstgeeichten Trinker im stande, ihre Besuche schon am ersten Tage zu absolvieren; die andern setzen das am ersten Tage unvollendet gebliebene Werk auch noch die nächsten zwei Tage, mitunter selbst noch bis zum nächsten Sonntage fort. An Ostersonntagen ist es deshalb in russischen Städten nicht leicht, unter der männlichen Bevölkerung ein ganz nüchternes Individuum aufzutreiben.

Ein weiterer Unfug besteht in Taschkent in den bei der Abreise von Bekannten, besonders aber von Vorgesetzten, gebräuchlichen Abschiedsfeiern, welche nicht nur bei der definitiven Abreise derselben abgehalten werden, sondern jedesmal, so oft sie in Urlaub oder in dienstlichen Angelegenheiten auf längere Zeit verreisen. Zuerst wird eine solenne Abschiedsfeier im Offizierskasino oder in einem passenden Privathause abgehalten und dabei eine ungeheure Quantität Champagner vertilgt. Bei der Abreise selbst wird der Betreffende noch bis zur sogen. Isbuschka, einem nach Art der russischen Bauernhäuser aus Baumstämmen gezimmerten und speziell für solche Fälle erbauten Blockhaus am Boß-su-Kanale, am Nordende der Stadt, begleitet und dabei neuerdings ein kaltes Frühstück mit entsprechenden Mengen Sekt eingenommen, was alles den meistens mehr oder weniger unfreiwilligen Teilnehmern große Auslagen verursacht.

Die offizielle Besuchszeit ist in Taschkent wie in Rußland überhaupt von 12 Uhr bis 4 Uhr nachmittags, d. h. von der Frühstückszeit bis zur Zeit des Mittagessens. Die Dienststunden in den Bureaux und bei den verschiedenen Behörden, sowie die Unterrichtsstunden in den Lehranstalten dauern von 9 oder 10 Uhr vormittags ununterbrochen bis 3 Uhr nachmittags. Nur um 12 Uhr wird gewöhnlich eine kleine Pause gemacht, während welcher die Beamten im Amtslokale selbst Thee trinken, die Schulkinder aber ein leichtes Frühstück einnehmen, welches sie entweder schon mitbringen oder von den Angehörigen ins Schulgebäude zugeschickt erhalten. Nach der Einteilung der Bureaustunden richtet sich die ganze Tagesordnung. Am Morgen, etwa um 8 Uhr, nehmen die Russen Thee mit reichlichem

---

er von demselben statt der üblichen Antwort „Wo istinnu woskres" (er ist wirklich auferstanden), die blasphemische Antwort: „Das ist erlogen." Der Major war sprachlos vor Entsetzen über eine so unerhörte Gottesläſterung und gröbliche Respektswidrigkeit; die Sache klärte sich aber alsbald zur Zufriedenheit auf; der betreffende Soldat war nämlich ein Jude.

kalten Imbiffe zu fich, der aus Butter, Käfe, Eiern, Schinken, Würften, kaltem Braten, Geflügel u. dgl. besteht. Um 12 Uhr wird abermals Thee oder Kaffee in Verbindung mit einem soliden Gabelfrühftücke eingenommen. Die Hauptmahlzeit findet zwischen 3 und 5 Uhr statt. Hierauf überläßt man fich entweder einem mehrftündigen Mittagsschlafe, oder man geht, fährt oder reitet spazieren. Um 8 Uhr folgt der Abendthee mit kaltem Imbiffe wie am Morgen, zu dem fich fast stets Bekannte einfinden. Bei Anwesenheit von Gästen wird um 11 oder 12 Uhr nachts ein Abendessen eingenommen, welches fich vom Mittagessen nur durch das Fehlen der Suppe unterscheidet. Ist die Familie für fich allein, fo fällt das Abendessen meistens weg.

Das Menu der in Turkeftan lebenden Ruffen ist teils aus echt ruf= fischen, teils aus französischen Gerichten zusammengefetzt. Auch der Plow und die Pelmene der Eingeborenen finden viel Anklang. Unter allen ruf= fischen Nationalgerichten gebührt der Preis entschieden den Blinis, einer eigentümlichen Art lockerer Pfannkuchen aus gesäuertem Teige von Weizen= und Buchweizenmehl, die gewöhnlich nur während der fogen. Butterwoche, dann aber auch täglich und in unglaublichen Mengen verzehrt werden. Man ißt diefelben mit frischem Kaviar, saurem Rahm und frisch geschmolzener Butter. Dies ist das beste Gericht, welches ich in meinem ganzen Leben gegessen habe, und keine andere der mir bekannten Nationalspeisen läßt fich damit auch nur annähernd vergleichen, besonders wenn man, wie dies auch stets geschieht, vor jedem Paar Blinis einen tüchtigen Schnaps hinter die Binde gießt. Fälle, daß fich Leute an Blinis faktisch zu Tode essen, sind gar nicht fo selten. Eine weitere anerkennenswerte Eigentümlichkeit der russischen Küche sind kleine, mit gehacktem Fleisch, Eiern, Fischen, Geflügel, Kohl u. dgl. gefüllte Paftetchen (Piroschki), welche jedesmal zur Suppe serviert werden und bei keinem Mittagsmahle fehlen. Als die besten gelten die mit sogenannter Wifiga, den weich gekochten und klein gehackten Rücken= knorpeln des Störs, gefüllten Pafteten. Bei feierlichen Veranlassungen, besonders bei Namenstagsfeiern, werden die Gäste mit ca. 0,25 qm großen, aber nur etwa 3—6 cm dicken Pafteten (Pirogi) mit gleichem Inhalte bewirtet. Wohlgelungene Namenstagspafteten bilden stets den Hauptstolz der Hausfrauen.

In Turkeftan lebt die europäische Bevölkerung hauptsächlich von Ge= flügel, wie Hühnern, Fasanen, Indinnen, Rebhühnern, Trappen, Schnepfen, Enten und Gänsen, wilden sowohl wie zahmen; ferner von Fischen, welche der nahe Syr=Darja im Überfluffe liefert, sowie von Schaf= und Kalbfleisch. Rindfleisch wird verhältnismäßig wenig gegessen; es wird gewöhnlich nur zur Herstellung von Bouillon und Suppe verwendet, das Fleisch selbst aber dem Dienstpersonale und den Hunden überlassen. Schweinefleisch wird nur zu Schinken und zu allen möglichen Arten von Wurstwaren verarbeitet, ungeräuchert aber nie gegeſſen, und ich habe in Taſchkent Schweinebraten nie zu Geſicht bekommen. In heißen Gegenden bedarf es nicht erſt einer eigenen Religionsvorſchrift, um vor Schweinefleiſch Ekel zu empfinden. Nur Spanferkel, welche ſtets im ganzen gebraten und mit geröſteter Grütze und mit Äpfeln gefüllt werden, ſind ein beliebtes Eſſen. Außer dem gewöhnlichen Hausſchwein werden auch die in Turkeſtan häufigen Wildſchweine zu Schinken und Würſten verarbeitet. Ihr Fleiſch iſt aber grobfaſeriger, zäher und viel magerer als das Fleiſch des zahmen Schweins und des europäiſchen Wild=ſchweins.

Für einen Ruſſen wäre ein Frühſtück, Mittag= oder Abendeſſen ohne vorausgehenden Schnaps rein undenkbar. Ich kannte Leute, welche ſonſt zu den ſolideſten gehörten, die keinen Appetit hatten, wenn ſie nicht vor und während des Eſſens eine Karaffe Schnaps leerten. In beſſeren Häuſern ſowie in Gaſthäuſern wird bei Diners und Soupers für den Schnaps nebſt Imbiß ſtets ſeitwärts ein eigener Tiſch aufgeſtellt, auf welchem einige Dutzend Sorten Schnaps und ſtarker Weine nebſt großen Quantitäten von Sar=dinen, Hummern, geräucherten Fiſchen, Butter, Käſe, Radischen, marinierten Pilzen, gepreßtem oder friſchem Kaviar, eigentümlich präparierten Heringen, Brot u. dgl., je nach dem Vermögen des Gaſtgebers, bereit ſtehen. Zuerſt verfügen ſich die anweſenden Damen an dieſen Schenktiſch, und nachdem ſich dieſe an den vorgeſetzten Herrlichkeiten gelabt haben, kommen die Männer an die Reihe. Erſt nachdem ſich jeder, je nach Rang, Stand und Be=fähigung, mit 3—6 Schnäpſen gekräftigt hat, begiebt ſich die Geſellſchaft zu Tiſche. Daß auch während des Eſſens den auf der Speiſetafel auf=geſtellten Wein=, Schnaps= und Bierflaſchen fleißig zugeſprochen wird, brauche ich wohl nicht erſt zu erwähnen, da das Renommee der Ruſſen in dieſer Be=ziehung über jeden Zweifel erhaben iſt.

Eine Rolle wie kaum bei einem andern Volke der Erde ſpielt bei den Ruſſen, beſonders bei den in Turkeſtan angeſiedelten, der Thee. Die Ruſſen trinken Thee nicht nur zum erſten und zweiten Frühſtücke, ſofort nach dem Mittageſſen, einige Stunden nach dem Mittageſſen, um 8 Uhr abends und abermals nach dem Abendeſſen; ſondern auch zu jeder andern Tageszeit, wenn es ihnen gerade einfällt, und wenn man, zu welcher Tageszeit nur immer, zu einem Bekannten kommt, ſo wird ſofort die Theemaſchine aufgeſtellt, welche in jedem ruſſiſchen Hansſhalte, ſelbſt in den allerärmſten, das erſte und wichtigſte Möbelſtück bildet. Auch von den Dienſtboten beſitzen die meiſten ihre eigene Theemaſchine, und bei der Anwerbung von Dienſtboten wird jedesmal genau ſtipuliert, wie viel Thee und Zucker dieſelben neben dem Lohne und der freien Verköſtigung zu erhalten haben. In Taſchkent war das gewöhnliche Monatsquantum ein halbes Pfund Thee und 2 Pfund Zucker per Kopf. Die Ruſſen trinken den Thee nicht aus Taſſen, ſondern

aus Gläsern von nahezu $\frac{1}{3}$ Liter Rauminhalt, welche in eigentümliche, becher=
artige, mit einem Henkel versehene Metallbehälter gestellt werden, damit
man sich an den heißen Gläsern die Finger nicht verbrennt. Sie trinken
den Thee wie die Münchner ihr Bier, d. h. in unglaublichen Quantitäten,
und manche bringen es auf 8—10 Gläser auf einen Sitz. Das gewöhn=
liche Volk legt, aus Ersparungsrücksichten, den Zucker nicht in den Thee,
sondern nimmt beim Trinken kleine Stückchen Zucker in den Mund. In
den gewöhnlichen russischen Gasthäusern sowie auf den russischen Poststationen
erhalten die Gäste nicht fertigen Thee, sondern nur die Theemaschine mit
heißem Wasser nebst Service. Den Thee und Zucker bringt jeder Gast
selbst mit, genau so wie bei den Zentralasiaten. In den von den gemeinen
Arbeitern frequentierten Wirtshäusern schließen die Stammgäste gewöhnlich
mit dem Wirte einen Kontrakt, demgemäß derselbe für eine bestimmte
Summe im Laufe eines Monats so und so oft täglich den nötigen fertigen
Thee zu verabreichen hat. Dabei wird jedesmal ausbedungen, ob „mit
Ausgang" oder „ohne Ausgang". In letzterem Falle hat der Gast nur
das Recht, jedesmal so viel Thee zu trinken, als er in sich aufzunehmen
im stande ist, ohne das Zimmer zu verlassen. Im ersteren Falle ist der
Abonnementspreis natürlich ein viel höherer.

Außer dem Thee erfreut sich bei den Russen, besonders beim gemeinen
Volke, auch noch der sogen. Kwaß großer Beliebtheit. Der Kwaß ist eine
Art trüben Halbbiers, das auf verschiedene Weise, gewöhnlich aber aus
Schwarzbrot und Äpfeln bereitet wird, die man im Wasser gären läßt.
Dieses Getränk ist säuerlich, kühlend und durststillend; ich habe ihm aber
nie besondern Geschmack abgewinnen können.

Aristokraten und Plebejer. Die aufopfernde Gastfreiheit der
Russen und der gesellschaftliche Verkehr ist auf die eigene Gesellschaftsklasse
beschränkt. Ein gesellschaftlicher Verkehr zwischen Aristokraten und Leuten
aus dem gemeinen Volke ist ganz undenkbar. Bei keinem Volke trennt die
„Oberen Zehntausend" eine so tiefe Kluft vom gewöhnlichen Volke wie
gerade bei den Russen, weil es bei ihnen keinen Mittelstand giebt. Die
besseren Stände betrachten das gemeine Volk als ganz verschiedene Wesen,
und ihre Frauen, die im Umgange mit ihresgleichen, wenigstens äußerlich,
ungemein prüde sind, genieren sich vor ihren männlichen Bedienten ebenso=
wenig wie die alten Römerinnen vor ihren Sklaven. Wenn in Rußland ein
Edelmann, Beamter oder Offizier einem Bauern, Handwerker oder Klein=
bürger die Hand gäbe, so würde man ihn unfehlbar für verrückt oder
wenigstens für betrunken halten. Sollte sich in einem besseren russischen
Gasthause oder Kasino ein Kellner unterstehen, sich in Gegenwart von
Gästen zu setzen, zu rauchen oder sein Mahl einzunehmen, wie es in
München Usus ist, so würde ihm von den Gästen sofort der Standpunkt

klar gemacht werden. Die Behandlung, welche dem gewöhnlichen Volke von den Privilegierten zu teil wird, ist im ganzen eine sehr schlechte, und ehe ich mich an die Verhältnisse gewöhnt hatte, war ich oft empört, wenn ich mitansehen mußte, wie die Bedienten von ihren Herren bei jeder Gelegenheit mit Kopfnüssen traktiert, ohne alle Veranlassung auf die Hauptwache gesetzt und nie anders als „Bagage", „Hundesohn" u. dgl. tituliert wurden. Das Traurige bei der Sache ist aber, daß die Leute auch meistens keine bessere Behandlung verdienen; denn bei humaner Behandlung kehren sie sofort den Stiel um und traktieren ihre Herrschaft unter aller Kritik, weil sie. Humanität für Schwachheit oder Beschränktheit halten. Thätliche Mißhandlung von Leuten aus dem Volke oder von Soldaten ist gegenwärtig in Rußland gesetzlich ebenso streng verboten wie bei uns, und wenn sich einmal ein vor Zeugen Mißhandelter beschweren sollte, könnte der Attentäter bös in die Klemme kommen. Das Volk ist aber trotz der Aufhebung der Leibeigenschaft noch immer so sehr ans Maltraitiertwerden gewöhnt, daß es nur selten einem besonders Emanzipierten einfällt, von seinem Beschwerderecht Gebrauch zu machen [1]. In den meisten Fällen wären Klagen auch ganz unnütz und würden nur den Kläger selbst in Ungelegenheiten bringen. Denn nach russischem Rechte muß jede Klage durch zwei unbeteiligte Zeugen erhärtet werden. Da man sich aber natürlich, wenn man jemand durchhauen will, wohlweislich hütet, dies in Gegenwart von Zeugen zu thun, so gelingt der Wahrheitsbeweis nur höchst selten, und der Kläger wird dann als mutwilliger Denunziant mit derselben Strafe belegt, welche den Beklagten getroffen haben würde, wenn der Beweis gelungen wäre. Es ist deshalb in Rußland Regel, wenn man jemand geprügelt hat und dabei von Zuschauern überrascht worden ist, vorsichtshalber gleich auch diese durchzuwalken oder wenigstens zu attakieren, denn sie sind dann ebenfalls geschädigt und können nicht mehr als unbeteiligte Zeugen vernommen werden. Einer meiner Taschkenter Bekannten, der in Gegenwart seiner zwei Offiziersburschen einen jüdischen Wucherer nach Verdienst verhauen hatte, wurde von denselben ersucht, gleich auch jedem von ihnen pro forma eine Maulschelle zu geben, damit sie nicht gezwungen werden könnten, gegen ihren Herrn für einen Juden zu zeugen. Das Schlimmste wäre, wenn ein von einem Höher-

---

[1] Über einen russischen Regimentschef wurde mir von einem Augenzeugen folgendes mitgeteilt. Als die kaiserliche Verfügung erlassen wurde, durch welche die Prügelstrafe in der russischen Armee abgeschafft wurde, ließ der erwähnte Oberst sein Regiment antreten und teilte demselben den kaiserlichen Befehl mit. Nach Verlesung des Ukases wendete er sich an die Soldaten mit folgenden Worten: „So, jetzt habt ihr gehört, daß der Kaiser eure H...... geadelt hat; ich werde aber trotzdem über dieselben zu kommen wissen." (In Rußland genossen nämlich die Adeligen von alters her das Privilegium, von Prügelstrafen exsimiert zu sein.)

stehenden mißhandelter Mann aus dem Volke oder gar ein Soldat sich re=
vanchieren und etwa Gleiches mit Gleichem vergelten wollte, weil jedes thätliche
Vergreifen an Adligen, Beamten und besonders an Offizieren von seiten Nicht=
abliger sehr streng bestraft wird, in schwereren Fällen mit Zwangsarbeit
in Sibirien, in besonders gravierenden Fällen mit standrechtlichem Erschießen.
So wurde vor mehreren Jahren in Irkutsk ein Pole erschossen, weil er dem
Gouverneur, bei dem er früher Hauslehrer gewesen war, eine Ohrfeige
gegeben hatte.

Das gemeine Volk ist in Rußland, besonders in den von der Kultur
noch wenig beleckten Gegenden, nach alter Gewohnheit ungemein unter=
würfig. Giebt man den Dienstboten ein Geschenk, so werfen sie sich auf
den Boden und berühren denselben mit der Stirne wie die alten Perser
vor ihren Königen. Das Gleiche thun sie, wenn sie sich von ihrer Herrschaft
verabschieden. In Rußland hat sich sogar eine eigene Redeweise mit ganz
eigentümlichen Redewendungen herausgebildet, welche ausschließlich vom Dienst=
personale im Umgange mit ihrer Herrschaft und von Soldaten gegenüber
ihren Offizieren gebraucht wird. Derselben Redeweise bedienen sich dem
Kaiser gegenüber alle Unterthanen ohne Unterschied, was ungemein komisch
wirkt, wenn die betreffenden z. B. hochstehende Generale sind, in deren Munde
sich die sonst nur von Bedienten und Soldaten gebrauchten Redewendungen
äußerst sonderbar ansnehmen. In Rußland werden alle Leute aus dem
Volke von den Adligen per Du angeredet, der Kaiser aber gebraucht das
Du gegenüber allen seinen Unterthanen ohne Ansehung der Person.

Zu den privilegierten Klassen gehören in Rußland die Adligen, die
Offiziere, die in einer der 14 Rangklassen stehenden Beamten und zum Teil
auch die Geistlichen und die in die Gilden eingeschriebenen Großkaufleute.
Alles andere gehört zu der tief verachteten Plebs. Jedem Staube ist ge=
setzlich eine eigene Titulatur vorgeschrieben, was insofern sein Gutes hat,
als man jederzeit genau weiß, wie man jedermann zu titulieren hat, ohne
dessen Selbstgefühl zu verletzen. Allen Adeligen und allen Offizieren bis
zum Hauptmannsrange, sowie den Beamten der 14. bis 9. Rangklasse
gebührt das Prädikat „Blagorodie“, zu deutsch „Adelig“ oder „Wohlgeboren“;
allen Stabsoffizieren und den im Stabsoffiziersrange stehenden Beamten der
8. bis 6. Klasse das Prädikat „Wysokoblagorodie“ („Hochadelig“ oder
„Hochwohlgeboren“); Staatsräten das Prädikat „Hochgeboren“; General=
majoren und Generallieutenants und den diesen gleichstehenden Wirklichen
Staatsräten und Geheimräten das Prädikat „Exzellenz“ und vollen Generalen
das Prädikat „Hohe Exzellenz“. Grafen und Fürsten werden ebenso tituliert
wie bei uns. Großkaufleuten gegenüber wird das Prädikat „Stepenstwo“
gebraucht, was im Deutschen etwa mit „Ehrwürden“ wiedergegeben werden
kann. Auch den verschiedenen Rangstufen der Geistlichkeit sind gesetzlich be=

stimmte, zum Teil höchst überschwengliche Prädikate zugewiesen. So lautet
z. B. der offizielle Titel der höchsten orthodoxen Kirchenbehörde: „Aller=
heiligster Synod" und das Prädikat „Allerheiligst" kommt auch den einzelnen
Mitgliedern der Synode zu; die Metropoliten werden als „Hochallerheiligst",
die Bischöfe als „Hochheilig" tituliert u. s. f. Die Plebejer haben gar kein
Prädikat, und wenn man einen Bürger, Handwerker oder gar einen Bauern
in einem Briefe mit „Wohlgeboren" titulierte, so würde dies als Hohn
aufgefaßt werden.

Daß in Turkestan die Eingeborenen von den russischen Aristokraten und
Quasiaristokraten nicht besser behandelt werden als ihre eigenen Landsleute aus
dem gemeinen Volke, brauche ich wohl nicht erst zu sagen. Am schlimmsten aber
werden die Eingeborenen gerade von den gemeinen Russen, den Bedienten,
Soldaten und Kosaken traktiert, wie ja immer die kleinen Tyrannen die
schlimmsten sind, und die Sarten, Tadschiken und Kirgisen scheinen für diese
nur dazu bestimmt zu sein, beständig hin und her gestoßen und mit Reit=
peitschen traktiert zu werden. Jeder Eingeborene, der einem Russen auf der
Straße nicht zeitig genug ausweicht, erhält sofort die Nagaika um die Ohren,
und von dieser Regel sind selbst die Arbakesche nicht ausgenommen, die mit
ihren schwerbeladenen Arben nicht bloß Fuhrwerken und Reitern, sondern selbst
Spaziergängern ausweichen müssen, wenn sie nicht mit der Reitpeitsche oder
dem Spazierstocke Bekanntschaft machen wollen. Da übrigens die Ein=
geborenen früher von ihren eigenen Chanen und deren Beamten noch viel
schlimmer behandelt worden sind, so finden sie die Behandlung, die ihnen
von der Mehrzahl der Russen zu teil wird, für ganz natürlich und im
Rechte des Siegers begründet, und sie würden es für ein Zeichen von
Schwäche halten, wenn man sie anders traktierte. Als General Tschernajew
zum Generalgouverneur ernannt worden war, ließ er, um sich schnell po=
pulär zu machen, gleich nach seiner Ankunft in Taschkent die ganze ein=
geborene Bevölkerung von Taschkent auf dem Marsfelde auf seine Kosten
bewirten. Da zu dieser Bewirtung etwa 18 000 Mann erschienen, so war
es für die russischen Polizeiorgane keine leichte Sache, diese ganze ungeordnete
Masse in Ordnung zu bringen und gehörig in Reih und Glied zu placieren,
und sie machten deshalb zur Beschleunigung des Arrangements gegenüber
den Gästen des Generalgouverneurs fleißig Gebrauch von ihren Nagaiken.
Als später, in meiner Gegenwart, einer von den also Traktierten, ein reicher
Taschkenter Kaufmann, zu dem Generalstabschef Matwejew kam und von
diesem gefragt wurde, wie sie mit der Bewirtung auf dem Marsfelde zu=
frieden gewesen seien, sagte derselbe: „Ja, die Bewirtung war sehr reichlich,
die Prügel aber, die wir dabei bekamen, waren noch viel reichlicher."

Folgendes Beispiel ist gleichfalls sehr charakteristisch für die Art und
Weise, wie die niedern russischen Verwaltungsorgane mit den Eingeborenen

verfahren. Als General v. Kauffmann im Jahre 1880 eine Reiſe durch
Turkeſtan machte, war er darüber ungehalten, daß überall, wo er hintam,
die Sarten, Tadſchiken und ſelbſt die ſchmutzigen Kirgiſen ſich an ihn drängten,
um ihm, wie es wohl bei den Zentralaſiaten, nicht aber bei den Ruſſen
Sitte iſt, in der familiärſten Weiſe die Hand zu ſchütteln, und er machte
deshalb gegen den betreffenden Bezirkschef eine diesbezügliche abfällige Be=
merkung. Dieſer fand ſofort ein praktiſches Mittel, um den gerügten Übel=
ſtand augenblicklich abzuſtellen. Wenn ſich General v. Kauffmann einer
Anſiedlung näherte, ſprengte der Bezirkschef jedesmal voraus, und da keine
Zeit war, den zum Empfange verſammelten Eingeborenen erſt des Langen
und Breiten auseinanderſetzen zu laſſen, daß es bei den Ruſſen nicht Brauch
ſei, einem hochſtehenden Generale die Hand zu geben, ſo ſchlug er einfach
alle, welche ihm nach altem Herkommen zum Willkomm die Hände entgegen
ſtreckten, mit der Nagaika auf die Finger. Wenn daher gleich darauf der
Generalgouverneur angefahren kam, hatten ſie, dadurch gewitzigt, nichts
Eiligeres zu thun, als ihre Hände hinter ihrem Rücken oder in den langen
Ärmeln ihrer Chalate zu verſtecken, und der beabſichtigte Zweck war voll=
ſtändig erreicht.

Am beſten wird die Verachtung, mit der die meiſten Ruſſen auf die Ein=
geborenen ſehen, durch folgende zwei Fälle dokumentiert, welche mir von
einem der angeſehenſten turkeſtaniſchen Generale, der es wiſſen mußte, als
authentiſch mitgeteilt worden ſind. Als General Grodekow, bald nach ſeiner
Ernennung zum Militärgouverneur der Syr=Darja=Provinz, das Taſchkenter
Staatsgefängnis inſpizierte, fand er daſelbſt eine Anzahl Sarten vor, welche
ſchon vor mehreren Jahren freigeſprochen, aber bis dahin noch nicht aus der
Haft entlaſſen worden waren, lediglich deshalb, weil der Stadthauptmann
ſeinerzeit zu faul geweſen war, um einiger Sarten willen nach dem Ge=
fängniſſe zu fahren und deren Freilaſſung zu verfügen, und ſpäter ganz
darauf vergeſſen hatte. Daß Eingeborene jahrelang in Unterſuchungshaft
gehalten werden, bis es endlich dem Unterſuchungsrichter gefällig iſt, dieſelben
zu verhören, ſoll gar nicht ſelten vorkommen und ſogar zur Regel gehören.
Noch gravierender iſt folgender Fall, der ſich gleichfalls im Taſchkenter Ge=
fängniſſe abgeſpielt hat. Die zur Deportation und zur Zwangsarbeit ver=
urteilten Verbrecher werden jedes Frühjahr in größeren Trupps aus Taſch=
kent nach Sibirien abgefertigt. Als ſo einmal ein aus 332 Arreſtanten
beſtehender Transport aus dem Taſchkenter Gefängniſſe abgeſchickt werden
ſollte, ſtellte es ſich bei der Verleſung heraus, daß zwei Arreſtanten fehlten.
Um nun für ſeine Nachläſſigkeit in der Beaufſichtigung der Gefangenen
nicht zur Rechenſchaft gezogen zu werden, ſchickte der Gefängnisverwalter
ſofort einen Soldaten nach dem Bazar und ließ von dort zwei Feldarbeiter
holen, die ſich in der freudigen Erwartung eines guten Verdienſtes ſchleunigſt

mit ihren Ketmenen einstellten. Bei ihrer Ankunft auf dem Gefängnishofe wurden diese Arbeiter sofort statt der fehlenden zwei Arrestanten eingereiht und wanderten stante pede in die sibirischen Bergwerke an Stelle der durchgebrannten Räuber und Mörder. Als später die Sache höheren Orts bekannt wurde, war das Unrecht nicht mehr gut zu machen, weil die Namen der betreffenden Arbeiter niemand bekannt waren.

Teures Leben in Taschkent. Im europäischen Rußland ist allgemein die Ansicht verbreitet, daß das Leben in Taschkent wegen der außerordentlichen Wohlfeilheit der Lebensmittel ungemein billig sein müsse. Dies ist aber ein großer Irrtum, und für Leute aus dem Offiziers-, Beamten- und Kaufmannsstande sind hier 6000 Mark das Minimum, um mit kleiner Familie halbwegs standesgemäß leben zu können.

Die Lebensmittel sind in Turkestan allerdings sehr billig, selbst in Taschkent, welches wegen der zahlreichen unproduktiven russischen Bevölkerung weitaus die teuerste Stadt von ganz Turkestan ist. Im Jahre 1884 waren im russischen Taschkent die Lebensmittelpreise im Detailverkaufe nach amtlichem Ausweise folgende:

			Pfennig.				Pfennig.
Ein Pfund [1] Weizenmehl (gewöhnliches)			4	Ein Pfund Butter		. . . .	60
Ein Pfund Weizenmehl (feinste Sorte)			10	„	„	rote Rüben . . .	2
				„	„	Kartoffeln . . .	3
Ein Pfund Weizen		. . .	2	„	„	gelbe Rüben . .	1
„	„	Erbsen . . .	10	„	„	Rettige	1
„	„	Reis	6	„	„	Zwiebeln . . .	2
„	„	Hirse	6	„	„	Mandeln . . .	36
„	„	Buchweizen . .	30	„	„	Pistazien . . .	20
„	„	Gerste	2	„	„	Pflaumen . . .	20
„	„	Schwarzbrot . .	4	„	„	Rosinen	10
„	„	Weißbrot . . .	8	„	„	Weintrauben . .	6
„	„	Rindfleisch .	10—15	„	„	roter Pfeffer . .	20
„	„	Schaffleisch .	12—16	„	„	Salz	2
„	„	Kalbfleisch . .	12	„	„	Zucker	60
„	„	Fische	10	„	„	schwarzer Thee	200—800
„	„	Schaffett . . .	28	Ein sartisches Brot			1
„	„	Schweinefett . .	6	Ein Topf Milch (von sartischen			
„	„	Sesamöl . . .	20	Kühen)			10
„	„	Lein- oder Hanföl .	25	Ein Topf Milch (von russischen			
„	„	Provenceröl . .	400	Kühen)			20
				Hundert Eier			120

---

[1] Das russische Pfund ist gleich 409,5 g.

	Pfennig.		Pfennig.
Hundert Kohlköpfe	1500—3000	Eine Gans	300
Hundert Stück Gurken (je nach der Jahreszeit)	20—180	Eine Ente	60
		Ein Huhn	12
Hundert Stück Salzgurken	300	Eine Henne	30
Eine Flasche Kwaß	4	Ein Fasan	35
Eine Flasche Kumys	15		

Nach den soeben mitgeteilten Lebensmittelpreisen, die, abgesehen von den aus Europa importierten Artikeln, durchgängig viel niedriger sind als in Europa, möchte man allerdings erwarten, daß in Turkestan das Leben nicht nur für die Eingeborenen, sondern auch für die Europäer sehr billig sein müßte. Daß dem aber nicht so ist, davon kann man sich schon bei einem Besuche des Taschkenter Offizierskasinos überzeugen, welches zu dem ausgesprochenen Zwecke errichtet worden ist, den Offizieren und Militärbeamten ein billiges Essen zu verschaffen. Abgesehen von dem wirklich billigen Mittagessen, welches der Pächter nach Kontrakt im Abonnement zum Selbstkostenpreise liefern muß, sind die Preise für die einzelnen Portionen genau dieselben, wie in den besten Petersburger Restaurants, obwohl in Petersburg die Lebensmittel im ganzen zehnmal teurer sind als in Turkestan. Die Preise der Getränke sind natürlich noch höher als in Petersburg, weil noch der kostspielige Transport in Betracht kommt. Die Gründe, welche den in Turkestan lebenden Europäern das Leben verteuern, sind folgende. Erstens der hohe Preis aller aus Europa importierten Artikel wie Kleider, Wäsche, Schuhe, Einrichtungsgegenstände, Glas- und Porzellanwaren u. dgl. Die Kleider mußten früher, als es in Turkestan noch keine oder zu wenige europäische Schneider gab, in Petersburg oder Moskau bestellt und per Post versandt werden. Alle Glas- und Porzellanwaren, welche beim Transporte auf Kamelen vielen Gefahren ausgesetzt und immer wenigstens ein halbes Jahr unterwegs sind, kosten in Taschkent das Drei- bis Vierfache der Petersburger Marktpreise. Die Gesellschaftskostüme der Taschkenter Damen, welche womöglich direkt aus Paris oder doch wenigstens aus Petersburg verschrieben werden müssen, verschlingen allein schon ganze Vermögen. Man kann sich leicht ausrechnen, was z. B. ein Pariser Damenhut kostet, der in eine eigene Kiste verpackt von Paris bis Orenburg auf der Eisenbahn, von Orenburg bis Taschkent aber 2000 km weit auf Kamelen transportiert wird, wenn man noch dazu rechnet, wieviel während des halbjährigen Transportes in den Händen der ungeschlachten Kirgisen und beim Passieren der angeschwollenen Flüsse beschädigt oder ganz ruiniert wird.

Am meisten wird aber das Leben in Taschkent verteuert durch die den Russen angeborene Verschwendungssucht, das Halten zahlreicher Dienerschaft und die unbegrenzte Gastfreiheit, die allenfalls zur Zeit der Leibeigenschaft am Platze war, wo die reichen Adligen nicht wußten, was sie mit ihrer Zeit und ihrem Gelde anfangen sollten, die aber jetzt, nachdem die Mittel zu einem solchen Leben geschwunden sind, einen verhängnisvollen und zum allgemeinen Ruine führenden Anachronismus bildet. Der Lohn für das Dienstpersonal ist zwar in Taschkent nicht höher, eher geringer als in euro= päischen Städten und beträgt bei voller Verköstigung im Durchschnitte nicht über 25 Mark monatlich, wobei die Löhne der weiblichen Bedienung so ziemlich dieselben sind wie für das männliche Dienstpersonal. Da aber die Anzahl der dienstbaren Geister groß ist und die meisten davon mit Familie versehen sind, so verschlingt deren Unterhalt große Summen. Geradezu ruinös ist aber die von den Russen geübte Gastfreiheit. Da man nie vorher wissen kann, ob man nicht zum Frühstück, Mittagessen oder Abendbrot von seinen Freunden und Bekannten unversehens überfallen wird, so muß man immer für mehr Personen anrichten lassen als eigentlich nötig wäre, und stets für alle unvorhergesehenen Fälle ein entsprechendes Quantum von Spirituosen und Eßwaren auf Lager halten. Dazu kommen dann die in allen besseren Häusern üblichen wöchentlichen Abendunterhaltungen, zu denen sich in der Regel alle Bekannten mit ihren Familien einfinden, eine von Peter dem Großen zur Zivilisation der Russen ins Leben gerufene Sitte; ferner die häufigen Diners, Namenstags=, Abschieds=, Neujahrs=, Oster= und Weihnachtsfeiern, welche allein schon jedesmal einen gewöhnlichen Monats= gehalt verschlingen, da keiner hinter den andern zurückbleiben darf, wenn er seine Stellung in der Gesellschaft nicht einbüßen will und jede Hausfrau ihre Kolleginnen zu übertrumpfen sucht. Rechnet man dazu noch die un= vermeidlichen Verluste im Kartenspiel, dem die ganze Gesellschaft leidenschaft= lich ergeben ist, so wird man leicht einsehen, daß in Turkestan kein Offizier und kein Beamter im stande ist, mit seinem Gehalte allein auszukommen. Es bleibt also für alle jene, welche nicht von Haus aus mit Glücksgütern gesegnet sind, wie es bei den nach Turkestan Verschlagenen fast stets der Fall ist, nichts übrig, als sich entweder unrettbar in Schulden zu stürzen, oder sich unerlaubte Einnahmequellen zu eröffnen. Dadurch wird wohl die sprichwörtlich geworbene Unredlichkeit und Bestechlichkeit der russischen Beamten zur Genüge erklärt. Unter den zwischen dem gesetzlichen Einkommen und den Anforderungen der Gesellschaft herrschenden Mißverhältnissen haben nicht etwa bloß die kleinen Beamten mit geringen Gehältern zu leiden, sondern gerade vorzugsweise die höchstgestellten und einflußreichsten Persönlichkeiten, weil die Erhöhung der Gage beim Vorrücken im Dienste mit den noch viel höher gesteigerten gesellschaftlichen Anforderungen nicht gleichen Schritt hält. Geld besitzen unter der Taschkenter Beamtenwelt nur die kleinen Beamten, besonders die jüdischer Abkunft, denen es bei ihrer untergeordneten Stellung und ihrem gewöhnlich niedrigen Bildungsgrade niemand verargt, wenn sie

eingezogen und knauserig leben. Da dieselben in der Regel auch wenig
skrupulös sind und von Ehrgefühl wenig oder auch gar keinen Begriff haben,
so ist es ihnen auch viel leichter, sich auf unerlaubte Weise auf Kosten des
Staates und des Publikums zu bereichern, als den häufig feingebildeten und
aus besseren Familien stammenden höheren Beamten und Offizieren. Unter
den Taschkenter Aristokraten kannte ich nur wenige, welche nicht bis über
die Ohren in Schulden steckten, wie denn z. B. selbst der frühere Chef der
Artillerie, Generallieutenant Michailowsky, einer der höchsten turkestanischen
Offiziere, aus Verzweiflung über seine Schuldenlast Selbstmord beging. Als
General v. Kauffmann, der Eroberer von Samarkand, Kokan und Chiwa,
der Organisator und Begründer der russischen Macht in Zentralasien, der
jahrelang die Einkünfte eines großen Teiles von Turkestan zur diskretionären
Verfügung gehabt hatte, und von dem deshalb jedermann überzeugt war,
daß er wenigstens an die 40 Millionen in Besitz haben müsse, mit Tod
abgegangen war, mußte sich seine Frau 600 Rubel leihen, um die Reise
nach Petersburg bestreiten zu können.

Das drastischeste Beispiel von Inkongruenz zwischen Einkommen und
Ausgaben bilden in Turkestan die Bezirkschefs. Da, abgesehen von den
Provinzialhauptstädten Taschkent, Margelan, Samarkand, Wernoe und
Aschabad, in jedem Bezirke der Bezirkschef die höchste obrigkeitliche Person
ist, so muß derselbe, besonders wenn er verheiratet ist, in der Gesellschaft
seines Bezirkes natürlich die erste Rolle spielen und ein offenes Haus
halten. Da es ferner in Turkestan fast nirgends Hotels giebt, so ist es
Brauch, daß alle angeseheneren durchreisenden Offiziere und Beamten, sowie
alle auswärtigen Reisenden, wenn sie sich einige Zeit am Ort aufzuhalten ge=
zwungen sind, beim Bezirkschef Quartier nehmen und von demselben für die
ganze Dauer ihrer Anwesenheit vollständig freigehalten werden. So wohnte
ich z. B. einmal einen ganzen Monat beim Major Pukalow, Bezirkschef
von Perowsk, wohin ich im Winter 1874 zur Beobachtung des Venus=
durchganges kommandiert worden war. Während des kokanischen Feldzuges
war der Generalgouverneur samt seinem ganzen aus etwa 50 höheren Of=
fizieren bestehenden Siabe mehrere Wochen Gast des Bezirkschefs von Chod=
schent, dem die Bewirtung dieser distinguierten Gesellschaft im Laufe einer
einzigen Woche mehr kostete, als sein ganzer Jahresgehalt betrug, da für
Champagner allein täglich über 700 Mark draufgingen. Wie die Karriere
eines solchen Bezirkschefs schließlich enden muß, ist leicht vorauszusehen.
Bleibt er ehrlich, was nur ausnahmsweise vorkommt, so gerät er in Schulden,
aus denen es keine Rettung mehr giebt, weil die Bezirkschefs unter ge=
wöhnlichen Verhältnissen dienstlich nicht mehr weiter avancieren können;
denn die Militärgouverneure werden aus andern Kreisen gewählt. Der
frühere Bezirkschef von Osch, Oberst Jonow, dessen Name gelegentlich der

Pamirfrage vielfach genannt worden ist, und bei dem ich mich vor meiner Abreise nach dem Pamir im Jahre 1877 mit Staatsrat Sewerzow eine Zeitlang aufhielt, erzählte uns, daß er vor seiner Ernennung zum Bezirks=chef ein ziemlich bedeutendes Privatvermögen besessen, aber im gegebenen Moment bereits 40 000 Mark Schulden kontrahiert habe. In der Regel packen aber die Bezirkschefs die Sache praktischer an und verstehen auf Kosten ihrer Untergebenen nicht nur ihre bedeutenden Ausgaben zu decken, sondern sich auch noch obendrein die Mittel zu einem lukullischen Leben zu verschaffen. Solange sie die Sache vorsichtig und mit Maß betreiben, werden sie von oben nicht weiter behelligt, obwohl man gerade kein besonderer Mathematiker zu sein braucht, um jedem an den Fingern nachzurechnen, wie=viel er außer seinem Gehalte noch ungesetzliches Einkommen beziehen muß, um einen solchen Aufwand machen zu können. Der frühere Bezirkschef von Kuldscha, Major Gerasimow, galt höheren Orts für einen der besten Bezirks=chefs von ganz Turkestan, obwohl jedermann bekannt war, daß Gerasimow für Sekt allein jährlich siebenmal so viel ausgab, als sein ganzer Jahresgehalt betrug. Nur wenn diese Leute die Sache gar zu arg treiben oder wenn ein unglücklicher Zufall zur Aufdeckung ihrer Praktiken führt, kommen sie mit dem Gesetze in Konflikt und enden dann ihre Karriere mit Dienst=entlassung oder auch in Sibirien. Der frühere Bezirkschef von Chodschent, Baron Nolde, der schließlich auch für seine vielen Freveltaten zu zwölf=jähriger Zwangsarbeit in Sibirien verurteilt wurde, hatte die Gewohnheit, wenn er an einem Abend eine größere Summe im Kartenspiele verloren hatte, sofort durch seinen Sekretär ausrechnen zu lassen, wie viel davon auf den Kopf der Steuerzahler traf, und dann ohne weiteres seinen Spielverlust von den Eingeborenen als Zusatzsteuer erheben zu lassen. Als Nolde endlich von General v. Kaufmann abgesetzt wurde, wurden von den Eingeborenen in allen Moscheen Dankgebete abgehalten; vorher hatte sich aber niemand entschließen können, gegen Nolde Klage zu führen.

Einen Wandel in den angedeuteten mißlichen Verhältnissen herbeizu=führen, dürfte für die russische Regierung fast unmöglich sein; sie müßte denn die Gehälter der in Turkestan dienenden Beamten und Offiziere um das Zehnfache erhöhen und dieselben den englisch-indischen Beamten gleich=stellen, die im Durchschnitte ein gerade zehnmal höheres Einkommen haben als die in Turkestan dienenden Russen. Schwerlich würde aber auch damit eine Abhilfe zu erreichen sein, weil das erhöhte Einkommen unfehlbar auch eine erhöhte Verschwendung herbeiführen würde, wie man sich zu den Zeiten des Generals v. Kauffmann, unter der Regierung des Kaisers Alexander II., überzeugen konnte, wo das Einkommen der meisten Beamten und Offiziere doppelt so hoch war wie unter der späteren sparsamen Regierung des Kaisers Alexander III. Es ist überhaupt ein hervorstechender Charakterzug der Russen, daß sie nicht im stande sind, zu sparen und Geld anzuhäufen, überhaupt für den kommenden Tag zu sorgen; mögen sie auch noch so viel stehlen, alles wird mit Freunden und Bekannten verjubelt und zur Erhöhung des gesellschaftlichen Glanzes verwendet. Ich habe keinen einzigen Russen kennen gelernt, der deshalb Unterschleife begangen hätte, um sich auf diese Weise ein Vermögen zu erwerben; dies thun nur die im russischen Staats= dienste stehenden Polen und getauften Juden, die deshalb auch durchschnittlich zu den Vermöglichsten gehören und mit denen sich, nebenbei bemerkt, in Bezug auf Bestechlichkeit und Gewandtheit im Stehlen kein Nationalrusse auch nur entfernt messen kann [1].

Unterhaltungen. Die in Turkestan lebenden Europäer müssen zwar auf manche Annehmlichkeiten des Lebens verzichten, die man sich in europäischen Städten mit geringen Auslagen verschaffen kann, aber trotz der großen Entfernung von allen Zivilisationszentren verstehen sich die Turke= staner doch das Leben so angenehm einzurichten, als es unter den obwalten= den Umständen überhaupt möglich ist. Freilich, das Leben derjenigen Un= glücklichen, welche in die kleineren Städte versetzt sind, wo oft kaum ein Dutzend Russen aufzutreiben ist, gestaltet sich, besonders wenn sie unverheiratet sind, nicht beneidenswert, und denselben bleibt nichts übrig, als die Zeit mit Kartenspielen und Trinken totzuschlagen, und nicht selten enden solche Un= glückliche mit Selbstmord oder Stillsuff. Am besten sind in dieser Beziehung natürlich die Taschkenter daran, weil in Taschkent kein Mangel an feinerer Gesellschaft, sowie an Bällen, Konzerten und sonstigen Unterhaltungen ist, wenn man nur über das nötige Kleingeld verfügt.

Die Taschkenter sind ungemein gesellig und manche können sich nicht ruhig zu Bette legen, wenn sie tags über nicht wenigstens ein Dutzend ihrer Bekannten besucht und mit denselben konversiert, gegessen, getrunken und Karten gespielt haben. Der Taschkenter verbringt den Abend fast nie allein zu Hause, sondern er empfängt entweder selbst seine Bekannten, oder er ist bei solchen zu Gast. In jeder besseren Familie sind, wie bereits erwähnt, allwöchentlich Gesellschaftsabende, zu welchen sich alle Bekannten mit ihren Familien ohne spezielle Einladung einzufinden pflegen. An diesen Abenden wird musiziert, gesungen, getanzt, Karten und Schach gespielt. Die Leidenschaft für das Kartenspiel ist bei den Russen außerordentlich entwickelt, und es beteiligen sich an demselben nicht nur die Männer, sondern auch

---

[1] Ein Beamter der Kanzlei des Kommandanten von Taschkent, Petrow mit Namen, ein getaufter polnischer Jude, der ein Jahresgehalt von etwa 3000 Mark bezog, baute sich in Taschkent im Laufe von 15 Jahren 15 Häuser und hatte dann noch die Unverschämtheit, durch seine Frau beim Generalgouverneur um eine Unter= stützung nachsuchen zu lassen, weil angeblich sein Geld nicht reichte, um den Bau des letzten Hauses zu Ende zu führen.

die Frauen und selbst Backfische. Überall, wo zwei oder drei versammelt sind, wird unfehlbar Karten gespielt, und es dürfte in ganz Taschkent nur wenige Häuser geben, in denen nicht jeden Abend gespielt wird, wenn die Wirte nicht gerade auswärts zum Spiele eingeladen sind. Sonderbar ist, daß bei den Russen nicht nur in Gasthäusern und im Offizierskasino, sondern auch in Privathäusern Kartengeld bezahlt wird, indem jedesmal nach Beendigung des Spieles einer der Teilnehmer einen Dreirubelschein (6 Mark) für die benützten Karten auf den Spieltisch legt. Die Karten sind in Rußland sehr teuer, weil deren Verkauf ein Monopol der Waisenhäuser bildet, eine gewiß nachahmenswerte Einrichtung. Enragierte Spieler spielten in Taschkent zuweilen ununterbrochen 48 Stunden hintereinander, und mancher hat am Kartentische an einem Abend sein ganzes Vermögen verloren. Einer meiner Bekannten, Major A., der im Verlaufe von zwei Jahren sein ganzes Vermögen im Betrage von einer Million Mark und dann auch noch das Vermögen seiner Frau am Spieltische verloren hatte, verspielte trotz seiner schlimmen Erfahrungen und seines hohen Alters jeden Monat seine ganze Gage immer unfehlbar schon am Zahltage und lebte dann den ganzen Monat ausschließlich auf Kosten seiner Bekannten. Von dem Artillerieobersten G. wurde erzählt, daß er, nachdem er an einem Abend all sein Geld verloren hatte, zum Schlusse noch seine hübsche Frau auf eine Karte setzte und auch diese noch verspielte. Wie weit bei den Russen die Passion fürs Kartenspiel geht, davon konnte ich mich besonders während des Feldzuges des Jahres 1878 überzeugen. Ich befand mich damals im Stabe des Generals Abramow, der mit seiner Heeresabteilung eine Zeitlang in der Nähe von Irkeschtam auf einer Meereshöhe von 4000 m gelagert war. Hier wurde von den Offizieren ohne Unterlaß Tag und Nacht gespielt. Eines Morgens fand ich beim Aufstehen, daß die im Zelte meines Nachbars versammelten Spieler das bereits am Mittag des vorhergehenden Tages begonnene Kartenspiel noch immer unverdrossen fortsetzten, obgleich es heftig schneite und die Spielenden wegen des beschränkten Raumes nur Kopf und Schultern im Zelte unterbringen konnten, mit dem ganzen übrigen Körper aber im Freien, im Schnee und Schmutz, liegen mußten.

Während der warmen Jahreszeit werden in Taschkent von den Mitgliedern der Aristokratie häufig Ausflüge zu Wagen oder zu Pferde unternommen und an den Sammelpunkten Picknicks mit Militärmusik veranstaltet. Die Russen sind überhaupt die größten Musikliebhaber, die ich kenne. In Taschkent konnte jeder, der wollte, sich fast täglich unentgeltlich an Militärmusikproduktionen ergötzen: zweimal in der Woche spielte während der warmen Jahreszeit Militärmusik im Garten des Generalgouverneurs, ebenso oft im Garten des Offizierskasinos, an Sonn- und Feiertagen aber im Stadtpark. Die Zahl der Militärmusikkapellen ist in Taschkent größer als selbst in

München; denn außer dem großen Kreismusikkorps, welches auf Staatskosten unterhalten wird, giebt es noch Musikkapellen bei den Kosakenregimentern und bei jedem einzelnen Bataillon. Diese Bataillonsmusikkorps sind ursprünglich auf Kosten der betreffenden Bataillonschefs eingerichtet worden und unterhalten sich seitdem selbst, indem ein Drittteil der Spielgelder, welche die Kapellen für Produktionen in Privathäusern erhalten, zur Besoldung des Kapellmeisters, ein Drittteil zur Anschaffung von Instrumenten und Noten verwendet, der Rest aber an die Musiker verteilt wird. Das Honorar für Privatproduktionen ist sehr gering und beträgt selbst für das 40—50 Mann starke Kreismusikkorps nur 50 Mark für die Nacht. Im Offizierskasino und auf öffentlichen Plätzen müssen die Militärkapellen gratis spielen, und sie werden dazu einfach durch Kommandanturbefehl beordert. Die Militärmusiker werden alljährlich von den Kapellmeistern aus der Zahl der neuangekommenen Rekruten ausgewählt und haben beim Eintritte nicht die leiseste Idee von Noten und überhaupt von Musik. Tanzlustige, deren es übrigens unter der Taschkenter Herrenwelt nur verhältnismäßig wenige giebt, finden reichliche Gelegenheit zum Tanzen, und sie können sich, wenn sie nur wollen, diesem Vergnügen fast jeden Abend hingeben, teils auf den in Privathäusern arrangierten Abendunterhaltungen und Hausbällen, teils auf den jeden Sonn- und Feiertag, mit Ausnahme der Fastenzeit, im Offizierskasino abgehaltenen Bällen und Tanzunterhaltungen. Die tanzlustigen Damen sind aber trotzdem übel daran, weil in der Regel auf einen disponiblen Tänzer zehn Tänzerinnen treffen. Die turkestanische Herrenwelt hat sich eben großenteils zu den Anschauungen der Eingeborenen bekehrt, welche das Zuschauen beim Tanzen für ein viel größeres Vergnügen halten als die aktive Teilnahme, und die Damen sind deshalb hauptsächlich auf die frisch aus den Schulen gekommenen Lieutenants angewiesen, welche noch nicht Zeit gehabt haben, sich zu akklimatisieren. Zu den Zeiten der Generale v. Kauffmann und Tschernajew wurden beim Generalgouverneur in der Regel jährlich drei große Bälle abgehalten, zu denen alle Beamten und Offiziere und die Angeseheneren von den in Taschkent angesiedelten Russen, sowie die hervorragendsten von den Eingeborenen geladen wurden, nämlich am Namenstag des Kaisers und des Generalgouverneurs und am Sylvesterabend.

Am schlimmsten sind in Taschkent die Theaterliebhaber daran, weil die Stadt kein eigentliches Theater besitzt. In der letzten Zeit des Generals v. Kauffmann und mit dessen Unterstützung hatte sich eine unter der Leitung des Schauspielers Nadler stehende Truppe etabliert, der ein leerstehendes, ursprünglich zur Handelsbörse bestimmtes Gebäude als Theater eingeräumt wurde. Weil aber der Raum in diesem improvisierten Theater beschränkt war und deshalb die Eintrittspreise ganz unverhältnismäßig erhöht werden mußten (ein Platz in der ersten Reihe kostete 12 Mark), so konnte das Unternehmen auf die Daner nicht reussieren. Da infolgedessen Taschkent in der letzten Zeit ganz ohne Theater war, so hat sich, um einem lebhaft gefühlten Bedürfnisse abzuhelfen, aus Beamten und Offizieren und deren Frauen und Töchtern eine „Dramatische Gesellschaft" gebildet, welche von Zeit zu Zeit in dem erwähnten Börsengebäude Theatervorstellungen veranstaltet und die Einnahmen zu wohlthätigen Zwecken verwendet. Unter diesen Dilettanten haben sich einige sehr tüchtige Kräfte herausgebildet, so besonders Oberst Schadursky, Beisitzer des ständigen Kriegsgerichtes, und Dr. Himmer, die beide in ihren komischen Rollen stets unbändige Heiterkeit erregten. Auch im Offizierskasino werden von Mitgliedern des Kasinos hie und da russische Komödien und Schauspiele aufgeführt. Zur Zeit des russischen Karnevals werden jedesmal in den verschiedenen Kasernen von den Soldaten Theatervorstellungen gegeben, bei denen auch die Damenrollen von Soldaten gespielt werden. Die teils freiwillige teils unfreiwillige Komik dieser Soldatenspiele, die sich stets eines großen Zuspruchs erfreuen, und deshalb für die mit Glücksgütern meistens nur spärlich gesegneten Soldaten eine gute Einnahmequelle bilden, ist ganz unvergleichlich und beweist die große Bildungsfähigkeit der gemeinen russischen Bauern, die gewöhnlich ohne irgend welche Vorbildung zum Militär kommen und nur höchst selten des Lesens und Schreibens kundig sind. Besonders Betrunkene habe ich von den Soldaten stets mit einer ganz unnachahmlichen Meisterschaft und Sachkenntnis darstellen sehen, wobei ihnen eben ihre häufigen praktischen Erfahrungen in dieser Beziehung zu gute kommen.

Der russische Karneval dauert jedesmal von Weihnachten bis zum Dreikönigstag. Während dieser Zeit werden, wie bei uns, Maskenbälle veranstaltet, und Trupps von Maskierten ziehen von Haus zu Haus, führen bei Bekannten und Unbekannten unter den Klängen einer mitgebrachten Musikbande oder einiger Ziehharmoniken Tänze auf und treiben allerlei unschuldigen Mutwillen. Das Maskieren ist aber in Taschkent ein teures Vergnügen, weil es keine Maskenverleihanstalten giebt und man die Kostüme jedesmal neu herstellen muß. Auf einem in den achtziger Jahren im Offizierskasino abgehaltenen Maskenballe, auf dem nur Charaktermasken zugelassen wurden, erschien die Frau eines Hauptmanns in dem Kostüme einer Tscherkessenfürstin, welches einen Wert von 25 000 Mark repräsentierte.

Vergnügungsplätze. An Vergnügungsplätzen ist Taschkent nicht reich. Die erste Stelle nimmt das Offizierskasino ein, ein auf Staatskosten errichtetes Gebäude, bei dessen Bau und Einrichtung keine Kosten gescheut wurden. Wie verschwenderisch dabei umgegangen wurde, kann man z. B. daraus ersehen, daß jeder Polstersessel auf 140 Mark, einzelne Teppiche auf 2200 Mark, jeder Flügel auf 10 000 Mark zu stehen kam; Billards und sonstige Requisiten à proportion. Das Kasino enthält außer einer Anzahl kleinerer Räume und Säulenhallen einen großen Speisesaal und einen eigenen hohen und geräumigen Tanzsaal, der dem Zuschauerraum im Münchener Hoftheater kaum etwas nachgiebt. Bei dem Kasino ist eine Schießstätte eingerichtet und ein Platz für eine Kegelbahn angewiesen. Die letztere ist aber wegen Mangel an Interesse für dieses echt deutsche Spiel bei den Russen bis jetzt nicht eingerichtet worden. Auch die Schießstätte wird nur von vereinzelten Klubmitgliedern und kaum einmal im Monat benützt. Der mit Fechtutensilien aller Art reich ausgestattete Fechtboden des Kasinos wird gar nicht benützt, weil die Turkestaner jeder körperlichen Anstrengung nach Möglichkeit aus dem Wege gehen. Nur die Billards und Kartentische werden fleißig benützt. Im Lesezimmer des Kasinos liegt eine große Anzahl in- und ausländischer Journale und Zeitungen auf; darunter sogar der Kladderabatsch, freilich meistens in einem durch die Zensur jämmerlich zugerichteten Zustande. Auch besitzt das Kasino eine eigene, wenn auch nicht große Bibliothek. An das Klubgebäude schließt sich ein schöner Garten an, der mit den prächtigsten einheimischen und exotischen Bäumen und Blumen bepflanzt ist.

Mitglieder des Offizierskasinos müssen alle Offiziere der Taschkenter Garnison sein; die Militärbeamten des Generalstabs sowie der übrigen militärischen Zentralstellen können Mitglieder sein, wenn sie dies wünschen, sind aber nicht dazu verpflichtet. Außerdem können aber auch alle Zivilbeamten und die Verwaltungsposten bekleidenden Offiziere, sowie die Honoratioren der Stadt als Mitglieder aufgenommen werden; alle diese müssen sich aber einer Ballotage unterwerfen, einen erhöhten Jahresbeitrag zahlen und sind bei den Vorstandswahlen nicht stimmberechtigt. Leute aus dem Volke dürfen nach den Statuten weder als Mitglieder aufgenommen noch als Gäste eingeführt werden. Zu den im Kasino veranstalteten Konzerten, Theatervorstellungen, Bällen und Vorlesungen können zwar von Mitgliedern auch Gäste eingeführt werden; es dürfen aber nur solche Fremde eingeführt werden, die nach den Statuten zur Aufnahme unter die Mitglieder berechtigt sind, und sie müssen sich dabei noch demütigenden Formalitäten unterwerfen. Erstens müssen sich zwei Mitglieder des Klubs aus dem Offiziersstande mit Namensunterschrift für das Wohlverhalten des Gastes verbürgen; zweitens dürfen sich die Einführenden nicht vor dem Eingeführten aus dem Lokale entfernen.

Mit der Leitung der Klubangelegenheiten ist ein alljährlich von den ordentlichen Mitgliedern gewählter Aufsichtsrat betraut, welcher einen aus seiner Mitte mit der Besorgung der laufenden Geschäfte beauftragt; dieser letztere wird fast immer aus der Zahl der Bataillonschefs gewählt und ist der eigentliche Wirt des Kasinos. Zu seiner Unterstützung wird jeden Tag ein Dujouroffizier beordert, der vom Morgen bis 3 Uhr nachts in dienstmäßiger Ausrüstung beständig im Klublokale zu verweilen und für Ruhe

und Ordnung zu sorgen hat. Zu dieser langweiligen und verantwortungs=
vollen Dienstleistung werden der Reihe nach alle im Range eines Haupt=
manns oder Stabsoffiziers stehenden Offiziere, welche nicht selbständige
Truppenchefs sind, durch Kommandanturbefehl bestimmt. Die aufgezählten
Sicherheitsmaßregeln wurden deshalb getroffen, um Exzesse und Skandale,
wie sie in dem früheren „Taschkenter Adelsklub", dem Vorgänger des jetzigen
Offiziersklubs, an der Tagesordnung waren, nach Möglichkeit fernzuhalten.

In früheren Zeiten, wo der Eintritt in Klub und Garten noch jedem
anständigen Menschen offen stand, herrschte daselbst ein äußerst reges Leben,
und während der Gartenkonzerte war es kaum möglich, einen Sitzplatz zu
erobern. Seit Einführung der neuen Statuten unter General v. Rosenbach,
durch welche der Eintritt in den Garten nur den Familien der Klubmitglieder
gegen Vorzeigung von Karten gestattet wird, hat sich der Besuch immer mehr
und mehr verringert und endlich ganz aufgehört. Mehr als einmal bin ich in
den letzten Jahren auf den Gartenkonzerten des Klubs das einzige Publikum
gewesen, was aber die Musikanten nicht hinderte, dem erhaltenen Befehle
gemäß ihr Programm unentwegt abzuleiern. Selbst das persönliche, jedes=
mal vorher angekündigte Erscheinen des Generalgouverneurs im Klubgarten,
das zu Kauffmanns Zeiten sicher die ganze Stadt herbeigezogen haben würde,
erreichte den beabsichtigten Zweck, das Interesse für den Klub zu heben,
nicht und diente infolge der Unpopularität v. Rosenbachs im Gegenteile nur
dazu, auch noch die wenigen zu verscheuchen, die sonst noch gekommen wären.
Nicht wenig trug zur Fernhaltung des Publikums aus dem Offiziersklub
auch die daselbst herrschende strenge Etikette bei. Selbst zu den gewöhnlichen
sonntäglichen Tanzabenden haben die Offiziere in Epauletten und Orden
und die Zivilisten im Frack zu erscheinen. Wer sich im schwarzen Ge=
sellschaftsrocke einzuschleichen versuchte, wurde unbarmherzig ausgewiesen.
Mit dieser leidigen Etikette hing es auch zusammen, daß die Damen sich
auf den Bällen immer erst sehr spät, oft erst nach 11 Uhr abends einfanden,
weil keine die erste sein wollte. Um diesem Übelstande abzuhelfen, wurde
der Anfang der Bälle auf 9 Uhr und später sogar auf 8 Uhr angesetzt,
damit die Damen sich wenigstens bis um 10 Uhr einfinden sollten. Es
half aber alles nichts, und nach wie vor waren um 11 Uhr immer nur
erst ein paar Damen versammelt. Da griff die Klubleitung endlich zu
einer drakonischen Maßregel und verordnete, daß jedesmal die Musiker ent=
lassen werden sollten, wenn der Tanz bis 9 Uhr nicht eröffnet sei. Dieses
Mittel half; nachdem die jourhabenden Offiziere einige Exempel statuiert
und die Ballmusik pünktlich um 9 Uhr fortgeschickt hatten, bequemten sich
die Damen endlich, rechtzeitig auf ihrem Platze zu sein.

Sehr lobenswert ist die Einrichtung, daß, besonders während der
Fastenwochen, von Generalstabsoffizieren im Klub populäre Vorträge über

verschiedene Themata aus der Kriegsgeschichte, aus der Geographie und Ge=
schichte Zentralasiens, über Reiseerlebnisse u. dgl. gehalten werden. Besonders
beliebt waren zu meiner Zeit die Vorträge der Generalmajore Kuropatkin
(zur Zeit Kriegsminister) und Matwejew und des Obersten Alexandrow,
der früher Professor in Petersburg gewesen, aber wegen seiner zu aus=
gesprochenen Vorliebe für Spirituosen nach Taschkent versetzt worden war.
Alexandrows Vorträge über den letzten deutsch=französischen Krieg waren
in jeder Beziehung die besten, die ich je gehört habe. Die Russen würden
überhaupt, dank ihrer natürlichen Anlage und ihrer klangvollen Sprache,
die besten Redner liefern, wenn sie mehr Gelegenheit zum öffentlichen
Auftreten hätten.

Ähnliche Offizierskasinos wie in Taschkent giebt es auch in allen andern
turkestanischen Garnisonsstädten; diese sind natürlich bedeutend weniger luxuriös
eingerichtet als das Taschkenter Kasino, die Statuten sind aber überall die=
selben. Die hervorragendsten davon sind die Offizierskasinos von Samarkand,
Margelan und Wernoe. Wer Mitglied eines Kasinos ist, hat auch in allen
andern Kasinos freien und unentgeltlichen Zutritt, wenn er sich durch seine
Mitgliederkarte ausweisen kann.

Für das gewöhnliche, vom Offizierskasino ausgeschlossene Publikum
giebt es kein entsprechendes Etablissement, weil es in Taschkent wohl sehr
viele Schnaps= und Bierbuden, auch ein paar Wirtshäuser der gemeinsten
Sorte, aber keine Tanz= und Balllokale oder Konzertsäle giebt. Die Tasch=
kenter Kaufmannschaft machte zwar wiederholt den Versuch, auf eigene
Kosten ein bürgerliches Kasino einzurichten; das Unternehmen scheiterte aber
jedesmal an der Einsprache des Generals v. Rosenbach, der mit Recht be=
fürchtete, daß dann das Offizierskasino sein Publikum ganz verlieren und
alles dem weniger gespreizten Bürgerklub zuströmen würde [1]. Verschiedene
Unternehmer haben versucht, diesem lebhaft gefühlten Mangel abzuhelfen,
und haben von Zeit zu Zeit Vergnügungslokale eingerichtet, welche für
jedermann zugänglich sein sollten. So hatte in den siebziger Jahren ein
Franzose in dem der Stadt gehörenden Garten Min=Urjuk ("Tausend
Pflaumenbäume") eine Gartenrestauration eröffnet, wo Konzerte und Tanz=
musiken abgehalten wurden, die sich in der ersten Zeit eines lebhaften Zu=
spruches erfreuten. Infolge des in der Gesellschaft herrschenden Zwiespalts
ging aber das Unternehmen bald wieder ein. Anfangs wurde der Garten
hauptsächlich von Offizieren und Beamten besucht, und diese setzten, freilich
ohne ihre Familien, ihre Besuche auch dann noch fort, als das bürgerliche

---

[1] Wie ich aus einem von befreundeter Seite aus Taschkent erhaltenen Brief
ersehe, ist es unter Rosenbachs Nachfolger, Baron Wrewsky, der Taschkenter Kauf=
mannschaft endlich gelungen, ihr Projekt zu verwirklichen, und es giebt jetzt in Taschkent
außer dem Offiziersklub auch einen Bürgerklub.

Element überhandzunehmen begann. Als aber schließlich auch noch Soldaten zu erscheinen anfingen, denen der Zutritt füglich nicht verweigert werden konnte, mußten die Offiziere natürlich wegbleiben, da ein Zusammensein von Offizieren in Uniform und Soldaten in einem Vergnügungslokale undenkbar ist, den russischen Offizieren aber das Tragen von Zivilkleidern unter allen Umständen strengstens verboten ist. Als die meistens betrunkenen Soldaten überhandnahmen, hielten es auch die Bürgerlichen nicht mehr für anständig, daselbst zu verkehren, und das Etablissement mußte geschlossen werden, weil von den spärlichen Groschen der Soldaten keine Anstalt existieren kann. Dasselbe Schicksal hatten auch alle andern ähnlichen Etablissements, welche von Zeit zu Zeit in verschiedenen Privatgärten auftauchten. Aus denselben Gründen können in Taschkent auch keine besseren Gasthäuser aufkommen, und alle derartigen Unternehmungen endeten immer schon nach kurzer Zeit mit einem größeren oder geringeren Fiasko. Dem gemeinen Volke stehen deshalb in Taschkent keine andern Vergnügungsplätze zur Verfügung als der Stadtpark und allenfalls noch der Garten des Generalgouverneurs, in welchen letzteren aber auch nur das bessere Publikum zugelassen wird, während den Soldaten, Arbeitern und Sarten der Eintritt verboten ist. In diesen beiden Gärten werden jedoch keinerlei Erfrischungen verabfolgt, und das Publikum muß sich mit dem Genusse der Musik und der frischen Luft begnügen. Der Garten des Generalgouverneurs, der sich an das Stadtpalais desselben anschließt, ist zu beiden Seiten des Boß-su-Kanals angelegt und mit kluger Benützung des sehr coupierten Terrains und der tiefen Kanalschlucht äußerst wirkungsvoll planiert. In der Mitte des Gartens bildet der wasserreiche Boß-su einen künstlich hergestellten und mit hölzernen Wehren und Brücken dekorierten Wasserfall. Dieser ausgedehnte, rings mit einer hohen Mauer umgebene und mit allen möglichen in- und ausländischen Bäumen dicht bepflanzte Garten ist unter allen Gärten, die ich gesehen habe, weitaus der prächtigste. Besonders weist kein anderer Garten eine derartige Blumenpracht auf, und der Garten des turkestanischen Generalgouverneurs läßt sich in dieser Beziehung nur mit dem Arrangement der Blumenausstellung vergleichen, welche ich anfangs der neunziger Jahre hier in München im Glaspalaste zu sehen Gelegenheit hatte.

Von Zeit zu Zeit werden in Taschkent Ausstellungen veranstaltet, welche jedesmal mehrere Wochen dauern, mit Konzerten und Volksbelustigungen verbunden werden und stets eine reiche Quelle der Unterhaltung und Belehrung bilden. Dieselben sind dazu bestimmt, das Publikum mit den Erzeugnissen der Industrie und der Feld- und Gartenwirtschaft, nebenbei auch mit der Ethnographie und Zoologie Zentralasiens bekannt zu machen. Die erste große, vorzugsweise landwirtschaftliche Ausstellung wurde im Sommer 1878 in einem eigenen, im Süden der Stadt errichteten Ausstellungsgebäude abgehalten. In neuerer Zeit werden die Ausstellungen im neuen Stadtgarten abgehalten, in dem zu diesem Zwecke mehrere Reihen von geräumigen hölzernen Ausstellungshallen errichtet sind.

Vereinswesen. Das Vereinswesen ist in Rußland sehr wenig entwickelt, schon deshalb, weil alle politischen Vereine gesetzlich strenge verpönt sind. Während es hier in München an die 3000 aller möglichen und unmöglichen Vereine giebt, gab es in Taschkent zu meiner Zeit nur vier Vereine: eine Musikalische Gesellschaft, einen Rennklub, einen Schachklub und die bereits erwähnte Dramatische Gesellschaft[1].

Von diesen hat die Musikalische Gesellschaft schon bald nach ihrer Gründung eine hohe Blüte erreicht, und sie leistete in den letzten Jahren meines Aufenthaltes in Taschkent in Wirklichkeit für die Taschkenter Gesellschaft das, was das Offizierskasino bei seinen engherzigen Statuten nicht zu leisten im stande war, nämlich als Vereinigungspunkt für die gesamte bessere Gesellschaft von Taschkent zu dienen. Die Mitglieder der Musikalischen Gesellschaft rekrutieren sich hauptsächlich aus dem Offiziers= und Beamtenstande, aber auch jede andere anständige Persönlichkeit (Soldaten, Unteroffiziere und Leute aus dem gemeinen Volke natürlich ausgenommen) hat Zutritt. Die Aufgabe der Gesellschaft besteht in der Pflege des Gesangs und der Instrumentalmusik und in der Veranstaltung von öffentlichen Konzerten. Die Musik= und Gesangsproben werden in einem eigenen von der Gesellschaft gemieteten Vereinslokale, die Produktionen im Theater ausnahmsweise auch im Offizierskasino abgehalten. Von Zeit zu Zeit werden auch im Vereinslokale Bälle und Hauskonzerte für die Mitglieder arrangiert. Die Mitglieder scheiden sich in aktive, d. h. als Sänger oder Musiker mitwirkende, welche einen verminderten Jahresbeitrag leisten, und in nicht=aktive, welche bloß als Zuhörer fungieren. Die Anzahl der Mitglieder war zu meiner Zeit bereits auf nahezu 500 gestiegen, darunter über 80 Sänger, Sängerinnen und Musiker, ein Beweis von der musikalischen Veranlagung der Russen. Das Orchester bestand aus einer sehr distinguirten Gesellschaft. Als Violinspieler und Trompeter wirkten Bataillonschefs und Generalstabsoberste, und die Trommel wurde von keinem geringeren als dem Generalmajor Lebedew bedient. Als Primadonnen zeichneten sich die Generalin Wolodimirowa, die Kaufmannsfrau Gromowa und die mit einem geradezu bezaubernden Organe begabte Kapellmeistersfrau Lydia Leiset aus. Die Erfolge der Taschkenter Musikalischen Gesellschaft ließen die Leistungen gewöhnlicher Dilettanten weit hinter sich. Der Zudrang zu den von der

---

[1] Gegenwärtig giebt es in Taschkent außer den genannten noch folgende Vereine: einen Landwirtschaftlichen Verein, eine Abteilung der Kaiserlichen Geographischen Gesellschaft, einen Archäologischen und Medizinischen Verein, eine Photographische Gesellschaft und sogar einen Velozipedistenklub.

Gesellschaft gegebenen Konzerten und Opern war deshalb auch, trotz der bedeutenden Preise der Plätze, jedesmal so groß, daß die Vorstellungen in der Regel zwei Tage hintereinander wiederholt werden mußten, weil der beschränkte Raum des Theaters nicht alle auf einmal zu fassen vermochte. Die im Vereinslokale im Winter fast täglich abgehaltenen Musik- und Gesangsproben wurden stets von Zuhörern fleißig besucht, und da während der Proben alle Anwesenden auf Kosten der Gesellschaft mit Thee und Zwieback bewirtet wurden, so gestaltete sich die Musikalische Gesellschaft allmählich zu dem beliebtesten Versammlungsplatze der besseren Taschkenter Gesellschaft, und manche zarte Bande wurden hier angeknüpft, wie sich denn auch der funktionierende Generalgouverneur Jephimowitsch seine junge Frau aus der Zahl der Sängerinnen der Musikalischen Gesellschaft holte. Wahrend die Bälle im Offizierskasino meistens sehr schwach besucht waren und aus Mangel an Beteiligung mitunter auch gar nicht zu stande kamen, konnte auf den im Vereinslokale der Musikalischen Gesellschaft arrangierten Hausbällen das Publikum meistens keinen Platz zum Stehen, viel weniger zum Sitzen erobern, und ich muß gestehen, daß die in der Taschkenter Musikalischen Gesellschaft verlebten Abende zu den schönsten Erinnerungen meines Lebens gehören. Mit Mitteln war die Gesellschaft reichlich ausgestattet, weil die Mitgliederbeiträge im Durchschnitte jährlich ca. 30 Mark betrugen und die hohen, von allen Nichtmitgliedern für den Besuch der öffentlichen Konzerte und Opern erhobenen Eintrittsgelder vollzählig in die Kasse der Gesellschaft abgeführt wurden.

Der Taschkenter Rennklub veranstaltet von Zeit zu Zeit Pferdeausstellungen, Distanzritte und jeden Herbst einige Pferderennen, an denen sich sowohl Russen wie Eingeborene beteiligen können. Diese Rennen bestehen gewöhnlich aus einem Hindernisrennen über künstliche Gräben, Wälle und Dornhecken, einem Glattrennen auf kurze Entfernung, einem Distanzrennen und einem Rennen für Paßgänger. Die Distanzrennen wurden in der Weise abgehalten, daß die Pferde von einer der nächsten Poststationen abgelassen wurden und dann jeder Reiter, so gut es auf den mit Karawanen, Wagen und Reitern bedeckten Wegen eben ging, das Endziel in Taschkent zu erreichen suchte. Die Preise gewannen in diesen Distanzrennen fast stets Kirgisen, selbst wenn die russischen Teilnehmer Turkmenenpferde ritten. Zur Ausfüllung der Pause während des Distanzrennens wurde zur Unterhaltung und Erheiterung des Publikums gewöhnlich ein Eselrennen für die Eingeborenen eingeschaltet. Von Drainierung und Schonung der Rennpferde weiß man in Taschkent nichts. Bei den letzten Rennen, welche ich in Taschkent mitangesehen habe, gewann ein Kosakenoffizier, Tjukin mit Namen, auf ein und demselben Pferde in drei Rennen, welche im Verlaufe von zwei Stunden unmittelbar hintereinander abgehalten wurden, jedesmal den erften Preis. Wie wenig, troß einer folchen beifpiellofen Überanftrengung, das Pferd des genannten Offiziers gelitten hatte, kann man daraus erfehen, daß derfelbe Offizier mit demfelben Pferde bei den drei eine Woche fpäter an ein und demfelben Tage abgehaltenen Rennen abermals drei Preife er= hielt. Die erften Preife wurden gewöhnlich vom Generalgouverneur, der Ehrenpräfident des Rennklubs war, oder deffen Stellvertreter, die übrigen Preife vom Rennklub geftellt.

In Anbetracht der Polemik, zu welcher der vor mehreren Jahren ab= gehaltene Diftanzritt Wien=Berlin Veranlaffung gegeben hat, will ich hier aus den Statuten des Taschkenter Rennklubs den auf Diftanzritte bezüglichen Paragraphen in wörtlicher Überfeßung mitteilen. „§ 37. Bei Diftanzritten erhalten alle jene Reiter Preife, welche die vorgefchriebene Diftanz in einer beftimmten Zeit zurücklegen und am andern Tage ihre Pferde zur Infpektion ftellen, wobei alle Preife von gleichem Werte fein müffen. Die nachträgliche Befichtigung der Pferde hat den Zweck, zu konftatieren, ob nicht etwa die Pferde einzelner Reiter, welche den Bedingungen des Wettbewerbes genügt haben, gefallen find, da die Reiter in diefem Falle das Anrecht auf einen Preis verlieren. Die Infpektion der Pferde hat das Rennkomitee vor= zunehmen."

Der Taschkenter Schachklub, der zweimal wöchentlich Spielabende und einmal im Jahre ein Schachturnier veranftaltete, zählte zu meiner Zeit ca. 50 Mitglieder, ausfchließlich Beamte, Ärzte und Offiziere. Der erfte Preis für die Turniere wurde gewöhnlich vom Generalgouverneur geftiftet, der Ehrenmitglied des Klubs war. Gelegentlich der Gründung des Tafch= kenter Schachklubs paffierte ein Kuriofum, das ich als für die ruffifchen Verhältniffe charakteriftifch nicht mit Stillfchweigen übergehen will. Als die Statuten des Klubs dem Minifter des Innern zur Beftätigung eingereicht wurden, fügte derfelbe eigenhändig noch einen Paragraphen an des Inhalts, daß zu den Generalverfammlungen des Schachklubs jedesmal ein Vertreter der Ortspolizei zugezogen werden müffe. Um das Komifche diefer An= ordnung, die natürlich in der Praxis ignoriert wurde, zu begreifen, muß man wiffen, daß alle Mitglieder des Taschkenter Schachklubs, wie gefagt, Beamte und Offiziere und zwar größtenteils höheren Ranges waren, daß nach den Statuten Präfident des Klubs der Rangältefte, im gegebenen Falle der Generalftabschef von Turkeftan, Generallieutenant Rasgonow war, und daß das Verhältnis zwifchen dem Generalftabschef und dem Chef der Tafch= kenter Polizei ungefähr dasfelbe war wie in Bayern allenfalls das Ver= hältnis zwifchen dem Kriegsminifter und einem Bezirksfeldwebel, da Tur= keftan militärifch regiert wird.

Taschkenter Staatsbibliothek. Für jeden in Taschkent lebenden Gebildeten war das wichtigfte Inftitut, welches das Leben dafelbft eigentlich allein erträglich machte, die von General v. Kauffmann ins Leben gerufene Staatsbibliothek, welche um so wichtiger war, als die Anschaffung von Büchern in Turkestan sehr schwierig ist. Denn erstens hat man infolge des teuren Transportes den doppelten Preis zu zahlen, zweitens erhält man die in Petersburg bestellten Bücher im besten Falle erst nach einem halben Jahre und mitunter in einem vollständig unbrauchbaren Zustande. So war mir z. B. einmal eine größere Büchersendung, darunter Schlossers Weltgeschichte in 18 Prachtbänden, infolge des Umstandes, daß die Post unterwegs mehrmals ins Wasser geraten war, so gründlich verdorben worden, daß ich die Bücher einfach wegwerfen mußte. Die Taschkenter Staats=bibliothek war teils durch Schenkungen des Generals v. Kauffmann, teils durch Schenkungen verschiedener Privatleute entstanden, die ihre Privat=bibliotheken an die Staatsbibliothek vermachten, um sie einem größeren Leserkreise zugänglich zu machen und zugleich Kauffmann eine Gefälligkeit zu erweisen. Die Unterhaltung der Bibliothek und des Bibliothekars wurde zum größten Teil von den Jahresbeiträgen des lesenden Publikums bestritten. Die aus einer großen Anzahl von Bänden bestehende Bibliothek enthielt Werke in allen möglichen Sprachen, darunter Raritäten, die nicht in jeder Bibliothek anzutreffen sind. Das kostbarste Werk war aber der von dem Bibliographen Meschow auf Kauffmanns Kosten angelegte Turkestanskii Sbornik, ein Repertorium, in dem buchstäblich alles, was in neuerer Zeit über Zentralasien publiziert worden ist, gesammelt ist. Ganze Werke und einzelne Zeitungsausschnitte wurden systematisch geordnet, auf Blätter geklebt und in gleich große Foliobände vereinigt, deren Zahl bereits im Jahre 1884 auf 338 gestiegen war. Ein systematisches Inhaltsverzeichnis erleichtert den Gebrauch des Werkes. Das ganze Werk kam auf ca. 30 000 Mark zu stehen. Im Lesezimmer der Bibliothek lag eine große Anzahl in= und aus=ländischer Journale wissenschaftlichen und belletristischen Inhalts auf, deren Benützung jedermann unentgeltlich offen stand. Diese Bibliothek wurde von Kauffmanns Nachfolger, General Tschernajew, nebst vielen andern nütz=lichen Institutionen Kauffmanns aufgehoben unter dem Vorwande, daß in Taschkent kein Bedürfnis für eine Staatsbibliothek bestehe, da es in Tasch=kent zwei Privatbibliotheken gebe, welche zur Befriedigung der Bedürfnisse des Taschkenter Publikums vollständig ausreichten. Um die ganze Nieder=trächtigkeit dieser nur von kindischem Hasse gegen Kauffmann diktierten Maß=regel zu begreifen, muß man wissen, daß Tschernajew selbst wiederholt als Litterat debütiert und seinerzeit eine Zeitung redigiert hat, daß er also sehr wohl im stande war, zu beurteilen, wie wichtig eine gute Bibliothek für einen derartig exponierten Punkt wie Taschkent war. Ferner muß man wissen, welcher Art die zwei Leihbibliotheken waren, auf welche Tschernajew das gebildete Taschkenter Publikum verwies. Die erste enthielt kein einziges ausländisches oder wissenschaftliches Werk, sondern ausschließlich Romane in russischer Sprache, meistens schlechte Übersetzungen französischer, englischer und deutscher Schundromane. Die zweite „Bibliothek" war Eigentum eines polnischen Juden und bestand aus einem halben Hundert von Traum= und Wahrsagebüchern und ganz albernen Soldatenbüchern, die von einigen mit Mühe buchstabierenden Soldaten benützt wurden. Mit der aufgehobenen Bibliothek verfuhr Tschernajew in der empörendsten Weise. Ohne Rücksicht darauf, daß die Bücher größtenteils von Privatpersonen geschenkt waren in der Voraussetzung, daß ihnen dieselben in der Bibliothek jederzeit zugänglich bleiben würden, daß also bei Auflösung der Bibliothek die Bücher nach Fug und Recht den Eigentümern hätten zurückgegeben werden müssen, ließ Tscher= najew alle Bücher, welche sich dazu eigneten, für Spottpreise auf dem Bazar versteigern. Die übrigen befahl er unter die verschiedenen Behörden zu verteilen, wo sie nur von den Beamten der betreffenden Behörden benützt werden konnten. Diejenigen Bücher, welche auch die Behörden nicht brauchen konnten, im ganzen noch 6000 Bände, brachte er im Gebäude des Museums unter. Den Ort, wo diese Bücher aufbewahrt wurden, taufte er, da ihm selbst der Name der aufgehobenen Bibliothek verhaßt war, in „Knigochrani= lischtsche", zu deutsch „Bücherbewahranstalt" um. Tschernajews Nachfolger, General v. Rosenbach, der sich bemühte, den von Tschernajew angerichteten Unfug so viel als möglich wieder gut zu machen, sammelte die verschleuderten Bücher wieder, soweit er deren noch habhaft werden konnte, und ließ sie, nachdem sie in Kisten verpackt mehrere Jahre in den Kellern und Scheunen der verschiedenen Behörden gelegen hatten, wieder in die Bibliothek über= führen. Ein großer Teil, nach Aussage des Bibliothekars etwa die Hälfte, blieb unwiederbringlich verloren. Daß sich nach dieser schlimmen Erfahrung die Taschkenter Bibliothek keiner weiteren Schenkungen von seiten des Pub= likums mehr zu erfreuen hatte, braucht wohl nicht erst bemerkt zu werden. Überhaupt ist es Tschernajew gelungen, den unter Kauffmanns Verwaltung entstandenen Glauben an die Beständigkeit der Verhältnisse gründlich und unwiederbringlich zu zerstören.

Jagd und Fischerei. Das Vergnügen der Jagd findet bei den in Turkestan angesiedelten Europäern nur wenig Anklang, und, abgesehen von einigen gewerbsmäßigen Jägern, die sich ihren Lebensunterhalt durch das Weidwerk verdienen, unternehmen nur vereinzelte Sonntagsjäger von Zeit zu Zeit Jagdpartien in die Umgebung von Taschkent. Der eifrigste Jäger war in Taschkent ein aus Österreich gebürtiger deutscher Lehrer des Gym= nasiums. Weil derselbe aber ein ebenso eifriger Verehrer des Taschkenter Bieres war und, da unterwegs keine Waldschenken anzutreffen waren, stets einen großen Vorrat davon mit sich führte, so kam er von vielen seiner Jagdausflüge selbst als Erlegener zurück auf demselben Wagen, den er zur

Heimbeförderung des erlegten Wildes mitzunehmen pflegte, ein Geschick, das auch andere Taschkenter Nimrode nicht selten ereilte. An der geringen Neigung zum Jagdsport ist wohl hauptsächlich das entnervende Klima und in zweiter Linie die Billigkeit des Wildbrets schuld. Denn Turkestan ist eigentlich ein Paradies für Jäger, da es Wild in Hülle und Fülle giebt und man sich weder um Jagdkarten noch um Reviergrenzen zu kümmern braucht, weil die Jagd vollständig freigegeben ist. Seit neuester Zeit ist zwar, um der Ausrottung des Wildes durch die gewerbsmäßigen Jäger vorzubeugen, obrigkeitlich eine bestimmte Schonzeit angeordnet, man kümmert sich aber um dieses Verbot sehr wenig, und die einzige Kontrolle besteht darin, daß der Verkauf von solchem Wilde, für welches gerade Schonzeit ist, auf den Bazaren von der Polizei beanstandet wird. Das Wild war besonders in der ersten Zeit geradezu zahllos; Sonntagsjäger brachten damals aus der nächsten Umgebung von Taschkent schon nach ein oder zwei Tagen Dutzende von Wildschweinen zurück, und selbst im Garten der Sternwarte hielten sich noch zu meiner Zeit ganze Scharen von Wildenten und Rebhühnern auf.

Auch die Fischerei wird zum Vergnügen nur wenig betrieben, obwohl der nur 60 km entfernte Syr-Darja ungemein reich an Fischen ist und auch der Tschirtschik, Salar und Boß-su der Fische nicht entbehren. Wer Lust dazu hat, kann sich in Turkestan mit Jagd und Fischerei reichlich fortbringen. Die wichtigsten der in den turkestanischen Gewässern vorkommenden Fische sind Störe (Accipenser sturio, A. huso, A. stellatus), Schleien, Karpfen, Rotflosser, Sasanen (eine Karpfenart), Hechte, Barsche, Welse und die sogen. Marinka. Von diesen sind die am meisten geschätzten die Störe, die billigsten aber sind die Marinki, deren Rogen giftig ist.

Sonntagsbazar. Eine nicht zu verachtende Quelle der Unterhaltung bildet für die Taschkenter, besonders für das gewöhnliche Volk, der Sonntagsbazar, oder, wie er vom Volke zweckmäßig benannt wird, der „Besoffene Bazar", eine Bezeichnung, welche natürlich nicht dem Bazar selbst, sondern dessen häufigsten Frequentanten zukommt. Dieser Bazar ist erst in neuerer Zeit in europäischem Stile erbaut worden; bis anfangs der achtziger Jahre bestand er aus ebensolchen Lehm- und Schilfhütten wie der Bazar in der sartischen Stadt. Etwas gemeineres, schmutzigeres und stinkenderes als diesen ehemaligen Bazar kann sich die kühnste Phantasie nicht ausmalen. Derselbe war deshalb damals der Lieblingsaufenthalt alles möglichen obdachlosen Gesindels, der Bettler, Landstreicher und besonders der vollständig verkommenen russischen Schnapsbrüder, die hier ihre ganze freie Zeit, soweit sie nämlich nicht in den Schnapsbuden beschäftigt waren, zubrachten. Tagsüber bettelten sie die Händler und Bazarbesucher in der unverschämtesten Weise an, nachts aber lagen sie in allen Winkeln herum, ohne Bett, ohne

Obdach und ohne alles. Der Bazar ist stets von einer Unmasse von Sarten=
knaben belagert, welche die Stelle der nicht vorhandenen Dienstmänner ver=
treten und den auf dem Bazar zum Einkaufe erscheinenden russischen Haus=
frauen und Köchinnen ihre Dienste als Träger aufdrängen. Zum Tragen
aller möglichen, selbst der schwersten Lasten verwenden diese Knaben ihren
Chalat; sie heben denselben hinten auf, nehmen die beiden Zipfel über die
Schultern und improvisieren so einen Sack, in dem von den Auftraggeberinnen
Fleisch, Kartoffeln, Kohlköpfe, Brotlaibe, Küchengeschirr, Fische, lebende
Hühner und Enten 2c., alles bunt durcheinander, untergebracht werden.

Eigentümlich ist auf dem Bazare das Treiben an den Sonntagen, an
welchen sich schon von frühmorgens an der größte Teil der russischen und
ein großer Teil der sartischen Bevölkerung auf dem Bazare zusammenfindet.
Da die russische Bevölkerung von Taschkent ziemlich schnell wechselt und
jeder seine eigene Einrichtung haben muß, so finden jeden Sonntag Aus=
verkäufe und Versteigerungen von ganzen Hauseinrichtungen statt. Wer
durch seine Verhältnisse gezwungen ist, Taschkent zu verlassen, der bringt
am nächsten Sonntage all sein bewegliches Eigentum, Pferde, Kühe, Wagen,
Möbel, Bilder, Bücher, Geschirr, Blumenstöcke, Kleider, Wäsche, in Bausch
und Bogen auf den Bazar, placiert daselbst alles einfach auf der Erde
unter freiem Himmel und versteigert es entweder selbst oder läßt es durch
einen der ständigen vom Magistrat aufgestellten Auktionatoren versteigern.
Auch ganze Warenlager bankrotter Kaufleute werden hier auf dieselbe Weise
losgeschlagen. Außerdem giebt es in Taschkent eine große Anzahl ein=
geborener Tändler, welche ihr Gerümpel Sonntag für Sonntag auf den
Bazar schleppen und dort unter freiem Himmel und im Winter im größten
Schmutze auf dem Boden ausbreiten. Die russischen Soldaten, welche sich
auf irgend ein Handwerk verstehen, verfertigen in ihrer freien Zeit Möbel,
Stiefel, Lederhosen u. dgl. und tragen ihre Produkte gleichfalls auf den
Bazar, um den Erlös am Abend in Schnaps umzusetzen.

Diese Sonntagsbazare sind ein ausgezeichnetes Mittel, um die Lebens=
weise der Taschkenter Bevölkerung kennen zu lernen, und geben wie die
europäischen Börsen zugleich ein sicheres Kriterium ab für die jeweiligen
politischen Verhältnisse. Ist die Zahl der auf den Markt geworfenen Haus=
einrichtungen ungewöhnlich groß, so kann man sicher sein, daß in den oberen
Regionen irgend etwas faul ist, oder daß ein Feldzug in Aussicht steht.
Zu keiner Zeit gingen die Geschäfte auf dem Sonntagsbazare so flott wie
während der Verwaltung des Generals Tschernajew. Die Neuangekommenen
verfügen sich am ersten Sonntage nach ihrer Ankunft in Taschkent auf den
Bazar und versehen sich daselbst, je nach dem Zustande ihrer Kasse, mit
den nötigen Einrichtungsgegenständen. Die Erfahreneren wissen genau, an
welchen Sonntagen es am besten ist, seine Sachen zu verkaufen, und an

welchen man am vorteilhaftesten einkaufen kann. Die Abreisenden richten die Sache womöglich so ein, daß sie ihre Sachen am ersten Sonntage nach dem 20. Monatstage auf den Bazar bringen können, weil in Rußland der Zwanzigste jeden Monats Zahltag ist und die russischen Beamten und Offiziere meistens schon nach dem Ersten kein bares Geld mehr besitzen. Umgekehrt verfahren diejenigen, welche Einkäufe zu machen haben, und wählen dazu am besten den letzten Sonntag vor dem Zwanzigsten, weil dann die Konkurrenz viel geringer und deshalb die Preise viel niedriger sind. So sah ich einmal auf dem Taschkenter Bazare wegen Insolvenz des Inhabers ein Handschuhlager versteigern; am ersten Sonntage, der unmittelbar vor den Zwanzigsten fiel, wurde die Schachtel Handschuhe (= 12 Dutzend Paare) für 3 Mark losgeschlagen; am nächsten Sonntage dagegen wurden die Preise bis auf 120 Mark für die Schachtel hinaufgetrieben.

Die Abhängigkeit der russischen Bevölkerung von Taschkent vom Datum ist überhaupt sehr groß, weil die Russen nicht verstehen zu sparen und ihre Mittel zu berechnen. Ein aufmerksamer Beobachter kann in Taschkent z. B. schon nach dem jeweiligen Droschkenverkehr ohne Kalender das Datum annähernd bestimmen. Vom Zwanzigsten bis zum Ersten ist der Droschkenverkehr ungemein lebhaft, und es werden vorzugsweise die Fuhrwerke erster Klasse in Anspruch genommen; vom Ersten bis zum Zehnten ist die Glanzzeit der einfachen Droschken; vom Zehnten bis zum Zwanzigsten aber haben sowohl die Wagen erster wie zweiter Klasse über Geschäftsflauheit zu klagen, da in dieser Zeit die meisten gezwungen sind, ihre Exkursionen auf Schusters Rappen zu unternehmen. Die russische Regierung, welche in dieser Beziehung ihre Pappenheimer kennt, hat deshalb ein für allemal die humane Einrichtung getroffen, daß in den Fällen, wenn ein größeres Fest vor den Zwanzigsten fällt, die Gehälter immer schon vor dem Feste ausbezahlt werden, weil sonst viele gezwungen sein würden, an Festtagen am Hungertuche zu nagen.

Trunksucht der Russen. Die Vorliebe der Russen für alle starken Getränke, besonders aber für Schnaps, ist so bekannt, daß die westeuropäischen Humoristen sich einen echten Russen nie anders als mit einer „Wutkiflasche" ausgerüstet vorstellen können [1]. Per Parenthesin will ich hier be-

---

[1] Ich habe einmal von einem Mädchen gelesen, welches eine so unbezähmbare Leidenschaft für Zucker hatte, daß sich dasselbe beklagte, es sei doch schade, daß es keine Sünde sei, Zucker zu essen, denn dann würde Zucker noch besser schmecken. Dieses psychologische Moment scheint der russische Gesetzgeber im Auge gehabt zu haben. Denn in Rußland ist, was übrigens nur den wenigsten bekannt sein dürfte, das Trinken ein Verbrechen. § 153 des Gesetzes betreffend die Verhinderung und Hintanhaltung von Verbrechen, im 14. Bande der Russischen Gesetzessammlung, lautet kurz und bündig: „Allen und jedem ist das Saufen untersagt." Es dürfte wohl in keinem Staat der Welt noch ein zweites Gesetz geben, welches so oft und so konsequent übertreten wird wie obiger § 153.

merten, daß Schnaps auf Russisch nicht Wutki, sondern Wodka heißt, was sich die verschiedenen Karikaturenzeichner gefälligst hinter die Ohren schreiben wollen. Dieses Renommee genießen die Russen nicht etwa bloß in den westeuropäischen Ländern, sondern, wie ich mich auf meinen Reisen vielfach überzeugen konnte, auch in ganz Asien geht den Russen überall der Ruf von hervorragenden Schnapstrinkern voraus. Als ich im Jahre 1878 mit General Matwejew nach Faisabad, der Hauptstadt von Badachschan, kam, schickte uns der dortige Chan gleich nach unserer Ankunft, noch ehe wir uns vorgestellt hatten, als Gastgeschenk zwei Flaschen einer eigentümlichen Flüssigkeit ins Quartier, die sich nach eingehender Untersuchung als einheimischer Schnaps herausstellte. Im Jahre 1880, als wir mit den Chinesen Kuldschas wegen auf dem Kriegspfad wandelten, machte ich mit drei Kosaken einen Husarenritt auf chinesisches Gebiet und kam durch die chinesischen Linien glücklich bis in die Nähe des Sees Ebi-noor. Daselbst stieß ich unvermutet auf ein chinesisches Pikét, das, obgleich zwanzigmal stärker, bei unserem Anblicke schleunigst Reißaus nahm. Später aber schickten sie eine Deputation von buddhistischen Mönchen an mich ab, die mir, um meinen vermeintlichen Blutdurst zu besänftigen, einen großen Schlauch mit Branntwein darbrachten, welchem meine Kosaken alle Ehre anthaten, indem sie ihn in einem Tage leerten. Während meiner ersten Reise durch Hiffar im Jahre 1875 fiel es mir auf, daß wir nirgends kleine Kinder zu Gesicht bekamen. Als ich deshalb den uns begleitenden Hofbeamten des bucharischen Emirs befragte, teilte mir derselbe mit, daß bei der eingeborenen Bevölkerung infolge ihrer zurückgebliebenen Kultur die Ansicht verbreitet sei, daß die Russen nur von Schnaps und gebratenen Kindern lebten und daß die Bewohner deshalb bei unserer Annäherung überall ihre Kinder versteckten; ein ergötzliches Pendant zu dem den Russen von den Westeuropäern irrtümlich nachgesagten Unschlittkerzenessen.

Daß die Russen eine ebenso große Vorliebe für Spirituosen haben wie schon ihre Vorfahren, die alten Skythen, ist allerdings richtig; ganz falsch dagegen ist die allgemein verbreitete Meinung, daß der Alkoholkonsum in Rußland größer sei als in andern Ländern, denn das gerade Gegenteil ist der Fall, und die Bevölkerung von England und selbst von Deutschland verbraucht verhältnismäßig mehr Spirituosen als das gemeine Volk in Rußland. Aber während der Engländer und Deutsche jeden Tag sein bestimmtes Quantum trinkt und deshalb nicht berauscht wird, trinkt der russische Bauer wochen-, ja oft monatelang gar nichts, betrinkt sich aber dann an hohen Festen und bei den verschiedenen Familienfeiern bis zur Bewußtlosigkeit, und nicht selten bis zum Delirium tremens. Während meines mehrjährigen Aufenthaltes an der Pulkowaer Hauptsternwarte, in der Nähe von Petersburg, ging ich einmal am zweiten Osterfeiertag durch das aus circa 800 Bauernhöfen bestehende Dorf Pulkowo spazieren; dabei fand ich, daß die gesamte männliche Bevölkerung betrunken war, und ich traf auf dem ganzen Wege auch nicht ein nüchternes erwachsenes Individuum, dagegen sehr viele, welche bewußtlos in den Straßengräben herumlagen. Der Russe trinkt fast nie allein, wie es bei uns Brauch ist, sondern nur in Gesellschaft, indem er entweder seine Bekannten bewirtet oder von ihnen regaliert wird.

Eigentümlich ist in Rußland eine offenbar krankhafte Erscheinung, die von den Russen als „Sapoi" bezeichnet wird. Der von Sapoi Befallene fängt plötzlich an zu trinken und trinkt unaufhörlich wochen= oder monate= lang fort, ohne auch nur e i n m a l nüchtern zu werden. Plötzlich verschwindet dann diese Manie, und der Betreffende wird wieder der nüchternste Mensch von der Welt, um nach längerer oder kürzerer Zeit abermals von derselben Krankheit befallen zu werden. Oft genügt bei solchen Leuten schon ein Glas Schnaps, um die Krankheit wieder zum Ausbruch zu bringen. Die Sapoi= trauten sehen in ihren lichten Augenblicken das Schreckliche ihrer Lage und die Unvermeidlichkeit ihres Unterganges vollkommen ein und beweinen und bejammern ihren Zustand, finden aber nicht die nötige moralische Kraft, um dem Trinken zu entsagen. Ein Taschkenter Arzt erzählte mir, daß er einmal von einem an Sapoi leidenden Kaufmanne konsultiert wurde; vom Arzte befragt, wie häufig sich bei ihm die Anfälle einzustellen pflegten, gab der= selbe an, daß sich dies drei= bis viermal jährlich ereignete; und auf die weitere Frage, wie lange die Anfälle gewöhnlich andauerten, gestand er, daß die Dauer seiner Sapoianfälle in der Regel drei bis vier Monate betrug. Der Sapoi, zu welchem nach meinem Dafürhalten unmäßiger Genuß von Spirituosen bei mangelhafter Nahrung prädisponiert, wird gewöhnlich bis zum Delirium tremens fortgesetzt. In diesem Zustande glauben die damit Behafteten stets unabänderlich kleine grüne Teufel zu sehen, mit denen sie, selbst beim Gehen auf der Straße, die hitzigsten Kämpfe ausfechten, wodurch sie den Eindruck von Verrückten machen. Diese Krankheit, gegen welche es keine Heilung giebt, befällt nicht nur Russen, sondern auch in Rußland lebende Ausländer und mehrere von meinen in Deutschland geborenen und erzogenen Bekannten, darunter ein hervorragender Astronom, dessen Biographie in Meyers Konversationslexikon zu finden ist, sind elendiglich an Sapoi zu Grunde gegangen.

Der merkwürdigste Zug im Charakter der Russen besteht darin, daß sie in trunkenem Zustande nicht exzessiv, sondern noch höflicher, liebenswürdiger und devoter werden, als wenn sie nüchtern sind. Während z. B. bei Deutschen, besonders bei bayerischen Bauern, eine Kneiperei ohne Keilerei oder Krakehl gar nicht denkbar ist, umarmen und liebkosen sich die besoffenen russischen Bauern und Arbeiter, bis sie in den nächstbesten Straßengraben torkeln, und schlafen dort Arm in Arm ihren Rausch aus. Während andere Nationen in trunkenem Zustande stark zur Unbotmäßigkeit neigen, wird der betrunkene

Russe vor Höhergestellten noch unterwürfiger und sucht bei Begegnung mit Vornehmeren unfehlbar seine Mütze abzunehmen und sich möglichst tief zu verbeugen, trotz der äußersten Gefahr, dabei sein Gleichgewicht zu verlieren. Eine köstliche Szene erlebte ich in dieser Beziehung einmal in Taschkent. An einem Neujahrstage lag einmal vor dem Sonntagsbazar ein besoffener russischer Liniensoldat im tiefsten Schlamme quer über die Straße und war durch kein Zureden der Polizisten zum Bewußtsein zu bringen, als plötzlich am Ende der Straße die Leibwache des Generals v. Kauffmann auftauchte. Als der Soldat den Namen Kauffmann vernahm, raffte er sich sofort auf, krabbelte auf allen Vieren nach dem nächsten Lampenpfosten und machte, indem er mit dem linken Arme inbrünstig den Laternenpfahl umarmte, vorschriftsmäßig Honneur, soweit es ihm seine derangierten Umstände erlaubten. Obwohl Kauffmann ein Todfeind der Trunksucht war, gefiel ihm doch das Pflicht= gefühl dieses Soldaten, selbst in einer so kritischen Lage, so sehr, daß er ihn zu sich an den Wagen heranrief, um ihm zur Belohnung einen Dreirubelschein zu überreichen. Der Soldat war aber viel zu vorsichtig, um seine einzige Stütze, den Laternenpfahl, aus den Händen zu lassen; Kauffmann ließ ihm deshalb sein Geschenk durch einen Polizeidiener an seinen Standort überreichen und ihn mittels Droschke nach der Kaserne befördern, wobei er noch verordnete, daß derselbe für seine Trunkenheit ausnahmsweise nicht bestraft werden sollte.

Sind die Russen schon von Haus aus und infolge ihrer Erziehung zum Trinken disponiert, da die russischen Mütter, wenn sie ihre Säuglinge beruhigen wollen, häufig den Schnuller, nicht wie bei uns in Zuckerwasser, sondern in Schnaps tauchen, so wird der Hang zum Trinken in Turkestan auch noch durch die örtlichen Verhältnisse gefördert, infolgedessen hier auch Nichtrussen zu Säufern werden. Es ist bekannt, daß schon Alexander d. Gr. während seines Aufenthaltes in Turkestan ein Opfer der Trunksucht wurde und in Samarkand bei einer Kneiperei seinen Freund und Lebens= retter Klitos ermordete. Nach einem von Athenäus aufbewahrten Bruch= stücke aus den königlichen Tagebüchern, welche von Alexanders Geheimschreibern unter Aufsicht des Königs geführt wurden, zu urteilen, scheint Alexander während seines Aufenthaltes in Turkestan an eigentlichem Sapoi gelitten zu haben. In diesen Tagebüchern kommt unter anderem folgende Stelle vor: „Nachdem Alexander den 5. Dius auf einem Trinkgelage bei Eumenes zu= gebracht hatte, schlief er am 6. seinen Rausch aus, ohne den ganzen Tag ein weiteres Lebenszeichen von sich zu geben, als daß er aufstand und seinen Generälen den Entschluß mitteilte, den andern Morgen mit dem Tage auf= zubrechen. Am 7. speiste er bei Perdikkas, berauschte sich und schlief am 8. den ganzen Tag. Aufs neue berauschte er sich am 15. und brauchte, wie gewöhnlich, den folgenden Tag zu seiner Erholung. Endlich am 27. speiste er abends bei Bagoas und schlief am 28." Wie ich in meiner Ab=

handlung „Alexanders des Großen Feldzüge in Turkestan" auseinandergesetzt habe, ist diese bei Alexander und seinen Makedoniern während ihres zwei=jährigen Aufenthaltes in Turkestan zum Ausbruche gekommene Trunksucht lediglich auf die Einwirkung des Klimas und der ungewohnten örtlichen Verhältnisse zurückzuführen. Der Hang zum Trinken wird in Turkestan durch folgende Umstände befördert. Erstens durch die exzessive, für viele Europäer unerträgliche Hitze, da das Thermometer selbst im Schatten mitunter bis zu 48° C. steigt; zweitens durch die außerordentliche Trockenheit der Luft, welche eine unglaublich starke Ausdünstung und Austrocknung des Organismus und deshalb beständigen Durst zur Folge hat; drittens durch den Mangel an gutem Trinkwasser. Nur wenige Europäer bringen es über sich, das ekelhafte, durch Schlamm und alle möglichen Abfälle verunreinigte und von Unmassen von Parasiten, Würmern und Krankheitskeimen belebte Wasser der Kanäle zu trinken; die meisten ziehen es vor, ihren Durst mit Wein, Bier und Schnaps oder doch wenigstens mit Thee zu stillen. Nun muß man aber berücksichtigen, daß man bei hoher Temperatur viel eher berauscht wird als bei niedrigen Temperaturen, besonders wenn man, wie es das heiße Klima mit sich bringt, nur wenig Nahrung zu sich nimmt; daß die stark zuckerhaltigen turkestanischen Weintrauben einen stärkeren und süßeren Wein liefern als die europäischen Trauben, und daß auch das Bier, um es vor schneller Zersetzung zu schützen, gleichfalls viel stärker eingesotten werden muß als z. B. das bayerische Bier. Eine Flasche Taschkenter Bier brachte auf mich in Taschkent dieselbe Wirkung hervor, wie gleich nach meiner Ankunft in München drei Liter Salvatorbier. Faßt man dies alles zusammen, so wird man unschwer einsehen, daß in Turkestan ein großes Maß von Selbst=beherrschung dazu gehört, um nicht zum Trinker zu werden, besonders in kleinen Orten, wo noch ein neues wichtiges Moment hinzutritt, die unerträg=liche Langweile, die sich bis zum Lebensüberdrusse steigern kann.

In der ersten Zeit nach der Eroberung von Taschkent, wo es noch kein Bier und nur wenig aus Europa importierten Wein gab, nahm das Schnaps=trinken in wahrhaft grauenerregender Weise überhand. An Festtagen war oft fast die gesamte russische Bevölkerung betrunken, so daß es für die Ein=geborenen ein Leichtes gewesen wäre, sich zu solchen Zeiten von ihren Be=siegern zu befreien und sämtliche Russen auszurotten, wie es seinerzeit die Dunganen und Tarantschis mit den opiumberauschten Chinesen gemacht hatten. Der erste Sturm auf Taschkent war hauptsächlich deshalb mißglückt, weil die Mehrzahl der russischen Truppen, mit Höchstkommandierendem und Stab, betrunken war. Daß damals nicht wenig Exzesse und Ereignisse à la Klitos vorkamen, läßt sich leicht denken, und nach den Scenen, die ich selbst in der ersten Zeit in der Taschkenter Offiziersgesellschaft erlebt habe, ist es geradezu ein Wunder, daß nicht täglich einige Dutzend Totschläge inter pocula verübt wurden. Noch jetzt ist in Taschkent die sogenannte „Generalschlacht" in aller Munde, ein anfangs der 70er Jahre in einer gewöhnlichen jüdischen Kneipe von sechs russischen Generalen in Uniform, darunter der Generalstabschef und der Chef der Artillerie, verübter Exzeß, bei dem von den Generalen nicht nur das Personal maltraitiert, sondern auch das ganze Inventar des Gastlokals demoliert wurde, ein Spaß, der jedem Teilnehmer angeblich 12 000 Mark kostete. Noch zur Zeit meiner Ankunft in Taschkent, im Jahre 1874, gab es daselbst ganze Straßen, welche ausschließlich aus Schnapsbuden bestanden.

General v. Kauffmann, der sich im Gegensatz zu Tschernajew, welcher seinen Untergebenen selbst mit dem schlimmsten Beispiele vorangegangen war, durch außerordentliche Mäßigkeit auszeichnete, gab sich von Anfang an alle erdenkliche Mühe, um die in Taschkent eingerissene Trunksucht auszurotten. Er ließ den Soldaten statt der bisher gebräuchlichen Spiritusrationen Thee verabfolgen und hielt streng auf Mannszucht. Den Offizieren gegenüber wirkte er nicht bloß durch sein persönliches Beispiel, sondern bestrafte auch unnachsichtlich und ohne Ansehung der Person alle in trunkenem Mut verübten Exzesse. Diesen Bemühungen des Generals v. Kauffmann in Verbindung mit der Anlage von Bierbrauereien und Weinkeltereien ist es zu verdanken, daß sich die erwähnten Verhältnisse in Taschkent bedeutend gebessert haben und daß dort gegenwärtig nicht mehr, eher sogar weniger getrunken wird als in den Städten des europäischen Rußland.

Die Wirkung des Genusses von Spirituosen ist in heißen, trockenen Gegenden wie Turkestan eine ganz eigentümliche. Während der Alkohol in kalten Ländern nicht nur nicht schädlich, sondern für den Organismus geradezu ein Bedürfnis ist, wirkt derselbe in Turkestan wie Gift. Die meisten Europäer bekommen, wenn sie die erste Krisis überstanden haben, während welcher sich ein erhöhter Hang zum Trinken bemerkbar macht, einen Widerwillen gegen den übermäßigen Genuß von Spirituosen, und sie ziehen dann Thee jedem andern Getränke vor, wie ich auch an mir selbst erfahren habe. Bei den andern steigert sich die Vorliebe für Spirituosen und besonders für Schnaps immer mehr und mehr, und sie werden allmählich zu Gewohnheitstrinkern, verkommen moralisch und physisch vollständig und werden zu jeder Beschäftigung untauglich. Solche Gewohnheitstrinker, welche fast nur von Schnaps leben und in Taschkent als „Satschaulinzi" bezeichnet werden, sind schon von weitem an ihren aufgedunsenen Gesichtern, ihrer krankhaften gelben Hautfarbe, ihren verglasten und vertierten Augen und an ihrem unsteten schlotternden Gange kenntlich und machen auch in nüchternem Zustande ganz den Eindruck von Betrunkenen. Sie leben ausschließlich von Almosen, welche sie stets sofort in Schnaps umsetzen, treiben sich tagsüber in den gemeinsten Schnapsbuden herum, die Nächte aber verbringen sie unter freiem Himmel auf den Straßen und Bazaren und hinter Gartenmauern. Den Namen

Satschaulinzen haben diese Gewohnheitstrinker deshalb erhalten, weil sie sich hauptsächlich aus den Veteranen Tschernajews rekrutierten, die sich am Sturm auf Taschkent beteiligt hatten. In Rußland ist es nämlich Sitte, nach dem Vorgange der alten Römer denjenigen, welche sich durch Kriegsthaten aus= gezeichnet haben, einen ehrenden Beinamen zu geben, der an ihre Helden= thaten erinnern soll. So erhielt bekanntlich Suworow den Beinamen Rym= niksky für seinen Sieg über die Türken am Flusse Rymnik, und Diebitsch den Beinamen Sabalkansky für seine Überschreitung des Balkan, ebenso wie die Römer ihren Scipionen die Namen Africanus und Asiaticus beilegten. In ganz ähnlicher Weise wurden in Taschkent die Teilnehmer an dem ersten verunglückten Sturme auf Taschkent, der vom Tschaulikanal aus erfolgt war, spottweise Satschaulinzen genannt für ihre mißlungene Überschreitung des nur 2 m breiten Tschauli. Unter den als Satschaulinzen bezeichneten Gewohnheitstrinkern sind aber nicht etwa bloß ausgediente Soldaten und Leute aus dem gemeinen Volke vertreten, sondern man trifft unter denselben sogar ehemalige Beamte, Ärzte und Offiziere, wie denn der bekannteste unter allen Satschaulinzen, ein gewisser Kusminsky, den man zu jeder Tages= und Jahreszeit halb oder auch ganz nackt im Straßenkot liegen sehen konnte, Hofrat a. D. war. Diese verkommenen Gewohnheitstrinker werden sowohl von der Administration wie vom Publikum mit merkwürdiger Nachsicht be= handelt und von jedermann mit Almosen unterstützt. Wenn ich mich hie und da darüber aufhielt, daß man diesen Tagdieben, statt sie zur Arbeit und zur Änderung ihrer Lebensweise anzuhalten, noch selbst die Mittel zum Trinken verschaffte, wurde mir bedeutet, daß die Betreffenden unheilbare Kranke seien, durch deren Unterstützung man ein Gott wohlgefälliges Werk verrichte, da sie nicht im stande seien, sich ihren Lebensunterhalt selbst zu verdienen. Offenbar war dabei auch die bescheidene Selbsterkenntnis maßgebend, daß niemand wissen könne, ob er nicht früher oder später selbst unter die Zunft der Satschaulinzen geraten würde. In der That hat bei manchen die Dienstentlassung, vor welcher bei der Willkür der russischen Bureaukraten niemand sicher ist, hingereicht, um aus einem bis dahin soliden Beamten und Offizier einen verkommenen Gewohnheitstrinker zu machen.

Allgemeine Verbreitung des Tabakrauchens. Außer der Vorliebe der Russen für starke Getränke ist noch die allgemeine Verbreitung des Tabakrauchens, besonders unter den besseren Ständen, hervorzuheben. Bei den Russen rauchen nicht nur die Männer, sondern auch die Frauen der privilegierten Klassen, und zwar nicht etwa bloß zu Hause, sondern auch in Gesellschaft. Unverheiratete junge Damen dagegen habe ich in den besseren Kreisen nie rauchen sehen, wie dies von manchen flüchtigen Reisenden be= hauptet wird. Bei den Frauen aus dem Volke ist das Rauchen gar nicht in Gebrauch, und ich kann mir eine rauchende Bauern= oder Soldatenfrau gar nicht vorstellen. Von den Privilegierten raucht jeder, und gewöhnlich unaufhörlich von morgens bis abends; selbst wenn sie nachts im Bette erwachen, wird unfehlbar eine Zigarette angesteckt. In Taschkent war ich meines Wissens der einzige Nichtraucher. Die Russen rauchen nicht aus Pfeifen, sondern gebrauchen Zigarren und Zigaretten. Den Luxus von Zigarren können sich aber nur die Reichen gestatten, weil in Rußland der Eingangszoll auf Zigarren sehr hoch ist. Die Bauern, Arbeiter und Sol= daten, für welche auch die Zigaretten noch zu kostspielig sind, drehen sich statt dessen einen Fidibus aus Zeitungs= oder Packpapier, stopfen in den= selben eine Prise Zigarettentabak oder auch die zerriebenen Blätter des un= gebeizten einheimischen Tabaks, und rauchen die so improvisierten, zu drei Teilen aus Papier und zu einem Teil aus Tabak bestehenden Zigaretten mit dem größten Wohlbehagen. Während meiner Reise nach der Dschun= garei im Jahre 1880 rauchten meine Kosaken, nachdem ihnen der Tabak ausgegangen war, auf die angegebene Weise trockene Baumblätter, um nicht auf den gewohnten Genuß des Rauchens verzichten zu müssen.

Das Schnupfen ist bei den Russen im allgemeinen nicht gebräuchlich und gilt als gemein und plebejisch. In Taschkent gab es überhaupt gar keine Schnupfer und deshalb auch in den russischen Kaufläden keinen Schnupftabak.

Wohlthätigkeitssinn der Taschkenter Bevölkerung. Unter allen Tugenden des vielgeschmähten russischen Volkes nimmt sein Wohl= thätigkeitssinn jedenfalls die erste Stelle ein. Es giebt deshalb auch nirgends so viele Bettler wie in Rußland, und in Taschkent kann man keine hundert Schritte auf der Straße gehen, ohne von zerlumpten Sartenjungen oder russischen Gewohnheitstrinkern in der zudringlichsten Weise angebettelt zu werden. Außerdem werden nicht nur die Straßen, sondern auch die Woh= nungen fortwährend von Blinden und Lahmen unsicher gemacht, die, wie ich mich oft überzeugt habe, ihre Gebrechen meistens nur simulieren und trotz derselben gelegentlich alles mitgehen lassen, was in den Häusern nicht niet= und nagelfest ist. Die Taschkenter begnügen sich aber nicht mit den zufälligen und meistens übel angebrachten Almosen an Tagdiebe, Land= streicher und Trunkenbolde, sondern haben eine eigene Wohlthätigkeitsgesell= schaft gegründet, deren erste Präsidentin die Frau des Generals v. Kauffmann war, und die alle Bessergestellten von den russischen Beamten, Offizieren und Kaufleuten zu ihren Mitgliedern zählt. Diese Gesellschaft hat in Taschkent bereits zwei Waisenhäuser, eine Frauenklinik und ein Haus für Obdachlose gegründet, in welch letzterem die Satschaulinzen unentgeltlich Unterkunft und Nahrung bekommen, ohne zu irgend welchen Gegenleistungen angehalten zu werden. Außerdem werden von der Gesellschaft auch verschämte Hausarme, besonders Witwen, mit Geld unterstützt. Die Einkünfte der Gesellschaft setzen sich zusammen aus den Jahresbeiträgen und freiwilligen Schenkungen der

Mitglieder und aus den Erträgen der Volksfeste, welche von der Gesellschaft mehrmals jährlich arrangiert werden. Früher wurden diese Volksfeste im Garten Min=Urjuk, seit neuester Zeit aber im neuen Stadtgarten abgehalten. Die Anordnung dieser Volksfeste, an welchen sich stets fast die gesamte Bevölkerung von Taschkent, Russen wie Sarten, beteiligte, war stets eine gelungene. Der Garten wurde jedesmal, nach Art der Patjomkinschen Dörfer, im Handumdrehen in einen Lustgarten mit Springbrunnen, Statuen, Sommerhäusern, Wein=, Bier= und Verkaufshallen, mit Tausenden von chinesischen Laternen und Zehntausenden von Lampions verwandelt. Das Originellste beim ganzen Arrangement waren die Springbrunnen. An eine tags vorher noch öde Stelle wurde plötzlich ein riesiges, ringsum von Statuen, Rasenflächen und den herrlichsten Blumenbeeten umgebenes Marmorbassin hingezaubert, aus dessen Mitte sich ein 15 m hoher Wasserstrahl erhob, eine in Taschkent sonst nie gesehene Erscheinung. Das Ganze machte, besonders bei der feenhaften Beleuchtung durch Tausende von Lampions, den Eindruck, als hätte sich die Fontäne samt Zubehör schon seit Jahr und Tag an Ort und Stelle befunden. Nur die Eingeweihten wußten, daß das Marmorbassin schnell aus Holz angefertigt war, daß die Blumenbeete tags vorher noch die verschiedensten Fensterbretter geziert hatten, und daß die grandiose Fontäne nichts weiter war als das Produkt einer Feuerspritze, die in passender Entfernung hinter einem Verschlag aufgestellt war und den ganzen Tag unablässig von einer Kompagnie einander ablösender Soldaten in Bewegung gesetzt wurde. An verschiedenen Stellen des Gartens spielten abwechselnd und oft alle durcheinander sämtliche in Taschkent vorhandenen Militärkapellen sowie einige sartische Musikbanden. Für die Jugend gab es sartische Seiltänzer und Gaukler, sartische Marionetten= und Kasperltheater, Baumsteigen, Sacklaufen und allen möglichen sonstigen Ulk. In eigenen Verkaufshallen wurden von den Frauen und Töchtern der Taschkenter Aristokraten Bouquets, Wein, Schnaps, Thee und Eßwaren feilgehalten und dabei alle ihre Verehrer und sonstigen Bekannten in der unerhörtesten Weise gebrandschatzt. Wer für ein Glas Thee bloß 2 Mark, und für einen diminutiven Pokal Sekt nur 6 Mark zahlte oder sich etwa gar um den Stand einer bekannten Dame herumdrückte, ohne etwas zu verzehren, hatte die Achtung der betreffenden Dame für lange, wenn nicht für immer verloren. Für die Plebejer waren Bierhallen errichtet, in denen die Preise den Verhältnissen der vom Schicksal weniger Begünstigten akkommodiert waren. Ein riesiger Gabentempel enthielt die zahlreichen Gewinste für das mit dem Feste verbundene Lotterie=Allegri. Den Schluß bildete jedesmal ein imposantes von Artilleriefeuerwerkern arrangiertes Feuerwerk. Die Einnahmen von diesen Volksfesten waren jederzeit enorm, weil die Besucher stets nach Zehntausenden zählten und alle Gewinnste für die Lotterie, sowie alle zum Verkaufe gelangenden

Spirituosen und Eßwaren von der Taschkenter Kaufmannschaft und von den Festarrangeuren unentgeltlich geliefert wurden.

Außer der erwähnten Wohlthätigkeitsgesellschaft gab es in Taschkent noch eine Gesellschaft zur Unterstützung armer Studierender, die unter anderem bereits eine Anzahl Stipendien für die auf russischen Universitäten studierenden Turkestaner gestiftet hat, ferner eine Filiale der Gesellschaft des Roten Kreuzes und ein Komitee zur Unterstützung und zur Verbesserung der Lage der im Staatsgefängnis Inhaftierten.

Polizei des russischen Taschkent. Das russische Taschkent hat eine eigene Polizei, die von der der sartischen Stadt getrennt und auf europäische Manier eingerichtet ist. An der Spitze der Polizeiverwaltung steht ein russischer „Gorodnitschii" (Stadtvogt), dem zwei gleichfalls russische Polizeipristaws (Polizeikommissäre) untergeordnet sind. Als Polizeidiener fungierten früher russische Soldaten, die dazu abkommandiert waren und auch als Polizisten ihre gewöhnliche Soldatenuniform trugen. Seitdem die Militärverwaltung keine Soldaten mehr hergiebt, werden als Polizeidiener Eingeborene, fast ausschließlich Sarten, gemietet, die sämtlich beritten sind und als Dienstabzeichen hohe schwarze Schaffellmützen, schwarze Beschmete, lange Reitstiefel und russische Kavalleriesäbel und auf der Brust numerierte Messingschilder tragen. Zur Verstärkung der Polizei zur Nachtzeit dient eine große Anzahl Nachtwächter, die von der Polizei aufgestellt, aber von den betreffenden Hausbesitzern besoldet werden müssen. Die Nachtwächter erhalten von jedem Hausbesitzer monatlich zwei Mark, und da ein Nachtwächter immer nur etwa ein halbes Dutzend Häuser zu bewachen hat, so ist ihr Einkommen eben nicht glänzend. Sie haben von Einbruch der Nacht bis Tagesanbruch zu wachen und außerdem tagsüber von Zeit zu Zeit die Straßen und Trottoirs ihres Rayons zu begießen. In früheren Zeiten waren die Nacht= wächter im russischen Taschkent mit ebensolchen hölzernen Klappern versehen, wie die Wächter in den Städten der Eingeborenen, um eine Garantie für ihre gewissenhafte Pflichterfüllung zu haben. Da aber das ewige Klappern für alle, welche nicht von Jugend auf daran gewöhnt sind, ganz uner= träglich ist, so wurden ihnen später die Klappern abgenommen; dieses hatte aber wieder den Mißstand zur Folge, daß sich jetzt die Nachtwächter in irgend einem Winkel ruhig dem Schlafe überlassen.

Die Taschkenter Polizei ist trotz der großen Zahl von Polizisten und Nachtwächtern wenig zuverlässig, teils wegen der Feigheit teils wegen der Unehrlichkeit der Sarten. Einmal wurde ich z. B. nachts durch einen Höllen= lärm aufgeweckt, der auf der Straße vor meinem Quartier stattfand, während ich im Garten schlief. Als ich endlich aufstand, um nachzusehen, was der bereits über eine Stunde andauernde Spektakel zu bedeuten habe, fand ich folgende Scene. Vier wohlbewaffnete Polizisten und ein Trupp Nachtwächter umstanden ratlos einen betrunkenen Ruſſen, einen angehenden Satſchaulinzen, der in mein Quartier einbrechen wollte und ohne irgend welche Rückſicht auf die ſchreienden und geſtikulierenden Sicherheitsorgane bereits ein Fenſter aus= gebrochen hatte. Als ich die Poliziſten wegen ihres Nichteinſchreitens zur Rede ſtellte, entſchuldigten ſie ſich damit, daß der Einbrecher ein ſehr gefährliches Subjekt ſei und erſt tags vorher einem von ihnen den Säbel abgebrochen habe; ſie hätten deshalb nicht gewagt, denſelben feſtzunehmen, und hätten erſt noch um Verſtärkung nach dem Wachtlokal geſchickt. Mir blieb ſomit nichts übrig, als ſelbſt einzugreifen. Nachdem ich jedem Poliziſten und Nacht= wächter, ſoweit ich deren habhaft werden konnte, für die von ihnen bewieſene Tapferkeit einen Klaps verabfolgt hatte, beförderte ich auch den „Einbrecher", obwohl ſich derſelbe auf ſeine Eigenſchaft als Ritter des St. Georgsordens berief, durch einen wohlgezielten Tritt zur Abkühlung in den nächſten Kanal, und damit hatte für diesmal die nächtliche Ruheſtörung ein Ende.

Daß unter ſolchen Verhältniſſen die Sicherheit des Eigentums keine allzu große ſein kann, iſt klar, um ſo mehr, als die meiſten Diebſtähle von den Nachtwächtern ſelbſt ausgeführt werden. Die Frechheit der Diebe, ruſſiſcher ſowohl wie eingeborener, iſt geradezu fabelhaft. Mir wurde einmal durchs Fenſter meine eben angerichtete große Familientheemaſchine geſtohlen, während ich mit Familie daneben ſaß, und als ich ſofort auf die Straße eilte, ſah ich vom Dieb keine weitere Spur als die glühenden Kohlen, welche derſelbe auf der Flucht aus der Theemaſchine verloren hatte. Ein andermal, als ich bei einem Bekannten zum Frühſtück eingeladen war, ſtieg ein Dieb am hellen Tage durchs Fenſter ins Gaſtzimmer, weil er uns, da wir in einer Ecke mit Schachſpielen beſchäftigt waren, nicht bemerkt hatte, und obgleich wir uns ſofort an die Verfolgung des Diebes machten, gelang es uns doch nicht, desſelben habhaft zu werden. Den Garten wird das Stehlen, abgeſehen von ihrer Gewandtheit, hauptſächlich dadurch erleichtert, daß ſie im Sommer bloßfüßig gehen, daß die Fenſter in den ruſſiſchen Häuſern direkt auf die Straße münden und nur wenige Fuß hoch über dem Boden an= gebracht ſind, und daß die Bewohner ſich im Sommer meiſtens rückwärts im Hof oder Garten oder auf den Veranden aufhalten. Der gelungenſte von allen zu meiner Kenntnis gelangten Gaunerſtreichen war folgender. Ein Offizier ſchlief in ſeinem Garten unter einem Zelte auf einer einfach auf den Boden gebreiteten Roßhaarmatratze. Nachts wurde er plötzlich durch einen furchtbaren Stoß, wie bei einem Erdbeben, aufgeweckt und fand ſich zu ſeiner Überraſchung auf der bloßen Erde liegen. Als er ſeine Lebensgeiſter etwas geſammelt hatte, überzeugte er ſich, daß die Matratze ſpurlos verſchwunden war. Ein Dieb hatte, wie ſich nachträglich herausſtellte, von außen unter der Zeltwand hindurch ein langes Seil an die Matratze befeſtigt, hatte ſich dann zu Pferde geſetzt und war in voller Karriere davongeſprengt, das Seil mit Matratze nach sich schleppend, ein Beweis, daß die turkestanischen Diebe selbst mit den Anfangsgründen der Physik nicht unbekannt sind.

Aus dem allem wird man wohl zur Genüge ersehen, daß in Taschkent die Aufgabe der Polizei keine leichte ist. Als ich seinerzeit bei der Polizei durch meinen Bedienten den Verlust meiner Theemaschine anzeigen ließ, wurde derselbe von dem betreffenden Polizeibeamten mit folgenden Worten angeschnauzt: „Du bist ein sonderbarer Kauz; mir sind in meinem Bezirke heute nacht 68 Samoware, ein Dutzend Pferde, ein adeliges Fräulein und noch vieles andere gestohlen worden, und du schlägst Lärm wegen einer einzigen Theemaschine." Die Wiedererlangung des Gestohlenen ist fast unmöglich, weil es die Diebe in der Regel sofort nach andern Städten verbringen, und weil überdies die Frauenabteilungen in den Häusern der Eingeborenen, in die niemand, selbst nicht der Polizeibeamte, eindringen kann, ein Versteck bilden, wie es sich Diebe gar nicht besser wünschen könnten.

Berufsarten. Die Majorität der russischen Bevölkerung von Tasch= kent besteht aus Beamten, Offizieren und Soldaten. Taschkent bietet des= halb das sonderbare Schauspiel, daß fast alles uniformiert ist und daß die Zivilisten, auf die alle Uniformierten mit Verachtung herabsehen, zu den Ausnahmen gehören. Aber trotz ihres Aristokratendünkels spielt in Taschkent die Beamten= und Offizierswelt eine ziemlich ärmliche Rolle im Vergleiche mit der mit Glücksgütern mehr gesegneten Kaufmannschaft. Unter den Tasch= kenter Kaufleuten spielt seit Anfang der achtziger Jahre die erste Rolle der Kommerzienrat Iwanow, vor dem alle andern turkestanischen Kaufleute wie Pygmäen verschwinden und der einen wenigstens fünfmal größeren Aufwand macht als der Generalgouverneur selbst. Iwanow ist unter allen Persönlichkeiten, die ich in meinem Leben kennen gelernt habe, eine der hervorragendsten und merkwürdigsten. Derselbe kam Ende der siebziger Jahre, angeblich mit einem Barvermögen von 12 000 Mark, nach Kasalinsk. Aber trotz dieser unbedeutenden Mittel, seiner gemeinen Herkunft und seiner nur notdürftigen Schulbildung hat es Iwanow, dank seiner phänomenalen Be= gabung und nie rastenden Energie, in wenigen Jahren dahin gebracht, daß er jetzt gewissermaßen die Geschicke von ganz Turkestan in seiner Hand hält und über 10 000 Angestellte besoldet. Alle wichtigeren Staats= und Armee= lieferungen werden von Iwanow besorgt; er unterhält die meisten der tur= kestanischen Poststationen; in jeder größeren Stadt Turkestans hat er Bier= brauereien, Branntweinbrennereien und Weinkeltereien errichtet, für welche er die Werkführer zum Teil aus Frankreich und Bayern verschrieben hat. In Taschkent selbst ist bereits ein großer Teil der Kaufläden und Privathäuser in seinen Besitz übergegangen. Ferner hat Iwanow in Tschimkent eine Santoninfabrik, in Chodschent eine Glasfabrik, in Aulie=Ata ein Gestüt für Rassenpferde angelegt, und seine Weinberge, in welche er die besten un=

garischen, kaukasischen, italienischen und französischen Weinstöcke verpflanzt hat, nehmen große Flächen ein. Auch die Zentralasiatische Handelsbank ist ein Werk Iwanows, der die meisten Aktien der Bank in Händen hat. Seine Unternehmungen erstrecken sich aber nicht bloß über das ganze Gebiet von Turkestan; auch in Sibirien und im europäischen Rußland besitzt er an vielen Orten industrielle Etablissements. Es ist ganz unbegreiflich, wie ein einziger Mann so viele verschiedenartige Industriezweige und Einrichtungen übersehen kann, um so mehr, als Iwanow alles bis ins einzelnste selbst dirigiert und seine Angestellten größtenteils Russen sind, denen man beständig genau auf die Finger sehen muß, um nicht übervorteilt zu werden. Um sich zu einer solchen Höhe emporzuarbeiten und sich auf derselben zu erhalten, mußte Iwanow natürlich verzweifelte Mittel anwenden. Da in Rußland bei der unter den Beamten herrschenden Korruption kein Schritt ohne Bestechung möglich ist und Iwanow beständig mit allen möglichen Behörden zu thun hat, so mußte er nolens volens die ganze Administration in Sold nehmen, und es giebt unter den turkestanischen Verwaltungsbeamten nur wenige, die nicht auf diese oder jene Weise von Iwanow Nutzen ziehen. Die weniger Skrupulösen werden von Iwanow direkt besoldet; die Höherstehenden, welche mehr auf Wahrung des Anstandes sehen, erhalten von Iwanow Darlehen, welche nie zurückbezahlt werden, sowie Quartier, Hauseinrichtungen, Pferde, Wagen, Weinlieferungen u. dgl. entweder einfach als Geschenk oder für einen nominellen Preis. Der Chef der Postverwaltung, Staatsrat S., wohnte in einem Iwanow gehörigen und von Iwanow eingerichteten Hause gratis zur Miete; der Chef der Intendanturverwaltung, Generalmajor D., bestellte sich schon gleich nach seiner Ernennung, noch von Petersburg aus, Quartier bei Iwanow. Selbst Kauffmanns Nachfolger war angeblich nicht frei von Iwanowschen Einflüssen. Als in Taschkent die Absetzung des Generals Tschernajew bekannt wurde, der den General v. Kauffmann und die unter demselben dienenden Beamten stets als Diebesbande verschrieen und einen ganzen Trupp von Revisoren nach Taschkent mitgebracht hatte, um die vermeintlichen Schuldigen dem Arme der Gerechtigkeit zu überliefern, erschien Iwanow sofort im Palast des Generalgouverneurs und nahm alle Pferde und Wagen Tschernajews als sein Eigentum in Beschlag. Zu gleicher Zeit wurde auch den nach Tschernajews Abreise noch in Taschkent zurückgebliebenen Ordonnanzoffizieren und persönlichen Adjutanten Tschernajews, die bis dahin im Hause des Generalgouverneurs gratis gefüttert und mit den nötigen Spirituosen versehen worden waren, die betrübende Mitteilung gemacht, daß es in Anbetracht der soeben erfolgten Absetzung ihres Patrons mit ihrem Schlaraffenleben ein Ende hätte und daß sie, wenn sie ihre Gelage in bisheriger Weise fortsetzen wollten, dies hinfüro auf eigene Kosten thun müßten. Mit diesen Bemerkungen soll nicht etwa

Iwanow ein Vorwurf gemacht werden; derselbe war zu einem solchen Verfahren absolut gezwungen, wenn er nicht seine Geschäfte aufgeben und sich bankrott erklären wollte. Jeder, der in Rußland Geschäfte zu machen hat, muß sich, ob er will oder nicht, zu derartigen Mitteln bequemen.

Um zu zeigen, wie sehr manche von den turkestanischen Beamten von den Staatspächtern abhängig sind, will ich nur einen Fall mitteilen. Ein mir persönlich bekannter Taschkenter Beamter hatte früher bei der Post gedient und war als Poststationsinspektor angestellt worden, in welcher Eigenschaft er mit der Aufsicht über eine größere Anzahl von Poststationen und mit der Wahrung der Interessen des Staates gegenüber dem Posthalter betraut war; als Stationsinspektor bezog er vom Staate den glänzenden Gehalt von 70 Mark monatlich. Am Ende des Monats wurden ihm zu seiner größten Verwunderung aus der Kanzlei des betreffenden Posthalters 150 Mark als Gehaltszulage ausgefolgt und als er sich weigerte, dieses Geld anzunehmen, wurde ihm bedeutet, daß alle Stationsinspektoren von den Posthaltern monatliche Zulagen erhielten. Da nun der betreffende Beamte auch dann noch auf seinem Standpunkte verharrte und erklärte, er könne als ehrlicher Mann keine Bestechung annehmen, wurde er zum Chef der Postverwaltung citiert und ihm mitgeteilt, daß er entweder den ihm vom Posthalter in herkömmlicher Weise angebotenen Gehalt anzunehmen oder den Dienst zu quittieren habe. Der Beamte zog das letztere vor und trat zu einer andern Behörde über. Daß die vom Posthalter besoldeten Staatsbeamten mehr auf die Interessen des Posthalters als auf die Interessen des Publikums und des Staates sehen, von dem sie nur einen minimalen Teil ihres Einkommens beziehen, ist wohl selbstverständlich.

Der Handwerkerstand nimmt unter der europäischen Bevölkerung von Taschkent eine ganz untergeordnete Stellung ein. Die europäischen Handwerker befassen sich nur mit der Erzeugung solcher Produkte, welche von den eingeborenen Handwerkern nicht bezogen werden können. Unter den Europäern sind deshalb nur folgende Handwerker vertreten: Schuhmacher, Schneider, Kappenmacher, Sattler, Ofensetzer, Tischler, Uhrmacher, Büchsenmacher, Wagenbauer, Metallarbeiter, Goldschmiede, Bäcker und Wurstmacher. Die Schuster und Schneider sind, mit nur einer einzigen Ausnahme, sämtlich polnische Juden, ausgediente Soldaten, welche vorgezogen haben, sich nach Ablauf ihrer Dienstzeit in Taschkent anzusiedeln. Meistens sind aber nur die Geschäftsinhaber Juden; die Gesellen sind größtenteils Russen, gleichfalls ausgediente Soldaten. Die Uhrmacher, Bäcker und Wurstmacher sind alles Deutsche, meistens aus den Ostseeprovinzen. Es ist überhaupt zu bemerken, daß in ganz Rußland fast alle Wurstwarenfabrikanten Deutsche sind, weshalb auch den Deutschen in Rußland allgemein der Spottname „Kalbaßnik" (Wurstmacher) beigelegt wird. Die zwei besten Uhrmacher von Taschkent waren seinerzeit die aus dem Schwarzwalde stammenden Brüder Wangler, welche ebenso wie der deutsche Feinmechaniker Michelson an Sapoi zu Grunde gegangen sind.

Das Fabrikwesen ist in Turkestan noch immer sehr wenig entwickelt; nach amtlichem Ausweis giebt es zur Zeit (1900) im ganzen russischen Turkestan folgende Fabriken: 140 Baumwollreinigungsanstalten, 19 Baumwollpressen, 1 Reismühle, 16 Ölpressen, 49 Lederfabriken, 6 Weißgerbereien, 15 Bierbrauereien, 17 Schnapsbrennereien und Weinkeltereien, 1 Glasfabrik, 1 Santoninfabrik, 1 Asphaltfabrik, 1 Seilerei, 1 Tabakfabrik, 1 Seifenfabrik und 15 Getreidemühlen.

Die Lieblingsbeschäftigung des gemeinen Russen, sowohl im europäischen Rußland wie in Turkestan, bildet das Lohnkutschergewerbe, und die Russen sind deshalb auch die besten Kutscher der Welt; offenbar noch ein Erbteil ihrer Vorväter, der alten Skythen, deren Wohnungen nach den Berichten der alten Klassiker in ihren Wagen bestanden. Jeder Soldat, der sich einige hundert Rubel erspart hat, kauft sich nach Ablauf seiner Dienstzeit Wagen und Pferde und etabliert sich als Droschkenkutscher. Da die Zahl der Droschken nicht beschränkt ist und zur Anschaffung von Wagen und Pferden schon 600 Mark ausreichen, so ist in Taschkent, wie bereits früher erwähnt worden ist, die Anzahl der Droschken ganz unverhältnismäßig groß. Auch Hausbesitzer, Beamte und Offiziere schicken nicht selten ihre Wagen, wenn sie solche gerade nicht selbst brauchen, auf die Droschkenstandplätze, um sich so eine kleine Nebeneinnahme zu verschaffen. Die Taxe für Droschken ist in Taschkent sehr niedrig und beträgt z. B. für die 4 km lange Strecke von der Stadt bis zum Militärspital nur 40 Pfennige. Dabei ist die Taxe Tag und Nacht, für Ein- und Zweispänner und für jede beliebige Anzahl von Passagieren und Gepäckstücken dieselbe. Nur die Inhaber großer Herrschaftswagen sind, wenn sie an den Magistrat für ihre Nummer eine erhöhte Abgabe bezahlen, berechtigt, eine erhöhte Taxe zu verlangen. Nach ortspolizeilicher Vorschrift müssen auf jedem Droschkenstandplatze wenigstens einige Fuhrwerke die ganze Nacht über bereit stehen. Die Droschkenstandplätze sind sehr zahlreich und so über die ganze Stadt verteilt, daß man überall gleich einen Wagen zur Hand hat.

Mit Feldbau beschäftigt sich die russische Bevölkerung von Taschkent nicht; dagegen betreiben mehrere Gartenbesitzer Obst- und Gartenbau, wobei sie vorzugsweise solche Obst- und Gemüsesorten kultivieren, die in den Gärten der Eingeborenen nicht gezogen werden, wie z. B. Kopf- und Blumenkohl, Spargel, Gartenerdbeeren, Kartoffeln u. dgl. In den letzten Jahren haben die Russen den Versuch gemacht, die Kultur des Theestrauchs in Turkestan einzuführen, und dieser Versuch soll sehr gut ausgefallen sein; der auf den turkestanischen Plantagen geerntete Thee soll dem chinesischen nichts nachgeben. Es soll deshalb eine Aktiengesellschaft gegründet werden, um die

Sache im großen betreiben zu können. Eine in Petersburg gegründete Aktiengesellschaft hat sich die Kultur von Ananas, Bananen, Datteln und andern tropischen Früchten in Turkestan zur Aufgabe gemacht; ein Unternehmen, das alle Aussicht auf Erfolg hat.

Groß ist im russischen Taschkent die Zahl der Wucherer, lauter polnische Juden, die besonders in den ersten Zeiten, dank den noch ungeordneten Verhältnissen, die Beamten, Offiziere und die kleinen Kaufleute in der haarsträubendsten Weise ausbeuteten. Zur Illustrierung der Art und Weise, wie diese Blutsauger ihre Geschäfte betrieben, will ich statt vieler nur ein Beispiel anführen. Einer meiner Bekannten, ein ehemals reicher, aber durch Kartenspiel verarmter Offizier, hatte von einem Juden, Barkenberg mit Namen, 70 Mark entlehnt. Für diese 70 Mark mußte der Offizier einen Zobelpelz im Werte von 1000 Mark versetzen, zur größeren Sicherheit überdies noch einen Wechsel auf 200 Mark ausstellen und monatlich 20 Mark Zinsen bezahlen. Der Offizier zahlte im Laufe eines Jahres 240 Mark Zinsen, und da er bei der plötzlichen Abreise des Juden nicht im stande war, sein Pfand auszulösen, so verlor er überdies seinen Pelz, und der Jude hatte außerdem die Frechheit, auch noch den Wechsel zu präsentieren, so daß er für die vorgestreckten 70 Mark im Laufe eines einzigen Jahres 1440 Mark erhielt. Statt diesen Shylock, wie er verdient hätte, den Gerichten zu überliefern, stellte ihm die russische Administration auf sein Verlangen bei der Abreise noch eine Abteilung Kosaken zur Verfügung, die ihn bis zur nächsten Stadt eskortieren mußte, damit er von den ausgeplünderten Offizieren nicht etwa erschlagen werde; jedenfalls eine ausgezeichnete Illustration dafür, was es mit der viel erörterten Judenverfolgung in Rußland für eine Bewandtnis hat. Ein anderer Taschkenter Jude, Tepljakow mit Namen, der allgemein für den anständigsten unter den Taschkenter Wucherern galt und auch getauft war, hatte sich während seiner Militärzeit als Feldscher bei der Militärapotheke einige hundert Rubel „gemacht" und mit diesem Kapital nach seiner Verabschiedung ein Wuchergeschäft eröffnet. Dieses Geschäft ging so flott, daß er schon nach 10 Jahren seiner Frau während einer Krankheit außer einem halben Dutzend Häuser 120 000 Mark in barem testieren konnte.

Da infolge der angedeuteten Verhältnisse, denen gegenüber die russische Jurisprudenz bis in die letzte Zeit vollständig machtlos war, die Beamten und Offiziere immer tiefer und tiefer in die Hände der polnischen Juden gerieten, so mußte sich der Kriegsminister schließlich nicht anders zu helfen als dadurch, daß er bei allen Behörden und Truppenabteilungen für die Offiziere und sonstigen Angestellten Sparkassen errichten ließ, an welchen jeder zuständige Angestellte obligatorisch teilnehmen muß und aus denen jedem Teilnehmer im Bedürfnisfalle gegen gewöhnliche Prozente Darlehen gegeben werben. Beim Ausscheiden aus dem Dienste wird jedem der ganze im Laufe der Zeit in Monatsraten eingezahlte Betrag nebst Zinsen und Zinseszinsen zurückerstattet. Diese Sparkassen haben sich als äußerst praktisch und heilsam erwiesen, und sie haben wenigstens die Staatsbeamten und Offiziere aus den Klauen der jüdischen Wucherer gerettet. Das gemeine Volk ist denselben freilich nach wie vor schutzlos preisgegeben, und wie die Juden mit den Leuten aus dem gewöhnlichen ungebildeten Volke verfahren, kann man sich leicht vorstellen, wenn man bedenkt, was sie sich den herrschenden und ge= bildeten Ständen gegenüber erlauben durften. Um zu zeigen, wie die polnischen Juden mit den russischen Bauern verfahren, will ich nur ein Beispiel anführen. In den achtziger Jahren hatte eine Bauerngemeinde Süd= rußlands von dem jüdischen Besitzer der Dorfschenke einige tausend Rubel entlehnt, um die Steuern rechtzeitig abliefern zu können, da in Rußland die Steuern nicht von den einzelnen Besitzern, sondern von den Gemeinden er= hoben werden, die dann die Steuerbeträge nach eigenem Ermessen auf die einzelnen Gemeindeangehörigen verteilen. Als die betreffende Gemeinde nicht im stande war, die Schuld nebst horrenden Zinsen auf den Tag abzutragen, nahm der Jude eigenmächtig die Pfarrkirche in Beschlag und gestattete den Pfarrangehörigen den Eintritt in die Kirche nur gegen ein von ihm selbst festgesetztes Eintrittsgeld, welches er in eigener Person an der Kirchenthüre erhob. Durch diese Maßregel zwang er die Gemeinde, die Abtragung ihrer Schuld zu beschleunigen und machte außerdem noch, dank der Religiosität der gemeinen Russen, ein glänzendes Nebengeschäft, da der Erlös von den Eintrittsgeldern bei der Abrechnung nicht etwa in Abzug gebracht wurde. Die Bauern ließen sich dies eigenmächtige Vorgehen des Juden ganz ruhig gefallen, da sie an derartige Übergriffe von seiten der Israeliten nur zu sehr gewöhnt waren, und erst als die Sache durch die Zeitungen an die Öffent= lichkeit gelangte, wurde dem Skandal von oben ein Ziel gesetzt.

Wenn man daher der russischen Regierung in Bezug auf die Juden= frage wirklich einen Vorwurf machen kann, so ist es der, daß sie die gewissen= lose Ausbeutung des Volkes durch die Juden so lange geduldet und sich erst dann einigermaßen aufgerafft hat, als das Volk sich selbst anschickte, seine Peiniger von sich abzuschütteln, wie in dem besonders bedrängten Südruß= land in den achtziger Jahren dazu Versuche gemacht wurden. Erst in den letzten Jahren ist in Rußland ein eigenes Wuchergesetz veröffentlicht worden, welches ermöglicht, wenigstens die ärgsten Blutsauger zur Rechenschaft zu ziehen. Dank diesem Gesetze ist, wie ich aus den russischen Zeitungen ersehe, vor einigen Jahren endlich auch dem oben erwähnten Juden Tepljakow das Handwerk gelegt und er zu zwei Jahren Zuchthaus verurteilt worden.

IV. Gesundheitsverhältnisse in Turkestan.

1. Einfluß des Klimas.

In Anbetracht des Umstandes, daß in Turkestan die Temperatur der Luft während der Sommermonate mitunter 48° im Schatten erreicht und mithin die menschliche Blutwärme um ganze 11° übertrifft, im Winter dagegen 35 und mehr Grade unter den Gefrierpunkt herabsinkt, und daß die Temperatur des Bodens, besonders in Sandwüsten, eine Höhe erreicht, bei welcher Eiweiß gerinnt, möchte man glauben, daß das turkestanische Klima auf den menschlichen Organismus, wenn nicht geradezu tödlich, so doch wenigstens äußerst schädlich einwirken müßte. Ist ja doch schon das Klima Ostindiens, welches keine derartigen Temperaturextreme und auch keine so hohen Sommertemperaturen aufweist wie Turkestan, weil Indien von drei Seiten vom Meere umflossen ist und dortselbst der Sommer mit der Regenzeit zusammenfällt, für die Europäer sehr beschwerlich, und die ehemals tapfern, mit den alten Germanen und Galliern stammverwandten Indier haben sich infolge des degenerierenden Einflusses des indischen Klimas im Laufe der Zeiten in feige und schwächliche Hindus verwandelt.

In Wirklichkeit ist aber das Klima Turkestans im allgemeinen nicht nur nicht schädlich, sondern sogar gesund, wie man schon aus dem blühenden Aussehen und der verhältnismäßigen Langlebigkeit der Eingeborenen ersehen kann. Dies ist nur der außerordentlichen Trockenheit der Luft zu verdanken, welche gerade während der heißesten Jahreszeit und der heißesten Tagesstunden am größten ist. Es ist eine bekannte Thatsache, daß ein Mensch sich in einem vollständig trockenen bis auf 100° erhitzten Raume einige Zeit unbeschadet seiner Gesundheit aufhalten kann, daß er aber sofort umkommen müßte, wenn in den erhitzten Raum auch nur ein Glas Wasser gebracht würde. Dies beruht darauf, daß sich bei trockener Luft mit zunehmender Temperatur die Hautausdünstung sehr rasch vermehrt, wodurch auf der Körperoberfläche eine so bedeutende Verdunstungskälte erzeugt wird, daß sich die Haut, wenn man sich vollständig entkleidet, selbst bei 48° Wärme auffallend kalt anfühlt und man selbst von einem Frostgefühle befallen werden kann. Welche schlimme Folgen das turkestanische Klima hervorbringen würde, wenn die Luft wie im benachbarten Indien mehr Wasserdampf enthielte, davon habe ich mich mehr als einmal zu überzeugen Gelegenheit gehabt. Wenn, was allerdings höchst selten geschah, an heißen Sommertagen auch nur ein paar Wolken am Himmel erschienen, dann wurde jedesmal sofort alles von einer unüberwindlichen Schwerfälligkeit und Apathie befallen, so daß man zu jeglicher Arbeit unfähig war.

Ein weiterer wichtiger Faktor, der gleichfalls den schlimmen Einfluß der exzessiven Sommerhitze auf den menschlichen Organismus abschwächt und zugleich dem Überhandnehmen der unzähligen in heißen Gegenden vorhandenen Ansteckungsstoffe entgegenwirkt, ist die unverhältnismäßig starke Erniedrigung der Temperatur im Winter. Was das tropische Klima für den Menschen, besonders aber für den Europäer, so verderblich macht, ist hauptsächlich die erschlaffende Wirkung fast beständig gleich hoher Temperatur und die durch keinen Frost verkümmerte rasche Entwicklung der gesundheit= gefährdenden Ansteckungskeime. In Turkestan werden alljährlich während des kalten, wenn auch in der Regel nicht langen Winters die in den Wasser= läufen und den ungeheizten Wohnungen der Eingeborenen vorhandenen Fieber=, Diphtherie=, Typhus=, Pocken= und sonstigen Bazillen zum größten Teil vernichtet, während die Menschen selbst durch die Kälte wieder aufgefrischt und so vor allmählicher vollständiger Erschlaffung bewahrt werden. Freilich gehört zur Ertragung eines derartigen Klimas ein kräftiger Organismus, und nicht jeder Europäer ist im stande, dasselbe ungefährdet auszuhalten [1].

Nach meinen 15jährigen Erfahrungen äußert sich die Wirkung des turke= stanischen Klimas, besonders bei Europäern, hauptsächlich auf folgende Weise.

Vor allem ist die schnelle körperliche und geistige Entwick= lung und das frühzeitige Verblühen bei Eingeborenen sowohl als Eingewanderten hervorzuheben, eine Erscheinung, die am auffallendsten beim weiblichen Geschlecht zu beobachten ist. Manches turkestanische Mädchen von 15 bis 16 Jahren würde in Europa jedermann für eine 30jährige Matrone halten. Eine Frau von 25 Jahren hat in Turkestan bereits ihre Blütezeit hinter sich und wird zu den alten Frauen respektive alten Jungfern gerechnet.

Eine weitere Folge der Einwirkung des turkestanischen Klimas ist das frühzeitige Ergrauen der Haare bei beiden Geschlechtern, von dem hauptsächlich die Europäer betroffen werden. Rot= und blondhaarige In= dividuen erfreuen sich in dieser Beziehung einer gewissen Immunität, bei Brünetten dagegen beginnt das Ergrauen meistens schon einige Jahre nach

---

[1] Wie verderblich das turkestanische Klima und die ungewohnten örtlichen Ver= hältnisse für noch nicht afflimatisierte Europäer sind, kann man aus folgendem ersehen. Nach Wenjukow zählten im Jahre 1873 die über die Syr=Darja=Provinz verteilten russischen Truppen im ganzen 20000 Mann. Davon erkrankten im Laufe eines Jahres 119 Offiziere und 19743 Soldaten, und starben 9 Offiziere und 564 Soldaten.

ihrer Ankunft in Turkestan. Ich selbst war bereits mit 28 Jahren nach nur einjährigem Aufenthalte in Taschkent teilweise ergraut; sonderbarerweise trat aber später ein gewisser Stillstand ein, und nachdem ich mich akklimatisiert hatte, war kein merkbarer Fortschritt im Ergrauen mehr zu beobachten. Ich kannte einzelne russische Beamte und Offiziere, welche schon mit 27 Jahren vollständig ergraut waren. Der englische Reisende Lansdell erzählt, daß in Turkestan ergraute Individuen nach der Rückkehr in ihre Heimat die ursprüngliche Haarfarbe wieder erlangt hätten. Mir ist ein derartiger Fall nicht bekanut geworden; an mir selbst habe ich aber die Erfahrung gemacht, daß sich in den ersten Jahren meines Aufenthaltes in München die Anzahl der grauen Haare im Verhältnisse zu den schwarzen in der That etwas vermindert hat, aber nicht etwa durch Verfärbung, sondern durch das Ausfallen der grauen Haare.

Auch die unter den Europäern in Turkestan häufige Kahlköpfigkeit, welche bei männlichen Individuen nach dem 35. Lebensjahre zur Regel gehört, scheint, wenigstens zum Teit, eine Folge des heißen Klimas zu sein. Auch bei mir hatte sich schon im ersten Jahre meines Aufenthaltes in Turkestan eine regelrechte, fast die ganze obere Fläche des Kopfes einnehmende Lichtung eingestellt; später glich sich aber der Schaden wieder fast vollständig aus und zwar von selbst und ohne Zuhilfenahme irgend welcher haarwuchsbefördernder Geheimmittel.

Das trockenheiße Klima Turkestans befördert ferner in auffallender Weise die Fettleibigkeit, während man eigentlich das Gegenteil erwarten möchte. Bei den Eingeborenen, besonders bei denen mongolischer Abstammung, ist Fettleibigkeit so sehr verbreitet, daß fast jeder einigermaßen Wohlhabende sich durch Korpulenz auszeichnet und Beleibtheit geradezu als Zeichen der Vornehmheit gilt. Auch unter den eingewanderten Europäern kann man die bereits akklimatisierten Individuen, abgesehen von ihrer gelblichen, mongolenähnlichen Hautfarbe, auch bereits an ihren rundlichen Körperformen von den Neueingewanderten unterscheiden. In einzelnen Fällen erreicht die Beleibtheit selbst schon bei Kindern wahrhaft phänomenale Dimensionen, und ich kaunte europäische Mädchen, welche bereits mit 10 Jahren es an Körperfülle mit jeder europäischen 40jährigen Matrone aufnehmen konnten.

Sehr wichtig ist der Einfluß des turkestanischen Klimas auf den Charakter der Bewohner. Alle Asiaten zeichnen sich durch eine außerordentliche Apathie und eine Gleichgültigkeit gegen die schwersten Schicksalsschläge aus, um die sie jeder Stoiter beneiden könnte; eine Erscheinung, welche man gewöhnlich für eine Folge der tyrannischen Regierungsformen hält, unter welchen die Asiaten von jeher zu leiden gehabt haben. Ich habe in Taschkent wiederholt Gelegenheit gehabt, Hinrichtungen Eingeborener anzuwohnen, und war jedesmal überrascht durch die unglaubliche Teilnahmslosigkeit der betreffenden Delinquenten, die sich für das bevorstehende Ereignis viel weniger zu interessieren schienen als die unbeteiligten russischen Zuschauer. Durch eigene Erfahrung habe ich mich überzeugt, daß die von den Asiaten zur Schau getragene stoische Gemütsruhe nur eine Folge der Einwirkung des Klimas ist. Denn ich war selbst schließlich in einen derartig lethargischen Zustand geraten, daß mich absolut nichts mehr interessierte, und daß ich ohne äußeren Anstoß gar nicht mehr die Kraft gefunden haben würde, mich aufzuraffen und nach meiner Heimat zurückzukehren. Ich habe die schwersten Schicksalsschläge mit der größten Seelenruhe hingenommen, und es war mir vollständig gleichgültig geworden, was in der Welt vorging. Ebenso wie mir, erging es auch allen übrigen alten Turkestanern; die meisten verloren alle Lust zu arbeiten, ja selbst an Unterhaltungen teilzunehmen, und gelangten schließlich auf den Standpunkt der Türken, daß Stehen besser als Gehen, Sitzen besser als Stehen, Liegen besser als Sitzen, der Tod aber besser als alles sei. Das Leben wird einem endlich vollständig zur Last, und dadurch mögen wohl die vielen Selbstmorde zu erklären sein, die unter den in Tur= kestan lebenden Europäern alljährlich vorkommen [1].

In früheren Zeiten kamen unter den in Turkestan lebenden Europäern ziemlich viele Fälle von Sonnenstich vor; ich glaube, daß dies eine Folge des früher ausgedehnteren Gebrauches von Spirituosen war; denn seitdem die Trunksucht abgenommen hat, dank den Bemühungen des früheren General= gouverneurs v. Kauffmann, der auch beim Militär statt der früher ge= bräuchlichen Spiritusrationen Thee einführte und damit den Soldaten eine große Wohlthat erwies, hört man nur wenig mehr von Sonnenstichanfällen.

Leute, welche erst in höherem Alter nach Turkestan einwandern, scheint die große Hitze zu Gehirnschlag und Herzruptur zu prädisponieren. Die meisten Todesfälle unter den bejahrteren Europäern fallen auf Gehirn= schlag und Herzruptur. Auch der erste Generalgouverneur, v. Kauffmann, erlag einem Schlaganfalle; der zweite Generalgouverneur, Tschernajew, starb an Herzruptur, der interimistische Generalgouverneur, Kolpakowsky, an Ge= hirnschlag u. f. w.

Auf der Einwirkung des heißen Klimas beruhen offenbar auch die Anfälle von Schlafsucht und Schlaflosigkeit, von welchen manche Europäer während der heißen Jahreszeit zeitweilig befallen werden und

---

[1] Im Jahre 1897 hat sich der damalige Generalgouverneur von Turkestan, Baron Wrewsky, veranlaßt gesehen, eine eigene Untersuchung anstellen zu lassen über die Ursachen der in der turkestanischen Armee, sowohl unter Offizieren wie Mannschaften, herrschenden Selbstmordmanie und hat dann auf Grund der Ergebnisse dieser Unter= suchung in einem vom 14. Mai datierten Armeebefehl sämtlichen Armeebefehlshabern strengstens zur Pflicht gemacht, durch entgegenkommende und väterliche Behandlung der Untergebenen dem Übel nach besten Kräften Einhalt zu thun.

von denen ich die ganze Zeit meines Aufenthaltes in Turkestan viel zu leiden hatte. Den ersten derartigen Anfall hatte ich im zweiten Jahre meines Aufenthaltes in Taschkent, wo ich einmal zehn Tage lang, vom 18. bis 28. Juli, kein Auge schließen konnte. Der letzte Anfall, noch zwei Jahre vor meiner Abreise aus Taschkent, dauerte sogar 14 Tage, trotz wiederholten Gebrauches von Opium. Die Anfälle von Schlafsucht, die gleichfalls in der Regel längere Zeit anhalten, sind häufiger als die Anfälle von Schlaflosigkeit, aber weniger beschwerlich und machen nur den davon Betroffenen zeitweilig zu jeder ernsten Beschäftigung unfähig.

Unter den in Turkestan lebenden Europäern sind außerdem noch nervöse Kopfschmerzen, besonders Migräne in den schwersten Formen, sehr verbreitet. Bei mir selbst wurden die Migräneanfälle, trotz aller angewandten Mittel, im Laufe der Jahre immer häufiger und heftiger, und zuletzt verging kaum eine Woche, daß ich nicht einen oder zwei Migräneanfälle hatte. Meine endgültige Heilung hatte ich der Anwendung von salicylsaurem Natron zu verdanken, welches die rasenden Schmerzen immer schon nach einigen Minuten vollständig beseitigte. Seitdem ich zum erstenmal dieses Mittel gebraucht hatte, wurde ich im Laufe mehrerer Jahre nur noch einigemal von leichteren Anfällen heimgesucht. Dieselbe Erfahrung machten später auch noch viele andere Personen, welche auf meinen Rat hin ihre Zuflucht zu dem erwähnten Mittel nahmen. Nur hat der Gebrauch des salicylsauren Natrons auch eine Schattenseite. Der Taschkenter Provinzialarzt, Staatsrat Okolow, teilte mir mit, daß er über die Wirkung dieses Salzes auf den tierischen Organismus eingehende Studien und Versuche an Hunden angestellt und dabei gefunden habe, daß bei übermäßigem Gebrauche gewisse unangenehme, hier nicht näher zu besprechende Nebenwirkungen einträten.

Schließlich habe ich bei den in Turkestan lebenden Europäern, leider auch bei mir selbst, ein auffallendes Schwinden des Gedächtnisses, verbunden mit großer Zerstreutheit, wahrgenommen. Ich glaube aber, daß dies weniger eine Wirkung der Hitze als des häufigen und übertriebenen Gebrauches von Chinin ist, was ich unter anderem aus folgendem selbsterlebten Falle schließe. Im Winter 1885—1886 hatte ich mich an einem Turniere des Taschkenter Schachklubs beteiligt und dabei den ersten Preis gewonnen. Während einer viermonatlichen Reise nach Buchara im darauffolgenden Sommer hatte ich fortwährend an Fieber gelitten und deshalb, um die mir aufgetragenen Arbeiten ausführen zu können, nahezu ein halbes Pfund Chinin verbraucht. Als ich dann nach meiner Rückkehr nach Taschkent wieder zum erstenmal eine Partie Schach spielen wollte, machte ich zu meinem Entsetzen die Entdeckung, daß ich gar nicht im stande war, Schach zu spielen, weil ich die einfachsten Regeln des Spiels vergessen hatte. Im Laufe einiger Monate erholte ich mich zwar wieder einigermaßen; mein

Gedächtnis, welches noch bis zum Jahre 1886 sehr gut gewesen war, ist aber seitdem schwach geblieben, besonders das Zahlen= und Namengedächtnis, so daß ich mich oft momentan nicht an die Namen meiner besten Bekannten erinnern und neue Namen nur sehr schwer festhalten konnte. Dieser Übel= stand, der mir oft sehr schwere Stunden verursachte, hat sich glücklicherweise während meines Aufenthaltes in der Heimat wieder einigermaßen gehoben. Ich glaube daher, daß Ärzte, welche wie die turkestanischen Mediziner ihre Patienten ohne die äußerste Not zum rücksichtslosen Gebrauche von Chinin animieren, damit eine schwere Verantwortung auf sich laden.

Ähnliche Erkrankungen des Gedächtnisses scheinen auch bei den Afrika= reisenden keine Seltenheit zu sein. Ich erinnere nur an zwei hervorragende Fälle, von denen der erste den deutschen Hauptmann Kund, der zweite den französischen Reisenden Duveyrier betraf. Die betreffenden Zeitungsnachrichten lauteten: „Der Forscher im Kamerungebiete, Hauptmann Kund, ist nach Hamburg zurückgekehrt (1891). Eine vollständige Zerrüttung seiner Ge= sundheit hatte sich nach der A. K. C. in einem fast vollständigen Schwinden des Gedächtnisses und der Sprache geäußert. Der erstere Teil seines Leidens scheint ganz gehoben zu sein, während sein Sprachvermögen bisher noch nicht in vollem Umfange wiedergekehrt ist; ein Fortschritt in der Besserung ist freilich auch hierin deutlich wahrnehmbar." „Selbstmord eines Afrikaforschers. Aus Paris, 26. April 1892, wird gemeldet: Der Afrikareisende Duveyrier, ein berühmter Durchforscher der Sahara und Präsident der Geographischen Gesellschaft, erschoß sich gestern im Walde von Sèvres. Er zeigte der Polizei brieflich den Selbstmord mit der Begründung an, daß ihn das Gedächtnis verlassen und seine geistigen Fähigkeiten abnehmen. Duveyrier stand erst im Atter von 52 Jahren."

Die gefährlichste Periode für Europäer ist die Zeit der Akklimatisierung, und zwar kommen auf das dritte und vierte Jahr des Aufenthaltes in Turkestan die meisten Todesfälle. Im Jahre 1883 z. B. verteilten sich die Todesfälle unter den russischen Truppen auf die verschiedenen Lebensjahre der Soldaten, welche mit 20 Jahren dienstpflichtig werden, folgendermaßen:

Lebensalter.	Anzahl der Todesfälle.	Lebensalter.	Anzahl der Todesfälle.
21 Jahre	4	25 Jahre	40
22 „	21	26 „	30
23 „	80	27 „	9
24 „	71	28 „	6

über 28 Jahre 8 Todesfälle.

Im 23. und 24. Lebensjahre oder im 3. und 4. Jahre des Aufent= haltes in Turkestan starben also 151 Personen, während alle andern Atters= klassen zusammen nur 118 Todesfälle aufweisen.

2. Häufigste Krankheiten.

Über die relative Häufigkeit der unter der Bevölkerung Turkestans am meisten vorkommenden Erkrankungen kann nachstehende Tabelle Aufschluß geben, welche die Zahl der im Laufe des Jahres 1883 in den russischen Militärlazaretten behandelten Krankheitsfälle angiebt. Die Kranken rekrutierten sich fast ausschließlich aus der russischen Bevölkerung, weil die Eingeborenen sich nur in seltenen Fällen an europäische Ärzte wenden[1]. Auch von den Europäern lassen sich die Bessersituierten zu Hause privatim behandeln, so daß also die nachstehenden Zahlen nicht die wirkliche Anzahl aller im Laufe des Jahres vorgekommenen Erkrankungen und Todesfälle darstellen, sondern nur das Prozentverhältnis der auftretenden Krankheiten klarlegen sollen.

Krankheitsform.	Militärpersonen.		Zivilpersonen.	
	Erkran-kungen.	Todes-fälle.	Erkran-kungen.	Todes-fälle.
Sumpffieber	15 557	18	7 292	1
Gastrisches Fieber	130	4	337	—
Typhus	340	4	337	—
Katarrh der Verdauungsorgane	5 299	115	3 148	6
Blutdurchfall	—	—	124	4
Akuter Katarrh der Respirationsorgane	1 162	4	1 682	2
Entzündungen der inneren Organe	2 795	50	4 187	18
Augenentzündungen	938	—	2 481	—
Organische Herzkrankheiten	76	2	101	1
Organische Krankheiten der Respirationsorgane . . .	83	4	45	2
Rheumatismus	1 161	4	2 504	3
Skorbut	262	1	255	—
Nervenkrankheiten	135	3	161	1
Wassersucht	13	4	101	13
Lungentuberkulose	—	—	60	21
Venerische Krankheiten	1 587	—	3 174	6
Hautausschläge	751	2	4 030	11
Rischta	—	—	12	—
Schlaganfälle	10	—	13	—
Äußerliche Verletzungen	4 621	13	5 642	22
Summe:	34 920	228	35 686	111

Wie man aus vorstehender Tabelle ersieht, ist in Turkestan Sumpf=fieber die häufigste Erkrankungsform, indem unter den Truppen, deren Ge=

---

[1] Am häufigsten nehmen ihre Zuflucht zu den europäischen Ärzten die Frauen der Eingeborenen, welche vor der russischen Herrschaft so ziemlich auf alle ärztliche Hilfe verzichten mußten; dank dem Umstande, daß die russische Verwaltung in allen größeren Städten weibliche russische Ärzte angestellt und Ambulatorien speziell für die Frauen der Eingeborenen eröffnet hat, die sich eines regen Zuspruches erfreuen.

samtzahl im ganzen Lande circa 30 000 betrug, 15 557 Erkrankungsfälle
vorkamen. Dabei muß man bedenken, daß nur die schwersten Fälle von
Erkrankung an Fieber zu ärztlicher Kenntnis gelangen, da sich in leichteren
Fällen jeder selbst turiert oder die Krankheit auch einfach ignoriert. Es
dürfte wohl in Turkestan nur wenige geben, die im Laufe des Jahres nicht
dutzendmal von leichteren oder schwereren Fieberanfällen heimgesucht werden.
Dabei ist das merkwürdigste dies, daß Akklimatisierung gegen Fieber nicht
schützt, sondern im Gegenteil die Empfänglichkeit mit der Zeit zu wachsen
scheint. Ich wußte die ersten Jahre meines Aufenthaltes in Turkestan nicht,
was Sumpffieber ist, und war während der Expedition nach Hissar im
Jahre 1875 unter allen Teilnehmern an der Expedition, Russen sowohl wie
Eingeborenen, der einzige gewesen, der vom Fieber vollständig verschont blieb.
Die letzten zehn Jahre dagegen erinnere ich mich nicht auch nur einmal
einen ganz fieberfreien Tag gehabt zu haben. Mein Puls schwankte beständig zwischen 88 und 120 Schlägen in der Minute. Dabei ist Chinin
nur anfangs von Nutzen, erweist sich aber später, wenn man sich an dessen
Gebrauch einmal gewöhnt hat, selbst bei größeren Dosen als ganz unnütz.
Ich habe die letzten Jahre mit Erfolg Arnikatinktur gebraucht, von der ich
jedesmal, wenn mein Puls auf 120 Schläge in der Minute gestiegen war,
20 bis 30 Tropfen einnahm, worauf sich der Puls jedesmal bis auf 88 Schläge
verminderte, um dann im Laufe einiger Tage allmählich wieder bis auf
120 Schläge zu steigen. Seit dem regelmäßigen Gebrauche von Arnikatinktur bin ich von schwereren Fieberanfällen vollständig verschont geblieben.
Auch das Einnehmen von Terpentinöl erwies sich vielfach von Nutzen gegen
Fieberanfälle, und dasselbe scheint überhaupt das beste Desinfektionsmittel
gegen Fiebermiasmen zu sein. Manche gebrauchten auch mit Erfolg ein
Dekokt von den kleingeschnittenen Stengeln der Sonnenblumen, die gleichfalls
ein antifebrisches Spezifikum bilden sollen, ähnlich den Eukalyptuspflanzen,
und die deshalb auch in Turkestan mitunter in größeren Mengen in den
Gärten kultiviert werden zur Fernhaltung der Fiebermiasmen.

In Bezug auf Sumpffieber habe ich wiederholt eine interessante Beobachtung gemacht, die später auch von den russischen Ärzten bestätigt wurde.
Während meines Dienstes in Turkestan war ich mehrfach in der unangenehmen Lage, Dienstreisen unternehmen zu müssen, während ich an Fieber
krank lag und mich kaum auf den Beinen halten konnte. Ich habe nun
jedesmal die Erfahrung gemacht, daß schon nach einer ein- oder zweitägigen
Fahrt auf den federlosen russischen Postwagen, mit denen es fortwährend
in Karriere über Stock und Stein geht, die Fieberanfälle von selbst auf-
hörten, und ich habe nie an Fieber zu leiden gehabt, solange ich auf den
erwähnten Marterwerkzeugen fuhr. Ich konnte mir dies nur dadurch erklären, daß durch das fürchterliche Schütteln während der Fahrt das Blut

gewaltsam in Zirkulation gesetzt und dadurch die von dem Fieber verursachte Hemmung des Blutumlaufes neutralisiert wurde. Vor mehreren Jahren wurde in Tschimgan, einem Gebirgsdorfe im Karatau, östlich von Taschkent, ein Sanatorium für fieberkranke Militärs eröffnet, deren Heilung sich im Taschkenter Militärlazarette als unmöglich erwies. Die russischen Militär= ärzte machten nun gleichfalls die Beobachtung, daß die nach Tschimgan transportierten fieberkranken Soldaten häufig ganz gesund im Sanatorium anlangten. Überhaupt ist nach meinen Erfahrungen bei beginnenden Fieber= anfällen schnelle Bewegung, wie schnelles Gehen, Reiten u. dgl. von großem Nutzen, und mir ist es oftmals gelungen, dadurch einen Anfall entweder ganz hintanzuhalten oder doch wenigstens bedeutend zu erleichtern. Das schlimmste ist, sich unthätig ins Bett zu legen, denn bei vollständiger Ruhe sind die Anfälle, besonders aber der Schüttelfrost, jedesmal viel heftiger.

Die Fieberanfälle sind in Turkestan nicht überall gleich, sondern fast jede Stadt hat ihre eigene Abart und sogar mehrere Arten von Fieberbazillen. Im ganzen sind die im russischen Turkestan vorkommenden Arten von Sumpf= fieber verhältnismäßig unschuldig, wie man schon daraus ersehen kann, daß im Jahre 1883 auf 22 849 Erkrankungen nur 19 Todesfälle trafen. Es giebt aber auch Gegenden, wo sehr perniciöse Fieber vorkommen. Am ver= rufensten sind in dieser Beziehung die Gegenden von Schir=abad, Karschi, Kuljab, Hissar, Kundus sowie die Niederungen am Mittellaufe des Amu= Darja. Wenn in diesen Gegenden jemand von den Eingeborenen an Fieber erkrankt, so hält er sich für unrettbar verloren und macht auch gar keine Versuche, sich kurieren zu lassen, in der festen Überzeugung, daß sein Tod von Gott unabänderlich beschlossen sei.

Die Fiebermiasmen entwickeln sich überall da, wo stagnierendes Wasser vorhanden ist. Als ihre Hauptbrutstellen gelten mit Recht die ausgedehnten Reisfelder, die deshalb von den russischen Behörden aus der Umgebung aller größeren Städte bis auf eine gewisse Entfernung verbannt sind. Die Fiebermiasmen kündigen sich schon durch einen eigentümlichen Geruch an, wovon sich jeder überzeugen kann, der mit einem feinen Geruchssinn begabt ist, und ich hatte darin schließlich eine solche Übung erlangt, daß ich jedes= mal sofort wußte, wann und wo ich infiziert worden war, und jeden Fieberanfall mit größter Bestimmtheit voraussagen konnte.

In Bezug auf die Art und Weise, in welcher die Fieberbazillen in den Organismus gelangen, bin ich zu der Überzeugung gelangt, daß der gewöhn= lichste Weg defekte Zähne oder äußere Verletzungen sowie Verletzungen der Lunge sind. Solange ich vollkommen gesunde Zähne hatte, blieb ich von Fieber vollständig verschont, und auch an andern habe ich bemerkt, daß hauptsächlich Leute mit verdorbenen Zähnen den Fieberanfällen ausgesetzt waren, während Leute mit gesundem Gebisse sich einer gewissen Immunität erfreuten. In Turkestan sind die Fieberanfälle meistens mit Zahnschmerz verbunden, und es ist dort allgemein bekannt, daß das beste zahnschmerz= stillende Mittel Chinin ist. Ebenso ist bekannt, daß alle äußeren Verletzungen, besonders aber Verletzungen der Lunge, Fieber im Gefolge haben.

Die Inkubationsdauer für die Ansteckung mit Fiebermiasmen beträgt, wie ich im Widerspruch mit der in Europa herrschenden Ansicht hundertmal zu konstatieren Gelegenheit gehabt habe, nur einige Stunden. Wenigstens gilt dies für diejenigen, welche früher bereits Fieberanfälle durchgemacht haben. Die Umgebung und das Innere des erdmagnetischen Pavillons bei der Taschkenter Sternwarte, in dem ich alle zehn Tage zu beobachten hatte, war, da der Pavillon ringsum von Kanälen umgeben war und das Dach den Regen nur mangelhaft abwehrte, reichlich mit Miasmen imprägniert. Ich bekam deshalb während der heißen Jahreszeit nach jeder Beobachtung in dem erwähnten Pavillon einen starken Fieberanfall. Die Beobachtungen beendigte ich jedesmal zwischen 12 und 1 Uhr mittags; den Fieberanfall, der stets mit einem heftigen Schüttelfrost, mit Übelkeit und Erbrechen begann, bekam ich mit merkwürdiger Regelmäßigkeit jedesmal zwischen 4 und 5 Uhr nachmittags desselben Tages. Für die kurze Dauer der Inkubation spricht auch noch folgende Beobachtung. Als Blumenfreund hielt ich in meinem Empfangszimmer immer eine große Anzahl von Blumenstöcken. Da sich auf den Außenwänden der Vasen fortwährend große Mengen von Schimmelpilzen entwickelten, welche, wie ich mich längst überzeugt hatte, Fiebermiasmen ent= hielten, so strich ich die Vasen, um den Schimmel zu vertilgen, von Zeit zu Zeit mit Ölfarbe an, die ich reichlich mit Terpentinöl versetzt hatte. So oft ich nun diese Operation ausführte, erkrankte ich jedesmal schon während der Arbeit an heftigem Fieber, und ich sah mich deshalb schließlich gezwungen, alle meine Blumenstöcke wegzuschenken.

In betreff der Art und Weise, wie sich mitunter die Miasmen ver= breiten, habe ich eine interessante Beobachtung gemacht, die ich hier mit= teilen will. Im Jahre 1886 war ich während eines anderthalbtägigen Aufenthaltes in Schir=abad an dem dortigen Fieber erkrankt, welches unter allen turkestanischen Fiebern das perniciöseste ist und sich vom Typhus, mit dem es sonst alle Symptome gemein hat, nur durch die Kürze und Periodizität der Anfälle unterscheidet. Nach meiner Rückkehr nach Taschkent hatte ich nahezu zwei Jahre lang wiederholte Anfälle von demselben Fieber, so daß ich schließlich auf die Idee kam, die Miasmen könnten vielleicht in meinem Federkopfkissen enthalten sein, welches ich sowohl auf meinen Reisen als auch zu Hause benützte. Dies war auch wirklich der Fall, denn nachdem ich das Kissen durch Eingießen einer Flasche Terpentinöl desinfiziert hatte, hörten die Anfälle von Schir=abad=Fieber sofort auf.

Eine ähnliche Erfahrung machte ich später zu meinem Schaden auch in betreff der Influenza. Im November des Jahres 1889 war ich, gerade noch vor meiner Abreise aus Taschkent, sehr schwer an dieser Seuche erkrankt, die damals zum erstenmal auftrat. Dreiviertel Jahre später nahm ich in München die Beobachtungshefte, an denen ich in Taschkent während meiner Krankheit noch gearbeitet hatte, aus dem Reisekoffer, in dem dieselben bis dahin unberührt gelegen hatten, um die Berechnung der Beobachtungen zu beendigen. Noch am selben Tage stellten sich bei mir alle Symptome der beginnenden Krankheit ein, und ich hatte einen abermaligen Influenza-anfall durchzumachen, der zwar leichter war als der erste, aber immerhin eine ganze Woche andauerte, und dies zu einer Zeit, wo in München von Influenza nichts zu hören war.

Wie ich aus den russischen Zeitungen ersehe, hat in Turkestan in den letzten Jahren die Malaria noch mehr überhand genommen, als dies zu meiner Zeit der Fall war, was wohl einerseits dem gesteigerten Verkehr seit Errichtung der Eisenbahn, anderseits dem größeren Wassermangel infolge der Zunahme der Bevölkerung durch fortgesetzte russische Einwanderung zuzuschreiben sein dürfte. So wird berichtet, daß im Jahre 1896 im Bezirke von Merw eine so heftige und bösartige Malariaepidemie herrschte, daß 15 bis 20 Prozent der gesamten Eingeborenenbevölkerung umkamen und ein großer Teil der Bewohner die Flucht ergriff. Im Jahre 1899 nahm die Epidemie noch zu, und es soll überdies in Merw das sogenannte gelbe Fieber aufgetreten sein.

Im Jahre 1896 herrschte auch eine Malariaepidemie in der Gegend von Taschkent, besonders im Angreenthal und am Unterlaufe des Tschirtschik, sowie in den Bezirken von Chodschent, Uratübe und Dschisak. In der nächsten Umgebung von Taschkent gab es in diesem Jahre 55 000 Malaria-kranke. Im Jahre 1897 erschien in Taschkent die gefürchtete sogenannte Karschimalaria, die bereits 1892 in Tschinas aufgetreten war und sich von da am Tschirtschik entlang allmählich bis Taschkent ausgebreitet hatte. Die Erkrankungen an dieser Malaria waren so zahlreich, daß aus Mangel an Arbeitskräften die Felder zum größten Teil nicht bestellt werden konnten. Die Krankheit raffte mehr Opfer hin als seinerzeit die Cholera, und zwar noch viel schneller als diese, da die Kranken meistens schon dem ersten oder zweiten Anfalle erlagen.

Am schlimmsten sind in Turkestan in Bezug auf Sterblichkeit die Lungenschwindsüchtigen daran, denn, wie aus obiger Tabelle zu er-sehen ist, starben im Jahre 1883 von allen an Schwindsucht Behandelten 35 Prozent. Das turkestanische Klima befördert offenbar die schnelle Ver-mehrung der Tuberkelbazillen im menschlichen Organismus. Wer mit den Anfängen der Schwindsucht behaftet nach Turkestan kommt, geht hier rasch seinem Ende entgegen, und wer in Europa sich vielleicht noch 20—30 Jahre hingeschleppt hätte, stirbt in Turkestan meistens schon in den ersten Jahren. Es kommen aber auch vollständige und mitunter überraschende Heilungen der Schwindsucht vor, wie mir durch mehrere Beispiele bekaunt ist, von denen mein eigener Fall der merkwürdigste war. Ich war bereits während meiner Gymnasialzeit mehrere Jahre gegen Schwindsucht ärztlich behandelt worden, und im Jahre 1881, nach einer sehr beschwerlichen Reise, während welcher ich mich auch noch stark erkältet hatte, kam die Tuberkulose, begleitet von wiederholten Blutstürzen, so heftig zum Ausbruche, daß ich bereits aufgegeben war. Aber plötzlich besserte sich meine Gesundheit ohne irgend welche medi=

22 Oktober 1880.   8 Mai 1882.
Bild 172 u. 173. Zwei Porträts des Verfassers.

zinische Hilfe, lediglich infolge einer energischen Kumyskur, und nach einem halben Jahre war ich nicht nur vollständig hergestellt, sondern erreichte zu= gleich auch eine bedeutende Korpulenz, während ich mich bis dahin stets durch hervorragende Magerkeit ausgezeichnet hatte. Dabei muß ich noch be= merken, daß auch mein Vater und meine jüngste Schwester an Lungentuber= kulose gestorben sind. Diejenigen, welche etwa die Wahrheit des soeben Gesagten in Zweifel ziehen sollten, mögen sich die beigegebenen zwei Porträts näher ansehen. Von diesen war das erste am 22. Oktober 1880, also zehn Monate vor meiner Erkrankung, das zweite aber am 8. Mai 1882, ein halbes Jahr nach dem letzten Blutsturzanfall aufgenommen worden. Fachmediziner werden an dem ersten Porträt den „phtisischen Habitus" wohl ohne Schwierigkeit herausfinden, von dem im zweiten Porträt alle Spuren verschwunden sind.

Von neuem scheint sich in Turkestan die Tuberkulose nicht oder nur selten zu entwickeln, und mir ist kein Fall bekannt geworden, daß jemand gesund nach Turkestan gekommen und erst dort an Schwindsucht erkrankt wäre. Es kamen viele Fälle zu meiner Kenntnis von Europäern, welche in Turkestan infolge von Verletzung, Überanstrengung und Verweilen auf großen Höhen Blutsturzanfälle gehabt hatten; bei keinem von diesen ist später Schwindsucht eingetreten, sondern alle erfreuten sich nachträglich einer kräftigen Gesundheit. Die Tuberkelbazillen scheinen also in diesem Lande außerhalb des Organismus nicht zu gedeihen, wahrscheinlich infolge der Hitze und Trockenheit der Luft, vielleicht auch infolge der weiten Verbreitung der Fieber= bazillen, da diese die Tuberkelbazillen auszuschließen scheinen. Dafür, daß in Turkestan die Tuberkulose nicht neu entsteht, spricht auch der Umstand, daß unter den 60 im Jahre 1883 in ärztliche Behandlung gekommenen Schwindsüchtigen sich keine einzige Militärperson befand, da zum Kriegsdienste natürlich nur gesunde Leute ausgewählt werden.

Eine wichtige Rolle spielen Lungenkrankheiten bei denjenigen, welche nach langjährigem Aufenthalte in Turkestan nach Europa zurückkehren. Viele von meinen Bekannten, welche, nachdem sie in Turkestan vollständig akklimatisiert waren, nach Beendigung ihrer Dienstzeit oder infolge von Versetzung nach Ruß= land zurückkehrten, gingen dort in den besten Jahren und meist schon nach kurzer Zeit an Schwindsucht, Pleuritis, Lungenentzündung u. dgl. zu Grunde.

Die größte Zahl der Todesfälle und auch die zweitgrößte Zaht der Erkrankungen fällt auf Katarrh der Verdauungsorgane, was wohl dem schlechten Trinkwasser und dem unvorsichtigen und übermäßigen Genusse der im Überflusse vorhandenen Früchte, besonders der Melonen und Wasser= melonen, in Verbindung mit der großen Hitze zuzuschreiben ist.

Eine Turkestan eigentümliche Krankheit sind die namentlich unter den Eingeborenen stark verbreiteten Augenentzündungen, von denen be= jouders die eiternde Augenentzündung sehr hartnäckig ist und oft zu voll= ständiger Erblindung führt. Ich war an dieser Krankheit im Jahre 1880 erkrankt und bin sie bis jetzt, trotz mehrjähriger Kur, nicht wieder los ge= worden. Man schreibt die Entstehung dieser Augenentzündungen gewöhnlich der Einwirkung des Straßenstaubes, des grellen Sonnenlichtes und des Rauches in den Wohnungen der Eingeborenen zu, bei denen Öfen und Kamine nicht gebräuchlich sind und das Feuer einfach in der Mitte der Wohnung auf dem Boden angefacht wird. Ich glaube aber, daß die Krank= heitserreger eigene Bazillen sind, denen allerdings durch Rauch und Staub und die durch diese hervorgerufene Reizung des Auges der Weg gebahnt wird. Ich schließe dies daraus, daß die Augenkrankheiten nicht im Winter und Sommer, sondern gewöhnlich im Frühjahr entstehen und daß bei bereits bestehender Krankheit jedesmal im Frühjahr eine Verschlimmerung eintritt. Blinde giebt es in Turkestan sehr viele; dieselben sind entweder infolge der erwähnten Augenentzündungen erblindet oder sie leiden an schwarzem oder grauem Star.

Die Pocken scheinen unter den Eingeborenen Turkestans ziemlich stark verbreitet zu sein, da die Zahl der pockennarbigen Individuen verhältnis= mäßig sehr groß ist. Im Jahre 1880 war in Taschkent eine Pockenepidemie, während welcher unter der russischen Bevölkerung nicht nur die Kinder, son= dern auch viele geimpfte Erwachsene von der Krankheit ergriffen wurden. Das Impfen ist den Eingeborenen bekannt, und die Russen laffen alle ihre Kinder von einheimischen Ärzten impfen. Von den Eingeborenen scheint aber das Impfen nur selten angewendet zu werden, da es weder bei ihnen noch bei den Russen obligatorisch ist.

Unter den Turkestan eigentümlichen Krankheiten sind die verbreitetsten die Rischta und die von den Russen so genannte Sartische Krankheit.

Das Wesen der Sartischen Krankheit, die wahrscheinlich mit der sogen. Aleppobeule identisch oder doch wenigstens verwandt ist, ist zur Zeit noch unbekannt, sie beruht aber sicherlich auf dem Vorhandensein eines eigen= tümlichen Bazillus. Die Verbreitung der Krankheit ist unzweifelhaft dem unreinen, zum Waschen verwendeten Wasser der Kanäle und Teiche zuzu= schreiben, welches die Krankheitskeime enthält. Dieses geht daraus hervor, daß von der Sartischen Krankheit nur Gesicht und Hände befallen werden, d. h. diejenigen Körperteile, welche am häufigsten mit Wasser in Berührung kommen, und daß beim Gebrauche von Seife oder von gekochtem Wasser oder auch von Brunnenwasser zum Waschen keine Ansteckung stattfindet. Bei den Kirgisen, welche sich in der Regel überhaupt nicht waschen, habe ich die Sartische Krankheit nicht angetroffen. Daß die Möglichkeit einer Übertragung dieser Krankheit von einer Person auf die andere nicht ausgeschlossen ist, ist selbstverständlich; eine Ansteckung dürfte aber auf diese Weise nur äußerst selten erfolgen, denn gewöhnlich ist von der Sartischen Krankheit nur ein Glied einer Familie befallen, und selbst bei jahrelanger Dauer der Krankheit wird niemand von den übrigen Familienangehörigen angesteckt. Die Sartische Krankheit befällt hauptsächlich Kinder, kommt aber auch bei Erwachsenen, häufiger bei Frauen als bei Männern vor, offenbar deshalb, weil bei den Kindern die Haut zarter und deshalb leichter Verletzungen ausgesetzt ist als bei Erwachsenen. Durch die unverletzte Haut scheinen die Krankheitserreger nicht einbringen zu können. Die Sartische Krankheit ist bei den Eingeborenen sowohl wie bei den Europäern ungemein verbreitet, und nur sehr selten trifft man unter den Eingeborenen und den in Turkestan geborenen Europäern Individuen, welche nicht die häßlichen Spuren dieser Krankheit an sich tragen. Die Krankheit selbst ist nicht schmerzhaft und verursacht höchstens ein unangenehmes

Jucken, sie ist aber wegen der nach der Heilung zurückbleibenden ekelhaften Narben, welche besonders das Gesicht entstellen, gefürchtet.

Das Auftreten der Sartischen Krankheit kündigt sich durch die Ent-stehung eines mehrere Millimeter im Durchmesser haltenden Fleckens an, der anfangs eine blaßrote, später hochrote, braune oder auch blaue Färbung zeigt. Dieser Flecken fühlt sich an den Rändern hart an, verdickt sich im Laufe der Zeit, wird knotenartig und breitet sich dabei langsam immer weiter aus. Später tritt Eiterung ein, und es entsteht eine große offene Wunde, welche allmählich vertrocknet und sich mit einer gelbbraunen Narbe bedeckt. Gleichzeitig breitet sich aber die Eiterung an den Rändern ununterbrochen immer weiter aus, bis es endlich gelingt, den Krankheitsprozeß auf irgend eine Weise zu unterdrücken. Die Krankheit ist sehr hartnäckig, besonders bei Erwachsenen, und dauert oft trotz aller Gegenmittel jahrelang; sie ergreift mitunter ausgedehnte Partien des Gesichtes und der Hände, hält sich aber immer an der Oberfläche und greift nie auf die Muskeln oder gar auf die Knochen über. Nach der Heilung hinterläßt die Sartische Krankheit eigen-tümliche tiefe und unebene Narben, welche, besonders wenn die Nase von der Krankheit betroffen war, einen ekelhaften Anblick gewähren und selbst das schönste Gesicht verunstalten.

Bei den Eingeborenen giebt es für die Sartische Krankheit eigene Spezialärzte, von welchen sich bis in die neueste Zeit auch die Europäer behandeln ließen, da die russischen Ärzte mit der Krankheit nichts anzufangen wußten. Die einheimischen Ärzte gebrauchen gegen die Krankheit vorzugs-weise Pflaster aus Ätzsublimat, Arsen, Kupfervitriol, Schaffett, Ricinusöl und Baumharz, es giebt aber auch noch viele andere Rezepte. In neuerer Zeit haben einzelne russische Ärzte angefangen, die Krankheit durch einfaches Abschaben der erkrankten Hautstelle — allerdings ein heroisches und äußerst schmerzhaftes Mittel — zu heben, und haben dabei gute Erfolge erzielt. Diese Methode hat vor der einheimischen den Vorteil voraus, daß die Krank-heit viel schneller heilt und keine entstellenden Narben hinterläßt. Ich selbst habe meinen Sohn, der zweimal an Sartischer Krankheit erkrankt war, durch energisches Ätzen mit reiner Karbolsäure in wenigen Tagen kuriert, gleichfalls ohne Hinterlassung von entstellenden Narben.

Sehr ekelhaft und dabei äußerst schmerzhaft ist die zweite Turkestan eigentümliche Krankheit, welche hauptsächlich in denjenigen Orten verbreitet ist, welche wie die Städte Buchara, Karschi, Katty-Kurgan, Dschisak 2c. an Wassermangel leiden. In der Stadt Buchara dürfte es wohl nur wenige geben, welche nicht wiederholt mit dieser Krankheit zu thun gehabt haben, und manche russische Reisende sind während eines eintägigen Aufent-haltes in dieser Stadt infiziert worden. Etwa 20 Prozent der Gesamt-bevölkerung von Buchara laboriert jahraus jahrein an dieser Krankheit.

IV. Gesundheitsverhältnisse in Turkestan.

Die erwähnte Krankheit, welche stellenweise auch außerhalb Turkestan, in Guinea, Ägypten, Arabien und Indien vorkommt, heißt bei den Eingeborenen von Turkestan Rischta („Zwirnfaden"), mit dem gelehrten Namen aber Filaria Medinensis.

Die Rischta wird durch die Anwesenheit eines circa 2 mm dicken Wurmes im menschlichen Körper hervorgerufen, der eine Länge von 1—2 m erreicht und nach seiner vollständigen Entwicklung an irgend einer Stelle des Körpers zum Vorschein kommt. Über das Wesen der Rischta sind von dem russischen Gelehrten Fedtschenko in Dschisak eingehende Studien angestellt worden, welche Folgendes ergeben haben. Der Rischtawurm hat einen cylinderförmigen, durchscheinenden Körper von milchweißer Farbe, sieht gekochten Vermicellis ähnlich und ist elastisch wie Gummi. Zerreißt der Wurm, so entleert sich aus demselben eine milchweiße Flüssigkeit, die eine ungeheure Menge von mikroskopischen, sich rasch bewegenden Würmchen enthält, welche nichts anderes sind als die fertigen Jungen des Tieres. Der ganze Körper des Wurmes ist mit dieser Flüssigkeit angefüllt. Die ausgebildeten Rischtaweibchen zeigen keine Öffnung am Körper, so daß die denselben füllenden Jungen nur durch Platzen des Muttertieres frei werden können. Gelangt die erwähnte Brutflüssigkeit in stehendes Wasser, in welchem sich eine bestimmte Art Crustaceen von dem Geschlechte der Cyclopes (Krebsflöhe) aufhält, so dringen die mikroskopischen Rischtawürmchen in diese Krebsflöhe ein und bilden sich in denselben weiter aus. Im Laufe von ein bis zwei Monaten wechseln sie ihre Farbe, ihre äußere Gestalt, und es beginnt bei ihnen die Entwicklung der Fortpflanzungsorgane. Werden dann diese Krebsflöhe, was bei ihrer Kleinheit und Farblosigkeit leicht möglich ist, mit dem trüben Wasser getrunken, so gelangen mit ihnen die Rischtajungen in die Eingeweide, befruchten sich hier, und die Weibchen bahnen sich dann ihren Weg bis in die Unterhautgewebe des menschlichen Körpers, während die Männchen absterben. Hier bilden sie sich dann vollständig aus und bringen ihre Jungen zur Reife. Stets findet man im menschlichen Körper nur ausgebildete weibliche Würmer. Zur vollständigen Ausbildung braucht der Rischtawurm etwa 12 Monate. Er wächst wöchentlich um etwa 3 cm und erreicht gewöhnlich eine Länge von 1—1,50 m, mitunter aber auch von 2 m. Seine Ausbildung vollendet er gewöhnlich im Sommer, in der Zeit von Mai bis August.

Die Rischtawürmer kommen an allen möglichen Körperteilen, am häufigsten jedoch an den Füßen oder auch an den Armen und Händen zum Vorscheine. An der Stelle, an welcher sich der Kopf des Wurmes befindet, bildet sich schließlich ein Abszeß. Nicht selten sind mit der Rischta Fiebersymptone, Knochenschmerzen und eine allgemeine Anschwellung der kranken Glieder verbunden. Solcher Würmer hat ein und dasselbe Individuum mitunter 20—30 Stück gleichzeitig im Leibe. So wurden z. B. dem bucharischen Emir in einem Fall sieben Stück auf einmal ausgenommen, ein Beweis, daß von dieser Krankheit Reiche und Arme ohne Ansehung der Person heimgesucht werden.

Die ärztliche Behandlung der Rischta kann sich natürlich nur auf die Extraktion des Wurmes nach seinem Erscheinen an der Körperoberfläche beschränken. Die russischen Ärzte verfahren dabei auf folgende Weise. Sie machen einen Einschnitt in den Abszeß, welcher sich an der Körperstelle gebildet hat, wo sich der Kopf des Wurmes befindet, worauf dann bei leichtem seitlichem Drucke der Kopf zum Vorscheine kommt. Der Wurm wird dann mit dem Kopfe in ein gespaltenes Holzstäbchen eingeklemmt und durch vorsichtiges Ziehen allmählich auf das Stäbchen gewickelt. Dabei ist äußerste Vorsicht notwendig, damit der Wurm nicht abreißt, weil, wenn ein Teil des Wurmes und die in demselben enthaltene Brutflüssigkeit im Körper des Patienten zurückbliebe, gefährliche Komplikationen entstehen würden. Es wird deshalb nur von Zeit zu Zeit immer wieder ein Stück aufgewickelt, so daß die Extraktion des ganzen Tieres mehrere Tage dauert. Der auf= gewickelte Teil des Wurmes trocknet sofort ein und hat dann ganz das Aussehen einer dünnen Darmsaite, während der noch im Körper befindliche Teil noch lebendig ist. Die einheimischen Rischtaärzte, gewöhnliche Barbiere, verfahren im Vertrauen auf ihre große Übung viel einfacher. Sie fassen den Kopf des Wurmes mit den Fingern der einen Hand und ziehen ihn, unter fortwährendem seitlichen Drücken mit der andern Hand auf die betreffende Körperstelle des Patienten, ohne weiteres und in einer Sitzung ans Tageslicht.

Erkrankungen an Rischta wären eigentlich leicht zu vermeiden, wenn man nur gekochtes oder frisches Wasser trinken wollte, da nach Fedtschenkos Untersuchungen die Rischtabrut in frischem Wasser nicht leben kann, weshalb auch die Rischta in denjenigen Städten, welche hinreichend fließendes Wasser zur Verfügung haben, nicht vorkommt. Die arme Bevölkerung Turkestans ist aber nicht in der Lage, diese einfachen Vorsichtsmaßregeln befolgen zu können, weil sie infolge des Wassermangels gezwungen ist, stehendes Wasser aus den unglaublich schmutzigen Teichen zu trinken, in denen das Wasser oft nur alle zwei Wochen erneuert wird, zum Abkochen des Wassers ihnen aber die Mittel fehlen. Aber selbst wenn ihnen die Umstände erlaubten, sich das zum Abkochen des Wassers nötige Brennmaterial anzuschaffen, würden sie dies aller Wahrscheinlichkeit nach dennoch unterlassen, dank ihrer Indolenz und ihrer fatalistischen Anschauungsweise, wie das Beispiel des bucharischen Emirs und seiner Großen beweist, welche von Rischta ebenso= wenig verschont werden wie der ärmste Bettler.

Die Empfänglichkeit für Rischta scheint bei verschiedenen Individuen sehr verschieden zu sein. Ich habe die bucharischen Besitzungen im ganzen fünfmal bereist und mich mitunter wochenlang in den verschiedenen bucharischen

Städten aufgehalten, habe immer ungekochtes und häufig auch unfiltriertes
Wasser in großen Quantitäten zu mir genommen und nicht selten Wasser
von unglaublicher Qualität, in dem es von Würmern und Infusorien nur
so wimmelte, bin aber trotzdem nie angesteckt worden; bei andern dagegen
genügte dazu oft schon ein eintägiger Aufenthalt. Ich glaube, daß man
gegen Ansteckung durch Rischta so lange immun ist als die Verdauung in
Ordnung ist, weil dann die in den Magen gelangenden Keime einfach
verdaut und auf diese Weise unschädlich gemacht werden, daß dieselben aber
den Magen lebendig passieren und in die Gewebe übergehen, wenn die Verdauung irgendwie gestört ist.

Am schlimmsten sind in Turkestan die Aussätzigen daran, deren es
eine ziemlich große Anzahl giebt; dieselben werden von den Eingeborenen
als „Machau" bezeichnet. Das Wesen des Aussatzes, von dem man viele
Abarten kennt, und der sicherlich auf dem Vorhandensein eigentümlicher
Bazillen beruht, ist bis jetzt noch nicht ganz aufgeklärt, und es ist deshalb
auch noch kein Heilmittel für denselben aufgefunden worden. Nach den
Untersuchungen von Hansen und Neisser sind die Aussatzbazillen den Tuberkelbazillen ähnliche feine, schlanke, an den Enden leicht verjüngte Stäbchen,
deren Länge etwas mehr als die Hälfte eines roten Blutkörperchens beträgt.
Es ist bis jetzt nicht gelungen, diese Bazillen auf künstlichem Nährboden
zu züchten. Die vom Aussatze Befallenen sind unrettbar verloren, und es
wird deshalb auch gegen die Krankheit keinerlei ärztliche Hilfe angewendet.
Der Aussatz beginnt in Turkestan damit, daß an Händen und Füßen
milchweiße Flecken entstehen. Individuen, bei welchen der Aussatz sich schon
in einem vorgeschrittenen Stadium befindet, bieten einen grauenhaften Anblick
dar: einzelne Körperteile und ganze Partien des Gesichtes fehlen vollständig,
die von der Krankheit bereits ergriffenen Partien bilden eine unförmliche
Masse und haben eine ekelhafte, grauweiße Farbe[1]. Mich hat der Anblick
der Aussätzigen jedesmal an verschimmeltes Brot erinnert.

Ob der Aussatz gegenwärtig noch ansteckend ist oder ob er sich nur
durch Vererbung fortpflanzt, ist unter den Gelehrten noch nicht ausgemacht.
Ich glaube aber, daß an der Kontagiosität nicht zu zweifeln ist; denn
würde sich der Aussatz nur durch Vererbung fortpflanzen, so wäre derselbe
sicherlich aus naheliegenden Gründen schon längst verschwunden. Jedenfalls
ist aber die Ansteckungsgefahr gegenwärtig bedeutend geringer als in früheren

---

[1] Terentjew fand in der Nähe der Stadt Uratübe einen Aussätzigen, dessen
ganzes Gesicht durch den Aussatz zerstört war. Augen, Nase und Kinn waren verschwunden; eine formlose Öffnung vertrat die Stelle des Mundes, und an Stelle der
Augen und Nase zeigte der Schädel eine einfache Vertiefung. Der etwa 30jährige
Kranke war blind, taub und stumm und lag beständig, selbst in der größten Sonnenhitze, auf der Erde.

Zeiten, sonst würde sich die Krankheit viel schneller verbreiten als dies that-
sächlich der Fall ist, da die Aussätzigen zwar aus der menschlichen Gesellschaft
ausgestoßen und von ihren Familien getrennt werden, jedoch nicht aller
Verkehr mit denselben abgebrochen wird.

Wird jemand vom Aussatze befallen, so wird er, ob reich oder arm,
aus der betreffenden Stadt- oder Dorfgemeinde entfernt, und kein Mensch
kümmert sich weiter um ihn. Da, wo die Aussätzigen nur vereinzelt vorkommen, siedeln sie sich in der Nähe der belebteren Wege in künstlichen
Erdlöchern oder in Hütten aus Baumzweigen an und sammeln von den
Passanten, namentlich an den Bazartagen, Almosen ein, da ihnen jegliche
andere Erwerbsquelle abgeschnitten ist. Wo aber die Zahl der Kranken
größer ist, sammeln sie sich in eigenen Aussätzigendörfern an, wo sie selbständige Gemeinwesen bilden, sich untereinander wieder verheiraten und eine
gleichfalls aussätzige Nachkommenschaft hinterlassen. Aber auch diese leben
größtenteils von Almosen. Häufig benützen die Aussätzigen ihre schreckliche
Krankheit als Mittel zu Erpressungen. Erscheint z. B. ein Aussätziger zur
Erntezeit auf dem Dreschplatze eines Garten und faßt mit seinen Händen
einen Haufen ausgedroschenen Getreides an oder legt er sich auf einen
Haufen Getreidegarben, so betrachtet der Besitzer das Getreide als unrein
und überläßt es ohne weiteres dem Aussätzigen. Meistens kauft man sich
aber durch eine entsprechende Gabe von derartigen Brandschatzungen los.

Was die Eingeborenen zur Entfernung der Aussätzigen aus ihrer Mitte
veranlaßt, ob die Furcht vor Ansteckung oder der Abscheu vor deren widerlichem Aussehen, ist nicht ausgemacht. Ich glaube aber, daß eher das
letztere der Fall ist; denn sonst würden sie wohl Maßregeln ergreifen, um
jeden Verkehr mit den Aussätzigen unmöglich zu machen, während diese in
Wirklichkeit unbehindert zum Almosensammeln in die Städte und Dörfer
kommen können. Während meines Aufenthaltes in Samarkand war ich
höchlich verwundert, zu finden, daß sich eine große Menge Aussätziger in der
Nähe der Moschee Schah-Sinde aufhielt und sich ihren Lebensunterhalt
dadurch verdiente, daß sie gegen Trinkgeld den Besuchern der Moschee die
Pferde hielten.

Von dem Schicksale der Ausschließung aus der menschlichen Gesellschaft
werden mitunter irrtümlicherweise auch mit andern Krankheiten behaftete
Individuen betroffen; so fand der Taschkenter Stadtarzt bei Untersuchung
der Bewohner des Aussätzigendorfes Machau, in der Nähe von Taschkent,
daß ein Teil derselben aus Opfern der Lustseuche bestand, welche von den
eingeborenen Ärzten fälschlich für Aussätzige angesehen und als solche behandelt worden waren.

Die genaue Anzahl der Aussätzigen in Turkestan ist nicht bekanut.
Nach einem Berichte des mit der Ausarbeitung eines Projektes für die Er-

35 *

richtung von Leprosenkolonien beauftragten Komitees soll es im Jahre 1897 in Taschkent 59, im Syr=Darjabezirke 42, im Samarkandbezirke 54, in Fergana 11 und in Buchara 302 Aussätzige gegeben haben. Über die andern Gebiete Turkestans liegen keine Nachrichten vor. Das erwähnte Komitee war von dem damaligen Generalgouverneur Baron Wrewsky ein= gesetzt worden, der sich in Anbetracht der starken Ausbreitung des Aussatzes in Turkestan und der schrecklichen Lage der Aussätzigen veranlaßt sah, Maß= regeln gegen diese furchtbare Krankheit zu ergreifen. Nach Baron Wrewskys Plan sollen für die Aussätzigen eigene Leprosenkolonien errichtet werden, wo die Kranken nicht nur ärztliche Hilfe, sondern auch den nötigen Lebens= unterhalt finden sollen. Die Petersburger Zentralstelle der Gesellschaft zum Roten Kreuz, an die sich Baron Wrewsky in dieser Angelegenheit um Hilfe wandte, ist auf den Plan bereitwilligst eingegangen und hat zur Beschaffung der nötigen Mittel allenthalben Sammlungen veranstaltet.

Was die einheimischen Ärzte betrifft, so giebt es eigentliche Medi= ziner in unserem Sinne in Turkestan überhaupt nicht. Als Ärzte fungieren dieselben Mullas, welche außerdem, je nach Bedarf, auch die Rolle von Richtern, Lehrern, Beamten oder Geistlichen spielen. Ihre medizinischen Kenntnisse stehen noch genau auf derselben Stufe wie zur Zeit der Ein= führung des Islams in Zentralasien durch die Araber. Außer den Mullas, den Aristokraten unter den Ärzten, giebt es noch eine zweite, niedrigere Klasse, Tabib genannt, welche sich außer der ärztlichen Praxis hauptsächlich mit dem Verkaufe der verschiedenartigsten Medikamente, Amulette rc. befassen und also etwa unsern Apothekern entsprechen. Außerdem vertreten die Tabibs auch die Stelle unserer Chirurgen; ihre Operationen sind aber nicht selten derart, daß man glauben könnte, sie seien bei unserem berühmten Doktor Eisenbart in die Schule gegangen. Die Verkaufsläden der Tabibs befinden sich wie auch alle andern Verkaufsläden auf den Bazaren. Ihre Ingredienzien halten sie in Säcken, Beuteln, Gläsern und Kästchen aller Art und Größe aufbewahrt, ohne alle Ordnung und selbst ohne Etiketten. Bei der Aus= wahl der geforderten Arzneien verlassen sie sich auf ihr Gedächtnis und auf ihren Geruchs= und Gesichtssinn. Besondere chemische Kenntnisse werden von denselben nicht verlangt, da die Eingeborenen von ihnen hauptsächlich nur Amulette und Reizmittel beziehen, in allen ernsteren Krankheiten sich aber ausschließlich auf Gott verlassen, der schon wissen werde, wann es Zeit sei, sie abzuholen. Habe aber Gott einmal den Tod eines Menschen beschlossen, so sei es unnütz, ja sogar frevelhaft, seinen Willen durch Anwendung von Medikamenten durchkreuzen zu wollen.

V. Klimatische Verhältniſſe Turkeſtans.

Wer die eigentümlichen in Turkestan herrschenden Zustände, wie sie im obigen auseinandergesetzt worden sind, richtig verstehen will, muß sich unbedingt wenigstens einigermaßen mit den klimatischen Verhältnissen des Landes bekannt machen. Ich hatte deshalb ursprünglich die Absicht gehabt, dem vorliegenden Werke eine ausführliche, auf sämtliche bisher ausgeführte meteorologische Beobachtungen basierte, streng wissenschaftliche Abhandlung über die klimatischen Verhältnisse Turkestans anzufügen. Der Umstand aber, daß das vorliegende Werk ohnehin schon einen größeren Umfang angenommen hat, als ich ursprünglich beabsichtigt hatte, und daß dasselbe nicht für Fach=männer, sondern für ein größeres Publikum bestimmt ist, hat mich ver=anlaßt, von dem erwähnten Plane Abstand zu nehmen. Um aber den Lesern dennoch einen möglichst klaren Begriff von den in Turkestan herr=schenden Witterungsverhältnissen zu geben, schlage ich folgenden Weg ein. Ich teile zuerst die Resultate der Beobachtungen mit, welche im Jahre 1886 auf den turkestanischen meteorologischen Stationen ausgeführt worden sind, um die Abhängigkeit der Witterungsverhältnisse von der geographischen Lage anschaulich zu machen, und gebe sodann die Resultate der im Laufe von 10 Jahren, von 1877—1886, bei der Sternwarte in Taschkent aus=geführten Beobachtungen, um zu zeigen, inwieweit die meteorologischen Elemente von einem Jahre auf das andere konstant bleiben. Ich halte diesen Weg für den zweckmäßigsten, weil die klimatischen Verhältnisse in Turkestan verhältnismäßig einfach sind, so daß auch schon die Beobachtungen eines einzigen Jahres eine ziemlich klare Vorstellung zu geben im stande sind. Außerdem glaube ich auch, daß die im Laufe eines Jahres aus=geführten Beobachtungen dem Luien ein deutlicheres Bild von den wirklichen Witterungsverhältnissen zu geben vermögen als dies eine auf mehrjährige Beobachtungen gegründete Darstellung thun könnte, besonders wenn, wie dies im vorliegenden Falle unvermeidlich wäre, die Beobachtungen der verschiedenen Stationen sich nicht auf dieselbe Periode, sondern auf ver=schiedene Jahre bezögen.

Ich habe gerade das Jahr 1886 gewählt, weil die Beobachtungen dieses Jahres sich nach eingehender Prüfung als die zuverlässigsten und vollständigsten erwiesen haben. Dabei habe ich nur die Aufzeichnungen derjenigen Stationen ausgewählt, welche ununterbrochen das ganze Jahr hindurch ausgeführt worden sind und welche bei der Kontrolle als vollkommen zuverlässig erschienen.

In betreff der turkestanischen meteorologischen Stationen will ich bemerken, daß dieselben sämtlich auf Staatskosten unterhalten werden und der Sternwarte in Taschkent untergeordnet sind, und daß die Leitung und Beaufsichtigung derselben sowie die Bearbeitung und Kontrolle ihrer Beobachtungen zu meinen dienstlichen Obliegenheiten gehörten. Ursprünglich betrug die Zahl der meteorologischen Stationen in Turkestan 27, dank der Munificenz des früheren Generalgouverneurs v. Kauffmann. Seit Kauffmanns Ableben ist aber die Zahl der Wetterwarten infolge Mangels an Interesse auf seiten der betreffenden Behörden allmählich auf die Hälfte reduziert worden, und selbst die Erhaltung dieser wenigen Stationen hat mich fortwährende Kämpfe gekostet.

Die Einrichtung der Stationen und die Aufstellung der Instrumente war überall dieselbe und entsprach genau den von der internationalen meteorologischen Kommission ausgearbeiteten Vorschriften. Die benutzten Instrumente waren alle von dem Physikalischen Zentralobservatorium in Petersburg geliefert und verifiziert worden. Die aus Zinkblech hergestellten Psychrometerhäuschen waren überall in eigenen hölzernen, nach Norden offenen Hütten mit Jalousiewänden, die Windfahnen auf eigenen hohen Masten aufgestellt. Die Höhe der Thermometer über dem Erdboden betrug in der Regel 3 m. Die Beobachtungen wurden je dreimal täglich ausgeführt, um 7 Uhr morgens, 1 Uhr mittags und 9 Uhr abends mittlerer Ortszeit.

Die geographischen Koordinaten der 11 Stationen, deren Beobachtungen im Nachstehenden mitgeteilt werden, sind folgende:

Geographische Koordination der turkestanischen meteorologischen Stationen.

Station.	Meereshöhe in Metern.	Polhöhe.		Länge von Greenwich.	
Naryn	2041	41°	26′	76°	2′
Karakol	1646	42	30	77	26
Osch	1016	40	31	72	48
Margelan	598	40	23	71	47
Taschkent	488	41	20	69	18
Dschisak	386	40	7	67	50
Chodschent	330	40	17	69	37
Turkestan	232	43	18	68	17
Perowsk	174	44	51	65	32
Petro-Alexandrowsk	100	41	28	61	0
Kasalinsk	72	45	45	62	7

1. Luftdruck.

Nachstehende Tabelle enthält die Monats= und Jahresmittel des Luft=
drucks für 10 Stationen; die Beobachtungen der Station Perowsk habe
ich als unvollständig ausgeschlossen. Die Mittel sind ohne weiteres aus
den einzelnen Beobachtungen abgeleitet. Die Reduktionen auf wahre Tages=
mittel konnten ebenso wie auch für die übrigen Elemente nicht angebracht
werden, weil dieselben zur Zeit noch unbekannt sind. Diese Reduktionen sind
übrigens, wie die Erfahrung gezeigt hat, nur geringfügig und für unsere
Zwecke ohne Belang.

Monats- und Jahresmittel des Luftdruckes in Millimetern.

Station.	Na-ryn.	Kara-tol.	Osch.	Mar-gelan.	Tasch-kent.	Dschi-sak.	Chob-schent.	Turke-stan.	Petro-Alex-andr.	Kasa-linsk.	Mit-tel.
Januar	598,2	610,3	679,5	712,5	724,2	733,4	738,5	747,3	760,6	763,1	706,8
Februar	598,7	610,1	682,6	716,0	728,2	736,8	742,7	751,3	765,4	768,7	710,0
März	596,4	608,1	677,0	709,3	720,2	728,3	733,6	742,7	755,5	757,4	702,8
April	597,3	610,0	677,9	709,8	720,9	729,1	733,8	743,0	755,2	757,8	703,5
Mai	597,5	610,5	676,9	707,7	719,2	728,0	731,8	740,1	752,9	753,2	701,8
Juni	596,7	609,3	674,1	704,1	714,8	723,3	727,2	735,4	747,9	748,2	698,1
Juli	595,1	607,8	671,4	700,8	712,1	721,2	723,7	732,5	746,1	746,9	695,8
August	596,5	609,2	673,2	702,8	714,2	722,6	725,6	734,5	748,3	749,1	697,6
September	598,4	611,2	677,1	708,5	719,4	727,4	731,0	739,9	753,8	755,4	702,2
Oktober	599,1	611,4	679,7	711,4	722,5	731,4	735,1	744,3	757,5	758,5	705,1
November	601,8	612,7	682,5	714,3	725,2	734,7	738,9	747,7	760,7	762,3	708,1
Dezember	601,8	613,2	682,0	715,0	726,7	735,8	739,6	749,5	763,1	765,3	709,2
Jahr	598,1	610,3	677,8	709,4	720,6	729,6	733,5	742,4	755,6	757,2	703,5

Aus vorstehender Tabelle ersieht man, daß in Turkestan der Luftdruck
einen deutlich ausgesprochenen jährlichen Gang aufweist, indem auf allen
Stationen der mittlere Luftdruck während der Wintermonate größer, während
der Sommermonate dagegen kleiner ist als das Jahresmittel. Über Tur=
kestan befindet sich also während des Winters ein beständiges barometrisches
Maximum, während des Sommers dagegen ein beständiges barometrisches
Minimum.

Zugleich geht aus obiger Tabelle hervor, daß die Unterschiede zwischen
Maximum und Minimum mit zunehmender Meereshöhe abnehmen. Auf
der höchsten Station, Naryn, beträgt dieser Unterschied nur 6,7 mm, in
Kasalinsk dagegen ganze 21,8 mm.

Dieselbe Abhängigkeit von der Meereshöhe zeigen auch die Schwankungen
des Luftdrucks im Laufe der einzelnen Monate, wie aus nachstehender Tabelle
zu ersehen ist, in der für die einzelnen Stationen die Unterschiede zwischen
dem höchsten und niedrigsten im Laufe eines Monats beobachteten Barometer=
stande zusammengestellt sind.

Monatsamplituden der Luftdruckschwankungen in Millimetern.

Station.	Na-ryn.	Kara-kol.	Osch.	Mar-gelan.	Tasch-tent.	Dschi-sak.	Chod-schent.	Turke-stan.	Petro-Alex-androw.	Kasa-linsk.	Mit-tel.
Januar	14,8	18,2	19,1	17,9	19,6	20,5	19,9	23,2	27,3	25,7	20,6
Februar	12,3	12,1	24,5	25,2	30,3	23,7	31,4	32,4	32,7	30,7	25,5
März	14,0	13,3	15,5	17,8	18,6	18,1	20,4	22,2	19,5	20,7	18,0
April	11,1	16,2	11,8	13,6	14,3	11,8	15,6	14,6	12,8	18,3	14,0
Mai	13,2	12,2	11,4	11,3	15,7	17,6	15,8	18,9	17,6	20,4	15,4
Juni	6,5	7,8	9,6	13,8	14,0	13,0	16,4	15,2	18,3	22,0	13,7
Juli	8,3	6,5	5,6	8,9	8,3	12,0	11,5	11,5	12,3	13,8	9,9
August	7,2	7,2	6,9	9,9	8,1	10,3	9,3	9,0	10,4	12,7	9,1
September	8,2	10,9	10,9	13,1	15,2	12,4	15,8	13,5	13,4	13,0	12,6
Oktober	11,6	12,1	17,1	17,8	17,6	19,6	19,5	23,4	23,0	30,2	19,2
November	14,3	12,4	14,1	15,0	16,3	18,4	16,3	19,7	20,5	21,5	16,8
Dezember	12,6	12,3	16,1	16,8	18,7	20,0	16,7	22,0	21,1	21,8	17,8
Jahr	11,2	11,8	13,5	15,1	16,4	16,5	17,4	18,8	19,1	20,9	16,1
Meereshöhe	2041	1646	1016	598	488	386	330	232	100	72	691

Man sieht, daß die Amplituden der monatlichen Luftdruckschwankungen bei abnehmender Meereshöhe mit merkwürdiger Regelmäßigkeit zunehmen, und dies ist um so merkwürdiger, als dieses Resultat nicht etwa aus den Mitteln mehrjähriger Beobachtungen, sondern schon aus den Beobachtungen eines einzigen Jahres hervorgeht. Zugleich sieht man, daß diese Amplituden durchgehends während der Sommermonate bedeutend geringer sind als während der Wintermonate.

Der Umstand, daß die Luftdruckschwankungen mit zunehmender Meereshöhe rasch abnehmen, ist sehr wichtig für die barometrische Höhenmessung, indem hier offenbar die bei der Aufstellung der Barometerformel gemachten Voraussetzungen nicht erfüllt sind.

Um mich zu überzeugen, wie groß die von dem erwähnten Umstande herrührenden Fehler bei korrespondierenden barometrischen Höhenmessungen etwa sein könnten, berechnete ich aus den Monatsmitteln der Beobachtungen der meteorologischen Stationen Petro-Alexandrowsk und Pendschakent für das Jahr 1883 den Höhenunterschied der beiden Stationen, und erhielt dabei die in der ersten Tabelle auf folgender Seite angegebenen Resultate.

Obgleich diese Resultate aus Monatsmitteln abgeleitet und folglich vom Einflusse zufälliger Luftdruckschwankungen und Beobachtungsfehler unabhängig sind, beträgt doch der Unterschied zwischen dem im Juli und im Dezember erhaltenen Höhenunterschiede ganze 84,7 m, und dies schon bei einem Höhenunterschiede von nur 880 m. Die Fehler müssen aber offenbar mit zunehmendem Höhenunterschiede wachsen, wie sich auch in der That nachweisen läßt. Auf Grund der Beobachtungen des Jahres 1886 erhielt ich für die

Barometrische Bestimmung des Höhenunterschiedes zwischen Petro-Alexandrowsk und Pendschakent.

Monat.	Petro-Alexandrowsk.			Pendschakent.			Höhen- unter- schied in Metern.	Ab- weichung vom Mittel.
	Baro- meter.	Tem- peratur.	Absol. Feucht.	Baro- meter.	Tem- peratur.	Absol. Feucht.		
	mm	Grad.	mm	mm	Grad.	mm		
Januar	761,0	— 7,6	2,5	681,4	— 2,8	3,3	869,2	+ 10,4
Februar	763,0	— 8,3	2,0	682,3	— 6,5	2,3	871,8	+ 7,8
März	752,6	7,1	5,2	678,2	8,0	5,7	860,2	+ 19,4
April	752,0	15,1	6,2	677,7	14,0	9,1	881,1	— 1,5
Mai	750,6	24,6	8,0	677,9	18,9	10,7	885,2	— 5,6
Juni	747,8	27,6	9,0	675,1	24,1	11,8	901,7	— 22,1
Juli	746,8	29,0	8,5	673,5	24,5	11,8	913,2	— 33,6
August	747,8	28,0	8,8	674,9	23,8	8,9	903,7	— 24,1
September	754,1	19,5	6,8	679,5	17,2	7,3	893,6	— 14,0
Oktober	759,3	11,4	4,9	683,3	9,5	5,8	879,4	+ 0,2
November	761,3	1,4	3,1	684,4	4,3	4,8	863,6	+ 16,0
Dezember	755,5	1,6	3,7	682,2	4,8	4,0	828,5	+ 51,1
Mittel	754,3	12,5	5,7	679,2	11,7	7,1	879,6	17,1

beiden äußersten Stationen, Kasalinsk und Naryn, aus den einzelnen Monats-mitteln und aus den Jahresmitteln des Luftdrucks und der Temperatur folgende Höhenunterschiede:

Bestimmung des Höhenunterschiedes zwischen Kasalinsk und Naryn.

Monat.	Höhen- unterschied.	Abweichung vom Jahres- mittel.	Monat.	Höhen- unterschied.	Abweichung vom Jahres- mittel.
Januar	1845	+ 72	August	1962	— 45
Februar	1872	+ 45	September	1960	— 43
März	1891	+ 26	Oktober	1926	— 9
April	1949	— 32	November	1861	+ 56
Mai	1949	— 32	Dezember	1840	+ 77
Juni	1943	— 26	Jahr	1917	
Juli	1967	— 50			

Bei einem Höhenunterschiede von 1917 m beträgt also der Unterschied zwischen den im Juli und Dezember erhaltenen Werten bereits 127 m.

Aus den angeführten Beispielen ersieht man, daß man im Sommer alle Höhenunterschiede zu groß und im Winter alle zu klein erhält. Die günstigste Zeit für Höhenmessungen ist also im Frühjahre und Herbst, wo der Luftdruck dem Jahresmittel nahekommt. Dieser Umstand erklärt, warum in Turkestan von verschiedenen Beobachtern mitunter so stark abweichende Höhenbestimmungen für ein und denselben Punkt erhalten werden, was bisher unverdienterweise den Beobachtern in die Schuhe geschoben wurde.

Um vorläufig eine ungefähre Vorstellung über das Gesetz der Ab=
hängigkeit der Luftdruckschwankungen von der Meereshöhe zu gewinnen,
habe ich die Jahresmittel der Amplituden in ein Koordinatensystem ein=
getragen, wobei ich die Amplituden als Ordinaten, die Meereshöhen aber

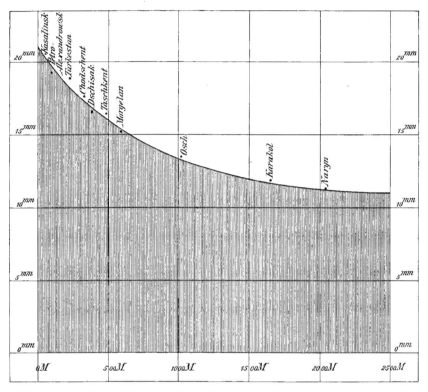

Bild 174. Graphische Darstellung der Abhängigkeit der Luftdruckschwankungen von der Meereshöhe.

als Abszissen auftrug, und auf diese Weise die in Bild 174 dargestellte
Kurve erhalten.

Zur Aufstellung der Gleichung dieser Kurve reichen die bisherigen
Beobachtungen nicht aus, weil dieselben sich nur bis zu einer Meereshöhe
von 2000 m erstrecken. Auf Grund des Augenscheins sowie der Überlegung,
daß die Amplituden sich zwar mit zunehmender Meereshöhe fortwährend
verringern, aber soweit die Atmosphäre reicht nie gleich Null werden können,
halte ich es für wahrscheinlich, daß die Kurve eine Hyperbel ist.

2. Windrichtung.

Ungeachtet der großen Unterschiede, welche in Bezug auf die Luftdruck=
verhältnisse zwischen den Winter= und Sommermonaten herrschen, läßt sich

eine deutlich ausgesprochene Periode in Bezug auf die Windrichtung vor=
läufig nicht erkennen, indem die verschiedenen Windrichtungen in allen
Monaten und zu allen Jahreszeiten mit nahezu gleicher Häufigkeit beobachtet
wurden. Dagegen ist die relative Häufigkeit der verschiedenen Windrichtungen
eine sehr verschiedene, wie aus Bild 175 und nachstehender Tabelle zu
ersehen ist, welche anzeigen, wie oft im Laufe des ganzen Jahres die
betreffenden Windrichtungen an den drei täglichen Beobachtungsterminen
notiert worden sind.

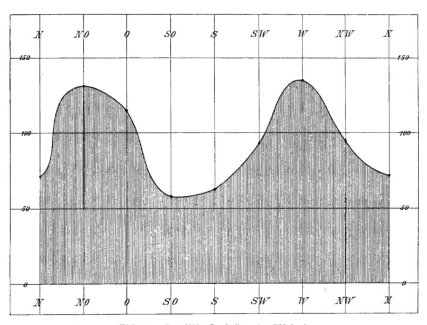

Bild 175. Graphische Darstellung der Windrose.

Windrose.

Station.	Na=rym.	Kara=tol.	Osch.	Mar=gelan.	Tasch=kent.	Chod=schent.	Turke=stan.	Pe=rowsk.	Petro=Alex=andr.	Kasa=linsk.	Mit=tel.
Nord	21	32	65	115	90	10	27	100	119	132	71
Nordost	22	89	40	159	147	130	73	191	283	177	131
Ost	239	125	68	85	53	119	57	183	62	173	116
Südost	31	70	77	89	53	45	28	35	55	94	58
Süd	34	179	84	73	76	31	32	35	16	73	63
Südwest	94	115	32	112	60	251	72	70	84	93	98
West	140	131	19	114	81	248	184	190	86	173	137
Nordwest	18	37	164	69	116	47	103	118	116	147	94
Windstille	496	317	546	279	419	214	519	173	274	33	327

Aus dieser Windrose ersieht man, daß die Winde am häufigsten in der
Richtung von Nordost und West und am seltensten in den von diesen um

90° verschiedenen Richtungen von Südost und Nord wehen, was sich einerseits aus den allgemeinen Strömungsverhältnissen, anderseits aus der von Südwest nach Nordost streichenden Richtung der zentralasiatischen Gebirgssysteme erklärt.

Was die Stärke des Windes betrifft, so ist dieselbe infolge der kontinentalen Lage und des Einflusses der hohen Gebirgszüge im allgemeinen gering. Nur in seltenen Fällen erreicht die Windgeschwindigkeit 14 m; meistens beträgt sie nur 2—3 m in der Sekunde. Dreißig Prozent aller Notierungen ergeben sogar vollständige Windstille. Die Anzahl der Tage, an welchen die Windgeschwindigkeit 14 m erreichte, war für die einzelnen Stationen folgende:

Anzahl der stürmischen Tage im Laufe des Jahres.

Station.	Stürmische Tage.	Station.	Stürmische Tage.
Naryn	19	Chobschent	4
Karakol	8	Turkestan	9
Osch	15	Petro-Alexandr.	1
Margelan	21	Kasalinsk	65
Taschkent	4		

3. Temperatur der Luft.

In Anbetracht der ausnehmend kontinentalen Lage Turkestans ist schon von vornherein zu erwarten, daß die täglichen und jährlichen Schwankungen der Lufttemperatur bedeutend sein werden; daß dem wirklich so ist, kann man aus nachstehenden drei Tabellen ersehen, von denen die erste den täglichen, die zweite den jährlichen Gang der Temperatur der Luft, die dritte aber die Amplituden der Temperaturschwankungen im Laufe eines Monates und des ganzen Jahres angiebt.

Täglicher Gang der Lufttemperatur in Celsiusgraden.

Station.	Mittlere Temperatur.			Höchste um 1 Uhr beob. Temp.	Niedrigste um 7 Uhr morg. beob. Temp.
	7 Uhr.	1 Uhr.	9 Uhr.		
	Grad	Grad	Grad	Grad	Grad
Naryn	— 1,4	6,5	— 0,4	30,6	— 31,4
Karakol	3,0	10,5	3,1	27,5	— 15,9
Osch	8,4	14,8	8,4	34,7	— 23,6
Margelan	10,1	17,8	11,4	38,2	— 20,3
Taschkent	8,9	17,4	10,4	40,7	— 19,8
Dschisak	10,9	17,8	12,1	42,6	— 24,0
Chobschent	9,7	18,6	12,6	39,9	— 19,8
Turkestan	8,0	15,8	9,2	41,6	— 29,6
Perowsk	4,9	12,3	5,9	41,2	— 34,0
Petro-Alexandrowsk	7,3	15,4	9,4	38,8	— 28,4
Kasalinsk	4,0	10,8	5,1	38,8	— 33,9
Mittel	6,7	14,3	7,9	37,7	— 25,5

3. Temperatur der Luft.

Monats- und Jahresmittel der Lufttemperatur in Celsiusgraden.

Station.	Naryn.	Kara-kol.	Osch.	Mar-gelan.	Tasch-kent.	Dschi-saf.	Chod-schent.	Turke-stan.	Perowsk.	Petro-Alex-andr.	Kasa-linsk.	Mittel.
	Grad	Grad	Grad	Grad	Grad	Grad	Grad	Grad	Grad	Grad	Grad	Grad
Januar	−17,0	−4,7	−1,9	−1,3	−0,1	0,0	−0,2	−3,8	−9,4	−7,6	−12,3	−5,3
Februar	−18,4	−8,0	−7,0	−5,2	−6,2	−5,5	−3,8	−9,4	−16,8	−12,5	−17,0	−10,0
März	−4,8	1,4	5,6	7,6	7,7	8,9	8,8	5,0	0,2	4,0	−2,9	3,8
April	5,0	5,9	10,8	13,9	12,9	13,9	14,7	12,8	9,7	13,4	7,5	11,0
Mai	11,0	10,0	16,2	20,4	18,3	21,0	20,4	19,1	18,0	20,8	17,0	17,5
Juni	15,4	14,8	22,5	25,9	25,2	26,9	26,8	25,8	24,6	26,2	24,2	23,5
Juli	17,8	17,1	25,5	29,3	28,1	29,9	29,1	29,7	27,0	28,3	26,6	26,2
August	17,5	16,7	24,0	27,8	26,0	27,9	27,1	27,9	24,5	26,1	23,7	24,5
September	11,9	11,4	17,4	20,2	18,4	20,3	19,8	18,8	16,3	18,2	15,6	17,1
Oktober	5,2	5,8	10,2	12,4	11,1	12,7	12,7	8,8	6,8	10,1	5,4	9,2
November	−8,6	−0,8	3,2	4,8	5,3	5,8	6,0	2,2	−1,1	3,5	−0,7	1,8
Dezember	−16,2	−3,5	0,0	1,3	0,1	1,1	2,2	−4,8	−7,7	−2,5	−7,7	−3,4
Jahr	1,6	5,5	10,5	13,1	12,2	13,6	13,6	11,0	7,7	10,7	6,6	9,6

Monats- und Jahresamplituden der Temperaturschwankungen in Celsiusgraden.

Station.	Na-ryn.	Kara-kol.	Osch.	Mar-gelan.	Tasch-kent.	Dschi-saf.	Chod-schent.	Turke-stan.	Pe-rowsk.	Petro-Alex-andr.	Kasa-linsk.	Mit-tel.
	Grad	Grad	Grad	Grad	Grad	Grad	Grad	Grad	Grad	Grad	Grad	Grad
Januar	30,8	18,4	23,7	21,8	30,6	32,8	24,9	35,0	35,4	27,8	35,1	28,8
Februar	31,8	19,9	31,3	29,5	31,9	33,4	30,5	40,2	37,2	30,0	33,5	31,7
März	30,8	17,5	22,7	24,4	26,2	30,4	27,4	31,8	34,4	28,7	28,8	27,6
April	26,2	22,3	22,4	24,6	23,7	25,0	26,6	27,4	31,8	24,3	29,0	25,8
Mai	22,4	22,2	18,2	18,6	21,2	18,6	18,2	24,0	20,0	20,0	22,4	20,5
Juni	23,3	22,3	21,1	21,2	22,3	22,6	25,4	22,1	21,4	22,3	20,7	22,2
Juli	19,6	18,1	18,4	17,8	21,9	19,2	18,8	20,0	23,1	16,0	20,1	19,4
August	20,6	17,8	17,9	16,4	20,8	22,0	19,8	23,9	25,4	22,5	24,6	21,1
September	23,1	19,6	21,2	23,2	25,4	25,4	24,0	24,4	23,8	25,0	20,2	23,2
Oktober	35,0	31,0	29,7	31,0	38,1	38,2	34,5	38,6	32,6	32,3	28,7	33,6
November	30,6	14,0	19,7	17,6	31,0	31,3	23,0	29,5	26,3	24,7	18,8	24,2
Dezember	33,3	16,8	22,4	17,2	26,4	22,2	17,9	27,1	25,0	21,6	22,8	23,0
Jahr	62,0	43,4	58,3	58,5	60,5	66,6	59,7	71,2	75,2	67,2	72,7	63,2

Zu obigen Tabellen ist folgendes zu bemerken. Die Amplituden der Temperaturschwankungen sind abgeleitet aus den um 7 Uhr, 1 Uhr und 9 Uhr angestellten Beobachtungen, weil die bis jetzt gebräuchlichen Maximum- und Minimumthermometer keine hinreichende Genauigkeit gewähren. Die Amplituden sind deshalb durchweg etwas zu klein, weil die höchste Temperatur im Laufe eines Tages nicht um 1 Uhr, sondern ungefähr um 3 Uhr nachmittags, und die niedrigste Temperatur nicht um 7 Uhr morgens, sondern um Sonnenaufgang eintritt. Auf Grund der von mir selbst in Taschkent von 1876 bis 1881 ausgeführten Beobachtungen dürften die wirklichen

Amplituden der Temperaturschwankungen durchweg um etwa 3 Grad größer sein als die oben angegebenen.

Ferner muß ich bemerken, daß in Turkestan in Bezug auf Temperatur und noch mehr in Bezug auf Feuchtigkeit der Luft ein ziemlich bedeutender Unterschied herrscht zwischen den wasser- und baumreichen Oasen, auf welchen die Beobachtungen angestellt sind, und den wasserlosen Steppen und Sand-wüsten. Dies geht deutlich aus den Beobachtungen hervor, welche in Tasch-kent an zwei selbständigen meteorologischen Stationen angestellt wurden, von denen die eine mitten in der Stadt, die andere auf einer kleinen, baumlosen Anhöhe bei der Sternwarte, näher am Rande der Oase, errichtet war. Der Grund dieser Verhältnisse ist auch leicht einzusehen. In den Oasen wird im Sommer die Temperatur infolge der durch die starke Verdunstung er-zeugten Verdunstungskälte erniedrigt, im Winter dagegen durch die größere Feuchtigkeit und die dadurch bewirkte Verminderung der nächtlichen Aus-strahlung erhöht. In den Salzsteppen muß außerdem zur Vermehrung der Winterkälte offenbar auch der starke Salzgehalt des Bodens beitragen, da bekanntlich durch die Vermischung von Schnee und Salz Kälte erzeugt wird. Dieser Umstand ist auch der Aufmerksamkeit der Eingeborenen nicht entgangen, welche die größere Kälte der Salzsteppen gegenüber den Kulturoasen dem Salzgehalt des Bodens zuschreiben. Was den Grad der Erwärmung des Erdbodens und der den Sonnenstrahlen ausgesetzten Gegenstände in den turkestanischen Sandwüsten während der Sommermonate betrifft, so kann man sich davon schwer einen richtigen Begriff machen. Man hat das Gefühl, als wenn man sich in einem Backofen befände, und die Hitze dringt durch die stärksten Stiefelsohlen. Bei den Eingeborenen Turkestans gilt die Bauern-regel, daß nur in denjenigen Sommern eine reiche Ernte zu erwarten ist, wo man schon im Mai an ein und demselben Tage dreimal hintereinander im heißen Sande Eier hart backen kann. Der russische Akademiker v. Midden-dorff hat bei seinen diesbezüglichen Versuchen gefunden, daß hierzu eine Stunde lang eine Temperatur von 85 ⁰ C. erforderlich ist. Von keiner meiner Reisen bin ich ohne Brandwunden an den Händen zurückgekehrt, die ich mir durch unvorsichtiges Anfassen des Prismenkreises beim Beobachten zuzog. An heißen Sommertagen kann man in Turkestan nicht selten die Beobachtung machen, daß der auf den Höfen der Eingeborenen überall herum-liegende Pferdemist unter der Einwirkung der direkten Sonnenstrahlen von selbst in Brand gerät.

Die Wirkung der direkten Sonnenstrahlen ist natürlich auf hohen Ge-birgen wegen der starken Verdünnung und Reinheit der Luft und des fast völligen Mangels an Wasserdämpfen noch beträchtlich stärker als in der Ebene. Im Spätherbst des Jahres 1877 machte ich im Alaithal folgende Beobachtung. Während die Temperatur der Luft im Schatten um die

Mittagszeit 9° C. unter Null betrug, zeigte ein Thermometer, welches ich in der äußeren Brusttasche meines Pelzes trug, 60° Wärme[1]. Auf dem Pamir erhitzte sich damals beim Reiten mein auf der Sonnenseite befind= licher Stiefel so stark, daß ich den Fuß mit meinem Pelze bedecken mußte, um die unerträgliche Hitze zu mildern, und auf der Nase bildeten sich, wie im Sommer, Brandwunden, während mir zu gleicher Zeit die Zehen in dem im Schatten befindlichen Stiefel erfroren. Bei einer Kälte von 10° tiefen unsere Kosaken an der Sonne in Hemdärmeln herum, eilten aber sofort nach ihren Pelzen, als einmal die Sonne auf einige Minuten hinter einer Wolke verschwand.

Wie aus obigen Tabellen zu ersehen, ist die mittlere Jahrestemperatur, trotz der exzessiven Sommerwärme, nur eine mittelmäßige, dank dem Um= stande, daß die Zahl der Tage, an welchen die Temperatur unter Null sinkt, eine verhältnismäßig große ist. Im Jahre 1886 war die Anzahl der Tage mit Frost an den verschiedenen Stationen folgende:

Anzahl der Frosttage.

Station.	Frosttage.	Station.	Frosttage.
Naryn	171	Chodschent	73
Karakol	159	Turkestan	118
Osch	104	Petro=Alexandrowsk	127
Margelan	92	Kasalinsk	163
Taschkent	89	Mittel	117
Dschisak	71		

Was die Abhängigkeit der Temperaturschwankungen von der Meeres= höhe betrifft, so ist eine solche schon von vornherein wahrscheinlich und wird auch durch obige Tabelle (Seite 559) bestätigt. Diese Abhängigkeit tritt aber nicht so deutlich hervor wie bei den Luftdruckschwankungen, weil die Temperatur an den verschiedenen Stationen von zu vielen lokalen Einflüssen (ungleiche Erwärmung des Bodens, mehr oder weniger geschützte Lage, ver= schiedene Luftströmungen 2c.) abhängig ist und von der in der freien Atmosphäre

---

[1] Diese meine Beobachtung hat seiner Zeit Sewerzow, wie gewöhnlich ohne Nennung meines Namens, veröffentlicht, und zwar falsch, und Sewerzows falsche Angabe ist dann in verschiedene geographische Werke aufgenommen worden. Nach Sewerzows Angabe sollte die Temperatur der Luft im Schatten — 10° C. und die Temperatur an der Sonne + 70° C. betragen haben; es handelte sich aber nicht um die Temperatur des der Sonne ausgesetzten Thermometers, sondern um die Temperatur der von der Sonne beschienenen Außenseite meines grauhaarigen Pelzes. Auch meine im Jahre 1877 während der Alaiexpedition ausgeführten barometrischen Höhen= messungen, von welchen er sich unter falschem Vorwande eine Kopie verschafft hatte, hat Sewerzow, der überhaupt als wissenschaftlicher Freibeuter bekannt war, seiner Zeit mit der größten Unverfrorenheit als seine eigenen Beobachtungen veröffentlicht.

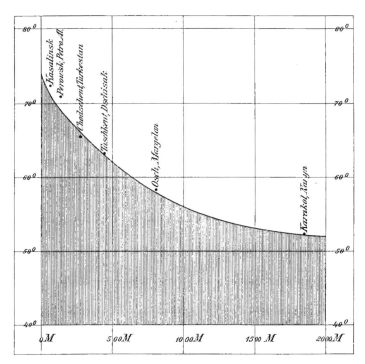

Bild 176. Graphische Darstellung der Abhängigkeit der Temperaturschwankungen von der Meereshöhe.

herrschenden Temperatur mehr oder weniger abweicht. Um das Gesetz der Abhängigkeit der Temperaturschwankungen von der Meereshöhe evident zu machen, braucht man nur die nach der Höhe geordneten Stationen zu je zwei in Gruppen zu vereinigen und für diese Gruppen die Mittel der Jahres= amplituden zu bilden. Man erhält auf diese Weise folgende Werte:

Abhängigkeit der Temperaturschwankungen von der Meereshöhe.

Stationen.	Mittlere Meereshöhe.	Mittlere Jahresamplitude.
	m	Grad
Narpn und Karakol	1843	52,7
Osch und Margelan	807	58,4
Taschkent und Dschisak	437	63,5
Chodschent und Turkestan	281	65,5
Perowsk und Petro=Alexandrowsk	137	71,2
Kasalinsk	72	72,7

In dieser Tabelle ist das Gesetz der Abhängigkeit der Temperatur= schwankungen von der Meereshöhe klar ersichtlich. Noch anschaulicher wird dasselbe durch obenstehendes Bild 176 dargestellt, in welchem die Meereshöhen

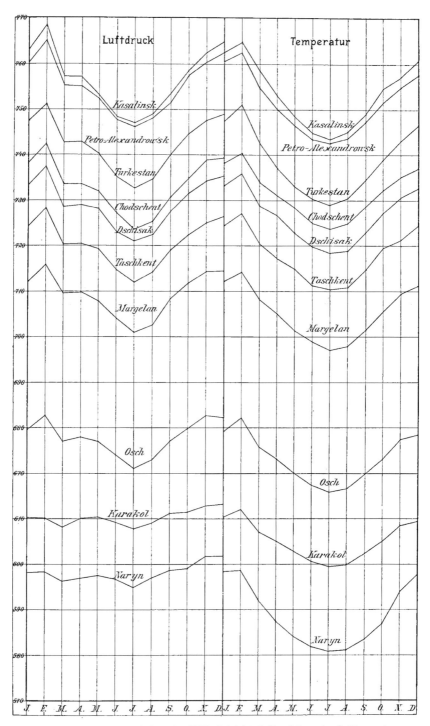

Bild 177. Graphische Darstellung der Abhängigkeit des Luftdruckes von der Lufttemperatur.

36 *

als Abscissen, die jährlichen Temperaturschwankungen aber als Ordinaten
aufgetragen sind.

Vergleicht man die im Bild 176 dargestellte Kurve mit der die Ab=
hängigkeit der Luftdruckschwankungen von der Meereshöhe darstellenden Kurve
in Bild 174, so springt sofort in die Augen, daß die beiden Kurven ganz
gleich verlaufen. Luftdruck= und Temperaturschwankungen nehmen also in
ganz gleicher Weise mit zunehmender Meereshöhe ab.

4. Abhängigkeit des Luftdruckes von der Temperatur.

Zwischen Luftdruck und Lufttemperatur existiert noch ein anderer, viel
innigerer Zusammenhang, welcher sofort zu Tage tritt, wenn man den
jährlichen Gang der beiden Elemente miteinander vergleicht. Um diesen
Zusammenhang möglichst anschaulich zu machen, habe ich die Kurventafel
(Bild 177, S. 563) entworfen, in welcher für jede Station die den jähr=
lichen Gang des Luftdruckes und der Lufttemperatur darstellenden Kurven
in der Weise nebeneinander gestellt sind, daß die Luftdruckskurven auf der
linken, die Temperaturkurven aber auf der rechten Hälfte der Tafel vereinigt
sind. Die Kurven sind auf folgende Weise konstruiert. Ich trug die zwölf
Monate des Jahres als Abscissen, die Monatsmittel des Luftdruckes und
der Temperatur aber als Ordinaten auf in der Weise, daß einer Einheit
der Ordinatenachse einerseits ein Millimeter Quecksilberhöhe, andererseits zwei
Celsiusgrade entsprechen. Der leichteren Vergleichung wegen habe ich den
Anfang der Temperaturkurven auf dieselbe Höhe mit dem Anfang der ent=
sprechenden Luftdruckskurve gesetzt und die ersteren in der Art gezeichnet, daß
dem höchsten Punkte der Kurve die größte Kälte, dem niedrigsten Punkte
derselben die größte Wärme entspricht.

Aus der erwähnten Kurventafel ist zu ersehen, daß auf allen Stationen
der Verlauf der Luftdruckskurven und der Temperaturkurven nahezu derselbe
ist. Nur für den Monat April zeigen die Luftdruckskurven eine Anomalie,
indem von März auf April der Luftdruck wieder etwas zunimmt und nicht,
wie dies bei den Temperaturkurven der Fall ist, vom Februar gleichmäßig
zum Sommerminimum abfällt. Diese Zunahme, deren Ursache ich später
angeben werde, ist für die niedrigeren Stationen nur unbedeutend, wächst
aber, wie aus der Tafel zu ersehen, mit zunehmender Meereshöhe.

Ein weiterer Unterschied besteht darin, daß die Luftdruckskurven sich
mit zunehmender Meereshöhe rascher verflachen, als dies bei den Temperatur=
kurven der Fall ist. Der Grund dieses Unterschiedes liegt auf der Hand;
er beruht darauf, daß die Temperatur an den Beobachtungsstationen im
Sommer höher, im Winter dagegen niedriger ist als in der freien Atmo=
sphäre auf gleicher Meereshöhe, infolge der Einwirkung des im Sommer

durch die direkten Sonnenstrahlen erhitzten, im Winter aber durch Ausstrah=
lung, Verdunstung und Schneeschmelze abgekühlten Erdbodens, durch welche
die jährlichen Temperaturamplituden gegenüber der freien Atmosphäre ver=
größert werden, während für den Luftdruck keine derartigen Lokaleinflüsse
existieren. Wir sehen also, daß in Turkestan der Luftdruck in erster Linie
von der jeweiligen mittleren Temperatur und mithin von der Jahreszeit ab=
hängig ist. Der Zusammenhang zwischen Windrichtung und Barometerstand
kommt erst in zweiter Linie in Betracht, indem nur die Abweichungen des
Barometerstandes von den Monatsmitteln von der jeweiligen Windrichtung
abhängen. Besonders während der Sommermonate ist der Einfluß der Wind=
richtung auf den Barometerstand im allgemeinen ein ganz geringfügiger.

5. Feuchtigkeit der Luft.

Der wichtigste klimatische Faktor für die Bewohner eines Landes ist die
Feuchtigkeit der Luft und die durch diese bedingte Menge der atmosphärischen
Niederschläge, weil von letzteren die Fruchtbarkeit des Bodens abhängt. Im
allgemeinen ist bei sonst gleichen Verhältnissen die Dichtigkeit der Bevölkerung
eines Landes direkt der Menge der Niederschläge proportional. In dieser
Beziehung gehört nun Turkestan zu denjenigen Gegenden, welche unter allen
am stiefmütterlichsten bedacht sind. Nicht nur ist die Menge der Niederschläge
an und für sich schon eine minimale, sondern die Niederschläge erfolgen außer=
dem auch noch fast ausschließlich im Winter und allenfalls noch im Frühjahre
und gehen deshalb für den Feldbau zum größten Teile verloren. Dies ist
der Grund, weshalb der Feldbau in Turkestan, abgesehen von den höheren
Gebirgsregionen, ausschließlich auf künstlicher Bewässerung beruht.

Zur Bestimmung des jeweiligen Wasserdampfgehaltes der Luft wird
aus den meteorologischen Beobachtungen durch Rechnung die sogenannte ab=
solute und relative Feuchtigkeit abgeleitet. Unter absoluter Feuchtigkeit ver=
steht man die Spannkraft des in der Luft vorhandenen Wasserdampfes,
unter relativer Feuchtigkeit dagegen das Verhältnis zwischen der Dampf=
menge, welche die Luft im gegebenen Moment wirklich enthält, und der
Dampfmenge, welche sie bei der eben herrschenden Temperatur enthalten
könnte. Die absolute Feuchtigkeit wird, wie der Luftdruck, in Millimetern
ausgedrückt, die relative Feuchtigkeit aber in Prozenten, so daß 0 % eine
vollständig trockene, 100 % dagegen eine mit Wasserdampf gesättigte Luft
bezeichnet.

Wie aus nachstehender Tabelle zu ersehen ist, hat in Turkestan die ab=
solute Feuchtigkeit keinen ausgesprochenen täglichen Gang, was leicht erklärlich
ist. Da in diesem Lande alle größeren Wasserflächen fehlen, so erhält der
Feuchtigkeitsgehalt der Luft an Ort und Stelle durch Verdunstung nur einen

verschwindend kleinen Zusatz. Nur in Chodschent ist mittags und abends die absolute Feuchtigkeit etwas größer als am Morgen, offenbar infolge des Einflusses des in unmittelbarer Nähe vorbeifließenden Syr-Darja.

Täglicher Gang der absoluten Feuchtigkeit [1].

Station.	Mittlere absolute Feuchtigkeit.		
	7 Uhr.	1 Uhr.	9 Uhr.
	mm	mm	mm
Osch	6,8	7,1	7,0
Margelan	7,5	7,8	7,6
Taschkent	7,2	7,1	7,3
Chodschent	8,0	8,7	8,7
Turkestan	6,8	6,9	6,7
Perowsk	6,6	6,8	6,8
Petro-Alexandrowsk	6,0	5,7	6,0
Kasalinsk	6,0	5,5	5,8
Mittel	6,9	6,9	7,0

Infolge der erwähnten Umstände hängt in Turkestan der tägliche Gang der relativen Feuchtigkeit hauptsächlich nur vom täglichen Gang der Temperatur ab, da bei unverändertem Gehalt an Wasserdampf die relative Feuchtigkeit der Luft mit zunehmender Temperatur ab-, bei abnehmender Temperatur aber zunimmt. Nachstehende Tabelle giebt über den täglichen Gang der relativen Feuchtigkeit Aufschluß.

Täglicher Gang der relativen Feuchtigkeit.

Station.	Mittlere relative Feuchtigkeit.		
	7 Uhr.	1 Uhr.	9 Uhr.
	Prozent	Prozent	Prozent
Osch	75	55	78
Margelan	72	50	70
Taschkent	75	47	73
Chodschent	79	51	72
Turkestan	74	50	69
Perowsk	77	56	76
Petro-Alexandrowsk	67	44	60
Kasalinsk	76	54	73
Mittel	74	51	71

Der jährliche Gang der absoluten und relativen Feuchtigkeit ist aus nachstehenden zwei Tabellen zu ersehen.

---

[1] Die Feuchtigkeitsbeobachtungen der Stationen Narhn, Karakol und Dschisak konnte ich nicht benützen, weil die Beobachtungen der beiden ersten Stationen nicht vollständig, die der letzten aber unzuverlässig waren.

Monats- und Jahresmittel der absoluten Feuchtigkeit.

Station.	Dsch.	Mar-gelan.	Tasch-kent.	Chod-schent.	Turke-stan.	Pe-rowsk.	Petro-Alex-andr.	Kasa-linsk.	Mit-tel.
	mm	mm	mm	mm	mm	mm	mm	mm	mm
Januar	3,2	3,5	3,7	3,6	3,3	2,0	2,5	1,7	2,9
Februar	2,4	2,6	2,4	2,6	2,3	1,2	1,6	1,2	2,0
März	5,5	5,8	5,3	6,0	5,1	4,0	4,4	3,1	4,9
April	7,3	7,8	7,3	8,2	6,6	5,0	4,9	4,8	6,5
Mai	9,4	9,4	9,6	10,4	8,9	7,4	6,8	6,6	8,6
Juni	10,3	11,9	11,6	13,2	11,6	12,5	10,2	10,0	11,4
Juli	10,7	13,9	12,3	14,9	12,4	14,5	11,2	11,5	12,7
August	11,3	13,1	11,1	14,4	11,4	14,7	10,9	11,7	12,3
September	8,3	8,1	8,3	10,6	7,8	8,0	6,5	7,3	8,1
Oktober	6,7	5,7	5,8	7,6	5,2	5,2	5,3	5,1	5,8
November	4,9	5,2	4,8	5,5	4,0	3,6	3,5	3,7	4,4
Dezember	3,9	4,3	4,1	4,4	2,8	2,6	2,9	2,4	3,4
Jahr	7,0	7,6	7,2	8,5	6,8	6,7	5,9	5,8	6,9

Monats- und Jahresmittel der relativen Feuchtigkeit.

Station.	Dsch.	Mar-gelan.	Tasch-kent.	Chod-schent.	Turke-stan.	Pe-rowsk.	Petro-Alex-andr.	Kasa-linsk.	Mit-tel.
	Prozent	Prozent	Prozent	Prozent	Prozent	Prozent	Prozent	Prozent	Prozent
Januar	80	84	82	79	90	82	85	85	83
Februar	78	74	74	9	80	78	73	79	76
März	81	75	70	63	78	83	71	81	76
April	75	66	67	67	62	58	44	62	63
Mai	70	54	64	61	56	50	39	49	55
Juni	52	49	51	52	49	58	42	46	50
Juli	46	47	46	52	41	57	41	47	47
August	52	48	48	56	41	65	45	55	51
September	58	49	56	65	51	61	44	58	55
Oktober	69	56	62	72	63	67	57	73	65
November	84	81	76	79	75	83	62	83	78
Dezember	87	85	86	82	84	97	77	92	86
Jahr	69	64	65	67	64	70	57	68	65

Wie man sieht, ist die Menge des in der Luft enthaltenen Wasserdampfes im Winter am geringsten und im Sommer am größten; dank der hohen Sommertemperatur ist aber trotzdem während der Sommermonate die relative Feuchtigkeit nur gering, und dieselbe sinkt selbst in den Oasen in den Mittagsstunden mitunter bis auf 7 Prozent. Daraus erklärt sich, warum in Turkestan die Niederschläge in der Regel nur während der kalten Monate, im Sommer dagegen nur ausnahmsweise erfolgen.

6. Bewölkung.

Denselben jährlichen Gang wie die relative Feuchtigkeit zeigt auch die Bewölkung, über welche nachstehende drei Tabellen Aufschluß geben. In der ersten Tabelle ist die mittlere Bewölkung angegeben; der Grad der Bewölkung ist in der Weise bestimmt, daß ein wolkenloser Himmel mit 0, ein ganz mit Wolken bedeckter mit 100 bezeichnet wird. Die zweite Tafel enthält die Anzahl der heitern, die dritte Tafel die Anzahl der trüben Tage.

Monats- und Jahresmittel der Bewölkung.

Station.	Na= ryn.	Kara= tol.	Osch.	Mar= gelan.	Tasch= kent.	Dschi= sak.	Chod= schent.	Turke= stan.	Pe= rowsk.	Petro= Alex= andr.	Kasa= linsk.	Mit= tel.
Januar	37	37	62	76	70	27	56	65	61	71	56	56
Februar	31	45	61	69	54	22	47	26	31	56	33	43
März	49	37	59	61	65	44	51	46	66	60	64	55
April	58	43	74	80	63	24	49	46	41	59	48	53
Mai	52	51	50	68	48	13	36	52	45	34	49	45
Juni	46	43	42	55	31	15	24	37	31	34	42	36
Juli	36	39	37	41	18	8	21	18	19	27	18	26
August	42	41	41	33	17	4	12	20	22	25	29	26
September	32	37	43	43	32	14	23	28	24	31	41	32
Oktober	32	36	44	48	44	23	32	30	45	40	63	40
November	58	51	66	76	68	60	52	51	53	52	78	60
Dezember	42	36	63	73	65	69	52	51	71	61	69	59
Jahr	43	42	54	60	48	27	38	39	43	46	49	44

Anzahl der heitern Tage.

Station.	Na= ryn.	Kara= tol.	Osch.	Mar= gelan.	Tasch= kent.	Dschi= sak.	Chod= schent.	Turke= stan.	Pe= rowsk.	Petro= Alex= andr.	Kasa= linsk.	Mit= tel.
Januar	10	11	4	1	3	14	2	7	4	10	7
Februar	14	4	6	5	7	15	7	17	10	17	10
März	10	15	7	7	5	10	7	14	4	7	9
April	4	5	1	2	3	18	5	8	4	8	6
Mai	7	3	5	4	7	24	13	9	14	9	9
Juni	6	6	9	6	12	23	15	8	10	5	10
Juli	11	7	12	11	20	27	18	19	17	20	16
August	9	9	10	15	19	28	25	19	19	13	16
September	9	10	8	9	14	21	20	16	13	7	13
Oktober	13	10	10	11	9	21	15	16	10	6	12
November	7	2	3	3	4	6	6	8	6	2	5
Dezember	12	9	4	1	4	2	4	9	8	6	6
Jahr	112	91	79	75	107	209	137	150	119	110	119

Anzahl der trüben Tage.

Station.	Na-ryn.	Kara-fol.	Ofch.	Mar-gelan.	Tafch-fent.	Dfchi-faf.	Chob-fchent.	Turke-ftan.	Petro-Alex-andr.	Kafa-linsk.	Mit-tel.
Januar	2	1	9	16	13	0	6	16	16	11	9
Februar	2	1	8	14	8	1	4	2	14	8	6
März	10	4	11	14	13	5	7	11	9	14	10
April	9	1	15	20	7	1	6	5	8	6	8
Mai	8	5	6	14	5	1	4	6	1	1	5
Juni	4	2	2	11	1	0	0	1	2	4	3
Juli	3	1	5	9	1	0	2	0	3	0	2
August	3	3	1	5	0	0	0	0	2	2	2
September	2	2	3	6	3	1	1	3	3	3	3
Oktober	1	2	4	10	6	4	4	4	4	11	5
November	10	5	11	18	14	11	8	9	7	17	11
Dezember	7	3	12	16	13	14	7	10	13	19	11
Jahr	61	30	87	153	84	38	49	67	82	96	75

7. Niederschläge.

Wie in Anbetracht der mittleren relativen Feuchtigkeit nicht anders zu erwarten, ist die Anzahl der Tage, an welchen in Turkestan Regen oder Schneefall erfolgt, gering und die Menge der Niederschläge, besonders an den in der Ebene gelegenen Stationen, unbedeutend. Wie aus nach=stehenden zwei Tabellen zu ersehen, betrug im Jahre 1886 die Zahl der Tage mit Niederschlägen im Mittel 62, die Menge der im Laufe eines Schnee= oder Regentages gefallenen Niederschläge im Mittel nur 4,3 mm.

Anzahl der Tage mit Niederschlägen.

Station.	Na-ryn.	Kara-fol.	Ofch.	Mar-gelan.	Tafch-fent.	Dfchi-faf.	Chob-fchent.	Turke-ftan.	Pe-rowsf.	Petro-Alex-andr.	Kafa-linsk.	Mit-tel.
Januar	2	5	4	6	12	4	4	5	12	2	3	5
Februar	6	8	5	5	6	4	4	0	3	2	5	4
März	9	7	6	8	10	8	8	6	6	5	5	7
April	15	8	11	10	13	7	8	7	3	5	4	8
Mai	17	18	12	7	10	3	9	1	1	0	0	7
Juni	18	11	8	3	6	3	2	4	2	1	1	5
Juli	11	9	4	5	1	1	0	0	1	1	2	3
August	7	10	7	1	3	2	1	0	1	0	5	3
September	9	9	7	1	2	2	3	0	3	0	4	4
Oktober	5	7	5	2	5	2	2	1	2	3	9	4
November	6	11	9	7	6	3	3	3	1	1	5	5
Dezember	2	4	8	6	9	6	4	7	10	1	5	6
Jahr	107	107	86	61	83	45	48	34	45	21	48	62

Summe der Niederschläge in Millimetern.

Station.	Na-ryn.	Kara-kol.	Osch.	Mar-gelan.	Tasch-kent.	Dschi-sak.	Chod-schent.	Turke-stan.	Pe-rowsk.	Petro-Alex-andr.	Kasa-linsk.	Mit-tel.
	mm	mm	mm	mm	mm	mm	mm	mm	mm	mm	mm	mm
Januar	3,5	8,7	17,0	3,1	20,8	17,0	6,1	19,7	9,4	12,1	2,1	10,9
Februar	5,5	8,7	30,7	7,4	26,5	10,2	12,0	0,0	3,8	17,3	2,9	11,4
März	18,9	23,2	70,5	39,5	74,9	96,2	40,4	22,9	13,2	23,2	9,4	39,3
April	26,8	35,9	57,0	17,4	60,0	158,0	24,4	35,3	7,3	9,8	18,6	41,0
Mai	63,4	105,0	73,0	24,4	63,3	36,0	35,8	12,4	1,6	0,0	0,0	37,7
Juni	48,6	55,2	20,5	10,0	15,8	35,2	2,0	15,2	6,4	3,0	0,9	19,3
Juli	42,7	45,8	6,5	9,0	3,7	2,0	0,0	0,0	19,7	5,5	1,8	12,4
August	24,2	52,5	6,7	2,7	8,9	25,0	4,0	0,0	4,3	0,0	4,2	12,0
September	30,2	97,8	18,8	0,5	19,2	33,0	6,2	0,0	6,7	0,0	5,8	19,8
Oktober	28,8	39,5	29,0	3,1	14,3	42,2	11,1	0,4	1,7	24,8	27,4	20,2
November	13,6	24,8	71,7	62,9	56,6	35,0	33,6	13,8	0,2	11,0	7,6	30,1
Dezember	0,6	5,9	19,0	11,9	22,1	42,5	19,0	28,1	5,8	0,7	7,9	14,9
Jahr	306,8	503,0	420,4	191,9	386,1	532,3	194,6	147,8	80,1	107,4	88,6	269,0
Max.i.24St.	12,6	49,8	28,0	20,1	25,4	40,0	20,0	12,4	19,7	22,0	8,3	23,5

Bei Betrachtung der vorstehenden zwei Tabellen fällt sofort wieder die Abhängigkeit der Summe der Niederschläge und der Anzahl der Tage mit Niederschlägen von der Meereshöhe in die Augen. Wenn wir die Beobachtungen von Dschisak, welches infolge des Umstandes, daß es am Ausgange der Schlucht „Tamerlans Thor" liegt, eine unverhältnismäßig große Niederschlagsmenge aufweist, ausschließen, die übrigen Stationen zu je zwei gruppieren und für dieselben die Mittel nehmen, so erhalten wir folgende Werte:

Abhängigkeit der Niederschläge von der Meereshöhe.

Stationen.	Mittlere Höhe in Metern.	Mittlere Summe der Niederschläge.	Mittlere Anzahl der Tage mit Niederschl.
Naryn und Karakol	1843	404,5	107
Osch und Margelan	807	306,1	73
Taschkent und Chodschent	409	290,3	65
Turkestan und Perowsk	203	113,9	39
Petro-Alexandrowsk und Kasalinsk	86	98,0	34

Gewitter sind in Turkestan im allgemeinen selten, vorkommendenfalls nur schwach und von turzer Dauer. Sie bestehen in der Regel bloß aus einigen wenigen Donnerschlägen. In den höheren Gebirgen tommen dagegen Gewitter häufiger vor; diese sind aber nur total und von geringer Ausdehnung, wie es bereits die Station Karakol, im Bassin des Sees Issyk-Kul erkennen läßt, wo im Jahre 1886 die Anzahl der Gewittertage 43 betrug, während in dem benachbarten Naryn nur an 13 Tagen Gewitter beobachtet worden sind. Im Jahre 1878 hatte ich während eines einwöchentlichen Aufenthaltes in Wuadil, welches am Eingange einer Schlucht am Nordabhange des Alaigebirges gelegen ist, fast täglich Gewitter beobachtet, während zur selben Zeit in dem nur 35 km entfernten, in der Ebene gelegenen Margelan ununterbrochen klares Wetter geherrscht hatte.

Die Anzahl der Tage, an welchen im Jahre 1886 Gewitter beobachtet wurden, war für die einzelnen Stationen folgende:

Anzahl der Gewittertage im Laufe des Jahres.

Station.	Gewitter= tage.	Station.	Gewitter= tage.	Station.	Gewitter= tage.
Naryn	13	Taschkent	17	Perowsk	5
Karakol	43	Dschisak	7	Petro=Alexandr.	6
Osch	17	Chodschent	10	Kasalinsk	6
Margelan	15	Turkestan	2	Mittel	13

Zu Obigem muß ich bemerken, daß in Bezug auf Feuchtigkeit, Bewölkung und Niederschläge während der Sommermonate das Jahr 1886 ein Ausnahmsjahr war, indem sonst im Laufe des Sommers in den Ebenen Turkestans überhaupt gar keine Niederschläge erfolgen und in der Regel vom Mai bis September ununterbrochen heiteres Wetter herrscht. Diese Abnormität des Jahres 1886 drückt sich auch in den Jahresmitteln aus, wie man an den Taschkenter Beobachtungen ersehen kann, wo gerade die Jahresmittel für 1886 am stärksten von den zehnjährigen Mitteln abweichen. In folgender Tabelle sind diese Abweichungen zusammengestellt.

Element.	Jahres= mittel 1886.	10jäh= riges Mit= tel.	Abwei= chung des Jahres 1886 vom 10jähr. Mittel.	Element.	Jahres= mittel 1886.	10jäh= riges Mit= tel.	Abwei= chung des Jahres 1886 vom 10jähr. Mittel.
Temperatur	12,2	13,7	— 1,5	Tage mit Gewittern	17	8	+ 9
Relative Feuchtigkeit	65	57	+ 8	Heitere Tage	107	161	— 54
Bewölkung	48	37	+ 11	Trübe Tage	84	62	+ 22
Niederschläge	386,1	330,0	+ 56,1	Tage mit Frost	89	71	+ 18
Tage mit Niederschlägen	83	62	+ 21				

Wie man sieht, war im Jahre 1886 die Temperatur niedriger und die Anzahl der heitern Tage geringer, dagegen die relative Feuchtigkeit, die Bewölkung, die Summe der Niederschläge, ferner die Anzahl der Tage mit Niederschlägen, Gewittern, Frost, sowie die Zahl der trüben Tage bedeutend größer als während der ganzen vorhergehenden neunjährigen Periode.

8. Verdunstung.

Turkestan ist bekanntlich ein abflußloses Gebiet, d. h. keiner seiner Flüsse erreicht das offene Meer, indem dieselben alle sich entweder im Sande verlieren oder in größere oder kleinere Binnenmeere und Landseen ergießen. Dieser Umstand beweist, daß in Turkestan die Verdunstung größer sein muß als die Niederschläge. Daß sich dies wirklich so verhält, wird auch durch die Beobachtungen direkt bestätigt. Wir haben oben (S. 570) gesehen, daß die jährliche Niederschlagsmenge im Jahre 1886 im Mittel für das ganze Land 269 mm betrug. Die Menge des jährlich verdunsteten Wassers dagegen betrug im selben Jahre, wie die diesbezüglichen Beobachtungen gezeigt haben, im Schatten und an windstillen Orten im Mittel 1102 mm. Nun muß man aber bedenken, daß in Wirklichkeit die Verdunstung an der Sonne und unter der Einwirkung der herrschenden Winde vor sich geht. Es ist also klar, daß die Menge des alljährlich in Turkestan verdunsteten Wassers die Menge des als Schnee oder Regen niedergeschlagenen Wassers bedeutend übertrifft, was offenbar eine fortschreitende Austrocknung des ganzen Gebietes zur Folge haben muß.

In nachstehender Tabelle sind die Resultate der an den meteorologischen Stationen über die Verdunstung angestellten Beobachtungen zusammengestellt. Diese Beobachtungen wurden in der Weise ausgeführt, daß täglich dreimal mittels eigener Apparate das Gewicht des verdunsteten Wassers bestimmt und daraus die Höhe der verdunsteten Wasserschicht abgeleitet wurde. Diese Apparate waren in denselben Holzhütten aufgestellt, welche zur Aufstellung der Thermometer dienten, und waren so, um unter sich vergleichbare Resultate liefern zu können, gegen die Einwirkung der Sonnenstrahlen und des Windes geschützt. Die so erhaltenen Resultate bleiben aus dem vorhin angedeuteten Grunde hinter der Wirklichkeit bedeutend zurück.

Monats- und Jahresmittel der täglichen Verdunstung, in Millimetern.

Station.	Osch.	Mar-gelan.	Tasch-kent.	Dschi-sak.	Chod-schent.	Turke-stan.	Pe-rowsk.	Petro-Alex-andr.	Kasa-linsk.	Mit-tel.
	mm	mm	mm	mm	mm	mm	mm	mm	mm	mm
Januar	0,46	0,31	0,59	0,63	0,51	0,63	0,28	0,16	0,05	0,40
Februar	0,47	0,32	0,61	1,14	0,68	0,77	0,44	0,28	0,08	0,53
März	0,90	1,13	2,72	1,35	1,42	1,34	1,05	1,82	0,42	1,35
April	1,41	2,25	3,14	1,75	2,46	4,11	3,72	4,63	2,32	2,87
Mai	2,34	4,70	3,94	3,06	3,06	6,92	5,52	6,63	4,63	4,53
Juni	4,13	5,95	6,21	5,03	3,90	8,78	6,72	6,42	5,82	5,88
Juli	5,84	7,07	7,04	6,77	4,73	11,87	6,79	7,40	6,40	7,10
August	5,10	6,39	6,21	4,96	4,51	10,95	5,43	6,41	4,86	6,09
September	3,40	4,24	3,99	3,37	2,43	5,81	4,41	4,23	2,61	3,83
Oktober	2,10	2,63	2,84	2,01	1,58	2,90	2,34	2,42	1,35	2,24
November	0,58	0,99	1,59	0,90	0,98	0,78	0,76	1,51	0,38	0,94
Dezember	0,52	0,56	0,53	0,76	0,58	0,29	0,24	0,69	0,15	0,48
Jahr	2,27	3,04	3,28	2,64	2,24	4,60	3,14	3,55	2,42	3,02

9. Mittlere Abweichung der einzelnen Jahresmittel von den zehnjährigen Mitteln.

Nachdem ich im Obigen die Witterungsverhältnisse Turkestans für das Jahr 1886 auseinandergesetzt habe, bleibt nun noch übrig zu zeigen, inwieweit dieselben als normal gelten können, d. h. anzugeben, um welche Beträge die mitgeteilten Werte von den durchschnittlichen Werten abweichen. Zu dem Ende teile ich hier die Resultate der meteorologischen Beobachtungen mit, welche von 1877 bis 1886 bei der Sternwarte in Taschkent ausgeführt worden sind. Diese Beobachtungen habe ich bis 1881, mit nur einigen durch meine Reisen verursachten Unterbrechungen, während welcher die Beobachtungen jedesmal durch Offiziere der turkestanischen militärtopographischen Abteilung fortgeführt wurden, selbst ausgeführt; seit 1881 aber wurden dieselben unter meiner Aufsicht von Angestellten der Sternwarte weitergeführt.

Zehnjährige Mittel für Taschkent.

Jahr.	Mittlerer Luftdruck.	Mittlere Temperatur.	Mittl. absol. Feuchtigkeit.	Mittl. relat. Feuchtigkeit.	Mittlere Bewölkung.	Summe der Niederschläge.	Mittlere tägliche Verdunstung.	Tage mit Niederschlägen.	Heitere Tage.	Trübe Tage.	Tage mit Frost.	Tage mit Gewittern.
	mm	Grad	mm	Prozent	Prozent	mm	mm					
1877	721,2	14,1	6,9	57	31	203,6	—	61	193	51	71	9
1878	720,3	14,8	7,2	55	29	409,1	3,88	68	206	48	56	7
1879	720,2	15,5	6,4	48	27	256,4	4,68	54	214	37	63	9
1880	720,5	13,8	7,6	59	33	386,2	—	63	188	55	65	1
1881	720,1	14,3	6,8	54	42	354,1	3,79	67	123	51	61	10
1882	720,3	12,9	6,6	57	41	302,4	3,55	46	144	66	73	5
1883	720,4	13,0	6,8	58	41	263,1	4,31	51	152	89	83	3
1884	720,6	13,2	6,7	58	40	346,7	3,75	55	145	75	82	7
1885	720,0	13,4	7,3	62	40	392,2	3,77	73	142	69	64	9
1886	720,6	12,2	7,2	65	48	386,1	3,28	83	107	84	89	17
Mittel	720,4	13,7	6,9	57	37	330,0	3,88	62	161	62	71	8

Zehnjährige Windrose für Taschkent.

Jahr.	Nord.	Nordost.	Ost.	Südost.	Süd.	Südwest.	West.	Nordwest.	Windstille.
1877	34	99	46	8	11	10	21	49	817
1878	57	287	70	31	37	21	36	87	469
1879	66	157	43	38	29	16	47	119	580
1880	96	147	92	31	32	26	22	105	547
1881	59	115	59	15	23	28	33	127	636
1882	148	120	42	18	28	45	63	102	529
1883	64	167	33	17	9	32	37	111	625
1884	47	129	11	9	15	31	42	139	675
1885	90	200	36	35	30	72	114	161	357
1886	90	147	53	53	76	60	81	116	419
Mittel	75	157	48	26	29	34	50	112	565

Aus diesen Tabellen ersieht man, daß, abgesehen von der Windrose, die Abweichungen der einzelnen Jahresmittel von den zehnjährigen Mitteln nur gering sind und daß das Jahr 1886, wie bereits erwähnt, die stärksten Abweichungen zeigt infolge seines ausnahmsweise kalten und feuchten Sommers. Eine Übersicht über diese Abweichungen giebt nachstehende Tabelle.

Abweichungen der Jahresmittel von den zehnjährigen Mitteln.

Jahr.	Luftdruck.	Temperatur.	Absolute Feuchtigkeit.	Relative Feuchtigkeit.	Bewölkung.	Niederschläge.	Tägliche Verdunstung.	Tage mit Niederschlägen.	Tage mit Gewittern.	Heitere Tage.	Trübe Tage.	Tage mit Frost.
	mm	Grad	mm	Prozent	Prozent	mm	mm					
1877	− 0,8	− 0,4	0,0	0	+ 6	+ 126,4	—	+ 1	− 1	− 32	+ 11	0
1878	+ 0,1	− 1,1	− 0,3	+ 2	+ 8	− 79,1	0,00	− 6	+ 1	− 45	+ 14	+ 15
1879	+ 0,2	− 1,8	+ 0,5	+ 9	+ 10	+ 73,6	− 0,80	+ 8	− 1	− 53	+ 25	+ 8
1880	− 0,1	− 0,1	− 0,7	− 2	+ 4	− 56,2	—	1	+ 7	− 27	+ 7	+ 6
1881	+ 0,3	− 0,6	+ 0,1	+ 3	− 5	− 24,1	+ 0,09	− 5	− 2	+ 38	+ 11	+ 10
1882	+ 0,1	+ 0,8	+ 0,3	0	− 4	+ 27,6	+ 0,33	+ 16	+ 3	+ 17	− 4	− 2
1883	0,0	+ 0,7	+ 0,1	− 1	− 4	+ 66,9	− 0,43	+ 11	+ 5	+ 9	− 27	− 12
1884	− 0,2	+ 0,5	+ 0,2	− 1	− 3	− 16,7	+ 0,13	+ 7	+ 1	+ 16	− 13	− 11
1885	+ 0,4	+ 0,3	− 0,4	− 5	− 3	− 62,2	+ 0,11	− 11	− 1	+ 19	− 7	+ 7
1886	− 0,2	+ 1,5	− 0,3	− 8	− 11	− 56,1	+ 0,60	− 21	− 9	+ 54	− 22	− 18
Mittlere Abweich.	0,2	0,8	0,3	3	6	58,9	0,31	9	3	31	14	9

Diese Tabelle zeigt, daß während der ersten Hälfte der zehnjährigen Periode die Temperatur konstant größer und die Bewölkung geringer war als während der zweiten Hälfte derselben; ferner daß die Witterungs= verhältnisse, wie gleich eingangs erwähnt wurde, in Turkestan von einem Jahr aufs andere nur wenig variieren, indem die mittleren Abweichungen der einzelnen Jahre von den zehnjährigen Mitteln nur unbedeutend sind. Die im Obigen mitgeteilten Beobachtungen können also, obwohl sie nur ein Jahr umfassen, als ziemlich getreue Darstellung der in Turkestan herrschenden klimatischen Verhältnisse gelten.

Diskussion und Folgerungen.

Nachdem wir uns im Vorausgehenden mit dem statistischen Materiale bekannt gemacht haben, wollen wir nun die Umstände näher ins Auge fassen, durch welche das Klima Turkestans bedingt wird. Bei Betrachtung der Beobachtungstabellen springen hauptsächlich folgende Punkte in die Augen: Die geringen Niederschläge, besonders in der Ebene, die exzessive Sommer= hitze, die großen täglichen und jährlichen Temperaturschwankungen und endlich der bedeutende Überschuß der Verdunstung über die Niederschläge.

Warum in Turkestan die Niederschläge so verschwindend sind, leuchtet sofort ein, wenn man die Lage dieses Landes auf der Karte näher betrachtet. Vom Eismeeer im Norden ist Turkestan durch die ganze Breite Sibiriens geschieden. Vom Stillen Ozean im Osten trennt es die Wüste Gobi, die Mongolei und China. Vom Indischen und Arabischen Meere ist es durch Indien, Afghanistan und Persien getrennt. Im Westen sind die nächst-gelegenen Meere das Kaspische und weiterhin das Mittelländische mit dem Schwarzen Meere. Wenn wir uns die Bedingungen vergegenwärtigen, unter welchen gewöhnlich Niederschläge erfolgen, so ist klar, daß Turkestan weder vom Nördlichen Eismeer noch vom Stillen oder Indischen Ozean her nennenswerte Niederschläge erhalten kann. Die Luftmassen, welche sich vom Nördlichen Eismeere nach Süden bewegen, erwärmen sich beim Vordringen nach südlicheren Breiten und werden infolgedessen fortwährend relativ trockener, können also keine Niederschläge ausscheiden, und dies um so mehr, als die Verdunstung im Eismeere, besonders zur Winterszeit, eine minimale ist. Die vom Stillen Ozean nach Westen ziehenden Luftschichten verlieren fast ihren ganzen Feuchtigkeitsgehalt schon vor ihrer Ankunft in Turkestan auf den ostasiatischen Gebirgen. Die vom Indischen Ozean aufsteigende Feuch-tigkeit schlägt sich an dem Himalaja und dessen Ausläufern nieder und kommt somit gleichfalls für Turkestan nicht in Betracht. Nur nach Südwest und Westen ist Turkestan offen, und nur in dieser Richtung können die vom Persischen Golfe, Roten Meere und Mittelländischen Meere aufsteigenden Wasserdämpfe unser Gebiet erreichen.

Die Wasserflächen des Kaspischen Meeres und des Aralsees spielen in Bezug auf Niederschläge eine weniger wichtige Rolle als man vielleicht glauben könnte. Dies hat seinen Grund darin, daß sich diese beiden Meere in der-selben Lage befinden wie Turkestan selbst, und daß folglich in ihnen die Verdunstung dann am größten ist, wenn in Turkestan die größte Hitze herrscht, wo also, mit Ausnahme der höchsten Gebirge, Niederschläge über-haupt nicht möglich sind. Im Winter dagegen, wo in Turkestan die Nieder-schläge fast ausschließlich erfolgen, ist in beiden Meeren die Verdunstung ver-schwindend klein, wie man schon aus den betreffenden Beobachtungen in dem in der Nähe des Aralsees gelegenen Kasalinsk ersehen kann. Auch vom Schwarzen Meere hat Turkestan nur wenig Nutzen, weil die aus demselben kommenden Wasserdämpfe zum größten Teil schon durch den Kaukasus und dessen Ausläufer weggefangen werden.

Aus dem Umstande, daß Turkestan fast alle seine Niederschläge dem Persischen Golfe, dem Roten Meere und dem Mittelländischen Meere ver-dankt, erklärt sich, warum Sommerregen in diesem Lande nur ausnahmsweise vorkommen. Da in Turkestan im Sommer die Temperatur ebenso hoch oder noch höher ist als über den erwähnten drei Meeren, so werden die von diesen ausgehenden dunstbeladenen Luftschichten, besonders da sie einen Teil ihres Feuchtigkeitsgehalts schon unterwegs beim Passieren der vorder=asiatischen Gebirge verlieren, bei ihrer Ankunft in Turkestan noch mehr er=wärmt, und es wird dadurch ihre relative Feuchtigkeit so sehr verringert, daß nur in den höchsten Gebirgen Niederschläge erfolgen können.

Nach dem Gesagten ist es nicht schwer einzusehen, warum in Turkestan Niederschläge im allgemeinen nur im Winter und nur bei West= und Südwestwind erfolgen, während bei allen andern Windrichtungen stets klares Wetter herrscht; warum ferner die Niederschlagsmenge mit zuneh=mender Meereshöhe rasch zunimmt; warum die meisten Niederschläge auf den West= und Südwestabhängen der Gebirge erfolgen und warum die Grenze des ewigen Schnees in den turkestanischen Gebirgen von Westen nach Osten ansteigt [1].

Den auseinandergesetzten Umständen verdankt Turkestan sein heutiges trostloses Aussehen. Da die Niederschläge erstens nicht in hinreichender Menge, zweitens noch dazu im Winter erfolgen, wo sie für den Pflanzen=wuchs zunächst keine Bedeutung haben, so war unausbleiblich, daß sich mit der Zeit alles Land, welches nicht künstlich bewässert werden konnte, in eine unfruchtbare Sandwüste oder in eine Steppe verwandelte, welche sich nur während der Regenzeit auf kurze Zeit mit einer spärlichen Pflanzendecke überzieht. Die verhältnismäßig wenigen bewohnten Oasen, welche nur zwei Prozent [2] des Gesamtareals von Turkestan einnehmen, während die übrigen 98 Prozent aus Sandwüsten, Steppen und Felsengebirgen bestehen, ver=danken ihre Existenz nur den zentralasiatischen Hochgebirgen, auf welchen sich die Wasserdämpfe im Winter in Gestalt von Schnee niederschlagen, der dann während der regenlosen Sommer das Reservoir zur Bewässerung der Kulturoasen bildet. Ohne das Pamirgebirge, den Tjanschan und deren Ausläufer wäre Turkestan eine ununterbrochene wasser= und vegetationslose

---

[1] Die Schneegrenze liegt im Sarawschanthal auf 3700 bis 4000 m, im Alai=gebirge auf 4300 m Meereshöhe, übersteigt aber weiter östlich vielfach 4900 m.

[2] In nachstehender Tabelle ist für die einzelnen Provinzen des russischen Turkestan das Verhältnis des zum Feldbau verwendeten Bodens zu den Sand= und Kieswüsten und Steppen angegeben.

Provinz.	Kulturland.	Weideland.	Wüste.
	Prozent	Prozent	Prozent
Semiretschie	2,2	49,1	48,7
Syr=Darja=Provinz	0,8	41,9	57,3
Fergana	9,0	44,8	46,2
Sarawschan=Provinz	8,0	54,2	37,8
Amu=Darja=Bezirk	0,5	15,1	84,4
Transkaspien	3,6	?	?

Wüfte. Für die Bauern der turkeftanischen Ebenen ift deshalb das Wetter während des Sommers von ganz untergeordneter Bedeutung; dagegen hängt ihr Wohl und Wehe vollständig von der Menge des im Gebirge während des Winters gefallenen Schnees ab, und ein schneearmer Winter hat für sie dieselbe Bedeutung wie ein dürrer Sommer für die europäischen Bauern.

Die nächste Folge der geringen Feuchtigkeitszufuhr in Turkeftan ift die große Anzahl der vollständig heitern Tage, indem in den Ebenen in der Regel den ganzen Sommer über ununterbrochen klares Wetter herrscht, so daß oft monatelang nicht eine Wolke zu sehen ift. Diese Reinheit der Luft bewirkt die außerordentlichen, Turkeftan eigentümlichen Temperaturschwankungen zwischen Winter und Sommer sowie zwischen Tag und Nacht. Denn durch dieselbe wird im Sommer und am Tage die Erwärmung des Bodens und der unteren Luftschichten, im Winter und zur Nachtzeit die Ausstrahlung ganz außerordentlich gefördert. In Taschkent, welches sich, dank seiner durch das östlich und nordöstlich vorliegende Gebirge geschützten Lage, noch eines ver= hältnismäßig gemäßigten Klimas erfreut, war die höchste von mir beobachtete Sommertemperatur 45^0 C. im Schatten, die niedrigste Wintertemperatur dagegen 27^0 C. unter dem Gefrierpunkte. In den offenen, nicht durch Gebirge geschützten Ebenen weichen die Extreme noch mehr voneinander ab. Die höchste von mir auf meinen Reisen in Turkeftan notierte Temperatur betrug 48^0 C. im Schatten (im Mai 1875, bei Tschuschka=Gusar, am Ufer des Amu= Darja). In Kafalinsk, wo die Sommertemperatur dasselbe Maximum er= reicht wie in Taschkent, ift im Winter die Temperatur schon bis auf den Gefrierpunkt des Quecksilbers gefallen, was einer Jahresamplitude von nahezu 90^0 entspricht. Dabei muß ich bemerken, daß die von den meteoro= logischen Instrumenten angegebenen Temperaturen noch nicht einmal denjenigen Temperaturen entsprechen, welchen Tier= und Pflanzenwelt in diesen Gegenden in Wirklichkeit ausgesetzt sind. Die meteorologischen Instrumente sind in einer Höhe von 3 m über dem Erdboden aufgestellt, die Temperatur der Luft nimmt aber im Sommer bei Annäherung an den glühend heißen Erd= boden rasch zu. Die Organismen haben deshalb in Wirklichkeit im Sommer eine noch bedeutend höhere Temperatur auszuhalten, als von den Instrumenten der meteorologischen Stationen angegeben wird.

Durch die großen Temperaturschwankungen zwischen Winter und Sommer sind in Turkeftan auch die Schwankungen des Luftdrucks bedingt. Im Sommer erhitzen sich die über die glühenden Sandwüsten streichenden Luft= schichten und erhalten dadurch eine aufsteigende Bewegung. Diese auf= wärts gehende Luftbewegung ift so lebhaft, daß sie schon mit freiem Auge wahrgenommen wird. An heißen Sommertagen ift in den turkeftanischen Wüsten die ganze unmittelbar auf dem Boden aufliegende Luftschicht in einer ebensolchen Wallung wie über einem Kohlenfeuer, wodurch die merk=

würdigsten Lichteffekte und Luftspiegelungen hervorgebracht werden. Infolge des erwähnten Umstandes befindet sich über Turkestan den ganzen Sommer hindurch ein beständiges Auflockerungsgebiet mit niedrigem Barometerstand, auf welchen die jeweilige zufällige Windrichtung nur einen ganz untergeordneten Einfluß hat. Im Winter dagegen findet das Umgekehrte statt, weil dann die ungeheuern turkestanischen Wüsten durch die starke Ausstrahlung abgekühlt werden. Daher kommt die auffallende Übereinstimmung zwischen dem jährlichen Gange des Luftdrucks und der Temperatur, welche ich oben nachgewiesen habe.

Genau genommen, muß der Luftdruck nicht von der Lufttemperatur, sondern von der Temperatur des Erdbodens abhängen. Wenn man also letztere statt der Lufttemperatur bei der Untersuchung zu Grunde legte, würde die Übereinstimmung zwischen Luftdruck und Temperatur sicherlich noch besser sein. Die in der Kurventafel (Bild 177, S. 563) hervortretende Anomalie für den Monat April, die sich in den höchsten Stationen noch auf den Mai erstreckt, dürfte ihren Grund in dem Umstande haben, daß während des Monats April, und in den Gebirgsstationen auch noch im Mai, der Boden mit Graswuchs bedeckt ist, welcher sich alljährlich während der Frühjahrsregen einstellt, im Mai aber, und in den höheren Regionen im Juni, wieder vertrocknet. Der Erdboden kann sich aber, solange er mit einer schützenden Pflanzendecke bekleidet ist, nicht so stark erwärmen, wie dies vor dem Erscheinen und nach dem Verschwinden der Pflanzendecke der Fall ist. Die mittlere Temperatur des Bodens wird wahrscheinlich genau denselben jährlichen Gang aufweisen wie der Luftdruck.

Der wichtigste klimatische Faktor für die Zukunft Turkestans ist das Verhältnis der Verdunstung zu den Niederschlägen. Der Umstand, daß, wie oben gezeigt worden ist, die Menge des alljährlich verdunsteten Wassers größer ist als die Summe der Niederschläge, hat die unausbleibliche Folge, daß die Austrocknung Turkestans, welches gegenwärtig schon zum weitaus größten Teil eine Wüste ist, mit der Zeit stetig fortschreitet und daß die kulturfähigen Oasen immer mehr und mehr zusammenschrumpfen. Dieser Austrocknungsprozeß geht mit solcher Schnelligkeit vor sich, daß er die Aufmerksamkeit aller Forschungsreisenden auf sich gezogen hat.

Aus der großen Masse von Beweisen, welche für eine rasch fortschreitende Austrocknung und Verwüstung Turkestans sprechen, will ich hier nur einige wenige mitteilen, da ich diese Frage in meinem Werke „Sintflut und Völkerwanderungen", Stuttgart 1894, S. 483—517, bereits ausführlich behandelt habe.

Die auffallendste und wichtigste Erscheinung in dieser Beziehung ist die schnelle Verminderung des Umfanges des Aralsees, trotzdem derselbe die Wassermassen der beiden größten turkestanischen Flüsse, des Amu-Darja und Syr-Darja, aufnimmt. Diese Abnahme geht in einem so raschen Tempo vor fich, daß fie auch den anwohnenden Kirgifen und Turkmenen nicht entgangen ift, die fich diefes Phänomen durch die Annahme erklären, daß der Aralfee einen unterirdifchen Abfluß nach dem Kafpifchen Meere habe. Davon, daß der Aralfee früher eine viel größere Ausdehnung gehabt hat, kann fich leicht jeder überzeugen, der die Tour von Orenburg über Kafalinsk nach Tafchkent macht. Je mehr man fich dem Aralfee nähert, defto deutlicher werden die Anzeichen, daß man fich auf ehemaligem Meeresboden befindet, der erft feit kurzer Zeit vom Waffer verlaffen ift. Überall erblickt man mit kleinen Seemufcheln überfäte und falzbedeckte Sandhügel, welche noch deutlich die Spuren des Wellenfchlages erkennen laffen. Der ehemalige Meerbufen Aibugir, im Weften der Mündung des Amu-Darja, der im Jahre 1842 noch einen See von 133 km Länge gebildet hatte, war im Jahre 1872 vollftändig verfchwunden, was eine Verminderung der Oberfläche des Aral-fees nur an diefer Stelle allein um 3500 qkm bedeutet. Am Nordufer des Aralfees breitet fich gegenwärtig ein breiter Sandgürtel aus, der noch auf den topographifchen Aufnahmen des Jahres 1740 als vom Meere bedeckt dargeftellt ift. Baron Meyendorff, der im Jahre 1820 auf feiner Reife nach Buchara das nordöftliche Ufer des Sees berührte, erzählt, daß nach den Angaben der Kirgifen 40 Jahre vorher das Ufer fich noch bis zu den Höhen Sary-Bulak und Kok-Turpak erftreckte, während das-felbe im Jahre 1820 bereits 65 km von den erwähnten Höhen abftand. Bei Vergleichung der Karte Murawins vom Jahre 1741 mit den neueften Karten findet man, daß 1741 der Bufen Sary-Tfcheganak fich noch um 85 km weiter landeinwärts erftreckte als in der Gegenwart. An den hohen und fteilen Weftufern des Aralfees findet man die älteften Ufer-linien auf einer Höhe von 75 m über dem gegenwärtigen Wafferfpiegel. Ein ficherer Beweis für die fortfchreitende Austrocknung des Aralfees ift auch der Umftand, daß derfelbe in früheren Zeiten einen Abfluß nach dem Kafpifchen Meere hatte; der Usboi, das gegenwärtig trockene Bett diefes ehemaligen Abflußkanals, welcher früher irrtümlich für das alte Flußbett des Amu-Darja gehalten wurde, hat ganz das Ausfehen, als wenn er erft vor kurzem ausgetrocknet wäre [1].

---

[1] Daß der Usboi wirklich der Abfluß des Aralfees und nicht das Bett des Amu-Darja war, und daß diefer Abfluß noch bis in neuere Zeit beftanden hat, wird direkt durch die zur Zeit des ruffifchen Großfürften Feodor Jwanowitfch (1584—1598) verfaßte ruffifche Erdbefchreibung Bolfchoi Tfchertjofch beftätigt, in der folgende Stelle vorkommt: "Vom Meer von Chwalymsk (Kafpifches Meer) bis zum Blauen Meer (Aralfee) find in öftlicher Richtung 250 Werft. Und vom Blauen Meer bis zur Mündung des Syr find 280 Werft. Vom Blauen Meer geht der Fluß Arzaß aus, der in das Meer von Chwalymsk mündet. Und in den Fluß Arzaß mündet im Often der Fluß Amu-Darja. In das Blaue Meer mündet im Often der Syr."

Was das Tempo betrifft, in welchem die Austrocknung des Aralsees vor sich geht, so gelangte Sewerzow auf Grund der von ihm aufgefundenen Seemuscheln zu der Ansicht, daß das Niveau des Sees sich bereits in historischer Zeit um 60 m gesenkt haben müsse. Dohrandt fand bei seinen Untersuchungen im Jahre 1874—1875, daß sich das Niveau jährlich um 70 mm senkt, was in 100 Jahren 7 m betragen würde. Der russische Ingenieur Schulz fand im Jahre 1880 bei Vergleichung seiner Aufnahme des Sees mit den früheren Aufnahmen, daß der Wasserspiegel im Laufe von 9 Jahren um 0,18 Sashen (38 cm) gefallen war, was im Jahrhundert 4,2 m ausmachen würde. Nimmt man das Mittel aus diesen beiden Bestimmungen, so folgt unter der Voraussetzung einer stets gleichmäßigen Abnahme, daß die von Sewerzow angegebene Senkung des Wasserspiegels um 60 m seit dem 8. Jahrhundert n. Chr. erfolgt ist.

Aber nicht bloß der Aralsee weist eine fortwährende Abnahme seiner Wassermenge auf, auch alle übrigen turkestanischen Seen und auch die Flüsse zeigen ohne Ausnahme dieselbe Erscheinung. Südwestlich vom Aralsee liegt der kleine See Sary=Kamysch, welcher nach der von Petrussewitsch aus= geführten Nivellierung noch um 15 m unter dem Spiegel des Kaspischen Meeres, mithin ganze 89,7 m unter dem Spiegel des Aralsees liegt, da das Niveau des letzteren um 74,7 m höher ist als das Niveau des Ka= spischen Meeres. Daraus geht hervor, daß da, wo sich heutzutage der See Sary=Kamysch befindet, ehemals ein ausgedehntes Binnenmeer vorhanden gewesen sein muß, welches früher offenbar mit dem Aralsee zusammenhing, später aber, infolge der Erniedrigung des Wasserspiegels, sich von letzterem trennte und dann, aus Mangel an Zuflüssen, bis auf den gegenwärtigen kleinen Rest austrocknete.

Was den Syr=Darja betrifft, so fand Sewerzow am Ufer desselben Exemplare der Muschel Anodonta auf einer Höhe von 7,6 m über dem gegenwärtigen Wasserspiegel. Daß das Niveau des Syr=Darja früher be= trächtlich höher war als jetzt, wird außerdem auch dadurch bewiesen, daß sich am ganzen Unterlaufe des Flusses entlang noch Überreste von künstlichen Kanälen finden, die gegenwärtig nicht mehr aus demselben gespeist werden können, ein Umstand, der die gänzliche Verödung dieses einst fruchtbaren Gebietes zur Folge hatte.

An dem zweitgrößten See Turkestans, dem Balchaschsee, find die Spuren der allmählichen Austrocknung gleichfalls unverkennbar. Sewerzow hat unzweifelhafte Spuren eines ehemaligen Abflusses des Balchaschsees nach dem Aralsee gefunden; der russische Zoologe Nikolsky kam auf Grund seiner Forschungen über die Fauna der zentralasiatischen Landseen zu der Ansicht, daß der Balchaschsee noch in der gegenwärtigen Epoche mit dem Sasyk=Kul, dem Ala=Kul und dem Ebi=Noor in Verbindung gestanden habe und daß diese vier Seen damals ein einziges großes Binnenmeer gebildet haben; auch Wlangali war schon früher auf Grund der vom Balchasch bis zum Sasyk-Kul und Ala-Kul sich erstreckenden Sandanhäufungen zu der Über-zeugung gelangt, daß sich an der durch die erwähnten Seen bezeichneten Stelle vor verhältnismäßig nicht gar langer Zeit noch ein Binnenmeer aus-gebreitet haben müsse. Endlich geben auch die anwohnenden Kirgisen an, daß der Balchasch zur Zeit ihrer Vorfahren eine viel größere Ausdehnung gehabt habe als heutzutage.

Auf einer im 17. Jahrhundert auf Befehl des chinesischen Kaisers Kien-long angefertigten Karte waren die drei Seen Sasyk-Kul, Uja-Ly und Ala-Kul noch als ein einziger See dargestellt. Auf der um das Jahr 1722 angefertigten Karte Unkowskys sind die beiden Seen Sasyk-Kul und Ala-Kul noch als ein einziger See dargestellt unter dem Namen Alak-tugul.

Aber nicht etwa bloß die in der Ebene gelegenen Seen sind im Rück-gange begriffen, dasselbe ist auch bei den Gebirgsseen der Fall. Der südlich von Wernoe gelegene See Issyk-Kul hat gegenwärtig keinen Abfluß mehr; aber auf einer alten japanischen Karte, welche im 15. Jahrhundert hergestellt worden ist auf Grund der durch buddhistische Mönche im 7. Jahrhundert gesammelten Nachrichten, hat der Issyk-Kul noch einen Abfluß nach dem Aralsee. Auch aus einem von Ritter citierten Reisetagebuch geht hervor, daß der Issyk-Kul früher einen Abfluß nach dem Tschu hatte, der sich damals noch in der Nähe des Aralsees in den Syr-Darja ergoß. An den Abhängen der umliegenden Gebirge und in der 50 km westlich vom Issyk-Kul befind-lichen Buamschlucht sind die ursprünglichen Wassermarken des Issyk-Kul in einer Höhe von 60 m über dem gegenwärtigen Spiegel noch deutlich zu erkennen. Daß die Senkung des Wasserspiegels des Sees auch in der Gegen-wart noch fortdauert, beweist der Umstand, daß im Laufe der zehn Jahre 1867—1877 eine Erniedrigung des Niveaus des Issyk-Kul um ungefähr 2 m konstatiert worden ist. Selbst der auf dem Pamir, in einer Meeres-höhe von 4026 m gelegene See Kara-Kul ist dem allgemeinen Geschick nicht entgangen. Auch er hat, wie die an seinem ganzen Umfange entlang laufenden ehemaligen Uferlinien beweisen, früher einen größeren Umfang gehabt und offenbar mit den benachbarten kleineren Seen ursprünglich ein einziges Becken gebildet.

Ein weiterer sicherer Beweis für die beständig zunehmende Austrocknung Turkestans ist der Umstand, daß bei allen turkestanischen Gletschern so-wohl im Pamir- wie im Tjanschansystem ein starker Rückgang konstatiert worden ist. Schon im Jahre 1877 hatte der Geolog Muschketow diese Thatsache in Bezug auf die Gletscher des Alaigebirges nachgewiesen, und im Jahre 1884 hat der Geolog Iwanow dasselbe Verhältnis auch bei den Pamirgletschern gefunden.

V. Klimatische Verhältnisse Turkestans.

Die hier aufgeführten Thatsachen bilden nur einen kleinen Teil derjenigen Erscheinungen, welche alle für eine noch fortschreitende Austrocknung
Turkestans sprechen; aber auch diese wenigen Thatsachen reichen vollständig
hin, um zu beweisen, daß die Zukunft dieses Landes eine im höchsten Grade
trostlose ist.   Denn ebenso gewiß, als die Austrocknung bisher stetig fortgeschritten ist, muß dieselbe auch in der Zukunft fortdauern, weil eine Änderung des Verhältnisses zwischen Verdunstung und Niederschlägen nicht abzusehen ist.   Ja, diese stetige Austrocknung wird in Zukunft nur noch in
schnellerem Tempo erfolgen, weil mit zunehmender Trockenheit die Sommertemperatur und damit die Verdunstung noch größer, die Niederschläge aber
aus denselben Gründen immer geringer werden müssen, so daß also das
Mißverhältnis zwischen Niederschlägen und Verdunstung mit der Zeit sich
immer mehr und mehr ungünstig gestalten muß.

In Anbetracht der erwähnten Umstände erweckte es in mir stets ein
Gefühl des Mitleids, wenn ich von russischen Politikern und Gelehrten in
betreff der Zukunft Turkestans unter russischer Verwaltung die sanguinischesten
Hoffnungen aussprechen und dem Lande eine glänzende Zukunft prophezeien
hörte, da das bisherige Elend und die augenscheinliche Verwüstung Turkestans
lediglich durch die fortwährenden Kriege und politischen Unordnungen herbeigeführt worden seien und das Land sich unter einer geordneten Verwaltung
wieder schnell erholen würde.   In Wirklichkeit liegen aber die Verhältnisse
ganz anders.   Nicht die unaufhörlichen Kriege, welche in Turkestan seit den
ältesten Zeiten bis jetzt geführt wurden, und bei denen ununterbrochen eine
Völkerschaft nach der andern zu Grunde ging, haben die Verwüstung des
einst blühenden Landes zu stande gebracht, sondern die Kriege sind umgekehrt
durch die von den Naturverhältnissen bedingte Verwüstung Turkestans veranlaßt worden.   Da infolge der fortschreitenden Austrocknung ein Stück
kulturfähigen Bodens nach dem andern aus Wassermangel aufgegeben werden
mußte, reichte das Kulturland zur Ernährung der zahlreichen Bevölkerung
nicht mehr hin, und die Bewohner mußten sich auf irgend eine Weise Platz
schaffen.   In früheren Zeiten, als die Einwohnerzahl noch sehr groß war,
wendeten sich die Eingeborenen nach auswärts und wanderten in großen
Heerscharen nach Europa, nach Vorderasien und nach Indien, wodurch eben
die Völkerwanderungen herbeigeführt wurden.   Seitdem aber infolge der
fortwährenden Auswanderungen und unaufhörlichen inneren, durch den Kampf
ums Dasein hervorgerufenen Kriege die Zahl der Bewohner so sehr zusammengeschmolzen war, daß sie nicht mehr im stande waren, den Widerstand ihrer
Nachbarn zu überwinden und in beren Länder einzudringen, blieb ihnen
nichts übrig, als sich gegenseitig in fortwährenden Kämpfen aufzureiben,
um für die Überlebenden Platz zu schaffen.   Daher erklärt sich auch, warum
alle von den Zentralasiaten geführten Kriege keine Eroberungs-, sondern

Vernichtungskriege waren. So wurde noch im 18. Jahrhundert von den Chinesen die ganze Bevölkerung der Dschungarei ausgerottet und im vorigen

Bild 178. Grabmal Schlagintweits in Kaschgar,
errichtet von der Kaiserlich Russischen Geographischen Gesellschaft.
(Vgl Einleitung S. XV)

Jahrhundert, Ende der sechziger Jahre, von den Dunganen und Tarantschis die ganze chinesische Bevölkerung des Ilithales und der angrenzenden Ge= biete, die auf 1½ bis 2½ Millionen geschätzt wurde.

V. Klimatische Verhältnisse Turkestans.

Die Russen weisen mit Stolz auf die wenigen Versuche hin, die sie in Bezug auf die Neukultivierung des Landes in Taschkent, Samarkand, Semiretschie 2c. gemacht haben, wo eine Anzahl russischer Kolonien entstanden ist, die sich eines verhältnismäßigen Wohlstandes erfreuen. Sie vergessen aber dabei, daß dies nur auf Kosten der Eingeborenen geschieht und daß, wenn man an einer Stelle früher wüstes Land bewässert und kultiviert, das hierzu verwendete Wasser den weiter stromabwärts liegenden Oasen entzogen wird und daß diese letzieren dadurch in ihrer Existenz bedroht werden. Samarkand z. B. hat sich wirklich seit der Herrschaft der Russen sehr gehoben, und die neugeschaffenen prächtigen Gärten der russischen Stadt gewähren einen großartigen Anblick. Dafür ist aber das weiter stromabwärts liegende Buchara, welches seine Existenz nur dem Wasser des Sarawschan verdankt, dem Untergange geweiht und schreitet mit Riesenschritten seinem Ruin durch Wassermangel und dadurch verursachte Versandung und Krankheiten entgegen. Dasselbe ist, wenn auch fürs erste nicht so deutlich sichtbar, in Semiretschie der Fall, wo das den russischen Kolonisten angewiesene Land einfach den Kirgisen entzogen wurde, was naturgemäß eine Einschränkung des ohnedies spärlichen Feldbaues der Kirgisen und ihrer Viehherden nach sich ziehen muß.

In Wirklichkeit ist in Turkestan jeder Fußbreit kulturfähigen Bodens und jeder verfügbare Tropfen Wasser benützt, und die Urbarmachung brach-liegenden Bodens hat unausbleiblich die Verödung eines andern bisher frucht-baren Gebietes zur Folge. Die von den Russen auf Kanalbauten zur Be-wässerung brachliegenden Landes (z. B. die Kanäle bei Chodschent und am Murgab) verwendeten Millionen sind deshalb so gut wie hinausgeworfen, weil, selbst wenn an der betreffenden Stelle der Zweck zunächst erreicht würde, was ich übrigens sehr bezweifle, dadurch die allgemeine Verödung Turkestans nur um so schneller herbeigeführt werden würde.

Turkestan hat wirtschaftlich keine Zukunft und ist unrettbar dem Unter-gange geweiht.

Register.

38 *

Illustrierte Bibliothek der Länder= und Völkerkunde.

Eine Sammlung illustrierter Schriften zur Länder= und Völkerkunde, die sich durch zeitgemäßen, interessanten und gediegenen Inhalt, gemeinverständliche Darstellung, künstlerische Schönheit und sittliche Reinheit der Illustration, sowie durch elegante Ausstattung auszeichnen sollen.

Die Entdeckungsgeschichte der Erde — die physische Geographie — sowie die spezielle Länder= und Völkerkunde werden in geeigneten Bearbeitungen vertreten sein.

So hoffen wir eine Reihe geographischer Werke zu bieten, die für jeden Ge= bildeten höchst interessant und lehrreich sind, die den Lehrern der Erdkunde zur Belebung und Vertiefung des Unterrichtes dienen können, die endlich bei der studie= renden Jugend Freude und Lust an der geographischen Wissenschaft wecken sollen.

Die bereits vorliegenden Bände (gr. 8⁰) enthalten:

Das Wetter. Eine populäre Darstellung der Wetterfolge. Von **R. Aber= cromby.** Aus dem Englischen übersetzt von Dr. J. M. Pernter. Mit 2 Titelbildern und 96 Figuren im Text. (XVIII u. 326 S.) *M.* 5; in Original=Einband: Leinwand mit reicher Deckenpressung *M.* 7.

Persien. Das Land der Sonne und des Löwen. Aus den Papieren eines Reisenden herausgegeben von **J. Bleibtreu.** Mit 50 Abbildungen, großenteils nach photographischen Aufnahmen, und einer Karte. (X u. 212 S.) *M.* 6; geb. *M.* 8.

Der Weltverkehr. Seeschiffahrt und Eisenbahnen, Post und Telegraphie in ihrer Entwicklung dargestellt von **Dr. M. Geistbeck.** Zweite, neu bearbeitete Auflage. Mit 161 Abbildungen und 59 Karten. (XII u. 560 S.) *M.* 8; geb. *M.* 10.

Kanada und Neu=Fundland. Nach eigenen Reisen und Beobachtungen von **E. von Hesse-Wartegg.** Mit 54 Illustrationen und einer Über= sichtskarte. (XII u. 226 S.) *M.* 5; geb. *M.* 7.

Unsere Erde. Astronomische und physische Erdbeschreibung. Eine Vor= halle zur Länder= und Völkerkunde. Von **A. Jakob.** Zweite, unter Mitwirkung von J. Plaßmann wesentlich erweiterte und verbesserte Auflage. Mit einem Titelbild in Farbendruck, 138 Ab= bildungen, einer Spektraltafel und 2 Karten. (XIV u. 532 S.) *M.* 8; geb. *M.* 10.

Davon ist apart erschienen:

Der Mensch, die Krone der irdischen Schöpfung. Zeitgemäße Betrachtungen über Ver= breitung, Einteilung, Abstammung und Alter des Menschengeschlechtes — mit einer kritischen Beleuchtung der Affentheorie. Von A. Jakob. Mit 53 Text-Illustrationen und einer Karte in Farbendruck. gr. 8⁰. (VIII u. 160 S.) *M.* 2.40; in Original-Einband: Leinwand mit reicher Deckenpressung *M.* 3.

Assyrien und Babylonien nach den neuesten Entdeckungen. Von **Dr. J. Kaulen.** Fünfte Auflage. Mit Titelbild, 97 Illustrationen, einer Inschriftentafel und 2 Karten. (XVI u. 318 S.) *M.* 5; geb. *M.* 7.

(Fortsetzung s. auf der folgenden Seite.)

Ägypten einst und jetzt. Von Dr. Fr. Kayser. Zweite, erweiterte und völlig durchgearbeitete Auflage. Mit einem Titelbild in Farbendruck, 118 Illustrationen im Text, 17 Tonbildern und einer Karte. (XII u. 302 S.) M. 5; geb. M. 7.

Nach Ecuador. Reisebilder von P. J. Kolberg S. J. Vierte, ergänzte Auflage. Mit einem Titelbild in Farbendruck, 150 Illustrationen im Text und 2 Karten. (XVI u. 536 S.) M. 9; geb. M. 11.

Australien und Tasmanien. Nach eigener Anschauung und Forschung wissenschaftlich und praktisch geschildert von Dr. J. Lauterer. Mit Titelbild in Farbendruck, 158 Abbildungen und einer Karte. (X u. 482 S.)

Die Hochgebirge der Erde. Von R. von Lendenfeld. Mit Titelbild in Farbendruck, 148 Abbildungen und 15 Karten. (XIV u. 532 S.) M. 14; geb. M. 17.

Die Balkanhalbinsel (mit Ausschluß von Griechenland). Physikalische und ethnographische Schilderungen und Städtebilder von A. E. Lux. Mit 90 Illustrationen, einem Panorama von Konstantinopel und einer Übersichtskarte. (XII u. 276 S.) M. 6; geb. M. 8.

Die Sudânländer nach dem gegenwärtigen Stande der Kenntnis. Von Dr. Ph. Paulitschke. Mit 59 in den Text gedruckten Holzschnitten, 12 Tonbildern, 2 Lichtdrucken und einer Karte. (XII u. 312 S.) M. 7; geb. M. 9.

Himmelskunde. Versuch einer methodischen Einführung in die Hauptlehren der Astronomie. Von J. Plaßmann. Mit einem Titelbild in Farbendruck, 216 Illustrationen und 3 Karten. (XVI u. 628 S.) M. 13; geb. M. 15.

Der Amazonas. Wanderbilder aus Peru, Bolivia und Nordbrasilien. Von H. Freiherrn von Schütz-Holzhausen. Zweite, durchgesehene und erweiterte Auflage, unter besonderer Berücksichtigung der vom Verfasser gegründeten tirolisch-rheinischen Kolonie Pozuzo herausgegeben von A. Klassert. Mit Bildnis und Lebensabriß des Freiherrn von Schütz-Holzhausen, 98 Abbildungen und 2 Karten. (XX u. 444 S.) M. 7; geb. M. 9.

Turkestan, die Wiege der indogermanischen Völker. Nach fünfzehnjährigem Aufenthalt in Turkestan dargestellt von F. v. Schwarz. Mit einem Titelbild in Farbendruck, 178 Abbildungen und einer Karte. (XX u. 606 S.)

Das Mittelmeer. Von A. Freiherrn von Schweiger-Lerchenfeld. Mit 55 Illustrationen und einer Karte. (XII u. 316 S.) M. 6; geb. M. 8.

Jeder Band besteht für sich als ein selbständiges, in sich abgeschlossenes Werk und ist einzeln käuflich. — Einbanddecken pro Band M. 1.20.

Verlag von Herder zu Freiburg im Breisgau.

Printed in Poland
by Amazon Fulfillment
Poland Sp. z o.o., Wrocław

25004437R00356